U0945988

21世纪高等院校法学系列精品教材

# 刑事诉讼法学

（第六版）

郑旭 著

中 国 人 民 大 学 出 版 社

· 北京 ·

**图书在版编目（CIP）数据**

刑事诉讼法学/郑旭著．—6版．北京：中国人民大学出版社，2018.8
21世纪高等院校法学系列精品教材
ISBN 978-7-300-26081-5

Ⅰ.①刑… Ⅱ.①郑… Ⅲ.①刑事诉讼法-法的理论-中国-高等学校-教材 Ⅳ.①D925.201

中国版本图书馆CIP数据核字（2018）第190726号

21世纪高等院校法学系列精品教材
**刑事诉讼法学（第六版）**
郑 旭 著
Xingshi Susong Faxue

| | | | |
|---|---|---|---|
| **出版发行** | 中国人民大学出版社 | | |
| **社　　址** | 北京中关村大街31号 | **邮政编码** | 100080 |
| **电　　话** | 010－62511242（总编室） | | 010－62511770（质管部） |
| | 010－82501766（邮购部） | | 010－62514148（门市部） |
| | 010－62515195（发行公司） | | 010－62515275（盗版举报） |
| **网　　址** | http://www.crup.com.cn | | |
| | http://www.ttrnet.com(人大教研网) | | |
| **经　　销** | 新华书店 | | |
| **印　　刷** | 天津中印联印务有限公司 | **版　　次** | 2007年11月第1版 |
| **规　　格** | 185 mm×260 mm　16开本 | | 2018年8月第6版 |
| **印　　张** | 24.25 插页2 | **印　　次** | 2018年8月第1次印刷 |
| **字　　数** | 617 000 | **定　　价** | 49.80元 |

# 作者简介

郑旭，男，吉林梨树人。中国政法大学刑事司法学院副教授。1993 年获西南政法学院法学学士，1996 年、2000 年获中国政法大学刑事诉讼法学硕士、博士，2002 年获英国华威大学（University of Warwick）法律硕士。2007 年至 2015 年担任北京市平谷区人民检察院挂职副检察长。出版《非法证据排除规则》（专著）、《刑事诉讼革命的失败》（译著），发表《盖然确定性研究》《律师辩护权的弃权与失权》等论文。

# 第六版修订说明*

本次修订主要是根据2018年3月通过的《宪法修正案》《监察法》和2018年4月通过的《人民陪审员法》对教材的相关内容进行了更新。

郑　旭

2018年5月

* 本次修订同时更新了电子资源，除已有的“延伸阅读”“案例导引答案”，还增加了“综合练习题及答案”（本页二维码），请扫码获取。

# 前　言

刑事诉讼法，解决的是国家确定公民有罪所要遵循的程序问题。刑事诉讼法涉及国家权力和个人权利的关系问题，因此一直是宪政、人权保护、法治领域的研究重点。我国现行刑事诉讼法是1979年制定，1996年、2012年修正的，是我国一部重要的法律。修正后的刑事诉讼法实施以后，仍然出现了很多关于如何进一步修改刑事诉讼法的建议，并且存在非常激烈的讨论。

刑事诉讼法学作为一门法学课程，是法学主干课之一。目前已经存在很多版本的刑事诉讼法学教材，各有特色。经过十几年的本科教学实践，我认为仍然有必要独立写一本刑事诉讼教材，以便达到下面几个目的：第一，能够区分现行法律规定和理论观点，避免读者在学习过程中对二者的混淆，特别是应当准确、全面地掌握现行有效的法律、司法解释；第二，能够介绍国外主流研究的论题和研究方法，使刑事诉讼的研究者能够更方便地与国外对话；第三，能够扩大学生的视野，提供进一步深入研究的指针；第四，能够介绍学者们关于修改立法的主张及其理由，为读者了解我国刑事诉讼法发展方向提供参考。相应地，本书具有以下几个特点：

第一，专门提供了“本书引用法规列表”和“本书缩略语列表”。“本书引用法规列表”列出了本书写作时所根据的全部法律、法规、司法解释，便于读者亲自去查阅法规原文。“本书缩略语列表”列明了经常引用的法规的简称和全称，通过该表读者可以理解本书中各个简称的含义，例如“《高检规则》”是指《人民检察院刑事诉讼规则（试行）》。

第二，每一章都分为三个部分：“案例导引”，通过案例提出问题，使读者尝试运用该章的规定和理论来解决，从而明确该章的重点并引起读者的兴趣；“基本理论”，是对当前通说和法律、司法解释规定的阐述；“观点探讨”，精选该章中存在的理论争议和立法修改意见，以便于读者了解学术界的热点问题及各方观点和理由。

第三，在全书的结构上，与其他刑事诉讼法学教材相比，增加了“刑事诉讼的模式”“真实查明与刑事诉讼”“刑事诉讼中的人权保护”“宪法与刑事诉讼”四章。

“刑事诉讼的模式”一章旨在解决三个问题：第一，对抗制和审问制的问题，探讨两个制度的不同特征以及发展趋势，为我国刑事诉讼法修改提供参考。第二，犯罪控制与正当程序的问题，以便于明确刑事诉讼中不同制度设计的价值取向。第三，被害人参加刑事诉讼的权利问题，为我国刑事诉讼法中的被害人权利、恢复性司法与刑事和解等制度的设计提供理论上的参考。

“真实查明与刑事诉讼”一章，探讨了刑事诉讼中真实的含义及哲学依据，并指出了与真实查明相悖的制度，或者说刑事诉讼中真实查明的敌人：证人特权、违宪获得的证据的排除和禁止双重危险。本书认为，刑事诉讼中查明的真实应当是“法庭上的真实”或者说“实用真实”，而不是“绝对真实”。同时，本书认为，为了保护更为重大的社会利益，在刑事诉讼中真实查明这个价值有时会让步。也就是说，真实查明不应当是刑事诉讼的唯一价值，也不总是首要价值，例如在遇到确保警察遵守宪法等更为重要的价值的时候。

“刑事诉讼中的人权保护”一章，以多项国际公约的规定为依据，列举了十一项刑事诉讼中的人权，包括不受任意逮捕和羁押的权利、不受酷刑的权利、被推定无罪的权利、公正审判的权利、律师帮助权、不受双重危险的权利等。同时，还介绍了国际公约在我国刑事诉讼中的实施问题，特别是《公民权利和政治权利国际公约》和《禁止酷刑和其他残忍、不人道或有辱人格的待遇或处罚公约》的实施问题。本书认为，刑事诉讼法的修改和完善应当以与国际公约相兼容为目标，我国签署和批准的国际公约中规定的刑事诉讼权利为我国刑事诉讼法修改提供了重要的参考。

“宪法与刑事诉讼”一章，总结了我国宪法中规定的被告人刑事诉讼中的权利，并探讨了不受非法搜查、扣押的权利的完善、法制统一与地方性规定问题。把被告人的权利保护上升到宪法保护的高度，是因为刑事诉讼中国家权力容易被滥用，必须通过宪法规定来保障公民的基本权利。本书认为，宪法中规定的被追诉人的权利，其法律地位高于刑事诉讼法的规定，是被追诉人基本权利。在刑事诉讼中，专门机关必须确保这些权利得到实现，否则就是违宪行为，应当在诉讼程序中予以严厉的制裁。

另外，在“涉外刑事诉讼与司法协助”一章中，增加了引渡法的内容。我国的《引渡法》制定于2000年12月28日，其内容是刑事司法制度的重要组成部分。

能够成为这个系列教材的作者之一，我感到十分荣幸，衷心希望本书能够成为教师好用、学生易学的教材，对促进刑事诉讼法学的发展发挥一定的作用，并为司法实践提供参考。

## 本书引用法律文献列表（以时间为序排列）

| 文件名称 | 通过或修正时间 | 发布（通过）机关 | 性质 |
| --- | --- | --- | --- |
| 《公民权利和政治权利国际公约》 | 1976年3月23日生效（中国于1998年10月5日签署但尚未批准） | 联合国大会 | 国际公约 |
| 《关于机关团体和企业事业单位保卫处科在查破案件时收集的证据材料可以在刑事诉讼中使用的通知》 | 1982年7月6日颁布实施 | 最高人民法院、最高人民检察院、公安部 | 司法解释 |
| 《中华人民共和国全国人民代表大会组织法》 | 1982年12月10日颁布并实施 | 全国人民代表大会 | 法律 |
| 《中华人民共和国人民检察院组织法》 | 1979年7月1日通过，1983年9月2日修订 | 全国人民代表大会通过，全国人民代表大会常务委员会修订 | 法律 |
| 《中华人民共和国继承法》 | 1985年4月10日颁布，1985年10月1日施行 | 全国人民代表大会 | 法律 |
| 《中华人民共和国民法通则》 | 1986年4月12日颁布，1987年1月1日起施行，2009年8月27日修正 | 全国人民代表大会 | 法律 |
| 《关于贯彻执行〈中华人民共和国民法通则〉若干问题的意见（试行）》 | 1988年4月2日颁布 | 最高人民法院 | 司法解释 |
| 《关于对怀孕妇女在羁押期间自然流产审判时是否可以适用死刑问题的批复》 | 1998年8月7日通过，1998年8月13日起实施 | 最高人民法院 | 司法解释 |
| 《关于人民检察院直接受理立案侦查案件范围的规定》 | 1998年5月11日颁布 | 最高人民检察院 | 司法解释 |
| 《关于严格执行审判公开制度的若干规定》 | 1999年3月8日颁布 | 最高人民法院 | 司法解释 |
| 《关于人民检察院直接受理立案侦查案件立案标准的规定（试行）》 | 1999年8月6日通过 | 最高人民检察院 | 司法解释 |
| 《中华人民共和国引渡法》 | 2000年12月28日通过并实施 | 全国人民代表大会常务委员会 | 法律 |
| 《人民检察院办理不起诉案件公开审查规则（试行）》 | 2001年3月5日颁布 | 最高人民检察院公诉厅 | 内部规定 |
| 《行政执法机关移送涉嫌犯罪案件的规定》 | 2001年7月9日公布并施行 | 国务院 | 行政法规 |
| 《关于规范人民法院再审立案的若干意见（试行）》 | 2002年9月10日颁布 | 最高人民法院 | 司法解释 |
| 《法律援助条例》 | 2003年7月16日通过，2003年9月1日起施行 | 国务院 | 行政法规 |
| 《关于规范法官和律师相互关系维护司法公正的若干规定》 | 2004年3月19日颁布 | 最高人民法院、司法部 | 司法解释 |

续前表

| 文件名称 | 通过或修正时间 | 发布（通过）机关 | 性质 |
|---|---|---|---|
| 《关于刑事案件终审判决和裁定何时发生法律效力问题的批复》 | 2004年7月26日颁布 | 最高人民法院 | 司法解释 |
| 《中华人民共和国地方各级人民代表大会和地方各级人民政府组织法》 | 1979年7月1日通过，1982年12月10日、1986年12月2日、1995年2月28日、2004年10月27日修正 | 全国人民代表大会通过，全国人民代表大会或者全国人民代表大会常务委员会修正 | 法律 |
| 《关于司法鉴定管理问题的决定》 | 2005年2月28日通过 | 全国人民代表大会常务委员会 | 法律 |
| 《中华人民共和国治安管理处罚法》 | 2005年8月28日通过，2006年3月1日起施行 | 全国人民代表大会常务委员会 | 法律 |
| 《中华人民共和国人民法院组织法》 | 1979年7月1日通过，1983年9月2日修订，2006年10月31日修订，2007年1月1日起施行 | 全国人民代表大会通过，全国人民代表大会常务委员会修订 | 法律 |
| 《关于统一行使死刑案件核准权有关问题的决定》 | 2006年12月28日发布，2007年1月1日起施行 | 最高人民法院 | 司法解释 |
| 《关于进一步严格依法办案确保办理死刑案件质量的意见》 | 2007年3月9日公布 | 最高人民法院、最高人民检察院、公安部、司法部 | 司法解释 |
| 《人民检察院办理不起诉案件质量标准（试行）》 | 2001年3月5日公布，2007年6月19日修改后发布 | 最高人民检察院公诉厅 | 内部规定 |
| 《办理军队和地方互涉刑事案件规定》 | 2009年8月1日起施行 | 最高人民法院、最高人民检察院、公安部、国家安全部、司法部、中国人民解放军总政治部 | 司法解释 |
| 《关于人民检察院检察长列席人民法院审判委员会会议的实施意见》 | 2009年10月12日由最高人民法院审判委员会第1475次会议、2009年8月11日由最高人民检察院第十一届检察委员会第17次会议讨论通过，自2010年4月1日起施行 | 最高人民法院、最高人民检察院 | 司法解释 |
| 《法官行为规范》 | 2005年11月4日发布试行，2010年12月6日修订后发布 | 最高人民法院 | 内部规定 |
| 《关于对配偶子女从事律师职业的法院领导干部和审判执行岗位法官实行任职回避的规定（试行）》 | 2011年2月10日公布 | 最高人民法院 | 司法解释 |
| 《关于办理诈骗刑事案件具体应用法律若干问题的解释》 | 2011年3月1日发布 | 最高人民法院、最高人民检察院 | 司法解释 |

续前表

| 文件名称 | 通过或修正时间 | 发布（通过）机关 | 性质 |
|---|---|---|---|
| 《社区矫正实施办法》 | 2012年1月10日公布 | 最高人民法院、最高人民检察院、公安部、司法部 | 司法解释 |
| 《中华人民共和国刑事诉讼法》 | 1979年7月1日通过，1996年3月17日修正，2012年3月14日修正 | 全国人民代表大会通过和修正 | 法律 |
| 《中华人民共和国监狱法》 | 1994年12月29日通过，2012年10月26日修正，2013年1月1日起施行 | 全国人民代表大会常务委员会 | 法律 |
| 《中华人民共和国人民警察法》 | 1995年2月28日通过，2012年10月26日修正，2013年1月1日起施行 | 全国人民代表大会常务委员会 | 法律 |
| 《人民法院司法警察条例》 | 2012年10月29日公布，2012年12月1日起施行 | 最高人民法院 | 司法解释 |
| 《人民检察院刑事诉讼规则（试行）》 | 2012年11月22日公布，2013年1月1日起施行 | 最高人民检察院 | 司法解释 |
| 《公安机关办理刑事案件程序规定》 | 2012年12月13日公布，2013年1月1日起施行 | 公安部 | 行政规章 |
| 《关于适用〈中华人民共和国刑事诉讼法〉的解释》 | 2012年12月20日公布，2013年1月1日起施行 | 最高人民法院 | 司法解释 |
| 《关于实施刑事诉讼法若干问题的规定》 | 2012年12月26日公布，2013年1月1日起施行 | 最高人民法院、最高人民检察院、公安部、国家安全部、司法部、全国人大常委会法制工作委员会 | 司法解释 |
| 《关于外国人犯罪案件管辖问题的通知》 | 2013年1月17日公布 | 最高人民法院、最高人民检察院、公安部、国家安全部、司法部 | 司法解释 |
| 《关于刑事诉讼法律援助工作的规定》 | 2013年2月4日公布，2013年3月1日起施行 | 最高人民法院、最高人民检察院、公安部、司法部 | 司法解释 |
| 《关于办理盗窃刑事案件适用法律若干问题的解释》 | 2013年4月2日发布 | 最高人民法院、最高人民检察院 | 司法解释 |
| 《关于适用刑法第六十四条有关问题的批复》 | 2013年10月21日发布 | 最高人民法院 | 司法解释 |
| 《关于建立健全防范刑事冤假错案工作机制的意见》 | 2013年10月9日发布 | 最高人民法院 | 司法文件 |
| 《关于减刑、假释案件审理程序的规定》 | 2014年4月10日通过，2014年6月1日起施行 | 最高人民法院 | 司法解释 |
| 《关于〈中华人民共和国刑事诉讼法〉第七十九条第三款的解释》 | 2014年4月24日通过 | 全国人民代表大会常务委员会 | 法律 |
| 《关于〈中华人民共和国刑事诉讼法〉第二百七十一条第二款的解释》 | 2014年4月24日通过 | 全国人民代表大会常务委员会 | 法律 |

续前表

| 文件名称 | 通过或修正时间 | 发布（通过）机关 | 性质 |
|---|---|---|---|
| 《关于〈中华人民共和国刑事诉讼法〉第二百五十四条第五款、第二百五十七条第二款的解释》 | 2014年4月24日通过 | 全国人民代表大会常务委员会 | 法律 |
| 《关于授权最高人民法院、最高人民检察院在部分地区开展刑事案件速裁程序试点工作的决定》 | 2014年6月27日通过 | 全国人民代表大会常务委员会 | 法律 |
| 《关于在部分地区开展刑事案件速裁程序试点工作的办法》 | 2014年8月22日发布 | 最高人民法院、最高人民检察院、公安部、司法部 | 司法解释 |
| 《关于刑事裁判涉财产部分执行的若干规定》 | 2014年9月1日通过，自2014年11月6日起施行 | 最高人民法院 | 司法解释 |
| 《公安机关讯问犯罪嫌疑人录音录像工作规定》 | 2014年9月5日 | 公安部 | 内部规定 |
| 《暂予监外执行规定》 | 2014年10月24日发布 | 最高人民法院、最高人民检察院、公安部、司法部、国家卫生计生委 | 司法解释 |
| 《人民检察院复查刑事申诉案件规定》 | 2014年4月29日通过，2014年10月27日发布 | 最高人民检察院 | 司法解释 |
| 《关于适用〈中华人民共和国民事诉讼法〉的解释》 | 2015年1月30日发布 | 最高人民法院 | 司法解释 |
| 《关于办理死刑复核案件听取辩护律师意见的办法》 | 2015年1月30日发布，自2015年2月1日起施行 | 最高人民法院 | 司法文件 |
| 《关于特赦部分服刑罪犯的决定》 | 2015年8月29日通过 | 全国人民代表大会常务委员会 | 法律 |
| 《关于依法保障律师执业权利的规定》 | 2015年9月16日发布 | 最高人民法院、最高人民检察院、公安部、国家安全部、司法部 | 司法解释 |
| 《关于完善人民法院司法责任制的若干意见》 | 2015年9月21日发布 | 最高人民法院 | 司法文件 |
| 《关于完善人民检察院司法责任制的若干意见》 | 2015年9月28日发布 | 最高人民检察院 | 司法文件 |
| 《关于建立完善国家司法救助制度的意见（试行）》 | 2015年12月8日发布 | 中央政法委、财政部、最高人民法院、最高人民检察院、公安部、司法部 | 司法文件 |
| 《关于人民监督员监督工作的规定》 | 2015年12月21日通过 | 最高人民检察院 | 司法解释 |
| 《中华人民共和国人民法院法庭规则》 | 1993年11月26日通过，2015年12月21日修正 | 最高人民法院 | 司法解释 |
| 《人民检察院办理羁押必要性审查案件规定（试行）》 | 2016年1月13日通过，1月22日发布 | 最高人民检察院 | 司法解释 |

续前表

| 文件名称 | 通过或修正时间 | 发布（通过）机关 | 性质 |
|---|---|---|---|
| 《关于加强和规范人民法院国家司法救助工作的意见》 | 2016年7月1日发布 | 最高人民法院 | 司法文件 |
| 《人民监督员选任管理办法》 | 2016年7月5日发布 | 最高人民检察院、司法部 | 司法文件 |
| 《人民检察院国家司法救助工作细则（试行）》 | 2016年7月14日发布 | 最高人民检察院 | 司法文件 |
| 《关于推进以审判为中心的刑事诉讼制度改革的意见》 | 2016年7月20日发布 | 最高人民法院、最高人民检察院、公安部、国家安全部、司法部 | 司法文件 |
| 《关于授权最高人民法院、最高人民检察院在部分地区开展刑事案件认罪认罚从宽制度试点工作的决定》 | 2016年9月3日通过 | 全国人民代表大会常务委员会 | 法律 |
| 《关于在部分地区开展刑事案件认罪认罚从宽制度试点工作的办法》 | 2016年11月11日发布 | 最高人民法院、最高人民检察院、公安部、国家安全部、司法部 | 司法解释 |
| 《关于巡回法庭审理案件若干问题的规定》 | 2015年1月5日通过，2016年12月19日修正 | 最高人民法院 | 司法解释 |
| 《关于适用犯罪嫌疑人、被告人逃匿、死亡案件违法所得没收程序若干问题的规定》 | 2016年12月26日通过，自2017年1月5日起施行 | 最高人民法院、最高人民检察院 | 司法解释 |
| 《关于人民法院庭审录音录像的若干规定》 | 2017年1月25日通过，自2017年3月1日起施行 | 最高人民法院 | 司法解释 |
| 《关于全面推进以审判为中心的刑事诉讼制度改革的实施意见》 | 2017年2月17日发布 | 最高人民法院 | 司法文件 |
| 《未成年人刑事检察工作指引（试行）》 | 2017年3月2日 | 最高人民检察院 | 司法解释 |
| 《中华人民共和国民法总则》 | 2017年3月15日通过，自2017年10月1日起施行 | 全国人民代表大会 | 法律 |
| 《关于办理刑事案件严格排除非法证据若干问题的规定》 | 2017年6月27日起施行 | 最高人民法院、最高人民检察院、公安部、国家安全部、司法部 | 司法解释 |
| 《中华人民共和国行政诉讼法》 | 2017年6月27日修正，2017年7月1日起施行 | 全国人民代表大会常务委员会 | 法律 |
| 《中华人民共和国民事诉讼法》 | 2017年6月27日修正，2017年7月1日起施行 | 全国人民代表大会常务委员会 | 法律 |
| 《关于开展法律援助值班律师工作的意见》 | 2017年8月29日公布 | 最高人民法院、最高人民检察院、公安部、国家安全部、司法部 | 司法解释 |
| 《中华人民共和国法官法》 | 2017年9月1日修正 | 全国人民代表大会常务委员会 | 法律 |

续前表

| 文件名称 | 通过或修正时间 | 发布（通过）机关 | 性质 |
| --- | --- | --- | --- |
| 《中华人民共和国检察官法》 | 2017年9月1日修正 | 全国人民代表大会常务委员会 | 法律 |
| 《中华人民共和国律师法》 | 2017年9月1日修正 | 全国人民代表大会常务委员会 | 法律 |
| 《关于开展刑事案件律师辩护全覆盖试点工作的办法》 | 2017年10月12日公布 | 最高人民法院、司法部 | 司法解释 |
| 《中华人民共和国刑法》 | 2017年11月4日第十次修正，2017年11月4日起施行 | 全国人民代表大会常务委员会 | 法律 |
| 《人民法院办理刑事案件庭前会议规程（试行）》 | 2017年12月27日 | 最高人民法院 | 司法解释 |
| 《人民法院办理刑事案件排除非法证据规程（试行）》 | 2017年12月27日 | 最高人民法院 | 司法解释 |
| 《人民法院办理刑事案件第一审普通程序法庭调查规程（试行）》 | 2017年12月27日 | 最高人民法院 | 司法解释 |
| 《中华人民共和国宪法》 | 1982年12月4日通过，2018年3月11日修正 | 全国人民代表大会 | 宪法 |
| 《中华人民共和国监察法》 | 2018年3月20日 | 全国人民代表大会 | 法律 |
| 《国家监察委员会管辖规定（试行）》 | 2018年4月17日 | 中央纪委、国家监察委员会 | 司法文件 |
| 《中华人民共和国人民陪审员法》 | 2018年4月27日 | 全国人民代表大会常务委员会 | 法律 |

# 本书缩略语列表

|  |  |
| --- | --- |
| 《高法解释》 | 最高人民法院《关于适用〈中华人民共和国刑事诉讼法〉的解释》 |
| 《高检规则》 | 《人民检察院刑事诉讼规则（试行）》 |
| 《公安规定》 | 《公安机关办理刑事案件程序规定》 |
| 《公开审判若干规定》 | 最高人民法院《关于严格执行审判公开制度的若干规定》 |
| 《律师法官任职回避》 | 《关于对配偶子女从事律师职业的法院领导干部和审判执行岗位法官实行任职回避的规定（试行）》 |
| 《两权公约》 | 《公民权利和政治权利国际公约》 |
| 《检察院立案标准规定》 | 最高人民检察院《关于人民检察院直接受理立案侦查案件立案标准的规定（试行）》 |
| 《检察院立案范围规定》 | 最高人民检察院《关于人民检察院直接受理立案侦查案件范围的规定》 |
| 《禁止酷刑公约》 | 《禁止酷刑和其他残忍、不人道或有辱人格的待遇或处罚公约》 |
| 《六机关规定》 | 最高人民法院、最高人民检察院、公安部、国家安全部、司法部、全国人大常委会法制工作委员会《关于实施刑事诉讼法若干问题的规定》 |
| 《司法鉴定决定》 | 全国人民代表大会常务委员会《关于司法鉴定管理问题的决定》 |
| 《死刑案件质量的意见》 | 最高人民法院、最高人民检察院、公安部、司法部《关于进一步严格依法办案确保办理死刑案件质量的意见》 |
| 《人民陪审员法》 | 全国人民代表大会常务委员会《中华人民共和国人民陪审员法》 |
| 《非法证据排除规定》 | 最高人民法院、最高人民检察院、公安部、国家安全部、司法部《关于办理刑事案件严格排除非法证据若干问题的规定》 |
| 《高法审判为中心意见》 | 最高人民法院《关于全面推进以审判为中心的刑事诉讼制度改革的实施意见》 |
| 《法庭规则》 | 《中华人民共和国人民法院法庭规则》 |
| 《庭前会议规程》 | 最高人民法院《人民法院办理刑事案件庭前会议规程（试行）》 |
| 《非法证据规程》 | 最高人民法院《人民法院办理刑事案件排除非法证据规程（试行）》 |
| 《法庭调查规程》 | 最高人民法院《人民法院办理刑事案件第一审普通程序法庭调查规程（试行）》 |

# 目　　录

# 细　　目

# 第一章
# 概　　述

## 案例导引

### 一、专家意见书对刑事诉讼的影响

甲（未成年）等五人被指控犯有强奸罪。甲的律师乙，在北京邀请著名教授、律师、退休法官、检察官等十余人召开专家论证会，各位专家在听取了辩护律师的案情介绍和出示的部分辩护证据后出具了《专家意见书》，认为该案指控的事实并非真相，对甲等不应认定有罪。问：审理案件的法院是否受此专家意见书的约束？

### 二、公民个人能否提起刑事诉讼

甲和乙承包的水稻田相邻。因灌溉用水纠纷，甲用铁锹将乙打成轻伤。问：乙能否直接向人民法院起诉，要求追究甲的刑事责任？

### 三、人民法院能否审判人民检察院未起诉的犯罪事实

甲被指控犯有盗窃罪。人民法院在审理过程中，发现甲尚有杀人罪行。问：人民法院能否直接审理甲的杀人罪行并对盗窃罪和杀人罪进行量刑？

### 四、民意能否成为适用死刑的标准

甲因在繁华路口无证摆摊被城管处罚，之后在城管办公室用刀将城管队员刺成两死一伤，逃离现场后被抓捕归案。经媒体报道后，网上评论几乎一边倒地认为甲是弱者，甚至是“抗暴英雄”，不应适用死刑立即执行。问：最高人民法院在复核死刑时，是否需要考虑民众的感受？

## 基本理论

### 一、刑事诉讼法的概念

#### （一）诉讼的词意

按照《现代汉语词典》的解释，诉讼就是司法机关在案件当事人和其他有关人员的参与下，按照法定程序解决案件时所进行的活动。分为刑事诉讼、民事诉讼和行政诉讼。① 实际上，诉讼就是用司法权来解决社会纠纷的过程。无论纠纷的一方是普通公民，还是代表国家的公诉机关，或者是行政机关，或者双方都是普通公民，诉讼都是诉诸法院，由法院进行事实认定和适用法律的一种活动。因此，只有法院审理裁判案件的活动才能称为诉讼；老百姓向政府、党委、人大反映情况和意见的活动不能被称为诉讼，而只能称作“人民群众来信来访”，属于信访。

中国古代的争讼，称“讼”“狱讼”“诉讼”②。从元朝开始才以“诉讼”作为刑律《大元通制》的篇名。但《诉讼》篇只规定控告犯罪的有关问题，与现代以审判为中心的诉讼的内容不完全相同。

在英文中诉讼法中的诉讼为 Procedure，原意是办事的过程、手续和程序，并无争讼之意，诉讼法（Procedural Law）可直译为程序法。我国法律采用“诉讼法”的名称，不仅由于历史上曾用“诉讼”作为刑律的篇名，还由于日本明治维新时学习欧美资本主义国家法制，把 Procedural Law 定名为诉讼法，制定了刑事诉讼法、民事诉讼法。我国清末变法，受日本影响最大，因此也使用“诉讼法”的名称直至今日。

对于诉讼的英文对应词，美国使用比较多的一个词汇是 Procedure，例如《美国联邦刑事诉讼规则》的原文就是 Federal Rules of Criminal Procedure；Nutshell 系列中关于宪法刑事诉讼的教材也被称作 Criminal Procedure—Constitutional Limitations。另外一个关于刑事司法制度的词汇是 Criminal Justice，中文一般译为“刑事司法”，这个词经常作为英国议会立法中关于刑事诉讼法律的名称，例如 Criminal Justice Act 2003，其内容主要是刑事诉讼程序，另外包括量刑方面的一些规定；在英国，介绍刑事司法制度的学术专著也一般称为 Criminal Justice，法学专业开设的课程也如此命名。如果单纯地称诉讼的过程，可以用 litigation 这个词。如果称一个案件，可以称 action。

#### （二）刑事诉讼和刑事诉讼法的概念

我国的诉讼根据诉讼任务和诉讼形式特点的不同分为刑事诉讼、民事诉讼和行政诉讼三种。刑事诉讼有以下主要特征：

1. 刑事诉讼是行使国家刑罚权的活动。国家具有一系列权力，行使惩罚犯罪的刑罚权是其中一项十分重要的权力。刑事诉讼的中心内容就是解决被追诉者的刑事责任问题，具体内容包括：犯罪事实发生了没有，被追诉者是否实施了犯罪行为，应否处以刑罚以及如何处刑。刑事诉讼的内容决定了刑事诉讼所采取的形式、程序的特点，并因此区别于民事诉讼与行政诉讼。

---

① 中国社会科学院语言研究所词典编辑室编．现代汉语词典．5版．北京：商务印书馆，2005：1301.

② 《论语·颜渊》：“听讼，吾犹人也。必也使无讼乎！”（大学·中庸·论语·孟子．北京：中国社会出版社，1999：50）《周礼·地官司徒第二》：“凡万民之不服而有狱讼者，与有地治者听而断之；其附于刑者归于士。”（尚书·周礼·仪礼·礼记·诗经．北京：中国社会出版社，1999：81）

2. 刑事诉讼由国家专门机关进行。在我国，刑事诉讼由监察委员会、公安机关、人民检察院和人民法院进行。我国刑事诉讼中的监察委员会、公安机关、人民检察院和人民法院可以合称为专门机关，但不宜合称为司法机关，因为根据宪法及其他法律关于国家机构的规定，监察委员会属于监察机关，公安机关属于行政机关，虽然它们在刑事诉讼中行使一定的司法权力，但不能据此认为它们就是司法机关。

3. 刑事诉讼必须有当事人和其他诉讼参与人的参加。诉讼是由原告、被告、裁判机构三方作为基本的参与主体而组成的。在我国刑事诉讼中，除了有监察委员会、公安机关、人民检察院和人民法院外，首先必须有被调查人、犯罪嫌疑人、被告人参加，因为刑事诉讼的中心内容就是解决其刑事责任问题，没有被追诉人的参加，不仅不能维护其合法权利，而且使刑事诉讼无法进行下去。为了追究犯罪，维护被害人的权利，我国刑事诉讼法也规定了被害人作为控方主体之一参加诉讼。为了在诉讼中证明案件事实，维护当事人的合法权益，保证实现刑事诉讼的任务，还必须有辩护人、诉讼代理人、附带民事诉讼原告、被告和证人、鉴定人等参加诉讼。诉讼参与人，特别是当事人的参与诉讼及其参与的程度，是诉讼民主的重要标志。

4. 诉讼必须依照法定程序进行。严格依照法律规定的程序进行，这是刑事诉讼的一个重要特征。人们的社会活动或政府的行政活动也有一定的程序，但通常没有像诉讼程序那样严格和程式化，正因为这样，刑事诉讼也称刑事程序。

综上所述，中国刑事诉讼是指监察委员会、公安机关、人民检察院、人民法院在当事人和其他诉讼参与人的参加下，依照法律规定的程序，解决被追诉者刑事责任问题的活动。

刑事诉讼法是调整刑事诉讼活动的法律规范。中国的刑事诉讼法是指国家制定的调整监察委员会、公安机关、人民检察院、人民法院在当事人和其他诉讼参与人的参加下解决被追诉人刑事责任问题的活动的法律规范。刑事诉讼法所调整的对象，一是专门机关进行刑事诉讼的活动，二是诉讼参与人参加刑事诉讼的活动。专门机关进行刑事诉讼和诉讼参与人参加刑事诉讼都必须严格遵守刑事诉讼法的规定。

刑事诉讼法是十分重要的部门法，在我国社会主义法律体系中属于基本法，而不是一般的法律。《中华人民共和国刑事诉讼法》（以下简称《刑事诉讼法》）是必须通过全国人民代表大会制定和修改的。

### （三）刑事诉讼法的渊源

刑事诉讼法的渊源是指刑事诉讼法律规范的存在形式或载体。我国刑事诉讼法的渊源有以下几种：

1. 宪法。宪法是国家的根本大法，规定了我国的社会制度、经济制度、政治制度、国家机构及其活动原则、公民的基本权利和义务，具有最高的法律效力，也是制定一切法律的根据。《刑事诉讼法》是根据《宪法》制定的，《刑事诉讼法》第1条明确指出："根据宪法，制定本法。"首先，《刑事诉讼法》是根据《宪法》规定的带有根本性的内容而制定的，如我国"是工人阶级领导的、以工农联盟为基础的人民民主专政的社会主义国家"。"社会主义制度是中华人民共和国的根本制度"（第1条）。"国家行政机关、审判机关、检察机关都由人民代表大会产生，对它负责，受它监督"（第3条）。"国家维护社会主义法制的统一和尊严"（第5条）。"国家维护社会秩序，镇压叛国和其他危害国家安全的犯罪活动，制裁危害社会治安、破坏社会主义经济和其他犯罪的活动，惩办和改造犯罪分子"（第28条）。"公民在法律面前一律平等"（第33条）。"公民的人身自由不受侵犯"（第37条）等。其次，《宪法》规定了一些与刑事诉讼直接有关的条文，如"任何公民，非经人民检察院批准或者决定或者人民法院决定，并由公安机关执行，不受逮捕”（第37条）。“人民法院审理案件，除法律规定的特别情况外，一律公开进行。被告人有权获得辩护”（第130条）。人民法院、人民检察院、监察委员会依法独立行使职权，“不受行政机关、社会团体和个人的干涉”（第127条、第131条、第136条）。“人民法院、人民检察院和公安机关办理刑事案件，应当分工负责，互相配合，互相制约，以保证准确有效地执行法律”（第140条）。这些条文成为刑事诉讼法的重要内容或基本原则，并相应地规定在刑事诉讼法中。

我国的宪法不是固定不变的，需要根据国情的变化而不断修改。我国的刑事诉讼法也应与此相适应。我国1979年的《刑事诉讼法》是根据1978年的《宪法》制定的。1996年、2012年《刑事诉讼法》的修改是以1982年颁布后又做过修正的《宪法》为根据的。1999年3月，《宪法》作了若干处重大修改，其中增加规定：我国“实行依法治国，建设社会主义法治国家”，这对《刑事诉讼法》的进一步修改和完善具有指导意义。

2. 刑事诉讼法典。指1979年7月1日制定，1996年3月17日、2012年3月14日修正的《刑事诉讼法》，它是我国主要的刑事诉讼法渊源。

3. 有关法律。指全国人大及其常委会所制定的法律中有关刑事诉讼的规定。比较重要的有刑法、监察法、人民陪审员法、人民法院组织法、人民检察院组织法、民事诉讼法、行政诉讼法、国家赔偿法、监狱法、法官法、检察官法、律师法、人民警察法、未成年人保护法、预防未成年人犯罪法等。这些法律中都有涉及刑事诉讼的规定。

4. 有关法律解释。指全国人大常委会及其授权的单位所作出的有关刑事诉讼法的解释。根据1981年第五届全国人大常委会通过的《关于加强法律解释工作的决议》，法律解释可分为立法解释（由全国人大常委会解释）、司法解释（由最高人民法院和最高人民检察院解释）、行政解释（由国务院及主管部门解释）。行政解释实际上就是行政法规、规定。刑事诉讼法的法律解释中最重要的是2012年12月26日公布的《六机关规定》。重要的司法解释有最高人民法院2012年12月20日公布的《高法解释》，最高人民检察院2012年11月22日公布的《高检规则》。重要的行政解释有公安部2012年12月13日公布的《公安规定》。

5. 有关行政法规、规定。指国务院制定的法规和主管部、局制定的规定中有关刑事诉讼的规定。如国务院制定的《看守所条例》《法律援助条例》，公安部制定的《刑事技术鉴定规则》等。

6. 有关的国际条约。国际条约是国际法的主要渊源，本不属于我国国内法的范畴。但我国缔结或者参加的国际条约是经过全国人大常委会批准的，体现了我国的国家意志，也属于我国国内法渊源之一，具有法律约束力。而且，根据国际惯例①和我国《民法通则》《民事诉讼法》② 的有关规定，国际法与国内法发生冲突，应当遵循国际法优于国内法的原则，适用国际条约。我国加入的国际条约与刑事诉讼直接有关的主要有：《禁止酷刑公约》《联合国少年司法最低限度标准规则》（北京规则）以及我国政府已签署尚待批准的《两权公约》。特别是后者对国际刑事司法准则作了系统的规定，在批准后其未保留的条款应当是我国刑事诉讼法的重要渊源。

---

① 《维也纳条约法公约》第27条规定：“一当事国不得援引其国内法规定为理由而不履行条约。”http://www.fmprc.gov.cn/chn/pds/ziliao/tytj/t83909.htm，[2010-05-03].

② 《民法通则》第142条第2款规定：“中华人民共和国缔结或者参加的国际条约同中华人民共和国的民事法律有不同规定的，适用国际条约的规定，但中华人民共和国声明保留的条款除外。”《民事诉讼法》第260条也有与《民法通则》类似的规定。

## 二、刑事诉讼法与相邻部门法的关系

### （一）刑事诉讼法与刑法

《刑法》和《刑事诉讼法》的关系是实体法与程序法的关系。《刑法》是规定关于犯罪和刑罚的法律，刑事诉讼法则是从所规定的诉讼程序上保证刑法的正确实施。没有刑法，刑事诉讼的进行失去了内容和实体上的依据；没有刑事诉讼法，刑法不可能正确实施，等于一纸空文。因此两者互相依存，相辅相成，密不可分。

### （二）刑事诉讼法与民事诉讼法、行政诉讼法

刑事诉讼法、民事诉讼法、行政诉讼法三者都是诉讼法，都是为正确实施一定的实体法服务的。因此，它们之间有共性，具有许多共同的原则、制度和程序，例如司法机关依法独立行使职权原则，以事实为根据、以法律为准绳原则等；在审判程序上有一审程序、二审程序和审判监督程序等。但是，由于这三种诉讼法所要解决的实体问题不同，因而它们也存在很多不同，例如举证责任分配、证明标准等方面存在不同，并且在刑事诉讼中公诉案件由代表国家的检察机关提起公诉，而民事诉讼、行政诉讼中则不是由检察机关起诉。

## 三、刑事诉讼法学的研究对象和研究方法

### （一）刑事诉讼法学的研究对象

刑事诉讼法学作为一门法学分支学科，研究对象包括刑事诉讼法律规范、刑事诉讼实践和刑事诉讼理论。

刑事诉讼法律规范，是指广义的刑事诉讼法，包括刑事诉讼法典、其他法律的有关规定、相关司法解释、行政法规等。我国参加的国际公约中关于刑事诉讼的规定也应当作为研究对象。

刑事诉讼实践，是指刑事诉讼法律规范在司法实践中的适用和实施情况，从中总结经验，发现和解决具体贯彻实施刑事诉讼法过程中存在的问题。这样，刑事诉讼法学的研究才能真正适合中国的实际情况，解决实际问题，避免法学研究和司法实践的脱节。

刑事诉讼法理论，是指关于刑事诉讼的基本理论，如正当程序观念、公正和效率的观念等。研究刑事诉讼基本理论可以更加透彻地理解刑事诉讼的原则和制度背后的价值选择，从而选择最适合我国实际情况的做法。

### （二）刑事诉讼法学的研究方法

刑事诉讼法学的具体研究方法，一般认为有辩证思维的方法、理论联系实际的方法、比较和借鉴的方法等。① 近年来出现了一些新的研究方法，详见下面的介绍。

# 观点探讨

## 一、刑事诉讼的概念问题

目前的通说是，“我国的刑事诉讼是指国家专门机关在当事人及其他诉讼参与人的参加下，

① 陈光中主编．刑事诉讼法．北京：北京大学出版社，2009：9－10.

依照法律规定的程序，追诉犯罪，解决被追诉人刑事责任的活动"①。按照这个定义，刑事诉讼是国家专门机关进行的活动，当事人，包括作为辩护一方主体的被追诉人，只是参加这个活动而已。

笔者认为，诉讼是平等的双方当事人相互对抗，由法院居中审理，并作出裁判的活动。刑事诉讼也是如此，其对抗的双方是：代表国家的公诉机关（或者自诉案件中的自诉人）；作为被追诉的公民个人，即刑事案件中的犯罪嫌疑人、被告人。因此，刑事诉讼的概念应当是：刑事诉讼是代表国家的公诉机关和被追诉的公民个人之间的在法院面前的平等对抗，最终由法院判决哪一方胜诉的活动。

也就是说，刑事诉讼应当是"等腰三角形"结构。刑事诉讼是代表国家的检察院和被追诉的被告人之间的平等对抗，法院则处于居中的地位进行裁判（监察委员会、公安机关是为检察院的公诉活动做准备，其侦查或者调查活动实质上就是为公诉准备起诉的对象和起诉的证据。辩护人是帮助被告人行使辩护权的人）。传统定义把刑事诉讼理解为专门机关共同为了揭露犯罪、证实犯罪、惩罚犯罪而进行的活动，忽视了被追诉人的主体地位。传统定义是职权主义或者纠问式诉讼的遗风，与平等武装（equality of arms）、法院无偏倚等刑事诉讼原则不相一致，也和宪法刑事诉讼领域的限制国家权力、保护被追诉人个人权利的趋势相悖。

如果一个案件是自诉案件，则自诉人代替检察院的位置，而且起诉前也没有侦查或者调查活动，整个诉讼活动由自诉人和被告人平等对抗。在自诉案件中，自诉人可以委托诉讼代理人帮助其行使诉讼权利，进行诉讼活动。

## 二、刑事诉讼法学的研究方法问题

目前我国刑事诉讼法学界对研究方法的探讨已经逐步兴起。笔者认为，刑事诉讼法作为一门应用部门法学，在研究方法上需要注意以下几个方面的问题：

### （一）书面材料研究与实证研究

由于我国法学教育中对研究方法的培养比较欠缺，我国目前法学研究多为"基于书面材料的研究"（library based research）。这种研究方法依赖图书馆中的文献、期刊、专业文章来进行具体问题的研究，其论据多来自权威学者的论断、国外立法翻译等。近年来一些年轻学者利用其熟练的外语阅读能力，使用 westlaw 等在线数据库进行研究，其论据多为英美的判例、学者在法律期刊上的论文等。这些是我国目前主要的研究方法，教材、专著和论文的研究方法大多如此。

与此相对的研究方法是"实证研究方法"（empirical research）。这种研究方法的主要手段包括数据比较、问卷调查、数据分析等。在刑事诉讼领域，比较重要的例子有：

例一：关于米兰达判例的实际效果的实证研究，先是 Cassell 教授和 Fowles 教授作出的详细而又复杂的实证研究的结果和对结果的解释，即《给警察戴手铐？米兰达对法律实施的损害影响之三十年回顾》。② 之后，Donohue 教授对该文的数据进行了独立的重新分析，提出了他的结果，即《米兰达损害了警察的有效执法吗?》。③ 再之后，Cassell 和 Fowles 对 Donohue 教授的文

---

① 陈光中主编．刑事诉讼法．北京：北京大学出版社，2009：1.

② Paul G. Cassell & Richard Fowles. Handcuffing the Cops? A Thirty-year Perspective on Miranda's Harmful Effects on Law Enforcement. 50 *Stan. L. Rev.* 1055 (1998), at 1060.

③ John J. Donohue Ⅲ. Did Miranda Diminish Police Effectiveness? . 50 *Stan. L. Rev.* 1147 (1998), at 1149 n. 11.

章进行了简短的反驳，即《米兰达判例之后破案率的下降：巧合还是后果》。①

例二：关于第四修正案的排除规则，Perrin 教授等人进行了对排除规则的实证研究，从而提出了改革的思路。其文章就是著名的“佩珀代因研究”（Pepperdine Study）②。之后不久，Totten 教授对佩珀代因研究进行了批判，认为该研究的实证研究方法存在缺陷，因而结论也是错误的。③

例三：Liebman 教授等的研究（The Liebman Study），在对 1973 年至 1995 年的死刑判决进行研究之后，Liebman 教授等提出，“在全国范围内，在 1973 年到 1995 年间，死刑判决总体上的错误率达 68%”④。之后，Van Grack 教授对 Liebman 的研究进行反驳，认为其对数据的分析方法存在错误。⑤

我国的实证研究方法，主要是从 2004 年开始，中国政法大学刑事法律研究中心采用实证研究法进行了两个项目的试点：一是在四川成都进行的证人出庭作证的试点项目，二是在浙江永康进行的关于未成年人取保候审和酌定不起诉的试点。⑥

总体说来，在中国实证研究方法比较少见，大概有以下几个方面的原因⑦：

第一，实证的研究方法出成果很慢。年轻的学者们由于评职称等压力，不会花很多工夫在实证研究上。第二，在学术评价方面，目前仍然偏重理论创新和构建。而且，由于实证研究方法有可能通过别人的复制而被证伪，所以实证研究的风险更大。第三，在我国，法学教授的本科、硕士和博士专业大多是法律专业，偶尔也有本科学哲学的，但是很少有理工科背景，对实证的研究方法不熟悉。第四，实证的研究方法需要一定的科研经费支持，这对不少研究者来说都是一个障碍。第五，我国的专门机关对很多数据都持保密态度，学者只能在公开媒体上获得非常有限的数据，具体调查时很难获得司法实践部门的配合。

（二）历史的、社会的、文化的研究方法

一个法律制度的优劣，究竟是看它与世界先进制度的一致程度，还是看它与本民族文化相兼容的程度，是一个难以得出结论的问题。一方面，中国在近代化的过程中已经按照西方的模式建立了西方模式的司法体系和法律制度；另一方面，我国几千年的传统文化必然对制度的选择和设计产生巨大的影响。比如，我国长期以来是帝王专制统治并且重视高低贵贱的身份差别，而陪审制度的精神则是由与被告人地位平等的人进行审判，那么，究竟是由高贵的法官来审理案件还是由与被告人地位相同的普通老百姓审理案件，更容易得到被告人的认同？这就是一个需要运用历史、社会、文化的方法研究的问题。Kiss 教授关于日本究竟应当实行陪审团制

---

① Paul G. Cassell & Richard Fowles. Falling Clearance Rates after Miranda：Coincidence or Consequence. 50 *Stan. L. Rev.* 1181 (1998), at 1181.

② L. Timothy Perrin, H. Mitchell Caldwell, Carol A. Chase & Ronald Fagan. If It's Broken, Fix It：Moving Beyond the Exclusionary Rule. 83 *Iowa L. Rev.* 669 (1998).

③ Gregory D. Totten, Peter D. Kossoris & Ebbe B. Ebbesen. The Exclusionary Rule：Fix it. But Fix It Right—A Critique of If It's Broken, Fix It：Moving Beyond the Exclusionary Rule. 26 *Pepp. L. Rev.* 887 (1999).

④ James S. Liebman, Jeffrey Fagan, Valerie West & Jonathan Lloyd. Capital Attrition：Error Rates in Capital Cases, 1973－1995. 78 *Tex. L. Rev.* 1839 (2000), at 1850.

⑤ Adam L. Van Grack. Serious Error with “Serious Error”：Repairing a Broken System of Capital Punishment. 79 *Wash. U. L. Q.* 973 (2001).

⑥ 中国政法大学刑事法律研究中心．试点与改革：完善司法制度的实证研究方法．北京：北京大学出版社，2006：序一．

⑦ 在美国，大多数学者也不采用实证研究方法。Michael Heise, “The Importance of Being Empirical”, 26 *Pepp. L. Rev.* 807 (1999).

(Jury) 还是参审制 (Lay Assessor) 就很好地从这些方面对日本的陪审方式的选择提出了分析意见①，虽然后来没有被日本的立法所采纳。

再比如，关于判决的实体公正的问题。对抗制认为诉讼是解决纠纷的，查明真实只是诉讼的副产品，而非必然达到的目标。从这个结论出发，判决的稳定性和终局性就容易理解了。但是，在我国，无论是古代小说、戏剧，还是一直以来的普通民众心理，都还是认为判决必须符合"事实"，对于"认定事实确有错误的"，当事人可以申请再审或者申诉，法院和检察院也可以发动审判监督程序来再审。这样，长期缠诉的现象就不可避免。同时，由于一味追求实体公正，关于证据排除的一些规则也难以获得民众的赞同，如根据非法证据排除规则排除实体上真实的证据。

### （三）国外经验与本土文化的冲突

在全球化的背景下，刑事诉讼法学者必须面临法律的全球化（通常被称作"与国际接轨"）与法律的地方化的冲突。究竟哪一种刑事诉讼制度是我国所需要的，恐怕不容易得出统一的结论。一方面，主张法律全部照搬西方的理论要面对这样的难题：移植的法律水土不服怎么办？中国当地的民众对之不予认可怎么办？用民众不接受的法律制度治理国家是不可能的事情。另一方面，主张维持本民族传统的理论要面对这样的难题：传统的法律制度如果已经违背了社会发展的趋向，例如刑讯逼供、司法行政不分等，难道也要坚持吗？中国司法制度的历史已经表明，中国法制的近代化过程就是向西方学习的过程。

对于这个矛盾，冯友兰曾经说过："所谓'全盘西化'，所谓'本位文化'都是这种混乱的表现。如果不把这种混乱搞清楚，事情就不好办。中国人是黑头发、黄眼珠；西洋人是黄头发、蓝眼珠，如果真要'全盘西化'，你能把黑头发、黄眼珠换成黄头发、蓝眼珠吗？显然没有这个可能，也没有这个必要。你说要'本位文化'，中国就真是什么改革都不要吗？某一些改革是必要的，也是可能的。什么是必要的，什么是不必要的，什么是可能的，什么是不可能的，这就需要选择。选择必定有个标准……怎样确定这个标准呢？"②

笔者认为，确定这个标准的方法应当是这样的：

第一，究竟应当如何制定刑事诉讼法律规范，应当由立法机关在充分考虑了中国的实际情况和透彻理解了西方国家的做法后，权衡利弊作出决定。在这个过程中，学者们的职责在于梳理西方刑事诉讼法的规定，进行分析、比较，对不同国家的不同的做法和立法选择进行价值上的分析，并结合该国政治结构、历史传统等评论该制度带来的不同社会效果。简单地说，学者的任务是说清楚一项制度的利弊，最后由立法机关抉择。

第二，应当在中国进行实证研究，以查明一项制度在中国是否能够起到其预期的立法目的。例如，《刑事诉讼法》第 54 条关于采用刑讯逼供等非法方法收集的犯罪嫌疑人、被告人供述应当予以排除的规定的目的在于制止警察刑讯逼供，那么应当通过走访具体侦查案件的警察、作出排除决定的法官，设计调查问卷，分析这些数据，来查明该解释是否能够起到预期的作用。如果第 54 条有助于警察在讯问时自觉遵守法律的规定，则排除证据的这个代价就是值得的；如果第 54 条对警察的讯问没有任何影响，则排除证据的代价就不值得。通过这种研究，可以真正了解一项制度在中国可能产生的社会后果，从而使刑事诉讼立法不至于脱离实际，甚至与实际相背离。

---

① Lester W. Kiss. Reviving the Criminal Jury in Japan. 62-SPG *Law & Contemp. Probs*. 261 (1999).

② 冯友兰自述．北京：中国人民大学出版社，2004：197.

通过以上两种方法，似乎可以解决这个难题。也许有人会问，如果立法机关的选择不符合民众的要求，又该如何呢？这应当不成为问题，因为立法机关是选举产生的，民众如果不满，可以在新的任期内选出新的立法机关对立法进行修正。同样，如果社会实际情况发生了新的变化，新的实证研究又会为立法机关提供新的决策依据。

案例导引答案

# 第二章 中国刑事诉讼法的历史发展

## 基本理论

### 第一节 古代刑事诉讼法

有了社会就有人与人之间的冲突和争端，这些冲突和争端如果不以私力救济的方式解决，就必须由一个权威机构或个人作出裁决。古代虽然也存在为人们共同遵循的带有一定强制性的行为规范，也有酋长和部落议事会，但由于生产力不发达，不可能有从氏族成员中分化出来专门从事管理的专门机关和人员，也不可能出现以专门机关执行强制措施为后盾的法。直到后来，人类文明发展到由氏族社会过渡到奴隶社会，专门的国家司法机构产生了，也有了现在意义上的诉讼，并且也逐渐产生了以文字等形式固定下来的法律。

最初的法律并没有区分实体法和程序法，也不区分民法和刑法。中国古代最早出现的是诸法合体、以刑为主的法律规范，与历史上同一时期的其他国家一样，没有形成独立的刑事诉讼法典。最早的刑事诉讼立法是与刑法混合在一起的，始于公元前 21 世纪夏朝的建立。“夏有乱政而作禹刑，商有乱政而作汤刑，周有乱政而作九刑。”① 但是，夏、商、周三代并没有颁布过成文法典，成文法典的颁布是从春秋战国时代开始的。鲁昭公六年（前 536 年），郑国执政子产“铸刑书”②，把法铸在铁鼎上公布出来，这是春秋列国中最早颁布的成文法。魏国在魏文侯（前 445 年—前 395 年）时，相国李悝集各国刑法之大成，约于公元前 407 年编制了我国古代第一部比较系统的法典，这就是著名的《法经》。《法经》分六篇：盗、贼、囚、捕、杂、具，实际上是刑事法典（包括刑法和刑事诉讼法两部分）。秦始皇统一六国后，以《法经》为基础统一了全国法律。

九章律是两汉的基本刑事立法。但到了后来，两汉的刑事立法越来越复杂，首先，西汉陆续制定了一系列专门法律，傍章律、越宫律、朝律连同九章律，汉律共六十篇。其次，皇帝随时颁布大量诏令，两汉的诏令共汇编为三百多篇。再次，还有大量的“科”和“比”。另外，东汉后期，一些儒家学者又对法律进行解释，可适用断罪的共两万多条。

曹魏政权在魏明帝时制定了魏律十八篇，它是两汉立法和司法经验的整理和总结，比汉律在内容上更完备、在体例上更系统，是封建刑事立法的一个重大发展。西晋代魏并统一三国，于晋武帝时编订晋律。西晋的刑律为东晋和南朝的宋、齐所沿用。齐以后的梁、陈两代虽曾另行颁布新律，但其内容、体例与晋律少有差别。

---

①② 左传・昭公六年．北京：中国社会出版社，1999：256.

北魏律基本上沿袭汉律和魏晋律。北魏后的北齐于公元 564 年颁布北齐律，北周也曾颁布新律二十五篇，定罪一千五百条。隋文帝于公元 583 年以北齐律为样本制定了开皇律，隋炀帝大业年间又制定大业律，但后来唐律舍大业律而以开皇律为本。

唐朝建立以后，在唐高宗永徽二年（651 年）颁布永徽律，就是现存的唐律。永徽四年（653 年），又由太尉长孙无忌等人对律文逐条做注解以统一解释法律的精神实质，这叫作疏议。唐律是我国封建社会最具有代表性的刑事法典，在中国封建法制史的发展上，它起着“集前代之大成”“为后世之楷模”的承前启后作用。唐以后的五代十国时代的法典大体均以唐律为本。

宋建隆四年（963 年）颁布了宋刑统，内容完全抄袭唐律。但宋代偏重敕例，这种趋势到元、明、清三代有更进一步发展。元统一中国后，颁行的大元通制的内容主要是刑事立法。元代立法的特点是没有像前代那样有系统的条文，而只是大量诏令、事条和案例的汇编。明朝的大明律到洪武三十年（1397 年）最后定制，与律并行的还有“例”（包括“案例”和“条例”两种）。清朝刑事立法同样采取了明代律例并用合编的原则。顺治三年（1646 年），颁布大清律集解附例。雍正三年（1725 年），在康熙修编律例（未颁布）的基础上，重定律例，清律至此定制。

以上历代刑事立法中，早在李悝《法经》中的“囚”法和“捕”法，秦简中的“治狱”和“讯狱”，刑事诉讼法已成萌芽状态。隋唐以下至于明清，历代的律例及有关行政法典之中，除在“名例”“职制”“职官”部分有着刑事诉讼原则的规定外，“斗讼”“捕亡”“断狱”各篇还规定有刑事诉讼的制度和程序。

中国古代司法制度，在从夏商到明清的四千多年历史发展过程中，形成了一系列的特点。这些特点，反映了中国古代刑事诉讼的本质特征，反映了当时的专制主义统治，也反映了儒家的思想影响和统治阶级积累的司法经验。我国古代司法制度的特点，主要表现在下列几方面：

## 一、刑事诉讼与民事诉讼基本不分

据《周礼》记载，周朝刑事诉讼称“狱”，民事诉讼称“讼”，两者似乎有所区别。但从秦汉以后的立法和司法来看，刑事诉讼与民事诉讼是没有明显区别的。首先从实体法上说，中国古代的立法，是以刑为主，刑民结合的，大量的财产、家庭、婚姻问题采用刑事手段来解决。其次，从诉讼法来看，中国古代立法，历来是“诉讼断狱，附见刑律”，诉讼法没有专门法典，而只是作为刑律中的一部分内容加以规定。因此，在司法实践上，诉讼程序没有刑、民之分，基本是一套程序，即刑事诉讼程序。

## 二、皇帝（或王）掌握最高司法权

中国古代的奴隶制和封建制国家，一直是皇帝（先秦时期为王）操“刑罚威狱”之大权，掌握着最高司法权。以秦以后的皇帝来说，他可以下令把任何人逮捕下狱交付审判；可以亲自审判任何案件；可以在裁决案件时处以任何刑罚或赦免任何人；全国的重大案件（主要是贵族官僚案件和死刑案件）必须奏请皇帝审批核准；皇帝还可以通过直诉、录囚等方式直接了解和干预司法工作。皇帝处理案件，既可遵守现行法律，也可以权宜行事，置法律于不顾。

## 三、司法与行政不分

古代的司法权从地方到中央，从属于行政，司法不独立。地方的司法权，在商周时由诸侯掌握，秦以后则由郡守、州牧、督抚、县令等各级地方行政长官兼行。地方政府中虽然也设有专职的司法官吏，如汉之决曹、贼曹掾，唐之司法参军事、司法佐、司法史等，但他们只是行政长官理讼断狱的佐吏，没有独立司法权限。在中央，历代设有司法机关，如先秦的大理、司寇，秦以后的廷尉、大理寺、刑部等。但他们要绝对服从王或皇帝的命令，而且一般要受制于冢宰、丞相、三省、内阁等中央行政中枢。

## 四、维护统治者特权

在奴隶社会和封建社会，在法律上统治者享有种种特权，实行公开的不平等。主要表现有：限制奴告主；贵族官僚有罪监禁时，可享受颂系待遇，即散收而不戴狱具；贵族官僚可派代理人出庭诉讼；对于“八议”者，即上层统治人物犯罪的案件，采取“请议”的特殊诉讼程序；上层统治人物不受拷讯；等等。

## 五、刑讯逼供，罪从供定

中国大约从周朝开始，就实行拷讯。《云梦秦简》表明，拷讯在秦朝已成为法定制度了。唐律则对拷讯的对象、条件、工具、程序和如何施行作了系统的规定。而且在合法拷讯之外，还有种种非法拷讯的手段。几千年来，刑讯一直是古代讯狱的中心环节，是古代诉讼落后野蛮的一个重要标志。

古代的刑讯制度是和偏重口供、罪从供定的证据制度联系在一起的。古代诉讼，虽然也收集、使用物证、人证，并比较重视现场勘验，但是更重视口供，以口供作为定案的主要根据。在通常情况下，没有认罪的口供，是不能定案的。既然重口供，就必然要实行刑讯逼供。历史证明，刑讯逼供是以轻信口供为前提条件的。

## 六、具有重狱讼、慎刑罚的精神

古代统治者在长期的司法实践中积累了相当丰富的经验。为了保证案件能得到正确、公平处理，防止错判错杀，并使冤案能得到平反，古代诉讼中建立了一系列的制度，其中比较重要的有：法官责任制度、御史监察制度、回避制度、验尸制度、会审制度、直诉制度、死刑复核复奏制度、录囚制度等。这些制度在当时历史条件下起了有益的作用，而且有的制度到今天仍有一定的借鉴作用。

总之，中国古代的司法制度，既有大量的糟粕，也有某些精华。研究古代的司法制度，首先要批判其专制主义的、落后野蛮的东西，肃清其流毒；同时也要实事求是地总结其有益的经验，以资借鉴，从而使中国古代司法制度，从正反两方面为今所用，以有利于今天的法制建设。

## 第二节 清末和中华民国刑事诉讼法

### 一、清末的刑事诉讼法

1840年鸦片战争以后，中国由封建社会逐步沦为半殖民地半封建社会，进入近代的历程。面对着西方的民主宪政、"个人本位"思想，当时先进的中国人把"立宪"作为战斗旗帜。"戊戌变法"试图参考外国发达的政治制度，设计出一幅君主宪政的蓝图，解救中国的危亡，但由于封建顽固势力的强大与中国民族资产阶级力量的薄弱，新政只维持了百余天便失败了。到了后来，清政府在内外交困中无计可施，为了平息人民起义和舆论指责，也是为了借助宪法力量继续保持君主专制特权，不得不进行"预备立宪"，即制定了1908年9月的《钦定宪法大纲》和1911年11月的《宪法重大信条十九条》。

与上述宪政活动相适应，自1902年至1911年清政府最高封建统治集团对其原有法律也进行了一系列的修改，即所谓的"清末修律"活动。它是西方法律、法学进入中国立法领域的标志，也是中国法律开始近代化、资产阶级化的转折点。它是中国法律史上自李悝、商鞅变法后，两千多年来封建统治者自己进行的一次很重要的法律改革，是中国封建法律向半封建半殖民地法律转化的开始。其中有关刑事诉讼法律方面的立法主要有：

#### （一）《刑事民事诉讼法》草案

光绪三十二年（1906年）修订法律大臣沈家本、伍廷芳"模范列强"，学习西方，制定《刑事民事诉讼法》。这是中国法律史上第一个单行诉讼法规，从而首次打破了两千多年来诸法合体之立法例。该法共5章260条，采用西方国家的律师制度和陪审制度。这个诉讼法遭到以湖广总督张之洞为首的礼教派的反对，未予公布即宣告作废。

#### （二）《法院编制法》

光绪三十二年（1906年）九月，清王朝改革官制。刑部改为法部，专掌司法；大理寺改为大理院，专掌审判。十月，沈家本进呈《大理院审判编制法》，仿照日本裁判制度，将全国审判机构划分为四级：乡谳局（京师为城谳局）、地方审判厅、高等审判厅、大理院。初步确定全国审判实行四级三审制。该法共5节45条，实际上是大理院和京师审判厅、局的组织法，具体规定其设置和权限。

光绪三十三年（1907年）八月，沈家本将《法院编制法》草案呈上。该草案共15章140条，"凡机体之设备，审级之制度，官吏之职掌，监督之权限"都作出了规定。这是我国最早的一部全国性的法院组织法草案，经宪政编查馆核议修正，改为16章163条，于宣统元年（1909年）十二月颁行。

#### （三）《大清刑事诉讼律草案》

光绪三十二年（1906年）编纂的《刑事民事诉讼法》草案因礼教派的反对而作废，光绪三十四年（1908年）后，因仿行立宪之需要，诉讼法分刑事、民事重新单独修订。宣统二年（1910年）十二月，沈家本、俞廉三将草案进呈，采用各国通例，借鉴国外做法，主要有以下八个方面：一是追诉由当事人行之，审判官则超然于原告、被告之外；二是对犯罪提起公诉之权专属于代表国家的检察官；三是发现真实，其义有三：自由心证、直接审理、言辞辩论；四是赋予被告人聘请辩护人的权利，并且辩护人可以为之搜集有利证据，为之进行法庭辩论；五是审判公开；六是当事人对刑事案件没有处分权，包括检察官不得任意放弃起诉权，不准私了刑事案件等；七是干涉主义，就是审判官为了断定罪之有无应当干涉、调查一切必要事宜，而不受当事人辩论的约束；八是三审制度。这部草案分总则、第一审、上诉、再理、特别诉讼程序、裁判之执行六编，共515条，是中国历史上第一部刑事诉讼法典草案，但未及颁行，清政府即告覆亡。

除了以上立法的变化外，清末司法制度最突出的一个变化是正式确认了西方发达国家在中国的领事裁判权制度，即凡在中国享有领事裁判权的国家，其在中国的侨民如成为民、刑诉讼的被告时，中国的法庭无权裁判，只能由该国的领事裁判。列强在中国享有领事裁判权的原因，除了清政府在列强的武力面前无能为力以外，清朝法律不良、刑罚苛酷、监狱恶劣、司法行政不分、行政官执行司法职权、刑讯拷问惨无人道、一人犯罪罚及一家的连坐制度不合法理、封建官吏视外人为夷狄、法律上不予以平等权利等也是列强要求领事裁判权的重要原因。正因为如此，清政府在与列强签订的条约中，正式提出要进行法律改革，希望列强因此而放弃领事裁判权。可以说，领事裁判权在客观上刺激了清末的法律改革。领事裁判权制度使中国的司法独立主权遭到严重的破坏，是清末司法制度半殖民地化的最重要的标志。领事裁判权制度确立于1843年，一直存在了百年之久，直到中华人民共和国建立之后才被彻底废除。

清末修律制定了一系列有关刑事诉讼的新式法典，有的已经颁布施行，有的因爆发辛亥革命清王朝灭亡而未及颁行，不了了之。但是，清末修律活动是中国法律文化史上的大事件，在当时并对后世产生了极为深刻的影响。其意义主要有：

第一，改变了中国旧法律的传统精神。由于修律中采纳和借鉴了西方资产阶级的法律原理和原则，如罪刑法定、法律面前人人平等、审判公开、辩护等，极大地冲击了封建法律的专制主义和特权、宗法等级不平等等精神。

第二，改变了中国旧法律的传统体裁。修律中制定了许多独立的法典和单行法规，从而打破了中国传统的诸法合体、民刑不分、实体法与程序法不分的旧格局。

第三，吸收了西方国家的法典和法律制度。修律中参照西方法律制定了中国前所未有的法典和法律制度，如民法、商法、公司法和律师制度、陪审制度等。

第四，初步奠定了中国法律向大陆法系靠拢的基本方向。由于修律活动基本上以大陆法系为主要参照物，又由于中国法律文化传统与大陆成文法较易融合，因此，自清末修律始，便奠定了中国法律向大陆法系靠拢的基本动向。这一惯性力对后世的影响十分重大。

## 二、中华民国刑事诉讼法

### （一）南京临时政府

1912年1月1日，南京临时政府成立，孙中山就任临时大总统，中国历史进入了中华民国时期。南京临时政府在法制上除了吸收西方的一些宪法原则外，各个部门法一时还无暇顾及，刑事诉讼法也是如此。不过，在《中华民国临时政府组织大纲》和临时政府元年2月7日拟定、3月11日公布的《中华民国临时约法》中，已经原则地确定了刑事诉讼的一些基本制度。如临时约法第六章规定：法院以临时大总统及司法总长分别任命之法官组织之。法院之编制及法官之资格，以法律定之。法院依法律审判民事诉讼及刑事诉讼，但关于行政诉讼法及其他特别诉讼，以法律定之；法院之审判，须公开之，但有认为妨害安宁秩序者，得秘密之；法官独立审判，不受上级官厅之干涉；法官在任中不得减俸或转职，非依法律受刑罚宣告，或应处免职之罚戒处分，不得解职，惩戒条规，以法律定之。

法律所规定的上述职权主义、审判公开原则、法官独立审判、法官任职保障主义等资产阶级诉讼原则和制度，已在根本上同封建法制划清了界线，这无疑是一个历史的进步。但是，当时府、县地方司法大权仍然掌握在旧官吏手中，不可能通过他们贯彻下去。时隔不久，南京临时政府被北洋政府取代，上述资产阶级刑事诉讼原则和制度也随之付诸东流。

（二）北洋政府刑事诉讼法

袁世凯借助资产阶级革命声浪，威逼溥仪退位，窃据临时大总统的职务，并于 1912 年 4 月 5 日将南京临时政府迁往北京，开始了北洋政府的统治。北洋政府一方面继续沿用清末公布的法典，同时也根据政治经济的需要制定了一些刑事、民事、行政、审判与诉讼等方面的单行法令。北洋政府颁行的有关司法组织与诉讼程序的单行法规，主要有以下几个方面：

第一，关于县知事兼理司法的制度。北洋政府沿袭清末的法院体制，设大理院、高等审判厅、地方审判厅和初级审判厅四级法院。但是，初级审判厅基本上没有建立，地方审判厅也只是在一些大中城市才设立。1914 年北洋政府更明令撤销初级审判厅的建制，并颁布了《县知事审理诉讼暂行章程》和《县知事兼理司法事务暂行条例》等单行法规，规定凡未设“审判衙门”的地方，所有民刑案件，均由县知事兼理。因此，在县一级政权仍然是司法行政不分，司法独立也就无法得以实现。

第二，关于各种“简易程序”的规定。如 1914 年颁布的《地方审判厅刑事简易庭暂行规则》《审检厅处理简易案件暂行细则》和《私诉暂行规则》，以及 1920 年颁布的《处刑命令暂行条例》和 1922 年颁布的《刑事简易程序暂行条例》等。根据《处刑命令暂行条例》的规定，为求简易刑事案件迅速结案，“对五等有期徒刑、拘役、罚金之案件，得因检察官之声请，不经审判，径以命令处刑”。

第三，关于军事审判和“非常程序”的规定。如根据《戒严法》的规定，在宣告戒严的“接战地区”，民、刑案件由“军政执法处审判”，并且“不得控诉及上告”。1915 年和 1918 年北洋政府又先后颁布了《陆军审判条例》和《海军审判条例》，规定了军事审判的一些特殊程序，如不准旁听，不准选请辩护人，并规定会审判决后不准上诉等。上述两个条例，虽然也在形式上规定，只有战时或宣布戒严时才对非军人适用军法和军法审判，但是，在北洋政府时期，军阀连年混战，经常处于战争和戒严状态，因此，军事审判实际上已代替了普通司法审判，非常程序已经代替了普通司法程序。

（三）国民党政府

国民党政府于 1927 年取代北洋政府后，为了加强国民党的政治、经济统治，许多国民党当权者就提出了“从速”“从严”地建立一个体制完备、规范周密、人人守法的法制国家的主张。因此，在国民党政府建立之初，便着手法制的建设，他们不仅制定了中国法制历史上空前规模和数量的成文法典，而且自觉地运用了判例法的方式。国民党政府的成文法体系，是由它在各个时期颁布的基本法律以及法规、法令所构成，主要指《六法全书》。其中有关刑事诉讼的法律主要有：《中华民国刑事诉讼法》（1928 年 7 月）、《中华民国刑事诉讼法施行法》（1928 年 7 月）、《中华民国刑事诉讼法》（1935 年 1 月）、《中华民国刑事诉讼法施行法》（1935 年 4 月）等。国民党政府的司法审判制度大量照搬了西方资本主义国家的司法审判原则与规定，其内容主要有：

1. 司法独立。国民党政府在立法上十分重视“司法独立”的原则。《中华民国宪法》第 80 条规定：“法官须超出党派以外，依据法律独立审判，不受任何干涉。”“法官为终身制，非受刑事或惩戒处分或禁治产之宣告，不得免职。非依法律，不得停职、转任或减俸。”

2. 三级三审体制。按《法院组织法》规定，法院分三级：地方法院、高等法院及最高法院。一般民事、刑事诉讼案件，实行三审终审制。

3. 法庭组成独任制与合议制。国民党法院的审判组织一般采用合议制。高等法院审判案件以推事三人组织合议庭，最高法院审判案件以推事五人组成合议庭。地方法院审判案件以推事一人独立审理判决，对于特别重大之民刑案件，可由法院斟酌情况，以三人组成合议庭进行审判。

4. 检察机关的地位。国民党司法体系中的检察机关在诉讼活动中占有特殊的地位。它隶属于各级法院，服从各级监督长官的命令，对于法院独立行使其职权：一是实行侦查；二是提起和实行公诉、协助或担当自诉；三是指挥刑事裁判之执行。同时，下级检察官接受上级法院检察官的指挥和监督，从而构成了双重体制。检察官在执行职务时，通过必要手续（由司法行政部门签证）可以指挥司法警察协助侦查；情况紧急时，可先斩后奏或指挥附近军警及军队联合办理。

5. 刑事诉讼制度。在1935年1月1日公布的《中华民国刑事诉讼法》中，规定了众多的西方刑事诉讼原则：(1) 国家追诉主义；(2) 有利被告原则；(3) 回避制度；(4) 辩护制度；(5) 证据制度（实体真实主义）；(6) 上诉不加刑制度；(7) 再审制度；(8) 附带民事诉讼制度；(9) 自由心证制度。

上述的司法审判制度，从形式上看，改变了中国几千年来落后野蛮的封建主义的司法审判原则和规定，在一定程度上体现了一些西方资本主义所奉行的公平、法制等精神。单纯从法制建设角度看，国民党政府在最初十年所做的工作是卓有成效的。第一，其立法工作进展之迅速，其法律体系之完备周密，其法典法规数量之浩瀚，都是中国历代法制变革所不能比拟的。第二，中国具有现代进步意义的法律变革运动开始于清末，但由于种种原因，历经两个时期（清末、北洋时期）二十几年时间而未能完成。这一变封建法制为现代法制的巨大社会工程，直至“六法体系”确立才初告竣工。第三，“六法体系”的建立，基本上改变了中国无法可依的状况，以法律的形式，确定了中国政治法律制度的基本风貌。第四，“六法体系”的建立，规定了国民党政府的法制是以成文法为主干的法律制度，在司法审判中，成文法是其重要的法律依据。

中华民国刑事诉讼制度随着国民党政权在中国大陆被推翻及“六法体系”的废除而中断了其在大陆的发展。后台湾地区当局对1935年刑事诉讼法作了一些修改，但基本上是国民党政府刑事诉讼法的延续。直到现在，我国台湾地区的刑事诉讼制度仍然是以1935年刑事诉讼法为基础构建的。

## 第三节　中华人民共和国刑事诉讼法

我国人民司法机关和刑事诉讼法的产生和发展，可以分为两个发展阶段，即新民主主义革命时期革命根据地的刑事诉讼法和中华人民共和国成立后的刑事诉讼法。

在新民主主义革命时期，我国人民在中国共产党的领导下，通过武装斗争，开辟了农村革命根据地，建立了人民民主政权。与此同时，也相应地建立了人民司法机关，制定了有关司法组织和诉讼程序的法律、法令、条例等。革命民主政权的司法机关和诉讼制度，为在全国范围内建立社会主义的司法机关和诉讼制度奠定了基础。这一阶段又可以划分为土地革命战争时期、抗日战争时期、解放战争时期三个时期。

1949年2月，中国共产党中央委员会发布了《关于废除国民党的六法全书与确定解放区的司法原则的指示》。接着，华北人民政府根据这个指示的精神，在同年4月1日颁发了《废除国民党的六法全书及一切反动法律的训令》。这个指示颁布于新中国成立前夕，具有重要的历史意义。它对我国新民主主义革命时期人民司法建设的经验作了基本的总结和概括，在废除旧法的基础上，为新中国成立以后的司法改革和社会主义法制建设确立了新的基本的指导原则。

### 一、中华人民共和国成立初期颁布的有关单行法规

1949年10月1日中华人民共和国的成立，标志着我国刑事诉讼法进入了一个新的历史发展

时期。中华人民共和国成立初期，从实际情况出发，根据客观需要，在有关的组织法当中，规定了刑事诉讼原则。例如 1951 年 9 月公布的《中华人民共和国人民法院暂行组织条例》《中央人民政府最高人民检察署暂行组织条例》和《各级地方人民检察署组织通则》等，为在全国范围内建立刑事诉讼制度提供了统一的法律根据。这些法规明确规定了人民法院审判案件严禁刑讯逼供，实行公开审判、回避、辩护等诉讼制度。

1954 年 9 月召开了第一届全国人民代表大会第一次会议，在颁布我国第一部宪法的同时，颁布了《中华人民共和国人民法院组织法》和《中华人民共和国人民检察院组织法》。同年 12 月又颁布了《中华人民共和国逮捕拘留条例》。这些法律明确规定了人民法院、人民检察院和公安机关在刑事诉讼中，分别行使审判权、检察权、侦查权，实行分工负责、互相配合、互相制约的制度，对一切公民在适用法律上一律平等的原则，人民法院和人民检察院独立行使职权，人民法院审判案件必须遵守公开、辩护、陪审、合议等基本诉讼原则和制度，所有这些都标志着我国刑事诉讼法律制度大大向前迈进了，并为后来制定刑事诉讼法准备了条件。但是，到了 20 世纪 50 年代后期，特别是在“十年动乱”期间，不仅宪法和法律所规定的诉讼原则、制度遭到了严重破坏，而且检察机关也被取消。

## 二、《中华人民共和国刑事诉讼法》的制定

1979 年举行的第五届全国人民代表大会第二次会议，审议通过了包括《中华人民共和国刑法》《中华人民共和国刑事诉讼法》在内的七个重要法律。这次会议通过的《中华人民共和国刑事诉讼法》，是新中国的第一部刑事诉讼法典。它的颁布与施行，是新中国刑事诉讼法律制度走向健全的标志。

我国刑事诉讼法的起草工作，早在 20 世纪 50 年代初期就着手进行了。中央人民政府法制委员会 1954 年曾拟定出一个《中华人民共和国刑事诉讼条例（草案）》。中国共产党第八次代表大会以后，又由有关部门组成专门机构，在马克思列宁主义、毛泽东思想的指导下，总结我国司法实践经验，并参考和借鉴了各国的有关规定，经过半年多时间，拟出了《中华人民共和国刑事诉讼法草案（草稿）》，共 7 篇 325 条。其后，由于情况变化，起草工作停顿了一段时期。

1962 年 6 月，在中央主管部门主持下，组织有关单位参加，恢复了刑事诉讼法草案的修订工作。经过进一步的调查研究，反复讨论修改，到 1963 年 4 月形成了《中华人民共和国刑事诉讼法草案（初稿）》，条文由 325 条减少为 200 条。

“文化大革命”中，不仅刑事诉讼法草案的起草、修订工作无从谈起，就连原有的很不健全的刑事诉讼制度，也无法得到遵守。1976 年，“文化大革命”结束以后，1978 年 12 月召开的中国共产党十一届三中全会公报指出：“为了保障人民民主，必须加强社会主义法制，使民主制度化、法律化，使这种制度和法律具有稳定性、连续性和极大的权威，做到有法可依，有法必依，执法必严，违法必究。从现在起，应当把立法工作摆到全国人民代表大会及其常务委员会的重要议事日程上来。”

1979 年 2 月全国人民代表大会常务委员会法制委员会成立后，在抓紧刑法和其他几个法律草案的起草、修订工作的同时，也组织力量，以 1963 年的刑事诉讼法草案初稿为基础，先后拟出草案的修正一稿和修正二稿；1979 年 6 月将修正二稿提请五届人大二次会议审议，于 1979 年 7 月 1 日正式通过，7 月 7 日公布，1980 年 1 月 1 日起施行。至此，新中国第一部刑事诉讼法典终于正式诞生了。

## 三、1996年对《中华人民共和国刑事诉讼法》的修正

自从1980年1月《刑事诉讼法》实施以来，根据实际需要又制定了一些单行法规，对刑事诉讼法规定的陪审制度、审判组织、办案期限和死刑核准权等问题，作了一些补充。实践证明，这部法典对于保证准确、及时地查明犯罪事实，惩罚犯罪，保护人民、维护社会主义法制，保护公民的人身权利、民主权利和其他权利，保障社会主义建设事业顺利进行，发挥了重要作用。但是，这部法典是在十一届三中全会召开后不久的1979年制定的，这就不可避免地带有历史的局限性。更重要的是，自1979年刑事诉讼法实施以来，随着改革的不断深入，开放的不断扩大，以及社会主义市场经济体制的逐步形成，我国的政治、经济形势发生了巨大变化；刑事犯罪也呈现出新的特点和趋势，司法实践面临许多新的情况和问题。这样，形势的需要和司法实践的要求使得修改和完善我国刑事诉讼法提到了日程上。

全国人大法制工作委员会从1993年开始把对刑事诉讼法的修改列入八届全国人大常委会立法规划，并对刑事诉讼法的实施情况和出现的问题进行调查研究，广泛征求意见。1996年3月5日，第八届全国人民代表大会第四次会议开幕，审议《刑事诉讼法修正案（草案）》是此次会议的重要议程之一。代表们在审议中充分肯定了该修正案（草案）并提出了进一步的修改意见。修正案经过最后修改之后，于1996年3月17日以较高票数顺利通过。修正后的刑事诉讼法自1997年1月1日起施行。

综上所述，新中国刑事诉讼法的产生与发展，虽然经历了一个漫长而曲折的过程，但它在惩治犯罪和保护人权相结合的思想指导下，不断总结实践经验，又借鉴和吸收了历史上的和外国的有用经验，建立了具有中国特色的刑事诉讼法。通过学习刑事诉讼法的历史发展，可以了解我国刑事诉讼法的发展规律和特点，以便更好地发展和健全我国的刑事诉讼法。

## 四、2012年对《中华人民共和国刑事诉讼法》的修正

《全国人民代表大会关于修改〈中华人民共和国刑事诉讼法〉的决定》于2012年3月14日由中华人民共和国第十一届全国人民代表大会第五次会议通过，当天由国家主席胡锦涛签署主席令公布，自2013年1月1日起施行。

2012年《刑事诉讼法》实施以后，全国人民代表大会及其常务委员会先后通过了《中华人民共和国监察法》《中华人民共和国人民陪审员法》，并授权了认罪认罚从宽等试点。为了使《刑事诉讼法》与上述法律保持一致、相互衔接，也为了确认试点中成功的做法，全国人大网站公布了《刑事诉讼法（修正草案）》，面向社会征求意见，征求意见时间为2018年5月9日至2018年6月7日。

延伸阅读

# 第三章 刑事诉讼的专门机关和诉讼参与人

## 案例导引

### 一、被害人是否是当事人

甲故意伤害乙，致乙重伤。后由人民检察院向人民法院提起公诉。问：公诉案件被害人乙对一审判决是否有权提出上诉?

### 二、人民检察院与公安机关的关系

两个男孩未经许可偷偷进入邻近高尔夫球场玩耍，失踪 17 个小时后，被发现死在高尔夫球场的人工湖里。根据种种可疑迹象，死者亲属认为，孩子死之前曾遭遇了暴力折磨。死者家属要求公安机关立案侦查，公安机关认为无犯罪事实，决定不予立案。问：本案中人民检察院能否直接立案侦查，能否直接指挥公安机关侦查此案?

### 三、人民检察院与人民法院的关系

甲与乙系兄弟关系。甲的妻子在租住地因煤气中毒身亡，此前甲曾为妻子投了一百六十四万余元的人身意外伤害保险。公诉机关指控甲伙同乙杀妻骗保，一审判处甲、乙二人死缓。甲、乙二人提出上诉，人民检察院也以量刑不当、应当判处死刑为由提出抗诉，二审法院审理后以证据不足为由发回重审。一审法院重审后判处甲、乙二人无期徒刑。甲、乙二人再次提出上诉，二审法院以证据不足、指控的犯罪不能成立为由，宣告甲、乙二人无罪。问：对二审法院的无罪判决，人民检察院是否仍然有权抗诉?

## 基本理论

### 一、人民法院

#### （一）人民法院的性质和职能

《宪法》第 128 条和《人民法院组织法》第 1 条都规定，中华人民共和国人民法院是国家的审判机关。人民法院的任务是审判刑事案件、民事案件和行政案件。

《刑事诉讼法》第3条规定："审判由人民法院负责。"人民法院是唯一有权审理和判决刑事案件的专门机关，而审判应当是刑事诉讼的核心阶段。

根据《刑事诉讼法》和《人民法院组织法》的规定，人民法院除了审理案件之外，还有权决定采取某些强制措施、庭外调查核实证据、处理赃款赃物和执行某些生效判决等。

（二）人民法院的设置和上下级关系

《人民法院组织法》第2条规定，中华人民共和国的审判权由下列人民法院行使：地方各级人民法院；军事法院等专门人民法院；最高人民法院。

地方各级人民法院包括高级人民法院、中级人民法院和基层人民法院。基层人民法院包括：县人民法院和市人民法院；自治县人民法院；市辖区人民法院。基层人民法院根据地区、人口和案件情况可以设立若干人民法庭。人民法庭是基层人民法院的组成部分，它的判决和裁定就是基层人民法院的判决和裁定。基层人民法院只具有一审管辖权。

中级人民法院包括：在省、自治区内按地区设立的中级人民法院；在直辖市内设立的中级人民法院；省、自治区辖市的中级人民法院；自治州中级人民法院。中级人民法院是辖区内基层法院的上诉审法院，即负责审理对基层人民法院判决和裁定的上诉案件和抗诉案件，同时也依照法律行使一审管辖权。对于同级人民检察院按照审判监督程序提出的抗诉案件，由中级人民法院审理。

高级人民法院包括：省高级人民法院；自治区高级人民法院；直辖市高级人民法院。高级人民法院是辖区内中级人民法院的上诉审法院，即负责审理对中级人民法院判决和裁定的上诉案件和抗诉案件，同时也依照法律行使一审管辖权。对于省级人民检察院按照审判监督程序提出的抗诉，由高级人民法院审理。

专门人民法院是在上述普通法院之外设立的专门性人民法院。我国目前设立的专门法院有军事法院、铁路运输法院、知识产权法院和海事法院，其中知识产权法院和海事法院不具有对刑事案件的管辖权。《人民法院组织法》第28条规定，专门人民法院的组织和职权由全国人民代表大会常务委员会另行规定。

最高人民法院是我国最高审判机关，最高人民法院监督地方各级人民法院和专门人民法院的审判工作。最高人民法院是全国各高级人民法院以及相当于高级人民法院的专门人民法院的上诉审法院，即负责审理对高级人民法院判决和裁定的上诉案件和抗诉案件，同时也依照法律行使一审管辖权。最高人民法院有权审理它认为应当由自己审判的第一审案件。对于最高人民检察院按照审判监督程序提出的抗诉案件，由最高人民法院审判。最高人民法院对于在审判过程如何具体应用法律、法令的问题，进行解释。

根据最高人民法院2016年12月27日公布的《关于巡回法庭审理案件若干问题的规定》，为依法、及时、公正审理跨行政区域重大行政和民商事等案件，推动审判工作重心下移、就地解决纠纷、方便当事人诉讼，在深圳、沈阳、南京、郑州、重庆、西安设立六个巡回法庭，受理巡回区内相关案件。巡回法庭是最高人民法院派出的常设审判机构。巡回法庭作出的判决、裁定和决定，是最高人民法院的判决、裁定和决定。死刑复核、最高人民检察院抗诉的案件等暂由最高人民法院本部审理。

人民法院上下级之间是监督关系。根据《宪法》第132条第2款以及《人民法院组织法》第16条、第29条的规定，下级人民法院的审判工作受上级人民法院监督，最高人民法院监督地方各级人民法院和专门人民法院的审判工作。因此，各级人民法院依照职权独立地进行审判，上级人民法院不应对下级人民法院正在审理的案件作出命令或者指示，下级人民法院也不应当将案件在判决之前向上级人民法院请示如何处理。上级人民法院应当根据刑事诉讼法的规定，在二审程序中维持、撤销或者变更下级人民法院的判决；在审判监督程序中提审或者指令再审；在死刑复核程序中作出核准或者不核准的裁定，来维持下级人民法院正确的判决裁定，纠正错误的判决裁定，从而实现监督的目的。

（三）人民法院与人民代表大会的关系

根据《宪法》第133条的规定，最高人民法院对全国人民代表大会和全国人民代表大会常务委员会负责，地方各级人民法院对产生它的国家权力机关负责。《人民法院组织法》第16条还规定最高人民法院向全国人民代表大会和全国人民代表大会常务委员会报告工作，地方各级人民法院对本级人民代表大会及其常务委员会报告工作。

## 二、人民检察院

（一）人民检察院的性质和职能

《宪法》第134条、《人民检察院组织法》第1条规定，中华人民共和国人民检察院是国家的法律监督机关。根据《刑事诉讼法》第3条和第8条的规定，人民检察院在刑事诉讼中的职权包括四个方面：检察机关直接受理的案件的侦查；代表国家提起公诉；批准逮捕；依法对刑事诉讼实行法律监督。

（二）人民检察院的设置和上下级关系

人民检察院的组织体系包括最高人民检察院、地方各级人民检察院和军事检察院等专门人民检察院。

最高人民检察院是国家最高检察机关，设在首都北京。

地方各级人民检察院分为：省、自治区、直辖市人民检察院；省、自治区、直辖市人民检察院分院，自治州和省辖市人民检察院；县、市、自治县和市辖区人民检察院。省一级人民检察院和县一级人民检察院，根据工作需要，提请本级人民代表大会常务委员会批准，可以在工矿区、农垦区、林区等区域设置人民检察院，作为派出机构。

专门人民检察院的设置、组织和职权由全国人民代表大会常务委员会另行规定。目前设立的专门检察院包括军事检察院和铁路运输检察院。

人民检察院上下级是领导关系。《宪法》第137条第2款、《人民检察院组织法》第10条第2款规定，最高人民检察院领导地方各级人民检察院和专门人民检察院的工作，上级人民检察院领导下级人民检察院的工作。例如，《刑事诉讼法》第221条第2款规定，上级人民检察院如果认为抗诉不当，可以向同级人民法院撤回抗诉，并且通知下级人民检察院。再如，《人民检察院组织法》第22条、第23条规定，省、自治区、直辖市人民检察院检察长的任免，须报最高人民检察院检察长提请全国人民代表大会常务委员会批准；自治州、省辖市、县、市、市辖区人民检察院检察长的任免，须报上一级人民检察院检察长提请该级人民代表大会常务委员会批准。另外，省级以下人民检察院立案侦查的案件，由上一级人民检察院审查决定逮捕。

在人民检察院内部，实行检察长负责制。《人民检察院组织法》第3条规定，各级人民检察院设检察长一人，检察长统一领导检察院的工作。各级人民检察院设立检察委员会。检察委员会实行民主集中制，在检察长主持下，讨论决定重大案件和其他重大问题。如果检察长在重大问题上不同意多数人的决定，可以报请本级人民代表大会常务委员会决定。

根据2015年9月28日最高人民检察院颁布的《关于完善人民检察院司法责任制的若干意见》，人民检察院推行检察官办案责任制。独任检察官、检察官办案组在职权范围内对办案事项作出决定。检察长（分管副检察长）有权对独任检察官、检察官办案组承办的案件进行审核，不同意其处理意见的，可以要求检察官复核或提请检察委员会讨论决定，也可以直接作出决定。是否批准逮捕、是否起诉、是否抗诉、是否提出纠正违法意见等权限仍由检察长行使。以人民检察院名义制发的法律文书，由检察长（分管副检察长）签发。检察委员会主要讨论决定本院办理的重大、疑难、复杂案件，涉及国家安全、外交、社会稳定的案件，以及下一级人民检察院提请复议的案件。属于检察长或检察委员会决定的事项，检察官对事实和证据负责，检察长或检察委员会对决定事项负责。

（三）人民检察院与人民代表大会的关系

《宪法》第138条规定，最高人民检察院对全国人民代表大会和全国人民代表大会常务委员会负责。地方各级人民检察院对产生它的国家权力机关和上级人民检察院负责。《人民检察院组织法》第10条还规定，最高人民检察院对全国人民代表大会和全国人民代表大会常务委员会报告工作；地方各级人民检察院对本级人民代表大会和本级人民代表大会常务委员会报告工作。

（四）检察长列席人民法院审判委员会会议

《人民法院组织法》第10条第3款规定，本级人民检察院检察长可以列席各级人民法院审判委员会会议。为了落实和规范这项制度，最高人民法院、最高人民检察院联合发布了《关于人民检察院检察长列席人民法院审判委员会会议的实施意见》（2010年4月1日起施行），其主要内容有：

1. 有权列席的人员。人民检察院检察长可以列席同级人民法院审判委员会会议。检察长不能列席时，可以委托副检察长列席。

2. 列席的任务。对于审判委员会讨论的案件和其他有关议题发表意见，依法履行法律监督职责。

3. 检察长可以列席的情况。可能判决被告人无罪的公诉案件；可能判处被告人死刑的案件；人民检察院提出抗诉的案件；与检察工作有关的其他议题。

4. 会议之前的告知。对于检察长可以列席的情况，在审判委员会会议之前，人民法院以适当方式告知人民检察院。

5. 列席的检察长发表意见。检察长或者受检察长委托的副检察长列席审判委员会讨论案件的会议，可以在人民法院承办人汇报完毕后、审判委员会委员表决前发表意见。

（五）人民监督员制度

为了加强对检察院直接受理案件的监督，最高人民检察院于2015年12月21日制定了《关于人民监督员监督工作的规定》，并联合司法部于2016年7月5日颁布了《人民监督员选任管理办法》。主要内容有：

1. 人民监督员的产生。人民监督员应当年满23周岁，具有高中以上文化学历，由省级、设区的市级司法行政机关作出选任决定。每届任期5年，连任不得超过两届。

参加案件监督的人民监督员，应当以从人民监督员信息库中随机抽选的方式确定。参加案件监督工作的人民监督员应当推举一人主持评议和表决工作。人民监督员在进行评议和表决时，案件承办人应当回避。

2. 人民监督员的职责。人民监督员认为人民检察院办理直接受理立案侦查案件工作中存在下列情形之一的，可以实施监督：（1）应当立案而不立案或者不应当立案而立案的；（2）超期羁押或者延长羁押期限决定违法的；(3) 采取指定居所监视居住强制措施违法的；(4) 违法搜查、查封、扣押、冻结的或者违法处理查封、扣押、冻结款物的；(5) 阻碍当事人及其辩护人、诉讼代理人依法行使诉讼权利的；(6) 应当退还取保候审保证金而不退还的；(7) 应当给予刑事赔偿而不依法予以赔偿的；(8) 检察人员在办案中有徇私舞弊、贪赃枉法、刑讯逼供、暴力取证等违法违纪情况的。人民监督员对直接受理案件的下列情形可以实施监督：(1) 拟撤销案件的；(2) 拟不起诉的；(3) 犯罪嫌疑人不服逮捕决定的。

3. 人民监督员意见的效力。人民检察院应当认真研究人民监督员的评议和表决意见，根据案件事实和法律规定，依法作出决定。

4. 向人民监督员作出必要的说明。决定与人民监督员表决意见不一致的，应当向参加监督的人民监督员作出必要的说明。参加监督评议的多数人民监督员仍有异议的，可以向组织监督的人民检察院提出复议。人民检察院作出的复议决定为最终决定。

## 三、公安机关

公安机关是人民政府的重要组成部分，是政府的一个职能部门，依法管理社会治安，行使国家的行政权。同时，公安机关在刑事诉讼中承担大部分刑事案件的侦查任务。

《公安规定》第 2 条规定，公安机关在刑事诉讼中的任务，是保证准确、及时地查明犯罪事实，正确应用法律，惩罚犯罪分子，保障无罪的人不受刑事追究，教育公民自觉遵守法律，积极同犯罪行为作斗争，维护社会主义法制，尊重和保障人权，保护公民人身权利、财产权利、民主权利和其他权利，保障社会主义建设事业的顺利进行。

根据《宪法》和《刑事诉讼法》规定，《公安规定》第 3 条对公安机关在刑事诉讼中的职权进行了具体规定：依照法律对刑事案件立案、侦查、预审；决定、执行强制措施；对依法不追究刑事责任的不予立案，已经追究的撤销案件；对侦查终结应当起诉的案件，移送人民检察院审查决定；对不够刑事处罚的犯罪嫌疑人需要行政处理的，依法给予处理或者移送有关部门；对剩余刑期在 3 个月以下的罪犯，代为执行刑罚；执行拘役、剥夺政治权利、驱逐出境。

中华人民共和国公安部是国家的公安领导机关，负责领导和指挥全国的公安工作。地方各级公安机关按照行政区划设立。在省、自治区、直辖市一级设公安厅、局；在地区、自治州和市设公安处（局）；在县、县级市、自治县设立公安局；在直辖市的市辖区，或者中等城市的市辖区，设公安分局。另外，还有按照行业系统设立的军队保卫部门、铁路公安部门、交通公安部门、民航公安部门等，也是公安机关的组成部分。根据需要，在乡、镇、城市街道和其他必要的地方设立公安派出所，作为基层公安机关的派出机关，履行基层公安机关的部分职责。

公安机关上下级之间是领导关系。《公安规定》第 7 条规定，在刑事诉讼中，上级公安机关发现下级公安机关作出的决定或者办理的案件有错误的，有权予以撤销或者变更，也可以指令下级公安机关予以纠正。下级公安机关对上级公安机关的决定必须执行，如果认为有错误，可以在执行的同时向上级公安机关报告。

《公安规定》第 6 条还规定，公安机关进行刑事诉讼，依法接受人民检察院的法律监督。

## 四、监察委员会

### （一）监察委员会的性质和职能

《宪法》第 123 条规定，中华人民共和国各级监察委员会是国家的监察机关。第 124 条规定，监察委员会的组织和职权由法律规定。

为了贯彻以上《宪法》规定，《监察法》第 3 条规定，各级监察委员会是行使国家监察职能的专责机关，依照本法对所有行使公权力的公职人员（以下称公职人员）进行监察，调查职务违法和职务犯罪，开展廉政建设和反腐败工作，维护宪法和法律的尊严。

具体而言，监察委员会的职责体现在《监察法》第 11 条：监察委员会依照监察法和有关法律规定履行监督、调查、处置职责：（1）对公职人员开展廉政教育，对其依法履职、秉公用权、廉洁从政从业以及道德操守情况进行监督检查；（2）对涉嫌贪污贿赂、滥用职权、玩忽职守、权力寻租、利益输送、徇私舞弊以及浪费国家资财等职务违法和职务犯罪进行调查；（3）对违法的公职人员依法作出政务处分决定；对履行职责不力、失职失责的领导人员进行问责；对涉嫌职务犯罪的，将调查结果移送人民检察院依法审查、提起公诉；向监察对象所在单位提出监察建议。

其中，对职务犯罪进行调查，是与刑事诉讼紧密相关的职能。监察机关经调查认为犯罪事实清楚，证据确实、充分的，制作起诉意见书，连同案卷材料、证据一并移送人民检察院依法审查、提起公诉。

（二）监察委员会的设置和上下级关系

根据《宪法》第 125 条、《监察法》第 7 条规定，中华人民共和国国家监察委员会是最高监察机关。省、自治区、直辖市、自治州、县、自治县、市、市辖区设立监察委员会。

监察委员会上下级之间是领导关系。《宪法》第 125 条、第 126 条和《监察法》第 9 条、第 10 条规定，国家监察委员会领导地方各级监察委员会的工作，上级监察委员会领导下级监察委员会的工作。地方各级监察委员会对上一级监察委员会负责，并接受其监督。

（三）监察委员会与人民代表大会的关系

监察委员会由人大产生，对人大负责，受人大监督。

《监察法》第 8 条规定，国家监察委员会由全国人民代表大会产生，负责全国监察工作。国家监察委员会由主任、副主任若干人、委员若干人组成，主任由全国人民代表大会选举，副主任、委员由国家监察委员会主任提请全国人民代表大会常务委员会任免。国家监察委员会主任每届任期同全国人民代表大会每届任期相同，连续任职不得超过两届。国家监察委员会对全国人民代表大会及其常务委员会负责，并接受其监督。

《监察法》第 9 条规定，地方各级监察委员会由本级人民代表大会产生，负责本行政区域内的监察工作。地方各级监察委员会由主任、副主任若干人、委员若干人组成，主任由本级人民代表大会选举，副主任、委员由监察委员会主任提请本级人民代表大会常务委员会任免。地方各级监察委员会主任每届任期同本级人民代表大会每届任期相同。地方各级监察委员会对本级人民代表大会及其常务委员会和上一级监察委员会负责，并接受其监督。

## 五、其他专门机关

除了上面介绍的人民法院、人民检察院、公安机关和监察委员会以外，刑事诉讼法还规定了国家安全机关、军队保卫部门和监狱在刑事诉讼中的职权范围。

《刑事诉讼法》第 4 条规定：“国家安全机关依照法律规定，办理危害国家安全的刑事案件，行使与公安机关相同的职权。”国家安全机关在办理危害国家安全的刑事案件的时候，有权侦查、拘留、执行逮捕和预审，以及享有刑事诉讼法中规定的公安机关的其他职权。

对于危害国家安全的行为的含义，《国家安全法》第 4 条规定："本法所称危害国家安全的行为，是指境外机构、组织、个人实施或者指使、资助他人实施的，或者境内组织、个人与境外机构、组织、个人相勾结实施的下列危害中华人民共和国国家安全的行为：（一）阴谋颠覆政府，分裂国家，推翻社会主义制度的；（二）参加间谍组织或者接受间谍组织及其代理人的任务的；（三）窃取、刺探、收买、非法提供国家秘密的；（四）策动、勾引、收买国家工作人员叛变的；（五）进行危害国家安全的其他破坏活动的。"实际情况是，国家安全机关直接办理的只有间谍案件。[①] 例如，某公安局制定的《公安机关管辖刑事案件的范围》中规定，间谍案（《刑法》第 110 条），由国家安全机关管辖。[②]《刑法》分则第一章规定的危害国家安全的案件，除了由国家安全机关立案侦查的以外，由公安机关管辖。公安机关内设有国内安全保卫部门，负责间谍案以外的危害国家安全案件的侦查。国家安全机关和公安机关按照国家规定的职权划分，各司其职，密切配合，维护国家安全。

《刑事诉讼法》第 290 条规定："军队保卫部门对军队内部发生的刑事案件行使侦查权。对罪犯在监狱内犯罪的案件由监狱进行侦查。军队保卫部门、监狱办理刑事案件，适用本法的有关规定。"这些机关在办理特定刑事案件的时候，是刑事诉讼的专门机关。

## 六、诉讼参与人

诉讼参与人是指在刑事诉讼中享有一定诉讼权利、负有一定诉讼义务的，除国家专门机关工作人员以外的人。

《刑事诉讼法》第 106 条第 4 项规定，"诉讼参与人"是指当事人、法定代理人、诉讼代理人、辩护人、证人、鉴定人和翻译人员。

通过这一规定，可以看出诉讼参与人可以分为两类：当事人；其他诉讼参与人。一般认为，当事人是指与案件结局有着直接利害关系，对刑事诉讼进程发挥着较大影响作用的诉讼参与人。《刑事诉讼法》第 106 条第 2 项对当事人的范围进行了规定，"当事人"是指被害人、自诉人、犯罪嫌疑人、被告人、附带民事诉讼的原告人和被告人。那么，第 4 项中当事人以外的诉讼参与人，就是"其他诉讼参与人"。

《刑事诉讼法》第 106 条第 3 项和第 5 项还对上述人中的两种人进行了解释。"法定代理人"是指被代理人的父母、养父母、监护人和负有保护责任的机关、团体的代表；"诉讼代理人"是指公诉案件的被害人及其法定代理人或者近亲属、自诉案件的自诉人及其法定代理人委托代为参加诉讼的人和附带民事诉讼的当事人及其法定代理人委托代为参加诉讼的人。其中，"近亲属"是指夫、妻、父、母、子、女、同胞兄弟姊妹。

另外，需要注意的是，并非所有参与了刑事诉讼过程的人都是诉讼参与人。例如，监察委员会调查职务犯罪时的被调查人、取保候审制度中的保证人、侦查和调查程序中某些侦查或者调查措施的见证人以及出庭就鉴定人作出的鉴定意见提出意见的有专门知识的人，就不属于诉讼参与人。（参见下表）

---

① http：//www.szga.gov.cn/open/open5.asp？newsid=68，[2010-05-03].

② http：//www.rgga.gov.cn/jwgk/ShowArticle.asp？ArticleID=120，[2010-05-03].

<table>
<tr><td rowspan="12">参加刑事诉讼过程的人</td><td rowspan="12">诉讼参与人</td><td rowspan="6">当事人</td><td>被害人</td></tr>
<tr><td>自诉人</td></tr>
<tr><td>犯罪嫌疑人</td></tr>
<tr><td>被告人</td></tr>
<tr><td>附带民事诉讼的原告人</td></tr>
<tr><td>附带民事诉讼的被告人</td></tr>
<tr><td rowspan="6">其他诉讼参与人</td><td>法定代理人</td></tr>
<tr><td>诉讼代理人</td></tr>
<tr><td>辩护人</td></tr>
<tr><td>证人</td></tr>
<tr><td>鉴定人</td></tr>
<tr><td>翻译人员</td></tr>
<tr><td></td><td>国家专门机关工作人员</td><td colspan="2">调查人员、侦查人员、检察人员、审判人员、书记员</td></tr>
<tr><td></td><td>未列入上述人员范围的人</td><td colspan="2">被调查人、取保候审措施中的保证人、侦查活动中的见证人、有专门知识的人等</td></tr>
</table>

在上述人员中，“犯罪嫌疑人”和“被告人”是对处于不同诉讼阶段的被追诉人的称谓。公诉案件，受刑事追诉者在检察机关向法院提起公诉以前，称为“犯罪嫌疑人”；在检察机关正式向人民法院提起公诉以后，则称为“被告人”。

犯罪嫌疑人、被告人作为刑事诉讼中被追诉的一方，处于与控诉一方平等对抗的地位，享有广泛的诉讼权利，如辩护权、申请回避权、上诉权、参加法庭调查和辩论权、对生效判决裁定进行申诉权等。

被害人在我国也是当事人之一，享有广泛的诉讼权利。不过与被告人相比，被害人的权利要稍少一些，例如对一审未生效裁判被害人无权上诉，只能申请检察院提出抗诉。

1997 年修改的《刑法》明确将单位作为某些犯罪的主体，因而刑事诉讼中的被追诉人有可能是单位。根据《高法解释》第 279、280 和 281 条的规定，对于单位犯罪案件，人民法院决定开庭审理的，应当通知被告单位的诉讼代表人出庭。代表被告单位出庭的诉讼代表人，应当是单位的法定代表人或者主要负责人；法定代表人或者主要负责人被指控为单位犯罪直接负责的主管人员的，应当由单位的其他负责人作为被告单位的诉讼代表人出庭。接到出庭通知的被告单位的诉讼代表人应当出庭。诉讼代表人系被告单位的法定代表人或者主要负责人，无正当理由拒不出庭的，人民法院可以拘传其到庭。人民法院审理单位犯罪案件，被告单位的诉讼代表人享有刑事诉讼法规定的有关被告人的诉讼权利。

## 观点探讨

### 一、国家监察体制改革

2016 年 12 月 25 日，第十二届全国人民代表大会常务委员会第二十五次会议通过了《关于在北京市、山西省、浙江省开展国家监察体制改革试点工作的决定》。决定指出，根据党中央确定的《关于在北京市、山西省、浙江省开展国家监察体制改革试点方案》，为在全国推进国家监察体制改革探索积累经验，决定在北京市、山西省、浙江省开展国家监察体制改革试点工作。

根据上述人大决定，长期的改革目标是把原来归属于人民检察院的国家工作人员利用职权实施的犯罪的侦查权，划归监察委员会。这将导致刑事诉讼专门机关发生变化，立案管辖、侦查权限及程序①也会发生相应的变化。

2017 年 11 月，全国人民代表大会常务委员会通过了《关于在全国各地推开国家监察体制改革试点工作的决定》，要求除北京市、山西省、浙江省继续深化试点外，其他 28 个省（自治区、直辖市）在 2018 年年初召开的省、市、县人民代表大会上产生三级监察委员会；同时，完成相关机构、职能、人员转隶、赋予其惩治腐败、调查职务违法犯罪的权限手段，建立与执法机关、司法机关的协调衔接机制。

2018 年 3 月 11 日，修正后的宪法设置专节规定了监察委员会；2018 年 3 月 20 日，监察法通过，规定了监察委员会的职责、权限和程序。至此，监察体制改革成功完成。

## 二、检警关系

我国刑事程序中的检警关系，是一种建立在分工负责、互相配合、互相制约基础之上的检警关系模式。在分工方面，公安机关负责绝大多数刑事案件的侦查，检察机关负责提起公诉，同时对国家工作人员利用职权实施的犯罪根据刑事诉讼法管辖的规定行使直接侦查权。在互相配合、互相制约方面，检察机关有权对公安机关不立案进行监督，检察机关可以参加公安机关的复验、复查活动；公安机关需要逮捕的时候，需要报请人民检察院审查批准；公安机关侦查终结认为需要提起公诉的时候，应当移送人民检察院审查起诉；人民检察院在审查批捕和审查起诉时，可以要求公安机关补充侦查；公安机关对于检察机关不批准逮捕或者不起诉决定有异议时，可以要求检察机关复议，对复议决定仍不服的，还可以向上一级检察机关提请复核；人民检察院对公安机关侦查活动是否合法实行监督，对于公安机关侦查中的违法行为，有权通知其予以纠正。

有学者指出，目前我国检警关系存在着不足。包括：对于公安机关拒绝接受检察机关关于应当立案或者继续追究的通知后拒不接受建议或者消极侦查的情况，法律未规定有效措施；检察机关审查批捕和审查起诉的大量工作是书面审查侦查机关报送的材料，难以发现侦查中的违法行为，更无法及时制止和纠正侦查人员违法行为；除了逮捕需要检察机关批准以外，公安机关进行搜查、扣押和采取强制措施都由侦查机关自行决定，可能会导致滥用；检察机关与多数案件的侦查活动相脱离，难以从起诉的角度对侦查活动进行指导，也影响检察机关审查起诉的速度；等等。②

有学者认为，现行法规定的“分工负责”“互相制约”原则，由于存在着一些带有根本性的缺陷和种种弊端，不宜再用来调整公安机关和检察机关之间的相互关系，取而代之的应当是侦、检一体化模式。该模式集中体现了诉讼规律的基本要求，顺应了当今世界刑事诉讼法学发展的

---

① 有学者认为，试点决定中针对职务犯罪的调查实为刑事侦查，需要接受《刑事诉讼法》的规范。陈光中．关于我国监察体制改革的几点看法．环球法律评论，2017（2）．

② 宋英辉．刑事程序中的检警关系完善构想．人民检察，2006（22）；北京市海淀区人民检察院“检警关系课题组”．检警关系现状与问题的调查分析．人民检察，2006（22）．

历史潮流，所以应该成为我国刑事司法体制改革的首选目标。所谓侦、检一体化，包括以下几个方面的含义：第一，检察官主导整个侦查、公诉程序，检察官与警察并非是一种平等、独立的关系，而是领导与被领导、指挥与被指挥、监督与被监督的法定关系；第二，侦查机关与检察机关的共同职责主要是为提起公诉、支持公诉而查获犯罪人和收集指控证据，双方目标一致，并在刑事诉讼中互相协作，进而合为一体；第三，侦查职能与公诉职能相互不可分离，侦查职能存在的价值取向主要是辅助检察官履行公诉职能，公诉职能也离不开侦查职能的协助和支持。①

对侦、检一体化的批评，主要理由有两个：第一，检警一体在现存刑事司法体系中基本不存在，警察是大部分侦查活动的实际主导者，检察官与警察具有不同的隶属关系，并未形成一体化；第二，检警一体化将损害刑事司法的合理性与效率。批评者主张的方案是“一重领导一重监督体制”，公安机关的侦查活动由其上级领导，同时服从检察机关的监督，同时强调把监督落到实处。②

也有学者主张确立“检察引导侦查”的模式，但是同时强调引导侦查并不是指挥侦查。③

① 陈卫东，郝银钟．侦、检一体化模式研究——兼论我国刑事司法体制改革的必要性．法学研究，1999（1）；郝银钟．论法治国视野中的检警关系．中国人民大学学报，2002（6）．

② 龙宗智．评“检警一体化”——兼论我国的检警关系．法学研究，2000（2）．

③ 孙飞，尹志刚．检察引导侦查　建立新型合理的检警关系．当代法学，2001（11）．

# 第四章
# 刑事诉讼的模式

## 基本理论

刑事诉讼的模式（models of the criminal process）可以从两个角度去理解：一个角度是对实际上存在的不同国家的刑事诉讼制度，根据其特点进行的划分，例如对抗制和审问制（accusatorial and inquisitorial models）。另一个角度是从刑事诉讼应当着重保护什么样的价值，进行的理想上的构建。这种分法的例子，最著名的就是帕克（Packer）提出的“犯罪控制模式”（crime control model）和“正当程序模式”（due process model）。后来也有人从其他价值取向的角度，提出了“被害人权利”模式等。

### 一、审问制和对抗制

1973年，达玛斯卡（Damaska）教授在《定罪的证据阻碍和刑事诉讼的两种模式：比较研究》[①] 一文中对审问制和对抗制进行了分析。

#### （一）历史发展

刑事审理大体上可以分为两个模式：一个是审问制审理，适用于欧洲大陆、拉丁美洲和亚洲部分地区；另一个是对抗制审理，是与英美法律传统相联系的。

1. 审问制

审问制（inquisitorial system）一词，经常用来描述欧洲大陆国家采用的、不同于英美对抗制的刑事审理方式。其实，这个词在19世纪上半叶之前的含义与今天的含义有很大的不同，有人认为今天的欧洲大陆的刑事审理方式应当被称为“改革后的审问制”“混合制”“非对抗制”，才更有利于与改革前的欧洲大陆刑事审理方式区别开来。

在历史上，审问制一词只是对欧洲大陆国家自13世纪至19世纪上半叶盛行的刑事诉讼程序的总体概括。该模式的简略概括是这样的：刑事诉讼程序由侦查者主动以秘密预备性侦查的形式启动。在第一个阶段，侦查者的任务是确定犯罪是否已经实际发生以及首要嫌疑人的身份。确定了嫌疑人的身份以后，侦查的第二个阶段就开始了，这时是针对一个具体的人。通常情况下，被告人此时被羁押并且不允许与外界通信。嫌疑人和证人都由单方进行询问，并且要求在宣誓的情况下回答问题；对所有问题的回答都记入笔录。在侦查结束之前，被告人只是被模糊

① Mirjan Damaska. Evidentiary Barriers to Conviction and Two Models of Criminal Procedure: a Comparative Study. 121 *U. Pa. L. Rev.* 506 (1973), at 555 - 578.

地告知被侦查的犯罪的性质以及有罪证据。在证据法中，规定有定罪所需要的证据的种类和数量。在所有较严重的犯罪中，仅凭情况证据（间接证据）不足以支持定罪，唯一的可获得的“法定证据”通常是被告人的供述。这样，在涉及严重犯罪的案件中，如果被告人没有自愿供述，并且已经收集到的不利于他的证据证明其有罪达到了很大的可能性的程度，侦查者长期以来被允许对被告人进行刑讯以便于从他那里获得供述。当侦查者完成了全部侦查行为之后，他将把案卷移送给法院来决定。法院将以案件中包含的文件为基础继续进行活动，并且在很多国家并不面见被告人。事实上，根本不存在审理，而是不公开的法庭评议。即使在存在公诉人的制度中，公诉人也不是开启、进行、终止诉讼的必要人员。而且，在很多国家，被告人没有律师帮助权。

这种对审问制的简单描述，就足以解释为什么“inquisitorial”这个形容词带有令人恐惧和不信任的味道。但是，这种感受的大部分实际上来自于那些与审问制审判本身没有什么关系的因素。部分地，这种感受来自于对上面描述的普通世俗程序和宗教裁判所程序的混淆。部分地，来自于当时实体刑法的严厉性和残酷性。最主要的，是来自于这样的一个误解，即刑讯制度是审问制的重要组成部分。

19世纪上半叶，现代的欧洲大陆刑事程序代替了上面描述的审问制。法国大革命以后，旧的程序中的很多特点与已经改变了的政治和社会气候不兼容。简单地说，刑事案件的侦查只能由“起诉者”启动，通常是公诉人。在侦查的过程中，侦查法官或者其他中立的官员，负责收集证据。不过，与审问制相比，至少部分证明活动是在当事人在场的情况下进行的。对中世纪法定证据制度的抛弃降低了被告人供述的重要性。被告人可以被讯问，但是不再要求其作出回答。在侦查结束时甚至之前，被告人及其律师有不受限制的查阅案卷的权利。这样，在审理前，证据已经全面进行了披露。侦查之后，案卷被移送给公诉人，由公诉人决定是否将案件提交审判。不存在在法官面前进行正式答辩的程序。审理本身是公开的，双方当事人出庭，必须被给予陈述和辩论的机会。原则上，侦查阶段收集到的全部证据都必须在法庭上重新出示。证明活动由职业法官主持。他不仅在询问证人的时候十分积极，而且被授权和要求提出与指控有关的全部问题。如果必要，他必须听取双方当事人没有正式提出的证据。而且，审理程序并没有区分为确定是否有罪与量刑两个阶段。

2. 对抗制

对抗制（accusatorial system或者 adversarial system）一词，在历史上有两重目的。首要的目的是对欧洲自从罗马帝国灭亡、中世纪一直到13世纪初流行的诉讼程序的简洁的描述。次要的目的是为现代英国刑事审判寻找一个起源。这种双重目的导致了这样两个因素的结合：现代的程序理念和原始的、甚至不合理的程序形式。这也解释了历史上的对抗制中某些没有解决的模糊之处。除了程序上的特点以外，对抗制的重要特征还包括“民众起诉”（popular accusation，意思是任何公民都有权提起起诉，无论是否是犯罪的被害人）、陪审团审判以及不存在上诉程序。

### （二）主要差别

1. 审问制

在审问制审理中，提出证据的责任在法官身上。法官决定接受证据的顺序，传唤和询问证人、专家证人（鉴定人）和被告人。由法官进行的询问是详尽的询问，因为法官不仅必须引出证言，而且同时必须对证人、专家证人和被告人的回答是否可信以及可信程度进行检验。在接受证据的过程中，控辩双方可以在有限的程度内参与，例如，他们可以提出补充性发问，可以提请接受进一步的证据，但是他们的权利被限制在辅助者这样的一个地位的范围内。

审问制审理可以被认为是一种独裁的、家长式的、由一名官员主导的程序。它的核心是，法官拥有无限的权力来进行等级制的真实查明。被告人本人处于下级的位置，他的辩护的可能性被官方的控制严格地限制了。

2. 对抗制

在对抗制审理中，提出证据、对证人、专家证人和被告人的询问，都是对抗双方当事人的职责。先由公诉人提出证据证明被告人实施了指控的罪行。然后辩护律师提出有利于被告人的证据和证人。传唤证人的一方当事人在主询问中不能使用诱导性问题来检验证人的可信性或者答案的真实性。这个规则的理论基础是，诱导性问题很容易误导证人给出提问者所期望的答案。在审理中提出一名证人的当事人默示地对该证人的可信性进行了保证。在主询问之后立即由对方当事人进行反询问，其功能在于检验一名证人的可信性。所以，在反询问中允许提出诱导性问题。在反询问中对证人提供的证言进行质疑，可以显露出该证言中的矛盾之处，从而该证人不得不对主询问中的回答进行修正或者补充。

在对抗制审理中，法官处于相对被动的地位。他对当事人提出证据的活动进行监督，对证据的可采性和相关性作出裁定，并且对一方当事人针对对方当事人提出的问题而提出的反对作出裁定。但是，法官并不限于这些监督功能，他可能积极地在有限的范围内参与到接受证据的活动中。他可能建议一方当事人对证人提出另外的问题，或者建议传唤另外的证人，也可能自己主动提出另外的问题或者传唤另外的证人。

在对抗制审理中的事实查明，可以说是实验性质的并且是竞争性质的。它在两个方面反映了民主的价值，一是案件是由陪审团作出事实问题的决定，二是两个形式上平等的当事人在法官面前进行竞争。在对抗制审理中辩方发挥相对积极的作用，是自由主义哲学的结果，该哲学认为一个人应当自己保护自己。在另外一个方面，提出辩护可能成为被告人的一项负担，特别是当他没有足够的资金聘请律师的时候。在某种程度上，这个问题通过为贫穷的被告人指定免费律师的方法得到了解决。

（三）对抗制审理的胜利

1996 年赫尔曼（Herrmann）教授在《从比较法视角看东欧刑事诉讼改革的范本》① 一文中，总结了对抗制审理的胜利及其原因：

1. 总的趋势

在过去的 125 年间，欧洲大陆一直处于稳定地从审问制向对抗制转化的过程。在 1868 年和 1882 年，西班牙吸收了英国对抗制审理的因素。1887 年挪威向相同的方向发展，1916 年丹麦也是如此。1948 年的瑞典诉讼法典规定，法院审理的诉讼双方当事人，有权选择审问制或者对抗制审理程序。由于对抗制审理很快成为瑞典实践中的流行做法，因而 1988 年规定必须采用对抗制。同样是 1988 年，葡萄牙向对抗制模式转化。1989 年意大利采取了对抗制，1995 年阿尔巴尼亚学了意大利的做法。在俄国，1992 年《权利宣言》和 1993 年新《宪法》都规定了对抗制审理的条款。以此为根据，引入陪审团审理的 1993 年《俄罗斯陪审团法》规定了对抗制诉讼。而且，2002 年 7 月 1 日生效的《俄罗斯联邦刑事诉讼法典》第十二编规定了“陪审法庭审理刑事案件的特点”，具体规定了陪审团审判。在欧洲以外，日本在 1949 年以美国为蓝本，用对抗制

---

① Joachim Herrmann. Models for the Reform of The Criminal Trial in Eastern Europe：a Comparative Perspective. 1996 *St. Louis-Warsaw Transatlantic L. J.* 127（1996），at 129－132.

诉讼代替了原来的审问制。

值得注意的是，在这一期间，没有向相反方向发展的改革。

2. 引入对抗制审理的主要原因

引入对抗制审理的理由，主要有三个方面：宪法上的原因、心理上的原因和结构上的原因。

第一，宪法上的原因。人们一致认为，审问制审理不再符合现代国家中司法权①应当扮演的角色。法官充当审理中的主要审问者，被认为是19世纪的遗风。众所周知，在旧的审问制诉讼中，法官既是审问者同时又是审理者。后来，欧洲大陆国家用“改革后的程序”代替了旧的审问制，即把法官和公诉人的职责分开。但是，那次改革保留了法官在审理时的审问职责，因此改革并没有多大力度。19世纪的等级制思维认为官方对真实发现过程的控制优先，审问制审理是这种思维的典型体现，因此，该种审理模式自然而然地保留了法官在审理时的审问者的角色。

到了20世纪，西欧国家的司法机关成为真正的政府中的第三种权力，司法权目的是解决政府各部门与个人之间的争议和矛盾，并保护个人不受政府的不正当压迫。司法权的这种新的角色，在宪法法院和行政法院体现得最为明显。如果法官充当审理中的审问者的角色，这样的刑事司法过程与这种新的宪政观念不兼容。只有对抗制审理中法官的角色，才被认为符合现代宪法实践的要求。

第二，心理上的原因。在审问制审理中，法官必须同时完成几项任务：询问证人、专家证人和被告人；进行主询问的同时进行反询问；对证言进行衡量；并且最终决定有罪还是无罪。在衡量证人、专家证人和被告人的陈述时，法官可能不得不根据他自己的询问的有效性作出判断。这样，就存在一个现实的危险，即法官在心理上可能不堪承受这些各不相同的任务。

法官还可能受到警察和检察官准备的案卷的不正当影响。法官在为审理时接受证据做准备的过程中必须认真研究案卷，他可能不自觉地接受案卷中的推理并且受到影响，从而形成与警察、检察官相同的看法。这样导致的结果是，法官很难在审理中无偏倚地听取证据，也很难接受辩护方提出的新的论点。

第三，结构上的原因。审问制审理的结构给辩护方施加了不合理的负担。当法官提出的问题显示出法官并不相信被告人或者提供有利于被告人的证据的证人，法官可能会显得具有偏向于控方的偏见。另外，在审问制审理中，被告人和辩护律师可能难以提出辩护。由于不存在“辩方举证”，因而被告人和他的律师只能在法官向证人和专家证人正式询问的时候，才能试图提出辩护。只有通过干预审理程序中法官的行为，他们才能寻找一个改变官方接受证据的方向的机会。

对抗制审理则不存在以上的缺陷。被告人可以不受打扰地提出其辩护。由于控方举证和辩方举证是并列的，双方举证薄弱之处以及衡量证据的不同可能性变得很明显。可以预见，如果一名被告人被赋予了提出其辩护的公平机会，他将更加容易接受被定罪的结果。

## 二、犯罪控制模式和正当程序模式

犯罪控制模式与正当程序模式的划分，是由帕克（Herbert L. Packer）教授在1964年的著名论文《刑事诉讼的两个模式》② 中提出来的。其主要内容如下：

---

① 司法权（judiciary），在这里仅仅指法院审理案件的权力。

② Herbert L. Packer. Two Models of the Criminal Process. 113 *U. Pa. L. Rev.* 1 (1964).

（一）两种模式背后的价值

1. 犯罪控制价值（crime control values）

犯罪控制模式所依赖的价值体系，是建立在这样的一个前提的基础上的，即打击犯罪行为是刑事程序最为重要的功能。未能紧密地控制住刑事犯罪行为，这种法律实施上的失败被认为将导致公共秩序的崩溃，从而失去人类自由赖以存在的重要前提。如果法律没有得到实施，如果人们认为在刑事诉讼中未被抓获和定罪的比率很高，就会产生普遍的忽略法律控制的趋势。遵守法律的公民就会成为各种不正当侵犯其权利的行为的被害人。他的人身和财产安全将消失，因而其作为社会的一个成员行事的自由也就消失了。最终的主张是，刑事诉讼是社会自由的积极保护者。为了达到这个较高的目标，犯罪控制模式要求，首先应当关注的是刑事诉讼筛选嫌疑人、确定有罪以及确保被认定有罪的人得到适当的处理的效率。

2. 正当程序价值（due process values）

正当程序模式认为，非正式的、非审理的查明事实的方式会增加错误的可能性：人们对令人不安的事件的观察能力是很低的——感知的环境越令人激动，该回忆不准确的可能性越大；处于警察羁押状态的人的供述和承认可能是通过肉体上或者精神上的强迫获得的，因而当警察听到嫌疑人认为警察想听的话之后就不再听嫌疑人的陈述了，而不是在听到真实的陈述以后；证人可能带有倾向性或者利害关系，但是没有人愿意费力地揭露这一点，除非是被告人利益的专门维护者——而警察并不是被告人利益的维护者。这些考虑都将导致拒绝把非正式的事实查明过程作为事实上有罪的决定性过程，并且坚持正式的、审理的、对抗式的事实查明过程，在这个过程中，不利于被告人的事实上的证据由一个无偏倚的法庭公开听取，并且在被告人有完全的反驳指控的机会之后，才对控方证据进行判断。即使如此，人类错误的可能性仍然存在，进一步的审查是必要的，或者至少可以作出进一步审查的选择。因此，在正当程序模式中，对确定性的要求是非常低的。

权力通常有可能被滥用，并且在刑事诉讼中权力的滥用可能是公然的和丑恶的。正是由于刑事诉讼程序可能把个人交给国家的强制权力，因而正当程序模式要求对其进行控制和保障以防止对个人的官方压迫。

正当程序模式的这些反独裁的价值得以实现的第一个原则，就是法律上有罪的原则。根据这个原则，仅仅根据可靠的证据证明他确实实施了被指控的行为，一个人不能被认为犯有一项罪行。相反，只有这些事实上的认定是以程序上正常的方式，并且由被正当地授权的机构在其权限内作出的，他才能被认定有罪。而且，即使事实认定不利于他或者可能不利于他，如果未能遵守保障程序纯洁性的各项规则，他也不能被认定有罪：认定他有罪的法庭必须有权处理这种案件（"管辖权"）并且同时符合地区管辖的规定；自犯罪发生时起没有经过太长的时间（"追诉期限的规定"）；他必须没有因同一或者实质上相同的犯罪先前被认定有罪或者无罪（"双重危险"）；他必须不属于特定种类的人，例如儿童或者精神不正常的人，这些人在法律上不能够被定罪（"刑事责任"）；等等。这些要求与他是否实施了指控的犯罪行为这个事实问题没有任何关系；但是，对上述问题中任何一个的肯定性回答，都意味着他是法律上无罪的。不管谁具有充分地确定事实问题的能力，显然，只有一个法庭知道这些排除定罪的原理并且愿意适用它们，才能够被认为具有确定法律上有罪的能力。警察和公诉人被排除在外，前者是因为缺乏这样的能力，后者是因为缺乏愿意这样做的保证。只有一个无偏倚的法庭才能够被信任，由它来确定与事实上有罪相对而言的法律上有罪。

法律上的无罪，构成了对无罪推定原则进行解释的一个方面。无罪推定具有这样的功能：

通过强迫政府方在审理中证明对被告人的指控，无罪推定将迫使旨在限制对个人适用刑罚的限制性和否定性的原理都得以实施，从而增大他获得有利结果的机会。通过这种程序手段，可以允许与事实上有罪没有任何关系的辩护理由，即事实上有罪的人可能在法律上是无罪的，因而应当作无罪处理。在正当程序模式中，法律上的无罪还有可能是因为非法逮捕、不合理的搜查以及强迫性讯问等程序违法，即这些事由可能会导致事实上有罪的人被释放。

正当程序模式中的第二个原则，是平等观念。例如，平等观念认为，如果一个人得到什么样的审判取决于他有多少钱，那就没有平等、正义可言。

第三个原则，是对刑罚的道德性和有用性的怀疑。具体体现在，刑法典中体现的价值是不科学的且过时的；依赖惩罚作为教育和预防的措施是错误的，特别是当社会成员是最有可能参与犯罪活动的人的情况下；未能提供个别化和人道的对犯罪人的改造方法，是不人道和不经济的。那么，对一种被行使的权力的目的的怀疑，产生了对行使该权力时的自由裁量权进行限制的压力。

正当程序模式为违反刑事诉讼本身规则的行为提供了一些制裁。这里面的关键在于正当程序模式中律师的可用性。这有两个方面：第一，该模式所要求的很多规则，就是要求有律师在诉讼的不同阶段做不同的事情，这是通常被承认的方面；第二，对律师的必要性有一个流行的假定，即启动对违反这个规则的制裁。这些制裁越具有自由利用的特性，律师的保障这些制裁被适当地启动的角色就越重要。

（二）两种模式的具体体现

帕克的两个模式可以用形象的比喻来说明。犯罪控制模式中的刑事诉讼可以比喻成一个由警察和公诉人操作的高速的“组装线传送带”，“组装线的最终产品”是有罪答辩。与之相对比，正当程序模式是一个“障碍赛跑训练场”，辩护律师在法官面前争论说起诉应当被驳回，因为被告人的权利受到了侵犯。犯罪控制模式的“组装线”主要考虑的是效率，而正当程序模式主要考虑的是对被告人的公正性以及“质量控制”。帕克划分的两种抽象的和二分法的模式是这样的：

1. 犯罪控制模式

犯罪控制模式把立法机关而不是法院，作为其“有效的权威”，并且接受立法机关对刑罚的很大程度的依赖。刑罚被假定为“社会自由的积极保障”并且是维护“公共秩序”所必需的。这样，既促进了保护人们及其财产不受侵犯这样一个自由主义的目标，又促进了保护秩序和社会稳定这样一个保守主义的目标。

考虑到法律实施资源是有限的这一现实情况，刑事诉讼必须“鼓励快速和终局”。这一目标的实现办法，是允许警察和公诉人挑选出无罪的人并且“尽可能快速地把剩下的人定罪，给予最低程度的挑战机会，更不要说事后审查了”。犯罪控制模式中大多数情况下事实查明是由警察在大街上和警察局进行的，而不是由律师们和法官在法庭上进行的。警察和公众一样，关心的是“事实上有罪”，即被告人可能实施了犯罪行为。他们并不过于关心“法律上有罪”，即通过可采的证据排除合理怀疑地予以证明并且在考虑被告人的全部权利和辩护理由之后才能确定的有罪。

警察被赋予宽泛的侦查权，可以为了讯问而逮捕人，并且这通常是证明嫌疑人是否事实上有罪的最迅速的方法。对警察讯问的唯一限制是那些旨在确保嫌疑人陈述可靠性的规定。基于强迫而获得的供述的坏处在于，它可能会导致把无辜的人定罪。在每一个案件中，被告人的供述是否可靠，是一个现实问题。被羁押的人不被准许与一名律师联系，因为这将延误程序并且只对有罪的人有利，因为有罪的人会听从他们律师的建议而不说话。律师应当在法庭上发挥作用，在法院审理之前，律师不应当介入刑事案件。警察还应当拥有广泛的进行搜查的权力，因为只有事实上有罪的人才有要藏匿的东西。非法扣押的证据在审理中应当是可采的。与强迫获得的供述不同，无论警察是怎样获得的，枪支、毒品和赃物都能够证明真实情况。

犯罪控制模式也不是对警察权滥用漠不关心。警察的不当行为应当通过纪律制裁程序、民事侵权程序甚至刑事追诉程序严肃处理。法治是基于法律能够适用于国家官员这一点之上的。犯罪控制模式所拒绝的，是“由于警察犯了错而使犯罪者逍遥法外”。事实上有罪的人的刑事审理，是解决警察和公诉人不当行为的不适当并且不直接的场合。

在犯罪控制模式中，审理并不那么重要，因为其重心在于审前的行政性事实查明阶段。公诉人而非预备性审理中的法官，处于衡量警察收集到的证据并且决定是否足以继续羁押嫌疑人以便于确定其有罪的最佳位置。公诉人和警察一样，可以被信任不会浪费他们有限的时间和资源在无罪的人身上。审前羁押是原则，不仅为了确保被告人在审理时出庭，而且是为了防止其继续犯罪以及说服被告人早些作出有罪答辩。在这些情况下，在对于被告人事实上有罪不存在真正的疑问的案件中，不经审理而终结诉讼程序就符合所有人的利益——公诉人、法官和被告人。审理法官应当乐于接受有罪答辩并且不去调查该答辩的事实上的准确性以及被告人是否有任何辩护理由。如果被告人抓住并且利用了最早的答辩有罪的机会，法官应当因节省了诉讼资源而对被告人减轻判处刑罚。

由于警察和公诉人有过滤出事实上无罪的人的能力，法官和陪审员们不应当担心对无辜者定罪的情况的出现。上诉不应当被鼓励，并且只有当被告人证明“任何理智正常的事实审理者都不会根据提出的证据定罪”时才允许上诉。公诉人应当被允许提出上诉，因为对有罪的人错判无罪和对无罪的人错判有罪是同样有害的，而且发生的可能性更大。

2. 正当程序模式

正当程序模式以“对刑罚的道德性和有用性的怀疑”为出发点，特别是对基于同意行为的“无被害人”的犯罪。这种怀疑是基于这样一个自由主义的价值，即“个人权利至上以及对官方权力进行限制的居于次位的观念”，并且对实施毒品、淫秽物品和卖淫法律所必需的侵犯性警察活动表示担心。如果立法机关不坚持把这些行为规定为犯罪，很多警察滥用权力的行为就可以避免。非犯罪化处理也会削减刑事司法体系的负担，并且能够有更多的时间用来尊重那些被指控犯有更加严重的罪行的被告人的权利。正当程序模式与犯罪控制模式相比，对效率和有罪答辩并不那么强调。它的“有效的权威”是最高法院以及法院通过解释宪法而对国家创设和追诉犯罪施加的限制。

正当程序模式同样关注平等问题，所有的被告人无论财产或者社会地位如何，应当受到同等对待，例如，由一名律师代理。少数民族和穷人受到警察权滥用和起诉的冲击最大。应当假定，保护所有的被告人的正当程序权利将保护处于最为不利地位的人的权利。

正当程序模式给警察施加了相当多的限制，目的是保护嫌疑人的权利，并且把大街上和警察局中的事实查明限制在最低限度。警察不能以获得证据为目的逮捕或者拘禁一个人。如果警察和被告人之间有任何交谈，被告人应当被仔细地告知保持沉默的权利以及与律师联系的权利。在刑事诉讼中，没有任何时候比逮捕时在国家和被告人之间资源的不一致性更加严重。在被告人没有明确并自愿地放弃其权利的情况下获得的任何陈述都应当在日后的刑事审理中被排除，目的在于保护被告人不受不公正地强迫自证其罪。

排除的理论基础不在于该供述不可信，而是由于它与对抗制刑事诉讼不一致，在对抗制中应当由国家在不强迫被告人在诉讼中合作并且不从其对法律权利的无知中获利的情况下证明对被告人的指控。

对事实上有罪的被告人的刑事审理，必须审理对被告人权利的侵犯问题，因为这些权利容易受到警察权滥用的侵犯，犯罪控制模式所要求的提起单独的民事、纪律或者刑事诉讼，对于穷人、无知的人、文盲和不受欢迎的人而言，是不现实的。因为警察和公诉人是如此地关注捷径，在审理中对侵犯被告人权利的行为予以制裁并宣布为没有效率也是必要的。严格的“预防性和震慑性”排除规则是必要的，因为大量的警察权滥用将永远不会到达刑事审理阶段。

在预备性审理中的法官，必须达到认为存在表面上成立的证据的程度。既然警察不被信任进行这种过滤工作，公诉人也一样不应当被信任去做。由于无罪推定以及审前羁押对准备辩护的损害效果，被告人应当只有在为了确保出庭受审绝对必需的情况下才在审前被羁押。应当采用现金保释以外的替代方法，因为根据经济能力决定审前是否被羁押的制度，是一种歧视性制度。公诉人和法官都不应当用建议交易的方法鼓励被告人作有罪答辩。刑事审理不应当被视为不受欢迎的负担，而应当被视为程序的符合逻辑和适当的高潮。刑事审理关注的不是事实上有罪，而是公诉人能否根据合法获得的证据排除合理怀疑地证明法律上有罪。只有辩护律师和法官才能被依赖去理解法律上有罪的重要性。

由于担心哪怕是微弱的无辜者被错误定罪的风险，被告人应当拥有广泛的上诉权。上诉法院在发现审理法官未能保护被告人权利的时候应撤销有罪认定。正如在犯罪控制模式中立法机关规定哪些行为是犯罪一样，在正当程序模式中最高法院是最为重要的机构，因为它界定被告人的法律权利和救济手段。

（三）帕克两种模式划分的缺陷

1. 帕克的研究仅仅是在当代美国社会的框架下运作的程序

帕克明确指出，他的这个理论并不是以在任何类型的社会中都适用的刑事诉讼为前提，而是以当代美国社会中运行的刑事诉讼为前提。这样，他的两种模式都是在同样的一个背景下，即以美国宪法中的最低程度限制以及这些限制所根据的假定为前提。具体说来，包括下面几个方面：第一，宪法中的禁止追溯力条款中暗含的推定，即对犯罪行为的定义应当独立于并且早于查明犯罪人并对其进行处理的程序，以及一个相关的推定，即刑事诉讼通常应当由有责任追诉犯罪的人启动，条件是：有迹象表明犯罪已经发生；犯罪人已经被抓获；以及认定其有罪具有合理的可能性。第二，政府侦查和抓获被怀疑犯罪了的人的权力，存在限制。也就是说，法律实施官员的活动应当受到一定程度的审查和控制，以便于个人的安全和隐私不被随意侵犯。第三，被指控为罪犯的人并不仅仅是追诉的对象，而且是程序中的一个独立的实体，如果他需要，可以强制程序的运作者向一个独立的机构（法官和陪审团）证明他犯有被指控的罪行。

可以看出，他具有两个方面的局限性：第一，他没有考虑到世界上还有很多国家实行的是非对抗制。第二，美国宪法的最低程度的限制，并不是理所当然地被世界上所有的国家所接受。因而，帕克论文中提出的理论，在运用到其他国家刑事诉讼的研究中时，就需要进行一定的变化。

2. 帕克的研究是在被害人权利保护运动兴起之前进行的

由于帕克在写作的时候还没有出现被害人学、女权主义和批判现实主义，因而帕克并没有考虑到刑事被害人通常也是来自于同样处于不利地位的群体，而是把刑事案件看作国家和被告人两极对立的事项。

被害人权利保护运动使国家不再处于消极的位置，并且导致了由国家掌控风险和伤害，并对刑事被害人和潜在的刑事被害人中存在的不安全、疏远、无礼的情绪进行补救。

帕克对权利的理解是传统的自由主义方式，即权利是对政府的消极制衡。权利是为了保护个人不受国家侵犯，并且救济的方法限于宣告无效的制裁，即证据被排除并且起诉被驳回。他没有把权利看作对安全的积极保障，也没有把刑罚看作尊重被害人和潜在的被害人权利所需要的救济手段。

帕克的文章发表之后，被害人研究表明，向警察报告的犯罪数量明显少于实际犯罪数量，并且被犯罪侵害的风险是无处不在的。被害人研究通过提供由一个政府部门出具的实实在在的数据，来支持该问题已经很严重这个说法。帕克的数据是来自向警察报案的数据统计，并且他假定较高的破案率将能够控制犯罪。被害人研究则表明，警察和公诉人的犯罪控制行为仅仅影响犯罪中的一小部分。在很多情况下，被害人知道因犯罪事件与警察联系是没有用处的，并且其中一些被害人担心他们会被刑事诉讼程序再次伤害。新的刑事司法模式应当把这个关于未报案的犯罪的新知识融入进去。

在被害人研究中显示的未经报案的犯罪具有很高的比率，可以做不同的解释。它可以被解释为这样的迹象，即刑事司法制度已经失败，并且对犯罪的被害人和特别容易受到某种或者全部犯罪侵害的特定群体漠不关心。这种解释促进了这样的改革，即试图增加性侵犯和家庭暴力的报案率。现实主义犯罪学家也注意到，被害人研究暗示，在经济上处于不利地位的人特别容易遭受犯罪的侵害。

## 三、被害人权利模式

### （一）被害人权利保护运动的兴起

在历史上，刑事被害人拥有非常少的权利和救济。自从 18 世纪早期犯罪开始被认为是针对国家的错误行为起，政府官员就一直对针对被声称为犯罪人的刑事程序拥有几乎绝对的控制权。被害人在程序中的角色变得越来越模糊，导致被害人越来越少地参与刑事起诉。作为政府方证人，被害人经常在法院的大厅里受到冷落并且并不知情。作为社会中受到侵害的成员，被害人从被告人那里或者国家那里获得赔偿的可能性都很小。特别是在过去的几十年中，当美国的法院系统越来越注意刑事被告人的权利时，对犯罪的被害人却给予极少的注意。作为对这种状态的反应，“良民”开始争取得到更多的保护。

美国的“被害人权利”运动是由一些基础性的团体推动的，例如“犯罪被害人法律支持研究所”“反对酒后驾车的母亲们”以及“守卫天使”。作为这场运动的结果，很多政府机构，无论是美国联邦的、州的还是地方的，都已经加强了帮助被害人和证人为刑事诉讼做好准备、帮助被害人在受犯罪侵害后调整身心以及对犯罪被害人给予金钱上的帮助。到 1984 年，美国已经有 28 个州颁布了某种形式的“被害人补偿”的制定法。虽然这些补偿制度在管理、资金、申请条件和补偿数额方面存在不同，但它们基本上都为在受犯罪侵害后遭受经济困难的被害人提供了经济上的帮助。各个政府机关也实施了一些帮助公民适应法庭审理的计划，通过使他们熟悉刑事诉讼程序，告知他们案件中的相关事项，并提供咨询和保护。美国有几个州要求被害人有权在对被告人的量刑听审中发表对量刑的意见。另外，美国各州已经通过法律，禁止被判定犯有重罪的人通过出售书籍或者电影版权来谋利。美国联邦则通过了 1982 年《被害人和证人保护法》，联邦政府采取了上面提到的一系列政策，以便于在刑事追诉中赋予被害人和证人更加积极的地位。

这些发展表明，刑事追诉不能简单地只是关注刑事被告人的权利。随着被害人权利立法和被害人权利团体的增长，以及以被害人权利被侵害为由在美国联邦最高法院提出的上诉，“私人在对另一个公民的起诉中不存在司法上予以认可的利益”这个长期确立的原则受到了猛烈的冲击。到了1999年，刑事诉讼程序中被害人参与的重要性更是得到了法律的承认。美国31个州在州宪法中规定了被害人的权利。美国联邦政府和剩下的州都制定了一系列保护被害人权利的制定法。旨在保护刑事被害人权利的美国联邦宪法修正案已被提出，虽然尚未获得通过。可见，为了更好地理解刑事诉讼，必须正面对待被害人的权利。

把被害人作为参加者纳入进来，动摇了关于刑事诉讼的传统假定的基础。其中一个很多年来作为刑事诉讼领域的核心假定，即在刑事诉讼中只有两个价值相互冲突的假定，已经不再是正确的了。帕克教授识别了这两个价值并将其命名为“犯罪控制模式”和“正当程序模式”。犯罪控制模式的价值是有效打击犯罪。正当程序模式的价值是把被告人放在首位和与之相关的限制政府权力的观念。早在1968年，帕克教授就指出：“我们所需要的模式，是那种允许我们明确地承认刑事诉讼的细节所基于的价值选择。简单地说，我们需要的是标尺性的模式。肯定需要一个以上的模式，但是也不必超过两个。”[①] 帕克的最后一个断言已经不再是正确的了。现在，明确地承认刑事诉讼所基于的价值选择，需要两个以上的模式。

帕克教授没有预见到现代的被害人正式参加的法律，也没有考察一直延续到今天的被害人参加的历史上的法律传统。这样，他的两个模式中不包括被害人参加刑事诉讼的观念就不足为奇了。仅仅是存在双元模式的观念以外的被害人参加的价值，这本身不能成为创立一个新模式的足够理由。要使被害人模式有用，需要在法律上一致认为被害人的地位所基于的价值是真正的和重要的。这种在法律上的共识现在是存在的，正如在美国所有50个州和联邦政府创设刑事被害人参加权利的现代法律，以及一直延续到今天的被害人参加的历史传统所体现的那样。但是，被害人参加并不是基于犯罪控制模式和正当程序模式所基于的价值，该双元模式无法提供理解被害人参加的工具。刑事诉讼中被害人参加的法律反映出刑事诉讼占主导的理论的变化。为了反映这种变化，就需要用第三个模式——被害人参加模式——来补充但不是替代帕克的双元模式。

### （二）被害人权利模式所基于的价值

被害人参加模式所基于的价值，通过美国联邦和州的制定法以及很多州宪法的字面表述暗示出来了。这种语言表述包括三个重要的观念：对被害人的公正，对被害人的尊重以及被害人的尊严。在绝大多数州宪法的被害人权利条款中，都体现了两个或者两个以上的这些观念。据贝鲁夫教授1999年的统计[②]，在美国有5个州已经为被害人制定了宪法上的公民权。20个州在宪法层面上承认被害人尊严的重要性。另外10个州明确地在关于被害人权利的制定法中写明尊严、尊重和公正观念中的一个或者多个。保障被害人参加权的美国联邦立法明确写明尊严、公正和尊重观念是重要的。

总体上说，这些权利包括：被通知的权利；出席的权利；向公诉人和法官发表意见的权利。在性质上，这些权利是类似于正当程序的权利，虽然也已经创设了其他种类的权利。

规定正当程序性的参加权（以及其他种类的权利）的根本理由，是防止被害人可能遭受的两

---

① Douglas Evan Beloof. The Third Model of Criminal Process: The Victim Participation Model. 1999 *Utah L. Rev.* 289, at 290.

② Douglas Evan Beloof. The Third Model of Criminal Process: The Victim Participation Model. 1999 *Utah L. Rev.* 289, at 293.

种伤害。第一种伤害是首要伤害，即犯罪本身造成的伤害。第二种伤害是次要伤害，即政府程序和程序中的政府机关造成的伤害。这些伤害提供了“尊严”“公正”和“尊重”的背景，并且为被害人参加刑事诉讼提供了根本基础。在其他的法律关系中，对一个个人造成伤害并且存在其他人负有责任的法律理论，那么这种伤害就是原告人身份的基础；与此相类似，刑事诉讼中被害人遭受的首要伤害，就是被害人参加权的基础。次要伤害的潜在可能性为被害人对抗政府权力的公民权利提供了重要基础。把作为个人的被害人放在首位，是被害人参加模式所基于的价值。这种价值的起源，是首要伤害的视角，加上最大限度地缩小对被害人的次要伤害（政府造成的伤害）的观念。保障被害人参加权所基于的价值，就是把作为个人的被害人放在首位这个价值。

被害人参加模式的体现，是被害人跟随“组装线”来跟踪自己的案件。被害人非正式地与警察和公诉人交换意见。在正式程序中，在适当的时候并且以适当的方式，被害人可以在法庭上发言，向法官发表意见。在审前处理决定终局之前，公诉人和法庭应听取被害人的意见。被害人可以在量刑和释放听审中发言。

被害人参加制度的目的，是确保个体被害人在案件中的利益得到实现。被害人的一个核心利益就是真实得到查明并且作出合适的处理。但是，被害人的地位有一个重大的限制。被害人无法控制大陪审团、小陪审团、公诉人或者法官作出的重大决定。在关键阶段，被害人向政府机构和决定作出者发表意见。根据不同的程序背景，被害人参加可能间接地导致效率的提高或者降低，而且被害人参加有可能与把个体被告人放在首位的价值相互冲突，也可能不冲突。

被害人参加刑事诉讼的一个重要的特点，是该参加在很大程度上交给个体被害人自行决定。值得注意的例外情况是，在国家坚持起诉的案件中被害人必须作为证人出现。如果被害人没有参加（除了作为证人以外），该起诉并没有失败，但是该案件变成国家和被告人之间的对抗，要想继续进行诉讼，这两个当事人必须继续参加。被害人对于是否参加享有选择权是可能的，因为公诉人保留对重大决定的控制权并且保留对起诉的核心责任。被害人的缺席（除了作为证人）并不意味着国家一方变得无法控制和继续对案件的起诉，而仅仅限制了被害人影响起诉和案件处理的能力。

被害人参加权中涉及的次要伤害观念的一个核心特点，就是次要伤害（政府程序和程序中的政府机关造成的伤害）对不同的被害人可能有不同的含义。被害人甲可能选择行使所有的参加权，而被害人乙可能选择不行使任何的参加权。被害人甲和被害人乙都自行决定积极参与是会减小或者导致次要伤害。这种是否参加的选择，与被害人参加模式的把个体被害人放在首位的价值相一致。被害人参加法律中所暗含的观念就是，对个体被害人是否参加刑事诉讼的选择权，如果加以否定的话，将构成对被害人的不公正、对被害人的不尊重并且严重损害被害人的尊严。

作为被害人在法律上能够选择是否参加的后果，至少可以进行两个方面的概括分析。第一，当存在这样的选择的时候，公诉人将一直是必要的，因为不考虑被害人的参与程度而对某些犯罪进行追诉，对于社会而言仍然是重要的。第二，对于相似境遇的刑事被告人采取不平等的程序对待是可能的，因为被害人被允许选择是否非正式地或者正式地就指控或者案件处理影响决定作出者，并且因为被害人可以选择帮助或者攻击一方当事人或者双方当事人。一个被告人可能会面对一个要求宽大处理的被害人，而另一个被告人可能会面对一个要求严厉处罚的被害人。第三个被告人可能会发现被害人除了作为证人以外没有参加刑事诉讼程序。对被告人的不同对待可能是否定被害人参加权的最有说服力的原因，因为被告人平等对待的主张会反对被害人在刑事诉讼的任何阶段参加。但是，在实践中，对被告人的平等对待在很大程度上做不到，因为那个目标会阻碍关于被害人参加的法律的实施。处于支配地位的是被害人参加刑事诉讼的选择权，处于次要地位的是相似境遇的被告人的同等对待价值。

### （三）惩罚性被害人权利模式与非惩罚性被害人权利模式

1999年，罗奇（Roach）教授在《刑事诉讼的四个模式》① 一文中提出了被害人权利模式可以分为惩罚性被害人权利模式与非惩罚性被害人权利模式。

1. 惩罚性被害人权利模式："过山车"模式

这种模式结合了犯罪控制模式的"组装线"和正当程序模式的"障碍赛跑训练场"，构成了一个"过山车"模式。被害人研究以及被对抗制诉讼再次伤害的被害人的陈述表明，犯罪控制模式并没有充分地为被害人提供保护和服务，因而这种模式处于持续的危机中。同时，由于在刑罚遭受正当程序的挑战时需要为刑罚辩护，这种模式也处于危机当中。通常它宣称刑事被害人和潜在的刑事被害人的权利是值得保护的。这样，惩罚性被害人权利模式的新的政治理论的特点就是，被害人和潜在被害人的权利与被告人的正当程序权利相对抗。在这个新的政治理论中对刑罚的辩护经常重复犯罪控制模式的这个假定，即刑罚能够控制犯罪。被害人和潜在被害人群体对刑罚的要求经常集中于刑事法律的平等保护，而不是该种保护的质量。

美国的被害人权利联邦宪法修正案草案试图与赋予被告人的权利达到相同的程度，并且有人主张被害人的权利与被告人的权利同样具有宪法上的地位。刑事被害人及其支持者关于参与刑事审理的要求，会降低犯罪控制"组装线"的效率，因为"组装线"的目的就是鼓励被告人和公诉人达成有罪答辩的协议。答辩交易，尽管在犯罪控制模式中具有核心地位，但由于没有将被害人包括在内而且没有满足被害人的期望，因而处于可质疑的地位。这种对权利的宣称，如同被害人权利法案以及被害人所要求的宪法上的安全、参与和平等权利中所体现的那样，鼓励把委屈诉说出来，不仅是犯罪造成的委屈，而且包括国家对刑事被害人的对待中造成的委屈。

犯罪控制模式与被害人权利的惩罚性模式有一些重大的相似之处。它们都更强调事实上有罪而不是法律上有罪。关注的焦点是被害人向研究者或者警察报告的犯罪行为的发生，而不是国家排除合理怀疑地或者依照对被害人的法律权利进行限制地证明有罪的能力。支持被害人，而不相信警察和公诉人的职业判断，导致了实践中对有罪的推定，而这一点帕克认为是与犯罪控制模式相联系的。惩罚性被害人权利模式倾向于把人们分为被害人和犯罪人两个种类，虽然承认在某些情况下被告人可能属于被害人种类。存在着强调被害人的无辜和犯罪人的有罪的倾向。这种惩罚性观念以及试图避免对被害人的任何责怪，倾向于忽视某些被害人和犯罪人在人口构成和行为上的重合。如果暗示被害人对犯罪的发生负有责任，犯罪预防可能就是值得怀疑的了。恢复性司法被拒绝，因为担心被害人应当不必面对犯罪人，以及害怕它过多地强调了犯罪人的改造。

在近年来刑事司法政策上的讨论很多是关于那些主张正当程序权利的人和主张刑事被害人以及潜在被害人的安全、参与和平等权利的人之间的冲突。在20世纪80年代之前，政治理论的冲突是国家和个人之间。国家宣称其实施社区的道德的权力和主张，而被告人主张个人权利和自由。保守派站在国家一边，而自由派则站在被告人一边。新的政治理论则根本不同。被告人仍然主张个人权利和自由，但是现在国家和被害人主张刑事被害人和潜在被害人的权利。新的政治理论并不忽视被害人，而是在继续认可刑罚控制犯罪这个犯罪控制模式的假定的同时，突出了被害人权利和被告人权利的冲突。

2. 非惩罚性被害人权利模式："环形"模式

被害人权利的另一个方向与"过山车"模式不同。"过山车"模式依赖不足够的刑罚和反对

① Kent Roach. Four Models of the Criminal Process. 89 *J. Crim. L. & Criminology 671* (1999).

正当程序主张，而“环形”模式努力的方向是防止犯罪的发生以及一旦发生犯罪后的恢复性司法。预防的过程和恢复的过程都可以用一个环形来表示。该环形的一个例证就是设有私人保安力量的封闭小区。另一个例子是成功的社区巡逻或者家庭和社区的警务自治。一旦犯罪发生，该环形表示治愈、赔偿的过程和恢复性司法。通常情况下，环形模式更多地强调被害人的需要而不是他们的权利，并且该模式试图最大限度地降低犯罪和惩罚所造成的痛苦。

非惩罚性方法并不尊重传统的犯罪控制战略和机关，但是与惩罚性模式不同，并没有低估它们的重要性。家庭、学校、雇主、城市规划者、保险商，以及那些未能提供社会服务和经济机会的人，也都应该为犯罪负责。与惩罚性模式不同，它对于责怪犯罪人或者被害人并不关心。非惩罚性模式承认，犯罪人和被害人经常是来自类似的群体，并且这些群体特别容易受到犯罪以外的伤害。

一旦犯罪发生了，重点在于通过治愈、赔偿和恢复性司法来降低它造成的伤害。该环形可以在没有任何外来的干预的情况下闭合，因为刑事被害人自己采取行动来治愈伤害并且试图预防将来的犯罪。更常见的是，恢复的环形可以通过主张保险单上的赔付而获得恢复。当被害人报告犯罪时，该环形可以表现为恢复性司法程序，允许犯罪人对犯罪承担责任并试图修补给被害人造成的伤害。这通常通过非正式程序处理，例如原住民治愈圈、家庭会议以及被害人与犯罪人和解项目，在这些程序中所有的参与者都以圆桌会议的形式就座。所有的这些干预都是出于下面的考虑，即犯罪人和被害人的利益、非正式的非惩罚性的措施以及广泛的社区参与。这些圈子的关键参与者是被害人、犯罪人、他们各自的家庭和支持者，而不是警察、公诉人、辩护律师或者审理争议的法官。被害人有权决定是否接受道歉以及补偿计划。但是，在惩罚性被害人权利方法中，被害人只能向立法者、法官以及官员们作出陈述，这些人享有决定惩罚的最终权力。

恢复性司法关注的焦点是事实上有罪，但是努力探寻犯罪人为什么实施了犯罪行为。恢复性司法还限制正当程序权利，鼓励犯罪人接受刑事责任而不是要求国家一方排除合理怀疑地证明犯罪人实施了犯罪并且国家一方尊重了犯罪人的权利。

恢复性司法提供了犯罪控制模式和正当程序模式的一个替代性选择。犯罪控制模式和正当程序模式关注的焦点是国家，无论是作为犯罪的首要被害人还是侵犯犯罪人权利的主体，并且在很大程度上对犯罪人和被害人发生影响。犯罪控制模式向犯罪人施加了惩罚，却顶多给予了被害人间接的认可且没有给予任何可见的修复。正当程序模式则鼓励犯罪人否认刑事责任并且由于其职业化以及对抗式的定位，使犯罪人与被害人以及更大的社区之间产生分化。正当程序模式关注的是否认责任的权利，包括对伤害进行修补的责任。

## 观点探讨

### 一、我国是对抗制还是审问制

一般认为，2012 年修正后的《刑事诉讼法》，是在保留审问制传统的情况下，大量借鉴了对抗制的做法。主要表现在以下两个方面：

1. 法官的角色。在法庭上提出证据的活动主要由控辩双方进行，审判人员保留对被告人、被害人、鉴定人和证人进行询问的权力。例如，讯问被告人主要由公诉人进行，审判人员可以补充发问（《刑事诉讼法》第 186 条）；对于控辩双方提出的证人、鉴定人，应当先由提请通知的一方进行发问，发问完毕后，经审判长准许，对方也可以发问（《高法解释》第 212 条）。

2. 卷宗移送。法官在审理前能接触控方准备的全部案卷材料、证据（《刑事诉讼法》第172条）。这样的规定保留了审问制的传统。

## 二、我国刑事诉讼是犯罪控制模式还是正当程序模式

需要注意的是，犯罪控制和正当程序是两个理念上的极端，任何一个具体的刑事诉讼制度都不可能只取一个极端，实际上任何刑事诉讼制度都是两个价值的平衡。利用帕克的理论分析我国现行的刑事诉讼法，可以说我国的刑事诉讼程序是偏重于“犯罪控制模式”。具体有以下几个方面的体现：

1. 审理不像“正当程序模式”中那么重要，偏重于审前对事实的查明。侦查或者调查期限比审判期限还长，而且对侦查或者调查终结、提起公诉的证据要求非常高，和审理后定罪一样，都要求“犯罪事实清楚，证据确实、充分”。法庭审判中对证据调查的时间短暂，而且证人很少出庭接受全面的主询问和反询问。

2. 对侦查或者调查机关权力并没有太多的限制。我国宪法中并没有要求逮捕、拘留、搜查、扣押等侵犯公民人身、财产、住宅、隐私的措施必须经过法院的令状许可。宪法仅仅规定了逮捕必须经过人民检察院的批准或者决定，对于警察的其他强制性方法则没有明确规定。在监察法、刑事诉讼法和相关司法解释中，拘留、搜查、扣押、技术侦查等措施只需要侦查或者调查机关自己作出决定，而不需要事先的司法权的许可。换句话说，在我国，侦查和调查权不受司法权的控制。这样的做法显然有利于查明事实，表明了立法者认为刑事诉讼的首要目的就是犯罪控制。

3. 没有规定沉默权。虽然我国《刑事诉讼法》第50条规定了“不得强迫任何人证实自己有罪”，但同时在第118条规定，犯罪嫌疑人对侦查人员的提问，应当如实回答。这样规定显然是为了尽可能获得有罪供述。在我国，犯罪嫌疑人在被讯问前不会被告知沉默权和律师帮助权，也不允许讯问时律师在场。这样的做法也是有利于事实查明的。

4. 没有规定禁止双重危险。正当程序模式中注重的是“法律上有罪”，因此双重危险可以成为法律上无罪的理由。我国宪法和法律中并没有规定禁止双重危险，理论上主张的原则是“实事求是、有错必纠”。在我国，对于有罪者被错误判定为无罪的，控方如果日后重新起诉，并没有法律上的阻碍。这样做也是为了查明事实，并且强调的是事实上的有罪而不是法律上的有罪。

5. 对实物证据的排除不彻底。我国《刑事诉讼法》第54条规定了非法证据排除，着重排除刑讯逼供等方法获得的言词证据。对于侦查或者调查机关滥用搜查、扣押等权力获得的物证、书证，只有“可能严重影响司法公正的”并且“不能补正或者作出合理解释的”才予以排除。对于不采用排除证据方法制裁的侦查或者调查人员违法，只能通过纪律制裁、要求赔偿等方式解决。也就是说，在我国，控方的不当行为并不能影响对事实上有罪的人的刑事追究。

6. 律师帮助权还不够充分。根据我国刑事诉讼法的规定，危害国家安全犯罪、恐怖活动犯罪案件，在侦查期间辩护律师会见在押的犯罪嫌疑人，应当经侦查机关许可；在侦查阶段辩护律师会见在押的犯罪嫌疑人，只能了解案件有关情况、提供法律咨询等，不能向犯罪嫌疑人核实有关证据；辩护律师申请人民法院通知证人出庭作证，法律并未规定人民法院应当通知该证人出庭；等等。

## 三、我国刑事诉讼中的被害人权利模式

依照罗奇教授的理论对我国刑事诉讼中被害人权利保护进行分析，我国是以惩罚性被害人权利模式为主，非惩罚性被害人权利模式为辅。

（一）惩罚性被害人权利模式

该模式的根本特点就是在争取对被告人处以刑罚的过程中，要处理好被害人权利与被告人权利之间的冲突关系。除了把被害人陈述作为控方的主要证据之一种以外，我国刑事诉讼法中对被害人的安全、参与和平等权利作出了比较全面的规定，主要体现在以下几个方面（这里的探讨仅限于公诉案件中的被害人）：

1. 被害人具有当事人的地位，并因而享有申请回避权等当事人享有的权利。

2. 被害人有权在案件移送审查起诉之日起，委托诉讼代理人帮助行使诉讼权利。并且，对于因经济困难没有聘请律师的，可以向法律援助机构申请法律援助（《法律援助条例》第 11 条第 2 项）。

3. 在审查起诉过程中，人民检察院应当听取被害人和被害人委托的诉讼代理人的意见（《刑事诉讼法》第 170 条）。

4. 在法庭审理中，被害人享有非常广泛的权利：就起诉书指控的犯罪进行陈述；自己以及通过诉讼代理人向被告人、证人、鉴定人发问；自己以及通过诉讼代理人发表对控方在法庭上提出的证据的意见；自己以及通过诉讼代理人申请通知新的证人到庭，调取新的物证，申请重新鉴定或者勘验；自己以及通过诉讼代理人参加法庭辩论，对证据和案件情况发表意见并且可以与对方辩论。

5. 对于人民检察院没有作为公诉案件提起公诉的犯罪行为，被害人有权直接向人民法院提起自诉（《刑事诉讼法》第 204 条）。

6. 一审判决后，被害人及其法定代理人不服地方各级人民法院第一审的判决的，有权请求人民检察院提出抗诉（《刑事诉讼法》第 218 条）。

（二）非惩罚性被害人权利模式

该模式的实质是在没有国家参与的情况下，被害人与犯罪人通过非正式程序处理已经构成犯罪的行为。在我国刑事诉讼中有两个方面的体现：

1. 把某些案件划分为自诉案件，对于自诉案件被害人有权自行决定起诉或者不起诉。对自诉案件中“告诉才处理”的案件，如果被告人没有提出告诉或者撤回告诉，刑事诉讼程序必须终止。

2.《刑事诉讼法》第 206 条规定“自诉人在宣告判决前，可以同被告人自行和解或者撤回自诉”。这条规定有以下几个方面的含义：（1）案件范围仅仅限于自诉案件；（2）是否和解的决定权完全掌握在被害人手中；（3）和解的后果是被告人不再受到刑罚处罚。

（三）混合模式

《刑事诉讼法》第五编第二章规定的“当事人和解的公诉案件诉讼程序”中，对达成和解的案件，可以以“犯罪情节轻微，不需要判处刑罚”为由作不起诉决定（非惩罚性被害人权利模式），也可以由人民法院对被告人从宽处罚（惩罚性被害人权利模式）。

# 第五章
# 真实查明与刑事诉讼

## 案例导引

### 一、长期疲劳讯问获得的言词证据

甲涉嫌抢劫罪。公安机关经过侦查，已经掌握了某些证据。在对甲进行讯问时，甲一直不肯供认犯罪。侦查人员连续对甲进行 48 小时的讯问，其间侦查人员轮换休息，而不允许甲吃饭、喝水、上厕所或者睡觉。最后甲作出了有罪供认。在法庭审理中，甲主张其供述不是自愿的，并且声称其没有实施指控的犯罪。问：甲的供述是否可以作为认定甲犯有抢劫罪的证据？

### 二、警察无证搜查获得的毒品是否应当排除

某警官在公路上，因怀疑甲召妓而拦住了甲。根据被告人的表情，警官还怀疑甲是吸毒者，因而要求甲从车里出来，并把口袋里面的东西掏出来给警察看。甲把右口袋的东西掏了出来，但是没有把左口袋里面的东西给警察看。在未获得甲的同意的情况下，警官从甲的衣服口袋内发现了一个装有违禁毒品的塑料袋，于是警察逮捕了甲。问：发现的毒品是否能够作为指控甲持有毒品的证据？

### 三、私人未经谈话人同意获得的录音是否应当排除

甲是强奸案件被害人乙的律师。甲与被告人丙的一个女性朋友丁进行和解谈判。丁秘密地录下了他们之间的谈话，后来甲被指控试图引诱乙作伪证。问：未征得谈话人同意的情况下秘密进行录音，是否能够作为不利于甲的证据？

### 四、私人获得的他人日记是否应当排除

甲在日记中记载了曾经强奸乙。在甲因强奸罪受到审理的时候，甲声称从未与乙发生性关系。甲的一个朋友丁偶然发现了甲的日记，并把日记交给了警察。问：甲的日记能否用来作为证明甲强奸的证据？

## 五、妻子主张近亲属的拒绝作证特权

乙涉嫌受贿罪。监察委员会经过调查，认为其妻子丙必然知情，于是要求丙到监察委员会提供证言。丙鉴于夫妻感情和利害关系，表示不愿意提供不利于乙的证言。问：监察人员能否强迫丙提供证明乙犯有受贿罪的证言？

## 六、无罪判决后能否再次起诉

甲因强奸罪被起诉到 A 县人民法院。经审理，A 县人民法院作出了“证据不足、指控的犯罪不能成立的无罪判决”。2 年后，A 县人民检察院发现了新的能够证明甲有罪的证据，遂再次向 A 县人民法院提起了公诉。问：A 县人民法院是否应当受理该起诉？

# 基本理论

## 第一节 绝对真实与实用真实

大陆法系的审问制（inquisitorial system）与英美法系的对抗制（adversarial system）在查明真实方面存在着差别。审问制寻求的是绝对真实（absolute truth）①，而对抗制寻求的是实用真实或者妥协的真实（pragmatic，or compromised，truth）。

实用真实又可以有其他的称呼，例如“现实的真实”（practical truth）②、“法律真实”（legal truth）③ 或者“法庭真实”（court's truth 或者 courtroom truth）④。

### 一、绝对真实

所谓绝对真实，是指对在一个特定的事件中发生的实际情况的全面反映。总体说来，这意味着对法院查明了所有事实和动机的一个问题以恰当的方式适用正确的法律，从而赋予正确的救济。在刑事审理中，审问制中法官寻求的真实，主要是犯罪时发生的一切的全面查清，从而判处恰当的刑罚。审问制对真实的寻求可以被描述为以目的为中心（teleological）。对犯罪者进行惩罚是好事情，因此能够实现这个好事情的制度是唯一正确的制度。因此，只要涉嫌有罪的人被发现并且受到惩罚，实现这个目的的手段通常就被认为是正确的或者公正的。而且，在某种程度上，审问制具有分层级的价值结构。法院把查明真实作为首要价值，因此只有在极端的

---

① Matthew T. King. Security，Scale，Form，and Function：The Search for Truth and the Exclusion of Evidence in Adversarial and Inquisitorial Justice Systems. 12 *Int'l Legal Persp*. 185（2002），at 187－189.

② Harrison v. Nixon，34 U. S. 483（1835）（“practical truth”）；Robert P. George，A Defense of the New Natural Law Theory，41 AM. J. JURIS. 47（1996）（“practical truth”）.

③ Steven D. Smith. Believing Like a Lawyer. 40 *B. C. L. REV.* 1041（1999）（“legal truth”）；Laura Berend. Less Reliable Preliminary Hearings and Plea Bargains in Criminal Cases in California：Discovery Before and After Proposition 115. 48 *AM. U. L. REV.* 465（1998），at 471（“legal truth”）.

④ Cynthia Chandler. Feminists as Collaborators and Prostitutes as Autobiographers：De-Constructing an Inclusive Yet Political Feminist Jurisprudence. 10 *Hastings Women's L. J.* 135（“court's truth”）.

情况下才放弃这一司法程序的最终目标。

## 二、实用真实

对抗制寻求“实用真实”并不意味着对一个事件实际发生的情况漠不关心。对抗制同样把全面反映实际发生的情况作为一个目标，但是它把这个目标放在比其他社会价值次要的位置。对抗制寻求其能够得到的最大限度的真实，但限于具体条件，包括对证据可靠性和与其对抗的其他价值的现实考虑。在当今的对抗制中，社会必须接受这样的一个理念：某些事项的真实查明将会因为其他与之冲突的价值而被阻碍。“在现实的实践中，对真实的查明并不必然是审理的目标，真实以外的价值经常处于更加优先的地位，并且实际上，法庭真实是一种独特的真实种类，它并不必须与客观真实（objective truth）或者绝对真实相一致。”① 也就是说，审理的目的不是查明真实，而是通过运用规则解决争端，从而实现“法庭真实”。

站在查明真实为益的角度，实用真实的观念可以被描述为以道义为中心（deontological）。在美国的对抗制中，只有经过正确的程序获得的结果才是好的结果；如果程序没有被遵守，不可能存在好的结果。即使有罪的人被定罪，如果事先确定的公正程序没有被遵守，也不是好结果。对个人宪法权利的尊重被认为是正确的，因而在寻求司法的真实结果时，这个价值必须优先。与审问制的分层级的价值结构不同，对抗制实行的是多种价值并存。它追求重要的价值，即真实查明和个人自由，但是这两个价值不存在哪一个更优先的问题；案件的具体情况以及考虑这些价值的具体情况，决定哪一个价值在某一特定法律领域优先。

同时，实际生活中的对抗制，由于对抗的双方当事人的最终目标是胜诉，而不是对真实情况提供一个中立的报告，这也会导致绝对真实的不可能。如果存在不利于本方的证据，当事人将不会主动提出。这样，哪些材料将被提出以及哪些材料将被省略，是律师争取胜诉需努力的一个重要方面。这样实现的“法庭真实”并不需要与客观真实完全相符，因为法律真实是根据盖然性而不是确定性。② 正如美国马萨诸塞州联邦地区法院指出的那样：“现实生活中的真实……与陪审团裁决中宣布的‘真实’可能很不一样。虽然司法制度的最终目标是查明实质真实，但是审理是一个并不完美的方法，并且陪审团裁决中展现的事实可能并不必然与实际的真实相符。”③

# 第二节　关于真实的哲学理论

与绝对真实和实用真实理论相对应，有两种哲学理论作为其理论基础：相符理论（Correspondence Theory）和商谈理论（Discourse Theory）。④

---

① Ronald W. Schneider，Jr.. A Measure of Our Justice System：A Look at Maine's Indigent Criminal Defense Delivery System. 48 *Me. L. Rev.* 335（1996），at 367，footnote 213.

② See W. William Hodes. The Professional Duty to Horseshed Witnesses-Zealously，Within The Bounds of the Law. 30 Tex. *Tech L. Rev.* 1343（1999），at 1360.

③ Headley v. Chrysler Motor Corp.，141 F. R. D. 362（D. Mass. 1991），at 366 n. 21.

④ See Lawrence B. Solum & Stephen J. Marzen. Truth and Uncertainty：Legal Control of the Destruction of Evidence. 36 *Emory L. J.* 1085（1987），at 1163.

## 一、相符理论

相符理论的核心是，真实（truth）是信念（belief）和事实（fact）之间某种形式的相一致。在法律领域中，真实的相符理论可以这样应用：如果认定的命题（法律事件）与实际上发生的情况（非法律事件）相一致，那么该对事实的认定就是真实的或者准确的。

相符理论存在一系列的困难。对其比较常见的批评是，相符理论实际上反映了人们希望具有上帝的视角这一欲望。康德最早告诉我们，这个欲望是无法满足的，虽然该欲望已经深入人们的理智本性。这种自然的而又无法实现的欲望在我们的文化中广泛存在，但是尽管如此，我们仍然不可能具有上帝的视角。①

在法律领域，这种批评更加有力。在美国的司法制度中，事实的“上帝的视角”这个观念在实际解决法律争端的过程中没有任何作用。正当程序观念要求事实必须通过程序来实现，而且这个程序对各方当事人都是实质上公平的。这种公正与“法庭真实”（courtroom truth）之间的联系，可以通过真实的相符理论的敌人来予以表达，这就是商谈理论。

## 二、商谈理论

所谓“法庭真实”（courtroom truth），是指事实审理者在全面并且公正地提出证据之后认定的东西。② 依照这个定义，从公正程序中产生的裁决，就是正确的裁决。公正的程序是指为双方当事人提供同等的机会来发现、提出、质疑和反驳证据。

公正程序的视角是建立在哈贝马斯（Jurgen Habermas）的真实的商谈理论的基础上的。根据商谈理论，所谓真实的主张，是指被宣称为真实的命题将通过理性商谈被各方协商同意，这种理性协商包括所有的参与人有平等的机会提出论点、推进论点或者反驳论点、对主张提出质疑等。其核心观念是，真实的标准与通过辩论解决真实主张的标准，最终是无法分离的。

把这种理论运用到审理中，这种观念就是：衡量一份裁决是否正确的标准，只能是通过正确的司法程序解决法律争端的标准，除此以外没有别的标准。因此，根据真实的商谈理论，公平与真实发现之间存在着紧密的联系。

正如对相符理论存在哲学上的批判一样，对商谈理论也存在批评。真实的商谈理论似乎是真实的共识理论（Consensus Theory）的一个版本，即如果对一项陈述存在共识性的相信，该陈述就是真实的理论。作为一种意义理论（Theory of Meaning），真实的共识理论似乎是建立在一种错误的基础上，即混淆了真实的意义与达到真实的方法。

真实的商谈理论为公正程序的视角提供了一个具有说服力的理论基础，也为在每个法律程序中重现准确事实的方法提供了一个可供选择的理论基础。

---

① Lawrence B. Solum & Stephen J. Marzen. Truth and Uncertainty: Legal Control of the Destruction of Evidence. 36 *Emory L. J.* 1085 (1987), at 1163.

② Anthony C. Casamassima. Spoliation of Evidence and Medical Malpractice. 14 *Pace L. Rev.* 235 (1994), at footnote 51.

## 第三节　查明真实与刑事诉讼的关系

我国《刑事诉讼法》第51条规定："公安机关提请批准逮捕书、人民检察院起诉书、人民法院判决书，必须忠于事实真象。故意隐瞒事实真象的，应当追究责任。"这条规定可以说是我国刑事诉讼把查明真实作为诉讼首要目标的法律根据。我国现行法律只承认部分证人特权、否定禁止双重危险原则、非法证据排除规则的震慑作用尚不彻底，都是这一指导思想的结果。学者们也通常认为，证据规则和程序规定都是为了实体上认定事实的正确而设立的。

笔者认为，程序和证据规则并不都是有利于事实查明的，有时候它们恰恰是事实查明的阻碍。之所以在法律上规定这些不利于事实查明的规则，目的是保护更加重大的社会利益。但是，放弃真实查明必须非常谨慎，只有需要保护的利益确实远远超出查明个案真实的利益时，才可以把真实查明作为次要的价值。

在两大法系的刑事诉讼中，虽然法律追求对真实的查明，但是并没有把真实作为最高价值。在很多情况下，法律把其他价值置于真实价值之上。对抗制的很多规则和程序设置，并不是为了查明真实，而经常是为了阻碍真实发现。因此，真实并不是法律程序中唯一重要的价值。查明真实的阻碍（又称真实的敌人）主要有以下几个方面：

### 一、查明真实的阻碍

#### （一）证人特权

无论是英美法系还是大陆法系，都承认特定的证人特权（privilege）。证人特权，是指对特定人之间的交流，政府不能强迫泄露。证人特权主要有四类：反对自我归罪的特权、近亲属特权、职业特权和公务特权。之所以在法律上承认证人特权，是因为法律认为特权所保护的价值，例如律师当事人之间的保密性，比真实更加重大。

对于证人特权阻碍真实查明这一点，美国学者华尔兹的论述比较明确："虽然欧洲大陆的法律思想可能会认为至少某些特权是与正确地查明事实这一目标相一致的，因为这些特权有助于防止伪证，但是英美法学家的分析一般是从这样一个前提出发，即承认这些特权构成了在诉讼中查明事实的一个不断的阻碍。假设这个前提是成立的，这就没有争议地证明了，对人类的自由来说，存在比准确地司法更为重要的东西。这其中之一就是在特定的人与人之间的关系问题上，人们有不被政府干扰的权利。无论承认这些特权会给审判程序造成多大的障碍，这是普通法的历史选择，显然也是欧洲法的选择并且被整个西方社会普遍接受。为了保护特定的交谈关系——夫妻之间、当事人与律师之间以及忏悔者和神职人员之间——这个代价并不是特别大。"[①] 苏联等国的立法也规定了解案件真实情况的人都有作证的义务，不论这种人与当事人有无亲属关系。学者们认为，这种规定有利于发挥他们作证的积极性，有利于查清案件的客观真实。[②] 苏联学者认为："法律不禁止由于同刑事被告人有亲属关系、朋友关系、敌对关系和职务关系而对案件的结局有利害关系的人作为证人进行询问。这些人的客观性是值得考虑的，这在

---

① Jon R. Waltz & Roger C. Park. *Evidence—Cases and Materials*. 9th Edition. University Casebook Series, New York, Foundation Press, 1999, at 553-554.

② 陈一云主编．证据学．北京：中国人民大学出版社，1991：291.

制定询问方案、审查和评定所取得的陈述时应当予以注意。”①

虽然我国《刑事诉讼法》第 60 条规定：“凡是知道案件情况的人，都有作证的义务。”但是在要求证人作证的同时，承认了三种形式的证人特权：

1. 不被强迫自证有罪的权利

《刑事诉讼法》第 50 条规定，不得强迫任何人证实自己有罪。同时在第 118 条规定，犯罪嫌疑人对侦查人员的提问，应当如实回答。根据这两条规定，我国刑事诉讼中被追诉人在侦查、起诉程序中没有沉默权，在审理中也没有选择是否作证的权利，仅仅是不能强迫他作有罪陈述。在讯问时，如果被追诉人愿意做有罪陈述，那么如实回答侦查人员的提问就顺理成章。对于保持沉默的被追诉人，侦查人员可以一直讯问下去，只要没有刑讯逼供等强迫行为，讯问就是合法的。不过，如果侦查人员采用了强迫的手段，就侵犯了被追诉人不被强迫证实自己有罪的权利，获得的供述就要依照《刑事诉讼法》第 54 条的规定排除。

2. 近亲属的证人特权

《刑事诉讼法》第 188 条规定，对被告人的配偶、父母、子女，不能强制到庭。这里仅规定了特定的近亲属享有此权利，不包括同胞兄弟姊妹。之所以规定近亲属特权，是为了维护家庭成员之间的相互信任关系，保护比个案真实查明更加重大的社会利益。不过，我国承认的近亲属特权仅仅限于审判阶段不强迫出庭，并不免除近亲属在侦查或者调查、起诉阶段为控方作证。这样，近亲属在审前所作的证人证言笔录，可以在法庭上宣读，具有可采性，而且即使被告人申请法院通知该证人出庭作证，法院也不能强迫证人出庭。考虑到控方证人不出庭会侵犯被追诉人的反询问权，使用近亲属庭前证言笔录的方法对被追诉人更加不利。

3. 律师当事人特权

《刑事诉讼法》第 37 条第 4 款规定“辩护律师会见犯罪嫌疑人、被告人时不被监听”。第 46 条规定：“辩护律师对在执业活动中知悉的委托人的有关情况和信息，有权予以保密。但是，辩护律师在执业活动中知悉委托人或者其他人，准备或者正在实施危害国家安全、公共安全以及严重危害他人人身安全的犯罪的，应当及时告知司法机关。”

根据以上规定，律师和委托人之间的交流属于保密性质，不仅在交流过程中不受监听、办案机关不得派员在场，而且除非法律规定的例外情况也不能被强迫泄露。之所以规定律师当事人特权，尊重律师当事人之间交流的保密性，是为了促使委托人向律师全面吐露案情，使律师能够充分履行辩护职责。这些规定表明我国刑事诉讼法认为律师全面了解案情、充分为委托人辩护这一价值，高于个案真实查明的价值。

对于辩护律师同犯罪嫌疑人、被告人的往来信件，看守所可以对信件进行必要的检查，但不得截留、复制、删改信件，不得向办案机关提供信件内容，但信件内容涉及危害国家安全、公共安全、严重危害他人人身安全以及涉嫌串供、毁灭证据等情形的除外（《关于依法保障律师执业权利的规定》第 13 条）。

我国 2012 年《刑事诉讼法》增加规定的这三种特权，表明我国刑事诉讼价值的多元化趋势。这三种特权表明，政府不依赖被追诉人的合作而证明其有罪、近亲属之间的信任、律师委托人之间的信任这三种价值，高于个案真实查明，因而在这三种情况下，证人享有不被政府强迫作证的特权。不过，现有的证人特权的规定范围还比较小，可能是出于其会影响真实查明的担心。

---

① U. B. 蒂里切夫等编著．苏维埃刑事诉讼．北京：法律出版社，1984：160.

### （二）违法获得的证据的排除

违法获得的证据的排除（exclusionary rule of illegally obtained evidence），其目的就在于震慑警察的违法行为。在其发源地美国，只有违反宪法中被追诉人的权利的警察行为，才承担证据被排除的后果。尽管违反宪法获得的证据是真实的，但是为了消除警察非法取证的动机，震慑将来的警察行为，这些证据将被排除。以美国为例，其违宪获得的证据排除包括第四修正案（禁止不合理搜查扣押）的排除规则、第五修正案（反对强迫自我归罪）的排除规则、第六修正案（律师帮助权）的排除规则和第十四修正案（正当法律程序）的排除规则。

对非法证据排除规则最为尖锐的批评，就是该规则阻碍真实的查明。美国对非法证据排除规则持批评意见的学者认为，该规则最为明显的弊端，就是对有罪证据的排除直接导致了很多本来可以定罪的案件失去了定罪的机会。最为经典的对非法证据排除规则的批评是："由于警察犯了错，犯罪分子就要逍遥法外。"① "即便是级别最低的警官将拥有这样的权力，出于过分热情或者漠不关心，而对最为残忍的犯罪人予以豁免。"② 对于排除规则究竟使多少事实上有罪的人逃脱刑罚，有不同的观点。批评者认为，即使失去定罪的比例很小，考虑到案件总数十分巨大，也会构成对司法的巨大代价。③

我国宪法没有规定以刑讯逼供等方式取得的供述的排除问题。但我国已签署加入的联合国《禁止酷刑公约》第 15 条规定："每一缔约国应确保在任何诉讼程序中，不得援引任何已经确定系以酷刑取得的口供为证据，但这类口供可用作被控施用酷刑者刑讯逼供的证据。"

我国《刑事诉讼法》第 50 条规定："严禁刑讯逼供和以威胁、引诱、欺骗以及其他非法方法收集证据，不得强迫任何人证实自己有罪。"第 54 条至第 58 条则详尽规定了我国的非法证据排除规则。

1. 排除规则

（1）言词证据。采用刑讯逼供等非法方法收集的犯罪嫌疑人、被告人供述和采用暴力、威胁等非法方法收集的证人证言、被害人陈述，应当予以排除（《刑事诉讼法》第 54 条第 1 款）。

在理解这个规定的时候，需要注意以下几点：第一，排除的只限于犯罪嫌疑人、被告人的供述，不包括犯罪嫌疑人、被告人的辩解。例如，通过刑讯逼供获得了被告人关于紧急避险的辩解，那么这个辩解是不排除的。第二，被排除的言词证据不包括鉴定意见。即使是采用刑讯逼供获得的鉴定意见，也不排除。第三，对于犯罪嫌疑人、被告人而言，导致排除的手段仅限于"刑讯逼供等"，不包括没有律师在场、没有告知权利、讯问人员不是二人等违反刑事诉讼法其他规定的情况。"刑讯逼供等"非法方法是指：1）采取殴打、违法使用戒具等暴力方法或者变相肉刑的恶劣手段，达到使犯罪嫌疑人、被告人遭受难以忍受的痛苦而违背意愿作出供述程度的；2）采用以暴力或者严重损害本人及其近亲属合法权益等进行威胁的方法，达到使犯罪嫌疑人、被告人遭受难以忍受的痛苦而违背意愿作出供述程度的；3）采用非法拘禁等非法限制人身自由的方法的（《非法证据排除规定》第 2 条至第 4 条）。对于证人、被害人而言，导致排除的手段仅限于"暴力、威胁以及非法限制人身自由等"，不包括违反个别进行、未成年人的法定代理人到场等刑事诉讼法其他规定的情况。虽然《高法解释》第 76 条第 1 项规定了询问证人没有个别进行的证人证言不得作为定案的根据，但这是基于证明力的理由，而非因取证程序违法。

---

① People v. Defore，150 N. E. 585 (N. Y. 1926)，at 587.

② People v. Defore，150 N. E. 585 (N. Y. 1926)，at 588.

③ See United States v. Leon，468 U. S. 897 (1984)，at 907 - 908 n. 6.

对于“两步讯问法”获得的供述，原则上应当排除，但存在“人员变更”的例外和“阶段变更”的例外。采用刑讯逼供方法使犯罪嫌疑人、被告人作出供述，之后犯罪嫌疑人受该刑讯逼供行为影响而作出的与该供述相同的重复性供述，应当一并排除，但下列情形除外：1）侦查期间，根据控告、举报或者自己发现等，侦查机关确认或者不能排除以非法方法收集证据而更换侦查人员，其他侦查人员再次讯问时告知诉讼权利和认罪的法律后果，犯罪嫌疑人自愿供述的；2）审查逮捕、审查起诉和审判期间，检察人员、审判人员讯问时告知诉讼权利和认罪的法律后果，犯罪嫌疑人、被告人自愿供述的（《非法证据排除规定》第 5 条）。

（2）实物证据。收集物证、书证不符合法定程序，可能严重影响司法公正的，应当予以补正或者作出合理解释；不能补正或者作出合理解释的，对该证据应当予以排除（《刑事诉讼法》第 54 条第 1 款）。

根据这一规定，实物证据的排除需要同时具备以下三个条件：第一，收集的物证、书证不符合法定程序。这里仅仅限于“物证、书证”，并不包含勘验、检查、侦查实验笔录和视听资料。获得物证、书证的方法，主要是搜查、扣押、勘验等侦查活动。不符合法定程序，是指没有搜查证、没有扣押决定书、没有勘查证等情况。第二，可能严重影响司法公正。对这一点的认定应当综合考虑收集物证、书证违反法定程序以及所造成后果的严重程度等情况（《高法解释》第 95 条第 2 款）。这里的后果是指侦查人员违反刑事诉讼法的行为如此严重，以至于宪法秩序受到威胁和损害，警察权有失控的危险。第三，不能补正或者作出合理解释。对于不符合法定程序，侦查机关可以进行补正，例如补签搜查证、补扣押决定书、勘查证、拘留证、逮捕证（因刑诉法规定了在执行拘留、逮捕时遇有紧急情况不另用搜查证也可以进行搜查）等；也可以作出合理解释，例如情况紧急来不及办理相应法律授权手续。只有侦查机关不能补正或者作出合理解释的，并且同时具备前两个条件，物证、书证才能被排除。

2. 排除的阶段和后果

在侦查、审查起诉、审判时发现有应当排除的证据的，应当依法予以排除，不得作为起诉意见、起诉决定和判决的依据（《刑事诉讼法》第 54 条第 2 款）。

根据这一规定，公安机关在侦查期间，人民检察院在审查逮捕、审查起诉期间，以及依犯罪嫌疑人及其辩护人的申请在侦查期间，人民法院在审判期间，发现证据应当排除的情形，都应当依法排除。排除的标准应当参照第 57 条、第 58 条规定的庭审中排除证据的标准，即控方无法证明证据取得合法的，证据应当排除。一旦证据被排除，就不能作为起诉意见、起诉决定和判决的依据。如果是侦查阶段排除，就不应当作为移送人民检察院审查起诉的证据；如果是起诉阶段被排除，就不应当作为起诉决定的依据，但被排除的证据应当随案移送（《高检规则》第 71 条第 2 款）；如果是审判阶段被排除，就不应当作为判决所根据的证据。

对重大案件，人民检察院驻看守所检察人员应当在侦查终结前询问犯罪嫌疑人，核查是否存在刑讯逼供、非法取证情形，并同步录音录像。经核查确有刑讯逼供、非法取证情形的，侦查机关应当及时排除非法证据（《非法证据排除规定》第 14 条第 3 款）。

3. 对排除证据申请的审理

法庭审理过程中，审判人员认为可能存在《刑事诉讼法》第 54 条规定的以非法方法收集证据情形的，应当对证据收集的合法性进行法庭调查（《刑事诉讼法》第 56 条第 1 款）。

根据这一规定，法庭审理除了包含对定罪量刑问题的审理以外，还包含对侦查活动中的违法取证进行的审理。如果查明不能排除存在违法取证的情况，人民法院可以依照第 54 条规定作出证据排除的决定。

4. 举证责任

（1）申请方的初步举证责任

当事人及其辩护人、诉讼代理人有权申请人民法院对以非法方法收集的证据依法予以排除。申请排除以非法方法收集的证据的，应当提供相关线索或者材料（《刑事诉讼法》第56条第2款）。

申请方提出证据排除的申请时，应当提供初步的证据。如果根据该申请以及初步证据，法庭对证据是否非法取得有疑问时，将对证据收集的合法性进行法庭调查；如果根据申请方的证据，法庭没有产生证据非法取得的疑问，那么法庭将不启动对这个问题的审理，证据就不会被排除（《高法解释》第100条第1款）。例如，被告人在法庭上仅仅大呼“我作出供述是因为警察打我”，是不足够的。被告人应当这样提出申请：“今年3月6日下午，我被拘留的当天，在公安局二楼的一个办公室，有两个穿警服的人踢我，我腿上当时都是淤血，我疼得受不了，才承认的。”也就是说，刑讯的时间、地点、进行刑讯的人、刑讯的方法、造成的后果等，都应当明确。

（2）控方的证明责任

在对证据收集的合法性进行法庭调查的过程中，人民检察院应当对证据收集的合法性加以证明（《刑事诉讼法》第57条第1款）。

一旦申请方提出初步的证据，引起了法庭的怀疑，从而对证据收集的合法性进行审理时，控方必须提出证据证明违法取证行为的不存在。如果控方不举证，或者已经提供的证据无法证明违法行为的不存在，证据将被排除。

（3）控方完成证明责任的方法

现有证据材料不能证明证据收集的合法性的，人民检察院可以提请人民法院通知有关侦查人员或者其他人员出庭说明情况；人民法院可以通知有关侦查人员或者其他人员出庭说明情况。有关侦查人员或者其他人员也可以要求出庭说明情况。经人民法院通知，有关人员应当出庭（《刑事诉讼法》第57条第2款）。

控方完成证明责任的方法，先是通过现有证据材料，例如根据讯问笔录、提讯登记、出入看守所的健康检查记录、采取强制措施或者侦查措施的法律文书、侦查终结前对讯问合法性的核查材料以及讯问录音录像等，证明讯问中不存在刑讯，询问中不存在暴力、威胁，搜查、扣押、勘验中有相应的授权（《高检规则》第446条）。如果以上方法无法证明证据收集的合法性，那么就需要侦查人员出庭说明情况。侦查人员出庭，既可以由检察院提请人民法院通知，也可以法院依职权通知，也可以由侦查人员自己提出要求。侦查人员出庭作证，不仅仅是陈述讯问犯罪嫌疑人，询问证人、被害人，搜查、扣押、勘验中获取物证、书证的过程，而且要接受辩方的反询问。辩方法庭上对侦查人员有效地反询问，是查明非法行为是否存在的最有效的方法，也是最终的方法。

除了侦查人员出庭外，其他人员也可能出庭。这里的“其他人员”是指在场的看守所监管人员、驻看守所检察人员、值班律师、同监室的在押人员等。

5. 审理后的处理

对于经过法庭审理，确认或者不能排除存在《刑事诉讼法》第54条规定的以非法方法收集证据情形的，对有关证据应当予以排除（《刑事诉讼法》第58条）。

经过法庭审理，如果法庭查明确实存在刑讯逼供、暴力取证或者非法搜查扣押的情形，应当排除该证据；如果是否存在无法查清，即控方无法证明非法行为的不存在达到排除合理怀疑的程度，那么证据也应当被排除。只有控方提出的证据能够排除合理怀疑地证明非法行为的不存在，证据才不被排除。

需要注意的是，非法证据排除规则也适用于监察委员会调查取得的证据。以非法方法收集的证据应当依法予以排除，不得作为案件处置的依据（《监察法》第 33 条第 3 款）。

2012 年《刑事诉讼法》关于非法证据排除规则的规定，似乎目的在于保障证据的真实可靠性，而非基于惩罚警察的违法行为即“震慑理论”。而且，非法证据的排除范围有限，排除的条件也比较严格，可以说这是我国着重追求实体真实的一种体现。

（三）禁止双重危险

一个人不能因为同一项罪行被审判两次，无论他第一次是被判决无罪（autrefois acquit）还是被判决有罪（autrefois convict），这是英国法的一项一般原则。该原则已经在普通法中牢牢确立了几个世纪之久。在 18 世纪布莱克斯通是这样描述的：“先前无罪的抗辩，即已经被作出无罪判决，根源于英国普通法的一句普遍适用的格言：任何人不得因同一项罪行而不止一次地使其生命或者肢体处于危险之中……先前定罪的抗辩，即因完全相同的犯罪已经被定罪……是阻止起诉的有效抗辩。这种抗辩和前一种抗辩是基于一个共同的原则，即任何人不得因同一罪行而两次处于危险之中。”①不受双重危险（to be protected from Double Jeopardy）的权利已经成为国际刑事司法领域的一项重要人权。全球至少 50 个国家承认不受多重起诉的权利。②

然而，严格执行这个原则将不可避免地造成一个后果，即有的情况下一个人实施了一项犯罪却逃脱了定罪和惩罚。根据禁止双重危险原则，在一个人因同一事实获得无罪或者有罪裁决之后，即使发现了新证据，也不能对其再次进行起诉。如果说刑事诉讼是为了使有罪的人受到刑事追究，那么这一原则显然是不利于这一目标的实现的。因而，这一原则也可以理解为刑事诉讼中查明真实的阻碍。

正是因为禁止双重危险原则与我国的“实事求是、有错必纠”原则不兼容，我国才没有在法律上规定这个原则。在我国，即使判决已经生效，也可以提起不利于被告人的再审，这也是我国片面追求实体真实的一个反映。

## 二、查明真实的方法

当然，程序法中也有很多规定是为了保障真实查明（又称真实的朋友），在这里探讨对质条款、强制程序条款和证人宣誓、隔别与伪证追究几个方面的内容。证据法中也有关于真实查明的规定，见本书证据一章的观点探讨部分。

（一）与不利于己的证人对质的权利

对质条款（confrontation clause），即被追诉人有权与不利于己的证人在法庭上对质的权利，是刑事诉讼中的一项古老权利。圣经《使徒行传》第二十五章第 16 节中，罗马总督在关于处死保罗的问题上说：“我对他们说：无论什么人，被告人还没有和原告对质，未得机会分诉告他的事，就先定他的罪，这不是罗马人的条例。”由此可见，被追诉人与不利于己的证人对质，在西方是一项十分古老的权利，至少存在了两千多年。美国联邦宪法第六修正案规定：在一切刑事诉讼中，被告享有下列权利：“同原告证人对质。”《两权公约》第 14 条第 3 款第 5 项规定：在

---

① UK Parliament Research Paper 02/74，at 19.

② Jennifer E. Costa. Double Jeopardy and Non Bis in Idem：Principles of Fairness. 4 *U. C. Davis J. Int'l L. & Pol'y* 181 (1998)，at 190.

判定对他提出的任何刑事指控时，人人完全平等地有资格享受以下的最低限度的保证："讯问或业已讯问对他不利的证人"。

证人应当出庭作证并且接受控辩双方的主询问和反询问。《刑事诉讼法》第 59 条规定："证人证言必须在法庭上经过公诉人、被害人和被告人、辩护人双方质证并且查实以后，才能作为定案的根据。"第 189 条规定："公诉人、当事人和辩护人、诉讼代理人经审判长许可，可以对证人、鉴定人发问。""审判人员可以询问证人、鉴定人。"第 60 条规定："凡是知道案件情况的人，都有作证的义务。"同时，刑事诉讼法对证人出庭接受反询问进行了详细的规定。

1. 出庭的证人的范围

《刑事诉讼法》第 187 条规定："公诉人、当事人或者辩护人、诉讼代理人对证人证言有异议，且该证人证言对案件定罪量刑有重大影响，人民法院认为证人有必要出庭作证的，证人应当出庭作证。人民警察就其执行职务时目击的犯罪情况作为证人出庭作证，适用前款规定。公诉人、当事人或者辩护人、诉讼代理人对鉴定意见有异议，人民法院认为鉴定人有必要出庭的，鉴定人应当出庭作证。"后来 2017 年《高法审判为中心意见》第 14 条删除了"法院认为有必要"作为证人出庭的条件。

在理解这一规定时应当注意以下几个问题：第一，并非所有的证人、鉴定人都需要出庭。法律没有要求所有证人、鉴定人出庭接受反询问，是因为这样做会导致庭审时间大大延长，在我国尚未建立有效的案件分流机制之前，会导致法院的审理资源严重不足。第二，证人出庭的条件有两个：一是控辩双方对证言有异议，即认为证言有可能虚假；二是对定罪量刑有重大影响，例如关于被告人就是犯罪人的辨认证据。只有同时具备这两项条件，法院才通知证人出庭。第三，鉴定人出庭的条件也是两个：一是控辩双方对鉴定意见有异议；二是人民法院认为鉴定人有必要出庭。这两个条件也要求同时具备。第四，根据案件情况，可以实行远程视频作证。随着网络技术的进步，该方法既能实现辩方反询问的权利，又能使远在边远地区甚至海外、行动不便、离不开岗位的证人便利地提供证言。与书面证言相比，具有巨大的优势。第五，人民警察在执行职务时目击犯罪情况作为证人出庭作证，适用关于普通证人的规定，具备上述三个条件时，应当出庭作证。这里的"执行职务"，是指公安机关在巡逻、守卫、站岗执勤等工作中，亲眼目睹犯罪的发生的情形。例如，夜间巡逻的警察发现小偷正在翻窗入室盗窃，那么该警察就属于该条规定的情况。

2. 保证证人出庭的措施

（1）法院强制到庭和拘留

《刑事诉讼法》第 188 条规定："经人民法院通知，证人没有正当理由不出庭作证的，人民法院可以强制其到庭，但是被告人的配偶、父母、子女除外。证人没有正当理由拒绝出庭或者出庭后拒绝作证的，予以训诫，情节严重的，经院长批准，处以十日以下的拘留。被处罚人对拘留决定不服的，可以向上一级人民法院申请复议。复议期间不停止执行。"

在理解这一规定时应当注意以下几个问题：第一，对于没有正当理由不出庭作证的，法院可以强制到庭。所谓强制到庭，是指可以由司法警察将其强行带到法庭上，必要时可以使用手铐、警绳等。强制证人出庭的，应当由院长签发强制证人出庭令，并由法警执行。必要时可以商请公安机关协助执行（《法庭调查规程》第 15 条第 2 款）。第二，如果没有正当理由拒绝出庭或者出庭后拒绝作证的，情节严重的，处十日以下拘留。第三，对证人的司法处分只有法院才有权作出。也就是说，在刑事诉讼中侦查或者调查、起诉机关不能够对证人进行处罚或者制裁。对于在侦查或者调查、起诉阶段拒绝提供证言的人，只能由起诉机关在审判时提请法庭传唤证人出庭作证，而不能由侦查或者调查、起诉机关直接决定进行强制或处罚。第四，并非所有拒绝作证的人都将受到以上的处罚，被告人的配偶、父母、子女由于享有近亲属特权，不能强制到庭，也不能因拒绝作证而依照该条予以司法拘留。第五，强制到庭和拘留的对象只能是证人，不包含鉴定人。

（2）证人保护

关于证人保护，《刑事诉讼法》第 61 条规定："人民法院、人民检察院和公安机关应当保障证人及其近亲属的安全。对证人及其近亲属进行威胁、侮辱、殴打或者打击报复，构成犯罪的，依法追究刑事责任；尚不够刑事处罚的，依法给予治安管理处罚。"与此相对应，《刑法》第 308 条的"打击报复证人罪"规定："对证人进行打击报复的，处三年以下有期徒刑或者拘役；情节严重的，处三年以上七年以下有期徒刑。"这两条规定的都是事后保护，《刑事诉讼法》还规定了对特定案件的事前保护。

《刑事诉讼法》第 62 条规定："对于危害国家安全犯罪、恐怖活动犯罪、黑社会性质的组织犯罪、毒品犯罪等案件，证人、鉴定人、被害人因在诉讼中作证，本人或者其近亲属的人身安全面临危险的，人民法院、人民检察院和公安机关应当采取以下一项或者多项保护措施：（一）不公开真实姓名、住址和工作单位等个人信息；（二）采取不暴露外貌、真实声音等出庭作证措施；（三）禁止特定的人员接触证人、鉴定人、被害人及其近亲属；（四）对人身和住宅采取专门性保护措施；（五）其他必要的保护措施。证人、鉴定人、被害人认为因在诉讼中作证，本人或者其近亲属的人身安全面临危险的，可以向人民法院、人民检察院、公安机关请求予以保护。人民法院、人民检察院、公安机关依法采取保护措施，有关单位和个人应当配合。"

在特定案件中进行事前保护是非常必要的，例如第 62 条中规定的"对人身和住宅采取专门性保护措施"，能够大大加强证人的安全感，消除怕报复的顾虑。对于具体实施机关，取决于案件所处的诉讼阶段，应分别由专门机关决定和执行。法庭审理阶段法院决定采取保护措施的，必要时可以商请公安机关采取专门性保护措施（《法庭调查规程》第 16 条第 3 款）。

刑事法庭可以配置同步视频作证室，供依法应当保护或其他确有保护必要的证人、鉴定人、被害人在庭审作证时使用（《法庭规则》第 4 条）。

（3）证人合理费用补助

《刑事诉讼法》第 63 条规定："证人因履行作证义务而支出的交通、住宿、就餐等费用，应当给予补助。证人作证的补助列入司法机关业务经费，由同级政府财政予以保障。有工作单位的证人作证，所在单位不得克扣或者变相克扣其工资、奖金及其他福利待遇。"

这里的"费用"应该是指合理费用，例如应该是火车而非飞机，旅馆费应该是普通旅店的标间而非五星级酒店，就餐应当是普通伙食标准而非鲍鱼鱼翅。交通费可以采取报销的办法，但住宿和就餐费用可以考虑给证人每日固定的津贴，由其自主支配。对于没有单位的人，补助的范围还应当包括误工工资。至于支付的机关，由诉讼阶段决定。在侦查阶段作证的，由侦查机关给予补助；在起诉阶段作证的，由检察院给予补助；出庭作证的，由法院给予补助（《公安规定》第 73 条；《高检规则》第 77 条；《高法解释》第 207 条）。

3. 证人不出庭其证言笔录是否可采

对未到庭的证人证言笔录是否可采的问题，《刑事诉讼法》第 190 条规定，对未到庭的证人的证言笔录，应当当庭宣读。这一规定包含两种情况，一是不具备证人出庭条件、法院未通知出庭的证人，其审前的证人证言笔录是可采的，在该证人不出庭的情况下，宣读其证言笔录；二是符合证人出庭的条件、法院通知出庭的证人，因重病、死亡、下落不明等原因无法强制到庭，或者强制到庭后经拘留仍然拒不作证，这种情况下证人审前的证言笔录也是可采的，也是通过宣读其证言笔录的方式。因此，虽然在特定情况下要求证人出庭并且法院有强制出庭和拘留的权力，但是我国刑事诉讼法并没有规定“当一份陈述用来证明其内容的真实性时，陈述的原始作出者必须出庭接受反询问，否则该陈述应当作为传闻而排除”的原则，对于原始作出者无法出庭的情况，其审前证言笔录仍然可采。笔者认为，这种规定可以防止诉讼中可利用证据的减少，但是无论对于真实查明，还是对于被告人对质权的保障而言，都是不利的。

对未到庭的鉴定人的鉴定意见，《刑事诉讼法》第 190 条规定，对未到庭的鉴定人的鉴定意见，应当当庭宣读。这里的“未到庭”是指没有必要出庭因而法院未通知的，不包含鉴定人符合鉴定人出庭的条件，经法院通知但是没有到庭的情况。《刑事诉讼法》第 187 条第 3 款规定：“经人民法院通知，鉴定人拒不出庭作证的，鉴定意见不得作为定案的根据。”因此，经通知但未到庭的鉴定人的鉴定意见，不具有可采性，不能当庭宣读；只有控辩双方无异议、法院认为没有出庭必要的鉴定人的鉴定意见，才可以当庭宣读。

### （二）通过强制手段获得有利于辩方的证据的权利

强制程序条款（compulsory process clause），即辩方有权与控方平等地通过强制程序获得有利于本方的证据的权利，是对质条款的姊妹条款，也是《两权公约》中确认的基本人权之一。《两权公约》第 14 条第 3 款第 5 项规定：在判定对他提出的任何刑事指控时，人人完全平等地有资格享受以下的最低限度的保证：“使对他有利的证人在与对他不利的证人相同条件下出庭和受讯问”。

《刑事诉讼法》第 41 条规定：“辩护律师经证人或者其他有关单位和个人同意，可以向他们收集与本案有关的材料，也可以申请人民检察院、人民法院收集、调取证据，或者申请人民法院通知证人出庭作证。”对这种申请，法院认为确有必要的，应当同意（《高法解释》第 51 条）。例如，辩护律师发现了能够证明被告人甲不在现场的证人乙，但是在向乙调查取证时，乙拒绝配合。那么，律师可以申请检察院、法院来询问乙，或者申请法院通知乙出庭作证。由于法院有权强制乙到庭，并且在乙不作证的情况下对其处以拘留，因此能够保证辩方通过法院的强制程序获得有利于辩方的证据。

但是，我国目前规定的控辩双方在获得有利于本方的证据方面，手段并不平等。辩方只有借助法院的强制程序才能获得辩方证据，但是控方在侦查阶段的拘留、羁押性讯问、搜查、扣押、强制检查人身等行为，并不需要法院的授权，侦查机关可以自行决定。笔者认为，为了实现公约中要求的控辩平等，应当要求控辩双方都事先向法庭申请强制取证的行为，经法官授权后才可强制。

### （三）证人宣誓、隔别和伪证追究

在证据法上，防止证人作伪证的方法有三个：第一，事前宣誓或具结，使证人在良心上受约束，不愿作伪证。第二，事中进行主询问和反询问，揭露证言的虚伪部分，使证人不能作伪证。第三，事后科以作伪证之处罚，使证人罹于刑事责任，不敢作伪证。[①] 陈朴生认为，为防止证言之虚伪或其他缺点，设有预防规则（prophylactic rules），以期发现真实。其方法包括伪证之处罚、审理之公开、宣誓或具结、证人分离及证据之事前阅览等情形。[②] 前面已经介绍了对质条款即反询问的规定，这里仅介绍证人宣誓、证人隔别和伪证追究三个方面的内容。

---

① 刁荣华主编．比较刑事证据法各论．台北：汉林出版社，1984：162.

② 陈朴生．刑事证据法．台北：三民书局，1979：528.

1. 证人宣誓制度的完善

为了保证证人证言的真实性，除了法律规定的例外情形，证人出庭作证应当宣誓。国外的刑事诉讼法大都规定了证人宣誓制度。① 我国台湾地区“刑事诉讼法”实行具结制度，与英美法及日本刑事诉讼法采用的宣誓制度虽然形式不同，但其用意是在于担保证言的真实性和可信性，在这一点上是相同的。宣誓制度源于宗教信仰，基于人类对神忠诚的精神而产生。现代社会神权思想日趋淡薄，代之以法律之制裁。即使是信奉基督教的美国，也已经允许非基督教的宣誓方式。台湾地区对于宗教的信仰向来自由，宗教的地位也比较超然，所以用具结代替宣誓，重在法律。②

我国《刑事诉讼法》对证人是否要进行宣誓没有规定。《高法解释》第 211 条规定：“证人、鉴定人到庭后，审判人员应当核实其身份、与当事人以及本案的关系，并告知其有关作证的权利义务和法律责任。证人、鉴定人作证前，应当保证向法庭如实提供证言、说明鉴定意见，并在保证书上签名。”

从以上规定的内容上看，要求证人在作证前在保证书上签字的制度，实际上就是我国的证人宣誓制度。理由是，证人宣誓制度就是在证人向法庭提供证据时为了保证其如实陈述，而要求证人作出正式保证的制度。它并不一定具有宗教意义，比如英、美、德、日的法律以及我国台湾地区的规定，要么其规定的宣誓内容与宗教信仰无关，要么宣誓者可以选择非宗教的宣誓或誓愿或具结。证人宣誓制度也并不要求使用宣誓的字眼，比如我国台湾地区就用“具结”一词，但其内容与宣誓制度无异。证人宣誓的作用有二：一是对证人在良心上进行约束，使其不愿作伪证；二是使证人更正式、更严肃地了解自己如实作证的义务。而上述司法解释规定的在如实作证的保证书上签字，其作用与宣誓的作用是一样的。需要注意的是，由于我国诉讼中证人的概念与国外的证人概念不同，我国的证人宣誓制度应当适用于广义上的证人，特别是刑事被害人作证前也应当宣誓。

从进一步完善证人宣誓制度的角度看，应当在最高人民法院司法解释的基础上，更加正式和详细地规定证人宣誓制度，以保证证人在诉讼中如实提供陈述。具体说来，证人作证前，应当在法庭上，由书记员引导证人念誓词。对于有宗教信仰的证人，可以要求他们用宗教经文(如圣经或者古兰经）起誓。然后，证人需要在誓文上签名或者按指印。应当进行宣誓的人除了证人以外，还应当包括鉴定人、被害人、记录人和翻译人。不过，有些证人可以不宣誓，如未成年人证人等。

2. 证人隔别

证人隔别原则（Sequestration of Witnesses)，是指当一个证人作证时，其他证人不得在场，以防止后面作证的证人受到前面作证的证人的影响，而改变或者剪裁自己的证言。这也是一项古老的刑事诉讼原则，其起源是圣经中的苏珊娜与长老的故事，记载于圣经《但以理书》第十三章。③ Joakim 是犹太人中富有而又有尊严的一个人，他的家经常被作为法院的开庭地点。刚刚被任命为法官的两个长老，经常在 Joakim 的房子里主持审判。这两个长老兼法官分别被

① 程味秋主编．外国刑事诉讼法概论．北京：中国政法大学出版社，1994：90；宋英辉译．日本刑事诉讼法．北京：中国政法大学出版社，2000：152－153.

② 陈朴生．刑事证据法．台北：三民书局，1979：378－379.

③ Daniel 13：50－61. 这是拉丁文圣经（Latin Vulgate）中的位置，在现代英语圣经中，这个部分被放在经外书(Apocrypha）中，见 1970 年版的《新英语圣经（含经外书）》（The New English Bible with the Apocrypha 204－206 (1970))。R. H. Helmholz. The Bible in the Service of the Canon Law. 70 *Chi.-Kent L. Rev.* 1557，at 1573，footnote 70.

Joakim 的美貌妻子苏珊娜所吸引。当他们发现两人都有这个邪恶的欲望时，就一起共谋强迫她与他们性交："顺从我们吧，与我们躺在一起吧。如果你拒绝，我们将作出对你不利的证言，说你与一个年轻男人在一起。"① 苏珊娜拒绝服从，虽然知道这两个长老的虚假证言将会置她于死地。于是那两个长老指控她通奸。在 Joakim 的家，该案在公众面前举行了审理。苏珊娜被传唤到庭，她的父母、孩子以及其他家庭成员也都来到了法庭。那两个长老站起来，把他们的手放在苏珊娜的头上，重复了他们的虚假证言。在场聚集的民众充任陪审团的角色，相信了这份虚假的证言，于是判处苏珊娜死刑。② 年轻的但以理受上帝的启示，作为苏珊娜的辩护律师出现。他请求进一步进行审理，因为那两个长老做了伪证。这以前的法律规定在某些情况下进行询问或者调查，但是在本案中，首次由辩护律师在法庭上对证人进行反询问。首先，但以理让两个对方证人（即那两个长老）分别接受询问，其中一个接受询问时另一个人不得在场。但以理的询问暴露出两个证人对通奸具体发生在什么地点的陈述是相互矛盾的。于是，但以理指控他们犯有伪证罪，在场聚集的民众认定他们有罪，并根据摩西律法判处他们死刑。

我国《刑事诉讼法》第 122 条第 2 款规定："询问证人应当个别进行。"这是对侦查阶段询问证人的要求。对审判阶段，《高法解释》第 216 条第 2 款规定："证人、鉴定人、有专门知识的人不得旁听对本案的审理。"因此，我国已经确立了证人隔别原则，以保障证人证言的真实性和可靠性。

应当注意的是，被害人实质上也是控方证人，但是在我国他作为当事人有权参加审理的全过程。解决的办法就是，让被害人作为控方的第一个证人在法庭上作证，这样他参与审理就不会产生影响其证言的担心了。

3. 伪证追究

即便法律规定了证人宣誓、证人隔别、证人出庭接受反询问等防止伪证的方法，可能还不足以防止伪证的发生，需要用伪证追究来预防可能存在的伪证行为。

《刑事诉讼法》第 123 条规定："询问证人，应当告知他应当如实地提供证据、证言和有意作伪证或者隐匿罪证要负的法律责任。"第 145 条规定："鉴定人进行鉴定后，应当写出鉴定意见，并且签名。鉴定人故意作虚假鉴定的，应当承担法律责任。"第 189 条规定："证人作证，审判人员应当告知他要如实地提供证言和有意作伪证或者隐匿罪证要负的法律责任。"

与《刑事诉讼法》的上述规定相呼应，《刑法》第 305 条规定："在刑事诉讼中，证人、鉴定人、记录人、翻译人对与案件有重要关系的情节，故意作虚假证明、鉴定、记录、翻译，意图陷害他人或者隐匿罪证的，处三年以下有期徒刑或者拘役；情节严重的，处三年以上七年以下有期徒刑。"

因此，我国目前已经建立了伪证追究的制度，这对于保障证人证言、鉴定意见的可靠性，是十分必要的。

## 观点探讨

### 一、如何完善非法获得的证据的排除规则

《刑事诉讼法》第 54 条规定了我国的非法证据排除规则。笔者认为，还有以下几个方面需

① Susanna vv. 20－21. 经外书・苏珊娜第 20 节至第 21 节 .

② Susanna vv. 41. 经外书・苏珊娜第 41 节 .

要立法进一步加以完善①：

第一，在我国如何定义非法搜查、扣押。我国宪法本身并不要求侦查机关在搜查、扣押之前获得法院的许可，因而在我国对非法搜查、扣押进行定义是比较困难的。例如，美国法中的非法搜查、扣押，通常是指警察在没有法官签发的令状的情况下进行的搜查、扣押，而非法搜查、扣押的证据之所以要排除，就是鼓励警察事先去申请令状。由于不存在相同的宪法前提，在我国非法搜查、扣押的范围就不好界定——侦查或者调查机关自己就有权签发搜查证，而这种做法按照我国宪法就是合法的。笔者主张在宪法中增加规定搜查、扣押由法院签发令状，以便于有效控制警察权。

第二，实物证据的排除应该以震慑理论为基础。《刑事诉讼法》第 54 条规定："收集物证、书证不符合法定程序，可能严重影响司法公正的，应当予以补正或者作出合理解释；不能补正或者作出合理解释的，对该证据应当予以排除。"这一规定似乎是从保障实物证据的真实可靠性角度规定的，与创立非法证据排除规则的目的——震慑警察的违宪行为——完全背道而驰。笔者主张，应当根据震慑原理来设计实物证据的排除规则，即只有违反宪法规定进行搜查、扣押获得的实物证据，才应当予以排除；反过来说，只要违反宪法，取得的证据就必须排除。

第三，如何确保被排除的证据不影响对案件事实的认定。笔者认为，应当设立庭前由事实审理者以外的法官审理排除证据的申请，因为如果审理排除申请的合议庭和审理事实的合议庭是同一个，那么《刑事诉讼法》第 54 条所排除的证据仍然可以被事实审理者，也就是合议庭看见和听见。理想状态是，对于认定为违法获得的证据应当排除，而且排除的后果是不能在法庭上提出，事实审理者不能看见和听见证据的内容而且不知道该项证据的存在，并且控辩双方在法庭辩论中不能提及该项证据。这样才能真正起到排除证据的作用，才能真正发挥排除证据这种惩罚的震慑作用。

第四，排除规则是否仅仅限于警察（即侦查或者调查人员）违法。笔者认为，由于违法取得的证据的排除规则目的在于震慑警察违法行为，因此排除的范围仅仅限于警察违反宪法取证的情形。对于私人不正当取证的行为，应当采取"一码是一码"的处理原则，即证据是可采的，但是侵权者必须承担相应的刑事责任或者民事责任。至于私人侵权取证有可能导致证据不可靠的问题，是证明力问题，应当交给事实审理者来判断，而不是可采性问题，不应当由非法证据排除规则来调整。之所以对警察违宪采取排除证据的方式来惩罚，是因为迫使警察遵守宪法是一个社会必须实现的目标；与之相对比，迫使私人遵守刑法或者民法，则远没有这样重要，不值得付出失去证据的代价。

## 二、证人拒绝作证的特权是否有必要扩大

《刑事诉讼法》确立不被强迫自证有罪的权利、近亲属的证人特权、律师当事人特权这三种证人特权之前，我国传统的证据学教材对它的评价一般趋向于否定，如认为"关于公务秘密、神职人员的职业秘密等可以拒绝作证的规定，无疑是为了维护资产阶级的统治"②，有的学者认为，证人拒绝作证权"是封建法律亲亲相隐原则的继续，并不符合现代诉讼精神"③。至于我国是否应当确立证人拒绝作证权，较早提出的是关于辩护律师的拒绝作证权，多数观点主张辩护

① 郑旭．非法证据排除规则．北京：中国法制出版社，2009：199-216.

② 巫宇甦主编．证据学．北京：群众出版社，1983：200.

③ 胡锡庆主编．诉讼证据学通论．上海：华东理工大学出版社，1995：43.

律师基于职业秘密应当享有拒绝作证权。① 也有学者在论文中提及我国应建立适合国情的证人特权规则（证人拒绝作证权），但没有详细进行论证。②但是，20世纪90年代以后的证据学研究中，越来越多的学者明确提出，我国应当确立证人拒绝作证权。③

对于我国《刑事诉讼法》中规定的证人特权，笔者有以下几个方面的完善建议④：

第一，近亲属特权尚不彻底。如果规定近亲属特权是为了维护家庭成员之间的信任，那么应该增加规定特定近亲属之间不仅不能强迫出庭作证，而且也有权拒绝在审前为控方作证。另外，应当赋予配偶以夫妻交流的保密性为由，阻止另一方就"婚内保密交谈"为控方作证。婚姻关系对于人类来说是最为重要的关系，正如美国联邦最高法院首席大法官伯格在特拉梅尔诉美国（Trammel v. United States⑤）指出的那样，"婚姻信任关系曾经被本院描述为'人生在世的最佳安慰'"。

第二，律师当事人特权尚不彻底。《刑事诉讼法》目前仅仅规定了"会见不被监听""有权予以保密"，但是没有规定辩护律师与非在押的犯罪嫌疑人、被告人的会谈和电话不受监听，且看守所对书信的内容有权进行审查。笔者认为，应当以律师当事人之间的交流属保密性质为原则，不得采用任何手段获取律师当事人之间的交流内容，包括会谈、电话、各种形式的通信。这样才能真正实现确立律师当事人特权的目的。

第三，证人特权的范围还有待于进一步扩大。⑥ 例如，心理医生和病人之间的交流，应当受到特权保护，以便于有心理问题的公民能够积极寻求心理医生的帮助。如果强迫泄露其交流的内容，虽然某一案件的事实可能得到查明，但是这类证据以后再也无法获得——因为不会再有人向心理医生寻求帮助。这实际上就是个案查明与全民心理健康之间的权衡。除此之外，还可以考虑医生对在行使职务时知悉的个人隐私的拒绝作证权、政府成员基于公务秘密的拒绝作证权等。

### 三、是否应当增加禁止双重危险原则

对禁止双重危险原则，存在着激烈的争论。⑦ 支持者的理由主要有：起诉机关在第一次审判中就应当做最好的准备，由于国家具有巨大的资源，国家应当在侦查之初就恰当、勤勉地收集不利于被告人的证据，并且直到获得这些证据时才起诉一个人；被判决无罪的人不应当生活在对未来被再次审理的恐惧之中，如果允许再次追诉，成千上万的被判无罪的被告人将生活在焦虑和不安之中；由于再审的条件是新证据足以证明被告人有罪，那么对于被告人来说很难受到公平的再审；允许重复起诉会导致警察在初次侦查中不是非常勤勉和努力；如果允许再审，

---

① 陈一云主编．证据学．北京：中国人民大学出版社，1991：293－295；陈光中，严端主编．中华人民共和国刑事诉讼法修改建议稿与论证．北京：中国方正出版社，1995：156－160.

② 程荣斌．内地的刑事证据制度．内地与香港诉讼制度研讨会论文，1999.

③ 关于证人拒绝作证权的文章，如郑旭．论证人拒绝作证权．刑事诉讼法专论．北京：中国方正出版社，1998；刘荣军．论证人的证言拒绝权．法学，1999（5）；武鼎之．证人拒证，良策何在——完善中国证人权利保障制度构想．人民检察，1999（3）；陈建军．中美刑事诉讼有关证人问题的比较研究．求索，1999（2）；等等．

④ 对不被强迫自证有罪的权利的探讨见"刑事诉讼中的人权保护"一章的"观点探讨"部分．

⑤ 445 U. S. 40，100 S. Ct. 906，63 L. Ed. 2d 186.

⑥ 毕玉谦，郑旭，刘善春．中国证据法草案建议稿及论证．北京：法律出版社，2003：335－380.

⑦ 如英国2003年的《刑事司法法》规定了禁止双重危险原则的例外，对某些特别严重的犯罪允许对被判决人再次追究。陈光中主编．21世纪域外刑事诉讼立法最新发展．北京：中国政法大学出版社，2004：101－102.

警察在被告人获得无罪判决之后会不断努力搜集不利于被告人的证据以便于再次起诉。

反对者的理由主要有：有罪者应当被定罪，因为刑事司法制度的全部目的就是使有罪者受到惩罚；如果存在强有力的新证据证明一个被判无罪的人实际上是有罪的，而不允许重新审理就违反了真实和正义观念；科技的进步使原审时无法获得的证据成为可能，例如现代的DNA技术使人们比过去更能得出准确的结论；法律对错案的关注不仅是针对被告人，也应当针对被害人，被害人和被告人一样需要判决的终局性；如果一个人明显有罪却可以逃脱定罪，人们会失去对刑事司法制度的信心；法律应当随着时代的发展而发展，不应当拘泥于历史上已经存在的法律原则。

笔者主张在我国应当增加规定禁止双重危险原则，即对一个人不能因同一行为进行两次追诉。理由除了上面列出的支持者的理由以外，还有大陆法系所称的“法安定性”①。如果确立这个原则，那么就不应当允许对无罪判决再次进行审理。具体而言，《高法解释》第181条规定的对证据不足、指控的犯罪不能成立的无罪判决，“人民检察院根据新的事实、证据重新起诉的，应当依法受理”的规定应当取消；而且在审判监督程序中明确规定，一律禁止不利于被告人的再审。

## 四、盖然确定性还是绝对确定性

盖然证据（moral evidence）和盖然确定性（moral certainty），是英美法中常用的术语。我国法学界一直把这个词翻译成“道德证据”和“道德上的确定性”②，不仅让人难以理解，而且被认为是“主观上的确定性”而予以批判。③

所谓盖然证据（moral evidence），是指基于人们的一般感知，或者说经验观察的证据，与论证证据（demonstrative evidence）相对而言。④ 在诉讼中，盖然证据是指被用来证明与人类事务有关事项的基于观察的证据（empirical evidence）——即审理中提出的证据。⑤

所谓盖然确定性（moral certainty），是指根据盖然证据所能达到的最高的确定程度。换句话说，就是命题接近于真但无法立即论证的确定性。就其程度而言，要求达到排除合理怀疑的或然性程度。

盖然确定性与盖然证据有着相同的认识论来源。⑥ 盖然确定性是基于盖然证据所能达到的最高的确定程度。在1790年的演讲中，威尔逊指出：“根据一系列的盖然证据，得出的推理并不是必然成立的；即使前提为真，从中得出的结论也有可能为假……根据盖然证据，我们不知不觉地从可能性（possibility）上升到或然性（probability），又从或然性上升到最高程度的盖然确定性。”⑦

---

① 林钰雄．刑事诉讼法．上册．北京：中国人民大学出版社，2005：10.

② 目前法学论文中都把“moral certainty”理解为“道德上的确定性”，仅举几例：易延友．证据法学的理论基础——以裁判事实的可接受性为中心．法学研究，2004（1）；熊秋红．对刑事证明标准的思考——以刑事证明中的可能性和确定性为视角．法商研究，2003（1）；陈光中等．诉讼真实与证明标准改革．政法论坛，2009（2）.

③ 陈光中等．诉讼真实与证明标准改革．政法论坛，2009（2）.

④ Webster's New Twentieth Century Dictionary，(2d ed. 1979)，at 1168. Quoted in Victor v. Nebraska，511 U. S. 1 (1994)，at 12-13.

⑤ Victor v. Nebraska，511 U. S. 1 (1994)，at 13.

⑥ Barbara J. Shapiro. “To a Moral Certainty”：Theories of Knowledge and Angle-American Juries 1600-1850. 38 *Hastings L. J.* 153 (1986)，at 181-182.

⑦ 1 Works of James Wilson 477 (J. Andrews ed. 1896)，at 519.

盖然确定性是指对某些事件或者行为的主观确信程度，它和排除合理怀疑（beyond a reasonable doubt）是可以互换使用的同义词。① 正如马萨诸塞州最高法院在1875年解释的那样："'排除合理怀疑'的证明就是'盖然确定性'的证明，与绝对的确定性（absolute certainty）相对而言。当被用于对犯罪的审理时，这两个短语是同义词并且是等同的；每一个词都被著名的法官用来解释另一个词；每一个词的含义都是证明被指控的犯罪是被告人实施的达到这样的程度，即陪审团作为理智正常、且把他们的理智运用到面前的证据中的人，现有的证据满足其判断和良心，并且满足到不可能存在其他合理结论的程度。"②

盖然确定性的观念经常与洛克的哲学联系在一起。洛克认为，与人类事务有关的事项③（"moral" sciences，与数学或者"natural" sciences相对而言）是不可能达到绝对确定的程度的，顶多能够达到盖然确定性的程度。虽然盖然确定的信仰不能够被证明到排除一切怀疑的程度，但仍然能够成为被各种相互支撑的证据所支持的确立的信仰。④

笔者同意洛克的观点，即与人类事务有关的事项无法达到绝对确定的程度。因而，盖然确定性理论是符合诉讼中认识活动的特点的，我国可以考虑采用排除合理怀疑的证明标准。

① Victor v. Nebraska，511 U.S. 1 (1994)，at 11.

② Commonwealth v. Costley，118 Mass. 1 (1875)，at 24.

③ 对于"moral"一词，休谟也在"与人有关的"这个意义上使用过（除了在"盖然"的意义上使用以外），他所说的moral philosophy，含义是指"关于人性的科学"（the Science of Human Nature）。也就是说，在18世纪，moral这个词的通常含义是"与人类事务有关的"，而非近代通常使用的"与伦理有关的"这个含义。David Hume. *An Enquiry Concerning Human Understanding*. Edited by Peter Millican. Oxford University Press，New York 2007，at xxxi，185.

④ Andrew Botterell. Rethinking Criminal Law. 22 *Can. J. L. & Juris*. 93 (2009)，at 97.

# 第六章 刑事诉讼中的人权保护

## 案例导引

### 一、强制程序条款

甲因杀人罪由中级人民法院进行第一审。甲向辩护律师乙提供了一个重要线索，即证人丙能够提供甲不在犯罪现场的证明。律师找到丙调查取证，但是丙拒绝配合。问：辩方如何才能向法庭提供这项证据?

### 二、我国刑事诉讼是否允许缺席审判

甲被指控犯杀人罪，在法院决定开庭后，甲从看守所脱逃。控方拥有充分的证明甲实施了该犯罪行为的证据。问：能否对甲进行缺席审理并作出相应的判决?

## 基本理论

## 第一节 国际公约中规定的刑事诉讼中人权

在刑事诉讼中，可以说公民享有 11 组权利的保护。① 这些权利中的每一项权利都被规定在一系列的国际文件和国家宪法中。更为重要的是，这些权利中的每一项权利都被认定是刑事诉讼的公正性所必需的基本权利。如果没有这些权利，刑事诉讼程序将是滥用的和被操纵的，用来侵害个人自由并且最终否定民主。在刑事诉讼中最容易遭受侵害的个人人权，与民主之间的联系，是没有任何问题的。民主和人权两者互相依存，并且如果刑事诉讼中每一个人的权利得不到保护，民主和人权都无法存在，因为太多数侵犯人权的现象是在刑事诉讼中发生的。

### 一、生命、人身自由和人身安全

人的生命、自由和安全这一固有的和不可剥夺的权利，是国际人权法以及所有承认法治至

① M. Cherif Bassiouni. Human Rights in the Context of Criminal Justice: Identifying International Procedural Protections and Equivalent Protections in National Constitutions. 3 *Duke J. Comp. & Int'l L.* 235 (1993).

上的国家的公民权利的基石。这个权利起源于自然法，第一次规定在实在法中是英国 1215 年的《大宪章》，并体现在 1791 年美国《权利法案》当中。这些早期法律文件指出，对人的生命、自由和人身安全的保护，是对基于法治的制度的基本要求。

《世界人权宣言》第 3 条规定了对这一重要权利三个方面的保障，《两权公约》《欧洲保障人权与基本自由公约》（以下简称《欧洲人权公约》）和《美洲人权公约》都单独规定了生命权。这种对生命权的保护是基于自然法原理，即假定基本的人权是与生俱来的。在《两权公约》和《美洲人权公约》中，死刑可以适用于最为严重的犯罪，条件是这种判决必须是由一个适格的法庭判处的。

在《两权公约》《非洲人权和民族权宪章》（以下简称《非洲人权宪章》）、《欧洲人权公约》和《美洲人权公约》中，人身自由和安全的权利体现在保障不受任意逮捕和羁押的规定中。联合国《囚犯待遇最低限度标准规则》规定了在监禁状态下保护自由权的规则，包括不受酷刑以及其他有辱人格的待遇和处罚。

### 二、承认在法律前的人格和法律平等保护的权利

确保非歧视保护以及法律的非歧视性适用，是刑事诉讼中人权保护的另外一个基石。它包括对个人法律人格的承认，并保障个人享受平等保护和法律适用。虽然没有明确写明反对歧视，《欧洲人权公约》对其保障的权利和自由写有明确的不得歧视条款。

### 三、不受任意逮捕和羁押的权利

自由权不是绝对的，可以被合法、合理地进行限制。不受任意逮捕和羁押的权利试图为自由权创立合适的例外。《大宪章》、美国《权利法案》和法国《人权宣言》中都明确规定了不得任意剥夺自由。它是正当程序保护的一个重要要素，为防止任何人滥用权力提供了保障。

### 四、不受酷刑、残忍、不人道或者有辱人格的待遇或者处罚的权利

作为对生命权、人身自由权以及人身安全权利的更加实用的解释，这项权利保护一个人的尊严、生理和心理的完好性。它起源于 1688 年英国的《权利法案》以及美国宪法修正案第 8 条。现代的这个权利不仅扩展到刑罚，而且扩展到其他残忍、不人道或者有辱人格的待遇，因而比以前更加广泛。例如，对酷刑的定义，也不限于肉刑或者变相肉刑，而是扩展到用酷刑的方法从被羁押人那里获得信息以及从嫌疑人那里获得供述的讯问技巧的使用，这种方式在欧洲的纠问式体制中一直存在到 19 世纪。

与《世界人权宣言》和《欧洲人权公约》不同，《两权公约》和《美洲人权公约》明确规定对被羁押人尊严的保护。《两权公约》进一步规定了该项权利，即在可能的范围内，未成年犯与成年犯分开关押，已决犯和未决犯分开关押。另外，《两权公约》还规定不允许对人进行非常规的医学或者科学试验，这样就包含了对种族隔离和种族灭绝的禁止。

不受酷刑以及类似行为的保护，在审前讯问中特别重要，因而这项权利包含了不被强迫自证有罪的特权。美国宪法第五修正案规定了不被强迫自证其罪的特权。《两权公约》规定，不被强迫不利于己地作证，并且不自供有罪的权利。

## 五、被推定无罪的权利

无罪推定与刑事正当程序紧密相关，并且与人的尊严的保护密不可分。首先，它保障掌握权力的人不滥用权力，并且确保基本的正义公平观念得以维持。然而，该推定的含义在对抗制和审问制中的含义并不相同。而且，很多司法制度对无罪推定和有罪证明进行区别。其次，对有罪证明的证明标准在对抗制和审问制中也是不同的。在对抗制中，有罪证明的证明标准是排除合理怀疑，而审问制中有罪证明的证明标准是法官排除其主观的盖然疑问（moral doubt）的个人确信。证据规则上的差距也是十分巨大的。这项权利的基础是英国人拒绝纠问式刑事诉讼而选择对抗制刑事诉讼，并把证明责任施加给国家一方。

## 六、公正审判的权利

构成公正审判权利的一系列保障措施，是为了防止任意剥夺生命权、自由权以及享有的其他公民、政治、经济和文化权利。

以前公正审判的权利主要是针对被追诉人，例如获得辩护的权利、选择辩护人的权利等。对被害人权利的关注以及对国家滥用权力的关注，促使联合国 1985 年通过了《联合国为罪行和滥用权力行为受害者取得公理的基本原则宣言》，在该文件中规定，被害人有权在追诉被告人的程序中由律师代理。这是大陆法系民事当事人权利的对应物，即被害人在追诉被告人的刑事诉讼中由律师代理，因为该笔录是随后请求赔偿损失的民事诉讼的根据。

构成刑事审理的程序公正的具体要素包括以下几个方面：

### （一）某些证据不可采的权利

在某些国家，侵犯一个人权利而获得的证据可以在针对他的刑事审理中被采纳。确实，在很多司法管辖区这种非法行为的救济方法是提起民事赔偿诉讼或者对侵犯该个人权利的官员提出起诉，但是该证据在针对该人的刑事诉讼中仍然是可以被采纳的。在另外一些司法管辖区，侵犯一个人权利而获得的证据的排除被认为是必需的，以便于震慑官员的非法行为并且保护司法制度的纯洁性。

《禁止酷刑公约》以及《美洲人权公约》排除通过酷刑获得的证据；《美洲人权公约》进一步规定，“被告人对有罪的供述只有在未经任何强迫的情况下作出的才是有效的”。排除证据的情况包括侵犯下列权利的行为：不受酷刑以及残忍和不寻常处罚的权利；不被强迫自证有罪的特权；不受非法搜查、扣押或者非法侵犯通信秘密的权利。这些排除规定不一定体现在各国的宪法中，例如美国的非法证据排除规则就体现在法院的判例中，在有些国家中是规定在刑事诉讼法典中。

### （二）无偏倚和独立的法庭审判的权利

公正审理的权利显然提出了下列要求：法官不存在倾向性或者偏见，以便于无偏倚地行事；并且在制度上和人身上独立于政治或者行政的控制和影响。《两权公约》《欧洲人权公约》《美洲人权公约》和《非洲人权宪章》都把它作为与刑事审理有关的权利的一部分。《两权公约》进一步明确，该法庭必须是“根据法律设立的”，以便于防止设立特别法庭来审理特定的案件。该假定是，特别法庭通常是军事法庭或者通过行政决定设立的法庭，倾向于具有政治上的动机，因而缺乏独立性和无偏倚性的潜在可能性非常大。

（三）依照根据法律设立的程序的权利

这项权利确保刑事审理所适用的程序是由法律设立的，并且是在审理所针对的行为实施之前设立的。这样，该项权利与两个相互关联的观念相平行，一个是实体法上的犯罪与刑罚必须是在犯罪行为发生之前制定的，另一个是刑事法庭必须是“根据法律设立的”。依照根据法律设立的程序的权利起源于《大宪章》，其规定：“除非根据该土地上的法律，任何自由人不能被关押。”普通法上的“法律的正当程序”观念，一直到17世纪都被理解为：程序法必须是在审理之前就存在的。所以，该权利保护被告人不受设立适用简易或者速决程序的特别法庭审理的权利。

这种程序上的权利实际上是一种观念，因此可以使用不同的术语来表达相同的含义。《世界人权宣言》《两权公约》和《欧洲人权公约》规定，对一个人认定有罪必须“根据法律”，而《美洲人权公约》使用“正当的权利保障”这个短语。

通常，该项权利的目的在于保障犯罪或者定罪以及各种形式的刑罚处罚必须是由法律授权的，并且是根据法律事先确立的程序作出的。美国宪法第五修正案和第十四修正案中规定的“法律的正当程序”并不是一项明确的权利，而是进行刑事诉讼的观念性方法。

（四）迅速审理的权利

这项权利是正当程序观念的一部分，但是也被认为是一项独立的、不同的权利。所以，留到下面单独讨论。

（五）公开审理的权利

公开审理的权利旨在保护被告人不受秘密审理，同时提高公众对司法过程的信任，通过把法院和法律程序开放给公众审查的方式。虽然这项权利在《世界人权宣言》和美国宪法第六修正案中的表述是无条件地公开，但它也存在某些例外。《两权公约》第14条第1款规定了具体的例外：“由于民主社会中的道德的、公共秩序的或国家安全的理由，或当诉讼当事人的私生活的利益有此需要时，或在特殊情况下法庭认为公开审判会损害司法利益因而严格需要的限度下，可不使记者和公众出席全部或部分审判；但对刑事案件或法律诉讼的任何判决应公开宣布，除非少年的利益另有要求或者诉讼系有关儿童监护权的婚姻争端。”《欧洲人权公约》第6条也规定了相同的例外。

公开审理的权利与其他程序上的正当程序权利不同，不仅仅涉及被告人的利益，还存在额外的组成部分，例如公众的知情权和司法过程的纯洁性。这样，对这些有时会相互冲突的利益进行小心地平衡，就需要在宪法之外对法院程序进行具体规定。

（六）被告知起诉内容的权利

被告知起诉内容的权利适用于起诉机构已经提出的刑事指控的通知。《两权公约》《欧洲人权公约》《美洲人权公约》把这项权利扩展到羁押阶段的通知并且要求对逮捕的原因予以通知。这样，这些文件中规定这项权利旨在防止任意逮捕和起诉，使被逮捕或者被起诉的人能够针对起诉准备辩护、针对对其的羁押准备辩解。这项权利对于在任何刑事案件中有效地准备辩护而言，都是至关重要的。更为重要的是，对指控内容的通知应当及时进行，以便于能够对辩护进行充分的准备；不得在审理开始前短时间内实质性地变更起诉内容，目的在于避免对辩护方造成不正当的突袭和偏见。同样重要的是，如果该变更提高了指控的严重性或者改变了指控的性质，在审理开始后不得变更起诉内容。起诉的严重性可以被降低，除非这样做是如此的对被告人构成偏见以至于他无法进行有效的辩护。这些具体的细节一般都是在刑事诉讼法典或者法院判例中予以规定。

（七）平等武装的权利

平等武装的权利是现代刑事诉讼程序的对抗性质的基础。在早期的纠问式诉讼中，辩护律师通常不被允许参加实际的审理。人权文献的规定离对抗制更加接近，与审问式诉讼有些不同。《两权公约》《美洲人权公约》和《欧洲人权公约》都规定了平等武装的权利。《两权公约》和《欧洲人权公约》都把平等武装的权利与对质（即对对方证人的反询问）和强制程序（和控方一样拥有强制获得本方证人和证据的权利）一并规定。

在审问式制度中，控辩双方武装的平等化是至关重要的，而普通法的正当程序观念本身就假定双方被赋予了同等的程序上的机会来推进其各自的主张。

（八）获得律师帮助的权利

这项权利是正当程序权利的一个组成部分，但是也被认为是一项独立的基础性的权利，因而在下面单独讨论。

（九）强制程序的权利

强制程序的权利确保获得法庭的帮助，以便于获得证人的证言以及其他证据，因而与平等武装这一观念是相互联系的。不过，这项权利在很大程度上被忽视，虽然它对辩护的重要性是不可估量的。特别是当证据可能存在于外国的情况下，更是如此。政府方拥有相互司法协助的条约，但是个人却没有这个便利。公民个人因而无法获得辩护所需要的证据，并且处于明显违反平等武装观念的地位。

（十）亲自出席自己的审理的权利

亲自出席自己的审理是针对刑事指控进行辩护的权利的一个重要的要素。它也和这样的一个假定相关，即被告人面对他的法官以及指控者的能力，为程序增添了可信性并且有利于查清事实真相。《两权公约》中规定了这项权利。

这项权利的部分目的还在于避免缺席审判，缺席审判在很多方面具有固有的不公正性，因为它不允许被告人有效地参加审理并提出充分的辩护。《两权公约》是禁止缺席审判的。某些国家对这种禁止找到了一个解决方法，即当在缺席审判中被定罪的被告人被抓获时，缺席审判作出的定罪可能受到对事实的完全重新审理。

## 七、律师帮助权

在刑事诉讼中的每一个重要阶段都由律师代理，是辩方的一项基础性权利，并且是正当程序观念中最为重要的权利。这项权利基于的假定之一是，负责任的律师的在场，将预防和阻止针对被逮捕、指控、起诉的人的虐待。而且，律师在场会确保正当程序得到遵循。律师帮助权这项总的权利中包括若干组成部分。需要注意的是，仅仅保障律师帮助权并不确保这项权利在刑事诉讼的每一个阶段，从被羁押一直到上诉，都被提供。另外，《两权公约》和《保护所有遭受任何形式拘留或监禁的人的原则》（以下简称《保护被监禁人原则》）还要求，对被告人要告知其聘请律师的权利。

（一）依自己的意愿选择律师的权利

《两权公约》《欧洲人权公约》《美洲人权公约》《非洲人权宪章》都把律师帮助权的保障扩展到包括依自己的意愿选择律师的权利。这样的选择被假定具有下列意义：使被告人能够进行有效的辩护；增强程序的公正性；提高公众对刑事司法制度的信心。有些国家把该项权利扩展到允许嫌疑人在被羁押后立即选择律师。有的国家规定，由于经济困难无法聘请律师的穷人也可以获得律师帮助。因此，由律师协会或者法院指定律师为贫穷的被告人提供辩护。这种做法保障了穷人获得律师帮助的权利，但有可能导致不充分的法律代理。另外，这种方法不能为一个人提供他自己选择的律师。

（二）为贫穷的被追诉人指定律师的权利

虽然贫穷的被告人可能无法获得亲自选择的律师，但律师指定制度对于下列权利而言是最低标准的需要：律师帮助权、公正审理权和法律平等保护权。这种必要性因压倒多数的刑事被告人没有能力支付律师费而变得更加引人注目。《两权公约》《欧洲人权公约》《美洲人权公约》以及《保护被监禁人原则》都规定了为贫穷的人指定律师的保障制度。

（三）自行辩护的权利

自行辩护的权利是律师帮助权的补充，其目的不是替代律师帮助权。这项权利确保被告人参与其辩护的权利，包括决定辩护的方向、拒绝指定的律师以及在某些情况下进行自己的辩护。《两权公约》《欧洲人权公约》《美洲人权公约》都规定了自行辩护的权利。

由于律师的代理不仅仅是关于被告人利益的事项，而且也是法律的正当程序和司法程序纯洁性最为重要的事项，因而法院必须确保自行辩护是充分的和有效的。这样，法庭应当指定职业律师来对自行辩护进行补充；反过来，当最有利于公正的时候，以及符合被告人充分、有效的代理这一利益时，法院应当不允许自行辩护并指定职业律师。

（四）译员帮助的权利

译员帮助的权利能确保公正审判和律师帮助权的有效性。通常这种帮助是确保对程序和指控文书的理解所必需的。很多国际文件规定，被告人有权获得一名由法庭付费的译员的帮助。

（五）在所有的诉讼阶段律师在场的权利

国际人权文件中并没有明确规定这项权利。《两权公约》规定，被告人“在判定对他提出的任何刑事指控时”有律师帮助权。《欧洲人权公约》规定，任何被指控刑事犯罪的人，都有律师帮助权。

《保护被监禁人原则》规定了在审前侦查阶段的律师帮助权。

以上规定表明，律师帮助权的适用范围不仅仅限于实际的审理，而是整个刑事诉讼程序。

## 八、快速审理的权利

快速审理权利的目的，是对审前和审理中羁押所导致的对人身自由的侵犯进行限制。它对公正审理也是至关重要的，因为不正当的延误可能会导致证据的灭失或者证人记忆的消退。另外，该项权利试图把处于刑事诉讼待审状态所造成的情绪上的影响最小化。

《两权公约》《欧洲人权公约》《美洲人权公约》和《保护被监禁人原则》都规定，如果被告人在合理的时间内没有被提交审理，被羁押的被告人就有权得到释放。而且，这些文件还规定，无论被告人是否处于羁押状态，都应当在合理的时间内交付审理。

当然，在另外一个方面，被告人有权有充分的时间和手段来准备自己的辩护。

## 九、上诉权

人总是会犯错误的；这样，防止错误的保护就是必要的。向上级法院或者法庭针对司法裁决（包括刑事定罪）提出上诉的权利，就满足了这种需要。可以针对程序中的哪些要素提出上诉，以及如何进行上诉，在不同的法律体系中各不相同。有些体系中允许针对法律问题撤销原判，有的体系既允许针对事实问题又允许针对法律问题，有些体系中允许针对非终局的司法裁定提出中间上诉。这种复审或者上诉的程序可以是一次上诉或者两次上诉（即向上诉法院的上诉和向最高法院的上诉）。例如，《两权公约》第 14 条要求在刑事案件中，该权利至少应当是向一个上级上诉审法院上诉一次。上诉被认为是刑事司法程序的继续，因而仍然适用上面讨论过的权利，包括由无偏倚、独立的法庭审理的权利、根据法律确定的程序的权利、快速审判的权利、公开审理的权利、平等武装以及律师帮助权。但是，宪法上的上诉权保障，并不总是为上诉审提供和审理中完全相同的权利。贫穷的被追诉人要想有效地行使上诉权，免费获得审理笔录副本的权利是必需的，但是在实践中这个权利很少得到承认。

国际公约中规定的上诉权，并没有要求对一个案件的事实进行完全重新审理，对证据进行重新衡量。相反，上诉审法院或者法庭的作用是提供一个解决下列挑战的平台：一是对被追诉人的权利的侵犯已经对裁决的公正性产生了不利的影响；二是对国内法的违反可能会导致判决存在瑕疵的情况。

很多国家的宪法中该项保障指向的是刑事诉讼中对“宪法的违反”，通常允许向多个上诉法庭提出上诉，特别是在法律问题的审理与宪法问题的审理相分离的体系中，宪法问题将专门由宪法法院进行审理。很多司法体系提供上诉审查的特殊救济方法，例如普通法体系中的人身保护令以及拉丁美洲国家的与人身保护令类似的制度。

## 十、不受双重危险的权利

这项权利的目的在于禁止国家反复因同一事件对一个人进行追诉，直到取得其想要的结果。[①] 这项权利是从公正观念发展而来的，类似于大陆法系中的既判力观念（Res Judicata）。非普通法国家称之为“一事不再理”（Non Bis In Idem）。

禁止双重危险的观念在不同的法律体系中的解释各不相同。在有些国家，对事实问题作出的无罪裁决就是终局的，产生禁止双重危险的后果。但是，在大多数欧洲大陆国家，政府方可以因法律上的错误或者事实问题针对无罪判决提出上诉。在上诉中，定罪可以被撤销并裁定重新审理，也可以不裁定重新审理而直接改判。禁止双重危险和一事不再理在范围和适用上是不同的。禁止双重危险通常被认为适用于一个特定的法律体系内部，而不适用于不同的法律体系或者相互独立的主权。一事不再理是一项保护一个人不因同一行为反复受到起诉或者惩罚的权利，与进行追诉的法律体系无关。然而，需要注意的是，《欧洲人权公约》第七任择议定书中规定的一事不再理适用于各成员国之间。而且，在不同的法律体系中，何时发生危险也是不同的。需要注意的是，有些禁止双重危险的规定只限于禁止双重惩罚，而不禁止重复起诉。

《两权公约》[②] 和《欧洲人权公约》第七任择议定书除了禁止双重惩罚以外，还禁止对无罪判决和有罪认定的重新审理，但是允许各国国内法有作出不同规定的余地。《欧洲人权公约》第七任择议定书第 4 条第 2 款也包含了一项具体例外：“如果存在新的或者新发现的事实，或者如果先前程序中存在基础性的、可能影响案件处理结果的缺陷。”《美洲人权公约》规定了禁止双重危险而没有创设例外，不过仅仅是针对无罪判决是这样的。

---

① 如美国宪法第五修正案规定：“任何人不得因同一罪行而两次遭受生命或者肢体上的危险。”

② 《两权公约》第 14 条第 7 款规定：“任何人已依一国的法律及刑事程序被最后定罪或者宣告无罪者，不得就同一罪名再予审判或惩罚。”

### 十一、禁止追溯立法的权利

禁止具有追溯力的立法是法制原则的基础之一。这项权利保障，是指不能创设特别法来追溯性地适用于特定的案件或者人。在某些法律体系中，这项权利被扩展，包括禁止类推。

## 第二节　国际公约中规定的刑事诉讼中人权在中国的实现

### 一、《两权公约》（ICCPR）的签署

1998年10月5日，中国常驻联合国代表秦华孙大使在联合国总部代表中国政府签署了《两权公约》。《两权公约》是联合国制定的最重要的国际人权文书之一，1966年12月16日由联合国大会通过并开放供签署，1976年3月23日生效，共有53条。该公约与《世界人权宣言》和《经济、社会及文化权利国际公约》一起，被通称为“国际人权宪章”①。

中国政府认为，人权的普遍性原则应当得到尊重，但人权的普遍性必须与各国具体情况相结合。中国政府重视国际人权文书在促进和保护人权方面的积极作用。中国目前已加入了包括《消除一切形式种族歧视国际公约》《消除对妇女一切形式歧视公约》《禁止酷刑公约》在内的17项国际人权公约。1997年10月，中国政府签署《经济、社会及文化权利国际公约》，并于2001年2月28日决定批准。《两权公约》的签署，进一步表明中国促进和保护人权的坚定决心，也是中国纪念《世界人权宣言》发布50周年所采取的实际行动。

2004年1月27日下午，中国国家主席胡锦涛在法国国民议会大厅发表演讲，表示一旦条件成熟，中国政府将向全国人大提交批准该公约的建议。2004年5月，温家宝总理访欧期间，也表示，中国致力于尽快批准《两权公约》。2005年9月6日，中共中央政治局常委罗干在北京召开的第22届世界法律大会上表示，中国政府正在积极研究《两权公约》涉及的重大问题，一旦条件成熟就将履行批准公约的法律程序。②

2012年《刑事诉讼法》第2条中规定，“尊重和保障人权”是刑事诉讼法的任务之一。这表明我国的刑事诉讼法正向着与公约兼容的方向发展。

### 二、《禁止酷刑公约》的签署和批准

1986年12月12日，我国常驻联合国代表李鹿野代表中国政府签署《禁止酷刑公约》。③1988年10月4日，我国正式加入《禁止酷刑公约》，1988年11月3日该公约对中国生效。中国对该公约第20条和第30条第1款作了保留。④ 这个公约是对《两权公约》第7条禁止酷刑的规定的具体化。

#### （一）酷刑的含义

《禁止酷刑公约》第1条规定，“酷刑”系指为了向某人或第三者取得情报或供状，为了他或

---

① http://www.mfa.gov.cn/chn/gxh/zlb/zgwjlc/2159/t9004.htm，[2010-05-04].

② http://www.infzm.com/content/6009，[2010-05-04].

③ http://www.humanrights.cn/china/rqlc/C3052001117145013.htm，[2010-05-04].

④ http://www.humanrights-china.org/china/rqlc/C3052001117145128.htm，[2010-05-04].

第三者所作或被怀疑所作的行为对他加以处罚，或为了恐吓或威胁他或第三者，或为了基于任何一种歧视的任何理由，蓄意使某人在肉体或精神上遭受剧烈疼痛或痛苦的任何行为，而这种疼痛或痛苦又是由公职人员或以官方身份行使职权的其他人所造成或在其唆使、同意或默许下造成的。

这个定义中包含但是不限于刑事诉讼中使用刑讯的方法获得口供。这里规定的为了获得口供而进行的酷刑具有以下几个特点：第一，刑讯的对象既包括潜在的供述者本人，也包括对潜在的供述者以外的人实施酷刑。例如，为了获得丈夫的口供而向妻子的腿部开枪。第二，酷刑包括使某人肉体上或精神上遭受剧烈疼痛或痛苦的任何行为。第三，进行刑讯的人是以国家公权力为依托，即公职人员或者以官方身份行使职权的其他人直接实施，或在其唆使、同意或者默许下实施。

（二）禁止酷刑的方法

1. 教育

《禁止酷刑公约》第 10 条规定，每一缔约国应保证，在对可能参与拘留、审讯或处理遭到任何形式的逮捕、扣押或监禁的人的民事或军事执法人员、医务人员、公职人员及其他人员的训练中，要充分进行关于禁止酷刑的教育和宣传。每一缔约国应将禁止酷刑列入就此类人员职责发出的规则或指示之中。

2. 对审讯规则进行审查

《禁止酷刑公约》第 11 条规定，每一缔约国应经常审查对在其管辖的领土内遭到任何形式的逮捕、扣押或监禁的人的拘留和处理的审讯规则、指示、方法、作法和安排，以避免发生任何酷刑事件。

3. 对酷刑行为进行调查

《禁止酷刑公约》第 12 条规定，每一缔约国应确保在有理由认为在其管辖的领土内有施用酷刑的行为时，其主管当局应立即对此进行公正的调查。

《禁止酷刑公约》第 13 条规定，每一缔约国应确保任何声称在其管辖的领土内遭到酷刑的个人有权向该国主管当局申诉，其案件应得到该主管当局迅速而公正的审查。应采取步骤确保申诉人和证人不因提出申诉或提供证据而遭受苛待或恐吓。

（三）酷刑取得的证据的排除

《禁止酷刑公约》第 15 条规定，每一缔约国应确保在任何诉讼程序中不得援引任何确属酷刑逼供作出的陈述为证据，但这类陈述可引作对被控施用酷刑逼供者起诉的证据。

这个规定实际上是在国际公约中明确规定了非法获得的证据的排除规则，即为了真正实现公约禁止酷刑的目的，有必要宣布酷刑获得的供述不能作为指控供述者有罪的证据，因为只有这样才能真正消除法律实施官员进行刑讯的动机。可以说，这条规定以“震慑”理论作为其理论根据，显然采纳了美国宪法刑事诉讼的理论。

## 观点探讨

### 一、不被强迫自证有罪的权利

不被强迫自证有罪的特权（privilege against self-incrimination），是指任何个人不能被强迫提供证明自己有罪的证言。享有这一权利的主体是刑事诉讼中的被追诉人和刑事、民事诉讼中的证人。这一特权有的时候又被称为“沉默权”，也可以被称为“供述的自愿性”。

在西方国家的刑事诉讼中，犯罪嫌疑人、被告人一般享有沉默权，但如果被告人自愿在法庭上作证，则他要接受依照询问证人的程序进行的询问。在美国，根据联邦最高法院的宪法性判例，警察在羁押性讯问之前，必须明确告知其享有不被强迫自证其罪的特权以及律师帮助权，只有被告人未主张沉默权的情况下，才可以对其进行讯问，否则警察获得的陈述不具有可采性。如果被告人表示不愿意回答问题，则讯问必须停止。

我国宪法没有规定这项权利。《刑事诉讼法》将不被强迫自证其罪的权利与如实回答的义务同时规定，并未承认被追诉人的沉默权。

在考虑中国沉默权的未来走向问题时，需要考虑两个方面的因素：一个方面是，《两权公约》规定了不被强迫作不利于他自己的证言或强迫承认犯罪，其含义是控方不依赖被追诉人的合作，去寻找口供以外的其他证据。我国刑事诉讼法的规定与公约的这一要求还有差距，尚未达到与公约兼容的程度。我国已经签署《两权公约》但尚未批准，如果批准了，规定沉默权就是公约义务。另一个方面，英国 1994 年的《刑事司法与公共秩序法》（CJPOA）限制甚至取消了沉默权，这表明沉默权对查明犯罪的阻碍作用。因此，长期来看，我国有可能在规定沉默权的同时设置一些例外性规定。

## 二、对质条款

所谓的“对质条款”（confrontation clause)，是指刑事诉讼中的被追诉人有权在法庭上对控方证人进行反询问的权利。显而易见，通过在法庭上的反询问揭露控方证人的虚假性，是保障刑事诉讼程序公正的基本要求。

我国宪法没有规定这项权利。《刑事诉讼法》第 59 条规定：“证人证言必须在法庭上经过公诉人、被害人和被告人、辩护人双方质证并且查实以后，才能作为定案的根据。”第 187 条也规定了某些情况下的证人、鉴定人应当出庭，并在第 188 条中赋予了法院强制证人到庭和对拒绝出庭或者拒绝作证的证人予以拘留的权力，对保障证人出庭接受反询问提供了法律根据。但是，第 190 条规定了对未到庭的证人的证言笔录应当当庭宣读。由于被追诉人没有机会对未到庭的证人进行反询问，宣读证人的先前证言侵犯了他“与不利于己的证人对质”的权利。

有学者主张，应当在我国刑事诉讼中确立传闻证据排除规则，即原始作出者的法庭外陈述，原则上不能在法庭上提出，除非符合法律规定的例外。对于法庭外陈述的原始作出者不出庭的情形，可以考虑“有可靠性保障的庭外陈述”在原始作出者无法出庭时可采，或者考虑“非为作证目的的庭外陈述”在原始作出者无法出庭时可采。

笔者认为，与不利于己的证人当面对质是被告人的一项基本权利，应当上升到宪法的高度，并通过法律规定限制陈述的原始作出者不出庭接受反询问的法庭外陈述的可采性，使这一权利能够真正得以实现。

案例导引答案

# 第七章
# 宪法与刑事诉讼

## 案例导引

### 一、穷人如何获得律师帮助

甲被指控犯有盗窃罪。在甲被公安机关拘留之后的讯问中，甲提出要求一名律师的帮助，但是甲经济十分困难，无力支付律师费用。问：甲如何才能获得律师的帮助？

### 二、是否有权使用方言进行诉讼

甲是南方人，在北方某大城市因盗窃罪被拘留，后被公诉至法院。在侦查阶段、起诉阶段的讯问中以及庭审审理中，甲都用自己的家乡话回答提问，但是侦查人员、检察人员和审判人员都无法听懂甲的话。要求甲使用普通话回答时，甲表示自己不会说普通话。问：这种情况应当如何处理？

## 基本理论

毫无疑问，宪法①是制定刑事诉讼法的根据。《刑事诉讼法》第 1 条明确规定"……根据宪法，制定本法"。那么，宪法作为刑事诉讼法的制定依据，为刑事诉讼提供了哪些指导性原则呢？显然有两个方面的指导：首先，宪法规定了国家专门机关如何行使审判权和司法权，例如《宪法》第三章第八节"人民法院和人民检察院"中就规定了审判公开等原则。其次，宪法将被追诉人的刑事诉讼权利提到宪法的高度来保护，例如第二章"公民的基本权利和义务"中对禁止非法逮捕、非法搜查的规定。

笔者认为，宪法刑事诉讼关键要研究的问题，应当是哪些刑事诉讼权利是由宪法保护的，其含义是什么，以及如何在刑事诉讼中具体实施。换句话说，就是研究宪法中规定的被追诉人

---

① 写作时的生效宪法文本是 1982 年 12 月 4 日第五届全国人民代表大会第五次会议通过、1982 年 12 月 4 日全国人民代表大会公告公布施行，根据 1988 年 4 月 12 日第七届全国人民代表大会第一次会议通过的《中华人民共和国宪法修正案》、1993 年 3 月 29 日第八届全国人民代表大会第一次会议通过的《中华人民共和国宪法修正案》、1999 年 3 月 15 日第九届全国人民代表大会第二次会议通过的《中华人民共和国宪法修正案》、2004 年 3 月 14 日第十届全国人民代表大会第二次会议通过的《中华人民共和国宪法修正案》和 2018 年 3 月 11 日第十三届全国人民代表大会第一次会议通过的《中华人民共和国宪法修正案》修正的《中华人民共和国宪法》。

的刑事诉讼权利。实际上，在关于法院和检察院如何行使职权的规定中，有一些规定也可以理解为是对被告人权利的保护，例如审判公开既可以理解为法院行使审判权必须遵守的原则，也可以理解为被告人有权受到公开审判。

为什么要把刑事诉讼中被告人的权利上升为宪法权利来保护呢？也就是说，为什么要在宪法中规定被追诉人在刑事诉讼中的权利呢？笔者认为有以下几个方面的理由：第一，刑事诉讼是涉及公民人身自由甚至生命的活动，对于公民来说，保障其刑事诉讼中的权利是实现其人身权利的必要条件。第二，刑事诉讼是国家努力宣布某一公民有罪的活动，在这种对抗中，公民明显在人力、财力和时间上处于劣势，为了使公民在强大的国家面前有抗辩的机会，宪法就需要确立刑事被追诉人一系列特有的权利，并确保其实现。第三，宪法的修改程序不同于其他法律，远比一般法律的修改要困难。用宪法的形式确认公民在刑事诉讼中的权利，可以防止通过其他法律、法规或者司法解释、法院判例的形式对其进行限制、修改或者废除，从而使这种法律保护处于更稳定的状态。这样，就不会因为对某一案件的社会压力而随意限制被追诉人的基本宪法权利。

我国目前对宪法与刑事诉讼的关系探讨不多，在传统的教科书上一般也只是提到宪法是制定刑事诉讼法的依据以及宪法中规定有刑事诉讼原则等，而缺乏深入具体的探讨。与我国不同，美国存在着宪法刑事诉讼（Constitutional Criminal Procedure）的理论、教材和课程，宪法及其修正案以及联邦最高法院的判例，是美国刑事司法制度中位阶最高的法律渊源。

我国宪法中已经确认了刑事诉讼中被追诉人的某些重要的权利，主要包括：

### 一、人身自由权利

《宪法》第37条规定："中华人民共和国公民的人身自由不受侵犯。任何公民，非经人民检察院批准或者决定或者人民法院决定，并由公安机关执行，不受逮捕。禁止非法拘禁和以其他方法非法剥夺或者限制公民的人身自由……"

在刑事诉讼中，对公民人身自由的剥夺或者限制最令人关注的是法院判决生效之前针对犯罪嫌疑人、被告人的刑事诉讼强制措施。[①] 根据《刑事诉讼法》的规定，刑事诉讼中对人身自由的剥夺或者限制具有以下几个特点：

第一，除了宪法中明确规定的逮捕以外，刑事诉讼的强制措施还有另外四种：拘传、取保候审、监视居住和拘留。

第二，除了宪法中规定逮捕需要人民检察院批准或者决定，或者人民法院决定以外，对于其他四项强制措施侦查机关有权自行决定。

第三，除了宪法中规定逮捕需要由公安机关执行以外，取保候审、监视居住、拘留也都必须由公安机关执行。只有拘传可以由公、检、法三机关中的任何一个机关执行。

第四，除了刑事诉讼法规定的五种强制措施以外，我国实践中还存在其他的剥夺或者限制人身自由的措施，例如监察机关的留置、警察法中的继续盘问、强制性教育措施等。

### 二、通信自由的权利

《宪法》第40条规定："中华人民共和国公民的通信自由和通信秘密受法律的保护。除因国

① 关于法院判决生效以后针对被定罪的罪犯的刑罚执行，详见本书"执行"一章。

家安全或者追查刑事犯罪的需要，由公安机关或者检察机关依照法律规定的程序对通信进行检查外，任何组织或者个人不得以任何理由侵犯公民的通信自由和通信秘密。”

在刑事诉讼中，对公民通信自由和通信秘密的侵犯是由《刑事诉讼法》在“侦查”一章的第141条规定的：“侦查人员认为需要扣押犯罪嫌疑人的邮件、电报的时候，经公安机关或者人民检察院批准，即可通知邮电机关将有关的邮件、电报检交扣押。不需要继续扣押的时候，应即通知邮电机关。”《高检规则》第192条规定：“扣押犯罪嫌疑人的邮件、电报或者电子邮件，应当经检察长批准，通知邮电机关或者网络服务机构将有关的邮件、电报或者电子邮件检交扣押。不需要继续扣押的时候，应当立即通知邮电机关或者网络服务机构。”《公安规定》第215条规定：“扣押犯罪嫌疑人的邮件、电子邮件、电报，应当经县级以上公安机关负责人批准，签发扣押通知书，通知邮电部门或者网络服务单位检交扣押。”第216条规定：“不需要继续扣押的时候，应当经县级以上公安机关负责人批准，签发解除扣押通知书，立即通知邮电部门或者网络服务单位。”

根据以上规定，刑事诉讼中对公民通信自由和通信秘密的侵犯具有以下几个特点：

第一，宪法中规定的“通信”，在上述规定中被解释为包括邮件、电报和电子邮件。

第二，有权决定对邮件、电报、电子邮件进行扣押的机关是侦查机关本身，而不需要法院的事先批准或者许可，也不受法院的事后审查。

第三，就侦查机关内部而言，有权决定对邮件、电报、电子邮件进行扣押的人员是县级以上公安机关负责人或者检察长，侦查人员自己无权作出这样的决定。

第四，除了刑事诉讼法中规定的对邮件、电报的扣押，公安机关和人民检察院根据《刑事诉讼法》第148条至第151条的规定，可以采用窃听、对电话的监听、网络监控、邮检等技术侦查措施。监察委员会调查职务犯罪，根据需要，可以采取技术调查措施。这些措施只能针对特定种类的犯罪，并且需要经过严格的批准手续。技术侦查和调查措施也是对公民通信自由和通信秘密的侵犯。

## 三、不受非法搜查的权利

《宪法》第37条规定：“……禁止非法搜查公民的身体。”第39条规定：“中华人民共和国公民的住宅不受侵犯。禁止非法搜查或者非法侵入公民的住宅。”

在刑事诉讼中，关于搜查的规定体现在《监察法》第24条、《刑事诉讼法》第134条至第138条。《高检规则》第219条至第230条、《公安规定》第217条至第221条，对搜查作了更加具体的规定。根据这些规定，我国刑事诉讼中的搜查具有下列特点：

第一，搜查的对象包括公民的人身、住处，也可以是物品和其他有关的地方。换句话说，就是包括公民的人身、住宅和财产。

第二，有权决定对公民的人身、住宅、财产进行搜查的机关是侦查或者调查机关本身，而不需要法院的事先批准或者许可，也不受法院的事后审查。

第三，就侦查或者调查机关内部而言，有权决定对公民的人身、住宅、财产进行搜查的人员是县级以上侦查或者调查机关负责人，侦查或者调查人员自己无权作出这样的决定。

第四，除了根据县级以上侦查或者调查机关负责人签发的搜查证进行搜查以外，我国也允许无证搜查。在执行逮捕、拘留的时候，遇有紧急情况，不另用搜查证也可以进行搜查。

第五，由于我国宪法没有对“非法搜查”进行定义，那么按照监察法、刑事诉讼法规定的程序决定和实施的搜查就是符合宪法的。因此，搜查的决定权交给侦查或者调查机关自己，签发搜查证的根据交由侦查或者调查机关自由裁量，在我国都是符合宪法的。

## 四、获得辩护的权利

《宪法》第 130 条规定："……被告人有权获得辩护。"

"被告人有权获得辩护"有两个方面的意义：一是程序上的公平，即被告人作为辩方有机会、有权利和控方相抗衡；二是实体上的公平，即允许辩方提出有利于被追诉人的证据，更有利于全面地发现真实。为了贯彻这一宪法原则，《刑事诉讼法》第 11 条规定："被告人有权获得辩护，人民法院有义务保证被告人获得辩护。"另外，《刑事诉讼法》第 32 条至第 47 条对被追诉人的这一权利进行了具体规定，《高法解释》《高检规则》和《公安规定》中还都对这些条文进行了具体的解释。根据这些规定，我国刑事诉讼中被追诉人的辩护权有以下几个方面的特点：

第一，有权获得辩护的主体除了宪法中列明的审理阶段的被告人，还包括侦查、提起公诉阶段的犯罪嫌疑人，本书统称为被追诉人。我国刑事诉讼中犯罪嫌疑人、被告人自始至终都有自行辩护的权利。

第二，帮助被追诉人行使辩护权的人，并不必须是律师，还包括人民团体或者犯罪嫌疑人、被告人所在单位推荐的人以及犯罪嫌疑人、被告人的监护人、亲友，统称为辩护人。

第三，辩护人参加到刑事诉讼中来的时间是犯罪嫌疑人自被侦查机关第一次讯问或者采取强制措施之日起，不过在侦查期间，只能委托律师作为辩护人。

第四，对于贫穷的以及身份特殊的被追诉人，如果自己请不起律师，国家为其提供法律援助，由法律援助机构指派律师为其提供辩护。

第五，在侦查人员对犯罪嫌疑人进行讯问时，其辩护律师无权在场；辩护律师只能会见在押的犯罪嫌疑人。

第六，律师和犯罪嫌疑人之间的交流不受监听，事后也不能强迫泄露。

## 五、受到公开审判的权利

《宪法》第 130 条规定："人民法院审理案件，除法律规定的特别情况外，一律公开进行。"为了贯彻这一宪法原则，《刑事诉讼法》第 11 条规定："人民法院审判案件，除本法另有规定的以外，一律公开进行。"

### （一）审判公开的含义

审判公开是指人民法院审理案件和宣告判决都必须公开进行，既要允许公民到法庭旁听，又要允许记者采访和报道。

在实际操作中，还存在一些具体的规定：

1. 公开审理的地点。人民法院公开审理案件，庭审活动应当在审判法庭进行。需要巡回依法公开审理的，应当选择适当的场所进行。网络视频远程审理的，也应在法庭进行。（《公开审判若干规定》第 8 条）。

2. 有些公民不能参加旁听。对公开审理的案件不能旁听的人包括：（1）证人、鉴定人以及准备出庭提出意见的有专门知识的人；（2）未获得人民法院批准的未成年人；（3）拒绝接受安全检查的人；（4）醉酒的人、精神病人或其他精神状态异常的人；（5）其他有可能危害法庭安全或妨害法庭秩序的人（《法庭规则》第 9 条第 3 款）。

3. 公民旁听可能需要领取旁听证。旁听席位不能满足需要时，人民法院可以根据申请的先后顺序或者通过抽签、摇号等方式发放旁听证，但应当优先安排当事人的近亲属或其他与案件有利害关系的人旁听（《法庭规则》第 9 条第 2 款）。

4. 进入法庭的人员应当出示有效身份证件，并接受人身及携带物品的安全检查。持有效工作证件和出庭通知履行职务的检察人员、律师可以通过专门通道进入法庭。需要安全检查的，人民法院对检察人员和律师平等对待（《法庭规则》第 6 条）。

5. 依法有可能封存犯罪记录的公开庭审活动，任何单位或个人不得组织人员旁听（《法庭规则》第 9 条第 4 款）。

6. 有新闻媒体旁听或报道庭审活动时，旁听区可以设置专门的媒体记者席。记者传播庭审活动，应当在指定的时间及区域进行，不得影响或干扰庭审活动。对特定的公开进行的庭审活动，人民法院可以通过电视、互联网或其他公共媒体进行图文、音频、视频直播或录播（《法庭规则》第 3 条、第 17 条、第 11 条）。

（二）审判公开的例外

《刑事诉讼法》第 183 条规定："人民法院审判第一审案件应当公开进行。但是有关国家秘密或者个人隐私的案件，不公开审理；涉及商业秘密的案件，当事人申请不公开审理的，可以不公开审理。不公开审理的案件，应当当庭宣布不公开审理的理由。"第 274 条规定："审判的时候被告人不满十八周岁的案件，不公开审理。但是，经未成年人被告人及其法定代理人同意，未成年被告人所在学校和未成年人保护组织可以派代表到场。"根据这些规定，下列案件不公开审理：

1. 涉及国家秘密的案件。

2. 涉及个人隐私的案件。

3. 审判的时候被告人不满 18 周岁未成年人犯罪的案件。

4. 经当事人申请，人民法院决定不公开审理的涉及商业秘密的案件。

依法不公开审理的案件，任何人不得旁听，但法律另有规定的除外（《高法解释》第 186 条第 3 款）。例如，不公开审理未成年被告人时，经未成年被告人及其法定代理人同意，其所在学校和未成年人保护组织可以派代表到场。需要注意的是，人民法院审理的所有案件应当一律公开宣告判决（《公开审判若干规定》第 6 条），即使不公开审理的案件，宣告判决也必须公开进行。

（三）审判公开的贯彻

1. 审判公开不仅仅适用于第一审程序，而且适用于第二审程序。下列第二审案件应当公开审理：（1）当事人对不服公开审理的第一审案件的判决、裁定提出上诉的，但因违反法定程序发回重审的和事实清楚依法径行判决、裁定的除外。（2）人民检察院对公开审理的案件的判决、裁定提起抗诉的，但需发回重审的除外（《公开审判若干规定》第 3 条）。

2. 违反审判公开原则的后果。凡应当依法公开审理的案件没有公开审理的，应当作如下处理：（1）当事人提起上诉或者人民检察院对刑事案件的判决、裁定提起抗诉的，第二审人民法院应当裁定撤销原判决，发回重审。（2）当事人申请再审的，人民法院可以决定再审；人民检察院按照审判监督程序提起抗诉的，人民法院应当决定再审。发回重审或者决定再审的案件应当依法公开审理（《公开审判若干规定》第 7 条）。

（四）审判公开的目的

对于审判公开原则的目的，贝卡里亚在《论犯罪与刑罚》一书的第十四章的末尾写道："是否有罪的裁决以及有罪的证据都应当向公众公开，这样，可能是唯一能够把整个社会黏合在一起的东西——社会舆论，能够对暴力的使用和冲动的影响构成约束，只有如此，人们才会说，他们不是奴隶，而是受到保护的。”① 从贝卡里亚的论述来看，审判公开的目的是激励人民监督司法权力的勇气，套用现在的话说，就是使人民真正体会到当家做主的感觉。也就是说，审判公开是为了用公众的舆论监督司法权力的运用，防止司法权成为肆意滥用、发泄个人冲动的工具。笔者认为，贝卡里亚的论述对于今天的审判公开原则，仍然具有重大理论意义。

我国传统教科书一般认为审判公开的目的主要包括两个方面：一是将审判活动置于人民群众的监督之下，防止司法腐败、暗箱操作；二是通过公开审判，对旁听群众进行法制宣传教育，以实现刑事诉讼法的教育功能。由于刑事诉讼法规定的任务中有教育公民自觉遵守法制、积极与犯罪作斗争，因此在我国实际上以上两种功能都是存在的。

## 六、受独立的法院审理、受独立的检察院起诉、受独立的监察委员会调查的权利

《宪法》第131条规定：“人民法院依照法律规定独立行使审判权，不受行政机关、社会团体和个人的干涉。”第136条规定：“人民检察院依照法律规定独立行使检察权，不受行政机关、社会团体和个人的干涉。”第127条规定：“监察委员会依照法律规定独立行使监察权，不受行政机关、社会团体和个人的干涉。”

为了贯彻这一宪法原则，《刑事诉讼法》第5条规定：“人民法院依照法律规定独立行使审判权，人民检察院依照法律规定独立行使检察权，不受行政机关、社会团体和个人的干涉。”这一原则的基本内容是，人民法院行使审判权和人民检察院行使检察权，只根据法律规定，独立地进行诉讼行为和作出决定，不受行政机关、社会团体和个人的干涉。

我国《宪法》确立了政府和人民法院、人民检察院、监察委员会分别设立的制度，人民法院、人民检察院、监察委员会并不隶属于行政机关，而是由人民代表大会产生并且对其负责的独立的机关。因此，人民法院、人民检察院和监察委员会在行使职权的时候，不受行政机关的干涉。社会团体和个人也不能干涉审判权、检察权和监察权的行使。

在理解这个原则的时候，应当注意以下几个方面：

第一，我国的独立行使职权不仅仅指法院，而且包括检察院、监察委员会在内。这是宪法的规定，其原因大概是我国将人民检察院定义为法律监督机关，而不仅仅是行政性质的起诉机关；将监察委员会定义为监察机关，而不仅仅是行政性质的调查机关。

第二，我国的法院独立行使审判权是指法院作为整体对外独立，而不是法官个人独立，也不是合议庭独立。对于审判委员会的决定，合议庭应当执行，而不能以独立行使职权为由拒绝执行。

第三，独立行使职权必须服从于坚持中国共产党的领导这一更重要的宪法原则。《宪法》序言中规定，“中国各族人民将继续在中国共产党领导下……发展社会主义民主，健全社会主义法制……”也就是说，坚持党的领导是宪法规定的最基本的一项原则，因此人民法院、人民检察院和监察委员会行使职权的时候，必须接受党的领导。

第四，我国实行的是议行合一的制度，不实行三权分立，因此人民法院、人民检察院、监察委员会由国家权力机关——人民代表大会产生，并对其负责和汇报工作。也就是说，审判权、检察权、监察权的行使独立于行政机关，但是不能独立于议会，即人民代表大会。

---

① Beccaria. On Crimes and Punishments and Other Writings. 影印本. 北京：中国政法大学出版社，2003：36.

## 七、使用本民族语言文字进行诉讼的权利

《宪法》第 139 条规定："各民族公民都有用本民族语言文字进行诉讼的权利。人民法院和人民检察院对于不通晓当地通用的语言文字的诉讼参与人，应当为他们翻译。在少数民族聚居或者多民族共同居住的地区，应当用当地通用的语言进行审理；起诉书、判决书、布告和其他文书应当根据实际需要使用当地通用的一种或者几种文字。"这样规定的目的，大概是使《宪法》序言中规定的我国是"全国各族人民共同缔造的统一的多民族国家"和《宪法》第 4 条规定的"中华人民共和国各民族一律平等"原则更加具体，同时也是诉讼中查明真实、接受人民监督的需要。

为了贯彻这一宪法原则，《刑事诉讼法》第 9 条规定："各民族公民都有用本民族语言文字进行诉讼的权利。人民法院、人民检察院和公安机关对于不通晓当地通用的语言文字的诉讼参与人，应当为他们翻译。在少数民族聚居或者多民族杂居的地区，应当用当地通用的语言进行审讯，用当地通用的文字发布判决书、布告和其他文件。"

我国疆域辽阔，除了各民族有不同的语言以外，不同地区的口音差别极大。少数民族的诉讼参与人可以使用本民族语言文字，那么，不会讲普通话的诉讼参与人，是否有权使用方言进行诉讼呢？最高人民法院于 2010 年 12 月 6 日发布的《法官行为规范》第 32 条规定：诉讼一方只能讲方言的，应当准许；他方表示不通晓的，可以由懂方言的人用普通话复述，复述应当准确无误。

但是这一规定还有一个问题没有解决：该规定仅仅适用于诉讼一方，没有规定证人、鉴定人等不会讲普通话时如何处理。笔者认为，对于这种情况，应当有通晓方言的人参加，以保障诉讼的顺利进行。

## 八、对一切公民在适用法律上一律平等

《宪法》第 33 条第 2 款规定："中华人民共和国公民在法律面前一律平等。"第 5 条第 5 款规定："任何组织或者个人都不得有超越宪法和法律的特权。"

《刑事诉讼法》第 6 条规定："人民法院、人民检察院和公安机关进行刑事诉讼……对于一切公民，在适用法律上一律平等，在法律面前，不允许有任何特权。"

对一切公民在适用法律上一律平等原则，是指在刑事诉讼中，法律对全体公民同等适用，既不允许存在特权，也不允许对某些公民进行歧视。这一原则和法律赋予某些人的特殊保护并不矛盾。例如，在刑事诉讼中，未成年人享有很多特殊的权利，如讯问时应当通知其法定代理人到场、不公开审理、通知指派辩护、不适用死刑、在未成年犯管教所执行刑罚等，这是法律对未成年人的特殊保护，并不违背这一原则。

在适用这个原则的时候，容易出现一些困难。第一个难题是，由于财产状况的不同而可能产生的不平等。目前我国公民的财产和收入情况存在较大的差距，出现了穷人和富人的区别。对于富人，在刑事诉讼中可以聘请经验丰富、全国知名、社会活动能力很强的律师，甚至可以花钱聘请法学专家为其提供意见书，其辩护权的行使比穷人更加充分。对于这种情况，我国刑事诉讼法规定了指定辩护制度，为经济困难的被告人以及某些特殊情形下的被告人免费提供律师；2003 年的《法律援助条例》更规定了法律援助的范围扩展到被害人、自诉人和犯罪嫌疑人。这是帮助穷

人更好地实现其诉讼权利的有效手段。第二个难题是，在现实社会生活中，由于存在行政级别和党内职务级别，对高级官员贪污贿赂犯罪等的查处往往遇到很大阻力。对于这个问题，我国目前采取的对策是由监察委员会对级别较高或者很高的官员的违法和犯罪行为进行调查，对于涉嫌职务犯罪的，调查终结后移送人民检察院审查起诉。

## 观点探讨

### 一、不受非法搜查、扣押的权利

在对我国宪法规定的分析中，按照宪法不同条文的规定，分为人身自由权利、通信自由权利和不受非法搜查的权利三种宪法保护。实际上，这几种权利的侵犯都是在刑事诉讼中由国家公权力对公民人身、住宅和财产的侵犯，可以统称为不受非法“搜查、扣押”的权利。在这个意义上的搜查、扣押，不仅包括针对人身、住宅和财产的搜查和对文件、物品、信件的扣押，而且包括针对人身自由的拘留、逮捕，还包括诸如电话窃听、网络监控等秘密侦查或者调查手段。

从以上对我国宪法中关于人身自由权利、通信自由权利和不受非法搜查的权利的规定的分析可以看出，这三种宪法保护最为突出的特点，就是对这些权利的侵犯通常由侦查或者调查机关自由决定；虽然对逮捕存在特殊的要求，但是也不要求必须由法院决定，而是同时赋予了代表国家的检察院批准和决定逮捕的权力。

在设计刑事诉讼中的搜查、扣押程序的时候，有两个相互对抗的利益考虑。一个方面，国家在追求有效打击犯罪的同时，还应当考虑到对其公民基本权利的尊重。也就是说，一个普通公民在日常生活中不受干扰、不被随意搜查和拦截的期望，也必须予以尊重。另一个方面，公民在期望自己的权利不受国家权力粗暴干涉的同时，也不能期望把自己的家变成匪巢，或者在身上藏满毒品和犯罪工具。

搜查、扣押的决定权交给法院还是交给侦查或者调查机关自行决定，各有利弊。由侦查或者调查机关自行决定，有利于及时作出决定，从而使搜查能够及时进行，从而快速发现犯罪证据，有利于查明和打击犯罪。侦查或者调查机关从查获犯罪分子这个目的出发，就有可能更容易地作出准许搜查的决定，那么公民正常生活受到干扰的可能性就会增大。把搜查、扣押的决定权交给处于中立地位的法院，可以使侦查或者调查机关搜查的要求受到公正的审查，从而只有在有一定的证据予以证明并且在必要的情况下，国家才能够对公民的人身、住宅和财产进行侵犯。这样，侦查或者调查机关进行搜查的请求就会受到一定的阻碍，不利于及时查明犯罪，但是却有利于公民基本权利的保障。

我国宪法中没有规定搜查、扣押必须经过法院许可，而监察法、刑事诉讼法中进一步把搜查、扣押的权力交给了侦查或者调查机关自己行使，表明立法者在对上面两个相互冲突的利益进行权衡时，把及时查明和惩罚犯罪的价值放在了优于公民基本权利保护的位置。也就是说，为了能够完成刑事诉讼的查明犯罪事实的任务，赋予了侦查或者调查机关不受法院权力制约的搜查、扣押的权利，即便这样做可能会使公民的人身自由、通信自由、住宅安全和财产安全更容易受到公权力的侵犯。

近年来，我国有的学者主张，应当把搜查、扣押的决定权交给法院来行使，即逮捕令、搜查令、扣押令、监听令等由法院签发；如果情况紧急，可以由检察院签发，但是事后由法官进行审查。至少，检察院直接受理案件中的逮捕，应当由人民法院批准，而不应当由人民检察院自行决定。[①]

对于我国宪法中对搜查、扣押的规定，笔者认为，从保护公民基本权利、实现法治的目的出发，搜查、扣押的决定权交给法院行使更加合理。

## 二、法制的统一与地方性规定

《宪法》第5条规定："中华人民共和国实行依法治国，建设社会主义法治国家。国家维护社会主义法制的统一和尊严。"从这一规定可以看出，我国强调的是法制的统一，而不是法律适用的地方化。具体说来，第一，在整个中华人民共和国境内，法律应当得到统一的实施；第二，在存在全国性法律的情况下，不允许各地另行制定地方性规定。但是，事实上，在刑事诉讼领域，我国一直存在由各地法院或者检察院进行的地方化规定的试点，包括证据开示[②]、暂缓起诉[③]、证人出庭、取保候审[④]等多个方面。

### （一）地方性规定利弊分析

对于刑事诉讼法和司法解释中未规定的问题，是否允许地方法院或者检察院出台自己的规定，是一个两难的选择。允许地方性规定的好处有：第一，以这样的方式补充或者修改立法相当便利，例如广东东莞推行证据开示制度，是由东莞市中级人民法院、东莞市人民检察院与东莞市司法局经协商联合制定了《关于刑事公诉案件试行证据交换的若干意见》[⑤]，这显然比由全国人民代表大会修改刑事诉讼法要便利、快捷得多，也比由最高人民法院、最高人民检察院联合出台司法解释要便捷得多。我国正处于经济高速发展、制度快速转型时期，全国人大制定的法律有些很快就不适应新形势的要求，用这种地方性规定来使刑事诉讼法更加符合社会生活实际，是一种高效的方法。第二，地方性规定往往是试验性质的，往往是对某一制度对社会可能发生的影响尚不清楚，通过地方性规定来搞某一制度的试点，即使效果不理想甚至出现负面效果，也只是影响某一特定地区。这样，通过地方性试点，可以为全国性的立法积累宝贵的实践经验。

但是，允许地方性规定补充甚至修改刑事诉讼法也导致了一个严重的问题，那就是损害了法制的统一。通过地方性规定来补充和修改刑事诉讼法固然方便快捷，但是却损害了法律的严肃性和稳定性。理论上说，即使法律需要修改，也需要全国人大进行审议之后才能决定。目前进行的一些试点，大多是从国外引进的一些舶来制度，或者是某学术机构的一种立法建议，并

---

① 主张把公安机关刑事拘留、监视居住、取保候审、逮捕、搜查、扣押、窃听等一系列在刑事侦查当中剥夺、限制公民个人基本权益和自由的措施，一律纳入司法权控制之下的观点，参见谢佑平、闫自明．宪政与司法：刑事诉讼中的权力配置与运行研究．中国法学，2005（4）；任寰．论在我国刑事诉讼中建立司法审查制度的必要性．人民司法，2000（3）．

② 王春花，卢东晓．建立刑事诉讼证据开示制度的探索与思考——山东省寿光市法院刑事证据开示试点工作经验．人民司法，2005（5）；曾广华．从东莞的实践看我国刑事证据开示制度的构建与本土化．国家检察官学院学报，2006（1）．

③ 章建新．在未成年人刑事检察中试行暂缓起诉的思考．上海市政法管理干部学院学报，2000（5）；沈春梅．暂缓不起诉不宜推行．人民检察，2003（4）．

④ 中国政法大学刑事法律研究中心．试点与改革：完善司法制度的实证研究方法．北京：北京大学出版社，2006：序一．

⑤ 曾广华．从东莞的实践看我国刑事证据开示制度的构建与本土化．国家检察官学院学报，2006（1）．

没有经过立法机关的审议和认可。这样，这些地方性规定就涉嫌违反了《宪法》第 5 条规定的“国家维护社会主义法制的统一和尊严”。

### （二）地方性规定不得违反全国性法律中规定的最低权利保障

那么，如何解决上述冲突呢？笔者的主张是，地方性规定可以补充刑事诉讼法甚至修改刑事诉讼法，但是不得违反宪法和刑事诉讼法中关于被追诉人权利保障的规定。换句话说，就是可以对专门机关要求更多的义务，但是不能剥夺或者限制被追诉人的权利，例如受到公开审判的权利、辩护的权利、上诉的权利等。

另外，随着保护被害人的呼声不断增强，地方性规定也不得剥夺或者限制被害人的权利。

# 第八章
# 刑事诉讼原则

## 案例导引

### 一、审查起诉中发现犯罪事实并非犯罪嫌疑人所为

某市发生一起入室抢劫杀人案。公安机关经侦查，认定甲就是犯罪嫌疑人，并在侦查终结后移送人民检察院审查起诉。人民检察院在审查起诉过程中，发现该入室抢劫杀人行为并非甲所为。问：人民检察院应当如何处理？

### 二、酌定不起诉是有罪决定还是无罪决定

甲因盗窃被公安机关抓获，侦查终结后移送人民检察院审查起诉。人民检察院审查后，认为甲符合酌定不起诉的条件，因而根据《刑事诉讼法》第 173 条第 2 款对甲作出了不起诉决定。问：该不起诉决定在性质上是有罪决定还是无罪决定？

## 基本理论

《刑事诉讼法》第一编总则的第一章是“任务和基本原则”。该章的内容，除了第 1 条立法目的、第 2 条任务和立法根据之外，剩下的条文都是关于基本原则的规定。这些原则有的在宪法中已经规定，如有权获得辩护、审判公开、有权使用本民族语言文字等，可以称之为宪法上的刑事诉讼原则；有的是刑事诉讼法中首次规定的，如依照法定情形不追诉等，可以称之为一般的刑事诉讼原则。这里仅对一般的刑事诉讼原则，以我国刑事诉讼法规定的顺序依次予以介绍①：

### 一、调查权、侦查权、检察权、审判权由专门机关依法行使

《监察法》第 3 条规定，对职务犯罪的调查，由各级监察委员会负责。《刑事诉讼法》第 3 条规定：“对刑事案件的侦查、拘留、执行逮捕、预审，由公安机关负责。检察、批准逮捕、检察机关直接受理的案件的侦查、提起公诉，由人民检察院负责。审判由人民法院负责。除法律

---

① 宪法上的刑事诉讼原则详见本教材“宪法与刑事诉讼”部分的论述；《刑事诉讼法》第 17 条规定的刑事司法协助制度，详见本教材“刑事司法协助”部分的论述。

特别规定的以外，其他任何机关、团体和个人都无权行使这些权力。人民法院、人民检察院和公安机关进行刑事诉讼，必须严格遵守本法和其他法律的有关规定。”根据以上规定，在刑事诉讼中，调查权只能由监察委员会行使，侦查权只能由公安机关行使，检察权只能由人民检察院行使，审判权只能由人民法院行使，除非法律有特别规定。目前，只有关于侦查权行使的机关法律作出了特别规定，即国家安全机关、军队保卫部门和监狱对特定案件的侦查权。对于调查权、检察权、审判权，则只能分别由监察委员会、人民检察院和人民法院行使，没有例外。

监察委员会在刑事诉讼中的职权，监察法规定了两项：调查和留置。

公安机关在刑事诉讼中的职权，第3条规定了四项：（1）侦查。侦查是指公安机关、人民检察院在办理案件过程中，依照法律进行的专门调查工作和有关的强制性措施。侦查的目的是查获犯罪嫌疑人，收集被告人有罪的证据，为起诉做准备。侦查活动的具体内容，见本教材“侦查”一章。（2）拘留。这里是指刑事拘留，其含义是在情况紧急的情况下，短暂剥夺现行犯或者重大嫌疑分子人身自由的刑事诉讼强制措施，公安机关、人民检察院有权决定，由公安机关执行。（3）执行逮捕。执行逮捕是宪法规定的公安机关的职责。逮捕是指在判决生效前对犯罪嫌疑人、被告人较长时间剥夺人身自由的强制措施，由人民检察院批准或者决定，或者人民法院决定，由公安机关执行。（4）预审。预审是指在刑事案件的侦查阶段，在查获犯罪嫌疑人之后，对犯罪嫌疑人进行讯问，进一步收集证据、核实证据，以便查清案件事实，最终终结侦查的一项活动。这里需要注意的是，我国刑事诉讼法规定的预审并不是法院对案件的预备性审理，而是公安机关进行的侦查活动的一个组成部分。这个词容易与刑事诉讼中其他两项诉讼活动相混淆，其区别见下表：

| | 主持进行的机关 | 所处的诉讼阶段 | 该项活动的目的 | 最终可能出现的结果 |
|---|---|---|---|---|
| 预审 | 公安机关 | 侦查 | 决定是否移送检察院审查起诉 | 移送审查起诉或者撤销案件 |
| 审查起诉 | 人民检察院 | 提起公诉 | 决定是否提起公诉 | 提起公诉或者不起诉 |
| 对公诉案件的审查 | 人民法院 | 审判 | 决定是否受理 | 受理、退回人民检察院、不予受理或者裁定终止审理 |

人民检察院在刑事诉讼中的职权，本条规定了四项：（1）检察。这里的“检察”是指法律监督。人民检察院在刑事诉讼中的监督职能，见本章对《刑事诉讼法》第8条的论述。（2）批准逮捕。宪法规定了人民检察院批准逮捕的权力。（3）检察机关直接受理的案件的侦查。根据《刑事诉讼法》第18条第2款的规定，人民检察院在刑事诉讼中对某些案件直接侦查。（4）提起公诉。凡是需要提起公诉的案件，一律由人民检察院审查决定。

人民法院的职权，本条只规定了一项：审判。刑事案件的审理和判决的权力，由人民法院行使。

《监察法》第5条、《刑事诉讼法》第3条还规定了人民法院、人民检察院、公安机关和监察委员会必须依照法律进行刑事诉讼。依照这一规定，监、公、检、法四机关只能依照刑事诉讼法和其他法律的规定行使职权，不能滥用职权或者消极不作为。

## 二、依靠群众

《刑事诉讼法》第6条规定：“人民法院、人民检察院和公安机关进行刑事诉讼，必须依靠群众……”

依靠群众原则，是我国宪法确立的原则的具体体现。《宪法》第 27 条第 2 款规定：“一切国家机关和国家工作人员必须依靠人民的支持，经常保持同人民的密切联系，倾听人民的意见和建议，接受人民的监督，努力为人民服务。”刑事诉讼中的人民法院、人民检察院、公安机关和监察委员会也不例外，必须依照宪法的规定，依靠人民的支持，接受人民的监督。为了贯彻这一原则，刑事诉讼法中的一些具体条文也作出了规定，例如《刑事诉讼法》第 50 条规定：“必须保证一切与案件有关或者了解案情的公民，有客观地充分地提供证据的条件，除特殊情况外，可以吸收他们协助调查。”《高检规则》第 203 条第 2 款也作出了相同的规定。

《刑事诉讼法》第 82 条规定的公民扭送也是这一原则的具体体现。

## 三、以事实为根据，以法律为准绳

《刑事诉讼法》第 6 条规定：“人民法院、人民检察院和公安机关进行刑事诉讼……必须以事实为根据，以法律为准绳……”

以事实为根据，以法律为准绳原则，是指人民法院、人民检察院、公安机关和监察委员会必须以收集到的证据所证实的案件事实为根据，以刑事实体法作为定罪量刑的根据。为了贯彻“以事实为根据”，《刑事诉讼法》第 51 条规定：“公安机关提请批准逮捕书、人民检察院起诉书、人民法院判决书，必须忠实于事实真象。故意隐瞒事实真象的，应当追究责任。”为了贯彻“以法律为准绳”，《刑事诉讼法》第 195 条规定，合议庭评议后，“根据已经查明的事实、证据和有关的法律规定”，作出有罪判决、无罪判决或者证据不足、指控的犯罪不能成立的无罪判决。这一原则是刑事判决实体公正的重要保障。

## 四、分工负责、互相配合、互相制约

《监察法》第 4 条第 2 款规定，监察机关办理职务犯罪案件，应当与审判机关、检察机关、执法部门互相配合、互相制约。《刑事诉讼法》第 7 条规定：“人民法院、人民检察院和公安机关进行刑事诉讼，应当分工负责，互相配合，互相制约，以保证准确有效地执行法律。”这是《宪法》第 127 条、第 140 条规定的重复规定。这是刑事诉讼中的专门机关处理相互关系的一项原则。

分工负责，是指人民法院、人民检察院、公安机关和监察委员会依照法律规定的职权分工，各负其责、各尽其职，不能超越自己的职权，不能相互包办和代替。专门机关的职权分工按照《监察法》第 3 条、《刑事诉讼法》第 3 条的规定确定。

互相配合，是指专门机关应当为了完成刑事诉讼的任务而相互予以支持。例如，对于人民检察院或者人民法院决定的逮捕，公安机关应当予以执行。再如，《高检规则》第 450 条规定：“在法庭审理过程中，合议庭对证据有疑问或人民法院根据辩护人、被告人的申请，向人民检察院调取在侦查、审查起诉中收集的有关被告人无罪或者罪轻的证据材料时，人民检察院应当自收到人民法院要求调取证据材料决定书后三日内移交。没有上述材料的，应当向人民法院说明情况。”依照互相配合的原则，专门机关应当依照法律规定，认真履行自己的职责，以便共同完成刑事诉讼的任务。

互相制约，是指专门机关在行使职权的时候，某一机关职权的行使要受到另外的机关的控制或者审查。例如，公安机关需要逮捕人的时候，必须提请人民检察院批准逮捕，如果人民检察院作出不批准逮捕的决定，公安机关必须立即释放被拘留人。再如，人民检察院认为应当追究某人刑事责任的时候，必须向人民法院提起公诉，由人民法院作出是否有罪的判决。而对于人民法院的判决，如果人民检察院认为确有错误，则可以提出抗诉，法院必须对案件进行二审或者依照审判监督程序重新审理。又比如，属于监察委员会立案管辖的案件，如果没有监察委员会的调查，人民检察院就无从提起公诉；属于公诉的案件，如果人民检察院没有提起公诉，人民法院就无从审判。这些都体现了互相制约的原则，防止"自己做自己案件的法官""自己侦查或者调查、自己起诉、自己审判"。

调查、侦查、起诉、审判职能的分离能够最大限度上限制专门机关的权力的行使，从而能够更好地保护被追诉人的权利。一般认为，分工负责、互相配合、互相制约是一个统一的整体，而其目标就是保证准确、有效地执行法律，包括宪法、刑事程序法和刑事实体法。

### 五、人民检察院依法对刑事诉讼实行法律监督

《刑事诉讼法》第 8 条规定："人民检察院依法对刑事诉讼实行法律监督。"《宪法》第 134 条规定："中华人民共和国人民检察院是国家的法律监督机关。"这一原则是对宪法规定的具体化，同时也是对刑事诉讼法有关规定的概括。

人民检察院在刑事诉讼中的法律监督包括七个方面：

1. 辩护人、诉讼代理人权利保障监督。《刑事诉讼法》第 47 条规定："辩护人、诉讼代理人认为公安机关、人民检察院、人民法院及其工作人员阻碍其依法行使诉讼权利的，有权向同级或者上一级人民检察院申诉或者控告。人民检察院对申诉或者控告应当及时进行审查，情况属实的，通知有关机关予以纠正。"

2. 立案监督。《刑事诉讼法》第 111 条规定："人民检察院认为公安机关对应当立案侦查的案件而不立案侦查的，或者被害人认为公安机关对应当立案侦查的案件而不立案侦查，向人民检察院提出的，人民检察院应当要求公安机关说明不立案的理由。人民检察院认为公安机关不立案理由不能成立的，应当通知公安机关立案，公安机关接到通知后应当立案。"简单地说，就是人民检察院有权对公安机关不立案的决定进行监督。

3. 侦查监督。《刑事诉讼法》第 115 条规定："当事人和辩护人、诉讼代理人、利害关系人对于司法机关及其工作人员有下列行为之一的，有权向该机关申诉或者控告：（一）采取强制措施法定期限届满，不予以释放、解除或者变更的；（二）应当退还取保候审保证金不退还的；（三）对与案件无关的财物采取查封、扣押、冻结措施的；（四）应当解除查封、扣押、冻结不解除的；（五）贪污、挪用、私分、调换、违反规定使用查封、扣押、冻结的财物的，受理申诉或者控告的机关应当及时处理。对处理不服的，可以向同级人民检察院申诉；人民检察院直接受理的案件，可以向上一级人民检察院申诉。人民检察院对申诉应当及时进行审查，情况属实的，通知有关机关予以纠正。"除了当事人等可以通过申诉的方式请求检察院进行侦查监督以外，检察院在审查逮捕和审查起诉的过程中，也应当对侦查是否合法进行监督。第 98 条规定："人民检察院在审查批准逮捕工作中，如果发现公安机关的侦查活动有违法情况，应当通知公安机关予以纠正，公安机关应当将纠正情况通知人民检察院。"第 168 条规定："人民检察院审查案件的时候，必须查明：……（五）侦查活动是否合法。"

4. 审判监督。《刑事诉讼法》第 203 条规定："人民检察院发现人民法院审理案件违反法律

规定的诉讼程序，有权向人民法院提出纠正意见。”

5. 刑事判决、裁定监督。《刑事诉讼法》第 217 条规定：“地方各级人民检察院认为本级人民法院第一审的判决、裁定确有错误的时候，应当向上一级人民法院提出抗诉。”第 243 条第 3、4 款规定：“最高人民检察院对各级人民法院已经发生法律效力的判决和裁定，上级人民检察院对下级人民法院已经发生法律效力的判决和裁定，如果发现确有错误，有权按照审判监督程序向同级人民法院提出抗诉。人民检察院抗诉的案件，接受抗诉的人民法院应当组成合议庭重新审理，对于原判决事实不清楚或者证据不足的，可以指令下级人民法院再审。”根据这两条规定，人民检察院有权对人民法院未生效裁判和已生效裁判提出抗诉。

6. 执行监督。执行监督包括四个方面的内容：第一，《刑事诉讼法》第 252 条规定的“人民法院在交付执行死刑前，应当通知同级人民检察院派员临场监督”。第二，《刑事诉讼法》第 256 条规定的“决定或者批准暂予监外执行的机关应当将暂予监外执行的决定抄送人民检察院。人民检察院认为暂予监外执行不当的，应当自接到通知之日起一个月以内将书面意见送交决定或者批准暂予监外执行的机关，决定或者批准暂予监外执行的机关接到人民检察院的书面意见后，应当立即对该决定进行重新核查”。第三，《刑事诉讼法》第 263 条规定的“人民检察院认为人民法院减刑、假释的裁定不当，应当在收到裁定书副本后二十日以内，向人民法院提出书面纠正意见。人民法院应当在收到纠正意见后一个月以内重新组成合议庭进行审理，作出最终裁定”。第四，《刑事诉讼法》第 265 条规定的“人民检察院对执行机关执行刑罚的活动是否合法实行监督。如果发现有违法的情况，应当通知执行机关纠正”。

7. 强制医疗的监督。《刑事诉讼法》第 289 条规定：“人民检察院对强制医疗的决定和执行实行监督。”

对于以上七项监督的具体内容，将分别在后面的相关章节中详细加以论述。

## 六、两审终审制

《刑事诉讼法》第 10 条规定：“人民法院审判案件，实行两审终审制。”所谓两审终审制，是指一个案件经过两级人民法院审判即告终结的制度，对于第二审人民法院作出的终审判决、裁定，当事人等不得再提出上诉，人民检察院不得提出二审抗诉。我国人民法院分四级设立，因此又称之为“四级两审终审制”。

两审终审制是对刑事诉讼中一般情况的规定，存在以下几种例外情况：

1. 最高人民法院一审终审。《刑事诉讼法》第 233 条规定：“第二审的判决、裁定和最高人民法院的判决、裁定，都是终审的判决、裁定。”两审终审只适用于地方各级人民法院的一审判决、裁定，而不适用于最高人民法院一审的案件。最高人民法院是我国的最高审级，它审判的案件宣判后立即生效，不存在提出二审上诉或者抗诉的问题。

2. 对第一审判决、裁定在法定期限内没有提出上诉、抗诉的，地方各级人民法院作出的一审判决和裁定就发生法律效力，而不再进行第二审。这是因为上诉和抗诉是一种权利，如果有权提出的人员或者机关放弃行使这个权利，则不会引起第二审。

3. 死刑案件必须经过死刑复核程序才能生效。《刑事诉讼法》第 248 条规定：“下列判决和裁定是发生法律效力的判决和裁定：……（三）最高人民法院核准的死刑的判决和高级人民法院核准的死刑缓期二年执行的判决。”例如，由中级人民法院判决的贪污案件的死刑立即执行判决，经高级人民法院二审后，判决并不发生法律效力，而是必须报请最高人民法院核准。最高人民法院核准之后，该判决才发生法律效力。

4. 在法定刑以下判处刑罚和适用特殊情况假释的案件，必须经最高人民法院核准才能生效。

对于已经发生法律效力的判决、裁定，如果当事人等仍然不服，只能依照审判监督程序提出申诉；如果人民检察院发现已经生效的裁判确有错误，只能依照审判监督程序提出抗诉。

## 七、未经人民法院依法判决不得确定有罪

《刑事诉讼法》第 12 条规定："未经人民法院依法判决，对任何人都不得确定有罪。"根据这一原则，确定一个公民有罪的权力属于人民法院，人民法院以外的任何机关都不能确定一个公民的有罪状态。而且，人民法院确定公民有罪也不是任意的，而必须经过人民法院依法判决。这里的"依法判决"是指人民法院依照宪法、刑事诉讼法和刑法等法律的规定，遵守程序法的规定、以刑事实体法为依据进行判决。

这一原则在我国刑事诉讼法中有两个方面的体现。第一，证明被告人有罪的责任由控诉方承担，且必须达到证据确实、充分的程度；被告人没有证明自己无罪的义务。第二，对于控方不能完成证明责任的案件，即证据不足以证明被追诉人有罪的案件，应当做无罪处理。《刑事诉讼法》第 171 条第 4 款规定："对于二次补充侦查的案件，人民检察院仍然认为证据不足，不符合起诉条件的，应当作出不起诉的决定。"第 195 条规定，合议庭经过评议以后，对"证据不足，不能认定被告人有罪的，应当作出证据不足、指控的犯罪不能成立的无罪判决"。

## 八、人民陪审员陪审制度

《刑事诉讼法》第 13 条规定："人民法院审判案件，依照本法实行人民陪审员陪审的制度。"2018 年 4 月通过的《人民陪审员法》对此作出了详细规定。

### （一）陪审员参加审判的合议庭组织形式

人民陪审员和法官组成合议庭审判案件，由法官担任审判长，可以组成三人合议庭，也可以由法官三人与人民陪审员四人组成七人合议庭。

### （二）陪审制的适用范围

法律规定由法官独任审理或者由法官组成合议庭审理的，依照法律规定进行。除了法律另有规定以外，陪审制的适用范围分以下三种情况。

1. 应当由人民陪审员和法官组成七人合议庭审理的第一审案件，包括：可能判处 10 年以上有期徒刑、无期徒刑、死刑，社会影响重大的刑事案件；根据民事诉讼法、行政诉讼法提起的公益诉讼案件；涉及征地拆迁、生态环境保护、食品药品安全，社会影响重大的案件；其他社会影响重大的案件。

2. 应当由人民陪审员和法官组成三人合议庭或者七人合议庭审理的第一审案件，包括：涉及群体利益、公共利益的；人民群众广泛关注或者其他社会影响较大的；案情复杂或者有其他情形，需要由人民陪审员参加审判的。

3. 当事人申请陪审员参加审判的第一审案件。第一审刑事案件被告人、民事案件原告或者被告、行政案件原告申请由人民陪审员参加合议庭审判的，人民法院可以决定由人民陪审员和法官组成合议庭审判。

### （三）陪审员的抽取

陪审员参加审判采用“两个随机抽取”的办法。

首次随机抽取是指，司法行政机关会同基层人民法院、公安机关，从辖区内的常住居民名单中随机抽选拟任命人民陪审员数五倍以上的人员作为人民陪审员候选人，对人民陪审员候选人进行资格审查，征求候选人意见。从通过资格审查的人民陪审员候选人名单中随机抽选确定人民陪审员人选，由基层人民法院院长提请同级人民代表大会常务委员会任命。但是，保留个人申请和组织推荐产生陪审员候选人的方式，这类陪审员不得超过人民陪审员名额数的 1/5。

二次随机抽取是指，基层人民法院审判案件需要由人民陪审员参加合议庭审判的，应当在人民陪审员名单中随机抽取确定。中级人民法院、高级人民法院审判案件需要由人民陪审员参加合议庭审判的，在其辖区内的基层人民法院的人民陪审员名单中随机抽取确定。

### （四）陪审员审理的职权

分两种情况。陪审员参加三人合议庭，既决定事实问题又决定法律问题；参加七人合议庭，只决定事实问题不决定法律问题。

## 九、保障诉讼参与人的诉讼权利

《刑事诉讼法》第 14 条规定：“人民法院、人民检察院和公安机关应当保障犯罪嫌疑人、被告人和其他诉讼参与人依法享有的辩护权和其他诉讼权利。诉讼参与人对于审判人员、检察人员和侦查人员侵犯公民诉讼权利和人身侮辱的行为，有权提出控告。”这一条文可以作如下理解：

1. 保障诉讼参与人诉讼权利的主体是专门机关；被保障的对象是“犯罪嫌疑人、被告人和其他诉讼参与人”，即司法工作人员以外的参加到刑事诉讼中的人。例如，对于在侦查阶段犯罪嫌疑人聘请的辩护律师，除了危害国家安全犯罪、恐怖活动犯罪案件会见在押的犯罪嫌疑人需要侦查机关许可外，其他案件侦查机关都应当允许律师进行会见犯罪嫌疑人等活动；在提起公诉和审判阶段，辩护律师有阅卷权和会见权，人民检察院和人民法院应当保障辩护律师这些权利的行使。再比如，在庭审中被告人有对证人发问的权利、有最后陈述的权利等，那么审判长就应当保障被告人这些权利的行使。

2. 如果专门机关侵犯了诉讼参与人的诉讼权利，包括不允许行使诉讼权利或者对诉讼权利的行使进行种种非法限制，诉讼参与人有权提出控告。①

本条的规定有两个方面的作用：一是明确了专门机关不能滥用职权、不能随意对诉讼参与人诉讼权利的行使设置障碍；二是对诉讼参与人诉讼权利的保障有利于诉讼的顺利进行，有利于刑事诉讼法的规定能够得到切实的实施。

## 十、依照法定情形不予追究刑事责任

《刑事诉讼法》第 15 条规定：“有下列情形之一的，不追究刑事责任，已经追究的，应当撤销案件，或者不起诉，或者终止审理，或者宣告无罪：（一）情节显著轻微、危害不大，不认为是犯罪的；（二）犯罪已过追诉时效期限的；（三）经特赦令免除刑罚的；（四）依照刑法告诉才

---

① 这里的控告与作为立案材料来源的控告不同。《刑事诉讼法》第 108 条第 2 款规定的控告，是指被害人在知道犯罪人身份的情况下，向专门机关提出的要求追究其刑事责任的主张。

处理的犯罪，没有告诉或者撤回告诉的；（五）犯罪嫌疑人、被告人死亡的；（六）其他法律规定免予追究刑事责任的。”对本条规定的这六种情况，分别解释如下：

1. 情节显著轻微、危害不大，不认为是犯罪的。这一规定是和《刑法》的衔接，《刑法》第13条规定：“……都是犯罪，但是情节显著轻微危害不大的，不认为是犯罪。”按照刑法规定，某些行为虽然违反了刑法的规定，但是情节显著轻微危害不大的，则不认为是犯罪。例如，2013年4月2日颁布的最高人民法院、最高人民检察院《关于办理盗窃案件适用法律若干问题的解释》第8条规定：“偷拿家庭成员或者近亲属的财物，获得谅解的，一般可不认为是犯罪。”没有达到刑法规定的严重程度的，可依照《治安管理处罚法》第49条的规定“处五日以上十日以下拘留，可以并处五百元以下罚款；情节较重的，处十日以上十五日以下拘留，可以并处一千元以下罚款”。

2. 犯罪已过追诉时效期限的。这一规定也是和《刑法》的衔接，《刑法》第87条规定：“犯罪经过下列期限不再追诉：（一）法定最高刑为不满五年有期徒刑的，经过五年；（二）法定最高刑为五年以上不满十年有期徒刑的，经过十年；（三）法定最高刑为十年以上有期徒刑的，经过十五年；（四）法定最高刑为无期徒刑、死刑的，经过二十年。如果二十年以后认为必须追诉的，须报请最高人民检察院核准。”第88条规定：“在人民检察院、公安机关、国家安全机关立案侦查或者在人民法院受理案件以后，逃避侦查或者审判的，不受追诉期限的限制。被害人在追诉期限内提出控告，人民法院、人民检察院、公安机关应当立案而不予立案的，不受追诉期限的限制。”

3. 经特赦令免除刑罚的。这一规定是对宪法有关特赦令规定的具体化。特赦令是一个免除一个或一群犯人全部或部分服刑义务的命令。《宪法》第67条规定，特赦由全国人民代表大会常务委员会决定；第80条规定，特赦令由中华人民共和国主席发布。例如，全国人民代表大会常务委员会决定，为纪念抗日战争胜利70周年，对依据2015年1月1日前人民法院作出的生效判决正在服刑，释放后不具有现实社会危险性的下列罪犯实行特赦：（1）参加过抗日战争、解放战争的；（2）建国后参加过保卫国家主权、安全和领土完整对外作战的，但特定犯罪和累犯除外；（3）年满75周岁、身体严重残疾且生活不能自理的；（4）犯罪的时候不满18周岁，被判处3年以下有期徒刑或者剩余刑期在1年以下的，但特定犯罪除外。① 对于经特赦令免除刑罚的，经人民法院依法作出裁定后，予以释放。

4. 依照刑法告诉才处理的犯罪，没有告诉或者撤回告诉的。这是与《刑法》有关规定的衔接。《刑法》中有一些罪名是告诉才处理的犯罪，如侮辱、诽谤、虐待、侵占等罪。《刑法》第98条规定：“本法所称告诉才处理，是指被害人告诉才处理。如果被害人因受强制、威吓无法告诉的，人民检察院和被害人的近亲属也可以告诉。”对于这些罪名，专门机关应当尊重被害人的选择，如果被害人没有告诉，或者告诉以后又撤回告诉的，就不得进行追诉。

5. 犯罪嫌疑人、被告人死亡的。由于刑事诉讼是国家主张一个公民有罪并对其判处刑罚的活动，如果该公民已经死亡，则没有必要继续追诉。

6. 其他法律规定免予追究刑事责任的。

对以上六种情形，专门机关在不同诉讼阶段应当作出不同的处理。下面分别进行说明：（1）在侦查或者调查阶段，监察委员会、公安机关或者人民检察院发现具有《刑事诉讼法》第15条规定情形之一的，应当撤销案件或者转为其他处理。（2）在审查起诉阶段，人民检察院对于符合《刑事诉讼法》第15条规定的情形之一的案件，经检察长或者检察委员会决定，应当作出不起诉决定（《高检规则》第401条）。对于本院侦查部门移送审查起诉的案件，应当退回本院侦查部门，建议

① 《全国人民代表大会常务委员会关于特赦部分服刑罪犯的决定》，2015年8月29日第十二届全国人民代表大会常务委员会第十六次会议通过。

作出撤销案件的处理（《高检规则》第 402 条）。(3) 在审判阶段，对于上述第一种情形，即“情节显著轻微、危害不大，不认为是犯罪的”，应当宣告无罪。对于第二种和第三种情形，即“犯罪已过追诉时效期限，并且不是必须追诉”或者“经特赦令免除刑罚的”，应当裁定终止审理。对于第四种情形，即“依照刑法告诉才处理的犯罪，没有告诉或者撤回告诉的”，人民法院应当不予受理，或者裁定驳回起诉，或者准许撤诉。对于第五种情形，即“被告人死亡的”，应当裁定终止审理；对于根据已查明的案件事实和认定的证据材料，能够确认被告人无罪的，应当判决宣告被告人无罪（《高法解释》第 241 条）。共同犯罪案件，上诉的被告人死亡，其他被告人未上诉的，第二审人民法院仍应对全案进行审查。经审查，死亡的被告人不构成犯罪的，应当宣告无罪；构成犯罪的，应当终止审理。对其他同案被告人仍应作出判决、裁定（《高法解释》第 312 条）。

应当注意，上述六种情形并不包括“没有犯罪事实”的情形。对于这种情况，《监察法》《高法解释》《高检规则》和《公安规定》中作出了具体规定：(1) 监察机关经调查，对没有证据证明被调查人存在违法犯罪行为的，应当撤销案件（《监察法》第 45 条第 2 款）。(2) 公安机关在侦查阶段，发现没有犯罪事实的，应当撤销案件（《公安规定》第 183 条）。人民检察院立案侦查的案件，发现具有“没有犯罪事实，或者依照刑法规定不负刑事责任或者不是犯罪的”以及“虽有犯罪事实，但不是犯罪嫌疑人所为”情形的，侦查部门应当制作拟撤销案件意见书，报请检察长或者检察委员会决定（《高检规则》第 290 条）。(3) 在审查起诉阶段，人民检察院对于公安机关移送审查起诉的案件，发现犯罪嫌疑人没有犯罪事实的，应当作出不起诉决定。（《刑事诉讼法》第 173 条第 1 款）。对于犯罪事实并非犯罪嫌疑人所为，需要重新侦查的，应当在作出不起诉决定后书面说明理由，将案卷材料退回公安机关并建议公安机关重新侦查（《高检规则》第 401 条第 2 款）。(4) 在审判阶段，案件事实清楚，证据确实、充分，依据法律认定被告人无罪的，应当判决宣告被告人无罪（《高法解释》第 241 条第 3 项）。

还有一点需要注意，对于依照刑法规定不需要判处刑罚或者免除刑罚的，不能依照《刑事诉讼法》第 15 条的规定在侦查阶段撤销案件，而是应当移送人民检察院审查起诉。人民检察院既可以根据《刑事诉讼法》第 173 条第 2 款作出不起诉决定，也可以向人民法院提起公诉。人民法院审理后应当作出定罪免刑判决。

### 十一、追究外国人刑事责任适用我国刑事诉讼法

《刑事诉讼法》第 16 条规定：“对于外国人犯罪应当追究刑事责任的，适用本法的规定。对于享有外交特权和豁免权的外国人犯罪应当追究刑事责任的，通过外交途径解决。”这一原则明确了我国刑事诉讼法对外国人的效力。在我国境内进行的刑事诉讼活动，其适用的刑事程序法就是《刑事诉讼法》，不管被追诉人是中国人、外国人还是无国籍人。

但是，对于享有外交特权和豁免权的外国人犯罪应当追究刑事责任的，通过外交途径解决。这是对国际惯例和国家互惠原则的尊重。《中华人民共和国外交特权与豁免条例》第 14 条规定了刑事豁免。享有刑事豁免权的人员范围，依照该条例的有关规定来确定。

## 观点探讨

### 一、陪审制度改革试点

对于我国目前实行的陪审制，有学者认为存在一些问题，例如实行陪审的案件数量太少，

陪审员起不到应有的作用等，并提出了一系列的改革建议。① 笔者主张，应当坚持和完善人民陪审制度，理由有以下几点：第一，陪审制是普通民众参与司法的重要形式。这是司法权由民众行使的重要途径。第二，由与被追诉人地位平等的人进行审判，对被追诉人而言更加公平，也更有利于被追诉人对裁判结果的接受。第三，从世界范围来看，陪审制的适用范围是在扩大而不是缩小。② 例如，俄罗斯于1993年、西班牙于1995年先后恢复陪审团制③；日本也于2004年恢复了陪审制度。④

鉴于上述情况，全国人民代表大会常务委员会2015年4月24日通过了《关于授权在部分地区开展人民陪审员制度改革试点工作的决定》，在试点地区暂时调整适用全国人民代表大会常务委员会《关于完善人民陪审员制度的决定》部分条款和《刑事诉讼法》第178条第1款（但书内容除外）。最高人民法院、司法部于同日下发了《人民陪审员制度改革试点方案》，并于2015年5月20日下发了《人民陪审员制度改革试点工作实施办法》。从试点规定可以看出，我国在尝试逐步从参审制向陪审团制转化。⑤ 在试点两年后，2017年4月24日，最高人民法院向全国人大常委会提请延长试点期限。试点工作在取得初步成效的同时，还存在一些问题需要进一步研究总结：(1) 缺乏事实审和法律审区分的有效机制，如何区分某一案件中的事实认定和法律适用问题还有待进一步研究；(2) 全面实行随机抽选难度较大且不尽合理，少数随机抽选的候选人参审积极性不高；(3) 大合议庭陪审机制有待进一步完善，适用范围、庭审程序、评议规则以及审判效率评估等问题还需统一规范。因此，全国人大常委会于2017年4月27日通过了《关于延长人民陪审员制度改革试点期限的决定》，决定将人民陪审员制度改革试点期限延长1年。2018年4月，《人民陪审员法》通过，人民陪审员制度改革完成。

## 二、无罪推定的完善

针对我国《刑事诉讼法》第12条的规定，立法界曾有观点指出，“封建社会采取有罪推定的原则，资产阶级针对有罪推定提出了无罪推定。我们坚决反对有罪推定，但也不是西方国家那种无罪推定，而是以客观事实为根据”。中国《刑事诉讼法》“没有规定，法院判决有罪前推定为无罪。因为，如果这样规定，在法院判决前推定为无罪，那侦查机关为什么还要进行侦查?！为什么还要采取强制措施?！既然推定为无罪，那么检察机关为什么有的还要审查起诉?！法院为什么还要开庭审理?！我们坚持以事实为根据的原则，在法院判决有罪前，不能说是罪犯，但也不能说就没有犯罪嫌疑，而是实事求是，进行侦查，客观地依法收集有罪、无罪、罪重、罪轻的各种证据，是否犯罪，最后由法院根据事实来审判确定”⑥。不过，大多教材和论文认为，《刑事诉讼法》第12条体现了无罪推定的基本精神，包括控方负举证责任、

---

① 谢佑平，万毅．司法公正与群众参与：陪审制度的理论分析．甘肃政法学院学报，2003 (2)．

② 不过也有相反的例子，例如英国2003年就限制了陪审团制适用的范围。详见陈光中主编．21世纪域外刑事诉讼立法最新发展．北京：中国政法大学出版社，2004：98-99.

③ Stephen C. Thaman. Europe's New Jury Systems: The Cases of Spain and Russia. 62-SPG *Law & Contemp. Probs.* 233 (1999), at 233.

④ [日] 田口守一．日本的陪审制度——“裁判员”制度．丁相顺译．法律适用，2005 (4)．

⑤ 主张在中国刑事审判中设立陪审团的观点，参见陈少林．完善中国刑事陪审制度之构想．法学评论，2005 (4).

⑥ 全国人大法制工作委员会1996年3月的“关于刑事诉讼法制定、修改情况和主要内容的说明材料”；顾昂然主编．新中国的诉讼、仲裁和国家赔偿制度．北京：法律出版社，1996，转引自汪建成．从逻辑理性到价值理性的转变——论无罪推定原则的现实适应性．人民检察，2005 (21)．

疑罪从无等。[①] 也有人认为第 12 条的规定是“犹抱琵琶半遮面”式的规定。[②]

有学者认为，修改后的刑事诉讼法吸收了无罪推定的精神，但是仍然存在不足，包括：无罪推定要求被告方不承担证明自己有罪或者无罪的责任，而《刑事诉讼法》第 118 条规定了犯罪嫌疑人如实回答侦查人员提问的义务；尽管确立了疑罪从无，但是司法实践中定罪率仍然达到或者接近百分之百；等等。针对这些问题，其提出的解决方案[③]包括：第一，通过宪法修正案的形式将无罪推定原则写入宪法；第二，在刑事诉讼法中也明确规定无罪推定原则；第三，修改《刑事诉讼法》第 118 条，确立沉默权。

① 认为我国已经吸收无罪推定原则的文章，如樊崇义、刘涛．无罪推定原则渗透下侦查程序之架构．社会科学研究，2003 (2)．

② 汪建成．从逻辑理性到价值理性的转变——论无罪推定原则的现实适应性．人民检察，2005 (21)．

③ 杨宇冠．重论无罪推定．国家检察官学院学报，2005 (3)．

# 第九章 管　辖

## 案例导引

### 一、高级领导干部犯罪的管辖

甲在担任中共大连市市委书记、中共辽宁省委副书记、辽宁省省长、商务部部长、中共重庆市市委书记期间，受贿 2 044 万余元，贪污 500 万元，并因其妻杀人案滥用职权干预案件侦破。山东省济南市中级人民法院认为，甲犯受贿罪、贪污罪、滥用职权罪，数罪并罚，决定执行无期徒刑，剥夺政治权利终身，并处没收个人全部财产。问：(1) 本案中，甲的犯罪地不是济南，居住地也不是济南，为什么由济南市中级人民法院进行一审？(2) 本案不属于危害国家安全、恐怖活动的案件，为什么要由中级人民法院进行第一审？请予思考。

### 二、现役军人犯罪的管辖

甲系解放军某部正在服役的战士。在春节回家探亲期间，与他人在网吧发生口角，甲将乙(某县城高中学生)打成重伤。问：对甲的故意伤害罪，应当由哪个机关立案？哪个法院审判？

## 基本理论

我国刑事诉讼中的管辖，是指监察委员会、公安机关、人民检察院和人民法院等在直接受理刑事案件上的权限划分以及人民法院系统内部在审判第一审刑事案件上的权限划分。管辖所要解决的问题有两个：一个是监察委员会、公安机关、人民检察院和人民法院在直接受理刑事案件上的分工问题；另一个是人民法院系统内各级法院、普通人民法院与专门人民法院以及专门人民法院之间在审判第一审刑事案件上的分工问题。

管辖是进行刑事诉讼首先必须解决的问题。它与民事诉讼、行政诉讼相比较，更具有复杂性。民事诉讼、行政诉讼的管辖仅涉及人民法院系统内部的分工，而刑事诉讼不但有公诉和自诉的划分，而且占刑事案件绝大多数的公诉案件，只有经过侦查或者调查才能进行起诉和审判。因此，刑事管辖不仅涉及人民法院系统内部受理刑事案件的分工，还涉及监察委员会、公安机关、人民检察院、人民法院的立案管辖问题。

明确刑事案件的管辖的意义有：第一，有利于监、公、检、法机关明确自己的权力与职责，使刑事诉讼得以顺利开展和运行，能够充分发挥各部门、各单位应有的作用，及时有效地惩罚犯罪，保证各类案件都能得到正确的处理。第二，可以防止诉讼拖延和互相推诿，防止因管辖不明而使案件迟迟得不到处理，问题得不到及时解决。第三，有利于单位和公民直接向有管辖权的机关报案、控告和举报，避免或减少移送环节，便于监、公、检、法机关调查取证，也便于公民参加诉讼。

管辖分为立案管辖和审判管辖两大类。在审判管辖下面，又分为普通法院的审判管辖和专门法院的审判管辖等。

在理解立案管辖和审判管辖的关系时应当注意：对于自诉案件，人民法院的立案管辖和审判管辖，都是审判权的具体落实，它们是重合的，即合二为一的。对于公诉案件，这两种管辖的关系，实质上是调查权、侦查权、起诉权、审判权相互关系的反映。首先，监察委员会、公安机关、检察机关的立案管辖和人民法院的审判管辖，并不是同时发生的，而是一先一后，发生在不同的诉讼阶段。其次，立案管辖并不必然导致或引起审判管辖。有的案件并不进入审判程序，不发生审判管辖的问题。

## 第一节 立案管辖

立案管辖，又称职能管辖或部门管辖，是指监察委员会、公安机关、人民检察院和人民法院之间在直接受理刑事案件上的权限划分。它解决的是刑事案件应当由谁来立案、开始诉讼的问题。划分立案管辖的主要依据是下列因素：一是专门机关的性质与职能。我国专门机关是刑事诉讼的专门机关，各自在刑事诉讼中的分工不同。监察委员会是调查机关，公安机关是侦查机关，人民检察院是法律监督机关，人民法院是审判机关。因此，立案管辖的划分应当与它们的性质和职责相适应，绝大多数的刑事案件由公安机关进行立案侦查，公职人员职务犯罪由监察委员会调查，在对诉讼活动实施法律监督中发现司法工作人员利用职权实施的侵犯公民权利、损害司法公正的犯罪可以由人民检察院立案侦查，被害人有证据证明的案件则由人民法院直接受理。二是案件的性质和难易程度。刑事案件各种各样，性质各异，有的不需要侦查或者调查就能作出处理，需要侦查或者调查的案件也有难易差别。一般而言，案件比较重大、复杂的，由公安机关立案侦查；涉及国家工作人员职务犯罪的，由监察委员会调查或者由人民检察院立案侦查；不需要侦查的轻微刑事案件，则由人民法院立案。

### 一、监察委员会立案调查的职务犯罪案件

2018 年 4 月 17 日，中央纪委、国家监察委员会印发了关于《国家监察委员会管辖规定（试行）》，规定了国家监察委员会管辖 88 个罪名，主要由单独管辖的四大类和部分管辖的两大类组成。其中贪污贿赂、滥用职权、玩忽职守、徇私舞弊四类 55 个罪名的犯罪案件由监察委员会单独管辖；而公职人员在行使公权力过程中发生的重大责任事故和其他犯罪案件共计 30 个罪名，监察委员会按照主体是公职人员、客观方面是行使公权力过程中这两个必备要件进行专门管辖，同时公职人员涉嫌贪污贿赂犯罪案件中的非国家工作人员受贿罪，对非国家工作人员行贿罪，对外国公职人员、国际公共组织官员行贿罪也是由监察委员会专门管辖。监察委员会的专门管辖是按人（公职人员）和事（行使公权力过程中）进行管辖。这 88 个罪名分别如下。

（一）贪污贿赂犯罪案件（17 个），包括贪污罪；挪用公款罪；受贿罪；单位受贿罪；利用影响力受贿罪；行贿罪；对有影响力的人行贿罪；对单位行贿罪；介绍贿赂罪；单位行贿罪；巨额财产来源不明罪；隐瞒境外存款罪；私分国有资产罪；私分罚没财物罪；非国家工作人员

受贿罪；对非国家工作人员行贿罪；对外国公职人员、国际公共组织官员行贿罪。

（二）滥用职权犯罪案件（15个），包括滥用职权罪；滥用管理公司、证券职权罪；食品监管渎职罪；故意泄露国家秘密罪；阻碍解救被拐卖、绑架妇女、儿童罪；帮助犯罪分子逃避处罚罪；违法发放林木采伐许可证罪；办理偷越国（边）境人员出入境证件罪；放行偷越国（边）境人员罪；国有公司、企业、事业单位人员滥用职权罪；挪用特定款物罪；非法剥夺公民宗教信仰自由罪；侵犯少数民族风俗习惯罪；打击报复会计、统计人员罪；报复陷害罪。

（三）玩忽职守犯罪案件（11个），包括国有公司、企业、事业单位人员失职罪；签订、履行合同失职被骗罪；国家机关工作人员签订、履行合同失职被骗罪；玩忽职守罪；环境监管失职罪；传染病防治失职罪；商检失职罪；动植植物检疫失职罪；不解救被拐卖、绑架妇女儿童罪；失职造成珍贵文物损毁、流失罪；过失泄露国家秘密罪。

（四）徇私舞弊犯罪案件（15个），包括徇私舞弊低价折股、出售国有资产罪；非法经营同类营业罪；为亲友非法牟利罪；非法批准征收、征用、占用土地罪；枉法仲裁罪；徇私舞弊发售发票、抵扣税款、出口退税罪；商检徇私舞弊罪；动植物检疫徇私舞弊罪；放纵走私罪；放纵制售伪劣商品犯罪行为罪；招收公务员、学生徇私舞弊罪；徇私舞弊不移交刑事案件罪；违法提供出口退税凭证罪；徇私舞弊不征、少征税款罪。

（五）公职人员在行使公权力过程中发生的重大责任事故犯罪案件（11个），包括重大责任事故罪；教育设施重大安全事故罪；消防责任事故罪；重大劳动安全事故罪；强令违章冒险作业罪；不报、谎报安全事故罪；铁路运营安全事故罪；重大飞行事故罪；大型群众性活动重大安全事故罪；危险物品肇事罪；工程重大安全事故罪。

（六）公职人员在行使公权力过程发生的其他犯罪案件（19个），包括破坏选举罪；背信损害上市公司利益罪；金融工作人员购买假币、以假币换取货币罪；利用未公开信息交易罪；诈骗投资者买卖证券、期货合约罪；背信运用受托财产罪；违法运用资金罪；违法发放贷款罪；吸收客户资金不入账罪；违规出具金融票证罪；对违法票据承兑、付款、保证罪；非法转让、倒卖土地使用权罪；私自开拆、隐匿、毁弃邮件、电报罪；职务侵占罪；挪用资金罪；故意延误投递邮件罪；泄露不应公开的案件信息罪；披露、报道不应公开的案件信息罪；接送不合格兵员罪。

## 二、公安机关立案侦查的案件

### （一）公安机关管辖的案件范围

《刑事诉讼法》第18条第1款规定："刑事案件的侦查由公安机关进行，法律另有规定的除外。"也就是说，除法律另有规定的，其他刑事案件应当一律由公安机关立案侦查（《公安规定》第14条第1款）。公安机关内部对刑事案件的管辖，按照刑事侦查机构的设置及其职责分工确定（《公安规定》第22条）。

法律另有规定的有：（1）由人民法院直接受理的自诉案件，但对人民法院直接受理的被害人有证据证明的轻微刑事案件，因证据不足驳回起诉，人民法院移送公安机关或者被害人向公安机关控告的，公安机关应当受理；被害人直接向公安机关控告的，公安机关应当受理（《公安规定》第14条第2项）；（2）由人民检察院直接立案侦查的案件；（3）由军队保卫部门负责侦查的军队内部发生的刑事案件；（4）由国家安全机关立案侦查的间谍案①；（5）由监狱立案侦查的

① 间谍案以外的危害国家安全的刑事案件，由公安机关内部的国内安全保卫部门进行侦查。

罪犯在监狱内犯罪的案件；(6) 由监察委员会调查的公职人员职务犯罪案件。

从整体看，上述案件仅占刑事案件总数的少部分，大多数刑事案件的立案侦查任务由公安机关承担，这是由公安机关的性质与职能决定的。一方面，公安机关是国家的治安保卫机关，负有维护社会秩序、保卫社会治安的责任，处于同犯罪作斗争的第一线；另一方面，公安机关拥有严密的组织系统、良好的侦查设备、技术装备和人员配备，使公安机关担负绝大多数案件的立案侦查任务具有坚实的基础。

（二）公安机关的侦查管辖

在公安机关对案件进行侦查的时候，存在着具体由哪一个公安机关进行侦查的问题。对此，《公安规定》规定了公安机关侦查管辖：

1. 级别管辖。县级公安机关负责侦查发生在本辖区内的刑事案件；设区的市一级以上公安机关负责重大的危害国家安全犯罪、恐怖活动犯罪、涉外犯罪、经济犯罪、集团犯罪案件的侦查。上级公安机关认为有必要时，可以侦查下级公安机关管辖的刑事案件；下级公安机关认为案情重大需要上级公安机关侦查的刑事案件，可以请求上一级公安机关管辖（《公安规定》第21条）。

2. 地区管辖。刑事案件由犯罪地的公安机关管辖。如果由犯罪嫌疑人居住地的公安机关管辖更为适宜的，可以由犯罪嫌疑人居住地的公安机关管辖（《公安规定》第15条）。几个公安机关都有权管辖的刑事案件，由最初受理的公安机关管辖。必要时，可以由主要犯罪地的公安机关管辖（《公安规定》第18条）。

3. 指定管辖。对管辖不明确或者有争议的刑事案件，可以由有关公安机关协商。协商不成的，由共同的上级公安机关指定管辖（《公安规定》第19条）。

4. 专门管辖。铁路、交通、民航系统的机关，厂、段、院、校、所、队、工区等单位发生的刑事案件，车站、港口、码头、机场工作区域内和列车、轮船、民航飞机内发生的刑事案件，铁路建设施工工地发生的刑事案件，铁路沿线、水运航线发生的盗窃或者破坏铁路、水运、通讯、电力线路和其他重要设施的刑事案件，以及内部职工在铁路、交通线上执行任务中发生的案件，分别由发案地铁路、交通、民航公安机关管辖。森林公安机关管辖破坏森林和野生动植物资源等刑事案件；大面积林区的森林公安机关还负责辖区内其他刑事案件的侦查。未建立专门森林公安机关的，由所在地公安机关管辖。海关走私犯罪侦查机构管辖我国关境内发生的涉税走私犯罪案件和发生在海关监管区内的非涉税走私犯罪案件（《公安规定》第23条至第27条）。

## 三、人民检察院直接受理的案件

（一）人民检察院直接受理的案件范围

根据《监察法》第11条第2项和《刑事诉讼法》第18条第2款的规定，人民检察院在对诉讼活动实行法律监督中发现司法工作人员利用职权实施的非法拘禁、刑讯逼供、非法搜查等侵犯公民权利、损害司法公正的犯罪，可以由人民检察院立案侦查。对于公安机关管辖的国家机关工作人员利用职权实施的其他重大的犯罪案件，需要由人民检察院直接受理的时候，经省级以上人民检察院决定，可以由人民检察院立案侦查。据此，人民检察院立案侦查的案件有：

1. 司法工作人员利用职权实施的侵犯公民权利的犯罪，具体有：非法拘禁罪；非法搜查罪；刑讯逼供罪；暴力取证罪；虐待被监管人罪等。

2. 司法工作人员利用职权实施的损害司法公正的犯罪，具体有：徇私枉法罪；民事、行政枉法裁判罪；执行判决、裁定失职罪；执行判决、裁定滥用职权罪；私放在押人员罪；失职致使在押人员脱逃罪；徇私舞弊减刑、假释、暂予监外执行罪等。

3. 公安机关管辖的国家机关工作人员利用职权实施的其他重大的犯罪案件，需要由人民检察院直接受理的时候，经省级以上人民检察院决定由人民检察院立案侦查的。

（二）人民检察院侦查管辖

在人民检察院对直接受理的案件进行侦查的时候，存在着具体由哪一个人民检察院进行侦查的问题。对此，《高检规则》规定了人民检察院侦查管辖：

1. 级别管辖。人民检察院对直接受理的案件实行分级立案侦查的制度。最高人民检察院立案侦查全国性的重大犯罪案件；省、自治区、直辖市人民检察院立案侦查全省（自治区、直辖市）性的重大犯罪案件；分、州、市人民检察院立案侦查本辖区的重大犯罪案件；基层人民检察院立案侦查本辖区的犯罪案件（《高检规则》第13条）。

2. 地区管辖。由犯罪嫌疑人工作单位所在地的人民检察院管辖；如果由其他人民检察院管辖更为适宜的，可以由其他人民检察院管辖（《高检规则》第15条）。几个人民检察院都有权管辖的案件，由最初受理的人民检察院管辖。必要时，可以由主要犯罪地的人民检察院管辖（《高检规则》第17条）。

3. 指定管辖。对管辖不明确的案件，可以由有关人民检察院协商确定管辖。对管辖权有争议的或者情况特殊的案件，由共同的上级人民检察院指定管辖（《高检规则》第16条）。上级人民检察院可以指定下级人民检察院立案侦查管辖不明或者需要改变管辖的案件（《高检规则》第18条）。

4. 管辖的变通。上级人民检察院在必要的时候，可以直接侦查或者组织、指挥、参与侦查下级人民检察院管辖的案件，也可以将本院管辖的案件交由下级人民检察院侦查；下级人民检察院认为案情重大、复杂，需要由上级人民检察院侦查的案件，可以请求移送上级人民检察院侦查（《高检规则》第14条）。

5. 专门管辖。军事检察院、铁路运输检察院等专门人民检察院的管辖以及军队、武装警察与地方互涉刑事案件的管辖，按照有关规定执行（《高检规则》第19条）。

### 四、人民法院直接受理的刑事案件

《刑事诉讼法》第18条第3款规定：“自诉案件，由人民法院直接受理。”自诉案件是指被害人及其法定代理人、近亲属，为追究被告人的刑事责任，而直接向人民法院提出诉讼的案件，人民法院立案后即进入审理阶段，而不需要经过监察委员会、公安机关或人民检察院立案侦查或者调查，也不需要人民检察院提起公诉。自诉案件的范围见本书“自诉案件的提起和审判”一章。

## 第二节　审判管辖

审判管辖，是指各级人民法院之间、同级人民法院之间以及普通人民法院与专门人民法院之间、各专门人民法院之间在审判第一审刑事案件上的分工。审判管辖解决的是人民法院系统内部在受理案件方面的分工，即一起刑事案件应由哪种、哪级、哪个人民法院进行第一审审判。

根据《刑事诉讼法》第 19 条至第 27 条的规定，我国的刑事审判管辖分为普通管辖和专门管辖；普通管辖又分为级别管辖、地区管辖和指定管辖。

## 一、级别管辖

级别管辖是指各级人民法院在审判第一审刑事案件上的权限划分，解决的是上下级人民法院之间的权限分工。级别管辖的划分主要考虑的因素有：（1）案件的性质和影响；（2）罪行的轻重和可能判处刑罚的轻重；（3）案件涉及面的大小；（4）不同级别法院的工作重点和工作量多少。我国刑事诉讼法对级别管辖的规定是：

### （一）基层人民法院管辖的第一审刑事案件

《刑事诉讼法》第 19 条规定，基层人民法院管辖第一审普通刑事案件，但是依照本法由上级人民法院管辖的除外。可见，基层人民法院管辖的只能是普通刑事案件。所谓普通刑事案件，是指危害国家安全案件和恐怖活动案件之外的案件。但是，并不是所有的普通刑事案件都由基层人民法院进行第一审审判。虽然属于普通刑事案件，但被告人可能被判处无期徒刑或者死刑时，要由中级以上人民法院进行第一审审判。尽管如此，绝大多数刑事案件实际上都是由基层人民法院进行第一审，其审判任务是十分繁重的。法律之所以这样规定，是因为基层人民法院在人民法院组织体系中数量最多，而且案件的发生地都在其辖区内，由其进行审判，便于核查证据，也便于诉讼参与人参加诉讼。

### （二）中级人民法院管辖的第一审刑事案件

《刑事诉讼法》第 20 条规定，中级人民法院管辖下列第一审刑事案件：

1. 危害国家安全、恐怖活动案件。危害国家安全案件是指《刑法》分则第一章规定的全部危害国家安全罪案件。恐怖活动案件是指《刑法》第二章危害公共安全罪中的组织、领导、参加恐怖组织罪（第 120 条）、资助恐怖活动罪（第 120 条之一），以及恐怖组织组织下的一般犯罪案件。

2. 可能判处无期徒刑、死刑的案件。这是以可能判处的刑罚轻重为标准进行的界定。

3. 没收违法所得的申请，由中级人民法院进行审理（《刑事诉讼法》第 281 条）。

立法上对中级人民法院管辖的第一审刑事案件采用了列举方式，但并不是说以上三类案件必须由中级法院进行第一审，而是最低应由中级人民法院进行第一审，并不排除最高人民法院、高级人民法院对这些案件进行第一审。立法上之所以将这些案件划分为由中级以上人民法院进行第一审审判，是因为其性质严重，或案情重大复杂、影响范围大或处刑较重，由较高级别的法院进行第一审，有利于保证办案质量。

### （三）高级人民法院管辖的第一审刑事案件

《刑事诉讼法》第 21 条规定：高级人民法院管辖的第一审刑事案件，是全省（自治区、直辖市）性的重大刑事案件。全省性重大刑事案件的标准，立法上没有规定，由高级人民法院认定和把握。实际上由高级人民法院审理的第一审刑事案件很少，这是与高级人民法院所处的位置和工作量负担相适应的。

### （四）最高人民法院管辖的第一审刑事案件

《刑事诉讼法》第 22 条规定，最高人民法院管辖的第一审刑事案件，是全国性的重大刑事案件。事实上，由最高人民法院审判的第一审刑事案件十分罕见。

### （五）级别管辖的特殊规定

除上述级别管辖的法定情形外，人民法院在级别管辖方面，还应遵守下列规定：

1.《刑事诉讼法》第23条规定："上级人民法院在必要的时候，可以审判下级人民法院管辖的第一审刑事案件；下级人民法院认为案情重大、复杂需要由上级人民法院审判的第一审刑事案件，可以请求移送上一级人民法院审判。"可见，此条规定有两种情况：

一是上级人民法院在必要的时候可以审判依法应当由下级人民法院一审的案件，前提是必要的时候。必要的时候是指案情重大、复杂或者影响巨大以及下级人民法院的审判遇到其他困难等情形。上级人民法院认为有必要审理下级人民法院管辖的第一审刑事案件，应当向下级人民法院下达改变管辖决定书，并书面通知同级人民检察院（《高法解释》第14条）。

二是下级人民法院把属于自己管辖的案件，请求移送上级人民法院审判。这种移送以属于重大、复杂、新类型的疑难案件，或在法律适用上具有普遍指导意义的案件为前提，并且在上级人民法院同意后才能移送。基层人民法院对于认为案情重大、复杂的第一审刑事案件，请求移送中级人民法院审判，应当在报请院长决定后，在案件审理期限届满15日以前书面请求移送。中级人民法院应当在接到移送申请10日内作出决定。中级人民法院不同意移送的，应当向该基层人民法院下达不同意移送决定书，由该基层人民法院审判；同意移送的，应当向该基层人民法院下达同意移送决定书，并书面通知同级人民检察院（《高法解释》第15条)。《高法解释》的上述规定虽然是基层人民法院向中级人民法院移送案件的规定，但其他级别人民法院之间的移送也应当参照执行。

需要注意的是，这种级别管辖的变通只能是上级人民法院审理下级人民法院管辖的案件，上级人民法院不能将自己管辖的案件交给下级人民法院审判。例如，可能判处死刑的案件只能由中级以上人民法院审判，不能交给基层人民法院审判。

2. 人民检察院认为可能判处无期徒刑、死刑而向中级人民法院提起公诉的普通刑事案件，中级人民法院受理后，认为不需要判处无期徒刑、死刑的，应当依法审判，不再交基层人民法院审判（《高法解释》第12条）。

3. 一人犯数罪、共同犯罪和其他需要并案审理的案件，其中一人或者一罪属于上级人民法院管辖的，全案由上级人民法院管辖（《高法解释》第13条）。

4. 基层人民法院对已经受理的公诉案件，认为可能判处死刑、无期徒刑的，应当移送中级人民法院。根据《高法解释》第15条的规定，这种情况的请求移送与"案情重大、复杂"的案件的请求移送程序相同，如果中级人民法院同意移送，案件由中级人民法院审判；如果中级人民法院不同意移送，则由该基层人民法院依法审判。需要注意的是，如果案件由基层人民法院一审，则不能判处死刑、无期徒刑，最高只能判处有期徒刑。

## 二、地区管辖

地区管辖是指同级人民法院之间在审理第一审刑事案件上权限的划分。级别管辖是从纵的方面解决案件由哪一级人民法院管辖，而地区管辖则是在明确案件的级别管辖的基础上，确定某一案件由该级人民法院中的哪一个人民法院管辖，是从横的方面解决案件的管辖问题。只有级别管辖和地区管辖都解决了，案件的管辖权才能最终落实。确定地区管辖的原则有两个：

### （一）以犯罪地为主、被告人居住地为辅原则

《刑事诉讼法》第24条规定：刑事案件由犯罪地的人民法院管辖。如果由被告人居住地的

人民法院审判更为适宜的，可以由被告人居住地的人民法院管辖。犯罪地包括犯罪行为发生地和犯罪结果发生地（《高法解释》第2条）。以犯罪地法院管辖为主，有利于调查核实证据，便于诉讼参与人参加诉讼，便于当地群众旁听。

由被告人居住地的人民法院管辖更为适宜的情况，一般包括：被告人流窜作案，主要犯罪地难于确定，而其居住地的群众更多地了解案件的情况；被告人在居住地民愤极大，当地群众要求在当地审判的；可能对被告人适用缓刑、管制或者单独适用剥夺政治权利等刑罚，因而需要在其居住地执行的；临时外出的组织成员之间相互进行侵犯的；等等。被告人的户籍地为其居住地。经常居住地与户籍地不一致的，经常居住地为其居住地。经常居住地为被告人被追诉前已连续居住一年以上的地方，但住院就医的除外（《高法解释》第3条第1款）。

被告单位登记的住所地为其居住地。主要营业地或者主要办事机构所在地与登记的住所地不一致的，主要营业地或者主要办事机构所在地为其居住地（《高法解释》第3条第2款）。

### （二）以最初受理地为主、主要犯罪地为辅的原则

《刑事诉讼法》第25条规定：几个同级人民法院都有权管辖的案件，由最初受理的人民法院审判。在必要的时候，可以移送主要犯罪地的人民法院审判。这是立法上为最终落实地区管辖所作的规定。因为按照前述原则，有时候并不能确定对案件的管辖权，如一个犯罪涉及几个地点，按照犯罪地法院管辖原则几个人民法院都有权审判，而以被告人居住地确定管辖也可能出现多个法院都具有管辖权的情形。遇到这种情况，原则上由最初受理的人民法院审判。因为，最初受理的人民法院对案件已有一定的了解，对处理案件有利。但是，在必要的时候，最初受理的人民法院可以把案件移送主要犯罪地人民法院审判。所谓主要犯罪地，包括案件涉及多个地点时对该犯罪的成立起主要作用的行为地，也包括一人犯数罪时，主要罪行的实行地。必要的时候，是指对查清主要犯罪事实以及及时处理案件更为有利等情况。

## 三、指定管辖

指定管辖是指当管辖不明或者有管辖权的法院不宜行使管辖权时，由上级人民法院以指定的方式确定案件的管辖。《刑事诉讼法》第26条规定：上级人民法院可以指定下级人民法院审判管辖不明的案件，也可以指定下级人民法院将案件移送其他人民法院审判。可见，指定管辖分为两种情况：

### （一）由上级人民法院以指定的方式确定管辖不明的案件的管辖权

管辖不明的情况，诸如刑事案件发生在两个法院管辖范围的交界处，而两个法院管辖的范围的行政区划没有确切的界限，犯罪地不能确定，这样形成互争管辖或互相推诿现象。在这种情况下，应当由争议各方在审限内协商解决；协调不成的，由争议的人民法院分别层报共同的上级人民法院指定管辖（《高法解释》第17条第2款）。

### （二）由上级人民法院以指定的方式改变管辖权

有管辖权的人民法院因案件涉及本院院长需要回避等原因，不宜行使管辖权的，可以请求上一级人民法院管辖；上一级人民法院可以管辖，也可以指定与提出请求的人民法院同级的其他人民法院管辖（《高法解释》第16条）。在必要的时候，即使有管辖权的人民法院没有提出请求，上级人民法院也可以将下级人民法院管辖的案件指定其他下级人民法院管辖（《高法解释》第18条）。

上级人民法院指定管辖的，应当将指定管辖决定书分别送达被指定的人民法院及其他有关

的人民法院。原受理案件的人民法院，在收到上级人民法院指定其他人民法院管辖决定书后，不再行使管辖权。对于公诉案件，应当书面通知提起公诉的人民检察院，并将案卷材料退回，同时书面通知当事人；对于自诉案件，应当将全部案卷材料移送被指定管辖的人民法院，并书面通知当事人（《高法解释》第20条）。

## 四、专门管辖

《刑事诉讼法》第27条规定："专门人民法院案件的管辖另行规定。"专门管辖是专门人民法院与普通人民法院之间、各种专门人民法院之间以及各专门人民法院系统内部在第一审刑事案件受理范围上的分工，解决的是哪些案件由专门人民法院审判以及由哪一个专门人民法院审判的问题。

根据《人民法院组织法》规定，在人民法院的组织系统中，设有若干种专门人民法院。对于有些涉及专门业务的案件，如果由普通人民法院审判，就会有诸多的不便或困难，对正确、及时处理案件不利，需交由专门人民法院审判。我国已建立的具有刑事管辖权的专门人民法院有军事法院和铁路运输法院。

### （一）军事法院管辖的案件

军事法院管辖的案件有：违反军人职责罪案件及现役军人、在军队编制内服务的无军职人员、普通公民危害与破坏国防军事的犯罪案件。

《高法解释》第22条规定，军队和地方互涉刑事案件，按照有关规定确定管辖。2009年5月1日，最高人民法院、最高人民检察院、公安部、国家安全部、司法部、中国人民解放军总政治部联合发布了《办理军队和地方互涉刑事案件规定》，自同年8月1日起施行。根据该规定，对军人的侦查、起诉、审判，由军队保卫部门、军事检察院、军事法院管辖。军队文职人员、非现役公勤人员、在编职工、由军队管理的离退休人员，以及执行军事任务的预备役人员和其他人员，按照军人确定管辖。列入中国人民武装警察序列的公安边防、消防、警卫部队人员，按照地方人员确定管辖。发生在营区外的案件，由地方公安机关或者国家安全机关、人民检察院立案侦查；查明嫌疑人属于军人的，移交军队保卫部门或者军事检察院处理。

### （二）铁路运输法院管辖的案件

铁路运输法院管辖的案件是铁路系统公安机关负责侦破的刑事案件，主要是危害和破坏铁路运输和生产的案件，破坏铁路交通设施的案件，火车上发生的犯罪案件以及违反铁路运输法规、制度造成重大事故或严重后果的案件。铁路运输法院与地方人民法院因管辖不明而发生争议的，一般由地方人民法院管辖。

## 五、几种特殊案件的审判管辖

在实践中，关于审判管辖，存在着一些特殊情况。《高法解释》规定了以下特殊案件的管辖：

1. 对于中华人民共和国缔结或者参加的国际条约所规定的罪行，中华人民共和国在所承担条约义务的范围内，行使刑事管辖权的，由被告人被抓获地的人民法院管辖（《高法解释》第10条）。

2. 在中华人民共和国领域外的中国船舶内的犯罪，由该船舶最初停泊的中国口岸所在地的人民法院管辖（《高法解释》第4条）。

3. 在中华人民共和国领域外的中国航空器内的犯罪，由该航空器在中国最初降落地的人民法院管辖（《高法解释》第5条）。

4. 在国际列车上的犯罪，根据我国与相关国家签订的协定确定管辖；没有协定的，由该列车最初停靠的中国车站所在地或者目的地的铁路运输法院管辖（《高法解释》第6条）。

5. 中国公民在驻外的中国使（领）馆内的犯罪，由其主管单位所在地或者原户籍地的人民法院管辖（《高法解释》第7条）。

6. 中国公民在中华人民共和国领域外的犯罪，由其入境地或者离境前居住地的人民法院管辖；被害人是中国公民的，也可以由被害人离境前居住地的人民法院管辖（《高法解释》第8条）。

7. 外国人在中华人民共和国领域外对中华人民共和国国家或者公民犯罪，根据《刑法》应当受处罚的，由该外国人入境地、入境后居住地或者被害中国公民离境前居住地的人民法院管辖（《高法解释》第9条）。

8. 正在服刑的罪犯在判决宣告前还有其他罪没有判决的，由原审人民法院管辖；由罪犯服刑地或者犯罪地的人民法院审判更为适宜的，可以由罪犯服刑地或者犯罪地的人民法院管辖。罪犯在服刑期间又犯罪的，由服刑地的人民法院管辖。罪犯在脱逃期间犯罪的，由服刑地的人民法院管辖。但是，在犯罪地抓获罪犯并发现其在脱逃期间的犯罪的，由犯罪地的人民法院管辖（《高法解释》第11条）。

9. 第一审外国人犯罪案件，除《刑事诉讼法》第20条至第22条规定的以外，由基层人民法院管辖。外国人犯罪案件较多的地区，中级人民法院可以指定辖区内的一个或者几个基层人民法院集中管辖第一审外国人犯罪案件；外国人犯罪案件较少的地区，中级人民法院可以依照《刑事诉讼法》第23条的规定，审理基层人民法院管辖的第一审外国人犯罪案件（《关于外国人犯罪案件管辖问题的通知》；《高法解释》第393条）。

## 观点探讨

### 一、管辖权异议制度

有学者指出，在民事诉讼和行政诉讼中，都规定了管辖权异议制度，但刑事诉讼法却没有规定管辖权异议制度，而在刑事司法实践中已经发生了许多管辖权异议的实例。[①]《高法解释》第184条规定，召开庭前会议，审判人员可以就是否对案件管辖有异议向控辩双方了解情况，听取意见。刑事案件审判管辖异议是指：刑事案件的被告人，认为受理案件的法院无权管辖以自己为被告人的案件，而提出的管辖异议。当法院对案件的管辖权不符合法定管辖或指定管辖的规定时，就属于无权管辖。[②]

关于管辖权异议的主体，有人认为必须是本案的被告人，因为受理法院是经过作为公诉机关的人民检察院或者自诉人选择的，即其认为受理法院对该案件有管辖权，所以不得再提出管辖权异议。管辖权异议要在案件一审受理后，并且在收到起诉状副本后、开庭审理前的合理时间内以书面的形式提出。应当向已受理案件的人民法院或作出该案指定管辖的人民法院提出。

① 周永年．构建刑事管辖争议问题的解决机制．法学，2007（2）．

② 刘崇理．对刑事案件中审判管辖异议程序的构想．法律适用，2003（9）．

人民法院对被告人提出的管辖权异议，作出将案件移送给有管辖权的人民法院审理的裁定或者驳回异议的裁定。①

另一种观点主张，提出管辖权异议的主体不仅包括被告人，而且包括犯罪嫌疑人、自诉人、被害人及其法定代理人，检察官也有权提出管辖权异议。并且，不仅可以对刑事审判管辖提出异议，也可以对职能管辖提出异议。这样，管辖权异议不仅可以向人民法院提出，也可以向侦查机关提出，并由受理机关作出是否支持管辖权异议的决定。对于管辖权异议的理由，一般是指下列情形之一：依照法律规定，审判法院对案件根本就无管辖权的；管辖法院因为回避等法律上的理由、事实上的障碍或者特殊情形而不能行使裁判权的；由于当地的舆论、诉讼的状况及其他情形，有可能导致在当地不能维持公平审判的。②

## 二、人民检察院的机动管辖权

《刑事诉讼法》第18条规定，对国家机关工作人员利用职权实施的其他重大的犯罪案件，需要由人民检察院直接受理的时候，经省级以上人民检察院决定，可以由人民检察院立案侦查。《高检规则》第561条规定："对于由公安机关管辖的国家机关工作人员利用职权实施的重大犯罪案件，人民检察院通知公安机关立案，公安机关不予立案的，经省级以上人民检察院决定，人民检察院可以直接立案侦查。"根据这些规定，对于这类案件，原则上应由公安机关立案侦查，如果公安机关坚持不立案或者立案后又撤案，确实影响重大、危害严重，又符合以上规定的条件的，人民检察院才可以依据这一规定立案侦查。

有学者主张，应当恢复人民检察院的机动管辖权。检察官兼行侦查权、侦查监督权和公诉权已经得到了国际社会的认同。我国1979年《刑事诉讼法》第13条中关于"人民检察院认为需要自己直接受理的其他案件，由人民检察院立案侦查"的规定，有利于加强执法监督，促进其他国家机关严格执法，维护法制的统一和尊严。而且，这一规定可以协调管辖冲突，加强对侦查的监督。因此，建议恢复人民检察院的机动管辖权，授权人民检察院机动管辖下列案件：公安机关拒不立案、侦查不力或者不宜管辖的案件；与国家工作人员职务犯罪相牵连的案件；公安机关与人民检察院之间职能管辖有争议的案件。③

① 刘崇理．对刑事案件中审判管辖异议程序的构想．法律适用，2003（9）．

② 周永年．构建刑事管辖争议问题的解决机制．法学，2007（2）．

③ 吴步钦．我国刑事立案管辖制度的缺陷及其完善．人民检察，2005（17）．

# 第十章 回避

## 案例导引

### 一、审判委员会委员的回避

甲因故意伤害罪被起诉到某中级人民法院。在开庭审理前，被害人乙发现甲的舅舅在该法院任审判委员会委员。问：乙能否针对甲的舅舅提出回避申请，以及由谁来决定甲的舅舅是否回避？

### 二、法院院长作为被害人时如何回避

某日，上访妇女甲来到某中级人民法院院长乙的办公室，将乙打倒在地，用领带用力勒乙的脖子，直到乙失去知觉。其间，法院其他工作人员撞见甲的行为，遂制止了甲。经公安机关侦查终结，人民检察院以故意杀人罪将甲起诉到该中级人民法院。在开庭前，被告甲提出了回避申请，要求该中级人民法院整体回避。而该中级人民法院认为，被害人，也就是该中级人民法院的院长已经自行回避，不参与本案的审判活动，参与案件审理的法官与案件无利害关系，所以不存在影响公正处理案件的可能，因而驳回被告提出的回避申请。经该中级人民法院审理，认定甲犯有故意杀人罪，判处其有期徒刑13年。问：本案的审判是否违反刑事诉讼法规定的回避制度，以及本案在程序上应当如何处理才会显得符合程序公正的要求？

### 三、介绍案件是否构成回避理由

甲在某市做律师，但是苦于没有案源，多次向在该市法院担任法官的乙提出请求，要求为其介绍一些案件来辩护或者代理。乙为甲介绍了一个案件，由甲担任辩护人，然后要求甲为其报销数额为8 000元的餐饮发票。该案的被害人偶然得知此事后，提出要求乙回避的申请。问：法院是否应当支持被害人的请求？

### 四、法院离任的法官能否在本院担任辩护人

某市基层人民法院的法官甲辞职半年以后，他的儿子乙（已满18周岁）因伤害罪被起诉到法院。问：作为被告人的近亲属，甲能否担任辩护人？

## 五、现职法院法官的儿子能否在该院担任辩护人

某市基层人民法院副院长甲的儿子乙大学（法学专业）毕业后，回该市做律师。人们普遍认为，如果乙担任自己的辩护人或者代理人，一定会在很大程度上影响合议庭甚至审判委员会，赢得官司的可能性极大。问：乙能否在该基层人民法院担任诉讼代理人或者辩护人？

# 基本理论

## 一、回避的概念和制度功能

监察法、刑事诉讼法中规定的回避，是指调查人员、侦查人员、检察人员和审判人员，因与案件或者案件的当事人具有某种利害关系或其他特殊关系，可能影响刑事案件的公正处理，而不得参加该案的诉讼活动的一项诉讼制度。

回避制度的目的在于确保承办该案的调查人员、侦查人员、检察人员和审判人员处于公正、无偏私的地位。如果司法工作人员与案件或者案件的当事人具有某种利害关系或者其他关系，将会影响这些人员对案件事实的判断和法律的适用。如果这些人员本身的利害牵涉其中，他们很难避免感情的支配，有可能隐藏证据或者枉法为被追诉人开脱，或者相反地，给被追诉人栽赃并冤枉无辜。

回避制度除了有利于发现真实和正确适用法律，从而保障案件实体结果的公正以外，还有利于案件的当事人在程序中获得公正的对待。如果主持刑事诉讼活动的司法工作人员与案件或者当事人有特殊关系，那么当事人的诉讼权利的行使就可能受到阻碍或者限制，当事人就会产生不公平感；而且，这样的诉讼程序显然违背刑事诉讼法中规定的“保障诉讼参与人诉讼权利”的原则。

另外，回避制度还有利于刑事诉讼制度得到当事人和社会公众的尊重。如果主持诉讼活动的司法工作人员与案件有特殊关系，那么不管他或者她作出的决定是否存在偏私，当事人都会产生该案的处理存在徇私枉法的猜疑。通过回避制度的实施，有助于当事人对司法程序和裁判结果的尊重，即使裁判的结果对其不利。而且，回避制度的实施还有利于树立社会公众对刑事司法制度公正性的信心。

## 二、回避的种类

根据监察法、刑事诉讼法和司法解释的规定，回避可以由调查人员、侦查人员、检察人员和审判人员自行提出，也可以由当事人及其法定代理人提出，还可以由有权决定回避的人员或者组织提出。这样，回避就存在自行回避、申请回避和指令回避三种。

自行回避，是指审判人员、检察人员、侦查人员、调查人员等发现存在法定回避理由的时候，自行主动地要求不参加该案诉讼活动的制度。这些人员自行回避的要求需要经过有权决定回避的人员或者组织决定。

申请回避，是指当事人及其法定代理人、辩护人、诉讼代理人认为审判人员、检察人员、侦查人员、调查人员等具有法定应当回避的情形，而向他们所在的机关申请，要求他们回避。

申请回避是当事人及其法定代理人、辩护人、诉讼代理人的一项重要诉讼权利，专门机关应当告知当事人及其法定代理人（在调查阶段是监察对象、检举人及其他有关人员）享有这一权利，并依法保障其行使。被申请回避的人员是否回避，由有权决定的人员或者组织决定。

指令回避，是指审判人员、检察人员、侦查人员、调查人员等遇有法定的回避情形而没有自行回避，当事人及其法定代理人等也没有申请其回避，人民法院、人民检察院、公安机关和监察委员会的有权决定回避的人员或者组织，命令这些人不得参与诉讼活动。

## 三、回避的理由和人员范围

### （一）监察法规定的回避的理由和人员范围

《监察法》第 58 条规定了回避的理由，包括以下几种情形：

1. 是监察对象或者检举人的近亲属的；
2. 担任过本案的证人的；
3. 本人或者其近亲属与办理的监察事项有利害关系的；
4. 有可能影响监察事项公正处理的其他情形的。

适用的人员范围，是办理监察事项的监察人员。这里的监察人员主要是指调查人员，也包括对案件作出处理决定的人员。

### （二）刑事诉讼法中规定的回避的理由和人员范围

《刑事诉讼法》第 28 条、第 29 条规定了回避的理由，包括以下几种情形：

1. 是本案的当事人或者是当事人的近亲属的。例如，如果某审判员是被告人的父亲，那么，该审判员应当自行回避，被害人也有权申请其回避，法院院长也有权指令其回避。再比如，某审判员是一起伤害案件的被害人，那么他就不能参与本案的审判，而应当自行回避，被告人也有权申请其回避，法院院长也有权指令其回避。

2. 本人或者他的近亲属与本案有利害关系的。尽管审判人员、检察人员、侦查人员等不是本案的当事人或者当事人的近亲属，但是其本人或者他的近亲属与本案有利害关系，也会影响案件的公正处理，因此也属于回避的理由之一。例如，最高人民法院 2012 年 2 月 27 日公布的《关于人民法院落实廉政准则防止利益冲突的若干规定》第 6 条规定，人民法院工作人员在审理相关案件时，以本人或者他人名义持有与所审理案件相关的上市公司股票的，应主动申请回避。

3. 担任过本案的证人、鉴定人、辩护人、诉讼代理人的。如果审判人员、检察人员、侦查人员等在本案中担任过证人、鉴定人，则应当以证人、鉴定人身份参加诉讼，不能同时担任审判人员、检察人员和侦查人员，否则就很难公正地对案件事实进行认定。如果审判人员、检察人员、侦查人员等在本案中担任过辩护人、诉讼代理人，则他可能倾向于支持其辩护或者代理的一方，从而影响对案件事实的认定和法律的适用。例如，审判员甲在下班途中目睹一起伤害案，那么在该案审理过程中，甲就不能再担任审判人员，而是只能以证人身份参加诉讼。否则，当事人有权申请回避，有权决定回避的人员和组织也有权指令其回避。

4. 与本案当事人有其他关系，可能影响公正处理案件的。审判人员、检察人员、侦查人员等如果与本案当事人存在上述三种情形以外的其他关系，以至于会影响案件公正处理的，也构成回避的理由。例如，审判员甲和被告人乙之间虽然不是近亲属，但是处于恋爱阶段；或者审判员甲和被告人乙是同学关系、同事关系、同乡关系；或者审判员甲与被告人乙之间有杀父之仇、夺妻之恨，等等。《关于规范法官和律师相互关系维护司法公正的若干规定》第 4 条规定：

“法官应当严格执行回避制度，如果与本案当事人委托的律师有亲朋、同学、师生、曾经同事等关系，可能影响案件公正处理的，应当自行申请回避，是否回避由本院院长或者审判委员会决定。”

5. 接受当事人及其委托的人的请客送礼，违反规定会见当事人及其委托的人的。《刑事诉讼法》第29条规定：“审判人员、检察人员、侦查人员不得接受当事人及其委托的人的请客送礼，不得违反规定会见当事人及其委托的人。审判人员、检察人员、侦查人员违反前款规定的，应当依法追究法律责任。当事人及其法定代理人有权要求他们回避。”

6. 凡在一个审判程序中参与过本案审判工作的合议庭组成人员或者独任审判员，不得再参与本案其他程序的审判。但是，发回重新审判的案件，在第一审人民法院作出裁判后又进入第二审程序或者死刑复核程序的，原第二审程序或者死刑复核程序的合议庭组成人员不受本规定的限制（《高法解释》第25条）。《刑事诉讼法》中对两种情况作了明确的规定：一是第228条规定：“原审人民法院对于发回重新审判的案件，应当另行组成合议庭，依照第一审程序进行审判。”二是第245条规定：“人民法院按照审判监督程序重新审判的案件，由原审人民法院审理的，应当另行组成合议庭进行。”《高法解释》是对刑事诉讼法这两条规定的归纳和提升，其适用范围要更广泛一些。

另外，参加过本案侦查的侦查人员，不得承办本案的审查逮捕、起诉和诉讼监督工作（《高检规则》第30条）。参与过本案侦查、审查起诉工作的侦查、检察人员，调至人民法院工作的，不得担任本案的审判人员（《高法解释》第25条）。这样规定的原因和审判人员不得参与其他程序的审判是一样的，因为如果由同一个人进行不同诉讼阶段的活动，那么法律规定的诉讼程序也就失去了意义。

根据《刑事诉讼法》第28条和第31条的规定，适用回避的人员包括审判人员、检察人员、侦查人员以及参加侦查、起诉、审判活动的书记员、翻译人员和鉴定人。其中，审判人员包括人民法院院长、副院长、审判委员会委员、庭长、副庭长、审判员、助理审判员和人民陪审员（《高法解释》第32条）。

### （三）司法解释对回避的补充

最高人民法院在《高法解释》中对审判人员执行回避制度作出了具体规定，最高人民检察院在《高检规则》中也将其进一步具体化。这些规定中除了对刑事诉讼法中关于回避的规定的重复确认外，对刑事诉讼法进行了补充。下面分几个方面予以介绍：

第一，在回避的理由中增加了“与本案的辩护人、诉讼代理人有近亲属关系的”（《高法解释》第23条第4项）。《刑事诉讼法》第28条中规定的都是与本案或者本案的当事人有利害关系的，而这个规定是关于审判人员与诉讼代理人、辩护人存在近亲属关系。不过，这句话也可以表达为“审判人员的近亲属是本案的诉讼代理人、辩护人的”，这就符合了第28条第2项的规定“本人或者他的近亲属和本案有利害关系的”。作为诉讼代理人、辩护人，必然关心案件的处理结果，甚至案件的处理结果与其收入、将来的案源密切相关，当然属于与本案有利害关系。因此，可以认为这条规定属于对《刑事诉讼法》第28条第2项的解释。

第二，对《刑事诉讼法》第29条的规定予以了细化。第29条规定审判人员“不得接受当事人及其委托的人的请客送礼，不得违反规定会见当事人及其委托的人”。《高法解释》第24条具体列举了这个条文的含义规定：“审判人员违反规定，具有下列情形之一的，当事人及其法定代理人有权申请其回避：（一）违反规定会见本案当事人、辩护人、诉讼代理人的；（二）为本案当事人推荐、介绍辩护人、诉讼代理人，或者为律师、其他人员介绍办理本案的；（三）索取、接受本案当事人及其委托人的财物或者其他利益的；（四）接受本案当事人及其委托人的宴请，或者参加由其支付费用的活动的；（五）向本案当事人及其委托人借用款物的；（六）有其他不正当行为，可能影响公正审判的。”

第三，增加规定了“审判人员及法院其他工作人员从人民法院离任后二年内，不得以律师身份担任辩护人。审判人员及法院其他工作人员从人民法院离任后，不得担任原任职法院所审理案件的辩护人，但是作为被告人的监护人、近亲属进行辩护的除外”（《高法解释》第36条第1、2款）。

这条规定是为了贯彻2001年修正的《中华人民共和国法官法》。该法第17条规定：“法官从人民法院离任后二年内，不得以律师身份担任诉讼代理人或者辩护人。法官从人民法院离任后，不得担任原任职法院办理案件的诉讼代理人或者辩护人。”

例如，某法官在某市基层人民法院工作，已经通过了司法资格考试。由于对法院的工资待遇不满意，准备辞职干律师。那么，该法官能否在自己工作过的法院担任辩护人或者代理人？按照《法官法》的规定，2年之内不能在任何法院以律师身份担任诉讼代理人或者辩护人；永远不得担任其任职法院办理案件的诉讼代理人或者辩护人。

《高检规则》第39条也作出了基本相同的规定：“审判人员、检察人员从人民法院、人民检察院离任后二年以内，不得以律师身份担任辩护人。检察人员从人民检察院离任后，不得担任原任职检察院办理案件的辩护人。但作为犯罪嫌疑人的监护人、近亲属进行辩护的除外。”

第四，增加规定了审判人员及法院其他工作人员的某些近亲属不得担任其所在法院的辩护人。《高法解释》第36条第3款规定：“审判人员和人民法院其他工作人员的配偶、子女或者父母不得担任其任职法院所审理案件的辩护人，但作为被告人的监护人、近亲属进行辩护的除外。”

《法官法》第17条第3款规定：“法官的配偶、子女不得担任该法官所任职法院办理案件的诉讼代理人或者辩护人。”《高法解释》第36条增加规定了“父母”，是对《法官法》这一规定的扩大解释。

同样，《高检规则》第39条第3款规定：“检察人员的配偶、子女不得担任该检察人员所任职检察院办理案件的辩护人。”

（四）律师法官任职回避

人民法院领导干部和审判、执行岗位法官，其配偶子女在其任职法院辖区内从事律师职业的，应当实行任职回避，即免去领导职务或者调离审判、执行岗位（《律师法官任职回避》第1条、第5条、第6条）。

## 四、回避的程序

《刑事诉讼法》第30条第1款规定：“审判人员、检察人员、侦查人员的回避，应当分别由院长、检察长、公安机关负责人决定；院长的回避，由本院审判委员会决定；检察长和公安机关负责人的回避，由同级人民检察院检察委员会决定。”《刑事诉讼法》第185条规定：“开庭的时候，审判长查明当事人是否到庭，宣布案由；宣布合议庭的组成人员、书记员、公诉人、辩护人、诉讼代理人、鉴定人和翻译人员的名单；告知当事人有权对合议庭组成人员、书记员、公诉人、鉴定人和翻译人员申请回避……”这是对当事人及其法定代理人行使申请回避权的一个保障性规定。在此之前，当事人及其法定代理人等当然也可以申请回避，审判人员等也可以提出自行回避的要求。

（一）回避的提出

1. 自行回避。审判人员、检察人员、侦查人员要求自行回避的，可以口头或者书面提出，并说明理由（《高法解释》第27条；《高检规则》第21条；《公安规定》第32条）。

2. 申请回避。当事人和他们的法定代理人、辩护人、诉讼代理人申请审判人员、检察人员回避的，可以口头或者书面提出（《高法解释》第27条；《高检规则》第23条；《公安规定》第32条）。依照《刑事诉讼法》第29条规定提出回避申请的，申请人应当提供证明材料（《高法解释》第28条；《高检规则》第23条）。经过审查或者调查，符合回避条件的，应当作出回避决定；不符合回避条件的，应当驳回申请。

3. 指令回避。应当回避的人员，本人没有自行回避，当事人和他们的法定代理人也没有申请其回避的，对于公安机关负责人或者侦查人员，同级人民检察院检察委员会或者县级以上公安机关负责人应当决定其回避；对于检察人员，检察长或者检察委员会应当决定其回避；对于审判人员，院长或者审判委员会应当决定其回避（《公安规定》第30条；《高检规则》第26条；《高法解释》第29条）。

（二）回避的决定

1. 侦查人员的回避。侦查人员的回避，由县级以上公安机关负责人决定；县级以上公安机关负责人的回避，由同级人民检察院检察委员会决定（《公安规定》第33条）。在侦查过程中，记录人、翻译人员和鉴定人需要回避的，由县级以上公安机关负责人决定。记录人、翻译人员和鉴定人的回避适用关于公安机关负责人和侦查人员的规定（《公安规定》第38条）。

2. 检察人员的回避。检察长的回避，由检察委员会讨论决定。检察委员会讨论检察长回避问题时，由副检察长主持，检察长不得参加。其他检察人员的回避，由检察长决定（《高检规则》第24条）。

当事人及其法定代理人、辩护人、诉讼代理人要求公安机关负责人回避，应当向公安机关同级的人民检察院提出，由检察长提交检察委员会讨论决定（《高检规则》第25条）。

《高检规则》中关于回避的规定，适用于书记员、司法警察和人民检察院聘请或者指派的翻译人员、鉴定人。书记员、司法警察和人民检察院聘请或者指派的翻译人员、鉴定人的回避由检察长决定（《高检规则》第33条）。

3. 审判人员的回避。审判人员的回避，由院长决定。对申请回避的，应当将决定告知申请人（《高法解释》第30条）。当事人和他们的法定代理人、辩护人、诉讼代理人申请人民法院院长回避或者院长自行回避的，应当由审判委员会讨论决定，并将决定告知申请人。审判委员会讨论院长回避问题时，由副院长主持，院长不得参加（《高法解释》第27条）。

法庭书记员、翻译人员和鉴定人，其回避问题由人民法院院长决定（《高法解释》第33条）。例如，在某个案件的法庭审理中，被告人（俄罗斯人）申请翻译人员回避，理由是翻译人员是本案被害人的近亲属。审判长当即驳回了其回避申请，继续进行审判。这种做法就是错误的，因为翻译人员的回避必须由人民法院院长决定，而不能由审判长决定。同样，如果在法庭审理中申请书记员、鉴定人员的回避，也必须由人民法院院长决定，而不能由审判长决定。

在审判阶段，当事人及其法定代理人申请出庭的检察人员回避的，人民法院应当决定休庭，并通知人民检察院（《高法解释》第31条）。

（三）侦查人员在回避决定前不能停止对案件的侦查

在作出回避决定前，申请或者被申请回避的公安机关负责人、侦查人员不得停止对案件的侦查（《刑事诉讼法》第30条第2款；《公安规定》第36条）。人民检察院直接受理案件的侦查人员或者进行补充侦查的人员在回避决定作出以前或者复议期间，不得停止对案件的侦查（《高检规则》第29条）。

（四）回避决定前诉讼活动的效力问题

被决定回避的公安机关负责人、侦查人员、鉴定人、记录人和翻译人员，在回避决定作出以前所进行的诉讼活动是否有效，由作出决定的机关根据案件情况决定（《公安规定》第37条）。

因符合《刑事诉讼法》第28条或者第29条规定的情形之一而回避的检察人员，在回避决定作出以前所取得的证据和进行的诉讼行为是否有效，由检察委员会或者检察长根据案件具体情况决定（《高检规则》第31条）。

（五）对不符合法定回避理由的处理

在审判阶段，不属于《刑事诉讼法》第28条、第29条所列情形的回避申请，由法庭当庭驳回，并不得申请复议（《高法解释》第30条）。例如，在某案的法庭审理中，被告人申请合议庭组成人员之一的审判员刘某回避，理由是刘某的态度过于严厉。审判长经过与合议庭其他成员的合议，当庭驳回了被告人的申请，并告知被告人不得申请复议。这种做法是符合现行司法解释的规定的，其立法理由在于防止当事人及其法定代理人以拖延诉讼为目的滥用申请回避权。在这个例子中，如果审理该案的不是合议庭，而是独任庭，那么独任审理案件的审判员也可以当庭驳回被告人的申请，并且不得申请复议。

## 五、对驳回申请回避的决定的复议

《刑事诉讼法》第30条第3款规定："对驳回申请回避的决定，当事人及其法定代理人可以申请复议一次。"第31条规定："辩护人、诉讼代理人可以依照本章的规定要求回避、申请复议。"对此，人民法院、人民检察院和公安机关在司法解释和规定中作出了明确规定：

在侦查和审查起诉阶段，公安机关或者人民检察院作出驳回申请回避的决定后，应当告知当事人及其法定代理人等，如不服本决定，可以在收到《驳回申请回避决定书》后5日内向原决定机关申请复议一次（《公安规定》第35条；《高检规则》第27条）。当事人及其法定代理人对驳回申请回避的决定不服申请复议的，决定机关应当在5日（公安机关）或3日（检察机关）以内作出复议决定并书面通知申请人（《公安规定》第35条；《高检规则》第28条）。

在审判阶段，当事人及其法定代理人等申请回避被驳回的，可以在接到决定时申请复议一次（《高法解释》第28条）。

# 观点探讨

## 一、"律师回避"的问题

对于《高法解释》第36条和《法官法》第17条第3款的规定，以及2011年2月10日最高人民法院公布的《律师法官任职回避》，有些人将其称为"律师回避"。诉讼法上规定的回避制度的适用范围是审判人员、检察人员、侦查人员、书记员、翻译人员和鉴定人，并不适用于律师。而上述规定则是律师在某种情况下不能担任辩护人和诉讼代理人；如果是法院领导干部和审判、执行岗位法官的配偶、子女，则不能在该法院的辖区内从事律师职业。这种对律师的限制与《刑事诉讼法》规定的回避制度是不同的。《刑事诉讼法》规定的回避是为了防止司法工作人员不公正地处理案件，包括实体上和程序上的不公正；而律师并没有处理案件的权力，禁止律师在某种情形下担任诉讼代理人或者辩护人与回避的制度功能似乎没有关系。

上述规定出台的背景是，很长一段时间以来，有些律师依赖“我的某某亲属在法院工作”来招揽生意，在社会上造成了恶劣影响。审判人员和法院其他工作人员的近亲属在该法院代理案件，既不利于法院依法公正处理案件，也引起公众对法院审判活动的不满和怀疑。上述规定的出台，有利于保证审判公正，净化法律服务市场，规范律师执业行为，遏制司法腐败。但是，也有人对其提出了质疑。① 反对的理由主要有：

首先，在只有一家法院的县域内执行这条规定的难处很多。在区县，只有一个基层人民法院，由于地域和经济环境的限制，决定了区县级律师绝大多数业务来源于诉讼。区县的律师业务量原本就不如大中城市的律师，非诉讼代理业务又很少，该条规定对很多律师的执业造成了严重的影响。如果是法院领导干部和审判、执行岗位法官的配偶、子女，要么不从事律师职业，要么法官放弃领导、审判、执行岗位。

其次，《高法解释》第 36 条从法律的角度看是不妥当的。第一，律师回避的规定从立法上看，是用司法解释的形式修改了《刑事诉讼法》《民事诉讼法》和《行政诉讼法》中有关回避的规定。司法解释只能是对在适用法律过程中具体应用法律问题作出解释，不能和全国人民代表大会制定的法律相抵触，也不能对法律的有关规定进行限制性或者扩大性解释。第二，律师回避有悖于回避制度的原意。司法制度中的回避，通常是指司法人员不得承办与其有特殊关系的案件，以防止徇私舞弊；因此，回避的主体都是执行公务的人员，因为他们对案件的处理有着决定权。而要求律师回避则不符合情理，律师只是为社会提供法律服务的执业人员，他在诉讼中提出的意见只供司法人员参考，并不对案件的处理起决定作用。如果由于律师与办案人员的关系可能影响案件的公正处理，回避的主体也应该是办案人员而非律师。第三，这一规定不可能根治司法不公，因为《高法解释》只限制了配偶、子女或者父母，而对于其他直系血亲、旁系血亲、姻亲、情人、朋友、同学、老乡等，并没有限制，而这些人完全可能导致“人情案”“关系案”“金钱案”。更普遍的是，属于应当回避的律师与不属于回避之列的律师联手办理诉讼案件，然后律师费用分成，也会使这条规定无法达到预定的效果。

最后，实现司法公正的现实关键在于司法体制的改革，法官队伍素质的提高，同时律师队伍也必须严格自律，加强职业道德建设，加大对律师违纪的处罚力度。如果仅以律师与法院、检察院工作人员之间的血缘关系以及曾经的工作关系，就规定律师不得担任辩护人和诉讼代理人，实则是舍本逐末之举。

根据这些分析，反对观点认为《高法解释》第 36 条属于“律师却要承担法官为维护司法公正而应履行的回避义务，显然有‘法官自卸义务，把律师当成法官’之嫌”。因此，《高法解释》中第 23 条中的“审判人员具有下列情形之一的，应当自行回避，当事人及其法定代理人有权申请其回避：……（四）与本案的辩护人、诉讼代理人有近亲属关系的……”就已经足够；或者，为了确保实现司法公正，可以改为：“审判人员及法院其他工作人员的配偶、子女或者父母，担任其所在法院审理案件的诉讼代理人或者辩护人的，该法院可以以不宜行使管辖权为由报请上级人民法院指定管辖。”

---

① 洪艳蓉．司法改革中的律师回避问题．法学，2001（7）；洪艳蓉．我国司法改革中的法官回避与律师回避问题．厦门大学法律评论，2001（2）；湖南潇平所．律师为何要回避——关于请求撤销《关于审判人员严格执行回避制度的若干规定》违法条款的报告．中国律师，2000（7）；李昌林．刑事诉讼法官回避制度的完善．人民司法，2006（4）．

## 二、是否增加无因回避

根据申请回避是否需要提出理由，回避在理论上可分为有因回避和无因回避。无因回避是指无须提供任何理由的回避。我国现行刑事诉讼法没有规定无因回避制度，有学者主张在我国增设无因回避，理由是：现有有因回避制度实用性差，申请回避实施程序中举证责任不清，使回避权利虚设，无因回避制度是对这一局限的弥补；无因回避是实现司法程序公正的必然要求，也是当事人实现司法民主权利的保障；无因回避有助于减少控辩双方的上诉或抗诉几率，能够增强双方对第一审的信服程度和程序正义感；实行无因回避制度，有利于人民陪审制的完善。因此，建议我国建立无因回避和有因回避相结合的回避申请制度。①

案例导引答案

① 高丽丽，韩金儒．试论我国无因回避制度设立的必要性及可行性．青海师专学报（教育科学），2007（2）．

# | 第十一章 |
# 辩护与代理

## 案例导引

### 一、可能被判处死刑的被告人能否拒绝指派的辩护人为其辩护

甲因故意杀人罪被起诉到某中级人民法院，法院通知法律援助机构为其指派律师乙担任辩护人。开庭后，甲提出拒绝乙为其辩护。法院准许了甲的拒绝，并通知法律援助机构为其另行指派律师丙担任辩护人。重新开庭后，甲再次拒绝丙为其辩护。问：人民法院是否应准许？

### 二、被害人的诉讼代理人是否有权阅卷和调查取证

甲是一起强奸案件的被害人，在诉讼过程中甲聘请律师乙作为自己的诉讼代理人。问：乙是否有权查阅案卷和向有关单位和个人调查取证？

## 基本理论

## 第一节　辩护

### 一、辩护制度概述

辩护制度，是法律规定的关于辩护权、辩护种类、辩护方式、辩护人的范围、辩护人的责任、辩护人的权利和义务等一系列规范的总称。辩护制度主要是由《刑事诉讼法》总则第四章规定的，是犯罪嫌疑人、被告人有权获得辩护这一宪法原则的具体体现。此外，《律师法》以及司法解释中也有对辩护的规定。“辩护”一词，可以有多种不同的理解，例如：

1. 辩护是被追诉人最为重要的一项诉讼权利。《宪法》第 130 条规定：“被告人有权获得辩护。”《刑事诉讼法》第 11 条规定：“被告人有权获得辩护，人民法院有义务保证被告人获得辩护。”辩护权是我国法律赋予犯罪嫌疑人、被告人的一项重要的诉讼权利，其内容是针对控诉进行辩解和反驳，维护犯罪嫌疑人、被告人的合法权益。

2. 辩护是刑事诉讼的基本职能之一。传统诉讼理论认为，刑事诉讼由三大基本职能构成：控诉职能、辩护职能和审判职能。辩护人与犯罪嫌疑人、被告人一道，执行辩护职能。辩护人依据事实和法律，反驳控诉，进行辩护，提出犯罪嫌疑人、被告人无罪、罪轻或者减轻、免除

其刑事责任的材料和意见，使得审判人员兼听则明，根据控诉、辩护双方提出的事实和证据，依据法律作出公正的裁决。

3. 辩护是刑事诉讼中与控方相互对抗的一方。刑事诉讼是国家（或者自诉人）主张公民有罪，并由法院居中作出裁判的活动。在这一活动中，国家或者自诉人是“控方”，而被告人及其辩护人则是“辩方”。在《高法解释》中经常使用“控辩双方”一词，就是指公诉人（控方）和被告人及其辩护人（辩方）。如果将刑事诉讼比作一场球赛，则辩方是与控方对抗的一支球队，而法院则是裁判。

4. 辩护是一项重要的刑事诉讼活动。辩护是实现辩护权的手段和方法。辩护的具体活动包括：查阅控方的证据材料；会见在押的犯罪嫌疑人、被告人；申请取保候审；独立收集辩方证据、核实控方证据；申请排除证据；在法庭上提出本方证据、询问本方证人，反驳控方证据、反询问控方证人，在法庭上通过对询问内容或者方式提出异议来保护本方证人并制止控方的不当发问；参加法庭辩论；经被告人同意提出上诉；等等。以上活动中，申请取保候审、申请排除证据、对询问内容或者方式提出异议，属于程序上的辩护。可见，辩护并不仅仅限于提出无罪、罪轻的材料和意见这种实体上的辩护。

我国现代意义上的辩护制度是清末从西方引进和移植的。后来，国民党政府于1928年和1941年分别制定和颁行了《律师章程》和《律师法》。1949年中华人民共和国成立，废除了国民党时期的法律。1954年新中国第一部宪法将“被告人有权获得辩护”规定为宪法原则，但是后来由于种种原因，律师制度基本夭折。1979年制定的《刑事诉讼法》规定了律师辩护制度，1980年8月全国人大常委会通过了《律师暂行条例》。这一条例的颁布实施，成为我国重建律师辩护制度的重要标志。1996年3月修改《刑事诉讼法》的时候，在确认原有的辩护制度的基础上，规定了指定辩护制度、律师在侦查阶段参加刑事诉讼，并将辩护人介入刑事诉讼的时间提前到案件移送审查起诉之日起。1996年5月全国人大常委会制定了《律师法》，后来经过2001年12月、2007年10月、2012年10月和2017年9月四次修正。该法对完善律师制度，保障律师依法执行业务，规范律师的行为，维护当事人的合法权益，维护法律的正确实施，发挥律师在社会主义法制建设中的积极作用，发挥了重大作用，标志着我国律师制度的发展进入新的阶段。2003年7月国务院通过了《法律援助条例》，确立了国家为经济困难的公民提供免费律师服务的制度，从而使我国的律师制度，特别是在刑事诉讼中被追诉人获得律师帮助的制度，得到了进一步的发展。2012年《刑事诉讼法》把辩护人介入的时间提前到侦查阶段，并扩大了应当法律援助的范围。

## 二、辩护人的范围

辩护人，是指受犯罪嫌疑人、被告人的委托或法律援助机构的指派，帮助犯罪嫌疑人、被告人行使辩护权，以维护其合法权益的人。

关于辩护人的人数，《刑事诉讼法》第32条规定，犯罪嫌疑人、被告人除自己行使辩护权以外，还可以委托一至二人作为辩护人。一名犯罪嫌疑人、被告人委托辩护人不得超过2人（《高检规则》第40条；《高法解释》第38条）。被委托的辩护人既可以都是律师，也可以都是其他辩护人，或者可以委托一名律师、一名其他辩护人。

鉴于犯罪嫌疑人、被告人之间存在着利害关系，在共同犯罪的案件中，一名辩护人不得为两名以上的同案犯罪嫌疑人、被告人辩护（《高检规则》第38条第2款；《高法解释》第38条）。

（一）可以担任辩护人的人

《刑事诉讼法》第 32 条第 1 款规定了辩护人的范围，下列人员可以被委托为辩护人：

1. 律师

依据《律师法》第 2 条的规定，我国律师是指依法取得律师执业证书，接受委托或者指定，为当事人提供法律服务的执业人员。该法第 13 条规定，没有取得律师执业证书的人员，不得以律师名义从事法律服务业务；除法律另有规定外，不得从事诉讼代理或者辩护业务。

2. 人民团体或者犯罪嫌疑人、被告人所在单位推荐的人

由于目前我国某些地区的律师队伍不能满足实际需要，为有效地维护犯罪嫌疑人、被告人的合法权益，工会、妇联、共青团等群众性团体以及犯罪嫌疑人、被告人所在单位，可以推荐公民担任刑事案件的辩护人。犯罪嫌疑人、被告人可以向上述人民团体提出要求，由这些团体推荐人员为其提供法律帮助。通常被推荐的人员熟悉法律并有一定的辩护能力。

3. 犯罪嫌疑人、被告人的监护人、亲友

未成年的犯罪嫌疑人、被告人的监护人是其父母，其父母已经死亡或者没有监护能力的，其祖父母、外祖父母、兄、姐或者关系密切的其他亲友可以依法作为监护人。至于亲友，是指犯罪嫌疑人、被告人的亲朋好友，包括犯罪嫌疑人、被告人的亲属以及与之有比较密切关系的朋友。

现行法律规定非律师的上述两种人可以担任辩护人，是为弥补目前某些地区司法实践中辩护律师数量不足，切实解决犯罪嫌疑人、被告人请律师难的问题，及时、有效地维护犯罪嫌疑人、被告人的诉讼权利。

律师、人民团体、犯罪嫌疑人、被告人所在单位推荐的公民以及犯罪嫌疑人、被告人的监护人、亲友，被委托为辩护人的，人民检察院或者人民法院应当核实其身份证明和辩护委托书（《高检规则》第 44 条第 2 款；《高法解释》第 37 条）。

（二）不能担任辩护人的人

法律和司法解释在规定了哪些人可以担任辩护人的同时，也规定了哪些人不能担任辩护人。《刑事诉讼法》第 32 条第 2 款规定："正在被执行刑罚或者依法被剥夺、限制人身自由的人，不得担任辩护人。"《高法解释》第 35 条具体规定了下列人员不得被委托担任辩护人（《高检规则》第 38 条的规定与此大致相同）：

1. 被宣告缓刑和刑罚尚未执行完毕的人。应当注意的是，主刑已经执行完毕但仍在被执行剥夺政治权利的人，也不得担任辩护人。

2. 依法被剥夺、限制人身自由的人。依法被剥夺、限制人身自由的人包括被专门机关采取了逮捕、拘留、监视居住、取保候审等刑事诉讼强制措施或者依据其他法律、法规被限制或者剥夺人身自由的人。

3. 无行为能力或者限制行为能力的人。

4. 人民法院、人民检察院、公安机关、国家安全机关、监狱的现职人员。

5. 人民陪审员。

6. 与本案审理结果有利害关系的人。

7. 外国人或者无国籍人。

以上第 4、5、6、7 项规定的人员，如果是被告人的近亲属或者监护人，由被告人委托担任辩护人的，人民法院可以准许。

另外，《律师法》第 11 条规定："公务员不得兼任执业律师。律师担任各级人民代表大会常务委员会组成人员的，任职期间不得从事诉讼代理或者辩护业务。"第 41 条规定："曾经担任法官、检察官的律师，从人民法院、人民检察院离任后二年内，不得担任诉讼代理人或者辩护人。"

在我国进行的刑事诉讼中，外国籍犯罪嫌疑人委托辩护人的，应当委托在中华人民共和国的律师事务所执业的律师（《公安规定》第 359 条）。外国人（或者无国籍人）委托律师辩护的，以及附带民事诉讼的原告人、自诉人委托律师代理诉讼的，应当委托具有中国律师资格并依法取得执业证书的律师（《高法解释》第 402 条）。

## 三、辩护人参加刑事诉讼的时间

委托辩护人介入刑事诉讼的时间，因案件是公诉案件还是自诉案件而不同。《刑事诉讼法》第 33 条规定："犯罪嫌疑人自被侦查机关第一次讯问或者采取强制措施之日起，有权委托辩护人；在侦查期间，只能委托律师作为辩护人。被告人有权随时委托辩护人。侦查机关在第一次讯问犯罪嫌疑人或者对犯罪嫌疑人采取强制措施的时候，应当告知犯罪嫌疑人有权委托辩护人。人民检察院自收到移送审查起诉的案件材料之日起三日以内，应当告知犯罪嫌疑人有权委托辩护人。人民法院自受理案件之日起三日以内，应当告知被告人有权委托辩护人。犯罪嫌疑人、被告人在押期间要求委托辩护人的，人民法院、人民检察院和公安机关应当及时转达其要求。"

1. 公诉案件

公诉案件中犯罪嫌疑人有权委托辩护人的时间是"被第一次讯问或者采取强制措施之日起"，即从侦查阶段就有权委托辩护人。

侦查机关在第一次讯问犯罪嫌疑人或者对犯罪嫌疑人采取强制措施的时候，应当告知犯罪嫌疑人有权委托辩护人（《公安规定》第 41 条；《高检规则》第 36 条）。

人民检察院自收到移送审查起诉的案件材料之日起 3 日内，应当告知犯罪嫌疑人有权委托辩护人。告知可以采取口头或者书面方式。口头告知的，应当记明笔录，由被告知人签名；书面告知的，应当将送达回执入卷。在押或者被指定居所监视居住的犯罪嫌疑人要求委托辩护人的，侦查部门、侦查监督部门和公诉部门应当及时向其监护人、近亲属或者其指定的人员转达其要求，并记录在案（《高检规则》第37 条）。

依据《刑事诉讼法》第 33 条规定，人民法院自受理案件之日起三日以内，应当告知被告人有权委托辩护人。

2. 自诉案件

自诉案件中被告人有权委托辩护人的时间是"随时"，即没有时间上的限制。人民法院受理自诉案件后 3 日内，应当告知被告人有权委托辩护人（《高法解释》第 39 条）。

犯罪嫌疑人、被告人在押的，也可以由其监护人、近亲属代为委托辩护人。辩护人接受犯罪嫌疑人、被告人委托后，应当及时告知办理案件的机关（《刑事诉讼法》第 33 条第 3 款、第 4 款）。

## 四、辩护人的责任

《刑事诉讼法》第 35 条规定："辩护人的责任是根据事实和法律，提出犯罪嫌疑人、被告人无罪、罪轻或者减轻、免除其刑事责任的材料和意见，维护犯罪嫌疑人、被告人的诉讼权利和其他合法权益。”《律师法》第31条也规定：“律师担任辩护人的，应当根据事实和法律，提出犯罪嫌疑人、被告人无罪、罪轻或者减轻、免除其刑事责任的材料和意见，维护犯罪嫌疑人、被告人的诉讼权利和其他合法权益。”

辩护人作为独立的诉讼参与人之一，具有独立的诉讼地位。在刑事诉讼中，辩护人与犯罪嫌疑人、被告人共同构成辩护方，一起执行辩护职能，而辩护职能作为刑事诉讼的基本职能之一，是独立于控诉职能和审判职能之外的。辩护人具有独立的诉讼参与人身份，依照事实和法律进行辩护，不受控诉机关或者审判机关的干涉。

至于辩护人能否与犯罪嫌疑人、被告人意见不同，一般认为，辩护人的辩护活动独立于犯罪嫌疑人、被告人的意志之外，不受犯罪嫌疑人、被告人的意志左右。不过，法律明确规定了被告人有权拒绝辩护人继续为其辩护，如果辩护人的意见和活动损害了被告人的利益，被告人有权拒绝该辩护人，重新委托辩护人或者要求重新为其指派辩护人。如果被告人拒绝辩护的次数已经用尽，而导致只能由该律师继续进行辩护的，则在法庭上各自陈述自己的意见。

辩护人除了在实体上为犯罪嫌疑人、被告人辩护外，还应当维护其诉讼权利，即为其提供程序性辩护，如申请证据排除、以一审程序违法为由要求二审发回重审等。

## 五、辩护人的权利和义务

### （一）辩护人的权利

应当注意，在刑事诉讼中，律师与其他辩护人的诉讼权利不同，辩护人在不同诉讼阶段诉讼权利也不同。在这里介绍的是审查起诉和审判阶段辩护人的权利，侦查阶段辩护律师的权利见本节的“侦查阶段犯罪嫌疑人委托辩护律师”。具体说，辩护人的诉讼权利有：

1. 会见权

《刑事诉讼法》第37条规定：“辩护律师可以同在押的犯罪嫌疑人、被告人会见和通信。其他辩护人经人民法院、人民检察院许可，也可以同在押的犯罪嫌疑人、被告人会见和通信。辩护律师持律师执业证书、律师事务所证明和委托书或者法律援助公函要求会见在押的犯罪嫌疑人、被告人的，看守所应当及时安排会见，至迟不得超过四十八小时。”“自案件移送审查起诉之日起，可以向犯罪嫌疑人、被告人核实有关证据。辩护律师会见犯罪嫌疑人、被告人时不被监听。”

看守所应当设立会见预约平台，采取网上预约、电话预约等方式为辩护律师会见提供便利。看守所应当采取必要措施，保障会见顺利和安全进行。看守所应当保障律师履行职责需要的会见时间和次数（《关于依法保障律师执业权利的规定》第7条）。

辩护律师也有权与被监视居住的犯罪嫌疑人、被告人会见和通信，适用上面引用的除“看守所安排”以外的各项规定（《刑事诉讼法》第37条第5款）。

2. 阅卷权

《刑事诉讼法》第38条规定：辩护律师自人民检察院对案件审查起诉之日起，可以查阅、摘抄、复制本案的案卷材料。其他辩护人经人民法院、人民检察院许可，也可以查阅、摘抄、复制上述材料。辩护人复制案卷材料的，只收取工本费；法律援助律师复制必要的案卷材料的，应当免收或减收费用（《高法解释》第59条；《高检规则》第49条第3款）。有条件的地方可以推行电子化阅卷，允许刻录、下载材料。辩护律师查阅、摘抄、复制的案卷材料属于国家秘密的，应当经过人民法院、人民检察院同意并遵守国家保密规定，律师不得违反规定披露、散布案件重要信息和案卷材料，或将其用于本案辩护、代理以外的用途（《关于依法保障律师执业权利的规定》第14条）。

（1）审查起诉阶段

在审查起诉中，人民检察院应当允许被委托的辩护律师查阅、摘抄、复制本案的案卷材料，包括诉讼文书和证据材料。

律师以外的辩护人向人民检察院申请查阅、摘抄、复制本案的案卷材料的，人民检察院公诉部门应当对申请人是否具备辩护人资格进行审查并提出是否许可的意见，在3日以内报检察长决定并书面通知申请人。具有下列情形之一的，人民检察院可以不予许可：1）同案犯罪嫌疑人在逃的；2）案件事实不清，证据不足，或者遗漏罪行、遗漏同案犯罪嫌疑人需要补充侦查的；3）涉及国家秘密或者商业秘密的；4）有事实表明存在串供、毁灭、伪造证据或者危害证人人身安全可能的（《高检规则》第48条）。

辩护律师或者经过许可的其他辩护人查阅、摘抄和复制本案的案卷材料，由案件管理部门及时安排，由公诉部门提供案卷材料。因公诉部门工作等原因无法及时安排的，应当向辩护人说明，并安排辩护人自即日起3个工作日以内阅卷，公诉部门应当予以配合。查阅、摘抄和复制本案的案卷材料应当在人民检察院设置的专门场所进行。必要时，人民检察院可以派员在场协助（《高检规则》第49条）。

（2）审判阶段

人民法院应当为辩护律师查阅、摘抄、复制本案的案卷材料提供方便，并保证必要的时间。其他辩护人经人民法院准许，可以查阅、摘抄、复制本案的案卷材料。但审判委员会和合议庭的讨论记录以及其他依法不公开的材料，辩护律师和其他辩护人不得查阅、摘抄、复制（《高法解释》第47条）。

3. 调查取证权

《刑事诉讼法》第39条规定："辩护人认为在侦查、审查起诉期间公安机关、人民检察院收集的证明犯罪嫌疑人、被告人无罪或者罪轻的证据材料未提交的，有权申请人民检察院、人民法院调取。"第41条规定："辩护律师经证人或者其他有关单位和个人同意，可以向他们收集与本案有关的材料，也可以申请人民检察院、人民法院收集、调取证据，或者申请人民法院通知证人出庭作证。辩护律师经人民检察院或者人民法院许可，并且经被害人或者其近亲属、被害人提供的证人同意，可以向他们收集与本案有关的材料。"

（1）审查起诉阶段

辩护律师向人民检察院提出申请要求向被害人或者其近亲属、被害人提供的证人收集与本案有关的材料的，人民检察院应当在接到申请后7日内作出是否许可的决定，通知辩护律师。人民检察院没有许可的，应当书面说明理由（《高检规则》第53条）。

辩护律师申请人民检察院收集、调取证据的，人民检察院认为需要收集、调取证据的，应当决定收集、调取并制作笔录附卷；决定不予收集、调取的，应当书面说明理由。人民检察院根据辩护律师的申请收集、调取证据时，辩护律师可以在场（《高检规则》第52条）。

（2）审判阶段

辩护律师申请向被害人及其近亲属、被害人提供的证人收集与本案有关的材料，人民法院认为确有必要的，应当签发准许调查书（《高法解释》第50条）。

辩护律师向证人或者有关单位和个人收集、调取与本案有关的材料，因证人、有关单位和个人不同意，申请人民法院收集、调取，或者申请通知证人出庭作证，人民法院认为有必要的，应当同意（《高法解释》第 51 条）。

辩护律师直接申请人民法院收集、调取证据，人民法院认为确有收集、调取必要，且不宜或者不能由辩护律师收集、调取的，应当同意。人民法院收集、调取证据材料时，辩护律师可以在场。收集、调取证据材料后，应当及时通知辩护律师查阅、摘抄、复制，并告知人民检察院（《高法解释》第 52 条）。

辩护律师向人民法院提出的以上三种申请，应当以书面形式提出，并说明申请的理由，列出需要调查问题的提纲（《高法解释》第 53 条）。

4. 被听取意见权

侦查机关在案件侦查终结前，人民检察院、人民法院在审查批准、决定逮捕期间，最高人民法院在复核死刑案件期间，辩护律师提出要求的，办案机关应当听取辩护律师的意见。人民检察院审查起诉、第二审人民法院决定不开庭审理的，应当充分听取辩护律师的意见（《关于依法保障律师执业权利的规定》第 21 条）。

5. 参加法庭调查和辩论的权利

在案件的审判阶段，辩护人有权至迟在开庭 3 日以前接到人民法院的出庭通知书。

在法庭审理过程中，辩护人经审判长许可，可以对证据和案件情况发表意见并且可以与公诉人、被害人及其诉讼代理人进行辩论，可以向被告人、证人、鉴定人等发问。有权申请通知新的证人到庭，调取新的物证，申请重新鉴定或者勘验。

法庭审理过程中，遇有被告人供述发生重大变化、拒绝辩护等重大情形，经审判长许可，辩护律师可以与被告人进行交流（《关于依法保障律师执业权利的规定》第 33 条）。

在法庭审理过程中，辩护律师在提供被告人无罪或者罪轻的证据时，认为在侦查、审查起诉过程中侦查机关、人民检察院收集的证明被告人无罪或者罪轻的证据需要在法庭上出示的，可以申请人民法院向人民检察院调取该证据材料（《刑事诉讼法》第 39 条；《高法解释》第 224 条）。

6. 经被告人同意的上诉权

经被告人同意，辩护人可以对第一审尚未发生法律效力的判决或者裁定提出上诉。

7. 进行法律规定的其他辩护活动的权利

辩护人可以进行申请回避、提出管辖权异议、申请非法证据排除等一系列程序性辩护，还可以进行其他的辩护活动。例如，对于人民法院、人民检察院或者公安机关采取强制措施超过法定期限的，辩护人有权要求解除强制措施；辩护人有权代理犯罪嫌疑人、被告人提出针对不起诉决定或生效判决、裁定的申诉；依法担任辩护人，其依法执业受法律保护，任何组织和个人不得侵害律师的合法权益。辩护人在执业活动中的人身权利不受侵犯。

8. 律师职业特权

《刑事诉讼法》第 46 条规定："辩护律师对在执业活动中知悉的委托人的有关情况和信息，有权予以保密。但是，辩护律师在执业活动中知悉委托人或者其他人，准备或者正在实施危害国家安全、公共安全以及严重危害他人人身安全的犯罪的，应当及时告知司法机关。"这一规定表明，律师与委托人之间的交流属保密性质，受职业特权保护。

9. 对阻碍行使诉讼权利的提出申诉、控告

《刑事诉讼法》第 47 条规定："辩护人、诉讼代理人认为公安机关、人民检察院、人民法院及其工作人员阻碍其依法行使诉讼权利的，有权向同级或者上一级人民检察院申诉或者控告。

人民检察院对申诉或者控告应当及时进行审查，情况属实的，通知有关机关予以纠正。”

（二）辩护人的义务

1. 不得伪造证据

《刑事诉讼法》第 42 条规定：“辩护人或者其他任何人，不得帮助犯罪嫌疑人、被告人隐匿、毁灭、伪造证据或者串供，不得威胁、引诱证人作伪证以及进行其他干扰司法机关诉讼活动的行为。违反前款规定的，应当依法追究法律责任，辩护人涉嫌犯罪的，应当由办理辩护人所承办案件的侦查机关以外的侦查机关办理。辩护人是律师的，应当及时通知其所在的律师事务所或者所属的律师协会。”《刑法》第 306 条规定，在刑事诉讼中，辩护人毁灭、伪造证据，帮助当事人毁灭、伪造证据，威胁、引诱证人违背事实改变证言或者作伪证的，处 3 年以下有期徒刑或者拘役；情节严重的，处 3 年以上 7 年以下有期徒刑。

这条规定中包含了律师执业中涉嫌犯罪改变管辖的规定。公安机关、人民检察院发现辩护人涉嫌犯罪，或者接受报案、控告、举报、有关机关的移送，依照侦查管辖分工进行审查后认为符合立案条件的，应当按照规定报请办理辩护人所承办案件的侦查机关的上一级侦查机关指定其他侦查机关立案侦查，或者由上一级侦查机关立案侦查。不得指定办理辩护人所承办案件的侦查机关的下级侦查机关立案侦查（《六机关规定》第 9 条）。

2. 特定证据的证据开示

《刑事诉讼法》第 40 条规定：“辩护人收集的有关犯罪嫌疑人不在犯罪现场、未达到刑事责任年龄、属于依法不负刑事责任的精神病人的证据，应当及时告知公安机关、人民检察院。”这一规定的目的是防止证据突袭，给控方核实和准备反驳这些证据的必要时间。

对于律师担任辩护人的，还需要遵守律师法中对律师执业的相关规定。

3. 不得假冒律师和非法从事法律服务

对未取得律师执业证书或者已经被注销、吊销执业证书的人员以律师名义提供法律服务或者从事相关活动的，或者利用相关法律关于公民代理的规定从事诉讼代理或者辩护业务非法牟利的，依法追究责任；造成严重后果的，依法追究刑事责任（《关于依法保障律师执业权利的规定》第 46 条）。

## 六、辩护的种类

依据法律规定，我国刑事诉讼中辩护的种类有三种：自行辩护、委托辩护和指派辩护。

（一）自行辩护

自行辩护是犯罪嫌疑人、被告人针对控诉进行辩解和反驳，自己为自己所作的辩护。这种方式贯穿刑事诉讼的始终，无论是刑事案件的侦查、起诉或者审判阶段，犯罪嫌疑人、被告人都有权自行辩护。自行辩护是犯罪嫌疑人、被告人行使辩护权的重要方式。犯罪嫌疑人、被告人是刑事诉讼的中心人物，是被追究刑事责任的对象。他们对是否实施了犯罪、如何实施的以及犯罪的后果最清楚，为保护自己不受非法追究或者是罚当其罪，他们会竭力提供对自己有利的各种事实和证据，证明自己无罪、罪轻和应当或者可以减轻处罚。法律保护犯罪嫌疑人、被告人的自行辩护权。自行辩护也是犯罪嫌疑人、被告人实现其辩护权的最基本的方式。

（二）委托辩护

在刑事案件的侦查、审查起诉和审判阶段，犯罪嫌疑人、被告人除自行辩护以外，依法还有权委托辩护人为其辩护。即犯罪嫌疑人、被告人为了更有效地维护其合法权益，在自行辩护的同时，可以委托辩护人帮助其进行辩护。犯罪嫌疑人、被告人依法可以委托律师、人民团体及其所在单位推荐的人或者其监护人、亲友作为辩护人，但在侦查期间，只能委托律师作为辩护人。这种委托依犯罪嫌疑人、被告人的意愿进行，是其重要的诉讼权利。

委托辩护并不只限于侦查、审查起诉阶段和第一审程序。在第二审程序中，被告人除自行辩护外，还可以继续委托第一审辩护人或者另行委托辩护人辩护。共同犯罪案件，只有部分被告人提出上诉或者人民检察院只就第一审人民法院对部分被告人的判决提出抗诉的，其他同案被告人也可以委托辩护人辩护（《高法解释》第316条）。

犯罪嫌疑人、被告人可以自己委托辩护人，也可以由其监护人、近亲属代为委托辩护人（《刑事诉讼法》第33条第3款）。

（三）指派辩护

指派辩护是当刑事案件遇有法定情形时，法律援助机构指派律师为犯罪嫌疑人、被告人进行的辩护。联合国《关于律师作用的基本原则》规定："各国政府应确保拨出向穷人并在必要时向其他处境不利的人提供法律服务所需的资金和其他资源。律师专业组织应在安排和提供服务、便利和其他资源方面进行合作。""任何没有律师的人在司法需要情况下均有权获得按犯罪性质指派给他的一名有经验和能力的律师以便得到有效的法律协助，如果他无足够力量为此种服务支付费用，可不交费。"我国刑事诉讼中的指派辩护体现了联合国文件的精神，使法定情形下的犯罪嫌疑人、被告人也能够得到法律帮助。

（四）三种辩护方式的不同

三种辩护方式中，委托辩护较之其他两种方式，作用较大，是犯罪嫌疑人、被告人实现其辩护权的主要和重要的方式。

委托辩护与自行辩护相比，有以下不同：第一，自行辩护的主体是犯罪嫌疑人、被告人，他们是依法被追究刑事责任的对象，与案件结局有着直接的利害关系。由于可能被科以刑罚，他们往往思想顾虑较重，不敢辩护或者不敢充分辩护。而辩护人在刑事诉讼中具有独立的诉讼地位，依法为犯罪嫌疑人、被告人进行辩护是其固有的职责，其依法执行职责的行为受到法律的保护。他们应当并且能够依法维护犯罪嫌疑人、被告人的合法权益，使其不受侵犯。第二，由于犯罪嫌疑人、被告人在刑事诉讼中大多被采取了强制措施，人身自由受到不同程度的限制甚至被剥夺，无法收集证据和进行必要的调查活动，不具备充分为辩护做准备的客观条件。而法律赋予了辩护律师在刑事诉讼中依法调查和取证权，其他辩护人也有比犯罪嫌疑人、被告人优越的客观条件，可以为辩护做充分的准备。第三，犯罪嫌疑人、被告人大多欠缺法律专业知识，不善于正确运用法律维护其自身的合法权利。而辩护律师具有良好的专业业务素质和丰富的诉讼经验。其他辩护人一般也有能力有效地保护委托人的合法权益。

委托辩护与指派辩护相比，有以下不同：第一，指派辩护的适用范围有局限。法律规定指派辩护只适用于特定的情形之下，而该范围在刑事案件中所占比例有限。因此，指派辩护的适用范围较小。相比之下，委托辩护的适用范围并无限制，极为广泛。第二，委托辩护中犯罪嫌疑人、被告人有很大的选择余地，可以选择他满意的律师；指派辩护中他的选择余地很小，只能通过拒绝辩护人为其辩护才能更换律师。根据《高法解释》的规定他只能更换一次。第三，委托辩护的人员范围大于指派辩护。只有律师才可以接受法律援助机构的指派成为犯罪嫌疑人、被告人的辩护人，但依法可以接受委托成为犯罪嫌疑人、被告人的辩护人的人员除律师以外，还有人民团体或者犯罪嫌疑人、被告人所在单位推荐的人以及犯罪嫌疑人、被告人的监护人、亲友。

## 七、辩护人拒绝辩护或者被告人拒绝辩护

### （一）辩护人拒绝辩护

《律师法》第 32 条第 2 款规定："律师接受委托后，无正当理由的，不得拒绝辩护或者代理。但是，委托事项违法、委托人利用律师提供的服务从事违法活动或者委托人故意隐瞒与案件有关的重要事实的，律师有权拒绝辩护或者代理。"

对于辩护人依照有关规定当庭拒绝继续为被告人进行辩护的，合议庭应当准许。如果被告人要求另行委托辩护人，合议庭应当宣布延期审理，由被告人另行委托辩护人或者由法律援助机构为其另行指派辩护律师（《高法解释》第 255 条）。

### （二）被告人拒绝辩护人继续为其辩护

犯罪嫌疑人、被告人可以拒绝辩护人为其辩护。《刑事诉讼法》第 43 条规定："在审判过程中，被告人可以拒绝辩护人继续为他辩护，也可以另行委托辩护人辩护。"《律师法》第 32 条第 1 款规定："委托人可以拒绝已委托的律师为其继续辩护或者代理，同时可以另行委托律师担任辩护人或者代理人。"辩护权的主体是犯罪嫌疑人和被告人，辩护权根本上是犯罪嫌疑人、被告人的诉讼权利，辩护人的辩护权派生于辩护权的主体。有鉴于此，刑事诉讼法对犯罪嫌疑人、被告人的拒绝辩护权没有作理由上的限制。根据不同情况，《高法解释》规定了被告人拒绝辩护人继续为其辩护的具体程序：

1. 首次拒绝辩护

无论是指派辩护还是委托辩护，被告人第一次拒绝辩护人继续为其辩护的，人民法院都应当准许。《高法解释》第 254 条第 1 款规定：被告人当庭拒绝辩护人辩护，要求另行委托辩护人或者指派律师的，合议庭应当准许。被告人拒绝辩护人辩护后，没有辩护人的，应当宣布休庭；仍有辩护人的，庭审可以继续进行。《高法解释》第 45 条规定，被告人拒绝法律援助机构指派的律师为其辩护，坚持自己行使辩护权的，人民法院应当准许；对属于应当提供法律援助的情形的，理由正当的应当准许。

（1）第一种情况：要求自己行使辩护权，不再委托或者指派辩护人。

对于委托辩护的被告人拒绝其委托的辩护人继续为其辩护且不具有应当提供法律援助情形的，人民法院应当同意。如果被告人不再另行要求委托辩护或者指派辩护，可以在被告人没有辩护人的情况下继续对其进行审判。

对于被告人拒绝指派辩护的，区分为"申请指派"和"通知指派"两种不同的情况。《高法解释》第 45 条规定：被告人坚持自己行使辩护权，拒绝法律援助机构指派的律师为其辩护的，人民法院应当准许；被告人具有应当提供法律援助情形的，拒绝法律援助机构指派的律师为其辩护，有正当理由的，人民法院应当准许，但被告人需另行委托辩护人，或者法律援助机构应当为其另行指派辩护人。根据这一规定，对于"申请指派"的情形，被告人坚持自己行使辩护权，拒绝法律援助机构指派的辩护人为其辩护的，人民法院应当准许；人民法院可以在被告人没有辩护人的情况下继续对其进行审判。

但是，对于具有"应当提供法律援助"情形的被告人，不能在其没有辩护人的情况下对其进行审判。被告人具有"应当提供法律援助"情形之一，拒绝法律援助机构指派的辩护人为其辩护，有正当理由的，人民法院应当准许，但被告人需另行委托辩护人；被告人未另行委托辩护人的，人民法院应当在 3 日内书面通知法律援助机构另行指派律师为其提供辩护。也就是说，

对于“应当提供法律援助”的情形，被告人拒绝辩护必须“有正当理由”，并且即使法院同意其拒绝指派的辩护人，被告人也需要另行委托辩护人，或者法律援助机构必须为其另行指派辩护律师。

（2）第二种情况：要求另行委托辩护人。

无论被告人拒绝其委托的辩护人继续为其辩护，还是被告人拒绝为其指派的辩护人继续为其辩护，如果被告人要求另行委托辩护人的，人民法院应当同意，拒绝后没有辩护人的应当宣布休庭，以便于新任辩护人准备辩护。

（3）第三种情况：要求另行指派辩护人。

无论被告人拒绝其委托的辩护人继续为其辩护，还是被告人拒绝为其指派的辩护人继续为其辩护，如果被告人要求另行指派辩护人的，由合议庭依照法律关于通知指派辩护的规定作出决定。合议庭同意另行通知指派辩护律师的，应当宣布休庭。

2. 再次拒绝辩护

所谓再次拒绝辩护，是指被告人拒绝了其委托的辩护人或者法律援助机构为其指派的辩护人，然后重新委托了新的辩护人或者法律援助机构重新为其指派了辩护人，开庭审理后被告人再次拒绝新任辩护人的情况。《高法解释》第254条第3款规定，重新开庭后，被告人再次当庭拒绝重新委托的辩护人或者法律援助机构指派的辩护律师为其辩护的，合议庭应当分别情形作出处理：被告人是成年人的，可以准许，但被告人不得再另行委托辩护人或者要求法律援助机构另行指派辩护律师，被告人可以自行辩护；被告人属于盲、聋、哑人或者是尚未完全丧失辨认或者控制自己行为能力的精神病人、开庭审理时不满18岁的未成年人以及可能被判处无期徒刑、死刑的人，不予准许。

（1）第一种情况：不属于“应当提供法律援助”的情形。

被告人不属于以上“应当提供法律援助”情形的，被告人再次拒绝辩护的，合议庭可以准许，但被告人不得再另行委托辩护人，也不再通知法律援助机构另行指派辩护律师，被告人可以自行辩护。也就是说，如果被告人不属于通知指派辩护情形，再次拒绝辩护人为其辩护的，只能自行辩护，法庭审理在其没有辩护人的情况下进行。

（2）第二种情况：属于“应当提供法律援助”的情形。

被告人属于以上“应当提供法律援助”情形的，不予准许。也就是说，对于具备这些情形之一的被告人，对辩护人只能拒绝一次，对新任辩护人则不能再次拒绝辩护。法庭不准许被告人拒绝新任辩护人，意味着法庭审理在新任辩护人的参加下进行。在这种情况下，辩护人的辩护活动就是在违背被告人的意愿的情况下进行，即使被告人不同意辩护人的主张，甚至不希望该辩护人帮助其行使权利，该新任辩护人仍然以被告人的辩护人的身份为其进行辩护。这种情况又称为“强制辩护”，即对某些被告人而言，法庭审理必须有辩护人的参加；没有其辩护人的参加对其进行审判是不合法的。法律之所以这样规定，是为了更好地保护具备“应当提供法律援助”情形的被告人的权利。

## 八、侦查阶段犯罪嫌疑人委托辩护律师

《刑事诉讼法》第33条规定，犯罪嫌疑人在侦查阶段可以委托律师作为辩护人。在侦查阶段，由于犯罪嫌疑人常常被适用强制措施，人身自由受到不同程度的限制，加之他们中的绝大多数缺乏法律知识，不知道或者不能正确运用法律维护自己的合法权益，因而迫切需要律师给

予法律上的帮助，如就自己涉嫌的刑事实体问题和在刑事诉讼中的权利义务问题向律师提出咨询。此外，律师在侦查阶段介入刑事诉讼，还可以有效防止侦查人员刑讯逼供和以威胁、引诱、欺骗及其他非法方法收集证据，切实保障犯罪嫌疑人的诉讼权利不受侵犯。允许律师在侦查阶段为犯罪嫌疑人辩护，这是法治发达国家刑事诉讼的通行做法，也是联合国有关文件确认的刑事司法最低标准之一。1990 年联合国第八届预防犯罪和犯罪待遇大会通过的《关于律师作用的基本原则》第 1 条明确规定："一切个人都有权请求由其选择的一名律师协助保护和确立其权利并在刑事诉讼各个阶段为其辩护。"

（一）侦查阶段委托辩护律师的时间

《刑事诉讼法》第 33 条第 1 款规定："犯罪嫌疑人自被侦查机关第一次讯问或者采取强制措施之日起，有权委托辩护人；在侦查期间，只能委托律师作为辩护人。"在侦查阶段犯罪嫌疑人委托辩护律师的，可以自己委托，也可以由其监护人、近亲属代为委托。在押的犯罪嫌疑人向看守所提出委托辩护律师要求的，看守所应当及时将其请求转达给办案部门，办案部门应当及时向犯罪嫌疑人委托的辩护律师或者律师事务所转达该项请求。在押的犯罪嫌疑人仅提出委托辩护律师的要求，但提不出具体对象的，办案部门应当及时通知犯罪嫌疑人的监护人、近亲属代为委托辩护律师。犯罪嫌疑人无监护人或者近亲属的，办案部门应当及时通知当地律师协会或者司法行政机关为其推荐辩护律师（《公安规定》第 43 条；《高检规则》第 37 条）。

公安机关或者人民检察院在对犯罪嫌疑人依法进行第一次讯问或者采取强制措施之日起，应当告知犯罪嫌疑人有权委托律师作为辩护人，并记录在案（《公安规定》第 41 条；《高检规则》第 36 条）。犯罪嫌疑人可以委托一至二名辩护律师（《高检规则》第 40 条）。

犯罪嫌疑人委托辩护律师的请求可以书面提出，也可以口头提出。口头提出的，公安机关应当制作笔录，由犯罪嫌疑人签名、捺指印（《公安规定》第 42 条）。

同案的犯罪嫌疑人不得委托同一名律师。在侦查期间，律师同时接受两个或者两个以上同案犯罪嫌疑人委托担任辩护人的，人民检察院或者公安机关应当要求其更换辩护律师（《公安规定》第 41 条；《高检规则》第 38 条）。

（二）侦查阶段介入的律师的权利

《刑事诉讼法》第 36 条规定："辩护律师在侦查期间可以为犯罪嫌疑人提供法律帮助；代理申诉、控告；申请变更强制措施；向侦查机关了解犯罪嫌疑人涉嫌的罪名和案件有关情况，提出意见。"第 159 条规定："在案件侦查终结前，辩护律师提出要求的，侦查机关应当听取辩护律师的意见，并记录在案。辩护律师提出书面意见的，应当附卷。"

根据这些规定，律师在侦查阶段享有以下诉讼权利并进行相应的诉讼活动：

（1）向侦查机关了解犯罪嫌疑人涉嫌的罪名和案件有关情况。律师接受犯罪嫌疑人的委托后，应当首先向侦查机关了解犯罪嫌疑人的罪名及当时已查明的该罪的主要事实，以便有针对性地为犯罪嫌疑人提供法律帮助（《六机关规定》第 6 条）。

（2）会见犯罪嫌疑人，向其了解有关案件的情况（详见下面的论述）。

（3）为犯罪嫌疑人提供法律帮助。如律师可以就犯罪嫌疑人涉嫌的罪名向其讲解刑法的有关规定，帮助犯罪嫌疑人分析自己行为的性质和情节，从而为其行使辩护权指明方向，作出选择；同时律师还可以告知犯罪嫌疑人依法享有的诉讼权利和应当承担的诉讼义务，帮助其正确地进行诉讼活动。

（4）代理犯罪嫌疑人提出申诉和控告。宪法规定，公民对于任何国家机关和国家工作人员的违法失职行为，有向有关国家机关提出申诉、控告或者检举的权利。《刑事诉讼法》第 14 条规定，诉讼参与人对于侦查人员侵犯公民诉讼权利和人身侮辱的行为，有权提出控告。据此，对于侦查机关违法立案，违法进行各项侦查活动和对犯罪嫌疑人进行刑讯逼供、人身侮辱、非法拘禁或超期羁押的情况，以及向犯罪嫌疑人勒索钱财、非法恫吓等，受聘请的律师可以代理犯罪嫌疑人提出申诉或者控告，或者向有关部门反映，以维护犯罪嫌疑人的正当权益。

（5）为犯罪嫌疑人申请变更强制措施。例如，辩护律师可以按照刑事诉讼法的有关规定，代理在押的犯罪嫌疑人向侦查机关申请取保候审。侦查机关同意取保候审的，辩护律师应当与犯罪嫌疑人亲属联系落实保证人或者保证金，帮助办理取保候审手续，并告知犯罪嫌疑人在取保候审期间应当遵守的义务以及违反规定应当承担的法律后果。

（6）向侦查机关和检察机关提出意见。在审查逮捕期间以及侦查终结前，辩护律师应当依照第 86 条、第 159 条的规定提出对案件的意见。

#### （三）关于侦查阶段律师会见在押的犯罪嫌疑人的具体规定

《刑事诉讼法》第 37 条规定了辩护律师的会见权，并对侦查阶段的会见权作出了一些特殊规定。

1. 律师会见犯罪嫌疑人应具备的手续

根据第 37 条的规定，与审查起诉和审判阶段一样，辩护律师持律师执业证书、律师事务所证明和委托书或者法律援助公函要求会见在押的犯罪嫌疑人的，看守所应当及时安排会见，至迟不得超过 48 小时。这里的“不得超过 48 小时”，是指保证辩护律师在 48 小时以内见到在押的犯罪嫌疑人、被告人（《六机关规定》第 7 条）。

2. 特殊案件的会见

危害国家安全犯罪、恐怖活动犯罪案件，在侦查期间辩护律师会见在押的犯罪嫌疑人，应当经侦查机关许可。上述案件，侦查机关应当事先通知看守所（《刑事诉讼法》第 37 条第 3 款）。看守所或者监视居住执行机关应当查验侦查机关的许可决定文书（《公安规定》第 50 条第 2 款）。

3. 辩护律师与犯罪嫌疑人的交流保密

辩护律师会见犯罪嫌疑人时不被监听（《刑事诉讼法》第 37 条第 4 款）。公安机关也不得派员在场（《公安规定》第 52 条第 1 款）。

4. 辩护律师侦查期间会见的内容

在侦查期间，辩护律师会见在押的犯罪嫌疑人，可以了解案件有关情况，提供法律咨询等（《刑事诉讼法》第 37 条第 4 款）。

## 第二节 刑事代理

### 一、刑事诉讼中的代理的含义和种类

刑事诉讼代理，是指诉讼代理人接受特定诉讼参与人的委托，以被代理人的名义，在被代理人授权的范围内，为维护其合法权益所进行的诉讼活动。

刑事诉讼中的代理人，是以被代理人的名义参加诉讼的，而不是以自己的名义进行诉讼。代理人必须根据被代理人的意志，为维护其合法权益而进行诉讼。同时，诉讼代理人必须在被代理人的授权范围内进行诉讼，超过授权范围进行诉讼活动所产生的结果，除非得到被代理人的追认，否则被代理人不予承担。

刑事诉讼代理的种类有：(1) 接受公诉案件被害人的委托，担任被害人的诉讼代理人；(2) 接受自诉案件自诉人的委托，代理自诉人参加诉讼；(3) 接受附带民事诉讼原告人或被告人的委托，担任附带民事诉讼原告人或被告人的诉讼代理人；(4) 在违法所得的没收程序中，犯罪嫌疑人、被告人的近亲属和其他利害关系人有权委托诉代理人参加诉讼；(5) 在对精神病人的强制医疗程序中，被申请人或者被告人有权委托诉讼代理人；没有委托诉讼代理人的，人民法院应当通知法律援助机构指派律师为其提供法律帮助；(6) 接受申诉人的委托，担任刑事申诉人的代理人。

## 二、代理的程序

《刑事诉讼法》第 44 条规定：公诉案件的被害人及其法定代理人或者近亲属，附带民事诉讼的当事人及其法定代理人，自案件移送审查起诉之日起，有权委托诉讼代理人。自诉案件的自诉人及其法定代理人，附带民事诉讼的当事人及其法定代理人，有权随时委托诉讼代理人。人民检察院自收到移送审查起诉的案件材料之日起 3 日以内，应当告知被害人及其法定代理人或者其近亲属、附带民事诉讼的当事人及其法定代理人有权委托诉讼代理人。人民法院自受理自诉案件之日起 3 日以内，应当告知自诉人及其法定代理人、附带民事诉讼的当事人及其法定代理人有权委托诉讼代理人。

在审查起诉阶段，人民检察院自收到移送审查起诉的案件材料之日起 3 日内，应当告知被害人及其法定代理人或者其近亲属、附带民事诉讼的当事人及其法定代理人有权委托诉讼代理人。告知可以采取口头或者书面方式。口头告知的，应当记明笔录，由被告知人签名；书面告知的，应当将送达回执入卷；无法告知的，应当记明笔录。被害人有法定代理人的，应当告知其法定代理人；没有法定代理人的，应当告知其近亲属。法定代理人或者近亲属为 2 人以上的，可以只告知其中 1 人，告知时应当按照《刑事诉讼法》第 106 条第 3 项、第 6 项列举的顺序择先进行（《高检规则》第 55 条）。律师担任诉讼代理人的，不得同时接受同一案件 2 名以上被害人的委托，参与刑事诉讼活动（《高检规则》第 40 条第 2 款）。

在审判阶段，人民法院受理自诉案件后 3 日内，应当告知自诉人及其法定代理人、附带民事诉讼的当事人及其法定代理人有权委托诉讼代理人（《高法解释》第 54 条）。上述人委托诉讼代理人的时间，《刑事诉讼法》规定的是"随时"，因此无论是开庭审判前，还是案件审理过程中，他们都有权委托诉讼代理人。诉讼代理人接受当事人委托或者法律援助机构指派后，应当在 3 日内将委托手续或者法律援助手续提交人民法院（《高法解释》第 58 条）。

## 三、诉讼代理人的范围、职责和权利

### （一）诉讼代理人的范围

《刑事诉讼法》第 45 条规定："委托诉讼代理人，参照本法第三十二条的规定执行。"因而，委托诉讼代理人的范围，与辩护人的范围相同。也就是说，有权委托诉讼代理人的人可以在下列人中委托一至二人作为诉讼代理人：(1) 律师；(2) 人民团体或者被代理人所在单位推荐的人；(3) 被代理人的监护人、亲友。不能充当辩护人的人，也不能被委托为诉讼代理人，具体内容见辩护人部分的论述（《高法解释》第 55 条）。

委托人有权改变委托内容或者解除代理权，代理人也可以依法拒绝代理，从而导致代理权限的变更或解除。《律师法》第32条规定，委托人可以拒绝律师为其继续代理，也可以另行委托律师担任代理人。律师接受委托后，无正当理由的，不得拒绝代理。但是，委托事项违法、委托人利用律师提供的服务从事违法活动或者委托人故意隐瞒与案件有关的重要事实的，律师有权拒绝代理。

（二）诉讼代理人的职责

诉讼代理人有权根据事实和法律，维护被害人、自诉人或者附带民事诉讼当事人的诉讼权利和其他合法权益（《高法解释》第56条）。

（三）诉讼代理人的权利

1. 审查起诉阶段

经人民检察院许可，诉讼代理人查阅、摘抄、复制本案的案卷材料的，参照《高检规则》有关辩护人阅卷的规定办理；律师担任诉讼代理人，需要申请人民检察院收集、调取证据的，参照《高检规则》有关辩护律师申请调查取证的规定办理（《高检规则》第56条）。

2. 审判阶段

《高法解释》第57条规定："经人民法院许可，诉讼代理人可以查阅、摘抄、复制本案的案卷材料。律师担任诉讼代理人，需要收集、调取与本案有关的证据材料的，参照适用本解释第五十一条至第五十三条的规定。"也就是说，代理律师向证人或者有关单位和个人收集、调取与本案有关的证据材料，因证人、有关单位和个人不同意，申请人民法院收集、调取，或者申请通知证人出庭作证，人民法院认为有必要的，应当同意。代理律师直接申请人民法院收集、调取证据，人民法院认为确有必要且不宜或者不能由代理律师收集、调取的，应当同意。人民法院收集、调取证据材料时，代理律师可以在场。

人民法院对诉讼代理人复制案卷材料的，只收取工本费；法律援助律师复制必要的案卷材料的，应当免收或者减收费用（《高法解释》第59条）。

## 第三节　刑事诉讼中的法律援助

### 一、法律援助制度概述

法律援助（legal aid）制度，是政府为了保障经济困难的公民获得必要的法律服务，设立专门的机构为符合条件的公民提供法律咨询、代理、刑事辩护等无偿法律服务的制度。在当代法治发达国家，为贫穷的被告人提供免费的法律服务是一种通常做法。例如，在美国，为被告人提供免费辩护的称为"public defender"①；在英国，有设在警察局的"duty solicitor"为犯罪嫌疑人提供免费法律服务。②

我国在1996年修正《刑事诉讼法》的时候规定了人民法院对某些刑事被告人指定承担法律援助义务的律师进行辩护的制度。2003年实施的《法律援助条例》对法律援助制度进行了全面具体的规定。2012年修正的《刑事诉讼法》进一步扩大了刑事诉讼中法律援助的范围。

① Bergman & Berman-Barrett. *The Criminal Law Handbook*，2nd Edition. USA，Nolo Press，1999，at 7/8.

② See Young & Wall ed.. *Access to Criminal Justice*. London，Blackstone Press Limited，1996，at 2.

## 二、法律援助的范围

法律援助的种类包括刑事诉讼中的法律援助、民事诉讼和国家赔偿程序中的法律援助。① 其中，刑事诉讼中的法律援助对象包括犯罪嫌疑人、公诉案件的被害人及其法定代理人或者近亲属、自诉案件的自诉人及其法定代理人。

《法律援助条例》第 11 条规定："刑事诉讼中有下列情形之一的，公民可以向法律援助机构申请法律援助：（一）犯罪嫌疑人在被侦查机关第一次讯问后或者采取强制措施之日起，因经济困难没有聘请律师的；（二）公诉案件中的被害人及其法定代理人或者近亲属，自案件移送审查起诉之日起，因经济困难没有委托诉讼代理人的；（三）自诉案件的自诉人及其法定代理人，自案件被人民法院受理之日起，因经济困难没有委托诉讼代理人的。"因此，刑事诉讼中的法律援助并不限于法院为被告人指派辩护，还包括侦查阶段律师的介入以及为被害人、自诉人提供免费代理。

刑事诉讼中公民申请法律援助的，应当向审理案件的人民法院所在地的法律援助机构提出申请（《法律援助条例》第 15 条）。申请人为无民事行为能力人或者限制民事行为能力人的，由其法定代理人代为提出申请。无民事行为能力人或者限制民事行为能力人与其法定代理人之间发生诉讼或者因其他利益纠纷需要法律援助的，由与该争议事项无利害关系的其他法定代理人代为提出申请（《法律援助条例》第 16 条）。

犯罪嫌疑人在被侦查机关第一次讯问后或者采取强制措施之日起，因经济困难没有聘请律师的，可以向法律援助机构申请法律援助。被羁押的犯罪嫌疑人申请由看守所在 24 小时之内转交法律援助机构，申请法律援助所需提交的有关证件、证明材料由看守所通知申请人的法定代理人或者近亲属协助提供（《法律援助条例》第 15 条）。

## 三、指派辩护

在刑事诉讼中，法律援助机构为犯罪嫌疑人、被告人指派律师为其提供辩护是法律援助制度的一个重要组成部分。指派辩护适用于以下情形：

### （一）通知指派辩护或者代理的情形

1. 应当通知的情形

《刑事诉讼法》第 34 条第 2 款、第 3 款，第 267 条、第 286 条第 2 款和《非法证据规程》第 8 条规定了以下五种情形：（1）盲、聋、哑或者是尚未完全丧失辨认或者控制自己行为能力的精神病人；（2）可能被判处无期徒刑、死刑；（3）未成年犯罪嫌疑人、被告人；（4）精神病人强制医疗程序中的被申请人或者被告人，在这种情形中指派的律师是诉讼代理人，属"指派代理"；（5）被告人申请排除非法证据的。

---

① 民事诉讼中和国家赔偿程序中的法律援助，其根据是《法律援助条例》第 10 条的规定："公民对下列需要代理的事项，因经济困难没有委托代理人的，可以向法律援助机构申请法律援助：（一）依法请求国家赔偿的；（二）请求给予社会保险待遇或者最低生活保障待遇的；（三）请求发给抚恤金、救济金的；（四）请求给付赡养费、抚养费、扶养费的；（五）请求支付劳动报酬的；（六）主张因见义勇为行为产生的民事权益的。省、自治区、直辖市人民政府可以对前款规定以外的法律援助事项作出补充规定。公民可以就本条第一款、第二款规定的事项向法律援助机构申请法律咨询。"

2. 可以通知的情形

《高法解释》第 43 条规定了可以通知的情形：(1) 共同犯罪案件中，其他被告人已经委托辩护人；(2) 有重大社会影响的案件；(3) 人民检察院抗诉的案件；(4) 被告人的行为可能不构成犯罪；(5) 有必要指派律师提供辩护的其他情形。

（二）申请指派辩护的情形

《刑事诉讼法》第 34 条第 1 款规定："犯罪嫌疑人、被告人因经济困难或者其他原因没有委托辩护人的，本人及其近亲属可以向法律援助机构提出申请。对符合法律援助条件的，法律援助机构应当指派律师为其提供辩护。"

依据《刑事诉讼法》第 34 条、第 267 条的规定，人民法院、人民检察院、公安机关在发现应当提供法律援助的法定情形时，都应当通知法律援助机构指派律师。此外，高级人民法院复核死刑案件，被告人没有委托辩护人的，应当通知指派辩护（《高法解释》第 42 条第 2 款）。因此，指派辩护存在于整个刑事诉讼过程中。对于申请指派辩护的情形，本人及其近亲属也自第一次讯问或者采取强制措施之日起即可申请。不过，第 286 条第 2 款仅仅规定了人民法院通知指派，意味着仅限于审判阶段。

人民法院、人民检察院、公安机关依照《刑事诉讼法》第 34 条第 2 款、第 3 款，第 267 条和第 286 条第 2 款通知指派律师的，法律援助机构应当提供法律援助，无须对被告人进行经济状况的审查（《法律援助条例》第 12 条）。

对通知指派律师的案件，法律援助机构应当在接到通知后 3 日以内指派律师，并将律师的姓名、单位、联系方式书面通知人民法院、人民检察院、公安机关（《六机关规定》第 5 条）。

### 四、法律援助值班律师

法律援助机构在人民法院、看守所派驻值班律师，为没有辩护人的犯罪嫌疑人、刑事被告人提供法律帮助。法律援助机构可以根据人民法院、人民检察院、看守所实际工作需要，通过设立法律援助工作站派驻值班律师等形式提供法律帮助。

值班律师的主要职责有两个：一是在认罪认罚从宽制度改革试点中，为自愿认罪认罚的犯罪嫌疑人、被告人提供法律咨询、程序选择、申请变更强制措施等法律帮助，对检察机关定罪量刑建议提出意见，犯罪嫌疑人签署认罪认罚具结书应当有值班律师在场；二是对刑讯逼供、非法取证情形代理申诉、控告。

值班律师不提供出庭辩护服务。符合法律援助条件的犯罪嫌疑人、被告人，可以依申请或通知由法律援助机构为其指派律师提供辩护。

## 观点探讨

### 一、证据开示

所谓证据开示（discovery，disclosure），又称"证据展示""证据告知""证据发现"或者"证据公开"，其基本含义是庭审前在当事人之间相互获取有关案件的信息。[1] 证据开示包括两

[1] 龙宗智．证据开示与诉讼公正．法商研究，1999（5）．

个方面的内容①：一是检察官的开示义务，即检察官在开庭之前应向辩护方全面履行开示义务，之后检察官在案件审理过程中的任何阶段发现任何新的证据都应当开示给辩护方；二是辩护方的开示义务，即正式开庭前辩护方向检察官具有全面开示义务，同时辩护人在案件审理过程中的任何阶段发现任何新的证据都应当开示给检察官。证据开示属于当事人的诉讼义务，当事人如果不履行这一义务，将依法承担未被开示的证据被排除或不利推理的消极法律后果。根据这一定义看，我国《刑事诉讼法》尚未确立证据开示制度，因而有学者主张在中国建立刑事证据开示制度②，在实践中人民检察院和人民法院也进行了一些试点。③《刑事诉讼法》第 38 条、第 40 条规定了辩护律师的阅卷权和某些证据的展示义务。关于在我国如何完善证据开示制度的主张，包括以下几个方面的内容：

第一，控方的证据开示义务。我国刑事诉讼法规定人民检察院提起公诉时必须向人民法院移送全部案卷材料、证据而且辩护律师在审查起诉阶段就可以看到本案的案卷材料，因此辩方了解控方证据的途径已经畅通。进一步的建议是，控方新发现的证据应当及时披露给辩方。

第二，辩护方的证据开示义务。④ 依照现行规定，辩护人可以通过阅卷对控方证据有一个全面了解，而对辩护方的展示义务，则规定在第 40 条："辩护人收集的有关犯罪嫌疑人不在犯罪现场、未达到刑事责任年龄、属于依法不负刑事责任的精神病人的证据，应当及时告知公安机关、人民检察院。"这一规定确定了双向的证据开示制度，有利于控方有充分的机会核实这些证据，提高庭审的效率。

第三，能否在法庭上提出庭前移送的证据以外的证据。如果允许控诉方在法庭上提出辩护方根本不知悉的证据，不利于鼓励控方事先向辩方披露证据。《高法解释》第 221 条规定，公诉人申请出示开庭前未移送人民法院的证据，辩护方提出异议的，审判长应当要求公诉人说明理由；理由成立并确有出示必要的，应当准许。辩护方提出需要对新的证据作辩护准备的，法庭可以宣布休庭，并确定准备辩护的时间。有的改革建议主张，违反法定证据开示义务的，法院可以命令立即向对方作庭下开示，延期审理，直至禁止提出该项证据。⑤

## 二、程序性辩护

所谓程序性辩护⑥，是指辩护方不是从定罪和量刑的角度出发，而是针对违反诉讼程序的不法行为进行的辩护。广义的程序性辩护可以泛指一切以刑事诉讼程序为依据的辩护，即辩护方提出有关的程序性申请，以促使法庭作出权威的裁决，从而确保法定诉讼程序的实施和被告人诉讼权利的实现；狭义的程序性辩护所涉及的则并非一般意义上的诉讼程序问题，而是负责

---

① 关于证据开示的外国法比较，参见孙长永．当事人主义刑事诉讼与证据开示．法律科学，2000 (4)；孙长永．证据开示的理念与趋势——基于当事人主义刑事诉讼的分析．人民检察，2003 (8)．

② 王学沛，郑斌峰．关于建立刑事证据开示制度若干问题的思考．西南民族学院学报（哲学社会科学版），2001 (8)．

③ 王春花．建立刑事诉讼证据开示制度的探索与思考——山东省寿光市法院刑事证据开示试点工作经验．人民司法，2005 (5)；赵志坚，侯晓焱，庄燕君．证据开示制度试行状况之实证分析．人民检察，2004 (1)；王浩．公诉案件证据开示探索．人民检察，2000 (9)．

④ 主张证据展示应当是双方开示的观点，参见邵维国．论我国刑事证据开示的原则和模式选择．当代法学，2003 (3)；韩亮．刑事诉讼证据开示制度探析．人民司法，2002 (12)．

⑤ 成良文．试论我国刑事诉讼中证据开示制度的建立．中国人民公安大学学报，2002 (3)．

⑥ 关于程序性辩护的论文，如闵春雷，刘铭．审前程序中的程序性辩护．国家检察官学院学报，2006 (6)；陈瑞华．程序性辩护之初步考察，燕山大学学报（哲学社会科学版），2005 (1)．

侦查、公诉和裁判的官员在诉讼过程中是否存在程序性违法行为，所寻求的则是法庭宣告侦查、公诉或裁判行为无效的法律后果。程序性辩护的具体体现，包括辩方根据《刑事诉讼法》第 54 条提出的排除证据的申请；针对超期羁押、违反法定回避制度、无理剥夺律师诉讼权利向法院提出的宣告侦查人员的某一诉讼活动无效的要求；根据《刑事诉讼法》第 227 条针对第一审法院审判中存在的程序性违法问题而提出的上诉。①

有学者认为，程序性辩护将日渐成为与实体性辩护并行的刑事诉讼基本辩护形态，理由是：程序性辩护比实体性辩护具有更广泛的刑事诉讼基础，即使案件不存在实体性错误，也同样可以指出程序违法行为；程序性辩护有助于规范司法机关的诉讼行为，预防、遏制程序违法现象；程序性辩护有助于进一步强化程序法的地位，维护程序法的尊严。②

对于程序性辩护的举证责任，有学者提出，在一般性程序性辩护中，辩护方应当负举证责任。在狭义程序性辩护中，辩护方只负担疑点形成责任，由控方承担举证责任。③

《刑事诉讼法》第 35 条规定，维护犯罪嫌疑人、被告人的诉讼权利是辩护人责任的组成部分。

## 三、律师辩护全覆盖试点

2017 年 10 月 12 日，最高人民法院、司法部发布了《关于开展刑事案件律师辩护全覆盖试点工作的办法》，决定在北京、上海等省市开展为期一年的试点。

《办法》规定，除《刑事诉讼法》规定的应当通知辩护情形外，其他适用普通程序审理的一审案件、二审案件、按照审判监督程序审理的案件，被告人没有委托辩护人的，人民法院应当通知法律援助机构指派律师为其提供辩护。

适用简易程序、速裁程序审理的案件，被告人没有辩护人的，人民法院应当通知法律援助机构派驻的值班律师为其提供法律帮助。

探索实行由法律援助受援人分担部分法律援助费用，具体办法由省级司法行政机关综合当地经济发展水平、居民收入状况、办案补贴标准等因素确定。

① 陈瑞华．程序性辩护之初步研究．载现代法学，2005（2）．

② 王俊民，吴云．程序性辩护的误区及应对思路．法学，2006（10）．

③ 许建添．试论程序性辩护的举证责任．湖北广播电视大学学报，2007（3）．

# 第十二章
# 强制措施和留置

## 案例导引

### 一、法院在庭审过程中的拘留权

在法庭审判过程中，被告人的母亲甲因为不满讯问被告人时公诉人的提问，将一个水杯投向公诉人。法庭经院长批准，决定对甲拘留 10 天。问：法院是否有这样的权力，以及这是否属于刑事诉讼强制措施？

### 二、公民的扭送

某市居民甲半夜被响声惊醒，开灯一看，小偷乙正在偷东西。甲将小偷制伏。问：甲是否有权限制乙的人身自由，直到警察到场，以及除了这种情况以外还有哪些情况下普通公民可以限制他人的人身自由？

### 三、警察的继续盘问

某巡警在巡逻过程中，发现了正在行窃的甲。问：巡警是否可以将甲带回公安机关盘查，以及可以限制甲的人身自由多长时间？

### 四、人民检察院直接受理案件的决定逮捕权

某县人民检察院因侦查人员甲涉嫌刑讯逼供罪对其进行了拘留，并拟决定对其进行逮捕。问：谁有权决定逮捕？应当遵循什么样程序？

## 基本理论

## 第一节　强制措施概述

对于刑事诉讼中的强制措施，一般的刑事诉讼法教材都将其范围理解为《刑事诉讼法》第一编第六章规定的内容。如果按照这种理解，刑事诉讼中的强制措施是指公安机关、人民检察

院和人民法院为了保证刑事诉讼的顺利进行，依法对刑事案件的犯罪嫌疑人、被告人的人身自由进行限制或者剥夺的各种强制性方法。

《刑事诉讼法》第六章规定的强制措施具有以下几个特点：

第一，有权适用强制措施的主体是公安机关、人民检察院和人民法院，并且必须依照《宪法》《刑事诉讼法》规定的决定权限和执行权限来适用，其他组织或者个人不能适用刑事诉讼法规定的强制措施。同时，人民法院、人民检察院和公安机关如果发现对犯罪嫌疑人、被告人采取强制措施不当的，应当及时撤销或者变更（《刑事诉讼法》第 94 条）。

第二，强制措施的适用对象是犯罪嫌疑人、被告人，即被追究刑事责任的人，对于被追诉人以外的人，不能适用强制措施。例如，某杀人案件的目击证人刘某，公安机关多次对其进行询问都被其借故推辞。经了解，刘某是因为受到凶手的恐吓而不敢作证，并且刘某计划逃往外地以避免公安机关对其反复询问。那么，能否对刘某采用强制措施？根据我国刑事诉讼法的规定，答案是不能。

第三，强制措施的内容是限制或者剥夺犯罪嫌疑人、被告人的人身自由，而不能伤害其身体。

第四，强制措施是一种预防性措施，而不具有惩罚性。这是强制措施和刑罚以及行政处罚的显著区别。

第五，强制措施都有期限。人民法院、人民检察院或者公安机关对被采取强制措施法定期限届满的犯罪嫌疑人、被告人，应当予以释放、解除取保候审、监视居住或者依法变更强制措施。犯罪嫌疑人、被告人及其法定代理人、近亲属或者辩护人对于人民法院、人民检察院或者公安机关采取强制措施法定期限届满的，有权要求解除强制措施（《刑事诉讼法》第 97 条）。

刑事诉讼法中规定强制措施的目的有两个：一是防止被追诉人的人身方面发生危险，例如逃跑、自杀、重新犯罪等；二是防止证据方面发生危险，例如毁灭、伪造证据，串供，或者以威胁、贿买等方式干扰证人作证等。通过限制或者剥夺被追诉人的人身自由，可以有效地防止这两个方面的危险。同样，如果一名被追诉人不存在这两个方面的危险，则没有必要对其适用刑事强制措施。

强制措施不仅仅在侦查、审查起诉、一审、二审、死刑复核程序中采用，在审判监督程序中也可以适用。人民法院决定再审的案件，需要对被告人采取强制措施的，由人民法院依法决定；人民检察院提出抗诉的再审案件，需要对被告人采取强制措施的，由人民检察院依法决定（《刑事诉讼法》第 246 条第 1 款）。

在刑事诉讼中，限制或者剥夺人身自由的措施还有监察法中规定的留置，在本章第七节中予以介绍。

## 第二节　拘传

《刑事诉讼法》第 64 条规定，人民法院、人民检察院和公安机关根据案件情况，对犯罪嫌疑人、被告人可以拘传。拘传是对于未被羁押的犯罪嫌疑人、被告人强制其到案接受讯问的一种强制方法。它是五种强制措施中唯一一个专门机关都有权决定并且都有权执行的强制措施。

对于不需要逮捕、拘留的犯罪嫌疑人、被告人，既可以传唤，也可以拘传。拘传和传唤有两个方面的不同：一是适用对象不同，拘传只适用于被追诉人，而传唤适用于所有当事人；二是强制力不同，拘传是强制到案，而传唤是自动到案。

《刑事诉讼法》第 117 条第 2 款、第 3 款规定了拘传的期限，“传唤、拘传持续的时间不得超过十二小时；案情特别重大、复杂，需要采取拘留、逮捕措施的，传唤、拘传持续的时间不得超过二十四小时。不得以连续传唤、拘传的形式变相拘禁犯罪嫌疑人。传唤、拘传犯罪嫌疑人，应当保证犯罪嫌疑人的饮食和必要的休息时间”。拘传的持续时间从犯罪嫌疑人到案时开始计算。犯罪嫌疑人到案后，应当责令其在《拘传证》上填写到案时间，并在《拘传证》上签名或者盖章，然后立即讯问。讯问结束后，应当责令犯罪嫌疑人在《拘传证》上填写讯问结束时间。犯罪嫌疑人拒绝填写的，侦查人员或者检察人员应当在《拘传证》上注明（《公安规定》第 75 条；《高检规则》第 80 条）。

公安机关根据案件情况对需要拘传的犯罪嫌疑人，或者经过传唤没有正当理由不到案的犯罪嫌疑人，可以拘传到其所在市、县内的指定地点进行讯问。需要拘传的，应当报县级以上公安机关负责人批准（《公安规定》第 74 条）。公安机关拘传犯罪嫌疑人应当出示《拘传证》（《公安规定》第 75 条）。

人民检察院在侦查或者审查起诉的过程中，根据案件情况，对犯罪嫌疑人可以拘传。拘传应当经检察长批准，签发拘传证（《高检规则》第 78 条）。拘传时，应当向被拘传的犯罪嫌疑人出示拘传证。对抗拒拘传的，可以使用械具，强制到案。执行拘传的人员不得少于 2 人（《高检规则》第 79 条）。人民检察院拘传犯罪嫌疑人，应当在犯罪嫌疑人所在市、县内的地点进行。犯罪嫌疑人的工作单位与居住地不在同一市、县的，拘传应当在犯罪嫌疑人的工作单位所在的市、县进行；特殊情况下，也可以在犯罪嫌疑人居住地所在的市、县进行（《高检规则》第 81 条）。

在审判阶段，对经过依法传唤，无正当理由拒不到庭，或者根据案件情况有必要拘传的被告人，可以拘传。拘传由司法警察执行，执行人员不得少于 2 人。拘传被告人时，应当出示拘传票。对抗拒拘传的，可以使用戒具（《高法解释》第 114 条）。审判人员对被拘传的人，应当在拘传后的 12 小时以内讯问完毕，需要采取逮捕措施的，持续的时间不得超过 24 小时。不得以连续拘传的形式变相关押被拘传人（《高法解释》第 115 条）。

## 第三节　取保候审

取保候审，是责令犯罪嫌疑人、被告人提出保证人或者交纳保证金，保证犯罪嫌疑人、被告人不逃避侦查、起诉和审判，并随传随到的一种强制方法。适用取保候审有两种途径：一是由公安机关、国家安全机关、人民检察院、人民法院根据案件的具体情况依法决定（《刑事诉讼法》第 64 条）；二是被羁押的犯罪嫌疑人、被告人及其法定代理人、近亲属或者辩护人申请取保候审（《刑事诉讼法》第 95 条、第 36 条）。

依照刑事诉讼法的规定，取保候审由公安机关、人民检察院或者人民法院决定，由公安机关执行。在特定情况下，由国家安全机关执行。公安机关、人民检察院、人民法院决定取保候审的，由公安机关执行。国家安全机关决定取保候审的，以及人民检察院、人民法院在办理国家安全机关移送的犯罪案件时决定取保候审的，由国家安全机关执行。

《刑事诉讼法》第 66 条规定：“人民法院、人民检察院和公安机关决定对犯罪嫌疑人、被告人取保候审，应当责令犯罪嫌疑人、被告人提出保证人或者交纳保证金。”保证人保证方式和保证金保证方式只能选择一种适用。《高法解释》第 116 条第 2 款规定，不得同时使用保证人保证与保证金保证。《高检规则》第 87 条第 2 款、《公安规定》第 80 条第 2 款也作出了这样的规定。

另外，适用取保候审并不意味着诉讼程序的终结或者对被追诉人刑事责任不再予以追究。

对犯罪嫌疑人、被告人决定取保候审的，不得中止对案件的侦查、起诉和审理。严禁以取保候审变相放纵犯罪。

## 一、取保候审的适用对象

《刑事诉讼法》第 65 条规定了取保候审的适用对象。同时，刑事诉讼法的其他条文以及司法解释等对取保候审的条件也进行了补充性的或者具体化的规定。

### （一）可以取保候审的犯罪嫌疑人、被告人

1. 可能判处管制、拘役或者独立适用附加刑的（《刑事诉讼法》第 65 条第 1 项）。

2. 可能判处有期徒刑以上刑罚，采取取保候审不致发生社会危险性的（《刑事诉讼法》第 65 条第 2 项）。

3. 患有严重疾病、生活不能自理、怀孕或者正在哺乳自己婴儿的妇女，采取取保候审不致发生社会危险性的（《刑事诉讼法》第 65 条第 3 项）。

4. 犯罪嫌疑人、被告人被羁押的案件，不能在《刑事诉讼法》规定的侦查羁押、审查起诉、一审、二审期限内办结的，对犯罪嫌疑人、被告人应当予以释放；需要继续查证、审理的，对犯罪嫌疑人、被告人可以取保候审（《刑事诉讼法》第 96 条、第 65 条第 4 项）。

5. 对拘留的犯罪嫌疑人，证据不符合逮捕条件，以及提请逮捕后，检察机关不批准逮捕，需要继续侦查、并且符合取保候审条件的，可以依法取保候审（《公安规定》第 77 条第 2 款）。

### （二）不适用取保候审的情形

1. 对累犯、犯罪集团的主犯，以自伤、自残办法逃避侦查的犯罪嫌疑人，危害国家安全的犯罪、暴力犯罪，以及其他严重犯罪的犯罪嫌疑人，不得取保候审，但上述第 3、4 种情况除外（《公安规定》第 78 条）。

2. 人民检察院对于严重危害社会治安的犯罪嫌疑人，以及其他犯罪性质恶劣、情节严重的犯罪嫌疑人不得取保候审（《高检规则》第 84 条）。

## 二、保证人保证

### （一）保证人的条件

取保候审的保证人必须符合法律规定的条件。《刑事诉讼法》第 67 条规定：保证人必须符合下列条件：（1）与本案无牵连；（2）有能力履行保证义务；（3）享有政治权利，人身自由未受到限制；（4）有固定的住处和收入。

### （二）保证人的义务

关于保证人的义务，《刑事诉讼法》第 68 条规定，保证人应当履行以下义务：（1）监督被保证人遵守该法第 69 条的规定；（2）发现被保证人可能发生或者已经发生违反该法第 69 条规定的行为的，应当及时向执行机关报告。被保证人有违反该法第 69 条规定的行为，保证人未及时报告的，对保证人处以罚款，构成犯罪的，依法追究刑事责任。

### （三）对违反保证人义务的处理

1. 对保证人处以罚款

如果被取保候审人违反《刑事诉讼法》第 69 条的规定，保证人未及时报告的，经查证属实

后，由县级以上执行机关对保证人处 1 000 元以上 2 万元以下罚款，并将有关情况及时通知决定机关（《公安规定》第 99 条、第 101 条）。对取保候审保证人是否履行了保证义务，由公安机关认定，对保证人的罚款决定，也由公安机关作出（《六机关规定》第 14 条）。

保证人对罚款决定不服的，可以在收到决定书后 5 日以内向作出决定的公安机关申请复议。对复议决定不服的，可以在 5 日内向上一级公安机关申请复核一次（《公安规定》第 100 条）。

对保证人罚款属于刑事司法行为，不能提起行政诉讼。

2. 承担刑事责任

《高法解释》第 122 条规定："根据案件事实和法律规定，认为已经构成犯罪的被告人在取保候审期间逃匿的，如果系保证人协助被告人逃匿，或者保证人明知被告人藏匿地点但拒绝向司法机关提供，对保证人应当依法追究刑事责任。"

#### （四）保证人的变更

采取保证人形式取保候审的，执行机关发现保证人不愿意继续担保或者丧失担保条件时，应当自发现之日起 3 日以内通知决定机关。决定机关收到执行机关的书面通知后，应当责令被取保候审人重新提出保证人或者交纳保证金，或者作出变更强制措施的决定，并通知执行机关（《公安规定》第 102 条；《高检规则》第 95 条；《高法解释》第 121 条）。

### 三、保证金保证

#### （一）保证金的数额和交纳方法

《刑事诉讼法》第 70 条规定："取保候审的决定机关应当综合考虑保证诉讼活动正常进行的需要，被取保候审人的社会危险性，案件的性质、情节，可能判处刑罚的轻重，被取保候审人的经济状况等情况，确定保证金的数额。提供保证金的人应当将保证金存入执行机关指定银行的专门账户。"

《公安规定》对此作出了详细的规定，主要有：

1. 采取保证金形式取保候审的，保证金的起点数额为 1 000 元。具体数额应当综合考虑保证诉讼活动正常进行的需要、犯罪嫌疑人的社会危险性、案件的性质、情节、可能判处刑罚的轻重以及犯罪嫌疑人、被告人经济状况等情况确定（《公安规定》第 83 条）。对人民检察院决定取保候审的，对于未成年犯罪嫌疑人可以责令交纳 500 元以上的保证金（《高检规则》第 90 条）。

2. 取保候审保证金由县级以上执行机关统一收取和管理。县级以上公安机关应当在其指定的银行设立取保候审保证金专门账户，委托银行代为收取和保管保证金。提供保证金的人，应当一次性将保证金存入取保候审保证金专门账户。保证金应当以人民币交纳。保证金应当由办案部门以外的部门管理。严禁截留、坐支、挪用或者以其他任何形式侵吞保证金（《公安规定》第 84 条）。

人民法院、人民检察院决定保证金保证的，应当责令被取保候审人一次性将保证金存入公安机关指定银行的专门账户（《高法解释》第 119 条；《高检规则》第 93 条）。

#### （二）对保证金的处理

《刑事诉讼法》第 71 条规定："犯罪嫌疑人、被告人在取保候审期间未违反本法第六十九条规定的，取保候审结束的时候，凭解除取保候审的通知或者有关法律文书到银行领取退还的保证金。"

分为两种情况：一种是退还保证金，另一种是没收部分或者全部保证金。具体处理方式如下：

1. 执行机关决定没收保证金或者告知决定机关。被取保候审人违反《刑事诉讼法》第 69 条规定，公安机关应当根据其违反规定的情节，决定没收部分或全部保证金。人民法院、人民检察院决定取保候审的，执行的公安机关应当及时告知决定机关（《公安规定》第 92 条）。

2. 决定机关认为应当没收保证金。人民法院发现被取保候审人违反《刑事诉讼法》第 69 条的规定，认为依法应当没收保证金的，应当提出没收部分或者全部保证金的书面意见，连同有关材料一并送交负责执行的公安机关处理（《高法解释》第 123 条）。人民检察院发现犯罪嫌疑人违反《刑事诉讼法》第 69 条的规定，应当书面通知公安机关没收部分或全部保证金；公安机关发现向检察院提出没收保证金意见的，检察院应当在 5 日以内决定并通知公安机关（《高检规则》第 99 条）。

3. 取保候审期间涉嫌重新犯罪。被取保候审人没有违反《刑事诉讼法》第 69 条的规定，但在取保候审期间涉嫌重新故意犯罪被立案侦查的，执行机关应当暂扣其交纳的保证金，待人民法院判决生效后，根据有关判决作出处理（《公安规定》第 98 条）。

4. 对没收保证金决定的申请复核。执行机关应当向被取保候审人宣布没收保证金的决定，并告知其如不服本决定，可以在收到《没收保证金决定书》后的 5 日以内，向作出决定的公安机关申请复议。对复议决定不服的，可以向上一级公安机关申请复核一次。上一级公安机关收到复核申请后，应当在 7 日内作出复核决定（《公安规定》第 95 条）。

5. 重新交纳保证金。决定机关收到执行机关已没收保证金的书面通知，或者变更强制措施的意见后，应当在 5 日内作出变更强制措施或者责令犯罪嫌疑人重新交纳保证金、提出保证人的决定，并通知执行机关。决定重新交纳保证金的程序，适用有关规定（《高法解释》第 123 条；《高检规则》第 99 条）。

6. 退还保证金。被取保候审人在取保候审期间没有违反《刑事诉讼法》第 69 条的规定，也没有故意重新犯罪的，在解除取保候审、变更强制措施的同时，公安机关应当制作《退还保证金决定书》，通知银行如数退还保证金。被取保候审人或者法定代理人可以凭退还保证金决定书到银行领取退还的保证金（《公安规定》第 97 条）。在审判阶段，被取保候审的被告人的判决、裁定生效后，应当解除取保候审、退还保证金的，如果保证金属于其个人财产，人民法院可以书面通知公安机关将保证金移交人民法院，用以退赔被害人、履行附带民事赔偿义务或者执行财产刑，剩余部分应当退还被告人（《高法解释》第 124 条）。

### 四、被取保候审人应当遵守的规定

根据《刑事诉讼法》第 69 条和有关规定，被取保候审的犯罪嫌疑人、被告人应当遵守以下规定：

（1）未经执行机关批准不得离开所居住的市、县。

被采取取保候审的犯罪嫌疑人、被告人无正当理由不得离开所居住的市、县，有正当理由需离开所居住的市、县，应当经执行机关批准。如取保候审是由人民检察院、人民法院决定的，执行机关在批准犯罪嫌疑人、被告人离开所居住的市、县前，应当征得决定机关同意（《六机关规定》第 13 条）。例如，取保候审是人民检察院决定的，其具体操作方法是：人民检察院决定对犯罪嫌疑人取保候审的案件，在执行期间，被取保候审人有正当理由需要离开所居住的市、县的，负责执行的派出所应当及时报告所属县级公安机关，由该县级公安机关征得决定取保候审的人民检察院同意后批准。

（2）住址、工作单位和联系方式发生变动的，在 24 小时以内向执行机关报告；

（3）在传讯的时候及时到案。

（4）不得以任何形式干扰证人作证。

（5）不得毁灭、伪造证据或者串供。

（6）不得故意实施新的犯罪行为。对在取保候审期间故意实施新的犯罪行为的犯罪嫌疑人，予以逮捕；已交纳保证金的，同时通知公安机关没收保证金（《高检规则》第 100 条）。

执行机关在执行取保候审时，应当告知被取保候审人必须遵守《刑事诉讼法》第 69 条的规定及其违反规定，或者在取保候审期间重新犯罪应当承担的后果（《公安规定》第 85 条）。

人民法院、人民检察院和公安机关可以根据案件情况，责令被取保候审的犯罪嫌疑人、被告人遵守以下一项或者多项规定：（1）不得进入特定的场所；（2）不得与特定的人员会见或者通信；（3）不得从事特定的活动；（4）将护照等出入境证件、驾驶证件交执行机关保存（《刑事诉讼法》第 69 条第 2 款）。

## 五、取保候审的继续

### （一）后一诉讼阶段继续采取取保候审的，期限重新计算

在侦查或者审查起诉阶段已经采取取保候审的，案件移送至审查起诉或者审判阶段时，如果需要继续取保候审，或者需要变更保证方式或强制措施的，受案机关应当依法作出决定，并通知执行机关和移送案件的机关。受案机关决定继续取保候审的，应当重新作出取保候审决定。对继续采取保证金方式取保候审的，不变更保证金数额，不再重新收取保证金（《高检规则》第 102 条；《高法解释》第 127 条）。

公安机关决定对犯罪嫌疑人取保候审，案件移送人民检察院审查起诉后，对于需要继续取保候审的，取保候审的期限应当重新计算并告知犯罪嫌疑人（《高检规则》第 102 条）。人民检察院、公安机关已对犯罪嫌疑人取保候审，案件起诉到人民法院后，人民法院继续适用取保候审的，取保候审的期限重新计算（《高法解释》第 127 条第 2 款）。但是，人民法院不得对同一被告人重复采取取保候审、监视居住措施（《高法解释》第 127 条第 3 款）。

### （二）同一诉讼阶段重新交纳保证金或者提出保证人的，期限连续计算

被取保候审人违反《刑事诉讼法》第 69 条规定，被依法没收部分或者全部保证金后，人民法院仍决定对其取保候审的，取保候审的期限应当连续计算（《高法解释》第 123 条第 3 款）。人民检察院对违反《刑事诉讼法》第 69 条规定的犯罪嫌疑人，责令重新交纳保证金或者提出保证人，对犯罪嫌疑人继续取保候审的，取保候审的时间应当累计计算（《高检规则》第 99 条第 3 款）。

## 六、取保候审的变更

《刑事诉讼法》第 69 条中规定："被取保候审的犯罪嫌疑人、被告人违反前两款规定，已交纳保证金的，没收部分或者全部保证金，并且区别情形，责令犯罪嫌疑人、被告人具结悔过，重新交纳保证金、提出保证人，或者监视居住、予以逮捕。对违反取保候审规定，需要予以逮捕的，可以对犯罪嫌疑人、被告人先行拘留。"这里规定的重新交纳保证金、重新提出保证人仍然属于取保候审，而取保候审的变更则应当是指三种情况：

（一）取保候审转为监视居住

例如，对违反《刑事诉讼法》第69条规定的被取保候审人没收了保证金，而他又没有能力重新交纳保证金的，可以予以监视居住。

（二）取保候审转为逮捕

根据《刑事诉讼法》第69条的规定，在审判阶段，被取保候审的被告人违反刑事诉讼法第69条规定的，人民法院应当决定逮捕。法院作出逮捕决定后，应当将逮捕决定书等相关材料送交同级公安机关执行，并将逮捕决定书抄送人民检察院（《高法解释》第129条、第131条）。在侦查阶段，被取保候审人违反取保候审规定，可以提请批准逮捕（《公安规定》第131条）。除法院决定逮捕的以外，检察院在批准和决定取保候审转为逮捕时，分应当逮捕和可以逮捕两种情况：

1. 应当予以逮捕的情形。对于下列违反取保候审规定的犯罪嫌疑人，应当予以逮捕：（1）故意实施新的犯罪的；（2）企图自杀、逃跑，逃避侦查、审查起诉的；（3）实施毁灭、伪造证据或者串供、干扰证人作证行为，足以影响侦查、审查起诉工作正常进行的；（4）对被害人、证人、举报人、控告人及其他人员实施打击报复的（《高检规则》第100条第1款）。

2. 可以予以逮捕的情形。（1）未经批准，擅自离开所居住的市、县，造成严重后果，或者两次未经批准，擅自离开所居住的市、县的；（2）经传讯不到案，造成严重后果，或者经两次传讯不到案的；（3）住址、工作单位和联系方式发生变动，未在24小时以内向公安机关报告，造成严重后果的；（4）违反规定进入特定场所、与特定人员会见或者通信、从事特定活动，严重妨碍诉讼程序正常进行的（《高检规则》第100条第2款）。

（三）取保候审的解除

需要解除取保候审的，由决定取保候审的机关制作解除取保候审决定书、通知书，送达负责执行的公安机关。负责执行的公安机关应当根据决定书及时解除取保候审，并通知被取保候审人、保证人和有关单位（《公安规定》第104条）。

## 第四节 监视居住

监视居住，是指人民法院、人民检察院、公安机关在刑事诉讼过程中命令犯罪嫌疑人、被告人不得擅自离开住所或者指定的居所，并对其活动予以限制的一种强制方法。监视居住由公安机关执行。对于人民法院和人民检察院决定的监视居住，人民法院和人民检察院应当立即通知负责执行的公安机关。

执行机关对被监视居住的犯罪嫌疑人、被告人，可以采取电子监控、不定期检查等监视方法对其遵守监视居住规定的情况进行监督；在侦查期间，可以对被监视居住的犯罪嫌疑人的通信进行监控（《刑事诉讼法》第76条）。

在监视居住期间，案件的侦查、起诉和审判不得中断。“在监视居住期间，公安机关不得中断案件的侦查”（《公安规定》第118条）；“在监视居住期间，不得中断对案件的侦查、审查起诉”（《高检规则》第124条）。

指定居所监视居住的期限应当折抵刑期。被判处管制的，监视居住一日折抵刑期一日；被判处拘役、有期徒刑的，监视居住二日折抵刑期一日（《刑事诉讼法》第74条）。

## 一、监视居住的适用对象

《刑事诉讼法》第 72 条规定："人民法院、人民检察院和公安机关对符合逮捕条件，有下列情形之一的犯罪嫌疑人、被告人，可以监视居住：(一) 患有严重疾病、生活不能自理的；(二) 怀孕或者正在哺乳自己婴儿的妇女；(三) 系生活不能自理的人的唯一扶养人；(四) 因为案件的特殊情况或者办理案件的需要，采取监视居住措施更为适宜的；(五) 羁押期限届满，案件尚未办结，需要采取监视居住措施的。对符合取保候审条件，但犯罪嫌疑人、被告人不能提出保证人，也不交纳保证金的，可以监视居住。"

第三种情况的抚养包括父母、祖父母、外祖父母对子女、孙子女、外孙子女的抚养和子女、孙子女、外孙子女对父亲、祖父母、外祖父母的赡养以及配偶、兄弟姐妹之间的相互扶养（《高检规则》第 109 条第 2 款）。

## 二、被监视居住的人应当遵守的规定

公安机关应当向被监视居住的犯罪嫌疑人宣布必须遵守《刑事诉讼法》第 75 条的规定：

(1) 未经执行机关批准不得离开执行监视居住的处所。通常情况下是指不得离开住处，无固定住处的，未经批准不得离开指定的居所。对此，有关规定予以了细化：固定住处，是指犯罪嫌疑人在办案机关所在的市、县内生活的合法住处；指定的居所，是指公安机关根据案件情况，在办案机关所在的市、县为犯罪嫌疑人指定的生活居所。指定的居所应当符合下列条件：具备正常的生活、休息条件；便于监视、管理；保证安全（《公安规定》第 108 条）。如果是人民检察院决定监视居住的，应当由人民检察院核实犯罪嫌疑人的住处。犯罪嫌疑人没有固定住处的，人民检察院应当为其指定居所（《高检规则》第 110 条）。对于涉嫌危害国家安全犯罪、恐怖活动犯罪，在住处执行可能有碍侦查的，经上一级公安机关批准，也可以在指定的居所执行。但是，不得在羁押场所、专门的办案场所执行（《刑事诉讼法》第 73 条第 1 款）。指定居所监视居住的，不得要求被监视居住人支付费用（《六机关规定》第 15 条）。

指定居所监视居住的，除无法通知的以外，应当在执行监视居住后 24 小时以内，通知被监视居住人的家属（《刑事诉讼法》第 73 条第 2 款）。"无法通知"的情形包括：不讲真实姓名、住址、身份不明的；没有家属的；提供的家属联系方式无法取得联系的；因自然灾害等不可抗力导致无法通知的（《公安规定》第 109 条）。

被采取监视居住的犯罪嫌疑人、被告人无正当理由不得离开住处，有正当理由需离开住处，应当经执行机关批准。如监视居住是由人民检察院、人民法院决定的，执行机关在批准犯罪嫌疑人、被告人离开住处前，应当征得决定机关同意（《六机关规定》第 13 条）。

(2) 未经执行机关批准不得会见他人或者通信。这里的"他人"，是指共同居住人以外的其他人。被监视居住的犯罪嫌疑人、被告人会见其聘请的律师，适用会见在押的犯罪嫌疑人、被告人的规定（《刑事诉讼法》第 37 条第 5 款）。

(3) 在传讯的时候及时到案。

(4) 不得以任何形式干扰证人作证。

(5) 不得毁灭、伪造证据或者串供。

(6) 将护照等出入境证件、身份证件、驾驶证件交执行机关保存。

（7）不得故意实施新的犯罪行为（《高检规则》第 121 条）。

### 三、监视居住的继续

后一诉讼阶段继续采取监视居住的，监视居住的期限重新计算。

公安机关决定对犯罪嫌疑人监视居住，案件移送人民检察院审查起诉后，对于需要继续监视居住的，人民检察院应当依法对犯罪嫌疑人办理监视居住手续。监视居住的期限应当重新计算，并告知犯罪嫌疑人（《高检规则》第 123 条）。

人民检察院、公安机关已对犯罪嫌疑人监视居住，案件起诉到人民法院后，人民法院继续适用监视居住的，监视居住的期限重新计算（《高法解释》第 127 条第 2 款）。

### 四、监视居住的变更

《刑事诉讼法》第 75 条第 2 款规定："被监视居住的犯罪嫌疑人、被告人违反前款规定，情节严重的，可以予以逮捕；需要予以逮捕的，可以对犯罪嫌疑人、被告人先行拘留。"由此可见，监视居住的变更有两种情况：一是由监视居住转为逮捕，二是监视居住的解除。

（一）监视居住转为逮捕

1. 公安机关对被监视居住人违反应当遵守的规定的，情节严重的，可以予以逮捕（《公安规定》第 117 条）。

2. 人民检察院对犯罪嫌疑人违反监视居住规定的，区分情形，分别应当予以逮捕和可以予以逮捕（《高检规则》第 121 条）。

3. 人民法院对被告人违反监视居住规定的，应当决定逮捕（《高法解释》第 130 条）。

（二）监视居住的解除

公安机关决定解除监视居住，应当经县级以上公安机关负责人批准，制作解除监视居住决定书，并及时通知执行的派出所或者办案部门、被监视居住人和有关单位。人民法院、人民检察院作出解除、变更监视居住决定的，公安机关应当及时解除并通知被监视居住人和有关单位（《公安规定》第 119 条）。

## 第五节　拘留

### 一、拘留的概念

拘留，是指公安机关、人民检察院在侦查过程中，在紧急情况下，依法临时剥夺某些现行犯或者重大嫌疑分子的人身自由的一种强制方法。

在刑事诉讼中，有权决定刑事拘留的机关包括公安机关和人民检察院。人民检察院在直接受理的案件中，对于"犯罪后企图自杀、逃跑或者在逃的"和"有毁灭、伪造证据或者串供可能的"，有权决定拘留；公安机关在侦查案件过程中，对《刑事诉讼法》第 80 条规定的 7 种情形，都有权决定拘留。无论是公安机关决定的，还是人民检察院决定的，拘留都必须由公安机关执行。

人民法院不能决定刑事拘留。在刑事诉讼过程中，人民法院对没有正当理由拒绝出庭或者出庭后拒绝作证的证人，以及违反法庭秩序的人有权予以拘留，但这是具有惩罚性的司法拘留，而不是作为刑事诉讼强制措施的刑事拘留。《刑事诉讼法》第188条规定，证人没有正当理由拒绝出庭或者出庭后拒绝作证的，情节严重的，经院长批准，处以10日以下的拘留。第194条规定："在法庭审判过程中，如果诉讼参与人或者旁听人员违反法庭秩序，审判长应当警告制止。对不听制止的，可以强行带出法庭；情节严重的，处以一千元以下的罚款或者十五日以下的拘留。罚款、拘留必须经院长批准。被处罚人对罚款、拘留的决定不服的，可以向上一级人民法院申请复议。复议期间不停止执行。"

## 二、拘留的条件

《刑事诉讼法》第80条规定："公安机关对于现行犯或者重大嫌疑分子，如果有下列情形之一的，可以先行拘留：（一）正在预备犯罪、实行犯罪或者在犯罪后即时被发觉的；（二）被害人或者在场亲眼看见的人指认他犯罪的；（三）在身边或者住处发现有犯罪证据的；（四）犯罪后企图自杀、逃跑或者在逃的；（五）有毁灭、伪造证据或者串供可能的；（六）不讲真实姓名、住址，身份不明的；（七）有流窜作案、多次作案、结伙作案重大嫌疑的。"这七种情形是公安机关决定拘留的条件。其中，对第七项内容的具体解释是，"流窜作案，是指跨市、县管辖范围连续作案，或者在居住地作案后逃跑到外市、县继续作案。多次作案，是指三次以上作案。结伙作案，是指二人以上共同作案"（《公安规定》第125条第3款）。

根据《刑事诉讼法》第163条的规定，人民检察院直接受理的案件中符合本法第80条规定的第4项、第5项规定情形，需要拘留犯罪嫌疑人的，由人民检察院作出决定，由公安机关执行。

需要注意的是，拘留的对象是"现行犯或者重大嫌疑分子"，只有现行犯或者重大嫌疑分子具备以上七种情形之一才能够对其进行拘留，对其他人不能适用拘留这种强制措施。

## 三、拘留的执行

### （一）人民检察院决定的拘留的执行

人民检察院作出拘留决定后，应当将有关法律文书和案由、犯罪嫌疑人基本情况的材料送交同级公安机关执行（《高检规则》第131条）。县级以上公安机关凭人民检察院送达的决定拘留的法律文书制作拘留证并立即执行，人民检察院可以协助公安机关执行。拘留后，应当及时通知检察院。犯罪嫌疑人在逃的，在撤销拘留决定之前，应当组织力量继续执行（《公安规定》第128条）。

### （二）公安机关执行拘留的具体程序

《刑事诉讼法》第83条规定："公安机关拘留人的时候，必须出示拘留证。拘留后，应当立即将被拘留人送看守所羁押，至迟不得超过二十四小时。"公安机关决定拘留犯罪嫌疑人，需要经县级以上公安机关负责人批准，制作《拘留证》。执行拘留时，必须出示《拘留证》，并责令被拘留人在《拘留证》上签名、捺指印，其拒绝签名、捺指印的，侦查人员应当注明。但是，因情况紧急来不及办理拘留手续的，应当在将犯罪嫌疑人带至公安机关后立即办理法律手续（《公安规定》第121条）。

### （三）拘留后的通知和讯问

1. 24小时之内通知家属。《刑事诉讼法》第83条第2款规定："除无法通知或者涉嫌危害国家安全犯罪、恐怖活动犯罪通知可能有碍侦查的情形以外，应当在拘留后二十四小时以内，通知被拘留人的家属。有碍侦查的情形消失以后，应当立即通知被拘留人的家属。”对于公安机关决定拘留的，由公安机关负责通知，拘留通知书应当写明拘留原因和羁押处所。所谓“无法通知”，是指不讲真实姓名、住址，身份不明的，没有家属的，提供的家属联系方式无法取得联系的，以及因自然灾害等不可抗力导致无法通知的情形；所谓“有碍侦查”，是指可能毁灭伪造证据，干扰证人作证或者串供的，可能引起同案犯逃避、妨碍侦查的，以及犯罪嫌疑人的家属与犯罪有牵连的情形。对没有在24小时内通知的，应当在拘留通知书中注明原因（《公安规定》第123条）。

对于人民检察院决定拘留的，对犯罪嫌疑人拘留后，人民检察院应当在拘留后24小时以内，通知被拘留人的家属。无法通知的，应当向检察长报告，并将原因写明附卷（《高检规则》第133条）。

2.24小时之内进行讯问。《刑事诉讼法》第84条规定：“公安机关对于被拘留的人，应当在拘留后的二十四小时以内进行讯问。在发现不应当拘留的时候，必须立即释放，发给释放证明。”第164条规定：“人民检察院对直接受理的案件中被拘留的人，应当在拘留后的二十四小时以内进行讯问。在发现不应当拘留的时候，必须立即释放，发给释放证明。”

### 四、拘留的变更

根据《刑事诉讼法》第85条、第165条的规定，拘留的变更可能有以下几种情况：

#### （一）拘留转为逮捕

公安机关侦查的案件需要逮捕的，在拘留期限内，依法办理提请批准逮捕手续；人民检察院直接受理的案件，在法定期限内作出是否逮捕的决定。如果人民检察院批准或者决定逮捕，则拘留转为逮捕。

#### （二）拘留转为取保候审或者监视居住

这包括两种情况：一是对需要逮捕但证据还不充足的、可能判处拘役以下刑罚的或者没有逮捕必要的，依法办理取保候审手续，继续侦查；二是对符合逮捕条件但具有第72条规定的情形的犯罪嫌疑人，依法适用监视居住。

#### （三）拘留的解除

发现不应当追究犯罪嫌疑人刑事责任的，应当撤销案件，释放被拘留人，发给释放证明。

## 第六节　逮捕

### 一、逮捕的概念

逮捕是对具有较大危险性的犯罪嫌疑人、被告人，在判决生效前剥夺其人身自由，较长时间地羁押在看守所内的一种强制措施。逮捕由人民检察院批准或者决定，或者由人民法院决定，由公安机关执行（《宪法》第37条；《刑事诉讼法》第79条）。

我国的逮捕实际上是指审前羁押（pre-trial detention），既包括逮捕行为又包括逮捕以后的羁押状态，而不仅仅指将犯罪嫌疑人、被告人抓住的动作。这与英文中的逮捕（arrest）的概念是不同的。

## 二、逮捕的条件

《刑事诉讼法》第 79 条第 1 款规定：对有证据证明有犯罪事实，可能判处徒刑以上刑罚的犯罪嫌疑人、被告人，采取取保候审、监视居住等方法，尚不足以防止发生该条列出的 5 种情形的社会危险性，应当予以逮捕。根据这条规定，逮捕必须同时具备以下三个条件：

### （一）有证据证明有犯罪事实

"有证据证明有犯罪事实"，是指同时具备下列情形：（1）有证据证明发生了犯罪事实；（2）有证据证明犯罪事实是犯罪嫌疑人实施的；（3）证明犯罪嫌疑人实施犯罪行为的证据已经查证属实的。犯罪事实既可以是单一犯罪行为的事实，也可以是数个犯罪行为中任何一个犯罪行为的事实（《高检规则》第 139 条第 2 款）。

对于实施多个犯罪行为或者共同犯罪案件的犯罪嫌疑人，具有下列情形之一的，应当批准或者决定逮捕：（1）有证据证明有数罪中的一罪的；（2）有证据证明有多次犯罪中的一次犯罪的；（3）共同犯罪中，已有证据证明有犯罪事实的犯罪嫌疑人（《高检规则》第 142 条）。

### （二）可能判处徒刑以上刑罚

即根据已有证据证明的案件事实，依照刑法的规定，可能判处有期徒刑以上的刑罚。这表明，只有对比较严重的犯罪才采用逮捕这一措施，对较轻的犯罪不宜采用。不过，根据《刑事诉讼法》第 69 条、第 75 条和第 79 条第 3 款的规定，如果被取保候审或者监视居住的人违反了应当遵守的规定，严重影响诉讼活动正常进行的，即使其罪行不足以判处徒刑以上刑罚，也可以予以逮捕。2014 年 4 月 24 日全国人大常委会《关于〈刑事诉讼法〉第七十九条第三款的解释》对此予以了明确。

### （三）有逮捕必要

只有采取取保候审、监视居住等方法，不足以防止发生社会危险性，才能适用逮捕。具有下列情形之一的，即为《刑事诉讼法》第 79 条规定的"社会危险性"：（1）可能实施新的犯罪的；（2）有危害国家安全、公共安全或者社会秩序的现实危险的；（3）可能毁灭、伪造证据，干扰证人作证或者串供的；（4）可能对被害人、举报人、控告人实施打击报复的；（5）企图自杀或者逃跑的（《刑事诉讼法》第 79 条第 1 款）。

对有证据证明有犯罪事实，可能判处 10 年有期徒刑以上刑罚的，或者有证据证明有犯罪事实，可能判处徒刑以上刑罚，曾经故意犯罪或者身份不明的，应当予以逮捕（《刑事诉讼法》第 79 条第 2 款）。

犯罪嫌疑人涉嫌的罪行较轻，且没有其他重大犯罪嫌疑，具有特定法定从轻情形的，可以不批准逮捕（《高检规则》第 144 条）。

## 三、逮捕的批准和决定

### （一）人民检察院批准逮捕

1. 公安机关提请批准逮捕的程序。公安机关要求逮捕犯罪嫌疑人的时候，应当写出提请批准逮捕书，连同案卷材料、证据，一并移送同级人民检察院审查批准。必要的时候，人民检察院可以派人参加公安机关对于重大案件的讨论（《刑事诉讼法》第 85 条）。人民检察院办理审查逮捕案件，发现应当逮捕而公安机关未提请批准逮捕的犯罪嫌疑人的，应当建议公安机关提请批准逮捕。如果公安机关仍不提请批准逮捕或者不提请批准逮捕的理由不能成立的，人民检察院也可以直接作出逮捕决定，送达公安机关执行（《高检规则》第321条）。

2. 审查批准逮捕的程序。人民检察院审查批准逮捕，可以讯问犯罪嫌疑人；有下列情形之一的，应当讯问犯罪嫌疑人：（1）对是否符合逮捕条件有疑问的；（2）犯罪嫌疑人要求向检察人员当面陈述的；（3）侦查活动可能有重大违法行为的。人民检察院审查批准逮捕，可以询问证人等诉讼参与人，听取辩护律师的意见；辩护律师提出要求的，应当听取辩护律师的意见（《刑事诉讼法》第86条）。

3. 审查批准逮捕的决定权限。一般情况下，人民检察院审查批准逮捕犯罪嫌疑人由检察长决定。重大案件应当提交检察委员会讨论决定（《刑事诉讼法》第87条）。

对于外国人、无国籍人审查批准逮捕，《高检规则》作出了特殊规定。外国人、无国籍人涉嫌危害国家安全犯罪的案件或者涉及国与国之间政治、外交关系的案件以及在适用法律上确有疑难的案件，需要逮捕犯罪嫌疑人的，分别由基层人民检察院或者分、州、市人民检察院审查并提出意见，层报最高人民检察院审查。最高人民检察院经征求外交部的意见后，作出批准逮捕或者不批准逮捕的批复。外国人、无国籍人涉嫌上述案件以外的其他犯罪的案件，决定批准逮捕的检察院应当在作出批准逮捕决定后48小时以内报上一级检察院备案，同时向同级人民政府外事部门通报（《高检规则》第312条）。

人民检察院办理危害国家安全的案件、涉外案件的审查批准逮捕，应当报上一级人民检察院备案。上级人民检察院对报送的备案材料经审查发现错误的，应当依法及时纠正（《高检规则》第313条）。

4. 审查批准逮捕后的处理决定。人民检察院对于公安机关提请批准逮捕的案件进行审查后，应当根据情况分别作出批准逮捕或者不批准逮捕的决定。对于批准逮捕的决定，公安机关应当立即执行，并且将执行情况及时通知人民检察院。对于不批准逮捕的，人民检察院应当说明理由，需要补充侦查的，应当同时通知公安机关（《刑事诉讼法》第88条）。

5. 审查批准逮捕的期限。公安机关对被拘留的人，认为需要逮捕的，应当在拘留后的3日以内，提请人民检察院审查批准。在特殊情况下，提请审查批准的时间可以延长1日至4日。对于流窜作案、多次作案、结伙作案的重大嫌疑分子，提请审查批准的时间可以延长至30日。人民检察院应当自接到公安机关提请批准逮捕书后的7日以内，作出批准逮捕或者不批准逮捕的决定。人民检察院不批准逮捕的，公安机关应当在接到通知后立即释放，并且将执行情况及时通知人民检察院。对于需要继续侦查，并且符合取保候审、监视居住条件的，依法取保候审或者监视居住（《刑事诉讼法》第89条）。

如果被提请批准逮捕的犯罪嫌疑人未被拘留，人民检察院应当在接到提请批准逮捕书后的15日以内作出是否批准逮捕的决定，重大、复杂的案件，不得超过20日（《高检规则》第316条）。

6. 对不批准逮捕决定的异议。公安机关对人民检察院不批准逮捕的决定，认为有错误的时候，可以要求复议，但是必须将被拘留的人立即释放。如果意见不被接受，可以向上一级人民检察院提请复核。上级人民检察院应当立即复核，作出是否变更的决定，通知下级人民检察院和公安机关执行（《刑事诉讼法》第90条）。具体程序是，公安机关认为人民检察院不批准逮捕的决定有错误的，应当在收到不批准逮捕决定书后5日以内，向同级人民检察院要求复议。人民检察院应当在收到公安机关要求复议意见书后7日内作出复议决定。公安机关对复议决定不服的，应当在收到人民检察院复议决定书后5日以内向上一级人民检察院提请复核。上一级人民检察院应当在收到公安机关提请复核意见书后15日以内作出是否变更的复核决定(《公安规定》第127条;《高检规则》第323条、第324条)。

(二)人民检察院决定逮捕

《刑事诉讼法》第163条规定,人民检察院直接受理的案件中符合《刑事诉讼法》第79条规定情形,需要逮捕犯罪嫌疑人的,由人民检察院作出决定,由公安机关执行。第165条规定,人民检察院对直接受理的案件中被拘留的人,认为需要逮捕的,应当在14日以内作出决定。在特殊情况下,决定逮捕的时间可以延长1日至3日。对不需要逮捕的,应当立即释放;对于需要继续侦查,并且符合取保候审、监视居住条件的,依法取保候审或者监视居住。对这些规定,《高检规则》中做了进一步的明确规定。

省级以下(不含省级)人民检察院直接受理立案侦查的案件,需要逮捕犯罪嫌疑人的,应当报请上一级人民检察院审查决定。下级人民检察院报请审查逮捕的案件,由侦查部门制作报请逮捕书,报检察长或者检察委员会审批后,连同案卷材料、讯问犯罪嫌疑人录音录像一并报上一级人民检察院审查,报请逮捕时应当说明犯罪嫌疑人的社会危险性并附相关证据材料。犯罪嫌疑人已被拘留的,应当在7日以内报送,上级检察院应当在7日以内作出决定,特殊情况下可以延长1至3日。报送案卷材料、送达法律文书的路途时间计算在上一级检察院审查期限以内(《高检规则》第327条至329条)。

上一级人民检察院决定逮捕的,应当将逮捕决定书连同案卷材料一并交下级人民检察院,由下级人民检察院通知同级公安机关执行,必要时,人民检察院可以协助执行(《高检规则》第333条)。上一级人民检察院决定不予逮捕的,应当将不予逮捕的决定连同案卷材料一并交下级人民检察院,同时书面说明不予逮捕的理由。犯罪嫌疑人已被拘留的,下级人民检察院应当通知公安机关立即释放(《高检规则》第334条)。

对应当逮捕而下级人民检察院未报请逮捕的犯罪嫌疑人,上一级人民检察院应当通知下级检察院报请逮捕。下级检察院不同意的,应当说明理由。经审查理由不成立的,上一级检察院可以依法作出逮捕决定(《高检规则》第335条)。

除了人民检察院直接立案侦查的案件中人民检察院有权决定逮捕以外,在办理公诉案件过程中,审查起诉部门经审查认为需要逮捕犯罪嫌疑人的,应当参照直接受理案件决定逮捕的程序移送侦查监督部门办理(《高检规则》第375条)。

(三)人民法院决定逮捕

《刑事诉讼法》第78条规定,人民法院有权决定逮捕被告人。《高法解释》第128条对此进行了具体规定:人民法院对有证据证明有犯罪事实存在,可能判处有期徒刑以上刑罚的被告人,认为采取取保候审、监视居住等措施,尚不足以防止发生社会危险而有逮捕必要的,应即决定依法逮捕。

## 四、逮捕的执行

### (一)人民检察院决定的逮捕的执行

人民检察院依法作出逮捕犯罪嫌疑人的决定后,应当将有关法律文书和有关案由、犯罪嫌疑人基本情况的材料送交同级公安机关执行。公安机关接到人民检察院逮捕决定书后,应当由县级以上公安机关负责人签发逮捕证,立即执行,必要时,人民检察院可以协助公安机关执行

（《公安规定》第142条）。

（二）人民法院决定的逮捕的执行

人民法院作出逮捕决定后，应当将逮捕决定书送交同级公安机关执行（《高法解释》第131条）。人民法院决定逮捕被告人的，由县级以上公安机关凭人民法院决定逮捕的法律文书，制作《逮捕证》并立即执行，必要时，可以请人民法院协助执行（《公安规定》第142条）。

（三）公安机关执行逮捕的具体程序

《刑事诉讼法》第91条第1款规定："公安机关逮捕人的时候，必须出示逮捕证。逮捕后，应当立即将被逮捕人送看守所羁押。"执行逮捕时，必须向被逮捕人出示《逮捕证》，并责令被逮捕人在《逮捕证》上签名、捺指印，拒绝签名、捺指印的，应当注明。执行逮捕的侦查人员不得少于2人（《公安规定》第139条）。

（四）公安机关执行逮捕后向人民检察院、人民法院的通知

1. 人民检察院批准逮捕的

人民检察院批准逮捕的决定，公安机关应当立即执行，并将执行回执送达作出批准决定的人民检察院；未能执行的，也应当将执行回执送达人民检察院，并写明未能执行的原因（《公安规定》第138条）。

2. 人民检察院决定逮捕的

人民检察院决定逮捕的，公安机关逮捕犯罪嫌疑人后，应当及时通知决定逮捕的人民检察院。公安机关未能抓获犯罪嫌疑人的，应当将执行情况和未能抓获犯罪嫌疑人的原因通知决定逮捕的人民检察院。对于犯罪嫌疑人在逃的，在人民检察院撤销逮捕决定之前，公安机关应当组织力量继续执行（《公安规定》第142条）。

3. 人民法院决定逮捕的

对于人民法院决定逮捕的，在逮捕后应当及时通知人民法院。如果未能执行，也应当将执行情况和未能抓获的原因通知人民法院（《公安规定》第142条）。

（五）逮捕后的通知和讯问

1. 24小时之内通知家属。《刑事诉讼法》第91条第2款规定："除无法通知的以外，应当在逮捕后二十四小时以内，通知被逮捕人的家属。"对于公安机关提请批准逮捕的，由公安机关负责通知，逮捕通知书应当写明逮捕原因和羁押处所。对"无法通知"，适用《公安规定》第109条第2款的规定，即与指定居所监视居住、拘留的通知要求中的无法通知情形相同。同时，该条规定，上述情形消失后，应当立即通知被逮捕人的家属。对没有在24小时内通知的，应当在逮捕通知书中注明原因。

对于人民检察院决定逮捕的，由人民检察院依照以上规定进行通知（《高检规则》第336条、第347条）。

对于人民法院决定逮捕的，将被告人逮捕后，人民法院应当在逮捕后24小时内通知被逮捕人的家属；确实无法通知的，应当记录在案（《高法解释》第131条）。

2. 24小时之内进行讯问。《刑事诉讼法》第92条规定："人民法院、人民检察院对于各自决定逮捕的人，公安机关对于经人民检察院批准逮捕的人，都必须在逮捕后的二十四小时以内进行讯问。在发现不应当逮捕的时候，必须立即释放，发给释放证明。"对于公安机关提请批准逮捕的，由公安机关负责讯问。

对于人民检察院决定逮捕的，人民检察院应当在逮捕后24小时以内，对犯罪嫌疑人进行讯问（《高检规则》第337条、第348条）。

人民法院决定逮捕的被告人，应当在逮捕后的24小时内进行讯问。发现不应当逮捕的，应当变更强制措施或者立即释放（《高法解释》第132条）。

## 五、逮捕的变更

根据《刑事诉讼法》第93条至第97条的规定，逮捕的变更有以下三种情况：

### （一）逮捕后的羁押必要性审查

犯罪嫌疑人、被告人被逮捕后，人民检察院仍应当对羁押的必要性进行审查。对不需要继续羁押的，应当建议予以释放或者变更强制措施。有关机关应当在10日以内将处理情况通知人民检察院（《刑事诉讼法》第93条）。

为了加强和规范羁押必要性审查工作，最高人民检察院2016年1月22日颁布了《人民检察院办理羁押必要性审查案件规定（试行）》。羁押必要性审查案件由办案机关对应的同级人民检察院刑事执行检察部门办理，其他部门予以配合。进行羁押必要性审查，可以审查犯罪嫌疑人、被告人不需要继续羁押的理由和证明材料；听取犯罪嫌疑人、被告人及其法定代理人、辩护人的意见；听取被害人及其法定代理人、诉讼代理人的意见，了解是否达成和解协议；听取现阶段办案机关、侦查监督部门或者公诉部门的意见；调查核实犯罪嫌疑人、被告人的身体状况等。人民检察院应当根据犯罪嫌疑人、被告人涉嫌犯罪事实、主观恶性、悔罪表现、身体状况、案件进展情况、可能判处的刑罚和有无再危害社会的危险等因素，综合评估有无必要继续羁押。

### （二）逮捕转为取保候审或者监视居住

逮捕转为取保候审或者监视居住有两种方式：一种是专门机关主动变更强制措施，例如对已经逮捕的犯罪嫌疑人、被告人，在刑事诉讼法规定的侦查羁押、审查起诉、一审、二审期限内未办结的，对犯罪嫌疑人、被告人应当予以释放；需要继续查证、审理的，对犯罪嫌疑人、被告人可以取保候审或者监视居住（《刑事诉讼法》第96条）。另一种是基于被逮捕人的申请，例如《刑事诉讼法》第95条规定，犯罪嫌疑人、被告人及其法定代理人、近亲属或者辩护人，有权申请变更强制措施。人民法院、人民检察院和公安机关收到申请后，应当在3日以内作出决定；不同意变更强制措施的，应当告知申请人，并说明不同意的理由。

应当注意的是，公安机关发现逮捕不当，释放被逮捕的人或者变更逮捕措施的，应当将变更的情况及原因在作出变更决定后通知原批准逮捕的人民检察院。人民检察院认为变更不当的，应当通知作出变更决定的公安机关纠正（《刑事诉讼法》第94条；《公安规定》第155条；《高检规则》第568条）。

### （三）逮捕的解除

犯罪嫌疑人、被告人及其法定代理人、近亲属或者辩护人对逮捕超过法定期限的，有权要求解除逮捕（《刑事诉讼法》第97条）。

公安机关发现不应当对犯罪嫌疑人追究刑事责任的，应当撤销案件；犯罪嫌疑人已被逮捕的，应当立即释放，并通知原作出批准逮捕决定的人民检察院（《公安规定》第184条）。

## 第七节　留置

### 一、留置的概念

留置是指对涉嫌贪污贿赂、失职渎职等严重职务违法或者职务犯罪的被调查人，监察机关已经掌握其部分违法犯罪事实及证据，仍有重要问题需要进一步调查，并可能有妨碍调查行为的，经依法审批，可以将其留置在特定场所的一种措施。

留置的对象主要是被调查人，也可以是涉嫌行贿犯罪或者共同职务犯罪的涉案人员。

被留置期间可以折抵刑期。被留置人员涉嫌犯罪移送司法机关后，被依法判处管制、拘役和有期徒刑的，留置一日折抵管制二日，折抵拘役、有期徒刑一日（《监察法》第44条第3款）。

### 二、留置的条件

根据《监察法》第22条的规定，留置的条件是：

（1）涉及案情重大、复杂的；（2）可能逃跑、自杀的；（3）可能串供或者伪造、隐匿、毁灭证据的；（4）可能有其他妨碍调查行为的。

### 三、留置的决定和执行

#### （一）留置的决定

监察机关采取留置措施，应当由监察机关领导人员集体研究决定。设区的市级以下监察机关采取留置措施，应当报上一级监察机关批准。省级监察机关采取留置措施，应当报国家监察委员会备案（《监察法》第43条第1款）。

#### （二）留置的执行

留置由监察机关执行。监察机关采取留置措施，可以根据工作需要提请公安机关配合。公安机关应当依法予以协助（《监察法》第43条第3款）。

留置场所的设置、管理和监督依照国家有关规定执行。

监察机关应当保障被留置人员的饮食、休息和安全，提供医疗服务（《监察法》第44条第2款）。

#### （三）留置后通知家属

对被调查人采取留置措施后，应当在24小时以内，通知被留置人员所在单位和家属，但有可能毁灭、伪造证据，干扰证人作证或者串供等有碍调查情形的除外。有碍调查的情形消失后，应当立即通知被留置人员所在单位和家属（《监察法》第44条第1款）。

### 四、留置的期限

留置时间不得超过3个月。在特殊情况下，可以延长一次，延长时间不得超过3个月。省级以下监察机关采取留置措施的，延长留置时间应当报上一级监察机关批准（《监察法》第43条第2款）。

## 五、留置的解除

监察机关发现采取留置措施不当的，应当及时解除（《监察法》第43条第2款）。

对于监察机关采取留置措施的案件，移送人民检察院后，人民检察院应当及时作出逮捕、取保候审或者监视居住的决定。

# 第八节　其他有关规定

## 一、公民的扭送

《刑事诉讼法》第82条规定："对于有下列情形的人，任何公民都可以立即扭送公安机关、人民检察院或者人民法院处理：（一）正在实行犯罪或者在犯罪后即时被发觉的；（二）通缉在案的；（三）越狱逃跑的；（四）正在被追捕的。"这是法律赋予公民同犯罪作斗争的一种手段，但在本质上不是强制措施，只是配合专门机关采取强制措施的一种辅助手段。对于被扭送的人应当采取何种强制措施，需要由专门机关根据法定条件和程序来决定。

## 二、异地执行拘留、逮捕

《刑事诉讼法》第81条的规定："公安机关在异地执行拘留、逮捕的时候，应当通知被拘留、逮捕人所在地的公安机关，被拘留、逮捕人所在地的公安机关应当予以配合。"异地执行拘留、逮捕的，执行人员应当持《拘留证》《逮捕证》、办案协作函件和工作证件，与协作地县级以上公安机关联系，协作地公安机关应当派员协助执行（《公安规定》第339条）。

## 三、对人民代表大会代表适用刑事强制措施的限制

《全国人民代表大会组织法》第44条规定：全国人民代表大会代表非经全国人民代表大会主席团许可，在全国人民代表大会闭会期间非经全国人民代表大会常务委员会许可，不受逮捕或者刑事审判。全国人民代表大会代表如果因为是现行犯被拘留，执行拘留的公安机关应当立即向全国人民代表大会主席团或者全国人民代表大会常务委员会报告。

《地方各级人民代表大会和地方各级人民政府组织法》第35条规定：县级以上的地方各级人民代表大会代表，非经本级人民代表大会主席团许可，在大会闭会期间，非经本级人民代表大会常务委员会许可，不受逮捕或者刑事审判。如果因为是现行犯被拘留，执行拘留的公安机关应当立即向该级人民代表大会主席团或者常务委员会报告。

根据以上两项法律规定，在刑事诉讼中，公安机关或者人民检察院决定拘留以及人民检察院批准或者决定逮捕时，必须遵循特殊的法律程序（详见《公安规定》第161至163条；《高检规则》第132条、第146条）。

## 观点探讨

### 一、警察的继续盘问权是否应当纳入刑事诉讼强制措施

继续盘问是指人民警察在执行巡逻值勤、维护公共场所治安秩序等职务活动中，对有违法犯罪嫌疑的人员当场盘问、检查后，发现其具有法定情形，而将其带至公安机关，以继续对其进行讯问的一种行政强制措施。其法律依据是《中华人民共和国人民警察法》（以下简称《警察法》）的第9条规定："为维护社会治安秩序，公安机关的人民警察对有违法犯罪嫌疑的人员，经出示相应的证件，可以当场盘问、检查；经盘问、检查，有下列情形之一的，可以将其带至公安机关，经该公安机关批准，对其继续盘问：（一）被指控有犯罪行为的；（二）有现场作案嫌疑的；（三）有作案嫌疑身份不明的；（四）携带的物品有可能是赃物的。"对被盘问人的继续盘问时间自带至公安机关之时起不超过24小时。在特殊情况下，经县级以上公安机关批准，可以延长至48小时，并应当有盘问记录。对于未获批准的，应当立即释放被盘问人。

由于《警察法》是一部行政法律，所以多数人认为继续盘问是人民警察为了维护社会治安秩序而依法行使的行政职权，是一种行政强制手段①，它不是刑事强制措施。部分公安民警在进行治安管理过程中大量地、经常性地使用继续盘问措施，甚至有些公安民警将其作为首选办案方法。对此，有学者主张应当将继续盘问措施纳入刑事诉讼强制措施。② 理由包括：第一，《警察法》第9条第3款规定："经继续盘问，公安机关认为对被盘问人需要依法采取拘留或者其他强制措施的，应当在前款规定的期间作出决定；在前款规定的期间不能作出上述决定的，应当立即释放被盘问人。"这一规定默示了继续盘问措施的刑事强制性。③ 第二，《公安规定》第153条规定："继续盘问期间发现犯罪嫌疑人需要拘留、逮捕、取保候审或者监视居住的，应当立即办理法律手续。"这表明，继续盘问与刑事诉讼强制措施是相互衔接的。第三，继续盘问措施虽是行政强制手段，但其强制力度并不比刑事拘传的强制力度弱。继续盘问的时间一般为24小时，在特殊情况下，经县级以上公安机关批准可以延长至48小时④；而拘传持续的时间不得超过12小时；案情特别重大、复杂，需要采取拘留、逮捕措施的，不得超过24小时。可见，继续盘问措施已具备了刑事强制措施的强制性。⑤ 第四，将继续盘问纳入刑事强制措施，犯罪嫌疑人在继续盘问期间的羁押日期可以依据刑法的规定折抵刑期，这样有利于充分保障犯罪嫌疑人的合法权益。

---

① 认为警察继续盘问行为是一种行政强制措施的观点，参见岳光辉，唐玉玲．论公安留置行为的定性与规制．贵州警官职业学院学报，2004（3）；高文英．我国警察盘查权运行及其理论研究现状．中国人民公安大学学报（社会科学版），2006（4）。也有人认为继续盘问既不是行政强制措施，也不是刑事强制措施。参见刘江，陈小波．浅谈留置．中国人民公安大学学报，1999（1）。还有人认为继续盘问具有行政强制措施和刑事强制措施的双重属性。参见韩勇，施伟．公安机关盘问、留置权的特性与运用．上海公安高等专科学校学报，2002（4）；陈曦．对人民警察留置盘问权的法律思考．云南警官学院学报，2004（2）．

② 姜松华．留置盘问应纳入刑事诉讼强制措施．陕西教育学院学报，2004（1）．

③ 认为继续盘问属于刑事强制措施的观点，如杨永华．浅析公安机关"留置盘问"的若干问题．律师世界，2002（11）．

④ 根据《公安部关于公安机关执行〈人民警察法〉有关问题的解释》（1995年7月15日施行），派出所有24小时内继续盘问审批权，48小时内的继续盘问审批权在县级以上公安机关。

⑤ 有学者主张应当修改继续盘问的时间长度，应当改为："被盘问人留置时间自带至公安机关之时起，不超过十二小时。且被盘问人如进入刑事诉讼程序，不能再对其适用拘传。"吕清．关于盘查留置权的思考．河北法学，1999（2）；高文英．我国警察盘查权运行及其理论研究现状．中国人民公安大学学报（社会科学版），2006（4）．

## 二、人民检察院直接受理案件决定逮捕权上提一级改革

对于司法工作人员利用职权实施的犯罪，我国刑事诉讼法在把侦查权交给检察机关行使的同时，又把这类案件的决定逮捕权授予了检察机关，这种自己侦查、自己决定逮捕的做法，一直面临着理论界的质疑和实践中的困境。为了解决这个问题，最高人民检察院正式下发了《关于省级以下人民检察院立案侦查的案件由上一级人民检察院审查决定逮捕的规定（试行）》，规定自 2009 年 9 月 1 日起，省级以下人民检察院立案侦查的案件一律由上一级人民检察院审查决定逮捕。这一做法在《高检规则》第 327 条至第 341 条中得到了进一步的细化。

最高人民检察院的这一改革是针对某些学者主张“职务犯罪案件审查逮捕权转交法院行使”的对策。学术界对法院行使审查逮捕权呼声很高，无论是英美法系还是大陆法系国家，审前羁押都是由法官来决定而不是由检察官来决定。有学者认为，我国不宜实行由法院审查决定逮捕，理由是：中国缺乏实行西方国家司法审查制度应具备的法律文化传统；由法院行使批捕权与司法改革方向相悖，难以保障公正审判，因为由法院行使批捕权会导致法院形成先入为主的预断；由法院行使职务犯罪案件的决定逮捕权，其改革成本太大，需要设立单独的预审法官；国外的令状主义在一定程度上被虚置，法官成为侦查官的橡皮图章。①

对于职务犯罪决定逮捕权上提一级的改革可能带来的问题，主要有：第一，办案时间压力增大，检察机关决定逮捕的期限最长是 17 日，自侦部门往往会用足 7 日，那么留给本院审查逮捕部门、检察长或者检察委员会以及上一级检察院的时间总共只有 10 日，这中间还要有案卷周转、公文往来的事务性程序时间。第二，对不逮捕决定缺少异议沟通机制。原来职务犯罪案件是由本院侦查监督部门决定是否逮捕，因而《刑事诉讼法》没有规定相关的复议机制。决定逮捕权上移一级后，对上级检察院不逮捕的决定，下级检察院自侦部门能否申请复议，尚不明确。②

① 盛宏文．对职务犯罪案件审查逮捕程序改革的思考——兼评最高人民检察院“批捕提级”的《规定》．西南政法大学学报，2009（5）．

② 上海市宝山区人民检察院课题组．职务犯罪决定逮捕权上移的现实应对．法学，2009（7）；邵文祖，张少林，吕颖．检察机关自侦案件逮捕权上提一级问题研究．政治与法律，2009（7）．

# 第十三章 附带民事诉讼

## 案例导引

### 一、污染环境案能否提起附带民事诉讼

甲在引黄干渠附近开办了一家纸厂，自投产以来，一直没有配置污水处理设备。一日，纸厂污水坑决口，甲派工人将污水排入引黄干渠，致使某水库的41万立方米水被污染。因为污染而造成的引黄管理局水费损失达246万元，水库管委会清除污染支付各项费用七万余元，供水公司因污染遭受各项经济损失达1 076万元。问：遭受损失的三家单位能否在追究甲污染环境罪的刑事责任过程中提起附带民事诉讼？

### 二、被盗的财物未被返还的能否提起附带民事诉讼

被害人乙的珠宝行被盗，经估算损失财物价值人民币十二万余元。后来公安机关抓获犯罪嫌疑人甲，并缴获了部分未及销赃的首饰，但仍有八万余元的首饰下落不明。为此，在检察机关对甲以盗窃罪向法院提起公诉的同时，被害人乙也向法院提起刑事附带民事诉讼，要求甲赔偿其经济损失8万元人民币，但法院拒绝受理被害人的诉讼请求。问：法院为什么不受理被害人的附带民事诉讼？被害人在刑事诉讼终结之后，另行向法院提起民事诉讼要求赔偿这部分损失，法院是否会受理？

### 三、强奸案中被害人是否有权获得精神损害赔偿

女青年乙是一家跨国贸易公司的高级职员，在一次社交活动中偶然认识甲。甲邀请乙到其住处吃晚饭，之后使用暴力手段强奸了乙。乙趁甲在卫生间之机打电话报警，公安人员立即赶到，当场将甲抓获。在人民检察院对甲提起公诉之后，乙向人民法院提起刑事附带民事诉讼，称被告的强奸行为给其身体和心灵造成了极大的创伤和损害，请求法院依据国际惯例和《民法通则》判令被告赔偿其精神损失费10万美元。问：人民法院是否会支持乙精神损害赔偿的诉讼请求，以及被害人在刑事诉讼终结之后，另行向法院提起民事诉讼要求赔偿这部分损失，法院是否会受理？

## 基本理论

### 第一节　附带民事诉讼的概念和制度功能

附带民事诉讼，是指专门机关在刑事诉讼过程中，在解决被告人刑事责任的同时，附带解决被告人的犯罪行为所造成的物质损失的赔偿问题而进行的诉讼活动。

《刑事诉讼法》第 99 条规定："被害人由于被告人的犯罪行为而遭受物质损失的，在刑事诉讼过程中，有权提起附带民事诉讼。被害人死亡或者丧失行为能力的，被害人的法定代理人、近亲属有权提起附带民事诉讼。如果是国家财产、集体财产遭受损失的，人民检察院在提起公诉的时候，可以提起附带民事诉讼。"另外，《高法解释》等司法解释对附带民事诉讼都作出了进一步的规定，使这一制度具有更强的可操作性。

附带民事诉讼是一种特殊的民事诉讼，但是这种赔偿是由犯罪行为引起的，是在刑事诉讼过程中提起的，由审判刑事案件的审判组织审理，因而它又是刑事诉讼的一部分。《高法解释》第 163 条规定："人民法院审判附带民事诉讼案件，除刑法、刑事诉讼法以及刑事司法解释已有规定的以外，适用民事法律的有关规定。"在实体法上，对损害事实的认定，不仅要依照刑事实体法对犯罪的规定，而且要以民事法律为依据；在程序法上，除刑事诉讼法有特殊规定的以外，应当适用民事诉讼法的规定。

《民事诉讼法》第 51 条规定：原告可以放弃或者变更诉讼请求。因而，在刑事附带民事诉讼中，赔偿要求也是可以放弃的。《高法解释》第 141 条第 2 款规定："有权提起附带民事诉讼的人放弃诉讼权利的，应当准许，并记录在案。"

附带民事诉讼的制度功能，大概有两个方面：一是便利诉讼参与人参加诉讼，例如刑事案件的被害人，可以在一次诉讼中同时解决追究被告人刑事责任和要求被告人赔偿损失两个问题，不必另行提起民事诉讼；并且，通过刑事附带民事诉讼的方式不必交纳诉讼费。《高法解释》第 162 条规定："人民法院审理刑事附带民事诉讼案件，不收取诉讼费。"再如证人，只需要在一次审理活动中就侵害事实提供证言，而不必两次出庭作证。二是节约司法资源，提高诉讼效率。审理刑事案件的审判组织在认定被告人的行为构成犯罪的同时判定被告人应当赔偿被害人的损失，避免了同一事实通过不同程序、由不同的审判组织进行审理，避免了不必要的人力、时间上的浪费。

### 第二节　附带民事诉讼的成立条件

#### 一、附带民事诉讼必须以刑事诉讼的成立为前提

附带民事诉讼是由刑事诉讼派生的，是在追究行为人的刑事责任的同时，附带追究行为人的损害赔偿责任。因此，如果刑事诉讼不成立，附带民事诉讼就失去了存在的基础。例如，对某一刑事案件已经由公安机关作出了撤销案件的决定，或者人民检察院已经作出了不起诉决定，则被害人只能另行提起独立的民事诉讼。

不过，《高法解释》第 160 条规定："人民法院认定公诉案件被告人的行为不构成犯罪，对已经提起的附带民事诉讼，经调解不能达成协议的，应当一并作出刑事附带民事判决。"

根据该规定，在公诉案件中，如果人民法院认定被告人的行为不构成犯罪，而被害人已经

提出了附带民事诉讼，法院的处理方法是：首先进行调解，如果调解达成协议的，就不再对附带民事诉讼部分作出判决；如果调解不能达成协议，则应当对该案作出刑事附带民事判决，即就刑事部分作出无罪的刑事判决，附带民事部分作出赔偿损失的附带民事判决。

## 二、提起附带民事诉讼的原告人、法定代理人须符合法定条件

根据《刑事诉讼法》和《高法解释》的规定，有权提起附带民事诉讼的人包括：

1. 因犯罪行为遭受物质损失的被害人。这里的被害人包括“公民、法人和其他组织”。

在侵犯人身权利的犯罪中，如强奸、伤害等犯罪，被害人只能是自然人，即“公民”；在侵犯财产权利的犯罪中，如盗窃、抢劫等犯罪，被害人有的时候也是公民。这是附带民事诉讼中最常见的原告人。例如，在某伤害案件中，被害人甲身上被乙用菜刀砍中三次，造成毁容、右臂残废等后果。那么，在追究乙故意伤害罪刑事责任的同时，甲就可以提起附带民事诉讼，要求被告人赔偿医疗费、护理费、交通费、误工费、残疾生活辅助具费等损失。在这个例子中，甲就是附带民事诉讼原告人，他属于被害人是“公民”的情况。

但是，在侵犯财产权利的案件以及其他种类的犯罪中，被害人也有可能是“法人和其他组织”。本章“案例导引”部分叙述的案例一，就属于被害人是“法人和其他组织”的情况。该案的被告人实施的行为，被认定为“污染环境罪”，属于《刑法》分则第六章“妨害社会管理秩序罪”第六节“破坏环境资源保护罪”中的罪名。由案例一可以看出，这里的犯罪行为并不限于侵犯人身权利和财产权利的犯罪行为，其他种类的犯罪行为如果给被害人，包括“公民、法人和其他组织”造成了物质损失，同样可以对其提起附带民事诉讼。

2. 已死亡被害人的近亲属。如果被害人已经死亡，那么他的近亲属有权以附带民事诉讼原告人的身份提起附带民事诉讼。例如，在某杀人案中，被害人由于伤势过重，被送往医院后抢救无效死亡。那么，在追究被告人杀人罪刑事责任的时候，被害人的近亲属有权提起附带民事诉讼，要求被告人赔偿医疗费、丧葬费、死者生前扶养的人必要的生活费等费用。

3. 无行为能力或者限制行为能力被害人的法定代理人。当被害人是未成年人或者精神病人等无诉讼行为能力人时，他们的法定代理人可以代为提起附带民事诉讼。例如，在某强奸案中，被害人甲是一个6岁的女童，犯罪行为造成了她重伤的后果。在追究被告人强奸罪刑事责任的同时，被害人的母亲乙提起了附带民事诉讼，要求被告人赔偿医疗费等费用。在这个例子中，被害人的母亲乙就是以被害人的法定代理人的身份提起的附带民事诉讼。应当注意的是，在这种情况下，附带民事诉讼原告人仍然是被害人甲，即该6岁女童，她的母亲只是附带民事诉讼原告人的法定代理人，而非附带民事诉讼原告人。这与上面说的“已死亡被害人的近亲属”的情形是不同的。

4. 如果是国家财产、集体财产遭受损失，人民检察院在审查起诉的时候，必须查明是否需要由人民检察院提起附带民事诉讼（《高检规则》第363条第9项）。如果受损失的单位未提起附带民事诉讼，人民检察院在提起公诉时提起附带民事诉讼的，人民法院应当受理。人民检察院提起附带民事诉讼的，应当列为附带民事诉讼原告人（《高法解释》第142条）。

## 三、有明确的被告人和具体的诉讼请求

附带民事诉讼的被告人，一般与刑事被告人重合。在某些特殊情况下，依法承担赔偿责任

的人和刑事被告人不是同一个人，而是由刑事被告人以外的人作为附带民事诉讼的被告人。根据《高法解释》第143条的规定，附带民事诉讼中依法负有赔偿责任的人包括：

1. 刑事被告人（公民、法人和其他组织）及没有被追究刑事责任的其他共同致害人。刑事被告人一般情况下是自然人，即公民。但是，《刑法》规定单位也能成为犯罪主体，因此刑事被告人也有可能是单位。刑事被告人是最常见的附带民事诉讼的被告人。

《民法通则》第130条规定："二人以上共同侵权造成他人损害的，应当承担连带责任。"这是关于连带债务的规定。如果二人以上共同实施的侵权行为给被害人造成物质损失，那么这些共同致害人都可以成为附带民事诉讼被告人。例如，甲、乙、丙共同殴打被害人丁，造成丁重伤。后人民检察院对乙和丙作出了不起诉决定，只针对甲提起了公诉。那么，在刑事诉讼中，被害人丁可以将甲、乙、丙都列为附带民事诉讼被告人。

2. 未成年刑事被告人的监护人。《民法通则》第133条规定："无民事行为能力人、限制民事行为能力人造成他人损害的，由监护人承担民事责任。监护人尽了监护责任的，可以适当减轻他的民事责任。"未成年人的犯罪行为给被害人造成物质损失的，根据《民法通则》的规定，其监护人负有赔偿责任；假如是单位、团体作为监护人，监护人不应承担赔偿责任；若被告人是已满16周岁而未满18周岁的公民，依最高人民法院《关于贯彻执行〈中华人民共和国民法通则〉若干问题的意见（试行）》第2条规定，能够以自己的劳动收入维持当地一般生活水平的，应视为完全行为能力人，可以作为刑事附带民事诉讼的被告。例如，被告人甲15岁，故意伤害被害人乙并致其重伤。在追究被告人甲故意伤害罪刑事责任的同时，被害人乙有权提起附带民事诉讼，将甲的监护人作为附带民事诉讼被告人，要求赔偿其因甲的犯罪行为而遭受的物质损失。

3. 已被执行死刑的罪犯的遗产继承人。《继承法》第33条规定："继承遗产应当清偿被继承人依法应当缴纳的税款和债务，缴纳税款和清偿债务以他的遗产实际价值为限。超过遗产实际价值部分，继承人自愿偿还的不在此限。"这是法律关于债务承担的规定。在一般情况下，这种情形是不会发生的，因为附带民事诉讼是和刑事诉讼一并审理的，在刑事附带民事诉讼判决生效之前，被告人不可能被判处死刑或者执行死刑。但是，在特殊情况下，附带民事部分可能在刑事案件审判后，由同一审判组织继续审理，这时就有可能遇到罪犯已经被执行死刑的情况。如果应当承担赔偿责任的人已经被执行死刑，那么他的遗产继承人应当被追加为附带民事诉讼的被告。

4. 共同犯罪案件中，案件审结前已死亡的被告人的遗产继承人。最高人民法院《关于适用〈中华人民共和国民事诉讼法〉的解释》第55条规定："在诉讼中，一方当事人死亡，需要等待继承人表明是否参加诉讼的，裁定中止诉讼。人民法院应当及时通知继承人作为当事人承担诉讼，被继承人已经进行的诉讼行为对承担诉讼的继承人有效。"如案件还没审结完毕的，有一部分被告人死亡，还尚有部分被告人生存的，附带民事诉讼仍可继续进行，可追加已死亡的被告人的遗产继承人作为附带民事诉讼的被告，以其所继承的遗产为限承担赔偿责任。如果案件已审结的，应另行提起民事诉讼，以其所取得遗产为限承担清偿责任。

5. 其他对刑事被告人的犯罪行为依法应当承担民事赔偿责任的单位和个人。这一项是对上面四种情况之外的情况的概括，实际上是一种兜底式的规定。其他单位和个人对刑事被告人的犯罪行为要承担民事赔偿责任，其他单位和个人与被告人之间应存在着某种特殊关系，才使得被告人的犯罪行为所造成的物质损失由其他单位和个人承担，如雇用、监护、代理、隶属关系等。被告人受雇于其他单位和个人而执行任务时发生的侵害行为，应由雇主承担民事赔偿责任；

被告人为单位履行职务时发生的侵害行为，应由单位承担民事赔偿责任；被告人履行被代理人任务时所发生的侵害行为，应由被代理人承担民事赔偿责任。其他单位和个人对刑事被告人的犯罪行为承担民事赔偿责任，必须有法律依据。法律没有明文规定的，其他单位和个人对刑事被告人的犯罪行为不承担民事责任。

6. 国家机关工作人员在行使职权时，侵犯他人人身、财产权利构成犯罪，被害人或者其法定代理人、近亲属提起附带民事诉讼的，人民法院不予受理，但应当告知其可以依法申请国家赔偿（《高法解释》第140条）。

需要注意的是，应当承担赔偿责任的成年人，其亲属虽然不负赔偿责任因而也不能成为被告人，但是可以自愿代替附带民事诉讼被告人承担赔偿责任。《高法解释》第143条第2款规定："附带民事诉讼被告人的亲友自愿代为赔偿的，应当准许。"

## 四、被害人请求赔偿的，是由被告人的犯罪行为造成的物质损失

《刑事诉讼法》第99条规定："被害人由于被告人的犯罪行为而遭受物质损失的，在刑事诉讼过程中，有权提起附带民事诉讼。"这条规定与《刑法》第36条相呼应，该条规定："由于犯罪行为而使被害人遭受经济损失的，对犯罪分子除依法给予刑事处罚外，并应根据情况判处赔偿经济损失。承担民事赔偿责任的犯罪分子，同时被判处罚金，其财产不足以全部支付的，或者被判处没收财产的，应当先承担对被害人的民事赔偿责任。"

根据法律和司法解释的规定，刑事附带民事诉讼的范围只限于《刑事诉讼法》第99条规定的"被害人由于被告人的犯罪行为而遭受物质损失"的情况。在理解这个问题的时候需要注意以下几个方面：

1. 被害人因犯罪行为遭受的精神损失不得提起附带民事诉讼。

《高法解释》第138条第2款规定："因受到犯罪侵犯，提起附带民事诉讼或者单独提起民事诉讼要求赔偿精神损失的，人民法院不予受理。"这一规定十分明确地表明，被害人提出精神损失赔偿的，人民法院不予受理。换句话说，就是刑事附带民事诉讼仅仅限于因犯罪行为遭受的物质损失，而精神损失不属于附带民事诉讼的赔偿范围。在刑事诉讼终结后，被害人也不能另行向法院提起独立的民事诉讼，要求赔偿其因被告人的犯罪行为而遭受的精神损失。

2. 可以提起附带民事诉讼的物质损失包括两种情况：一是因人身权利受到犯罪侵犯而遭受物质损失的；二是财物被犯罪分子毁坏而遭受物质损失的（《高法解释》第138条第1款）。对于第一种情况，例如在某伤害案中，被告人将被害人砍成重伤，被害人因此支付的医疗费等费用就属于这里规定的物质损失。对于第二种情况，例如在某入户盗窃案中，被告人撬坏了被害人家里的门、抽屉和柜子，那么对修理、更换门、抽屉、柜子所支出的费用，就属于这里规定的第二种物质损失。

那么，被盗财物未返还的情况，是否属于可以提起附带民事诉讼的物质损失呢？答案是不属于。被盗财物未返还所造成的经济损失，不属于上述两种情况，所以不能提起附带民事诉讼。这种情况属于追缴赃物或者退赔的问题，而不是因犯罪行为遭受的物质损失的赔偿问题。《高法解释》第139条规定："被告人非法占有、处置被害人财产的，应当依法予以追缴或者责令退赔。被害人提起附带民事诉讼的，人民法院不予受理。"根据这条规定以及2013年10月21日最高人民法院《关于适用刑法第六十四条有关问题的批复》，对于因被盗财物未返还而遭受损失

的，被害人提起附带民事诉讼，或者另行提起民事诉讼请求返还被非法占有、处置的财产的，人民法院不予受理。被告人非法占有、处置国家财产、集体财产的，也适用以上规定（《高法解释》第 142 条第 3 款）。

3. 被害人因犯罪行为遭受的物质损失，是指被害人因犯罪行为已经遭受的实际损失和必然遭受的损失。也就是说，被告人的犯罪行为与被害人所遭受的物质损失之间必须存在因果关系。已经遭受的实际损失，例如在伤害案中已经花费的医疗费等；必然遭受的损失，例如因伤残导致的劳动收入的减少等。驾驶机动车致人伤亡或者造成公私财产重大损失，构成犯罪的，依照《道路交通安全法》第 76 条的规定确定赔偿责任（《高法解释》第 155 条第 3 款）。

因此，由于刑事犯罪行为导致的物质损失的赔偿问题，其解决方法如下表所示。

<table>
<tr><td rowspan="3">因犯罪遭受的损失</td><td rowspan="2">物质损失</td><td>已经遭受的实际损失和必然遭受的损失</td><td>附带民事诉讼</td></tr>
<tr><td>今后可能得到的物质利益的损失</td><td>不能提起附带民事诉讼</td></tr>
<tr><td>精神损失</td><td colspan="2">无论是附带民事诉讼还是另行提起民事诉讼，人民法院都不予受理</td></tr>
</table>

## 第三节　附带民事诉讼的提起

### 一、提起附带民事诉讼的期间

人民法院受理刑事案件后，可以告知有权提起附带民事诉讼的人，他们有权在刑事诉讼过程中提起附带民事诉讼（《高法解释》第 141 条）。

对于提起附带民事诉讼的期间，《高法解释》第 147 条规定："附带民事诉讼应当在刑事案件立案后及时提起。"

第一审期间未提起附带民事诉讼，在第二审期间提起的，第二审人民法院可以依法进行调解；调解不成的，告知当事人可以在刑事判决、裁定生效后另行提起民事诉讼（《高法解释》第 161 条）。

在公诉案件中，有权提起附带民事诉讼的人有可能在侦查、起诉阶段向公安机关、人民检察院提起附带民事诉讼。《高法解释》第 148 条针对这种情况作了规定：在侦查、审查起诉期间，有权提起附带民事诉讼的人提出赔偿要求，经公安机关、人民检察院调解，当事人双方达成协议并全部履行，被害人或者法定代理人、近亲属又提起附带民事诉讼的，人民法院不予受理，但有证据证明调解违反自愿、合法原则的除外。

### 二、提起附带民事诉讼的方式

《高法解释》第 147 条第 2 款规定："提起附带民事诉讼应当提交附带民事起诉状。"但第 150 条同时规定，法院受理附带民事诉讼后 5 日以内将口头起诉的内容及时通知被告方并制作笔录。

根据以上规定，提起附带民事诉讼的方式有两种：一种是提交附带民事诉状，一种是口头方式。在一般情况下，如果有权提起附带民事诉讼的人有能力书写附带民事诉状，应当采用诉状方式；如果有权提起附带民事诉讼的人书写诉状确有困难，则可以采用口头方式，由审判人员制作笔录，最后由附带民事诉讼原告人签名或者盖章。如果是人民检察院提起公诉的时候一并提起附带民事诉讼的，只能以书面方式。

## 第四节　附带民事诉讼的审理程序

### 一、附带民事诉讼的审查和受理

《高法解释》第 149 条规定了对附带民事诉讼的审查。人民法院收到附带民事诉状后，应当进行审查，并在 7 日内决定是否立案。符合《刑事诉讼法》第 99 条第 1 款、第 2 款以及《高法解释》关于附带民事诉讼起诉条件的规定的，应当受理；不符合规定的，应当裁定不予受理。例如，对于在附带民事诉状中要求精神损害赔偿的，人民法院就不予受理。

决定受理后，应当进行的工作是："人民法院受理附带民事诉讼后，应当在五日内将附带民事起诉状副本送达附带民事诉讼的被告人及其法定代理人，或者将口头起诉的内容及时通知附带民事诉讼的被告人及其法定代理人，并制作笔录。人民法院送达附带民事起诉状副本时，应当根据刑事案件的审理期限，确定被告人及其法定代理人提交民事答辩状的时间。"（《高法解释》第 150 条）

### 二、附带民事诉讼审判的一般原则

《刑事诉讼法》第 102 条规定："附带民事诉讼应当同刑事案件一并审判，只有为了防止刑事案件审判的过分迟延，才可以在刑事案件审判后，由同一审判组织继续审理附带民事诉讼。"根据这一原则，一般情况下，附带民事诉讼应当同刑事诉讼一并审理并作出判决。所谓"一并审判"，是指由同一审判组织、与刑事案件同时开庭审判、用同一份判决书判决。

如果一并审判确有困难，则可以先审理刑事部分，后审理民事部分。对于被害人遭受的物质损失或者被告人的赔偿能力一时难以确定，以及附带民事诉讼当事人因故不能到庭等案件，为了防止刑事案件审判的过分迟延，附带民事诉讼可以在刑事案件审判后，由同一审判组织继续审理。

刑事诉讼法规定在刑事案件审判后审理附带民事诉讼的必须是同一审判组织，但《高法解释》第 159 条对此做了灵活性的解释："同一审判组织的成员确实不能继续参与审判的，可以更换。"这是考虑到司法实践中有可能存在的一些特殊情况，例如审判人员调离、退休、病故、由于健康原因无法履行职务、人民陪审员换届等，如果出现这些情况，严格执行刑事诉讼法的规定是不现实的。当然，在执行这一解释的时候应当将其视为例外规定，即能够由同一审判组织进行审判的，就由同一审判组织进行审判；如果出现特殊情况，也只能更换无法履行职务的审判人员，其他审判人员应当仍是原来的组成人员。

### 三、附带民事诉讼审理程序

1. 附带民事诉讼部分举证责任的分配。"附带民事诉讼当事人对自己提出的主张，有责任提供证据。”（《高法解释》第151条）这一规定和民事诉讼法的规定是一致的。这里规定的附带民事诉讼当事人的举证责任，只限于附带民事诉讼部分，其内容应当是损失数额的具体数字、损失数额是否属于物质损失、某一损失数额是否属于必然遭受的损失、票据的真伪、损失与犯罪行为的因果关系等，而不包括刑事犯罪是否成立的事实。如果该案件是公诉案件，关于刑事犯罪的事实的证明责任由人民检察院承担；如果该案件是自诉案件，关于刑事犯罪的事实的证明责任由自诉人承担。

2. 附带民事诉讼中的查封或者扣押。《刑事诉讼法》第100条规定：“人民法院在必要的时候，可以采取保全措施，查封、扣押或者冻结被告人的财产。附带民事诉讼原告人或者人民检察院可以申请人民法院采取保全措施。人民法院采取保全措施，适用民事诉讼法的有关规定。”《高法解释》第152条对人民法院采取保全措施作出了具体规定。这是为了保证将来发生法律效力的附带民事诉讼判决能够得到切实执行，而对被告人的财产采取的强制性措施。

3. 附带民事诉讼中的调解。《刑事诉讼法》第101条规定：“人民法院审理附带民事诉讼案件，可以进行调解，或者根据物质损失情况作出判决、裁定。”据此，在审理附带民事诉讼案件时，可以进行调解。附带民事诉讼当事人就民事赔偿问题达成调解、和解协议的，赔偿范围、数额不受刑事诉讼法和司法解释的限制（《高法解释》第155条第4款）。例如，调解达成的赔偿数额可以大大超过实际损失，也可以包括精神损害。对于调解的具体程序，司法解释中作出了明确规定：

调解应当根据自愿、合法的原则进行。经调解达成协议的，审判人员应当及时制作调解书。调解书经双方当事人签收后即发生法律效力（《高法解释》第153条第1款）。

调解达成协议并即时履行完毕的，可以不制作调解书，但应当制作笔录，经双方当事人、审判人员、书记员签名或者盖章即发生法律效力（《高法解释》第153条第2款）。

经调解未达成协议或者调解书签收前当事人反悔的，附带民事诉讼应当同刑事诉讼一并判决（《高法解释》第154条）。

4. 附带民事诉讼中原告人不参加审理活动的处理。“附带民事诉讼原告人经传唤，无正当理由拒不到庭，或者未经法庭许可中途退庭的，应当按撤诉处理。”（《高法解释》第158条）

5. 赔偿、追缴或者退赔对刑事部分的影响。《高法解释》第157条规定：“人民法院应当结合被告人赔偿被害人物质损失的情况认定其悔罪表现，并在量刑时予以考虑。”第139条规定：“追缴、退赔的情况，可以作为量刑情节考虑。”根据这些规定，刑事被告人如果对被害人的损失及时、充分地进行了赔偿，或者充分地被追缴、退赔，则在对其进行量刑的时候，可以作为从轻处罚的情节。如果刑事被告人拒绝履行应当承担的赔偿、追缴或者退赔的义务，可以作为从重处罚的情节。

6. 被告人无财产可供执行情形的处理。人民法院审理附带民事诉讼案件，依法判决后，查明被告人确实没有财产可供执行的，应当裁定中止或者终结执行（《高法解释》第443条、第444条）。

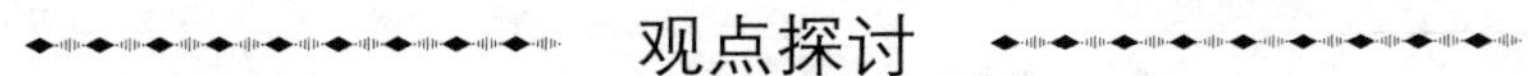

## 观点探讨

### 一、犯罪行为导致的精神损害赔偿问题

在单纯的民事诉讼中，公民或法人的精神受到损害可以要求赔偿损失，但是，我国现行刑

事诉讼法将附带民事诉讼的赔偿范围仅仅局限于物质损失，最高人民法院的司法解释中明确规定不包括精神损失。有学者提出，应当将精神损害赔偿列入刑事附带民事诉讼范围。[①] 其理由包括：第一，在司法实践中被害人对精神损害赔偿的呼声愈来愈强烈；第二，我国民法中确立了精神损害赔偿制度，而在刑事附带民事诉讼中对被害人的精神损害赔偿请求不予受理，造成了两个部门法之间的不一致、不协调；第三，从世界范围看，将精神损害赔偿纳入刑事附带民事诉讼范围的也不在少数，如意大利刑法的规定；第四，附带民事诉讼中确立精神损害赔偿更有利于保护被害人。

## 二、国家司法救助制度

在现实生活中，一些刑事犯罪案件因案件无法侦破、被告人没有赔偿能力或赔偿能力不足，致使受害人及其近亲属依法得不到有效赔偿，生活陷入困境。为了解决这个问题，中央政法委、财政部、最高人民法院、最高人民检察院、公安部、司法部于 2015 年 12 月 7 日联合下发了《关于建立完善国家司法救助制度的意见（试行）》。最高人民法院于 2016 年 7 月 1 日颁布了《关于加强和规范人民法院国家司法救助工作的意见》，最高人民检察院于 2016 年 7 月 14 日颁布了《人民检察院国家司法救助工作细则（试行）》。

国家司法救助是对遭受犯罪侵害、无法通过诉讼获得有效赔偿的当事人，采取的辅助性救济措施，重点解决符合条件的特定案件当事人生活面临的急迫困难。对同一案件的同一当事人只进行一次性救助。对于能够通过诉讼获得赔偿、补偿的，一般应当通过诉讼渠道解决。

人民法院、人民检察院、公安机关、司法行政机关在办理案件、处理涉法涉诉信访问题过程中，对符合救助条件的当事人，应当告知其有权提出申请。经申请、办案机关审批，发放救助资金。

各地国家司法救助资金由地方各级政府财政部门列入预算，已经建立的刑事被害人救助资金等统一合并为国家司法救助资金，中央财政通过政法转移支付，对地方予以适当补助。

① 主张在刑事附带民事诉讼中确立精神损害赔偿制度的文章，如李昌凤．刑事附带民事诉讼中确立精神损害赔偿制度的立法思考．内蒙古社会科学（汉文版），2002（5）；刘广三，汤春乐．附带民事诉讼中精神损害赔偿问题研究．烟台大学学报（哲学社会科学版），2000（3）；俞敬栋．应将精神损害赔偿列入刑事附带民事诉讼范围．人民检察，2003（2）；沈月娣．刑事附带民事诉讼中精神损害赔偿探析．人民检察，2004（5）；廖中洪．论刑事附带民事诉讼制度的立法完善——从被害人民事权益保障视角的思考．现代法学，2005（1）．

# 第十四章

# 期间、送达

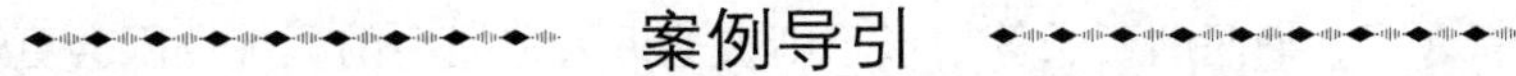

## 案例导引

### 一、侦查期间发现另有重要罪行的如何处理

公安机关在侦查甲盗窃案时，发现甲另有杀人罪行。而此时侦查羁押期限马上就要届满。问：公安机关应如何处理?

### 二、当事人耽误上诉期限如何处理

甲是一起刑事案件的自诉人。收到人民法院的判决书后，由于洪水冲毁了道路，耽误了上诉期限。问：甲如果还想上诉，应当遵循什么样的程序?

## 基本理论

## 第一节　期间

### 一、期间的概念

刑事诉讼中的期间，是指专门机关和诉讼参与人完成某项刑事诉讼行为必须遵守的法定期限。

有的教材指出，期间和期日不同。① 所谓期日，是指司法机关会同诉讼参与人于一定场所共同进行诉讼活动的日期，如开庭审判之日，侦查机关传唤未被羁押的犯罪嫌疑人到指定地点进行讯问的日期等。期间和期日的主要区别是：第一，期间是指一段时间，有起止点，具有连续性；期日是指某个时间点，没有连续性。第二，期日是专门机关和诉讼参与人共同为诉讼行为之时，应当共同遵守。期间是对专门机关或诉讼参与人单方面完成诉讼行为的时间要求，应各自遵守。第三，期间一般都是由法律作出明确的规定，而期日则是由专门机关指定的，如开庭审判的日期。

期间一般由法律明确规定，称为法定期间，如法律规定的上诉、抗诉期限；个别情况下可

---

① 王国枢主编．刑事诉讼法学．新编本．北京：北京大学出版社，1998：242.

以由专门机关指定，称为指定期间，如人民法院要求自诉人提出补充证据的时限。

## 二、刑事诉讼法中规定的主要期间

### （一）侦查期限、审查起诉期限和审判期限

刑事诉讼法对侦查、审查起诉和审判分别规定了期限，有的人将其称为“办案期限”。如果被追诉人已经被逮捕，那么在办案期限内，他一般处于在看守所内被羁押的状态。因此，被追诉人的羁押期限就是从被逮捕之日起，一直到判决或者裁定发生法律效力之日止。这样，被追诉人逮捕后的羁押期限和法律规定的专门机关办案期限就是重合的。办案期限具体包括：侦查期限、审查起诉期限、一审期限、二审期限、审判监督程序期限。如果在刑事诉讼进行的过程中发生期间的重新计算、期间的延长等情形，则被追诉人逮捕后的羁押期限会更长。

1. 侦查羁押期限。需要注意的是，侦查羁押期限不同于侦查期限。我国刑事诉讼法没有规定侦查期限。这是因为，侦查工作具有特殊性，刑事案件从立案开始到侦查终结到底应当在多长时间内完成，立法机关无法作出具体规定。但如果犯罪嫌疑人已被逮捕，刑事诉讼法则要求在一定期限内侦查终结，以保障侦查的顺利进行，防止对犯罪嫌疑人久押不决，维护公民的合法权益。因此，所谓侦查羁押期限，就是指犯罪嫌疑人在侦查中的逮捕羁押期限。

犯罪嫌疑人被羁押的案件，不能在《刑事诉讼法》规定的侦查羁押期限内办结的，应当依法释放犯罪嫌疑人或者变更强制措施（《刑事诉讼法》第96条）。人民检察院发现同级或者下级公安机关、人民法院超期羁押的，应当报经本院检察长批准，向该办案机关发出纠正违法通知书。发现上级公安机关、人民法院超期羁押的，应当及时层报该办案机关的同级人民检察院，由同级人民检察院向该办案机关发出纠正违法通知书。发现人民检察院办理直接受理立案侦查案件超过规定期限的，应当提出纠正意见（《高检规则》第626条、第628条）。

根据《刑事诉讼法》第154条、第156条和第157条的规定，公安机关或者人民检察院的侦查羁押期限如下：

（1）对犯罪嫌疑人逮捕后的侦查羁押期限不得超过2个月（《刑事诉讼法》第154条）。也就是说，一般案件的侦查羁押期限为2个月。该期限只是指对犯罪嫌疑人逮捕后的羁押期限，而不包括在这之前的拘留期限（拘留期限在《刑事诉讼法》中另有规定）。

（2）案情复杂、期限届满不能终结的案件，可以经上一级人民检察院批准延长1个月（《刑事诉讼法》第154条）。如果2个月期限内，由于案情复杂，侦查机关没有侦查终结，经上一级人民检察院批准，可以延长1个月。

（3）具有下列四种情形之一的案件，在上面规定的3个月期限内不能侦查终结的，经省、自治区、直辖市人民检察院批准或者决定，可以延长2个月。这四种情形是：交通十分不便的边远地区的重大复杂案件；重大犯罪集团案件；流窜作案的重大复杂案件；犯罪涉及面广、取证困难的重大复杂案件（《刑事诉讼法》第156条）。

（4）对犯罪嫌疑人可能判处10年有期徒刑以上刑罚，依照《刑事诉讼法》第156条规定延长期限届满，仍不能侦查终结的，经省、自治区、直辖市人民检察院批准或者决定，可以再延长2个月（《刑事诉讼法》第157条）。也就是说，对于具有第156条规定的四种情形之一的案件，经过5个月的期限后，如果还不能侦查终结，并且案件可能判处的刑罚是死刑、无期徒刑或者10年以上有期徒刑的，经过省级人民检察院批准或者决定，可以将侦查期限延长至7个月。

所谓“批准或者决定”，对于检察院直接受理的案件而言，如果是基层人民检察院和分、州、市人民检察院直接立案侦查的案件，经省、自治区人民检察院批准；如果是省级人民检察院直接立案侦查的，由其直接决定。最高人民检察院直接立案侦查的案件，依照刑事诉讼法的规定需要延长侦查羁押期限的，直接决定延长侦查羁押期限（《高检规则》第 275 至 277 条）。

公安机关需要延长侦查羁押期限的，应当在侦查羁押期限届满 7 日前，向同级人民检察院移送延长侦查羁押期限意见书，写明案件的主要案情和延长侦查羁押期限的具体理由。人民检察院审查批准或者决定延长侦查羁押期限，由侦查监督部门办理。受理案件的人民检察院侦查监督部门对延长侦查羁押期限的意见审查后，应当提出是否同意延长侦查羁押期限的意见，报检察长决定后，将侦查机关延长侦查羁押期限的理由和本院的审查意见层报有决定权的人民检察院审查决定。有决定权的人民检察院应当在侦查羁押期限届满前作出是否批准延长侦查羁押期限的决定，并交由受理案件的人民检察院审查逮捕部门送达公安机关（《高检规则》第 278 条、第 279 条；《公安规定》第 144 至 146 条）。

2. 审查起诉期限。《刑事诉讼法》第 169 条规定：“人民检察院对于公安机关移送起诉的案件，应当在一个月以内作出决定，重大、复杂的案件，可以延长半个月。”《高检规则》第 386 条规定：“人民检察院对于移送审查起诉的案件，应当在一个月以内作出决定；重大、复杂的案件，一个月以内不能作出决定的，经检察长批准，可以延长十五日。”因此，人民检察院审查起诉期限是 1 个月，重大、复杂的案件可以延长到一个半月。

3. 补充侦查或者调查期限。对于审查起诉阶段决定退回监察委员会、公安机关或者退回自侦部门补充侦查的，应当在一个月以内补充侦查或者调查完毕（《监察法》第 47 条第 3 款、《刑事诉讼法》第 171 条第 3 款）。对于审判阶段的补充侦查，“人民检察院应当在一个月以内补充侦查完毕”（《刑事诉讼法》第 199 条）。

4. 一审期限。对于公诉案件，“人民法院审理公诉案件，应当在受理后二个月以内宣判，至迟不得超过三个月。对于可能判处死刑的案件或者附带民事诉讼的案件，以及有本法第一百五十六条规定情形之一的，经上一级人民法院批准，可以延长三个月；因特殊情况还需要延长的，报请最高人民法院批准”（《刑事诉讼法》第 202 条第 1 款）。也就是说，公诉案件的一审期限是二到三个月，但是具有法定情形并且经上一级人民法院批准，可以延长到六个月。

对于自诉案件，《刑事诉讼法》第 206 条第 2 款规定：“人民法院审理自诉案件的期限，被告人被羁押的，适用本法第二百零二条第一款、第二款的规定；未被羁押的，应当在受理后六个月以内宣判。”由此可见，对于适用普通程序审理的自诉案件，如果被告人被羁押，则与公诉案件审理期限相同；如果被告人未被羁押，则审理期限为受理后 6 个月以内宣判。

5. 适用简易程序案件的审理期限。无论是公诉案件还是自诉案件，如果第一审是适用简易程序审理，都应当在受理后 20 日以内审结；对可能判处的有期徒刑超过三年的，可以延长至一个半月（《刑事诉讼法》第 214 条）。

6. 二审期限。《刑事诉讼法》第 232 条规定：“第二审人民法院受理上诉、抗诉案件，应当在二个月以内审结。对于可能判处死刑的案件或者附带民事诉讼的案件，以及有本法第一百五十六条规定情形之一的，经省、自治区、直辖市高级人民法院批准或者决定，可以延长二个月；因特殊情况还需要延长的，报请最高人民法院批准。最高人民法院受理上诉，抗诉案件的审理期限，由最高人民法院决定。”

7. 审判监督程序期限。《刑事诉讼法》第 247 条规定：“人民法院按照审判监督程序重新审判的案件，应当在作出提审、再审决定之日起三个月以内审结，需要延长期限的，不得超过六个月。接受抗诉的人民法院按照审判监督程序审判抗诉的案件，审理期限适用前款规定；对需要指令下级人民法院再审的，应当自接受抗诉之日起一个月以内作出决定，下级人民法院审理案件的期限适用前款规定。”

（二）某些申诉期限和上诉、抗诉期限

1. 针对人民检察院的不起诉决定的申诉期限，为收到决定书后7日以内。“对于有被害人的案件，决定不起诉的，人民检察院应当将不起诉决定书送达被害人。被害人如果不服，可以自收到决定书后七日以内向上一级人民检察院申诉，请求提起公诉。”（《刑事诉讼法》第176条）“对于人民检察院依照本法第一百七十三条第二款规定作出的不起诉决定，被不起诉人如果不服，可以自收到决定书后七日以内向人民检察院申诉。”（《刑事诉讼法》第177条）

2. 针对一审未生效判决、裁定的上诉、抗诉期限，判决为10日，裁定为5日。“不服判决的上诉和抗诉的期限为十日，不服裁定的上诉和抗诉的期限为五日，从接到判决书、裁定书的第二日起算。”（《刑事诉讼法》第219条）

对附带民事判决或者裁定的上诉、抗诉期限，应当按照刑事部分的上诉、抗诉期限确定。附带民事部分另行审判的，上诉期限也应当按照刑事诉讼法规定的期限确定（《高法解释》第301条第2款）。

（三）通知、送达期限

1. 强制措施和留置的通知。“指定居所监视居住的，除无法通知的以外，应当在执行监视居住后二十四小时以内，通知被监视居住人的家属（《刑事诉讼法》第73条第2款）”。“除无法通知或者涉嫌危害国家安全犯罪、恐怖活动犯罪通知可能有碍侦查的情形以外，应当在拘留后二十四小时以内，通知被拘留人的家属。有碍侦查的情形消失以后，应当立即通知被拘留人的家属”（《刑事诉讼法》第83条第2款）。“除无法通知的以外，应当在逮捕后二十四小时以内，通知被逮捕人的家属”（《刑事诉讼法》第91条第2款）。“对被调查人采取留置措施后，应当在二十四小时以内，通知被留置人员所在单位和家属，但有可能毁灭、伪造证据，干扰证人作证或者串供等有碍调查的情形除外。有碍调查的情形消失后，应当立即通知被留置人员所在单位和家属”（《监察法》第44条第1款）。因此，在指定居所监视居住、拘留、逮捕或者留置后的24小时之内，除符合法律规定的不通知以外，应当通知被监视居住、拘留或者逮捕人的家属。

2. 庭审准备工作中的通知和送达。《刑事诉讼法》第182条规定了以下几项通知和送达的期限：（1）将人民检察院的起诉书副本至迟在开庭10日以前送达被告人。（2）将开庭的时间、地点通知人民检察院，传唤当事人，通知辩护人、诉讼代理人、证人、鉴定人和翻译人员，传票和通知书至迟在开庭3日以前送达；（3）公开审判的案件，在开庭3日以前先期公布案由、被告人姓名、开庭时间和地点。

3. 判决书的送达期限。《刑事诉讼法》第196条第2款规定：“当庭宣告判决的，应当在五日以内将判决书送达当事人和提起公诉的人民检察院……”

4. 二审通知人民检察院阅卷的期限。《刑事诉讼法》第224条规定：“人民检察院提出抗诉的案件或者第二审人民法院开庭审理的公诉案件，同级人民检察院都应当派员出席法庭。第二审人民法院应当在决定开庭审理后及时通知人民检察院查阅案卷。”

（四）强制措施和留置的期限

1. 拘传。《刑事诉讼法》第117条第2款、第3款规定：“传唤、拘传持续的时间不得超过十二小时；案情特别重大、复杂，需要采取拘留、逮捕措施的，传唤、拘传持续的时间不得超过二十四小时。不得以连续传唤、拘传的形式变相拘禁犯罪嫌疑人。”

2. 取保候审和监视居住。《刑事诉讼法》第 77 条规定："人民法院、人民检察院和公安机关对犯罪嫌疑人、被告人取保候审最长不得超过十二个月，监视居住最长不得超过六个月。"

3. 拘留期限。《刑事诉讼法》第 89 条规定："公安机关对被拘留的人，认为需要逮捕的，应当在拘留后的三日以内，提请人民检察院审查批准。在特殊情况下，提请审查批准的时间可以延长一日至四日。对于流窜作案、多次作案、结伙作案的重大嫌疑分子，提请审查批准的时间可以延长至三十日。人民检察院应当自接到公安机关提请批准逮捕书后的七日以内，作出批准逮捕或者不批准逮捕的决定。"第 165 条规定："人民检察院对直接受理的案件中被拘留的人，认为需要逮捕的，应当在十四日以内作出决定。在特殊情况下，决定逮捕的时间可以延长一日至三日。"根据上述两条规定，拘留羁押期限如下表所示。

| | | 公安机关提请审查批捕期限 | 人民检察院作出是否批准逮捕决定的期限 | 总计 |
|---|---|---|---|---|
| 公安机关提请批准逮捕的 | 一般情况下 | 3 日以内 | 7 日 | 10 日以内 |
| | 特殊情况下 | 延长 1 至 4 日 | 7 日 | 14 日以内 |
| | 流窜作案、多次作案、结伙作案的重大嫌疑分子 | 可以延长至 30 日 | 7 日 | 37 日以内 |
| | 犯罪嫌疑人不讲真实姓名、住址，身份不明的 | | | 拘留期限自查清其真实身份之日起计算 |
| 人民检察院决定逮捕的 | 一般情况下 | 无 | 14 日 | 14 日以内 |
| | 特殊情况下 | 无 | 延长 1 至 3 日 | 17 日以内 |

4. 逮捕期限。犯罪嫌疑人、被告人逮捕后的羁押期限与专门机关的办案期限相同。

5. 留置期限。留置期限不得超过 3 个月。在特殊情况下，可以延长一次，延长时间不得超过 3 个月（《监察法》第 43 条第 2 款）。

（五）其他期限

1. 死刑执行期限。《刑事诉讼法》第 251 条规定："下级人民法院接到最高人民法院执行死刑的命令后，应当在七日以内交付执行。"

2. 一审法院移送上诉状的期限。《刑事诉讼法》第 220 条规定："被告人、自诉人、附带民事诉讼的原告人和被告人通过原审人民法院提出上诉的，原审人民法院应当在三日以内将上诉状连同案卷、证据移送上一级人民法院，同时将上诉状副本送交同级人民检察院和对方当事人。被告人、自诉人、附带民事诉讼的原告人和被告人直接向第二审人民法院提出上诉的，第二审人民法院应当在三日以内将上诉状交原审人民法院送交同级人民检察院和对方当事人。"

3. 变更辩护人后准备辩护期限。因被告人拒绝辩护或辩护人拒绝辩护而更换辩护人的，自案件宣布休庭之日起至第 15 日止，由辩护人准备辩护，但被告人及其辩护人自愿缩短时间的除外（《高法解释》第 256 条）。

4. 技术侦查或者调查批准决定的有效期。批准决定自签发之日起 3 个月以内有效。对于复杂、疑难案件，期限届满仍有必要继续采取的，经过批准，有效期可以延长，每次不得超过 3 个月（《监察法》第 28 条第 2 款；《刑事诉讼法》第 149 条）。

## 三、期间的计算

### （一）期间的计算单位

《刑事诉讼法》第 103 条规定："期间以时、日、月计算。"根据这一规定，期间的计算单位只有这三个单位，年、分、秒等不能成为刑事诉讼期间的计算单位。不过，由于《刑法》中的刑罚可以用"年"作为单位，《刑事诉讼法》中也不可避免地出现了年的字样，如《刑事诉讼法》第 237 条规定："中级人民法院判处死刑缓期二年执行的案件，由高级人民法院核准。"

### （二）期间的计算方法

1. 期间开始的时和日不算在期间以内（《刑事诉讼法》第 103 条第 2 款）。

以时为单位的，例如，某犯罪嫌疑人上午 10 点 30 分被拘留，那么通知其家属或者所在单位的期限从上午 11 时开始计算，到第二天上午 11 时止。

以日为单位的，例如，某被告人是在 7 月 10 日下午 3 时收到一审判决书的，那么其上诉期限从 7 月 11 日开始计算，至 7 月 20 日届满。

以月为单位的，《高法解释》第 165 条专门作出了规定："以月计算的期限，自本月某日至下月同日为一个月。期限起算为本月最后一日的，至下月最后一日为一个月。下月同日不存在的，自本月某日至下月最后一日为一个月。半个月一律按十五日计算。"也就是说，期间开始的日不计算在期间以内，但是期间开始的月要计算在内。司法解释中明确规定半个月的计算方法，能够使《刑事诉讼法》的规定更加容易操作。

2. 法定期间不包括路途上的时间。上诉状或者其他文件在期满前已经交邮的，不算过期（《刑事诉讼法》第 103 条第 3 款）。这条规定包括两个方面的含义：一是人在路途上的时间不包括在内，例如自诉人亲自将上诉状送交一审法院的情况，如果由于路途遥远、交通不便，在路上花费了一定的时间，则在确定上诉是否过期的时候应当扣除路途上的时间；二是上诉状或者其他文件在邮寄过程中的时间，不计算在期间以内，而是以交邮的时间作为其行使诉讼权利的时间。这些文件的交邮日期以当地邮局的邮戳为准。

3. 期间的最后一日为节假日的，以节假日后的第一日为期间届满日期。但对于犯罪嫌疑人、被告人或者罪犯在押期间，应当至期间届满之日为止，不得因节假日而延长在押期限至节假日后的第一日（《刑事诉讼法》第 103 条第 4 款）。例如，被告人的上诉期限届满的最后一日是星期六，那么他上诉期届满的日期应当延到下一周星期一，即星期一提交上诉状也不算过期。但是，如果犯罪嫌疑人拘留期限届满日期是 2011 年 10 月 1 日（即"十一"长假的第一天），则必须在当天将其释放，而不能等到 10 月 8 日再将其释放。

4. 对犯罪嫌疑人作精神病鉴定的期间不计入办案期限（《刑事诉讼法》第 147 条）。对犯罪嫌疑人作精神病鉴定的时间不计入羁押期限和办案期限（《公安规定》第 248 条；《高检规则》第 255 条；《高法解释》第 174 条）。不过，不计入办案期限的鉴定时间只限于对在押的犯罪嫌疑人、被告人作精神病鉴定的时间，其他鉴定时间都应当计入办案期限。对于因鉴定时间较长、办案期限届满仍不能终结的案件，自期限届满之日起，应当对被羁押的犯罪嫌疑人、被告人变更强制措施，改为取保候审或者监视居住（《高检规则》第 256 条）。

5. 中止审理的期间不计入审理期限（《刑事诉讼法》第 200 条第 2 款）。

6. 人民法院依法开庭审理第二审公诉案件，人民检察院查阅案卷的时间不计入第二审审理期限（《刑事诉讼法》第 224 条）。

（三）期间的重新计算

刑事诉讼法和有关司法解释规定了在某些情况下，期间重新计算。不过，这些规定不能被滥用，只能严格依照刑事诉讼法规定来适用。凡不符合刑事诉讼法关于重新计算犯罪嫌疑人、被告人羁押期限规定的，不得重新计算羁押期限。严禁滥用退回补充侦查、撤回起诉、改变管辖等方式变相超期羁押犯罪嫌疑人、被告人。

1. 侦查羁押期限的重新计算。在侦查期间，发现犯罪嫌疑人另有重要罪行的，自发现之日起依照《刑事诉讼法》第 154 条的规定重新计算侦查羁押期限（《刑事诉讼法》第 158 条；《高检规则》第 281 条第 1 款）。另有重要罪行是指与逮捕时的罪行不同种的重大犯罪和同种的将影响罪名认定、量刑档次的重大犯罪（《高检规则》第 281 条第 2 款；《公安规定》第 147 条第 2 款）。在侦查期间，发现犯罪嫌疑人另有重要罪行的，应当自发现之日起 5 日内报县级以上公安机关负责人批准后，重新计算侦查羁押期限，制作重新计算羁押期限通知书，送达看守所，并报原批准逮捕的人民检察院备案（《公安规定》第 147 条）。

人民检察院重新计算侦查羁押期限，应当由侦查部门提出重新计算侦查羁押期限的意见移送本院侦查监督部门审查。侦查监督部门审查后应当提出是否同意重新计算侦查羁押期限的意见，报检察长决定。对公安机关重新计算侦查羁押期限的备案，由侦查监督部门审查。侦查监督部门认为公安机关重新计算侦查羁押期限不当的，应当提出纠正意见，报检察长决定后，通知公安机关纠正（《高检规则》第 282 条、第 283 条）。

2. 因改变管辖而重新计算办案期限。具体包括两种情况：

（1）人民检察院改变管辖。人民检察院审查起诉的案件，改变管辖的，从改变后的人民检察院收到案件之日起计算审查起诉期限（《刑事诉讼法》第 169 条第 2 款）。对于提起公诉后改变管辖的案件，原提起公诉的人民检察院应当将案件移送与审判管辖相对应的人民检察院（《高检规则》第 362 条）。从改变管辖后的人民检察院收到案件之日起计算审查起诉期限（《高检规则》第 386 条第 2 款）。

（2）人民法院改变管辖。人民法院改变管辖的案件，从改变后的人民法院收到案件之日起计算审理期限（《刑事诉讼法》第 202 条第 2 款）。

3. 补充侦查完毕后移送的案件。具体包括两种情况：

（1）公安机关补充侦查完毕之后移送人民检察院。补充侦查完毕移送人民检察院后，人民检察院重新计算审查起诉期限（《刑事诉讼法》第 171 条第 3 款）。

（2）人民检察院补充侦查之后移送人民法院。人民检察院补充侦查的案件，补充侦查完毕移送人民法院后，人民法院重新计算审理期限（《刑事诉讼法》第 202 条第 3 款）。

4. 二审发回重审的案件，重新计算一审期限。第二审人民法院发回原审人民法院重新审判的案件，原审人民法院从收到发回的案件之日起，重新计算审理期限（《刑事诉讼法》第 194 条）。不过，《刑事诉讼法》第 225 条规定，第二审人民法院经过审理，对于事实不清或者证据不足的案件，发回原审人民法院重新审判的，作出判决后，被告人提出上诉或者人民检察院提出抗诉的，第二审人民法院应当依法作出判决或者裁定，不得再发回原审人民法院重新审判。依照这一规定，以事实不清、证据不足为由发回重审的次数仅限于一次，不能用这个方法反复计算羁押期限。

5. 重新计算取保候审和监视居住期限。《刑事诉讼法》规定了取保候审和监视居住的期限，但是没有明确该期限是“整个诉讼过程中”，还是“某一具体的诉讼阶段”。《高检规则》和《高法解释》对此作出了具体、明确的规定，即《刑事诉讼法》规定的 12 个月或者 6 个月的期限，是指侦查阶段、起诉阶段和审判阶段各自不得超过 12 个月或者 6 个月，而不是指采取该强制措施总共不得超过 12 个月或者 6 个月。也就是说，当案件从公安机关移送到人民检察院，或者从人民检察院移送到人民法院，取保候审和监视居住的期限重新计算。具体规定是这样的：

《高检规则》第 102 条规定："公安机关决定对犯罪嫌疑人取保候审，案件移送人民检察院审查起诉后，对于需要继续取保候审的，人民检察院应当依法重新作出取保候审决定，并对犯罪嫌疑人办理取保候审手续。取保候审的期限应当重新计算并告知犯罪嫌疑人。"第 123 条规定："公安机关决定对犯罪嫌疑人监视居住，案件移送人民检察院审查起诉后，对于需要继续监视居住的，人民检察院应当依法重新作出监视居住决定，并对犯罪嫌疑人办理监视居住手续。监视居住的期限应当重新计算并告知犯罪嫌疑人。"

《高法解释》第 127 条规定，人民检察院、公安机关已经对犯罪嫌疑人取保候审、监视居住，案件起诉到人民法院后，需要继续取保候审、监视居住的，人民法院应当在 7 日内作出决定。决定继续取保候审、监视居住的，应当重新办理手续，期限重新计算。

6. 简易程序转为普通程序审理的案件，人民法院重新计算审理期限。"转为普通程序审理的案件，审理期限应当从决定转为普通程序之日起计算。"（《高法解释》第 298 条第 2 款）

对于这种情况，公诉人需要为出席法庭进行准备的，可以建议人民法院延期审理（《高检规则》第 471 条）。

## 四、关于刑事诉讼期间的特别规定

### （一）被追诉人身份不明的情况的处理

1. 拘留期间身份不明的处理。公安机关对于决定拘留的犯罪嫌疑人，经审查认为需要逮捕的，应当在法定期限内提请同级人民检察院审查批准。犯罪嫌疑人不讲真实姓名、住址，身份不明的，应当对其身份进行调查。经县级以上公安机关负责人批准，拘留期限自查清其真实身份之日起计算，但不得停止对其犯罪行为的侦查取证。对符合逮捕条件的犯罪嫌疑人，也可以按犯罪嫌疑人自报的姓名提请批准逮捕（《公安规定》第 126 条）。

2. 逮捕后身份不明的处理。《刑事诉讼法》第 158 条第 2 款规定："犯罪嫌疑人不讲真实姓名、住址，身份不明的，应当对其身份进行调查，侦查羁押期限自查清其身份之日起计算，但是不得停止对其犯罪行为的侦查取证。对于犯罪事实清楚，证据确实、充分，确实无法查清其身份的，也可以按其自报的姓名起诉、审判"（《公安规定》第 148 条对此作重复规定）。

3. 审查起诉阶段身份不明的处理。《高检规则》第 393 条第 3 款规定："被告人真实姓名、住址无法查清的，应当按其绰号或者自报的姓名、住址制作起诉书，并在起诉书中注明。被告人自报的姓名可能造成损害他人名誉、败坏道德风俗等不良影响的，可以对被告人编号并按编号制作起诉书，并附具被告人的照片，记明足以确定被告人面貌、体格、指纹以及其他反映被告人特征的事项。"

4. 审判阶段身份不明的处理。《高法解释》第 181 第 7 项规定：对于被告人真实身份不明，但是犯罪事实清楚、证据确实、充分，确实无法查明其身份的，人民法院应当受理。

### （二）因为特殊原因不宜交付审判的案件的处理

《刑事诉讼法》第 155 条规定："因为特殊原因，在较长时间内不宜交付审判的特别重大复杂的案件，由最高人民检察院报请全国人民代表大会常务委员会批准延期审理。"（《高检规则》

第 227 条对此作重复规定）需要注意的是，这里所说的延期审理，是指不再受侦查羁押期限的限制，与审判阶段人民法院决定的延期审理的含义不同。

关于“因为特殊原因，在较长时间内不宜交付审判的特别重大复杂的案件”的延期审理问题，彭真同志早在 1979 年 6 月 7 日全国人大常委会上关于刑法（草案）、刑事诉讼法（草案）的说明中，就已明确解释为：“有些案件因为政治关系或者其他特殊原因，可能在较长时间内不宜交付审判。例如过去的日本战犯、国民党战犯之类的案件。对于这样的案件规定由最高人民检察院报请全国人大常委会延期审理。”①

这一条文中“不宜交付审判”不是指一般的因案情复杂在羁押期限内不能办结，而是由于政治上的关系在一定时期内不宜交付审判，或者具有其他特殊的原因，在相当长的时期内不宜交付审判。所谓“特别重大复杂的案件”是指，案件涉及的是全国性的犯罪或者是在全国乃至国外将产生重大影响的案件。凡不属于此类的案件，即使案情复杂，在侦查羁押期限内办不结的，也不能适用这个条文。

在适用这个条文时应当注意以下几个问题：(1) 对因特殊原因，不宜交付审判的案件一定要慎重对待，此类案件只有全国人大常委会有权批准延期审理。(2) 本条规定的特殊原因是指关系国家政治、外交等方面，涉及整个国家安全、利益的重大问题，这种案件是极少的，不能将案件中的具体特点认定为是本条规定的特殊原因。此类案件不能随意扩大解释，应严格控制。(3) 公安、检察机关应当在羁押期限内抓紧办案，不能以本条规定为借口，认为重大复杂案件的羁押期限可以无限期地延长。

## 五、期间的耽误和补救

《刑事诉讼法》第 104 条规定：“当事人由于不能抗拒的原因或者其他正当理由而耽误期限的，在障碍消除后五日以内，可以申请继续进行应当在期满以前完成的诉讼活动。前款申请是否准许，由人民法院裁定。”这里需要解释以下几点：第一，申请继续进行诉讼活动的只能是当事人。第二，耽误期间的理由必须是“不能抗拒的原因或者有其他正当理由”，例如自然灾害、战争、重病等。第三，当事人的申请必须在障碍消除后 5 日以内提出。第四，是否允许继续进行诉讼活动，取决于人民法院的裁定。对于在审查起诉阶段耽误申诉期限的，则由人民检察院决定。

### （一）由人民法院裁定的情形

在审判阶段，当事人由于不能抗拒的原因或者有其他正当理由而耽误期限，依法申请继续进行应当在期限届满以前完成的诉讼活动，人民法院查证属实后，应当裁定准许（《高法解释》第 166 条）。

### （二）由人民检察院决定的情形

在审查起诉阶段，对于不起诉决定，被害人的申诉期限是 7 日，被不起诉人对微罪不起诉的申诉期限也是 7 日。对于超过 7 日提出申诉的，《高检规则》进行了明确规定：(1) 被害人对人民检察院不起诉的决定不服，收到不起诉决定书超过 7 日后提出申诉的，由作出不起诉决定的人民检察院刑事申诉检察部门审查后决定是否立案复查（《高检规则》第 418 条）。(2) 被不起诉人自收到不起诉决定书后 7 日后提出申诉的，由刑事申诉检察部门审查是否立案复查（《高

① http：//www.ytaic.gov.cn/n8951/n8971/n9031/n13237/177102.html，[2010-05-08]．

检规则》第 421 条第 1 款)。

在一审判决、裁定作出之后，被害人及其法定代理人如果不服，可以在收到判决书后 5 日以内申请人民检察院提出抗诉。被害人及其法定代理人在收到判决书 5 日以后请求人民检察院提出抗诉的，由人民检察院决定是否受理（《高检规则》第 588 条第 2 款)。

## 第二节　送达

### 一、送达的概念

送达是指人民法院、人民检察院和公安机关依照法定程序和方式，将诉讼文件送交诉讼参与人、有关机关和单位的诉讼活动。实际上，是专门机关的一种正式的告知行为。需要送达的诉讼文件可能包括传票、通知书、起诉书、不起诉决定书、裁定书、判决书、调解书等。送达诉讼文书必须有送达回证。

### 二、送达的方式

送达的方式，按照《刑事诉讼法》和《高法解释》的规定，包括以下几种：

#### （一）直接送达

直接送达，是指专门机关派员将诉讼文件直接交给收件人本人。《刑事诉讼法》第 105 条第 1 款规定："送达传票、通知书和其他诉讼文件应当交给收件人本人；如果本人不在，可以交给他的成年家属或者所在单位的负责人员代收。"收件人本人应当在送达回证上记明收到的日期，并且签名或者盖章。如果是代收，代收人也应当在送达回证上记明收到的日期，并且签名或者盖章。收件人本人或者代收人在送达回证上签收的日期为送达的日期（《高法解释》第 167 条第 2 款)。

#### （二）留置送达

留置送达，是指收件人本人或者代收人拒绝接收诉讼文件或者拒绝签名、盖章时，送达人员将诉讼文件放置在收件人或者代收人的住处的一种送达方式。《刑事诉讼法》第 105 条第 2 款规定："收件人本人或者代收人拒绝接收或者拒绝签名、盖章的时候，送达人可以邀请他的邻居或者其他见证人到场，说明情况，把文件留在他的住处，在送达证上记明拒绝的事由、送达的日期，由送达人签名，即认为已经送达。"《高法解释》第 167 条第 3 款规定，见证人也应当在送达回证上签名，如果没有见证人，也可以采用拍照、录像等方式记录送达过程后把诉讼文件留在他的住处；留置送达除了可以将诉讼文书留在收件人或者代收人的住处外，也可以留在他的单位。

#### （三）委托送达

《高法解释》第 168 条规定，直接送达诉讼文书有困难的，可以委托收件人所在地的人民法院代为送达。

委托送达的，应当将委托函、委托送达的诉讼文书及送达回证寄送受托法院。受托法院收到后，应当登记，在 10 日内送达收件人，并将送达回证寄送委托法院；无法送达的，应当告知委托法院，并将诉讼文书及送达回证退回（《高法解释》第 169 条)。

（四）邮寄送达

《高法解释》第 168 条规定，直接送达诉讼文书有困难的，除了可以委托送达以外，还可以邮寄送达。

邮寄送达的，应当将诉讼文书、送达回证挂号邮寄给收件人。挂号回执上注明的日期为送达日期（《高法解释》第 170 条）。

（五）转交送达

对于特殊的收件人，诉讼文件通过有关部门转交。特殊的收件人是指军人、正在服刑的犯人和正在被强制教育的人。

诉讼文书的收件人是军人的，可以通过所在部队团级以上单位的政治部门转交。收件人正在服刑的，可以通过执行机关转交。收件人正在被采取强制性教育措施的，可以通过强制性教育机构转交。由有关部门、单位代为转交诉讼文书的，应当请有关部门、单位收到后立即交收件人签收，并将送达回证及时寄送人民法院（《高法解释》第 171 条）。

## 观点探讨

### 一、立案、死刑复核程序是否应当规定期间

在立案阶段，《刑事诉讼法》没有规定受理案件后，多长时间内应作出是否立案的决定，第 110 条仅仅规定公、检、法机关应当迅速进行审查。对死刑复核程序，《刑事诉讼法》也没有规定审理期间。

对于立案的期间，有学者提出，应当规定受理案件后，某一具体时间内必须作出是否立案的决定。① 规定立案期间，有利于人民检察院立案监督权的行使，有利于被害人和社会对立案活动的监督，有助于消除不破不立的做法，迅速有效地追诉犯罪，保障被害人的权益。

对于死刑复核程序的期间，有学者提出，应当规定死刑复核的期限。② 其理由是，现行刑事诉讼法没有规定，导致死刑案件在复核阶段可以无限期停滞，部分死刑案件因而迟迟无法终结。没有规定期间可能造成的后果包括：不利于及时有效地打击犯罪，导致公众对法律的信任度降低；复核的进度受制于人为因素，为司法腐败提供了机会；使被告人陷入长期的待决境况，只能继续在原羁押场所关押等待，影响监管场所的正常秩序和安全，增加看守的压力。

### 二、隐性超期羁押

超期羁押是当前刑事司法实践中的一个难以解决的问题。有学者指出，除了明显的超期羁押以外，实践中还存在“隐性超期羁押”③。所谓“隐性超期羁押”是指刑事诉讼中侦查、检察和审判机关对犯罪嫌疑人、被告人采取限制人身自由的强制措施时，利用现行立法上的不成熟或模糊规定，规避刑事诉讼法律的相关规定，以“体现在法律文书上未突破法定羁押上限”这

① 廖萍蓉，许静，熊英．论期间立法的不足及其完善．江西科技师范学院学报，2004（6）．

② 牛忠志．我国死刑复核程序亟待完善．山东科技大学学报（社会科学版），2005（1）．

③ 王祥英．审判程序中的隐性超期羁押及纠防对策．人民检察，2005（17）；赵杰．试论隐性超期羁押的危害及其控制．河北法学，2006（11）．

种形式上的“合法羁押”掩盖实质上的超期羁押。这种羁押超过了犯罪嫌疑人、被告人依法律规定本应适用的羁押期限，严重地侵犯了被羁押者的合法权益。隐性超期羁押的表现形式有：任意延长羁押期限；公、检、法三家互借期限；各种不计或者重计羁押期限的情况；等等。其提出的解决方法有：树立正确的执法观念；对现行立法的缺漏予以补正；建立羁押司法审查制度、降低羁押率、改变对口供的依赖；健全、完善责任追究制度等。

三、人民检察院单方面决定延长羁押期限是否合理

我国现行刑事诉讼法虽然明确规定一般羁押期限是自逮捕之日起 2 个月，但同时又规定案情复杂、侦查羁押期限届满不能终结的案件，经人民检察院的批准可以予以延长羁押期限。这实际上就赋予了人民检察院单方面决定延长羁押期限的权力。有学者认为，这与世界各国通行做法是相悖的，对羁押期限的延长的决定应当只能由法院作出，检察院不能单方面延长羁押期限。① 其理由是，承担控诉职能的检察院与承担辩护职能的犯罪嫌疑人和被告人是刑事诉讼程序中相互对抗的双方，羁押期限的延长不能由对抗双方的一方来决定，而应当由居中的法院决定。

① 谢佑平，万毅．法理视野中的刑事诉讼效率和期间：及时性原则研究．法律科学，2003（2）．

# 第十五章 证据

## 案例导引

### 一、相似事实的可采性问题

甲被指控强奸了两个女儿，两个女孩都不满 13 岁。两个女孩提出的证言具有三个共同特点：甲对两个女孩实施严厉的纪律约束；两个女孩的母亲一直默许父亲的行为；甲为两个女孩安排了人工流产。问：能否准许用其中一个女孩的证言来支持另一个女孩的证言？

### 二、强奸案件被害人的性生活史是否具有相关性

甲被指控强奸了乙。辩护方提出，被害人在遭受强奸之前有多个性伙伴，而且在被害人声称的强奸事件之后、向当局报案之前，还与其他人发生过性行为，因此，被害人在医院检查中发现的伤有可能是甲以外的人造成的。问：在甲和乙交往的一周中被害人的性生活史能否在审判中用作质疑被害人可信性的证据？

### 三、仅凭间接证据能否定案

甲被指控强奸并且谋杀了一名 9 岁的女孩乙。证明甲有罪的证据包括：有五名证人证明看到甲带着乙进入树林，事后在那个树林中发现了被害人的尸体；在犯罪现场附近发现的鞋印与甲的鞋尺码相同；甲无法说明案发时在哪里。甲一直坚持声称自己无罪。问：依据现有证据是否能够认定甲犯有指控的犯罪？

### 四、儿童无法在法庭上作证如何处理

甲是一名 4 岁的女童。某日半夜，其保姆听到甲的惊叫声，慌忙跑出去一看，看到乙正在慌忙逃跑。甲告诉保姆说，乙摸了不该触摸的地方。保姆立即给甲的母亲打电话，母亲在 20 分钟后赶到家里，甲又向母亲重复了刚才的陈述。母亲打电话报警，警官在事件发生后的 40 分钟到达甲家里，并由女警官对甲进行了单独询问，甲再次重复了同样的陈述。后乙被指控犯有猥亵罪，但是在审理中，甲一到证人席上就大哭大闹，无法作证。几次尝试都未能成功。问：保姆、母亲和女警官能否提供其听到的甲的陈述，来证明甲陈述内容的真实性？

### 五、被告人精神是否正常由谁举证

甲被指控犯有故意杀人罪。在审理中，辩护人提出的辩护理由是甲患有精神病，不负刑事责任。问：证明责任如何分配，即是由人民检察院证明被告人精神正常达到证据确实充分的程度，还是由辩护人证明被告人患有精神病达到优势证据的程度？

### 六、证明标准如何理解

甲被指控强奸了乙。乙在侦查阶段提供的陈述是她对性行为的发生是不自愿的。在审查起诉中，乙改变了陈述，声称当时是自愿的，之所以说不自愿是因为害羞。人民检察院认为乙改变后的陈述不可信，依照侦查阶段的证据，证明甲犯有强奸罪的证据达到了确实充分的程度，于是仍然将案件起诉到法院。问：人民法院应当如何判决？

## 基本理论

## 第一节　刑事证据的概念和意义

### 一、刑事证据的概念

《刑事诉讼法》第48条规定："可以用于证明案件事实的材料，都是证据。证据包括：（一）物证；（二）书证；（三）证人证言；（四）被害人陈述；（五）犯罪嫌疑人、被告人供述和辩解；（六）鉴定意见；（七）勘验、检查、辨认、侦查实验等笔录；（八）视听资料、电子数据。证据必须经过查证属实，才能作为定案的根据。"

根据上述规定，刑事证据的概念可以总结为：控辩双方向法庭提出的用来证明本方主张的东西，包括陈述、文书和实物。在法庭审理之前，一项证据是否与实际发生的情况相符是难以确定的，即使判决生效，也难以确定一项证据是否属实。例如，辩护方在审判前调查取证，获得了一个证人关于被告人不在犯罪现场的证言，辩护方向法庭提出作为证明被告人无罪的证据，无论这个证言是否真实，它都是辩护方提出的辩护证据。因此，证据无论真假，只要是当事人双方提出的证明自己主张的材料，都是证据。

《刑事诉讼法》第52条第2款规定，行政机关在行政执法和查办案件过程中收集的物证、书证、视听资料、电子数据等证据材料，在刑事诉讼中可以作为证据使用。

《监察法》第33条第1款规定，监察机关依照监察法收集的物证、书证、证人证言、被调查人供述与辩解、视听资料、电子数据等证据材料，在刑事诉讼中可以作为证据使用。

### 二、证据的基本特征

我国的刑事诉讼法教材和证据理论，一般认为证据有三性：客观性、关联性和合法性。也曾有学者主张"两性说"（客观性和关联性）。本教材的观点是，证据必须具有关联性和可采性；证据的证明力则由事实审理者自由判断。

（一）关联性

关联性也称为相关性，是指证据必须与案件事实有实质性联系，从而对案件事实有证明作用。在英美证据法中，对证据的关联性十分重视。所谓关联性（relevancy)，是指证据必须与案件的待证事实有关，从而具有能够证明案件的待证事实的属性。《美国联邦证据规则》第 401 条对相关证据的定义是："相关证据" 指证据具有某种倾向，使决定某项在诉讼中待确认的争议事实的存在比没有该证据时更有可能或更无可能。

相关性是可采性的前提。没有相关性的证据一律不可采；具有相关性的证据必须符合关于证据可采性的要求才能进入法庭。

常见的相关性问题包括品格证据、类似事件的证据等。《美国联邦证据规则》第 4 章专门规定了证据的相关性，一般情况下品格证据、类似事件的证据不具有相关性。相关性通常是基于逻辑确定的，但是有时也是一种社会政策的体现，例如强奸盾牌条款是为了鼓励妇女举报强奸犯罪，排除事后补救措施是为了鼓励生产厂商改进技术，等等。

我国对于证据的关联性，在司法解释中的规定有：

1.《高法解释》第 203 条规定："控辩双方申请证人出庭作证，出示证据，应当说明证据的名称、来源和拟证明的事实。法庭认为有必要的，应当准许；对方提出异议，认为有关证据与案件无关或者明显重复、不必要，法庭经审查异议成立的，可以不予准许。" 因而，与案件无关的证据，不允许向法庭提出。

2.《高法解释》第 214 条规定，控辩双方的讯问、发问方式不当或者内容与本案无关的，对方可以提出异议，申请审判长制止，审判长应当判明情况予以支持或者驳回；对方未提出异议的，审判长也可以根据情况予以制止。

（二）可采性

可采性（admissibility)，是指一项证据是否具有在法庭上提出的资格。如果一项证据不具有可采性，则不能在法庭上提出，不能被事实的审理者看见和听见。

相关的证据仍然有可能被排除。排除证据有两种依据：一种是证据法上的依据，分为因内容的排除和因方式的排除，如最佳证据规则、传闻证据规则、意见证据规则等。另一种是根据对刑事诉讼进行限制的宪法上的依据，如非法搜查扣押或者非法讯问获得的证据。

我国已经部分吸收了证据法意义上的排除规则，也就是说，书证的非原件、传闻证据和意见证据，在我国刑事诉讼中的采纳有一定的限制，如据以定案的书证应当是原件（《高法解释》第 71 条）、证人的猜测性、评论性、推断性的证言不得作为证据使用（《高法解释》第 75 条）以及经人民法院通知证人没有正当理由未出庭作证的证言不得作为定案根据（《高法解释》第 78 条)，但都不绝对，允许有例外。关于对违反程序获得的证据的排除，《刑事诉讼法》第 54 条规定："采用刑讯逼供等非法方法收集的犯罪嫌疑人、被告人供述和采用暴力、威胁等非法方法收集的证人证言、被害人陈述，应当予以排除。收集物证、书证不符合法定程序，可能严重影响司法公正的，应当予以补正或者作出合理解释；不能补正或者作出合理解释的，对该证据应当予以排除。"

证据的可采性问题是针对法院而言的，而不是针对侦查或者调查机关、起诉机关而言的。可采性是解决一项证据是否能够被法庭采纳的问题，可采性有争议的证据，应当由控辩双方提出动议，由法官进行听审，最后决定是否具有可采性。但是，不可否认的是，法院的证据可采性的判断规则对控方将有重大影响。公诉机关在提起公诉之前，应当参照法院确定证据可采性的标准来衡量自己的控诉证据，决定哪些证据在法庭上提出，哪些证据不向法庭提出，以保证起诉的质量。不仅如此，证据的可采性规则还会对侦查或者调查机关的取证行为产生巨大的影响，因为如果违反了法院的要求，侦查或者调查机关的取证活动就毫无意义。

（三）证明力由事实审理者自由判断

对于满足了上述相关性和可采性条件的证据，其证明力由法官自由加以权衡。控辩双方提出的证明本方主张的材料如果符合证据可采性规则，进入了法庭并且经过了双方的质证，并不意味着事实审理者就必须认为该证据是真实的。对证据证明力的权衡，是通过当事人双方的举证、主询问和反询问，给法官留下某一证据可信或不可信的印象，法官听取全部证据之后对全案的证据综合评价得出案件事实是什么样的结论。

我国刑事诉讼法对证据的证明力预先加以规定的条文只有“仅凭口供不能定案”。《刑事诉讼法》第53条规定：“对一切案件的判处都要重证据，重调查研究，不轻信口供。只有被告人供述，没有其他证据的，不能认定被告人有罪和处以刑罚；没有被告人供述，证据确实、充分的，可以认定被告人有罪和处以刑罚。”

《高法解释》中规定了大量的关于证据证明力判断的条文。大体上可以分为三大类，第一类是绝对不得作为定案根据的，如不能证明物证、书证来源的（第73条）、询问证人没有个别进行的（第76条）、讯问笔录没有经被告人核对确认的（第81条），等等。第二类是收集程序、方式有瑕疵，经补正或者作出合理解释的，可以作为定案根据，如询问证人笔录内容不全面（第77条）、讯问被告人笔录讯问人没有签名（第82条）、不符合法律的勘验、检查笔录（第89条），等等。第三类是赋予完全的证明力，如根据被告人口供找到隐蔽性很强的物证且排除诱供可能的，则认定口供具有完全的可靠性，可以据以作出有罪判决（第106条）。

## 第二节　证据种类

证据种类，是指表现证据事实内容的各种外部形式。证据种类实际是证据在法律上的分类。《刑事诉讼法》第48条第2款规定：“证据包括：（一）物证；（二）书证；（三）证人证言；（四）被害人陈述；（五）犯罪嫌疑人、被告人供述和辩解；（六）鉴定意见；（七）勘验、检查、辨认、侦查实验等笔录；（八）视听资料、电子数据。”但是，表现为上述形式的，则未必都是真实可靠的。因此，《刑事诉讼法》第48条第3款规定：“证据必须经过查证属实，才能作为定案的根据。”

### 一、物证

物证是指以其外部特征、存在场所和物质属性证明案件事实的实物和痕迹。某物品或痕迹能否作为物证，取决于它是否同案件事实具有联系，特别是因果关系。

物证包括实物和痕迹两类。前者指与案件事实有联系的客观实在物，如作案工具、赃款赃物等；后者包括两个物体相互作用所产生的印痕和物体运动时所产生的轨迹，如脚印、指纹等。物证是多种多样的，常见的物证有：（1）实施犯罪的工具，如杀人、伤人的刀枪和其他凶器，盗窃用的螺丝刀、钥匙，爆炸用的炸药，纵火用的引火物等；（2）犯罪过程中留下的物品，如犯罪分子遗留在犯罪现场的衣物、烟头、纽扣等；（3）犯罪行为侵犯的对象，如经济犯罪中的赃款、赃物，杀人案件中的尸体，被破坏的机器设备等；（4）犯罪行为产生的物品，如非法制造的枪支、弹药，非法出版的出版物，伪造的货币等；（5）能够证明案件情况的各种痕迹，常见的有指纹、足迹、血迹、撬压痕迹、笔迹、咬痕、枪弹痕迹、唇纹等；（6）其他可能揭露犯罪和查获犯罪嫌疑人的实物和痕迹。

物证是刑事诉讼中广泛使用的一种证据，具有较强的客观性、稳定性。物证在刑事诉讼中具有重要的作用，主要表现为：（1）可以为侦查人员提供线索，确定侦查方向，甚至可以借助物证查获犯罪嫌疑人；（2）可以借助物证鉴别其他证据的真伪；（3）可以借助物证迫使犯罪分子交代罪行，揭露不真实的供述和辩解。

## 二、书证

书证是以文字、符号、图画等记载的内容和表达的思想来证明案件事实的书面文件和其他物品。作为刑事诉讼中的书证，必须同时具备两个特点：（1）书证必须是以文字、符号、图画等记载或者表达了人的一定思想的物品，而且其所记载或表达的思想内容能够为人们认知和理解，可借以发现信息；（2）该项材料所记载的内容或者所表达的思想，必须与待证明的刑事案件事实有关联，能够被用来证明案件事实。

书证与物证有所不同。书证是以其记载的内容和表达的思想起证明作用的。一个记载着文字、符号、图画的物品，如果不是以其记载的内容，而是以其外部形态来证明案件事实，则该物品不是书证而是物证。一个物品不仅能以记载的内容证明案件事实，也能以外观形态证明案件事实的，该物品既可以作为书证使用，又可以作为物证使用。例如，某民政局会计周某涉嫌贪污，检察机关依法对其立案侦查。在查账中，周某经手的现金有8 000元对不上账。后来周某向检察机关提供了一张8 000元现金的付款单，证明其没有贪污行为。检察机关为此进行了调查，查明周某提供的付款单上的8 000元并未按付款单所载付往某单位。检察机关接着又对此付款单进行了鉴定，结论是该单据有涂改痕迹，部分字迹与周某的字迹相同。这张付款单既是周某贪污8 000元的书证，又是周某伪造证据的物证。英美证据法理论也认为，如果文件是作为与其内容相关的事实的证明方法提出的，该文件便是书证；如果文件视为证明其物理特性，则该文件便是实物证据。

书证都有明确的意思表示，而且大多在诉讼开始以前就已形成，所以，一经收集并查证属实，就可以比较直观地证明案件中的一定事实，在诉讼中有重要意义。主要表现在：（1）有些书证可以直接证明案件的性质、作案动机和目的；（2）可以鉴别其他证据的真伪；（3）可以揭穿犯罪分子的狡辩和虚假的陈述；（4）在贪污等经济犯罪案件中，书证是不可缺少的证据。

## 三、证人证言

### （一）证人证言的概念和意义

证人证言是指证人就自己所知道的案件情况向专门机关所作的陈述。证人证言一般是口头陈述，以证人证言笔录加以固定；经办案人员同意由证人亲笔书写的书面证词，也是证人证言。

证人证言的内容，一般应当是证人自己亲眼见到或亲耳听到的情况。证人转述他人所了解的案件情况，必须说明来源。刑事诉讼中的见证人只对勘验、检查、搜查、扣押物证、书证、送达等程序性问题是否合法作证，而不对案件事实问题作证，所以不同于证人。

证人证言有以下特点：（1）它只是证人对案件有关情况的客观阐述，强调证人对案件事实的亲身感知，其陈述的是事实，而不是推测或分析意见；（2）证人是犯罪嫌疑人、被告人、被害人以外的人，所以，较犯罪嫌疑人、被告人、被害人的陈述更客观；（3）证人证言是证人对感知或传闻情况的反映，所以，可能受到证人的主观因素和客观条件的影响；（4）证人证言的来源和证明的问题范围十分广泛，是刑事诉讼中最常见的一种证据。

证人证言在刑事诉讼中具有重要证明作用，它可以帮助司法工作人员发现和收集其他证据；可以鉴别其他证据的真伪；可以作为认定案件事实甚至是主要事实的根据；可以揭露犯罪嫌疑人、被告人或被害人的虚假陈述。

（二）证人资格

《刑事诉讼法》第60条规定："凡是知道案件情况的人，都有作证的义务。生理上、精神上有缺陷或者年幼，不能辨别是非、不能正确表达的人，不能作证人。"因生理上、精神上有缺陷或者年幼而不能辨别是非，不能正确表达的人，由于其不能向专门机关提供对查清案件事实有意义的情况，当然就不能作证人。不过，虽然生理上、精神上有缺陷或者年幼，但能够辨别是非并能够将自己所了解的案件情况准确表达出来，如盲人讲述所听到的情况，聋哑人讲述所看到的情况等，依法都可以作为证人提供证言。《高法解释》第74条第2项规定，对于证人能否辨别是非、能否正确表达，应当进行审查。

例如，有一起杀人案，犯罪嫌疑人将被害人杀死后在移尸过程中，被一个年仅10岁，身体和智力发育都很正常的女孩看见。该女孩将自己所见的一切都如实向侦查人员作了说明。在本案中，这个女孩虽然只有10岁，但是有一定的辨别是非、正确表达的能力，她就其所见的犯罪嫌疑人移尸的过程向公安机关所作的陈述应当是证人证言。

鉴于证人的身份是由于其对案件情况的感知在客观上与案件之间形成了相应的证明关系所决定，所以，证人具有不可替代性，不能由办案人员随意指定和更换。审判、检察、侦查人员如果在非执行职务中了解案情，就不应当担任本案的工作，而应当作为证人参加诉讼。

关于单位能否作为证人提供证言的问题，刑事诉讼法没有明确规定，法学界认识不一。一般认为，证人是以自己的感官感知案情为前提来提供证言的，单位作为组织，不能像人那样以感官感知案情，所以，单位不能作为证人提供证人证言。

（三）警察作证

在我国刑事诉讼中，警察作证的现象不很常见。证人的概念是"……的诉讼参与人"，而一般认为履行职务的警察属于"侦查人员"，从而属于"司法工作人员"，而不是"诉讼参与人"。笔者认为，警察应当在以下几种情形下出庭提供证言：

1.《刑事诉讼法》第187条第2款规定，人民警察就其执行职务时目击的犯罪情况作为证人出庭，适用该条第1款关于普通证人出庭的规定。因此，警察在现场目击犯罪事实的发生，或者当场抓获犯罪人时，应当出庭作证。比如，警察在巡逻时发现某人携带大量海洛因，发现后该嫌疑人逃跑，警察经追捕抓获该嫌疑人，那么日后在对这起案件的审判中，警察应当就如何发现犯罪嫌疑人、如何抓获犯罪嫌疑人出庭作证。

2.警察实施勘验、检查、搜查、扣押等活动，即便形成了笔录，也应当在庭审时就勘验、检查、搜查、扣押等活动的进行过程提供证言，以便于当庭核实这些笔录的真实可靠性。特别是在勘验、搜查活动中获取某种物证或者痕迹的情况，应当当庭陈述获取的地点、时间、当时的位置和物证当时的状态等。对于物证的保管过程，如果当事人对物证是否是原物有异议，或提出物证受到污染的，警察应当出庭证明整个物证的提取过程和保管过程。对此，《高检规则》第449条已经作出了规定："对于搜查、查封、扣押、冻结、勘验、检查、辨认、侦查实验等侦查活动中形成的笔录存在争议，需要负责侦查的人员以及搜查、查封、扣押、冻结、勘验、检查、辨认、侦查实验等活动的见证人出庭陈述有关情况的，公诉人可以建议合议庭通知其出庭。"

3. 当辩护方根据《刑事诉讼法》第 54 条提出证据属于应当排除的证据时，警察应当出庭提供证言，以证实没有刑讯逼供等情形。《刑事诉讼法》第 57 条第 2 款明确规定了在对证据收集的合法性进行法庭调查时，经人民法院通知，侦查人员应当出庭说明情况。也就是说，当对证据是否非法取得产生疑问时，由控方证明证据收集的合法性；控方证明这一点最有力、最直接的方法就是提请法院通知参加讯问的警察，询问证人、被害人的警察，参加搜查、扣押和勘验的警察出庭作证。

4. 进行秘密侦查、控制下交付的警察。根据《刑事诉讼法》第 151 条的规定，警察可以隐匿身份进行侦查，例如在毒品案件中派警察打入贩毒团伙内部，亲身感知犯罪活动。在案件侦破后的法庭审理中，该警察应当出庭作证，并接受辩方的反询问。但是，如果该警察出庭作证会危及其人身安全或者会暴露其身份，可以依照《刑事诉讼法》第 152 条的规定由审判人员在庭外对证据进行核实。

## 四、被害人陈述

被害人陈述，是指犯罪行为的直接受害者就其了解的案件情况，向专门机关所作的陈述。我国刑事诉讼法考虑到被害人特殊的诉讼地位与其陈述的特殊性，将被害人陈述规定为一种独立于证人证言的证据。

被害人直接受到犯罪行为侵害，特别是有的被害人同犯罪人有过接触，一般对犯罪地点、犯罪经过、犯罪分子的体貌特征有较多的了解，其陈述对于揭露犯罪、查获犯罪人、认定案情有重要作用。在许多案件中，被害人的控告陈述是立案侦查、追究犯罪的根据和起点；被害人陈述还是确定侦查方向、查获犯罪人的材料；被害人陈述本身经查证属实后可以作为定案的重要根据；被害人陈述还是鉴别其他证据的有力手段。

## 五、被调查人、犯罪嫌疑人、被告人的供述和辩解

被调查人、犯罪嫌疑人、被告人的供述和辩解，是指被调查人、犯罪嫌疑人、被告人在刑事诉讼中就其被指控的犯罪事实以及其他案件事实向专门机关所作的陈述，通常也称为口供。其内容主要包括被调查人、犯罪嫌疑人、被告人承认自己有罪的供述和说明自己无罪、罪轻的辩解。供述和辩解是否包括检举他人犯罪，法学界认识不一。有的认为，供述和辩解包括检举他人犯罪。但多数人认为，对被调查人、犯罪嫌疑人、被告人检举他人犯罪的性质和内容，应当具体分析，只有共犯中同案犯检举其他共犯的犯罪事实才属于供述和辩解的内容，否则属于证人证言。因为共犯是指二人以上共同故意犯罪，共犯相互之间就共同犯罪的情况相互检举，与个人的罪责有关。而单个被调查人、犯罪嫌疑人、被告人检举他人的犯罪事实，或同案犯对非共犯的检举，则与自己的罪责无关，应属于证人证言。笔者同意第二种意见。

供述和辩解应当是口头陈述，以笔录加以固定。经被调查人、犯罪嫌疑人、被告人请求或办案人员要求，也可以亲笔书写供词。

我国对待口供的原则，是重证据、重调查研究，不轻信口供。在定案中，必须坚持只有被告人供述，没有其他证据的，不能认定被告人有罪和处以刑罚；没有被告人供述而证据充分、确实的，可以认定被告人有罪和处以刑罚。

对共犯口供的证明力问题，我国法学界和司法实践中存在不同的认识。有学者认为，鉴于

口供的特点和共同犯罪中被调查人、犯罪嫌疑人、被告人相互之间不同程度地存在着利害关系，即使共犯口供一致，可以相互印证，也不能据此定罪判刑。也有学者认为，共犯之间的关系是互为证人的关系，其口供只要可以相互印证，就可以据此定罪判刑。特别是同时具备下列条件时，则可以定罪：(1) 各被告人被分别关押，排除了串供的可能性；(2) 各被告人的口供都是在没有任何违法的情况下取得的，排除了刑讯逼供、诱供、骗供等的可能性；(3) 各被告人供述的犯罪事实细节上基本一致。

## 六、鉴定意见

### (一) 鉴定意见概述

鉴定意见是指专门机关为了解决案件中某些专门性问题，指派或聘请具有这方面专门知识和技能的人，进行鉴定后所作的书面意见。

鉴定意见有以下特点：(1) 具有特定的书面形式；(2) 是鉴定人对专门性问题从科学、技术的角度提出的分析判断意见；(3) 它仅限于解决案件所涉及的科学技术问题，而不是就法律问题提供意见；(4) 鉴定意见是由鉴定人从科学的角度提供的分析研究意见，而且鉴定人必须与案件事实和当事人没有利害关系，所以它的客观性较强。

在刑事诉讼中，需要鉴定的专门性问题非常广泛，常见的有法医鉴定（确定死者死亡的原因、时间、死者或伤者的伤害情况）、司法精神病鉴定（确定当事人、证人是否有精神病、属何种精神病）、刑事科学技术鉴定（主要是对指纹、脚印、枪弹等进行认定）、声像资料鉴定、一般技术鉴定（对案件中涉及的工业、农业、交通运输业、建筑业等方面的专门技术问题进行鉴定）和会计鉴定（确定账目、报表等是否真实地反映了有关的经济活动，是否符合会计制度）等。

鉴定意见对于揭露犯罪、证实犯罪、认定案件事实有十分重要的作用：(1) 鉴定意见是揭示某些物品、痕迹证明力的至关重要的甚至唯一的手段。只有经过鉴定，某些物品和痕迹才能发挥证明作用。如犯罪现场提取的指纹和血迹，只有经过鉴定才能证明案情。(2) 鉴定意见是确定死亡原因、伤害的轻重程度、事故缘由、当事人的生理和精神状态等专门性问题的主要依据；(3) 鉴定意见具有科学性和定量分析的特点，是审查和鉴别其他证据的重要手段。

在英美法中，鉴定人被称为专家证人（expert witness），将鉴定意见作为专家证人提供的证言，而不作为一种独立的证据种类。与普通证人不同之处在于，专家证人可以提供意见，而普通证人只能陈述事实。专家证人和普通证人一样要出席法庭接受控辩双方的询问。专家证言是否被事实的审理者（陪审团或者法官）接受，取决于专家证人能否说服事实的审理者。在大陆法系国家，鉴定是一种证据方法，鉴定人应当出庭，对鉴定作出报告和说明，并接受询问。

### (二) 测谎器检查

在有些国家的刑事诉讼中，允许使用测谎器进行测谎检查（polygraph testing）。所谓测谎检查，是指在对被检查人提问的过程中，由多电图仪记录被检查人的血压、脉搏、呼吸、出汗及皮肤的电极反应等生理变化情况，并由检测人员对其进行分析，以判断被检查人是否说谎的活动。近年又出现了一种新的脑指纹技术（brain fingerprinting），其工作原理与测谎器不同，据称其准确度大大提高。①

---

① Brian McCormick. Your Thoughts May Deceive You：The Constitutional Implications of Brainfingerprinting Technology and How It May Be Used to Secure Our Skies. 30 *Law & Psychol. Rev.* 171 (2006).

和其他技术性证据不同，测谎结果可能因被测试人的心理素质和经历的不同而失去可靠性。例如，DNA 证据是通过比对犯罪现场或者被害人身上遗留的犯罪人的身体组织、体液，以及犯罪嫌疑人的组织、体液中的 DNA 组合来发挥其证明作用，由于 DNA 完全重合的可能性极小，所以可以得出犯罪嫌疑人到过现场或者犯罪嫌疑人就是犯罪人。DNA 证据不可能因为嫌疑人的主观努力发生改变。相反，测谎器则不同。测谎器的原理是通过检查被测试人在回答问题时脉搏、血压等的变化而得出其是否是在说谎的推测，因而，如果被测试人受过反测谎训练，测谎的结果就会不准确。

在我国刑事诉讼实践中，也已使用测谎检查，但最高人民检察院在 1999 年《关于 CPS 多道心理测试鉴定结论能否作为诉讼证据使用问题的批复》中规定，CPS 多道心理测试（俗称测谎）鉴定结论与刑事诉讼法规定的鉴定结论不同，不属于刑事诉讼法规定的证据种类。人民检察院办理案件，可以使用 CPS 多道心理测试鉴定结论帮助审查、判断证据，但不能将 CPS 多道心理测试鉴定结论作为证据使用。

（三）鉴定体制

2005 年 2 月 28 日，全国人大常委会通过了《司法鉴定决定》。该决定对我国的鉴定体制进行了较为详细的规定。

1. 国务院司法行政部门主管全国鉴定人和鉴定机构的登记管理工作。省级人民政府司法行政部门依照本决定的规定，负责对鉴定人和鉴定机构的登记、名册编制和公告（《司法鉴定决定》第 3 条）。

2. 侦查机关根据侦查工作的需要设立的鉴定机构，不得面向社会接受委托从事司法鉴定业务。人民法院和司法行政部门不得设立鉴定机构（《司法鉴定决定》第 7 条）。

3. 在诉讼中，当事人对鉴定意见有异议的，经人民法院依法通知，鉴定人应当出庭作证（《司法鉴定决定》第 11 条）。

4. 鉴定人经人民法院依法通知，拒绝出庭作证的，由省级人民政府司法行政部门给予停止从事司法鉴定业务 3 个月以上 1 年以下的处罚；情节严重的，撤销登记（《司法鉴定决定》第 13 条）。

## 七、勘验、检查、辨认、侦查实验等笔录

### （一）勘验笔录

勘验笔录是指办案人员对于与犯罪有关的场所、物品、尸体等进行勘查、检验后所作的记录。勘验笔录的形式，包括文字记载、绘制的图样、照片、复制的模型材料和录像等。

勘验笔录就其内容可分为现场勘验笔录、物体勘验笔录、尸体勘验笔录等。记载的内容包括：（1）接到报案的时间、案件发生或发现的地点、报案人、被害人等的基本情况以及他们对案件情况的叙述；（2）保护现场的人员的姓名、职业、到达现场的时间以及对犯罪现场的保护情况；（3）现场勘验指挥人员和参与勘验的人员；（4）勘验开始和结束的时间，当时的气候、光线等条件；（5）现场所在地的位置及其周围环境；（6）现场情况；（7）提取物证、书证、视听资料的名称、数量；（8）现场拍照的内容、数量；（9）绘制现场图的种类和数量。对同一现场先后多次进行勘验时，第一次以后的勘验均应制作补充笔录。有多处现场时，勘验后应分别制作笔录。物品检验记录应记载：物品的来源及检验的时间、地点，物品的特征，必要时，可绘图或者拍照附于笔录内。笔录应当由参加勘验的见证人签名或者盖章。尸体勘验笔录一般由

参加尸体检验的法医制作，尸体检验笔录中除注明检验的时间、地点、参加检验的人员和见证人的姓名外，主要应记载死者的衣着情况，尸体的外表，伤痕的形状、大小、位置和提取血、尿、胃肠内物质的情况。对于无名尸体，还应记载其相貌、生理、病理特征，携带物品的特征。

（二）检查笔录

检查笔录是指办案人员为确定被害人、犯罪嫌疑人、被告人的某些特征、伤害情况和生理状态，对他们的人身进行检验和观察后所作的客观记载。检查笔录以文字记载为主，也可以采取拍照、录像等其他有利于准确、客观记录的方法。

（三）辨认、侦查实验等笔录

在侦查过程中，办案人员在辨认、搜查、扣押、侦查实验等活动中应当制作笔录或清单。这些笔录和清单也是诉讼中的证据。

### 八、视听资料、电子数据

视听资料是指以录音录像等方式储存的信息证明案件情况的资料。常见的视听资料是录音和录像，例如银行的自动监控装置拍摄的录像，某些宾馆、超级市场的摄像镜头拍摄的录像等。电子数据是指电脑、智能手机等的磁盘、光盘、磁带以及国际互联网上的信息，例如在互联网的论坛上发表国家法律禁止的言论，粘贴、传播法律禁止的资料，泄露国家重要机密等。

应当指出的是，在询问证人、被害人、讯问犯罪嫌疑人过程中进行的录音，应当属于证人证言、被害人陈述和犯罪嫌疑人、被告人供述和辩解；勘验、检查中进行的录像，应当是勘验检查笔录的一个组成部分。这些都不应当被作为视听资料来对待。

## 第三节　证据分类

刑事证据的分类，也叫刑事证据在学理上的分类，是指对证据进行理论研究中，按照证据本身的不同特点，从不同角度在理论上将证据划分为不同的类别。

对刑事证据进行分类研究，有助于揭示诉讼中各种不同证据的特点，探讨正确运用各类证据的一般规律，使复杂的、单个证据系统化、条理化，以便于人们遵循其规律，正确运用证据；对证据进行分类还可以指导司法工作人员根据证据的不同特性全面、正确地收集证据，避免片面性、倾向性，保证准确地审查判断和运用证据认定案情。

证据的分类不同于证据的法定种类，其划分是理论上的划分。证据种类划分依据的是证据的存在及其表现形式，这种划分由法律明确规定，具有法定的约束力。不具有法定形式的证据不得作为定案的根据。而证据的分类则是理论上从不同角度对证据种类所作的划分。我国刑事诉讼法规定的证据种类有八种，由于证据分类的角度、标准不同，某一具体的法定的证据种类，依一种标准分类，属于这一类别，而按另一种分类标准，则属于其他类别。如被害人陈述，不仅可以是直接证据或间接证据，也可以是原始证据或传来证据。

比较常见的证据分类有：言词证据与实物证据；原始证据与传来证据；有罪证据与无罪证据；直接证据与间接证据。

## 一、言词证据与实物证据

根据证据的表现形式不同，可以将证据分为言词证据和实物证据。凡是表现为人的陈述，即以言词作为表现形式的证据，是言词证据。在法律规定的几种证据中，证人证言、被害人陈述、供述和辩解、鉴定意见都属于言词证据。鉴定意见之所以属于言词证据，是因为鉴定意见就其实质来说，是鉴定人就鉴定的专门问题发表的个人意见，而且在法庭审理时要求鉴定人对鉴定意见作出口头说明，并当庭回答当事人和辩护人等的发问。

凡是表现为物品和痕迹及以其内容体现证据价值的书面文件，即以实物作为表现形式的证据，是实物证据。在法律规定的几种证据中，物证、书证当然属于实物证据。勘验、检查等笔录是办案人员在勘验、检查等活动中对所见客观情况的客观记载，而不是办案人员的陈述，所以，勘验、检查笔录也属于实物证据。对于视听资料、电子数据属于言词证据还是实物证据，有不同意见。有的认为，多数视听资料、电子数据属于实物证据，但是在讯问被调查人、犯罪嫌疑人、被告人以及询问证人、被害人时的录音资料近似于笔录，应划归言词证据。笔者认为，讯问或询问时的录音，属于固定证据的方法，而不形成新的证据，不属于刑事诉讼法规定的证据种类意义上的视听资料、电子数据，按其陈述主体不同，仍属于供述和辩解、证人证言或被害人陈述。因此，作为法律规定的证据种类之一的视听资料、电子数据也属于实物证据。

## 二、原始证据与传来证据

按照证据的来源划分，凡是直接来源于案件事实，未经复制、转述的证据是原始证据；凡是间接来源于案件事实，经过复制、转述的证据，是传来证据，或称派生证据。刑事诉讼中常见的原始证据有：亲眼目睹犯罪活动的证人证言，被害人陈述，供述和辩解，物证的原物，书证的原件，勘验笔录等。刑事诉讼中常见的传来证据有：物证的复制品，文件的副本、影印件，抄件，非亲自感受案件事实的证人所作的证言等。

直接来源于案件事实的原始证据比传来证据可靠。同是传来证据，距原始证据越近的通常越可靠。因为证据材料转手和复制的次数越多，离证明对象越远，其所含信息发生减损或者扭曲的可能性越大。反之，原始证据没有经过转手和复制，发生误差的可能性就越小，真实性就越大。这是传递过程中的一般规律。例如，证人耳闻目睹案件事实而直接向司法工作人员陈述的证言，同经几个人转述的证言相比，其真实性较大；物证的原件同复制品相比，原件真实性较大，复制品真实性较小。因此，在查明案件事实的过程中，司法工作人员应当追根求源，尽可能直接收集原始证据。

对于转述多次的证人证言和书证、物证的复制品，应当查明其来源出处，收集原始证人的证言、文件的原件和原始物证。在司法实践中，凡是能将原始证据附卷的，都应附卷，作为定案的根据，以便再次审查；法庭调查中，应坚持原始证人、亲自感受案情的被害人等亲自出席法庭，亲自陈述，接受质证。

## 三、有罪证据与无罪证据

根据证据的证明作用是肯定还是否定被追诉人实施了犯罪行为，可以将证据分为有罪证据和无罪证据。

凡是能够证明犯罪事实存在和犯罪行为系被追诉人所为的证据，是有罪证据。在立案和侦查或者调查阶段，犯罪人尚不明确的情况下，可以说，证明发生了犯罪事件的证据也是有罪证据。凡是能够否定犯罪事实存在，或者能够证明被追诉人未实施犯罪行为的证据，是无罪证据。

《刑事诉讼法》第 50 条明确规定："审判人员、检察人员、侦查人员必须依照法定程序，收集能够证实犯罪嫌疑人、被告人有罪或者无罪、犯罪情节轻重的各种证据。"第 135 条规定："任何单位和个人，有义务按照人民检察院和公安机关的要求，交出可以证明犯罪嫌疑人有罪或者无罪的物证、书证、视听资料等证据。"划分有罪证据与无罪证据，有利于司法工作人员注意全面收集被追诉人有罪、罪重的证据和无罪或者从轻、减轻、免除处罚的证据，避免片面性；有利于在认定有罪时排除无罪的可能性，做到有罪证据确实、充分，防止造成冤假错案。

### 四、直接证据与间接证据

根据证据与案件主要事实的证明关系的不同，可以将证据划分为直接证据与间接证据。所谓刑事案件的主要事实，是指犯罪行为是否系被追诉人所实施；所谓证明关系的不同，是指某一证据是否可以单独地直接指明案件的主要事实。

直接证据是能够单独地直接指明案件主要事实的证据。就是说，依据某一项证据的内容，无须经过推理过程，即可以直观地说明犯罪行为是不是被追诉人所实施。例如，犯罪嫌疑人供认他实施了某项犯罪行为，某目睹证人关于何人实施了何种行为的证言，与被告人有较长时间面对面直接接触的被害人（如杀人未遂、抢劫、伤害、强奸、诈骗）指控其实施了某项犯罪行为的陈述，被追诉人的书信、日记中关于犯罪行为的记载，都属于直接证据。

间接证据是不能单独地直接指明刑事案件主要事实，需要与其他证据相结合才能证明案件主要事实的证据。例如，盗窃案件现场遗留的各种材料，只能说明发生了盗窃案件，不能说明何人实施了盗窃行为；案件现场有某人的指纹，只能说明该人到过案发现场，而不能说明该人就是作案人。这些证据都属于间接证据。

## 第四节　证明

刑事诉讼中的证明的含义是，控辩双方对于自己提出的主张，提出证据加以支持，以说服事实审理者的活动。在理解证明的含义的时候需要注意两个问题：第一，虽然证明是控辩双方说服事实审理者的活动，但是在公诉案件中，存在着收集、审查控方证据的阶段，即侦查或者调查、审查起诉阶段。审判前的侦查或者调查、审查起诉活动，实际上就是控方在为庭审准备控方将要使用的证据。第二，证明的主体包括控辩双方。所谓的控方，在公诉案件中就是提起公诉的人民检察院，在自诉案件中就是自诉人；所谓辩方，就是刑事被告人。同时，作为控方——自诉人委托的诉讼代理人，以及作为辩方——被告人委托的辩护人，在法院审判阶段也进行证明活动，例如提出本方证人、本方证据、对证人进行提问、申请新的证据等。

刑事诉讼最终的目的是由审理者来确定控方关于被告人有罪的指控是否成立。这一确定包括两个方面：一是在事实上，被告人是否实施了控方指控的行为，二是在法律上，被告人的行为是否构成了刑事犯罪。法院认定的事实是其适用法律的基础，而要想对事实作出认定，除了法律规定的免证事实以外，必须依靠证据。因此，在刑事诉讼过程中，负有举证责任的一方能否完成举证责任，能否说服事实的审理者，将决定其是否胜诉。从这个意义上说，刑事诉讼中的证明对于控辩双方而言，是其中心任务，甚至说是最为重要的任务。

刑事诉讼证明，从过程上说，包括：(1) 开庭审理前进行的发现、收集、固定证据的活动。这个工作在公诉案件中由侦查或者调查机关进行，在自诉案件中由自诉人及其诉讼代理人进行。(2) 控辩双方在法庭上提出其收集到的证据。在这个过程中，其提出的证据的可采性可能受到对方的攻击，是否能够提出由法庭决定。(3) 运用证据说服事实审理者。在我国，事实审理者和法律审理者重合，都是由独任庭或者合议庭进行。控辩双方提出各项单个证据之后，还需要综合运用这些证据来证明其主张以说服事实审理者。

## 一、证明对象

证明对象，是指诉讼中需要运用证据加以证明的事实。明确证明对象，才能在诉讼证明中目标明确，以便准确、及时地查明对诉讼有意义的事实。刑事诉讼的中心问题，是严格依照法定程序，公正地解决被追诉人的刑事责任问题，确定刑事诉讼中的证明对象及其范围，必须以此为出发点。就是说，证明对象必须是与被追诉人定罪量刑及保证程序公正有关，从而具有诉讼意义的事实。不仅如此，成为证明对象的还必须是有必要用证据证明的事实。有些事项虽与定罪量刑和诉讼公正有关，但没有必要用证据加以证明，而是属于众所周知的事实或者已为法律确认，就不属于证明对象的范围。

关于刑事诉讼中的证明对象，《高法解释》第 64 条规定，需要运用证据证明的案件事实包括：(1) 被告人、被害人的身份；(2) 被指控的犯罪是否存在；(3) 被指控的犯罪是否为被告人所实施；(4) 被告人有无刑事责任能力、有无罪过，实施犯罪的动机、目的；(5) 实施犯罪的时间、地点、手段、后果以及案件起因等；(6) 被告人在共同犯罪中的地位、作用；(7) 被告人有无从重、从轻、减轻、免除处罚情节；(8) 有无附带民事诉讼、涉案财物处理的事实；(9) 有无管辖、回避、延期审理等的程序事实；(10) 与定罪量刑有关的其他事实。

《高检规则》第 436 条规定了法庭审判中控方需要证明的范围：公诉人讯问被告人，询问证人、被害人、鉴定人，出示物证，宣读书证、未出庭证人的证言笔录等应当围绕下列事实进行：(1) 被告人的身份；(2) 指控的犯罪事实是否存在，是否为被告人所实施；(3) 实施犯罪行为的时间、地点、方法、手段、结果，被告人犯罪后的表现等；(4) 犯罪集团或者其他共同犯罪案件中参与犯罪人员的各自地位和应负的责任；(5) 被告人有无责任能力，有无故意或者过失，行为的动机、目的；(6) 有无依法不应当追究刑事责任的情况，有无法定的从重或者从轻、减轻以及免除处罚的情节；(7) 犯罪对象、作案工具的主要特征，与犯罪有关的财物的来源、数量以及去向；(8) 被告人全部或者部分否认起诉书指控的犯罪事实的，否认的根据和理由能否成立；(9) 与定罪量刑有关的其他事实。另外，《高检规则》第 448 条规定："在法庭审理中，对证据合法性以外的其他程序事实存在争议的，公诉人应当出示、宣读有关诉讼文书、侦查或者审查起诉活动笔录。"第 446 条则详细规定了公诉人对证据合法性的证明责任和方法。

根据《高法解释》和《高检规则》的规定以及相关理论，刑事诉讼证明对象包括实体法事实和程序法事实两方面的内容。

### (一) 实体法事实

实体法事实具体包括有关犯罪构成要件的事实，作为从重或者从轻、减轻、免除刑事处罚理由的事实，以及被追诉人的个人情况和犯罪后的表现。

1. 有关犯罪构成要件的事实。关于犯罪构成必备要件的事实，由刑法予以规定，包括犯罪客体、犯罪主体、犯罪的客观方面和犯罪的主观方面。这是刑事诉讼中最基本的、主要的证明对象。具体是指：（1）犯罪事实是否发生；（2）犯罪是否为被追诉人所为；（3）犯罪行为的实施过程，包括犯罪的时间、地点、手段、方法等；（4）犯罪造成的危害后果，包括危害后果与犯罪行为之间有无因果关系；（5）被追诉人是否达到刑事责任年龄、有无刑事责任能力；（6）被追诉人犯罪的主观罪过，包括故意和过失，以及犯罪的动机和目的；（7）应否追究刑事责任。

在英美法系国家的证据法理论中，有的将证明对象概括为“七何”，即何人（who）；何时（when）；何地（where）；为何（why）；如何实施犯罪（how）；侵害何种对象（which）；造成何种后果（what）。在刑事诉讼中，准确查明关于“七何”方面的案件事实，对于正确认定罪与非罪，此罪与彼罪，重罪与轻罪，有着十分重要的意义。

2. 有关排除行为违法性、可罚性和刑事责任的事实。查明这些事实，也是保障无罪的人不受惩罚和某些犯罪不需追究刑事责任的重要前提。包括：（1）排除刑事责任的事实，如该事实并非被告人所为或情节显著轻微，危害不大，不认为是犯罪；行为人未达到刑事责任年龄而无刑事责任能力，或行为人因精神病正处在不能辨别、控制自己的行为而依法不负刑事责任的时期。（2）排除行为违法性的事实，如正当防卫和紧急避险行为，虽然造成一定危害后果，但其目的是保护国家、集体和公民个人的合法权益，从根本上排除了违法性。（3）排除行为可罚性的事实，这是《刑事诉讼法》第15条规定的几种情况，如犯罪已过追诉时效期限的，经特赦令免除刑罚的，被告人死亡的等事实。

3. 作为从重、从轻、减轻、免除刑事处罚理由的事实。除犯罪构成必备要件方面的事实外，刑事诉讼中还要查明对正确量刑、罚当其罪具有意义的事实，即查明有无从重、从轻、减轻、免除处罚的情节。具体包括：法定从重处罚的事实，如主犯；教唆不满18周岁的人犯罪的事实；国家工作人员利用职务上的便利实施走私罪等。作为应当或者可以从轻、减轻或者免除处罚理由的事实，刑法也有明确规定，如不满18周岁的人犯罪的，犯罪未遂的，犯罪中止的，从犯、胁从犯，犯罪后自首的，正当防卫、紧急避险超过必要限度的，等等。

4. 被追诉人的个人情况和犯罪后的表现。个人情况，包括姓名、性别、年龄、籍贯、家庭出身、本人成分、文化程度、民族、职业、住址、工作经历、是否受过刑事处罚和其他处分、政治面貌、一贯表现等。在这些个人情况中，有些属于犯罪构成要件中与犯罪主体有关的事实，像年龄、职业等，例如不满14岁的不负刑事责任、不是国家机关工作人员不构成渎职罪等。在刑事诉讼中查明被追诉人个人情况及其犯罪后的表现，同样有重要意义。主要体现在：（1）可以准确确定真正的犯罪人，防止出现张冠李戴的情况，避免错案；（2）被追诉人的个人情况中，除属于犯罪构成必备要件方面的事实外，还有一些事实与正确量刑有关系，如犯罪时不满18周岁的人，不适用死刑，怀孕的女性罪犯，不适用死刑等；（3）查明被追诉人犯罪后的表现和态度，如是否有自首、坦白或检举立功等悔改表现，或者是否有逃跑、串供、毁灭证据等情况，可借以判断其主观恶性程度、社会危害性的大小和教育改造的难易，在量刑时予以综合考虑。

### （二）程序法事实

除了上述实体法方面的事实外，刑事诉讼中需要查明的还有程序方面的事实，即对解决诉讼程序问题具有法律意义的事实。主要包括：证据收集是否属于《刑事诉讼法》第54条规定的应当排除的情形的事实（如是否存在刑讯逼供），关于回避的事实，影响采取某种强制措施的事实，违反法定程序的事实，关于耽误诉讼期限是否有不能抗拒的原因和其他正当理由的事实，等等。此外，在上述关于被追诉人的个人情况中，有些对诉讼程序的正常进行具有意义。例如，被追诉人是少数民族公民时，他有权使用本民族语言文字进行诉讼，必要时应当为他提供翻译；被追诉人是未成年人，讯问时依法应当通知其法定代理人到场，应当不公开审理，需要为其指派辩护人。查明被追诉人的工作单位和现在住址，对于采取强制措施和确定审判管辖也有重要作用。

关于程序法事实是否属于刑事诉讼中的证明对象，法学界有不同认识。笔者认为，程序法事实同样属于证明对象的范围，因为：第一，在刑事诉讼过程中，客观上存在着一些对解决诉讼程序问题有意义的事实需要证明，否则，就不能采取或继续有关的诉讼行为，诉讼就无法正常地进行；第二，刑事诉讼法的基本任务之一是从程序上保证实体法的准确实施，使案件定罪正确、量刑适当，如果应当证明的程序法事实不予证明，就难以保证定罪量刑的正确，实体法事实的证明任务就难以完成；第三，实现程序公正是刑事诉讼所追求的目标之一，刑事诉讼法有其内在的价值，刑事程序本身也存在是否正当与公平的问题。如果有些程序法事实不予证明，便直接影响程序的公正，从而影响诉讼的社会效果，妨碍刑事诉讼目的的实现。

#### （三）免证事实

免证在西方叫做“不需要证据的证明”（proof without evidence）。不需要证据而认定事实的情形主要包括三种情况：第一，为了诉讼的目的而进行的正式承认（formal admission）；第二，法院对显著的或者立可说明的事实的司法认知（judicial notice）；第三，对主张一方有利的事实的推定（presumption）。①

我国《刑事诉讼法》没有免证的规定，而是由《高检规则》第437条作出了规定：“在法庭审理中，下列事实不必提出证据进行证明：（一）为一般人共同知晓的常识性事实；（二）人民法院生效裁判所确认的并且未依审判监督程序重新审理的事实；（三）法律、法规的内容以及适用等属于审判人员履行职务所应当知晓的事实；（四）在法庭审理中不存在异议的程序事实；（五）法律规定的推定事实；（六）自然规律或者定律。”

### 二、举证责任

举证责任（burden of proof，又称为证明责任），是指当事人在法庭上提出证据证明其所主张事实的责任。《刑事诉讼法》第49条规定：“公诉案件中被告人有罪的举证责任由人民检察院承担，自诉案件中被告人有罪的举证责任由自诉人承担。”在我国，由于人民检察院不是当事人，因而应当理解为举证责任是控辩双方的责任。证明责任在证据制度中居于十分重要的地位。它主要解决对于诉讼进行和案件处理具有重要意义的两个问题：一是承担证明义务的主体和条件；二是承担证明或者举证义务的主体未能有效履行义务时所承担的法律后果。

#### （一）控方举证责任承担的准备

根据监察法、刑事诉讼法的规定，公诉案件在法庭审理之前，需要由监察委员会进行调查或者公安机关进行侦查和人民检察院审查起诉。这样规定的目的在于，人民检察院在法庭上履行举证责任之前，控方需要对其准备在法庭上提出的证据进行准备。因此，调查机关的调查活动、侦查机关的侦查活动可以理解为是对后面的起诉活动准备控方证据，而人民检察院的审查起诉活动则是审查是否存在足够的证据支持控方的指控。法庭审理之前的侦查或者调查、起诉活动，是人民检察院在公诉案件中履行证明责任的必要准备。

---

① Peter Murphy. *A Practical Approach to Evidence*. 4th Edition. Blackstone Press Limited，at 554.

对于自诉案件来说，案件从一开始就进入法院审判阶段，因此，作为自诉案件的控方，自诉人对法庭上提出的证据进行准备的时间就是自案件事实发生之时，至人民法院开庭审理之时。如果自诉人无法提出足够的证据，人民法院将说服其撤回自诉或者裁定驳回自诉。

（二）法庭上举证责任的承担

1. 公诉案件举证责任的承担

在公诉案件的法庭审判阶段，公诉人负有举证责任，应当向合议庭提出证据，证明起诉书中对被告人所指控的犯罪事实。根据《刑事诉讼法》第 189 条、第 190 条规定，公诉人在法庭上举证的方式表现为，对证人、鉴定人发问，向法庭出示物证、未到庭证人的证言笔录、鉴定人的鉴定结论以及勘验笔录和其他作为证据的文书。如果公诉人不举证，或者达不到法律规定的证据确实、充分的要求，法庭就可能对被告人作出无罪判决。

在公诉案件中，被追诉人一般不承担举证责任。不能因为被追诉人不能证明自己无罪便据此得出犯罪嫌疑人、被告人有罪的结论。但是，依照法律，对于侦查或者调查人员的提问，被调查人、犯罪嫌疑人应当如实回答。据此，在我国，被追诉人不享有沉默权。如实回答的含义是：有罪的人应当如实交代罪行，提供自己能够提供的证据；无罪的人则应当如实陈述无罪的事实，并提供自己能够提供的证据或线索。

作为被追诉人不负举证责任的例外，是“巨额财产来源不明”的案件。我国《刑法》第 395 条规定，国家工作人员的财产或者支出明显超过合法收入，差额巨大的，可以责令说明来源。本人不能说明其来源是合法的，差额部分以非法所得论。根据上述规定，对于此类案件，首先承担证明责任的仍是司法机关，当司法机关收集到足够证据，证明某国家工作人员的财产或者支出明显超出其合法收入且差额巨大时，举证责任即转移到被追诉人身上，他必须说明差额部分的来源是合法的，如果不能说明，差额部分以非法所得论。法律的这一规定，是为了加大打击国家工作人员贪污贿赂犯罪的力度，促进廉政建设。

2. 自诉案件举证责任的承担

自诉案件中举证责任的承担和公诉案件有所不同。根据《刑事诉讼法》第 49 条、第 204 条和第 205 条的规定，在自诉案件中，自诉人负有举证责任。自诉人向人民法院提出控诉时，必须提供证据。人民法院认为缺乏罪证，而自诉人又提不出补充证据时，人民法院应当说服自诉人撤回自诉，或者裁定驳回起诉。

自诉案件中的被告人同样不负举证责任。如果被告人在诉讼过程中提起反诉，他在反诉中便成为自诉人，对反诉就负举证责任，必须提供证据来证明反诉的主张和事实。

（三）有关程序法事实的举证责任

对于某些程序法事实，提出主张的诉讼当事人负有举证责任。如被告人申请审判人员回避，必须说明理由并提供相应的证据；又如，依照法律，当事人由于不能抗拒的原因或者其他正当理由而耽误期限的，在障碍消除后 5 日以内，可以申请继续进行应当在期满以前完成的诉讼活动。如果有关当事人提出此项申请，则必须提供有关耽误期限是由于不能抗拒的原因或者其他正当理由的证据。再比如，申请排除以非法方法收集的证据的，应当提供相关线索或者材料。

## 三、证明标准

（一）我国的刑事证明标准

我国刑事诉讼法明确规定了认定犯罪的证明标准，这就是《监察法》第 45 条、《刑事诉讼法》第160条、第168条、第172条、第195条中多次规定的“犯罪事实清楚，证据确实、充分”。也就是说，调查机关调查终结或者侦查机关侦查终结移送人民检察院审查起诉，人民检察院对犯罪嫌疑人提起公诉，人民法院对于被告人作出有罪判决，都必须做到犯罪事实清楚，证据确实、充分。所谓犯罪事实清楚，是指司法人员主观上对案件客观事实的认识达到了“清楚”的程度。即作为定罪量刑根据的有关的事实和情节，都已经查清，至于那些不影响对被告人定罪量刑的细枝末节，则没有必要、也不可能都查清。所谓证据确实、充分，《刑事诉讼法》第53条第2款作出了明确的解释，是指符合以下条件：（1）定罪量刑的事实都有证据证明；（2）据以定案的证据均经法定程序查证属实；（3）综合全案证据，对所认定的事实已排除合理怀疑。

犯罪事实清楚，证据确实、充分，是刑事案件定案时认定有罪的证明的标准，不是在诉讼一开始就能达到的，也不是认定有关程序法事实的证明的标准。在刑事诉讼的各个阶段，由于诉讼行为的不同，以及实体法事实和程序法事实的差异，对证明标准的具体要求也有所不同。例如，在刑事案件立案时，只要求确定有犯罪事实并且需要追究刑事责任。逮捕犯罪嫌疑人时，要求有证据证明有犯罪事实。自诉案件被害人直接向法院起诉时，要求犯罪事实清楚，有足够证据，否则不予受理。当侦查或者调查终结后，无论是人民检察院提起公诉，还是人民法院作出有罪判决，都必须符合犯罪事实清楚，证据确实、充分的证明标准。至于程序法事实的证明标准，《刑事诉讼法》没有规定，从理论上说，应当低于定罪标准。这说明，不仅对实体法事实和程序法事实的证明要求不同，而且随着诉讼活动的进行，办案人员对案件事实的认识不断深化，法律对证明标准的要求也相应提高，直至达到定罪时的最高标准。

（二）证据不足案件的处理

证据不足的案件，又被称为“疑罪”，是指在司法实践中，有时由于各种主、客观原因，有些案件不能查得水落石出，达不到证明标准，因而形成处断难定的疑难案件。《刑事诉讼法》对证据不足的案件如何处理作出了明确规定：在审查起诉阶段，经过补充侦查，人民检察院仍然认为证据不足、不符合起诉条件的，应当作出不起诉的决定（《刑事诉讼法》第171条第4款）。在审判阶段，经法庭审理对证据不足、不能认定被告人有罪的，应当作出证据不足、指控的犯罪不能成立的无罪判决（《刑事诉讼法》第195条第3项）。

需要注意的是，定罪证据确实、充分，量刑证据存疑的，应当作出有利于被告人的认定（《法庭调查规程》第52条）。也就是说，量刑证据存疑的，是“从轻”而不是“从无”。

## 观点探讨

### 一、反询问中应当允许提出诱导性问题

《高法解释》第213条规定，不得以诱导方式提问。诱导性问题就是强烈地暗示证人按提问者的答案作出回答的问题。例如，在一起故意伤害案中，辩护律师向其委托人提出典型的引导性问题：“你根本没有碰那个男子，这不是事实吗?”被告人可能答道：“是的，这是事实。我根本没有碰他。”这样，陪审团听到的是发问律师对事情的解释，这种形式的引导性问题，如果是在主询问中提出，就可以对此提出反对。因为主询问时询问律师询问的是自己的证人，因而无疑很容易接受暗示，他可能接受引导性问题中所包含的虚假暗示。以下的提问也属于诱导性提问：“你是否听到那个人说，‘我刚刚杀死了我自己的儿子’?”而典型的完全没有引导性问话方式的例子则是：问：“然后发生了什么事，如果有的话?”答：“那个男人惊叫道：‘我刚刚杀死

了我自己的儿子！'”①

主询问和反询问（direct and cross examination）②，是英美法中在庭审时对证人、被害人等进行询问的方法。证人首先由提出证据的一方进行“主询问”（direct examination），然后由对方进行“反询问”（cross-examination），在反询问中可以提诱导性（leading）问题，目的在于暴露证人的偏见或有偏袒，向陪审团揭示某个证人不可信。③ 反询问的一个重要目的就是削弱被盘问证人在陪审员心目中的可靠程度或诚实程度。④对于控辩双方而言，在主询问中，主要是以问答方式引出本方证人的证言，其目的是使证人的陈述更加可信，更加能够引起事实审理者的兴趣，使证言更容易被理解；而在反询问中，则重点在于发挥对方证人证言中对己方有利的内容，攻击证言的可信性，攻击证人本身的可信性，强迫证人承认证言中的矛盾，同时注意对对方的主询问提出反对。在反询问中，应当注意诱导性问题的巧妙运用，仔细准备反询问的问题，注意证人前后不一致的陈述。在对方对自己的证人进行反询问时，注意保护自己的证人，及时反对对方的发问。⑤

笔者认为，在主询问中不得使用诱导性问题，即提出证人的一方在询问本方证人时，无论是在主询问还是再次主询问中，不得提出诱导性问题；但反询问中应当允许诱导性问题。理由是：第一，在反对诱导性问题的发源地美国，以及吸收该规则的日本，都是允许在反询问中提出诱导性问题的；第二，在反询问中只有允许提出诱导性问题，才能够揭露证言中的矛盾，从而有利于事实的查明。现行司法解释中一律禁止诱导性问题是不恰当的。

## 二、科学证据、真品性验证和最佳证据规则

证据规则中有一些内容是保障真实查明的，例如第五章论述的传闻证据规则，排除的部分原因是转述有不准确的危险。其他的证据法上的保障真实查明的方法还有一些，这里简单介绍一下科学证据、真品性验证和最佳证据规则。

### （一）科学证据

大约一百年前，人们开始使用科学原理来帮助真实查明，例如指纹、枪弹痕迹、笔迹、血型等，大大提高了认定事实的准确性。但是，科学原理在帮助法庭查明真实的同时，也带来一个危险：就是伪科学可能打着科学的大旗进入法庭，而且由于它披着科学的外衣，可能对事实审理者造成比一般证据更大的迷惑性。基于这个担心，法官应当充任科学证据进入法庭的守门者职责，防止伪科学成为认定事实的方法。例如，一名星相学家作证说夜观天象，凶手应该住在城的西北角，法官不能允许这样的鉴定意见进入法庭。

为了实现上述目的，《美国联邦证据规则》第702条【专家证言】要求专家证人的证言必须是“可靠的原理和方法的结果”。对于证言所依赖的原理是否可靠，要由法官根据多伯特标准（Daubert v. Merrell Dow Pharmaceuticals，Inc⑥）来判断，具体包括可验证性、同行评议和公开

① 乔恩·R. 华尔兹．刑事证据大全．北京：中国人民公安大学出版社，1993：37－39.

② 这个概念包括两个方面的内容：一是由提出证人的一方的主询问（direct examination）；二是对方当事人的反询问（cross-examination），两者结合起来才是完整的对证人在法庭上询问的活动。

③ 程味秋主编．外国刑事诉讼法概论．北京：中国政法大学出版社，1994：73.

④ 乔恩·R. 华尔兹．刑事证据大全．北京：中国人民公安大学出版社，1993：129.

⑤ Kenney F. Hegland. *Trail and Practice Skills*. West Publishing Co.，1994.

⑥ Daubert v. Merrell Dow Pharmaceuticals，Inc，509 U. S. 579.

发表、准绳标准和广泛接受。①

我国没有规定鉴定意见进入法庭时对其所依据的科学原理进行审查，而是采用了两个替代性的办法：一是由司法行政部门对鉴定人进行登记，只有登记的鉴定人才有鉴定资格（《司法鉴定决定》第3条）；二是法律预先规定鉴定的种类，包括法医类鉴定、物证类鉴定和声像资料鉴定（《司法鉴定决定》第17条）。

但是，对于某一种类的鉴定所依据的科学原理是否可靠，仅仅依靠上述两个方法是不够的，特别是考虑到近年来指纹证据、枪弹证据、笔迹证据遭受的挑战②，对于鉴定意见所依赖的科学原理是否可靠应当在法庭上进行审查。

《刑事诉讼法》第192条第2款规定："公诉人、当事人和辩护人、诉讼代理人可以申请法庭通知有专门知识的人出庭，就鉴定人作出的鉴定意见提出意见。"这里"有专门知识的人"，是鉴定人以外的、对该科学领域有研究的专家，他出庭的目的就是对鉴定人所依据的科学原理是否可靠进行评论。例如，控方证据中有一份笔迹鉴定，辩方聘请了一名对笔迹鉴定有研究的专家作为"有专门知识的人"，出庭说明笔迹鉴定无论从原理还是从实证研究上看，都不可靠。那么，控方可以申请法庭通知一名资深的笔迹鉴定人员，争论说笔迹鉴定是经验而非科学，经过训练的笔迹鉴定人员比普通人在鉴别笔迹方面，准确性高得多。通过控辩双方各自申请的"有专门知识的人"的证言，法院可以对笔迹鉴定的证明力有更准确的评价。

（二）真品性验证

真品性验证（Authentication），是指证据提出者必须证明他所提出的证据就是他所声称的那个东西。《美国联邦证据规则》第9章详细规定了这个制度。

例如，控方在法庭上提出一个钱包，并且声称这个钱包就是本案被告人从被害人身上抢走的那个钱包。对于这一点，需要搜查获得钱包的警察、保管钱包的警察、把钱包带到法庭上的警察出庭作证，来证明这个钱包就是那个钱包，不可能混淆、被替代。这个过程就是真品性验证的过程。

我国《刑事诉讼法》第190条规定，控辩双方应当向法庭出示物证，让当事人辨认。但是没有规定当事人否认该物证时，控方如何证明。笔者认为，在我国的法庭审判中，如果当事人否认该物证，控方也应当通过负责搜查的警察、负责保管的警察等出庭作证，来证明该物证就是证明该案事实的那个物证。

（三）最佳证据规则

最佳证据规则（the best evidence rule），是指书证用来证明其内容的真实性时，必须是原件，除非法律有例外规定。这是英美法的一项古老的证据规则，《美国联邦证据规则》第10章详细规定了这个制度。

《刑事诉讼法》没有要求书证必须是原件，但是《高法解释》第71条规定，据以定案的书证应当是原件。只有在取得原件确有困难时，才可以是副本或者复制件。书证的副本、复制件，经与原件核实无误、经鉴定证明真实或者以其他方式确认为真实的，可以作为定案的根据。因

① 郑旭．多伯特案与科学专家证言的入门标准．中国审判，2007（9）．

② Paul C. Giannelli & Carin Cozza. Forensic Science：Daubert Challenges to Handwriting Comparisons. 42 No. 3 *Crim. Law Bulletin ART* 9（2010）；Paul C. Giannelli. Daubert Challenges to Fingerprints. 42 No. 5 *Crim. Law Bulletin ART* 6（2010）；Paul C. Giannelli. Daubert Challenges to Firearms（'Ballistics'）Identifications. 43 No. 4 *Crim. Law Bulletin ART* 4（2010）．

此，我国已经规定了书证一般应当提供原件的规则。

### 三、排除合理怀疑的具体含义

长期以来，受我国传统文化中对绝对真实的热爱、大陆法系追求绝对真实的传统以及对马克思主义认识论的误读，我国一直把绝对真实（absolute truth，有的学者称之为“客观真实”）作为刑事诉讼中事实问题的标准。① 笔者认为，刑事诉讼中的事实查明属于人类知识中事实问题的事项，因而属于盖然推理的范围。所以，刑事诉讼中事实查明应当是以盖然确定性作为证明标准。② 2012 年《刑事诉讼法》第 53 条把“证据确实、充分”解释为“排除合理怀疑”，使我国刑事诉讼证明标准与西方国家的证明标准相一致。

盖然确定性与“排除合理怀疑”具有相同的含义，后者的流行主要是因为词汇的历史变迁导致“盖然”一词在现代生活中很少使用。从以上的论述可以看出，在我国采纳“排除合理怀疑”的证明标准，从而用实用真实来代替传统的绝对真实，是具有合理性和现实性的。排除合理怀疑并不是要求排除其他一切可能③，因为排除其他一切可能就成了完全的确定性，与事实问题属于盖然推理这个原理不符。

对排除合理怀疑的理解，应当是本案证据不存在合理的怀疑时，才能对被告人进行定罪；如果存在合理的怀疑，则不能作出有罪判决。那么，问题的关键就在于对“合理怀疑”一词的解释。笔者认为，所谓合理的怀疑，必须具备以下几个条件：

第一，是否存在合理的怀疑，必须是在听取了控方的全部证据之后。事实审理者只能根据审理中接受的证据，而不能根据任何其他来源来对案件事实进行确定。在全面、公正并且无偏倚地考虑了全部证据之后，如果认为仍然无法作出有罪判决，这时才允许事实审理者对有罪存在合理怀疑。

第二，合理的怀疑不能是基于对被告人的怜悯或者偏见。事实审理者只能考虑案件的事实，而不能受感情、猜想、同情、热爱、偏见、公众的意见或者公众的情感的支配。

第三，合理的怀疑不能只是可能的怀疑。最低限度地说，合理的怀疑是一个有理由的怀疑，即必须存在怀疑的理由。一个想象的怀疑不是合理的怀疑。任何事情都是可能的，如地球外的文明的存在，但是这不是诉讼中要解决的争议事实。一个合理的怀疑是合理地从下列因素中产生的一个实际的、实质性的怀疑，这些因素包括证据，证据证明的事实或者情节，或者控方缺乏证据；但是不能是从下列因素中产生的怀疑，这些因素包括仅仅的可能性，纯粹想象，或者奇怪的猜想。

第四，合理怀疑是指一个将会导致理智正常的人犹豫不决的怀疑。借用美国 Victor 判例中的话，“‘合理的怀疑’是这样的一种怀疑，即一个理智正常并且审慎的人，在比较重大和比较重要的日常活动中，在相信表现出来的事实是真实的并且依赖这些事实行事时，令他暂停并且犹豫的怀疑”④。

---

① 这个观点近年来有些松动，例如陈光中在 2009 年的文章中就主张客观真实与法律真实相结合。参见陈光中．诉讼真实与证明标准改革．政法论坛，2009（2）．

② 郑旭．盖然确定性研究．诉讼法学研究．第 16 卷，2010.

③ 有学者主张我国应当采用排他性证明标准，即“从证据的调查和运用上要排除一切矛盾，从运用证据对案件事实所得出的结论上，本结论必须是排除其他一切可能，而是本案的唯一的结论。”樊崇义．客观真实管见——兼论刑事诉讼证明标准．中国法学，2000（1）．

④ Victor v. Nebraska，511 U. S. 1 (1994)，at 18.

案例导引答案

# 第十六章
# 立　案

## 案例导引

### 一、重婚案能否提起公诉

甲是一名 40 岁的妇女，她到某县公安局控告其丈夫乙犯重婚罪。公安机关告知甲，重婚罪属于《刑事诉讼法》第 204 条第 2 项规定的“被害人有证据证明的轻微刑事案件”，可以直接向人民法院提起自诉。但甲表示自己不懂法律，也不知道如何提起自诉，坚持向公安机关控告。问：公安机关应当如何处理？

### 二、公安机关不立案被害人有何措施

甲与乙系同一村的村民，因稻田灌溉产生纠纷，甲将乙打成重伤。乙到公安机关控告，但公安机关作出了不立案的决定。问：乙应当通过何种途径继续要求追究甲的刑事责任？

## 基本理论

## 第一节　立案的概念和意义

### 一、立案的概念

在我国，刑事诉讼中的立案是指专门机关对于报案、控告、举报、自首以及自诉人起诉等材料，按照各自的职能管辖范围进行审查后，认为有犯罪事实发生并需要追究刑事责任时，决定将其作为刑事案件进行侦查或者调查、审判的一种诉讼活动。根据刑事诉讼法的规定，立案具有以下特点：

1. 立案是法律赋予监察委员会、公安机关、人民检察院、人民法院特有的权力和职责，其他任何机关和个人都无立案权。《监察法》第 39 条规定，对监察对象涉嫌职务违法犯罪，需要追究法律责任的，监察机关应当立案。《刑事诉讼法》第 107 条规定：“公安机关或者人民检察院发现犯罪事实或者犯罪嫌疑人，应当按照管辖范围，立案侦查。”第 112 条规定：“对于自诉案件，被害人有权向人民法院直接起诉。被害人死亡或者丧失行为能力的，被害人的法定代理人、近亲属有权向人民法院起诉。人民法院应当依法受理。”这些规定表明，在我国，只有专门

机关才有权决定将某一事件作为刑事案件纳入诉讼轨道，进而开展侦查或者调查、审判活动。刑事案件的立案权统一由专门机关行使，既是宪法和法律赋予专门机关职权的应有之义，也有利于维护法制的统一。

2. 立案是我国刑事诉讼一个独立、必经的诉讼阶段，是刑事诉讼活动开始的标志。其独立性表现在：它与侦查或者调查、提起公诉、审判等诉讼阶段相并列，具有特定的诉讼任务与实现任务的特定程序和方式，诉讼主体之间形成了特定的刑事诉讼法律关系。所谓必经，是指专门机关办理任何刑事案件都必须经过立案阶段。刑事诉讼分为立案、侦查或者调查、提起公诉、审判、执行等相对独立的阶段，某些案件可能不经过其中的一个或几个阶段，但必须经过立案阶段，如刑事自诉案件不经侦查或者调查、提起公诉，但必须是人民法院依法审查立案后才能进入审判程序。正是由于立案是刑事诉讼必需的开始程序，因而实践中一些专门机关片面追求破案率而实行先破后立、不破不立的做法严重违反刑事诉讼法规定立案程序的宗旨，应予纠正。

## 二、立案的任务

立案的任务在于决定是否开始追究刑事犯罪，也即通过对主动获取的线索或接受的有关材料进行审查，确定有无犯罪事实，依法是否需要追究刑事责任，从而作出立案与否的决定。

明确立案的任务，有利于专门机关更好地履行立案阶段的职责。在立案阶段，专门机关的主要职责是对有关材料依据事实和法律进行审查，一般不采取侦查或者调查行为，只有在查明有犯罪事实并依法需要追究刑事责任而作出立案决定之后才能采取侦查或者调查手段和强制措施，以防止专门机关滥用权力，侵害公民、单位的合法权益。但这不排除在紧急情况下可以采取某些必要的侦查或者调查手段和强制措施。

## 三、立案的意义

刑事诉讼法在总结我国长期司法实践经验的基础上，将立案确立为刑事诉讼的开始和必经程序，对于实现刑事诉讼的任务、保障刑事诉讼活动的正确进行具有重要意义。

1. 立案是保护公民合法权益不受非法侵犯，保障无罪的人不受刑事追究的重要的程序保障措施。立案是刑事诉讼开始的必经程序，专门机关只有在审查了有关材料，依法作出立案决定后，其进行的侦查或者调查、提起公诉或审判等诉讼行为才有合法依据，否则便是程序违法。

2. 立案有助于督促专门机关及时、准确地揭露、证实、打击犯罪。立案是刑事诉讼开始的必经程序，专门机关必须切实遵照执行。专门机关一旦发现已经实施、预备实施或正在实施并需要追究刑事责任的犯罪行为，必须准确、及时地立案，迅速组织力量进行必要的侦查或者调查行为，采取必要的强制措施，开展侦查或者调查活动，以及时发现和收集证据，从而充分揭露、证实、惩罚犯罪分子。

3. 立案有利于准确评价社会治安形势，为国家制定刑事政策提供依据。通过正确开展立案活动，做好司法统计，国家能够及时、准确地了解、掌握各个时期、各个地区刑事案件的发案情况，不同犯罪的活动规律、特点和发展情况，从而在宏观上准确评价社会治安形势，制定相应的刑事政策。

## 第二节　立案的材料来源和条件

### 一、立案的材料来源

立案材料是指监察委员会、公安机关、人民检察院发现的或者有关单位、组织或个人向专门机关提交的有关犯罪事实和被调查人、犯罪嫌疑人情况的材料。它是专门机关进行审查、决定是否立案的事实材料。根据我国刑事诉讼法的规定和司法实践中的情况，立案材料的来源主要有以下几个方面：

#### （一）公安机关、人民检察院发现犯罪事实或者犯罪嫌疑人

《刑事诉讼法》第107条规定："公安机关或者人民检察院发现犯罪事实或者犯罪嫌疑人，应当按照管辖范围，立案侦查。"公安机关、人民检察院是享有侦查权、同犯罪作斗争的专门机关，应当积极主动地发现、获取犯罪线索，一旦发现有犯罪事实或者犯罪嫌疑人需要追究刑事责任的，应当主动立案追查或者移送有管辖权的机关处理，需采取紧急措施的，应先采取紧急措施，再移送有关机关处理。

例如，步行巡逻或者开车巡逻的巡警，在日常巡逻中可能即时发现犯罪行为，从而当场抓住犯罪嫌疑人。因此，警察主动巡逻发现犯罪事实或者犯罪嫌疑人应当是查获犯罪人的最主要的材料来源。

#### （二）单位和个人的报案或者举报

《监察法》第35条规定，监察机关立案材料来源主要是报案或者举报。《刑事诉讼法》第108条第1款规定："任何单位和个人发现有犯罪事实或者犯罪嫌疑人，有权利也有义务向公安机关、人民检察院或者人民法院报案或者举报。"单位和个人的报案或者举报材料是专门机关审查决定是否立案的主要材料来源之一。2001年7月国务院通过了《行政执法机关移送涉嫌犯罪案件的规定》，该规定要求具有行政处罚权的行政执法机关如工商、税务等机关在查处违法行为过程中，发现违法事实涉及的金额、违法事实的情节、违法事实造成的后果等，涉嫌构成犯罪，依法需要追究刑事责任的，必须依照规定向公安机关移送。此规定使得有关行政机关移送涉嫌罪案规范化、法制化。

报案和举报有所不同。报案是指有关单位或者个人发现有犯罪事实发生而向监察委员会、公安机关、人民检察院、人民法院揭露和报告的行为；举报是指有关单位或者个人将其发现的犯罪事实及行为人向监察委员会、公安机关、人民检察院或者人民法院揭发、报告的行为。可见，报案一般是针对犯罪事实的发生，报案材料提供的案件事实、证据材料较为简单笼统，往往不能明确指出行为人；而举报的内容则不仅有犯罪事实的发生，通常还具体地指明了行为人，提供的犯罪事实和证据材料相对具体和详细。

#### （三）被害人的报案或者控告

《刑事诉讼法》第108条第2款规定："被害人对侵犯其人身、财产权利的犯罪事实或者犯罪嫌疑人，有权向公安机关、人民检察院或者人民法院报案或者控告。"

被害人（包括被害单位）是受犯罪行为直接侵害的人，具有追究犯罪的强烈愿望和积极主动性，同时，由于被害人往往与犯罪嫌疑人有所接触，了解案件的情况较多，因而能够提供较为具体详细的有关犯罪事实和犯罪嫌疑人的情况。因此，被害人的报案和控告是又一个重要的立案材料来源。

报案和控告的区别与前述报案和举报的区别相同，控告与举报就其内容而言基本是一样的，都是揭发、报告犯罪事实及犯罪嫌疑人。二者的区别在于，控告是由遭受犯罪行为直接侵害的被害人提出，而举报则一般是由与案件无直接利害关系的单位或个人提出；控告人主要是基于维护自身权益而要求追究刑事责任，而举报人往往是为维护国家、集体或他人的合法权益或者伸张正义而要求专门机关追究被举报人的刑事责任。

（四）犯罪人的自首

《刑事诉讼法》第 108 条第 4 款规定犯罪人的自首是重要的立案材料来源。犯罪以后自动投案，如实供述自己的罪行的，是自首。被采取强制措施的犯罪嫌疑人、被告人和正在服刑的罪犯，如实供述司法机关还未掌握的本人其他罪行的，以自首论（《刑法》第 67 条）。公安机关、人民检察院或者人民法院对于犯罪人的自首，都应当接受。对于不属于自己管辖的，应当移送主管机关处理；对于不属于自己管辖而又必须采取紧急措施的，应当先采取紧急措施，然后移送主管机关。

（五）其他途径

在司法实践中，立案的材料来源常见的还有上级机关交办的案件、群众的扭送等。

## 二、立案的条件

专门机关接受或者获取有关犯罪事实和犯罪嫌疑人的材料后，并不都立案侦查、调查或者审判，而是要依法进行审查，只有符合法定的理由和根据时才予以立案。因而立案的条件实质是指刑事诉讼法规定的立案的理由和根据。《刑事诉讼法》第 110 条规定，人民法院、人民检察院或者公安机关认为有犯罪事实需要追究刑事责任的时候，应当立案；认为没有犯罪事实，或者犯罪事实显著轻微，不需要追究刑事责任的时候，不予立案，并且将不立案的原因通知控告人。据此，刑事案件的立案条件是：

（一）有犯罪事实

有犯罪事实是指有依照刑法的规定构成犯罪的行为发生，并且该犯罪事实的存在有一定的证据证明。这是立案的首要条件。具体而言，“有犯罪事实”有以下两层含义：

1. 需要立案追究的只能是依照刑法的规定构成犯罪的行为。立案是刑事诉讼的开始，专门机关一旦决定立案就可能会相应地采取侦查行为、强制措施等限制有关单位和个人权利的行为。因此，专门机关在对有关材料进行审查，决定是否立案时必须严格把握立案的先决条件——有犯罪事实存在，正确区分罪与非罪，刑事追诉与党纪、政纪处分、行政处罚的界限。

需要说明的是，立案要求的有犯罪事实仅指某种危害社会触犯刑法的犯罪行为发生，并不要求弄清整个犯罪过程、具体的犯罪情节、犯罪嫌疑人的情况，因为立案只是刑事诉讼程序的开始程序，案件尚未进行侦查或者审理，清楚、完全的犯罪事实要由立案后的侦查或审理活动来查明。

2. 犯罪事实必须有相关的证据材料证明。虽然在立案阶段不要求也不可能要求掌握全部证据，但不能没有证据就立案。立案阶段对证据的要求是，现存的证据能够足以证明犯罪事实已经发生，证据本身具有真实性、可靠性。

（二）需要追究刑事责任

有犯罪事实，还不一定能够立案，因为立案以追究刑事责任、实现国家刑罚权为目的，但并不是所有发现的犯罪事实都需要追究刑事责任，依法不需要追究刑事责任的就不能立案。只有既有犯罪事实发生又需要追究刑事责任的才能立案。需要追究刑事责任是指依照实体法和程序法规定应当追究行为人刑事责任。因而，具备《刑事诉讼法》第15条的情形之一的，不追究刑事责任，不应当立案。

监察委员会的立案条件有特殊之处，除对涉嫌职务犯罪的应当立案以外，对涉嫌职务违法的也有权立案（《监察法》第39条第1款）。

## 第三节　立案的程序

### 一、立案材料的接受

报案、控告、举报、自首材料是刑事案件立案材料的最主要来源，监察委员会、公安机关、人民检察院、人民法院必须予以妥善处理，为以后的刑事诉讼活动做好准备。根据刑事诉讼法的规定，对立案材料的接受，具体而言应当注意以下几点：

（一）专门机关对立案材料都应当接受

监察委员会、公安机关、人民检察院或者人民法院对于报案、控告、举报、自首，都应当接受。对于不属于自己管辖的，应当移送主管机关处理，并且通知报案人、控告人、举报人；对于不属于自己管辖而又必须采取紧急措施的，应当先采取紧急措施，然后移送主管机关（《监察法》第35条；《刑事诉讼法》第108条第3款）。

（二）报案、控告、举报等的方式

报案、控告、举报可以用书面或者口头提出。接受口头报案、控告、举报的工作人员，应当写成笔录，经宣读无误后，由报案人、控告人、举报人签名或者盖章（《刑事诉讼法》第109条第1款）。这样规定的目的是便于有关单位和个人报案、控告、举报以及犯罪人自首、群众扭送。

公安机关对于公民扭送、报案、控告、举报或者犯罪嫌疑人自动投案的，都应当立即接受，问明情况，并制作笔录，经核对无误后，由扭送人、报案人、控告人、举报人、自动投案人签名，捺指印。必要时，应当录音或者录像（《公安规定》第166条）。公安机关接受案件时，应当制作《受案登记表》，并出具回执（《公安规定》第168条）。

人民检察院控告检察部门或者举报中心对于以走访形式的报案、控告、举报和自首，应当指派两名以上工作人员接待，问明情况，并制作笔录，经核对无误后，由报案人等签名、捺指印，必要时可以录音、录像（《高检规则》第158条）。

（三）告知诬告应负的法律责任

接受控告、举报的工作人员，应当向控告人、举报人说明诬告应负的法律责任。但是，只要不是捏造事实、伪造证据，即使控告、举报的事实有出入，甚至是错告的，也要和诬告严格加以区别（《刑事诉讼法》第109条第2款；《公安规定》第169条）。这样规定的目的是防止诬告陷害，确保控告、举报材料的真实、客观。

（四）保障安全和保密

监察委员会、公安机关、人民检察院或者人民法院应当保障扭送人、报案人、控告人、举报人及其近亲属的安全。扭送人、报案人、控告人、举报人如果不愿公开自己的姓名和报案、控告、举报的行为，应当为他保守秘密（《刑事诉讼法》第109条第3款；《公安规定》第170条）。

这些规定的目的是鼓励公民积极提供揭露犯罪的材料。专门机关应当尽可能为这些公民提供事前保护，避免犯罪分子对这些公民造成不必要的危险。对威胁、侮辱、殴打扭送人、报案人、控告人或者举报人的人必须予以严肃查处，构成犯罪的要依法追究刑事责任。

## 二、对立案材料的审查和处理

《监察法》第 35 条规定："监察机关对于报案或者举报，应当接受并按照有关规定处理。对于不属于本机关管辖的，应当移送主管机关处理。"《刑事诉讼法》第 110 条规定："人民法院、人民检察院或者公安机关对于报案、控告、举报和自首的材料，应当按照管辖范围，迅速进行审查，认为有犯罪事实需要追究刑事责任的时候，应当立案；认为没有犯罪事实，或者犯罪事实显著轻微，不需要追究刑事责任的时候，不予立案，并且将不立案的原因通知控告人。"这是刑事诉讼法对立案材料的审查和处理作出的原则性规定。由于专门机关在刑事诉讼中职能分工不同，直接受理的刑事案件各有特色，因而专门机关在对立案材料的审查和处理的具体做法上有所不同。

### （一）监察委员会对职务犯罪的立案程序

1. 对线索进行处置。对监察对象的问题线索，应当提出处置意见，履行审批手续，进行分类办理。

2. 初步核实。需要采取初步核实方式处置问题线索的，监察机关应当依法履行审批程序，成立核查组。初步核实工作结束后，核查组应当撰写初步核实情况报告，提出处理建议。承办部门应当提出分类处理意见。初步核实情况报告和分类处理意见报监察机关主要负责人审批。

3. 作出立案决定。经过初步核实，对监察对象涉嫌职务犯罪，需要追究法律责任的，应当经监察机关主要负责人批准，办理立案手续。立案调查决定应当向被调查人宣布，并通报相关组织。

### （二）公安机关负责侦查的案件的立案程序

1. 对报案、控告、举报、扭送、自首的审查。对于接受的案件，或者发现的犯罪线索，公安机关应当迅速进行审查

经过审查，认为有犯罪事实，但不属于自己管辖的案件，应当立即报经县级以上公安机关负责人批准，制作《移送案件通知书》，移送有管辖权的机关处理。对于不属于自己管辖又必须采取紧急措施的，应当先采取紧急措施，然后办理手续，移送主管机关（《公安规定》第 172 条）。

经过审查，对于告诉才处理的案件，公安机关应当告知当事人向人民法院起诉。对被害人有证据证明的轻微刑事案件，应当告知被害人可以向人民法院起诉；被害人要求公安机关处理的，公安机关应当依法受理（《公安规定》第 173 条）。

经过审查，对于不够刑事处罚需要给予行政处理的，依法予以处理或者移送有关部门（《公安规定》第 174 条）。

2. 作出立案或者不立案的决定

公安机关接受案件后，经过审查，认为有犯罪事实需要追究刑事责任，且属于自己管辖的，经县级以上公安机关负责人批准，予以立案。

认为没有犯罪事实，或者犯罪情节显著轻微不需要追究刑事责任，或者具有其他依法不追究刑事责任情形的，经县级以上公安机关负责人批准，不予立案（《公安规定》第 175 条）。

3. 初查

对于在审查中发现案件事实或者线索不明的，必要时，经办案部门负责人批准，可以进行初查。初查过程中，公安机关可以依照有关法律和规定采取询问、查询、勘验、鉴定和调取证据材料等不限制被调查对象人身、财产权利的措施（《公安规定》第171条）。

（三）人民检察院直接受理的案件的立案程序

1. 对报案、控告、举报、扭送、自首的审查。控告检察部门或者举报中心对于所收到的举报线索，应当及时审查，并根据举报线索的不同情况和管辖规定，在7日以内分别作出如下处理：（1）属于人民检察院管辖的，按照相关规定移送本院有关部门或者其他人民检察院办理。（2）不属于人民检察院管辖的，移送有管辖权的机关处理，并且通知报案人、控告人、举报人、自首人。对于不属于人民检察院管辖又必须采取紧急措施的，应当先采取紧急措施，然后移送主管机关。（3）对案件事实或者线索不明的，应当进行必要的调查核实，收集相关材料，查明情况后及时移送有管辖权的机关或者部门办理（《高检规则》第157条）。

2. 初查。侦查部门对举报中心移交举报的线索进行审查后，认为有犯罪事实需要初查的，应当报检察长或者检察委员会决定。初查由侦查部门负责，在刑罚执行和监管活动中发现的应当由人民检察院直接立案侦查的案件线索，由监所检察部门负责初查（《高检规则》第169条）。在初查过程中，可以采取询问、查询、勘验、检查、鉴定、调取证据材料等不限制初查对象人身、财产权利的措施。不得对被查对象采取强制措施，不得查封、扣押、冻结被查对象的财产，不得采取技术侦查措施（《高检规则》第173条）。

侦查部门对举报线索初查后，认为有犯罪事实需要追究刑事责任的，应当制作审查结论报告，提请批准立案侦查，报检察长决定。对具有下列情形之一的，提请批准不予立案：（1）具有《刑事诉讼法》第15条规定情形之一的；（2）认为没有犯罪事实的；（3）事实或者证据尚不符合立案条件的（《高检规则》第176条）。

3. 作出立案或者不立案的决定。人民检察院决定对案件立案侦查的，应当制作立案决定书并报上一级人民检察院备案（《高检规则》第183条）。人民检察院决定不予立案的，如果是被害人控告的，应当制作不立案通知书，写明案由和案件来源、决定不立案的原因和法律依据，由侦查部门在15日以内送达控告人，同时告知本院控告检察部门。人民检察院认为被举报人的行为未构成犯罪，决定不予立案，但需要追究党纪、政纪责任的，应当移送有管辖权的主管机关处理（《高检规则》第184条）。

4. 对人大代表立案的特别规定。人民检察院决定对人民代表大会代表立案，应当按照《高检规则》第132条规定的程序向该代表所属的人民代表大会主席团或者常务委员会进行通报（《高检规则》第185条）。

（四）人民法院对自诉案件的立案

人民法院直接受理自诉案件，对收到的犯罪材料经审查不属于自己管辖的，应当将材料移送有管辖权的机关处理；对属于自己管辖的自诉案件，符合刑事诉讼法及有关司法解释规定的，予以受理；不符合有关规定的，应当说服自诉人撤回起诉，或者裁定驳回起诉。

## 三、控告人对不立案决定的申请复议

《刑事诉讼法》第110条规定，控告人如果对公安机关、人民检察院、人民法院不予立案的决定不服，可以申请复议。赋予控告人申请复议权，既是为了有效保护受犯罪行为侵害的被害人的合法权益，也是对专门机关应当立案而不立案的制约。

（一）申请复议、复核

公安机关对于有控告人的案件，决定不予立案的，应当制作《不予立案通知书》，在3日内送达控告人。控告人对不立案决定不服的，可以在收到《不予立案通知书》后7日内向原决定的公安机关申请复议。原决定的公安机关应当在收到复议申请后7日内作出决定，并书面通知控告人。控告人对不予立案的复议决定不服的，可以在收到复议决定书后7日以内向上一级公安机关申请复核；上一级公安机关应当在收到复核申请后7日以内作出决定（《公安规定》第176条）。

人民检察院直接受理的案件，控告人如果不服，可以在收到不立案通知书后10日以内申请复议。对不立案的复议，由人民检察院控告检察部门受理。控告检察部门应当根据事实和法律进行审查，并可以要求控告人、申诉人提供有关材料（《高检规则》第184条）。

（二）要求人民检察院立案监督或者提起自诉

控告人对不立案决定除可以申请复议外，也可以不经复议而向人民检察院提出要求人民检察院予以监督，或者直接向人民法院起诉。《刑事诉讼法》第111条规定，被害人认为公安机关对应当立案侦查的案件而不立案侦查，向人民检察院提出的，人民检察院应当要求公安机关说明不立案的理由。《刑事诉讼法》第204条第3项规定，被害人有证据证明对被告人侵犯自己人身、财产权利的行为应当依法追究刑事责任，而公安机关或者人民检察院不予追究被告人刑事责任的案件，可作为自诉案件，被害人有权向人民法院直接起诉，人民法院应当依法受理。可见，由于申请复议是向原决定机关提出，缺少外部监督、制约，为了保障控告人的合法权益，刑事诉讼法又规定了这两种救济措施。

## 第四节 人民检察院对立案的监督

《刑事诉讼法》第8条规定，人民检察院依法对刑事诉讼实行法律监督。《刑事诉讼法》第111条规定："人民检察院认为公安机关对应当立案侦查的案件而不立案侦查的，或者被害人认为公安机关对应当立案侦查的案件而不立案侦查，向人民检察院提出的，人民检察院应当要求公安机关说明不立案的理由。人民检察院认为公安机关不立案理由不能成立的，应当通知公安机关立案，公安机关接到通知后应当立案。"《刑事诉讼法》中规定人民检察院对公安机关立案活动的监督，是为了确保依法立案，防止和纠正有案不立和违法立案，依法、及时打击犯罪，保护公民的合法权利，保障法律的统一正确实施。

### 一、立案监督的启动

1. 基于被害人等的申请。被害人及其法定代理人、近亲属或者行政执法机关，认为公安机关对其控告或者移送的案件应当立案侦查而不立案侦查，或者当事人认为公安机关不应当立案而立案，向人民检察院提出的，人民检察院应当受理并进行审查（《高检规则》第553条第1款）。

2. 人民检察院主动发现。人民检察院发现公安机关可能存在应当立案侦查而不立案侦查情形的，应当依法进行审查（《高检规则》第553条第2款）。

## 二、线索审查后的处理

人民检察院对于公安机关应当立案侦查而不立案侦查的线索进行审查后，应当根据不同情况分别作出处理：

1. 没有犯罪事实发生，或者犯罪情节显著轻微不需要追究刑事责任，或者具有其他依法不追究刑事责任情形的，及时答复投诉人或者行政执法机关；

2. 不属于被投诉的公安机关管辖的，应当将有管辖权的机关告知投诉人或者行政执法机关，并建议向该机关控告或者移送；

3. 公安机关尚未作出不予立案决定的，移送公安机关处理；

4. 有犯罪事实需要追究刑事责任，属于被投诉的公安机关管辖，且公安机关已作出不立案决定的，经检察长批准，应当要求公安机关书面说明不立案理由。

## 三、对不应当立案而立案的监督

人民检察院经审查，有证据证明公安机关可能存在违法动用刑事手段插手民事、经济纠纷，或者办案人员利用立案实施报复陷害、敲诈勒索以及谋取其他非法利益等违法立案情形，尚未提请批准逮捕或者移送审查起诉的，经检察长批准，应当要求公安机关书面说明立案理由（《高检规则》第555条第2款）。

## 四、要求公安机关说明不立案或者立案理由

人民检察院要求公安机关说明不立案或者立案理由，应当制作《要求说明不立案理由通知书》或者《要求说明立案理由通知书》，及时送达公安机关。

公安机关应当在收到《要求说明不立案理由通知书》或者《要求说明立案理由通知书》后7日以内作出书面说明，客观反映不立案或者立案的情况、依据和理由，连同有关证据材料回复人民检察院。（《高检规则》第557条）。

## 五、人民检察院通知立案或者撤销案件

人民检察院经审查，认为公安机关不立案或者立案理由不成立的，经检察长或者检察委员会决定，应当通知公安机关立案或者撤销案件（《高检规则》第558条）。

人民检察院进行调查核实，可以询问办案人员和有关当事人，查阅、复制公安机关刑事受案、立案、破案等登记表册和立案、不立案、撤销案件、治安处罚、劳动教养等相关法律文书及案卷材料（《高检规则》第556条）。

人民检察院通知公安机关立案或者撤销案件的，应当制作《通知立案书》或者《通知撤销案件书》，说明依据和理由，连同证据材料移送公安机关。

公安机关应当在收到《通知立案书》后15日以内决定立案，对《通知撤销案件书》没有异议的应当立即撤销案件，并将《立案决定书》或者《撤销案件决定书》复印件及时送达人民检察院（《高检规则》第559条）。

监督立案后3个月未侦查终结的，人民检察院可以发出《立案监督案件催办函》，要求公安机关及时向人民检察院反馈侦查进展情况（《高检规则》第560条第3款）。

## 六、公安机关对撤销案件通知要求复议和提请复核

公安机关认为人民检察院撤销案件通知有错误的，经县级以上公安机关负责人批准，可以要求同级人民检察院复议。人民检察院应当重新审查，在收到《要求复议意见书》和案卷材料后7日以内作出是否变更的决定，并通知公安机关。

公安机关不接受人民检察院复议决定的，经县级以上公安机关负责人批准，可以提请上一级人民检察院复核。上级人民检察院应当在收到《提请复核意见书》和案卷材料后15日以内作出是否变更的决定，通知下级人民检察院和公安机关执行。

上级人民检察院复核认为撤销案件通知有错误的，下级人民检察院应当立即纠正；上级人民检察院复核认为撤销案件通知正确的，应当作出复核决定并送达下级公安机关（《高检规则》第562条）。

# 观点探讨

## 一、人民检察院能否对法院自诉案件立案进行监督

我国《刑事诉讼法》只是在第111条规定人民检察院对公安机关享有立案监督权，没有规定检察机关对人民法院的自诉案件享有立案监督权的问题，《高检规则》和《高法解释》也未提及人民检察院对人民法院的立案进行监督的情况。有学者提出，根据刑事诉讼法基本原则部分规定的人民检察院对刑事诉讼实行法律监督，以及《高检规则》第578条第2款规定的“人民检察院可以通过调查、审阅案卷、受理申诉、控告等活动，监督审判活动是否合法”，第581条规定的“人民检察院对人民法院审判活动中违法行为的监督，可以参照本规则有关人民检察院对公安机关侦查活动中违法行为监督的规定办理”，检察机关应当对人民法院该立案而不立案的违法行为进行监督。① 其建议是，人民检察院控告申诉部门收到当事人不服人民法院驳回自诉的裁定的申请时，应当进行审查；可以向人民法院发出“要求说明不立案理由通知书”，并且对人民检察院认为人民法院不立案理由不能成立的，应当通知人民法院立案，人民法院接到通知后应当立案。

## 二、检察机关内部不立案监督的完善

检察机关内部的立案监督是指检察机关侦查监督或公诉部门对于侦查部门应当报请立案侦查而不立案的案件进行的监督。《高检规则》第563条规定：“人民检察院侦查监督部门或者公诉部门发现本院侦查部门对应当立案侦查的案件不报请立案侦查或者对不应当立案侦查的案件

① 唐跃兵．对法院立案工作的监督有待加强．人民检察，2005（18）。主张对法院自诉案件立案进行监督的文章，还有赵铮，阎芳．我国的刑事立案监督制度亟待完善．湖北广播电视大学学报，2005（4）．

进行立案侦查的，应当建议侦查部门报请立案侦查或者撤销案件；建议不被采纳的，应当报请检察长决定。”由此可见，检察机关内部立案监督的案件管辖范围主要是指检察机关直接受理的案件；内部立案监督的主体是同一检察机关即本院的侦查监督和公诉部门，被监督的对象是本院的侦查部门。在实践操作中，这种由本院侦查监督和公诉部门监督侦查部门进行内部立案监督的做法效果较差。一是本院侦查监督、公诉部门与侦查部门的干警在同一机关工作，不好开展监督工作；二是《高检规则》规定的主体是本院侦查监督和公诉部门，但并没有指明具体由哪个部门负责，结果造成相互推诿。因此，有学者建议，将检察机关内部立案监督的主体改为上级检察机关侦查监督部门。①

① 陈娟娟．内部立案监督应由上级检察机关侦查监督部门行使．人民检察，2005（23）。主张上级检察院对直接受理案件不立案决定进行监督的文章，还有元明．对人民检察院直接受理侦查案件立案监督问题的几点思考．人民检察，2006（18）．

| 第十七章 |

# 侦查和调查

## 案例导引

### 一、监察委员会能否决定通缉

监察委员会在调查一起受贿案件过程中，被调查人甲逃往外地。监察委员会认为应当留置甲。问：监察委员会能否作出通缉的决定?

### 二、对被害人能否强制进行人身检查

公安机关在接到一起强奸案件的报案后，要求强奸案件的被害人甲接受人身检查，以便于确定其伤害情况和获得生物性证据。但甲坚决拒绝，经女警察和家属多次劝说甲仍不愿意接受人身检查。问：侦查人员能否对甲进行强制人身检查?

### 三、尸体解剖是否应以死者家属同意为前提

某市迎宾酒店五楼坠落一中年男子，当场死亡。公安机关赶到现场，勘验现场后决定将尸体运走进行死因鉴定。死者家属纠集三十余人不让运走，并在网上以微博的方式散布“警察抢尸体了”，造成几万人的群体性事件。问：公安机关对死因不明的尸体，是否有权在家属不同意的情况下强制解剖，以查明死因?

## 基本理论

## 第一节　概述

### 一、侦查和调查的概念

我国《刑事诉讼法》第106条第1项规定，侦查是指公安机关、人民检察院在办理案件过程中，依照法律进行的收集证据、查明案情的工作和有关的强制性措施。《监察法》第40条规定，监察机关对职务犯罪案件，应当进行调查，收集被调查人有无犯罪以及情节轻重的证据，查明犯罪事实，形成互相印证、完整稳定的证据链。根据刑事诉讼法和监察法的规定，对侦查

或者调查的概念可从以下几个方面来理解。

（一）侦查或者调查是我国刑事诉讼的一个独立阶段

在我国，刑事案件的诉讼程序分为立案、侦查或者调查、起诉、审判和执行五个阶段。《监察法》第四章监察权限、《刑事诉讼法》第二编第二章对侦查和调查作了具体的规定。其中，公安机关等侦查或者调查机关对已经立案的刑事案件，应当进行侦查或者调查；侦查或者调查终结的案件如果犯罪事实清楚，证据确实、充分的，则应当移送同级人民检察院审查决定是否提起公诉。这表明，侦查或者调查既是公诉案件立案后必须进行的一个阶段，也是为起诉做准备的一个阶段。公诉案件不经过侦查或者调查，起诉就无法进行。只有通过侦查或者调查活动，收集确实、充分的证据，查明犯罪事实，查获犯罪嫌疑人，才能进入起诉阶段。因此，侦查或者调查有它特定的任务和目的，是刑事诉讼的一个独立阶段。

长期以来，我国将刑事案件的侦查分为前期的侦查和后期的预审两个阶段。其中侦查阶段的主要任务是收集证据和查获犯罪嫌疑人，而预审阶段的主要任务是对查获的犯罪嫌疑人进行讯问，以核实证据、查清事实，终结侦查程序。《公安规定》第188条规定："公安机关经过侦查，对有证据证明有犯罪事实的案件，应当进行预审，对收集、调取的证据材料的真实性、合法性及证明力予以审查、核实。"

（二）侦查或者调查只能由法定的专门机关进行

为了既保护公民的人身权利、民主权利、财产权利以及其他正当权利不受非法侵犯，又保障国家侦查或者调查权的统一行使，有效地与犯罪行为作斗争，我国刑事诉讼法和有关法律对行使侦查或者调查权的机关及其职权作了明确规定。《监察法》第11条规定，监察委员会对公职人员职务犯罪进行调查；《刑事诉讼法》第3条规定，公安机关负责"对刑事案件的侦查、拘留、执行逮捕、预审"；人民检察院负责对"直接受理的案件的侦查"。第4条规定："国家安全机关依照法律规定，办理危害国家安全的刑事案件，行使与公安机关相同的职权。"第290条规定："军队保卫部门对军队内部发生的刑事案件行使侦查权。对罪犯在监狱内犯罪的案件由监狱进行侦查。"根据1998年《国务院关于缉私警察队伍设置方案的批复》（国函〔1998〕53号），海关总署、公安部组建成立走私犯罪侦查局，实行海关与公安双重领导、以海关领导为主的体制。走私犯罪侦查局（自2003年1月1日起更名为"缉私局"）负责"对走私案件的侦查、拘留、执行逮捕和预审"。因此，在我国，只有监察委员会、公安机关、人民检察院、国家安全机关、军队保卫部门、监狱和走私犯罪侦查机关有权对各自管辖的刑事案件进行侦查或者调查。除此之外，其他任何机关、团体和个人都无权行使侦查或者调查的权力。

根据1982年7月6日颁布实施的最高人民法院、最高人民检察院、公安部《关于机关团体和企业事业单位保卫处科在查破案件时收集的证据材料可以在刑事诉讼中使用的通知》的规定，县（市辖区）直属以上的机关、团体、企业、事业单位保卫处、科，在公安机关指导下，侦破一般反革命案件和其他一般刑事案件时，可以依法进行现场勘查、询问证人、讯问被告人、追缴赃款赃物的工作。对于需要逮捕或应当移送起诉的案件（不含由人民检察院直接受理的案件），保卫处、科应将案卷连同通过上述工作所获取的证据材料，一并报送县以上公安机关审核同意后，由公安机关提请人民检察院审查决定。保卫处、科依照法定程序所获取的证据材料，可以在刑事诉讼中使用。但是应当明确，保卫处（科）的工作只能是协助，而无权单独对刑事案件进行侦查。

（三）侦查或者调查的内容包括收集证据、查明案情的工作和有关的强制性措施

根据《监察法》第四章、《刑事诉讼法》第二编第二章的规定，具体包括讯问被调查人、犯罪嫌疑人，询问证人、被害人，勘验、检查，侦查实验，扣押物证、书证，查询、冻结存款、

汇款，鉴定，通缉等诉讼活动。上述工作是侦查或者调查机关依法进行的诉讼活动，通过这些活动所收集的证据材料是日后人民检察院提起公诉的主要依据，经庭审查证属实后，就可以作为人民法院认定犯罪事实的根据。

在司法实践中，监察委员会、公安机关、国家安全机关在同犯罪作斗争的过程中，为了发现犯罪、证实犯罪，有时采用如窃听、密搜密取、跟踪守候、邮检、使用耳目等秘密手段（又称技术手段)。《刑事诉讼法》在侦查一章中专门规定了“技术侦查措施”一节。同时，《监察法》第 28 条规定了“技术调查措施”。事实上，对于某些严重犯罪，如毒品、黑社会、恐怖活动犯罪等使用技术侦查手段是必要的，法治发达国家的刑事诉讼法中往往有着明确的规定。由于这些手段可能会对公民隐私权、住宅权构成侵犯，法律应当对其进行规范。①

所谓“有关的强制性措施”，是指监察法、刑事诉讼法所规定的为收集证据、查明犯罪和查获犯罪人而采用的限制、剥夺人身自由或对人身、财物进行强制的措施。根据《监察法》第四章、第五章，《刑事诉讼法》第一编第六章和第二编第二章的规定，有关的强制性措施包括两类：一类是在侦查活动中采用的强制措施，包括拘传、取保候审、监视居住、拘留、逮捕五种，或者在调查活动中采取的留置措施；另一类是必要时采用的强制性方法，如强制检查、强行搜查、强制扣押等。这类措施的范围大体上相当于美国宪法第四修正案规定的“Search and Seizure”，既包括对人身自由的剥夺和限制，也包括对物的搜查和扣押。②

（四）侦查或者调查活动必须严格依法进行

公安机关侦查犯罪，应当严格按照法律规定的条件和程序采取强制措施和侦查措施，严禁在没有证据的情况下，仅凭怀疑就对犯罪嫌疑人采取强制措施。(《公安规定》第 189 条)。

侦查或者调查活动具有一定的隐蔽性（一般仅对调查对象公开）和很大的强制性，容易对公民的人身权利、财产权利造成侵犯，因此为保障公民的基本权利，《监察法》《刑事诉讼法》对侦查或者调查的方式、条件、程序、方法等都作了具体明确的规定。侦查或者调查机关在侦查或者调查过程中，必须严格遵守法律规定进行收集证据、查清事实工作和采取有关的强制性措施。

要求侦查或者调查活动必须严格依法进行，目的有两个方面：一是实体目标，是指依法进行侦查或者调查活动能够最大限度地保证获得的证据的真实可靠性，例如询问证人应当个别进行，搜查应当有见证人在场，讯问不能刑讯、威胁、引诱等，因为违反这些要求可能会造成证据的虚假、不可靠。二是程序目标，是指侦查或者调查权必须得到约束，以防止代表国家的公权力侵犯公民的基本权利，例如搜查要有搜查证，逮捕必须经过人民检察院批准等。

在我国，侦查或者调查机关的权力并不受审判权的审查和约束。在法治发达国家，警察采取强制性措施必须经过法院的事先许可，或者事后批准。③ 而在我国刑事诉讼中，侦查或者调查机关本身就有权决定搜查、扣押、拘留等措施，即便是时间相当长的逮捕（相当于审前羁押）也只需要检察院批准，而不需要法院批准。侦查或者调查机关的权力不受约束有利于有效控制犯罪，提高效率；其不利的一面则是对公民的基本权利的保护不是很充分。

---

① 长远来看，这些技术侦查手段的决定权应当交给法官。侦查人员必须向法院提出证据证明两个要素：一是针对该案件采用技术侦查手段是获得证据所必需的；二是有充分的证据证明犯罪嫌疑人实施了涉嫌的犯罪行为。只有这样，才能既满足侦查实践中对技术侦查手段的需要，又有效地防止侦查权的滥用，保护公民的基本权利不受侵犯。

② Israel & LaFave. *Criminal Procedure Constitutional Limitations*. West Publishing Co. , 1993, at 57 - 149.

③ 宋英辉．刑事诉讼原理导读．北京：法律出版社，2003：273 - 274.

## 二、侦查或者调查的任务

侦查或者调查是刑事诉讼的一个重要阶段。根据我国《监察法》《刑事诉讼法》第 2 条关于刑事诉讼任务的规定和第 113 条、第 114 条关于侦查的一般规定，侦查或者调查的任务主要有三个方面：第一，收集证据，查明犯罪事实和抓获被调查人、犯罪嫌疑人。这是侦查的首要任务。公安机关对已经立案的刑事案件，应当及时进行侦查，全面、客观地收集、调取犯罪嫌疑人有罪或者无罪、罪轻或者罪重的证据材料（《公安规定》第 187 条）。第二，及时制止某些持续进行的犯罪并且预防该犯罪分子继续犯罪。第三，为提起公诉和审判的顺利进行提供可靠的、充分的证据。

## 三、侦查或者调查的意义

1. 侦查或者调查是查明刑事案件事实的必要手段

除了自诉案件以外，所有的公诉案件都必然经过侦查或者调查阶段。这是因为，犯罪活动大多是秘密进行的，而且犯罪分子作案后，还会想方设法运用隐匿、毁灭证据和制造假相等伎俩逃避刑事追究，因而事实的真相往往被掩盖起来。只有进行侦查或者调查活动，通过采用专门手段和有关的强制性措施，发现和收集证据，才能准确、及时地查明案件事实，查获被调查人、犯罪嫌疑人，进而对犯罪分子予以有效的揭露、证实和惩罚。

2. 侦查或者调查是提起公诉和审判的前提

在我国的刑事诉讼中，侦查或者调查机关担负着查明犯罪事实和查获被调查人、犯罪嫌疑人的实质性工作。只有通过侦查或者调查活动，发现和收集证据，查明犯罪事实和查获犯罪分子，才能移送检察机关审查起诉和提交人民法院审判，否则起诉和审判便无法进行。而且，侦查或者调查工作的质量如何，对起诉和审判工作也有着直接的影响。如果侦查或者调查工作搞得好，收集的证据确实充分，就可以保证起诉和审判工作的顺利进行；如果侦查或者调查工作有疏漏和偏差，则往往会给起诉和审判工作带来困难，以致有的案件不得不退回补充侦查或者调查，有的案件甚至无法认定处理。因此，侦查或者调查是提起公诉和审判的重要前提和保证。

# 第二节　侦查和调查行为

## 一、讯问被调查人、犯罪嫌疑人

### （一）讯问的概念和意义

讯问，是指侦查或者调查人员依照法定程序以言词方式，就案件事实和其他与案件有关的问题向被调查人、犯罪嫌疑人进行查问的一种活动。

讯问是一项重要的活动，在侦查或者调查程序中具有十分重要的意义。具体表现在：第一，讯问是侦查或者调查刑事案件的必经程序。被调查人、犯罪嫌疑人对自己是否实施犯罪以及如何实施犯罪最为清楚，如果他实施了犯罪并如实交代，可以获得有价值的口供；如果未实施犯罪，他会作无罪辩解，从而有利于查明案情。第二，讯问是查明犯罪事实的有效措施。通过讯问，可以查明犯罪的动机、目的、经过等案件事实和情节，判明犯罪的性质，也可查明赃款、赃物的去向，以及有无遗漏罪行和其他应当追究刑事责任的人，还可以追查其他犯罪线索，从而对全部案件事实作出全面、准确的认定。第三，讯问还是被调查人、犯罪嫌疑人进行辩解和获得从宽处理的适当机会。在讯问中，被调查人、犯罪嫌疑人可以进行无罪或罪轻的辩解，以维护自己的合法权益，也可以坦白交代罪行或检举揭发他人的罪行，从而获得有利的处理结果。

（二）讯问的程序

根据监察法、刑事诉讼法和有关规定，讯问必须遵守下列程序。

1. 讯问的人员及人数。讯问必须由监察委员会的调查人员、人民检察院或者公安机关的侦查人员进行。讯问的时候，侦查或者调查人员不得少于 2 人（《监察法》第 41 条；《刑事诉讼法》第 116 条；《公安规定》第 197 条；《高检规则》第 192 条）。这表明，讯问是侦查或者调查人员的专有职权，其他任何机关、团体和个人都没有这项权力。而且，为了便于侦查或者调查人员在讯问时互相配合、互相监督，提高讯问的效率，保证讯问的合法性，同时保障侦查或者调查人员的人身安全，防止被调查人、犯罪嫌疑人自杀、逃跑等意外事件发生，在讯问时，侦查或者调查人员不得少于 2 人。

2. 讯问的时间、地点。《刑事诉讼法》第 117 条规定："对不需要逮捕、拘留的犯罪嫌疑人，可以传唤到犯罪嫌疑人所在市、县内的指定地点或者到他的住处进行讯问，但是应当出示人民检察院或者公安机关的证明文件。对在现场发现的犯罪嫌疑人，经出示工作证件，可以口头传唤，但应当在讯问笔录中注明。"

对于不需要拘留、逮捕的犯罪嫌疑人，经公安机关办案部门负责人或者检察长批准，可以传唤到犯罪嫌疑人所在市、县内的指定地点或者到他的住处进行讯问。传唤犯罪嫌疑人，应当向犯罪嫌疑人出示传唤证和侦查人员的工作证件，并责令犯罪嫌疑人在传唤证上签名、捺指印（《公安规定》第 193 条、第 194 条第 1 款；《高检规则》第 193 条）。

犯罪嫌疑人到案后，应当由其在《传唤证》上填写到案时间。传唤结束时，应当由其在《传唤证》上填写讯问结束时间。拒绝填写的，侦查人员应当在《传唤证》上注明（《公安规定》第 194 条第 2 款）。

一次传唤持续的时间最长不得超过 12 小时；案情特别重大、复杂，需要采取拘留、逮捕措施的，传唤持续的时间不得超过 24 小时。不得以连续传唤、拘传的形式变相拘禁犯罪嫌疑人。传唤、拘传犯罪嫌疑人，应当保证犯罪嫌疑人的饮食和必要的休息时间（《刑事诉讼法》第 117 条第 2 款、第 3 款；《公安规定》第 195 条第 1 款；《高检规则》第 195 条）。传唤期限届满，未作出采取其他强制措施决定的，应当立即结束传唤（《公安规定》第 195 条第 2 款）。

犯罪嫌疑人被送交看守所羁押以后，提讯在押的犯罪嫌疑人，应当填写提押证，在看守所进行讯问（《刑事诉讼法》第 116 条第 2 款）。

对被调查人，讯问可以在留置场所进行，也可以在其他地点进行。

3. 讯问应当个别进行（《公安规定》第 197 条第 2 款）。当一个案件有几个被调查人、犯罪嫌疑人时，应当分别讯问，未被讯问的被调查人、犯罪嫌疑人不得在场，以防止同案被调查人、犯罪嫌疑人之间互相串供或者影响。此外，在侦查或者调查阶段，一般也不宜在同案被调查人、犯罪嫌疑人之间进行对质。

4. 讯问前的准备。讯问前，侦查或者调查人员应当了解案件情况和证据材料，制订讯问计划，列出讯问提纲。第一次讯问，应当问明被调查人、犯罪嫌疑人的姓名、别名、曾用名、出生年月日、户籍所在地、现住地、籍贯、出生地、民族、职业、文化程度、家庭情况、社会经历、是否属于人大代表、政协委员、是否受过刑事处罚或者行政处理等情况（《公安规定》第 198 条）。

5. 讯问的步骤、方法。侦查或者调查人员在讯问的时候，应当首先讯问被调查人、犯罪嫌疑人是否有犯罪行为，让他陈述有罪的情节或者无罪的辩解，然后向他提出问题（《刑事诉讼法》第 118 条；《公安规定》第 198 条；《高检规则》第 197 条）。

讯问的时候，应当认真听取被调查人、犯罪嫌疑人的供述和辩解。侦查或者调查人员在讯问中对被调查人、犯罪嫌疑人的犯罪事实、动机、目的、手段，与犯罪有关的时间、地点，涉及的人、事、物，都应当讯问清楚。对其供述的犯罪事实、申辩和反证，都应当认真核查，依法处理（《公安规定》第 204 条；《高检规则》第 197 条）。

在讯问前，被调查人、犯罪嫌疑人是否有罪尚无法确定，需要通过讯问予以证实。因此，为了防止主观片面、先入为主，保证讯问的客观性和公正性，侦查或者调查人员在讯问时应首先讯问他是否有犯罪行为。如果他承认有犯罪行为，便让他陈述犯罪的经过和情节；如果他否认有犯罪行为，则应让他作无罪的辩解，然后再就供述或辩解中不清楚、不全面或者前后矛盾的地方向他提问。

《监察法》第 20 条第 2 款规定，对涉嫌贪污贿赂、失职渎职等职务犯罪的被调查人，监察机关可以进行讯问，要求其如实供述涉嫌犯罪的情况。《刑事诉讼法》第 118 条规定："犯罪嫌疑人对侦查人员的提问，应当如实回答。但是对与本案无关的问题，有拒绝回答的权利。侦查人员在讯问犯罪嫌疑人的时候，应当告知犯罪嫌疑人如实供述自己罪行可以从宽处理的法律规定。"这表明，对侦查或者调查人员与本案有关问题的提问，被调查人、犯罪嫌疑人负有如实回答和陈述的义务，既不能拒绝回答，也不能作虚假陈述；既不能捏造事实，也不能隐瞒事实或在回答时避重就轻；被调查人、犯罪嫌疑人虽然没有沉默权①，但当侦查或者调查人员提出与本案无关的问题时，他有拒绝回答的权利。所谓"与本案无关的问题"，应是指与犯罪无关的问题。例如，盗窃案件中犯罪嫌疑人的个人隐私，受贿案件中被调查人掌握的国家机密等。对于这些问题，被调查人、犯罪嫌疑人有权拒绝回答。但对于侦查或者调查人员提出的与犯罪有关的问题，如本人的其他犯罪问题或同案犯的犯罪问题，便不能以"与本案无关"为借口拒绝回答。需要指出的是，在讯问时，应当将该项义务和权利告知被调查人、犯罪嫌疑人。同时，还应当告知其坦白从宽的规定，有利于鼓励其自愿作出有罪供述。

6. 讯问未成年和聋哑等犯罪嫌疑人的特殊要求。《刑事诉讼法》第 9 条、第 119 条、第 270 条和《公安规定》第 199 条对讯问未成年、聋、哑和不通晓当地语言文字的犯罪嫌疑人作了特殊要求，以保障其合法权益。具体包括：

（1）讯问未成年的犯罪嫌疑人，应当通知未成年犯罪嫌疑人、被告人的法定代理人到场。无法通知、法定代理人不能到场或者法定代理人是共犯的，也可以通知未成年犯罪嫌疑人、被告人的其他成年亲属，所在学校、单位、居住地基层组织或者未成年人保护组织的代表到场，并将有关情况记录在案。到场的法定代理人可以代为行使未成年人犯罪嫌疑人、被告人的诉讼权利。到场的法定代理人或者其他人员认为办案人员在讯问、审判中侵犯未成年人合法权益的，可以提出意见。讯问笔录、法庭笔录应当交给到场的法定代理人或者其他人员阅读或者向他宣读。讯问女性未成年犯罪嫌疑人，应当有女工作人员在场（《刑事诉讼法》第 270 条）。

（2）讯问聋、哑犯罪嫌疑人，应当有通晓聋、哑手势的人参加，并在讯问笔录上注明犯罪嫌疑人的聋、哑情况以及翻译人员的姓名、工作单位和职业（《刑事诉讼法》第 119 条；《公安

① 关于沉默权的论述，可参见孙长永．侦查程序与人权——比较法考察．北京：中国方正出版社，2000：277－283。但是，《刑事诉讼法》第 50 条规定了"不得强迫任何人证实自己有罪"。

规定》第 199 条第 1 款；《高检规则》第 198 条）。

（3）讯问不通晓当地语言文字的犯罪嫌疑人时，应当配备翻译人员（《刑事诉讼法》第 9 条；《公安规定》第 199 条第 2 款）。

7. 讯问的禁止性规定。严禁刑讯逼供和以威胁、引诱、欺骗以及其他非法的方法获取被调查人、犯罪嫌疑人的供述，不得强迫任何人证实自己有罪（《监察法》第 40 条第 2 款；《刑事诉讼法》第 50 条）。刑讯逼供既是对被追诉人基本权利的侵犯，也会导致供述的不可靠。根据我国已经加入的《禁止酷刑公约》①、《监察法》第 33 条第 3 款、《刑事诉讼法》第 54 条的规定，以刑讯逼供等非法的方法取得的被调查人、犯罪嫌疑人或者被告人的供述，不能作为指控犯罪或者定案的依据。《刑事诉讼法》第 56 条、第 57 条和第 58 条详细规定了排除的具体程序。

8. 讯问笔录的制作。《监察法》第 41 条规定，调查人员讯问时应当形成笔录，并由相关人员签名、盖章。《刑事诉讼法》第 120 条规定，讯问笔录应当交犯罪嫌疑人核对，对于没有阅读能力的，应当向他宣读；如果记载有遗漏或者差错，犯罪嫌疑人可以提出补充或者改正；犯罪嫌疑人承认笔录没有错误后，应当签名或者盖章；侦查人员也应当在笔录上签名；犯罪嫌疑人请求自行书写供述的，应当准许；必要的时候，侦查人员也可以要求犯罪嫌疑人亲笔书写供词。

在讯问笔录中，侦查或者调查人员应当将问话和被调查人、犯罪嫌疑人的供述或者辩解如实地记录清楚，制作讯问笔录应当使用能够长期保持字迹的材料。讯问笔录应当交给被调查人、犯罪嫌疑人核对或者向他宣读。如记录有遗漏或者差错，应当允许补充或者更正，并捺指印。笔录经被调查人、犯罪嫌疑人核对无误后，应当由其在笔录上逐页签名、捺指印，并在末页写明“以上笔录我看过（或向我宣读过），和我说的相符”。拒绝签名、捺指印的，侦查或者调查人员应当在笔录上注明。讯问笔录上所列项目，应当按规定填写齐全。侦查或者调查人员、翻译人员应当在讯问笔录上签名。被调查人、犯罪嫌疑人请求自行书写供述的，应当准许；必要时，侦查或者调查人员也可以要求其亲笔书写供词。被调查人、犯罪嫌疑人应当在亲笔供词上逐页签名、捺指印。侦查或者调查人员收到后，应当在首页右上方写明“于某年某月某日收到”，并签名（《公安规定》第 200 至 202 条；《高检规则》第 199 条、第 200 条）。

9. 讯问录音录像。侦查人员在讯问犯罪嫌疑人的时候，可以对讯问过程进行录音录像；对于可能判处无期徒刑、死刑的案件或者其他重大犯罪案件，应当对讯问过程进行录音录像。录音或者录像应当全程进行，保持完整性（《刑事诉讼法》第 121 条）。

对于公安机关侦查的案件，在两种情况下应当对讯问过程进行录音录像：一是“可能判处无期徒刑、死刑的案件”，即应当适用的法定刑或者量刑档次包含无期徒刑、死刑的案件；二是“其他重大犯罪案件”，是指致人重伤、死亡的严重危害公共安全犯罪、严重侵犯公民人身权利犯罪，以及黑社会性质组织犯罪、严重毒品犯罪以及其他可能判处十年以上有期徒刑的故意犯罪案件（《公安规定》第 203 条第 2 款；《公安机关讯问犯罪嫌疑人录音录像工作规定》第 4 条）。

对于人民检察院立案侦查的案件，在每次讯问犯罪嫌疑人的时候，应当对讯问过程实行全程录音录像，并在讯问笔录中注明（《高检规则》第 201 条第 1 款）。要求检察院讯问时一律录音录像，是因为与公安机关相比，检察院侦查的案件数量较少，能够实现这一要求。

对于监察委员会调查的职务犯罪案件，应当对讯问全过程进行录音录像，留存备查（《监察法》第 41 条第 2 款）。

---

① 我国已经于 1988 年 9 月批准加入该公约。

## 二、询问证人、被害人

询问证人，是指侦查或者调查人员依照法定程序以言词方式，就案件有关情况向证人进行调查了解的一种活动。

证人是知道案件情况的人。由于犯罪分子生活在社会上，其犯罪行为难免不为其他人所耳闻目睹，因此几乎在每一起刑事案件中都可以找到知道该案件情况的证人，从而询问证人就成为刑事诉讼中广泛使用的一项侦查或者调查行为。

（一）询问证人的程序

根据监察法、刑事诉讼法和有关规定，询问证人应当遵守下列程序：

1. 询问的地点和人数。侦查或者调查人员询问证人，可以在现场进行，也可以到证人所在单位、住处或者证人提出的地点进行，在必要的时候，可以通知证人到人民检察院、公安机关或者监察委员会提供证言。在现场询问证人，应当出示工作证件，到证人所在单位、住处或者证人提出的地点询问证人，应当出示人民检察院、公安机关或者监察委员会的证明文件（《监察法》第 41 条第 1 款；《刑事诉讼法》第 122 条第 1 款；《公安规定》第 205 条第 1 款；《高检规则》第 205 条第 1 款）。据此，一般情况下，侦查或者调查人员可以根据不同情况，在现场、证人所在单位、住处或者证人提出的地点进行询问，以方便群众，减轻证人的思想顾虑，节省证人的时间，同时也有利于获得证人所在单位的支持，了解证人的情况。在必要的时候，如为了保守侦查或者调查秘密，保护证人安全，防止证人的单位、亲属或其他人的干扰，保障证人如实提供证言，也可以通知证人到侦查或者调查机关接受询问。

人民检察院在侦查过程中，应当及时询问证人，并且告知证人履行作证的权利和义务。询问证人，应当由检察人员进行。询问的时候，检察人员不得少于 2 人（《高检规则》第 203 条第 1 款、第 204 条）。

监察委员会在调查过程中询问证人，由调查人员二人以上进行（《监察法》第 41 条第 1 款）。

2. 询问证人应当个别进行（《刑事诉讼法》第 122 条第 2 款；《公安规定》第 205 条第 2 款；《高检规则》第 205 条第 2 款）。据此，同一案件有几个证人需要询问的时候，侦查或者调查人员应当对每个证人分别进行询问；询问某一证人时，不得有其他证人在场，也不允许采用开座谈会的形式，让证人集体讨论和作证。这是因为，询问证人只有个别进行，才能使证人独立地提供自己所知道的案件情况，防止证人之间互相影响，根据他人的陈述剪裁自己的证言，从而无法判断证言的可靠性。

3. 询问前的准备。询问前，应当了解证人、被害人的身份，证人、被调查人或者犯罪嫌疑人、被害人之间的关系（《公安规定》第 206 条）。

4. 询问证人的步骤、方法。《刑事诉讼法》第 123 条规定：“询问证人，应当告知他应当如实地提供证据、证言和有意作伪证或者隐匿罪证要负的法律责任。”

询问证人，应当问明证人的基本情况以及与当事人的关系，并且告知证人应当如实地提供证据、证言和有意作伪证或者隐匿罪证要负的法律责任，但是不得向证人泄露案情或者表示对案件的看法，严禁采用暴力、威胁等非法方法询问证人、被害人（《公安规定》第 206 条；《高检规则》第 206 条）。侦查或者调查人员询问证人应当首先让他把知道的案件情况连续地陈述出来，然后再就其陈述中不清楚、不全面或者有矛盾的地方以及其他需要查明的事实情节，向他提问，要求他回答。在证人陈述时，侦查或者调查人员不宜随意打断，以保证其记忆的连贯性和陈述的客观性。对证人陈述的事实，应当问明来源和根据，并注意查明证人得知案件情况时的主观和客观条件。

5. 询问未成年人证人的特殊要求。询问不满 18 周岁的证人，适用讯问未成年犯罪嫌疑人的规定（《刑事诉讼法》第 270 条第 5 款）。据此，为了减轻未成年人的思想压力，增强其心理承受能力，保证其如实作证，侦查或者调查人员在询问不满 18 周岁的证人时，应当通知其法定代理人到场。询问女性未成年证人，应当有女工作人员在场。

6. 询问证人的禁止性规定。《监察法》第 40 条第 2 款、《刑事诉讼法》第 50 条规定，严禁刑讯逼供和以威胁、引诱、欺骗以及其他非法的方法收集证据。这里的收集证据包括询问证人。《刑事诉讼法》第 54 条规定，采用暴力、威胁等非法的方法收集的证人证言，不能作为指控犯罪或者定案的根据。此外，询问中，涉及证人隐私的，应当保守秘密。

7. 询问笔录的制作。询问证人，应当制作询问笔录。询问笔录是重要的证据材料，应当客观、真实和详细，力求反映证人作证的原意。根据《监察法》第 41 条第 1 款、《刑事诉讼法》第 124 条和第 120 条的规定，询问笔录应当交证人核对，对于没有阅读能力的证人，应当向他宣读；如果记载有遗漏或者差错，证人可以提出补充或者改正；证人承认笔录没有错误后，应当签名或者盖章。侦查或者调查人员也应当在笔录上签名；证人请求自行书写证词的，应当准许，必要的时候，侦查或者调查人员也可以要求证人亲笔书写证词。

#### （二）询问被害人的程序

询问被害人，是指侦查或者调查人员依照法定程序以言词方式，就被害人遭受侵害的事实和犯罪人的有关情况向被害人进行调查了解的一种活动。被害人陈述是一个重要的证据种类。由于被害人受到犯罪行为的直接侵害，一般与被调查人、犯罪嫌疑人有过直接的接触，对犯罪事实有切身感受，因此及时、正确地询问被害人，对于收集证据，查明犯罪事实，查获犯罪人，进而惩罚犯罪和保护被害人的合法权益，均具有十分重要的意义。

询问被害人适用询问证人的程序（《刑事诉讼法》第 125 条；《高检规则》第 208 条）。但是，由于被害人受到犯罪行为的直接侵犯，是刑事诉讼的当事人，与案件有着直接的利害关系，在诉讼中与证人的地位不同，因此询问被害人除了应当遵守询问证人的各项规定以外，还应当注意被害人害怕打击报复或顾及名誉、情面的特殊心理和了解被调查人、犯罪嫌疑人更多情况的特点，耐心做好被害人的思想工作，使其如实陈述；对伤势较重、有生命危险的被害人，要及时询问并尽可能地进行录音录像；要采取有效措施保障被害人的人身安全；对于被害人的个人隐私，应当为他保守秘密。另外，第一次询问被害人时，应当告知他有提起附带民事诉讼的权利。

### 三、勘验、检查

#### （一）勘验、检查的概念和意义

勘验、检查，是指侦查或者调查人员对与犯罪有关的场所、物品、尸体或者人身进行勘查、勘验或检查，以发现和收集犯罪活动所遗留的各种痕迹和物品的一种活动。勘验、检查的性质是一样的，只是对象不同。其中，勘验的对象是现场、物品和尸体，而检查的对象则是活人的身体。按照对象和内容的不同，勘验、检查可以分为现场勘查、物品检验、尸体检验、人身检查四种。

《监察法》第 26 条、《刑事诉讼法》第 126 条规定，侦查或者调查人员对于与犯罪有关的场所、物品、人身、尸体应当进行勘验或者检查。在必要的时候，可以指派或者聘请具有专门知识的人，在侦查或者调查人员的主持下进行勘验、检查。

勘验、检查是一种极其重要的侦查或者调查行为，是发现和获取证据、查明案情的重要手段，对侦查或者调查有着特别重要的意义：首先，通过勘验、检查，可以发现和提取犯罪活动所遗留的各种痕迹和物品。这些痕迹和物品大多是原始证据即“第一手材料”，对查明犯罪事实和正确认定案情往往起着关键的作用。其次，通过对所获得的各种痕迹和物品的分析研究，可以判明案件的性质，了解被调查人、犯罪嫌疑人的特征，明确侦查或者调查的方向和范围，为查清事实提供线索和证据。

根据监察法、刑事诉讼法以及相关规定，勘验、检查的基本程序是：

1. 勘验、检查由侦查或者调查人员进行，必要的时候可以指派或者聘请具有专门知识的人，在侦查或者调查人员的主持下进行。

侦查或者调查人员对于与犯罪有关的场所、物品、人身、尸体都应当进行勘验或者检查，利用各种技术手段，及时提取与案件有关的痕迹、物证、生物样本等。在必要的时候，可以指派或者聘请具有专门知识的人，在侦查或者调查人员的主持下进行勘验、检查（《监察法》第26条；《公安规定》第208条；《高检规则》第209条）。

2. 调查人员采取勘验检查措施，应当依照规定出示证件，出具书面通知（《监察法》第41条第1款）。侦查人员执行勘验、检查，必须持有人民检察院或者公安机关的证明文件（《刑事诉讼法》第128条）。公安机关执行勘查的侦查人员勘查现场，应当持有《刑事犯罪现场勘查证》（《公安规定》第209条第2款）。人民检察院进行勘验、检查，应当持有检察长签发的勘查证（《高检规则》第210条第1款）。

3. 侦查人员应当邀请与案件没有利害关系的人作为见证人参加勘验、检查工作，以保证勘验、检查的客观性；勘验时，人民检察院应当邀请2名与案件无关的见证人在场（《公安规定》第210条；《高检规则》第211条）。

4. 人民检察院要求复验、复查的，侦查机关应当及时进行复验、复查，并可以通知人民检察院派员参加（《公安规定》第215条）。

5. 勘验、检查的情况应当写成笔录，由参加勘验、检查的人和见证人签名或者盖章（《监察法》第41条；《公安规定》第211条、第212条第4款；《高检规则》第215条）。

（二）现场勘查

现场勘查，是侦查或者调查人员对犯罪分子实施犯罪的地点以及遗留有犯罪痕迹和物品的场所进行勘查的一种活动。勘查现场的任务，是查明犯罪现场的情况，发现和收集证据，研究分析案情，判断案件性质，确定侦查或者调查方向和范围，为破案提供线索和证据。需要迅速采取搜索、追踪、堵截、鉴别、控制销赃等紧急措施的，应当立即报告负责本案侦查或者调查的指挥人员。对犯罪现场进行勘查，应当遵守下列程序：

1. 犯罪现场的保护。《刑事诉讼法》第127条规定：“任何单位和个人，都有义务保护犯罪现场，并且立即通知公安机关派员勘验。”同时，发案地派出所、巡警等部门应当妥善保护犯罪现场和证据，控制犯罪嫌疑人，并立即报告公安机关主管部门（《公安规定》第209条第1款）。

2. 现场勘查的指挥和执行人员。现场勘查，由县级以上公安机关侦查部门负责。一般案件的现场勘查，由侦查部门负责人指定的人员现场指挥；重大、特别重大案件的现场勘查由侦查部门负责人现场指挥。必要时，发案地公安机关负责人应当亲自到现场指挥。

3. 现场勘查的具体要求。首先，应当向发现人、报案人、现场保护人了解现场的原始情况，然后圈定勘查范围，先外后内，先重点后一般，有计划、有步骤地进行。其次，应当认真、仔细观察现场每个物品和痕迹的特征、位置、状态，分析其相互联系，并采用有关技术手段发现、提取和保全证据。再次，对案发现场的被害人，应及时送往附近医院救治；对尸体应先予必要的检查，如果需要，再由法医依法进行解剖和检验；在计算机犯罪的现场，应立即采取措施保护计算机及其相关设备中存储的信息。

4. 现场勘查笔录的制作。勘查现场，应当拍摄现场照片、绘制现场图，制作笔录，由参加勘查的人和见证人签名。对重大案件的现场，应当录像（《公安规定》第 211 条）。现场勘查笔录应当客观、准确而又全面地反映现场的实际情况和侦查或者调查人员的勘查活动，其内容包括：勘查的时间，现场所在的地点、位置及其与周围环境的关系，现场物品变动和破坏情况，犯罪嫌疑人遗留在现场的各种痕迹、物品及其位置和特征，提取痕迹、物品的情况，并附上拍摄的图片。侦查或者调查人员、其他参加勘查的人员和见证人应当在现场勘查笔录上签名，并注明时间。

（三）物品检验

物品检验，是指侦查或者调查人员对已经收集到的物品及其痕迹进行检查和验证，以确定其与案件有无联系的一种活动。

侦查或者调查人员对物品进行检验，应当注意以下几点：(1) 要仔细地查验物品上的特征，如单据上被涂改的痕迹、鞋底上的花纹等；对于在现场收集的物品，还要注意它与周围环境的关系，并分析研究物品的特征和痕迹的变化情况。(2) 通过分析研究，要确定该物品及其痕迹与案件事实有无联系以及有何种联系。(3) 对物品的特征，如果侦查或者调查人员不能判断时，应当指派或者聘请具有专门知识的人进行鉴定。

检验物品，应当制作检验笔录，详细记载检验的过程、物品及其痕迹的特征，如物品的大小、形状、尺寸、重量、颜色、商标、号码和痕迹的位置、大小、深度、长度、形态、性质等。侦查或者调查人员、其他参加检验的人员和见证人应当在物品检验笔录上签名或者盖章，并注明时间。

（四）尸体检验

尸体检验，是在侦查或者调查人员的主持下，由法医或者医生对非正常死亡者的尸体进行检验或者解剖的一种活动。其目的在于确定死亡的原因，判断死亡的时间、致死的工具、致死的手段和方法，以便分析研究案情，认定案件的性质，为破案提供线索和证据。尸体检验应当及时进行，以防止尸体上的痕迹或现象因尸体的变化和腐烂而消失。尸体检验分为尸表检验和尸体解剖两种。

尸表检验，是指对尸体外部表面的检验，其具体做法是：(1) 在检验前，应仔细察看尸体的位置、姿态，尸体周围的环境和情况，注意发现尸体周围痕迹和物品的情况，以免在进行尸体检验时对其他痕迹、物品造成破坏，影响其证据价值；(2) 对尸体的衣着、身长、体格状况、皮肤情况进行观察、测量，检验尸体是否出现尸斑、尸僵或腐败等现象，其程度如何；(3) 注意观察尸体各部位是否有损伤，损伤的具体位置、形状、大小、深度和方向等，尸体隐蔽部位（如口、鼻、眼、指甲、腋下、阴部等）有无附着物。

尸体解剖，是指对尸体内部器官进行的检验。《刑事诉讼法》第 129 条规定："对于死因不明的尸体，公安机关有权决定解剖，并且通知死者家属到场。"

在公安机关侦查的案件中，为了确定死因，经县级以上公安机关负责人批准，可以解剖尸体或者开棺检验，并且通知死者家属到场，并让其在《解剖尸体通知书》上签名。死者家属无正当理由拒不到场或者拒绝签名的，不影响解剖或者开棺检验，但是应当在《解剖尸体通知书》上注明。对于身份不明的尸体，无法通知死者家属的应当在笔录中注明。对于已查明死因，没有继续保存必要的尸体，应当通知家属领回处理，对无法通知或者通知后家属拒绝领回的，经县级以上公安机关负责人批准，可以及时处理（《公安规定》第 213 条、第 214 条）。

在人民检察院直接侦查的案件中，人民检察院决定解剖死因不明的尸体时，应当通知死者家属到场，并让其在解剖通知书上签名或者盖章。死者家属无正当理由拒不到场或者拒绝签名、盖章的，不影响解剖的进行，但是应当在解剖通知书上记明。对于身份不明的尸体，无法通知死者家属的，应当记明笔录（《高检规则》第 212 条）。

在监察委员会调查的案件中，对死因不明的尸体，监察委员会有权决定解剖。

解剖应严格按照卫生部《解剖尸体规则》进行，应注意尊重当地群众的风俗习惯，保持尸体外貌的完整。

（五）人身检查

人身检查，是指监察委员会、公安机关或者人民检察院在侦查或者调查过程中，为了确定被害人、被调查人或者犯罪嫌疑人的某些特征、伤害情况或者生理状态，对其人身进行检验、查看，以及提取指纹信息、采集血液、尿液等生物样本的一种活动。

人身检查需要遵守的规定有：

1. 人身检查只能由侦查或者调查人员进行，必要时可以指派、聘请法医或者医师参加，采集血液等生物样本应当由医师进行（《高检规则》第 213 条第 2 款）；

2. 犯罪嫌疑人如果拒绝检查，侦查人员认为必要的时候，可以强制检查或者强制提取指纹信息、采集血液、尿液等生物样本。但是对被害人不得强制检查（《刑事诉讼法》第 130 条第 2 款；《公安规定》第 212 条第 2 款；《高检规则》第 213 条第 3 款）；

3. 检查妇女的身体，应当由女工作人员或者医师进行（《刑事诉讼法》第 130 条第 3 款；《公安规定》第 212 条第 3 款；《高检规则》第 213 条第 4 款）。

4. 被害人死亡的，应当通过被害人近亲属辨认、提取生物样本鉴定等方式确定被害人身份（《公安规定》第 212 条第 1 款）。

人身检查的情况应当写成笔录，由侦查或者调查人员、其他进行检查的人员和见证人签名或者盖章（《刑事诉讼法》第 131 条；《公安规定》第 212 条第 4 款；《高检规则》第 215 条）。人身检查笔录还应当注明进行检查的时间。

## 四、侦查实验

侦查实验，是指为了确定与案件有关的某一事件或者事实在某种条件下能否发生或者怎样发生而按照原来的条件，将该事件或者事实加以重演或者进行试验的一种侦查活动。

《刑事诉讼法》第 133 条规定："为了查明案情，在必要的时候，经公安机关负责人批准，可以进行侦查实验。"据此，侦查实验并不是每个刑事案件必须进行的程序，只有在必要时才可以进行。侦查实验的任务是：（1）确定在一定条件下能否听到或者看到；（2）确定在一定时间内能否完成某一行为；（3）确定在什么条件下能够发生某种现象；（4）确定在某种条件下某种行为和某种痕迹是否吻合一致；（5）确定在某种条件下使用某种工具可能或者不可能留下某种痕迹；（6）确定某种痕迹在什么条件下会发生变异；（7）确定某种事件怎样发生。

实践证明，侦查实验是审查证人证言、被害人陈述、犯罪嫌疑人供述和辩解是否符合实际情况，是否客观真实，能否作为定案根据的有效方法，可以为侦查人员判明案情、认定案件事实提供可靠的依据。

根据刑事诉讼法和有关规定，进行侦查实验应当遵守以下程序和要求：

1. 侦查实验应当经县级以上公安机关负责人批准（《公安规定》第 216 条），并由侦查人员负责进行；在进行侦查实验时，应当邀请见证人在场，如果需要某种专门知识，应当聘请有关专业人员参加。必要时，也可以要求犯罪嫌疑人、被害人、证人参加。公安机关进行侦查实验，可以商请人民检察院派员参加。

人民检察院在侦查过程中，为了查明案情，在必要的时候，经检察长批准，可以进行侦查实验（《高检规则》第 216 条第 1 款）。侦查实验，在必要的时候可以聘请有关人员参加，也可以要求犯罪嫌疑人、被害人、证人参加（《高检规则》第 217 条）。

2. 侦查实验既可以在现场勘验过程中进行，也可以单独进行。在进行侦查实验前，一般应拟定侦查实验计划，确定实验的目的、实验的时间和地点、实验的工具和物品、实验的任务、实验的顺序和方法以及参加人员等。

3. 侦查实验的条件应与原来的条件相同或相似，并且尽可能对同一情况重复实验，以保证侦查实验的科学性和准确性。

4. 进行侦查实验，禁止一切足以造成危险、侮辱人格或者有伤风化的行为（《刑事诉讼法》第 133 条第 3 款；《公安规定》第 216 条第 3 款；《高检规则》第 216 条第 2 款）。

5. 侦查实验应当制作笔录，写明实验的目的、实验的时间和地点、实验的条件以及实验的经过和结果，并由进行实验的侦查人员、其他参加人员和见证人签名或者盖章。实验的照片、绘图应附入侦查实验笔录。必要时，应当对侦查实验过程进行录音或者录像（《刑事诉讼法》第 133 条第 2 款；《公安规定》第 216 条第 2 款；《高检规则》第 218 条）。

## 五、搜查

### （一）搜查的概念和程序

搜查，是指侦查或者调查人员对被调查人、犯罪嫌疑人以及可能隐藏罪犯或者犯罪证据的人的身体、物品、住处和其他有关的地方进行搜索检查的一种侦查活动。

搜查的任务是发现和收集犯罪证据，查获犯罪人。《刑事诉讼法》第 135 条规定："任何单位和个人，有义务按照人民检察院和公安机关的要求，交出可以证明犯罪嫌疑人有罪或者无罪的物证、书证、视听资料等证据。"人民检察院有权要求有关单位和个人，交出能够证明犯罪嫌疑人有罪或者无罪以及犯罪情节轻重的证据（《高检规则》第 219 条）。检察人员可以凭人民检察院的证明文件，向有关单位和个人调取能够证实犯罪嫌疑人有罪或者无罪以及犯罪情节轻重的证据材料，并且可以根据需要拍照、录像、复印和复制。（《高检规则》第 231 条）。对于拒不交出的，侦查机关有权决定搜查。

为了收集犯罪证据，查获犯罪人，侦查或者调查人员可以对被调查人、犯罪嫌疑人以及可能隐藏罪犯或者犯罪证据的人的身体、物品、住处、工作地点和其他有关的地方进行搜查（《监察法》第 24 条；《刑事诉讼法》第 134 条；《公安规定》第 217 条；《高检规则》第 220 条）。因此，凡是可能隐藏罪犯或者犯罪证据的人的身体、物品、住处和其他有关的地方，侦查或者调查机关都可以进行搜查。正确地进行搜查，对于及时揭露、证实和惩罚犯罪，具有十分重要的意义。

由于搜查涉及公民的人身自由和住宅不受侵犯的权利，因此必须严格依法进行。根据监察法、刑事诉讼法和有关规定，搜查应当遵守下列程序：

1. 侦查或者调查人员进行搜查，既可以在勘验、检查时进行，也可以在执行逮捕、拘留时进行，还可以单独进行。搜查前，应当了解被搜查对象的基本情况、搜查现场及周围环境，确定搜查的范围和重点，明确搜查人员的分工和责任。

公安机关侦查的案件，搜查须经县级以上公安机关负责人批准（《公安规定》第 217 条）；人民检察院直接受理的案件，搜查证由检察长签发（《高检规则》第 221 条第 2 款）。

2. 进行搜查，必须向被搜查人出示《搜查证》，执行搜查的侦查或者调查人员不得少于 2 人（《监察法》第 24 条第 1 款，第 41 条第 1 款；《刑事诉讼法》第 136 条；《公安规定》第 218 条）。

执行拘留、逮捕的时候，遇有下列紧急情况之一的，不用《搜查证》也可以进行搜查：(1) 可能随身携带凶器的；(2) 可能隐藏爆炸、剧毒等危险物品的；(3) 可能隐匿、毁弃、转移犯罪证据的；(4) 可能隐匿其他犯罪嫌疑人的；(5) 其他突然发生的紧急情况（《公安规定》第 219 条）。

在人民检察院侦查的案件中，进行搜查，应当向被搜查人或者他的家属出示搜查证。在执行逮捕、拘留的时候，遇有紧急情况，不另用搜查证也可以进行搜查。但搜查结束后，搜查人员应当及时向检察长报告，及时补办有关手续（《高检规则》第 221 条第 1 款；第 224 条）。

3. 搜查时，应当有被搜查人或者他的家属、邻居或者其他见证人在场，并且对被搜查人或其家属说明阻碍、妨碍公务应负的法律责任（《监察法》第 24 条第 1 款；《刑事诉讼法》第 137 条第 1 款；《公安规定》第 220 条第 1 款；《高检规则》第 225 条第 1 款）。搜查时，如果遇到阻碍，可以强制进行搜查。对以暴力、威胁方法阻碍搜查的，应当予以制止，或者由司法警察将其带离现场；对于构成犯罪的，应当依法追究刑事责任（《高检规则》第 226 条）。

4. 搜查妇女的身体，应当由女工作人员进行（《监察法》第 24 条第 2 款；《刑事诉讼法》第 137 条第 2 款；《公安规定》第 220 条第 3 款；《高检规则》第 225 条第 2 款）。

5. 搜查情况应当制作笔录，由侦查或者调查人员和被搜查人或者他的家属、邻居或者其他见证人签名或者盖章。如果被搜查人或者他的家属在逃，或者拒绝签名、盖章的，应当记明笔录（《监察法》第 41 条第 1 款；《刑事诉讼法》第 138 条；《公安规定》第 221 条；《高检规则》第 229 条）。监察委员会调查的案件中，采取搜查措施应当对全过程进行录音录像，留存备查（《监察法》第 41 条第 2 款）。

（二）搜查应注意的几个问题

1. 人民检察院在搜查前，应当了解被搜查对象的基本情况、搜查现场及周围环境，确定搜查的范围和重点，明确搜查人员的分工和责任（《高检规则》第 222 条）。搜查应当在检察人员的主持下进行，可以有司法警察参加。必要的时候，可以指派检察技术人员参加或者邀请当地公安机关、有关单位协助进行（《高检规则》第 223 条）。

2. 搜查应当全面、细致、及时，并且指派专人严密注视搜查现场的动向（《高检规则》第 227 条）。搜查应当全面、细致、及时，并应根据不同的搜查对象，采取不同的搜查方法。例如，搜查人身，应站在被搜查人的背后，自上而下进行，并要注意比较隐蔽或者容易被忽视的部位；搜查箱、柜等体积大的物品，要注意其中装有的衣服等物品或在夹层中寻找与案件有关的证据材料；搜查住宅、办公室或者露天场所，应当分段进行，并指派专人对被搜查人进行监视，以观察其表情和防止其转移罪证。

3. 进行搜查的人员，应当遵守纪律，服从指挥，文明执法，不得无故损坏搜查现场的物品

(《高检规则》第 228 条)。为了收集和提取证据或者查获犯罪人而不得不损坏财物时，应尽量将损失控制在最低限度。

4. 监察委员会进行搜查时，可以根据工作需要提请公安机关配合。公安机关应当依法予以协助(《监察法》第 24 条第 3 款)。

## 六、查封、扣押物证、书证

查封、扣押物证、书证，是指侦查或者调查机关依法强行扣留和提存与案件有关的物品(包括视听资料，下同)和文件的一种活动。根据《监察法》第 25 条、《刑事诉讼法》第 139 条的规定，侦查或者调查机关只能扣押能够证明被调查人、犯罪嫌疑人有罪或者无罪的财物和文件，与案件无关的财物和文件，不得扣押。

为保障公民、法人和其他组织的财产权利和其他权利不受侵犯，监察法、刑事诉讼法和有关规定对扣押物证、书证规定了严格的程序。具体如下：

1. 扣押物证、书证，既可以在勘验、检查或搜查时进行，也可以单独进行。

监察委员会在调查过程中，可以调取、查封、扣押用以证明被调查人涉嫌犯罪的财物、文件和电子数据等信息(《监察法》第 25 条第 1 款)。

公安机关在勘查、搜查中发现的可用以证明犯罪嫌疑人有罪或者无罪的物品和文件应当扣押；但与案件无关的物品、文件，不得扣押。持有人拒绝交出应当扣押的物品、文件的，公安机关可以强行扣押。在现场勘查或者搜查中需要扣押物品、文件的，由现场指挥人员决定；但价值较高或者可能严重影响生产经营的，以及不动产、不宜移动的特定动产需要查封的，应当经县级以上公安机关负责人批准并制作决定书(《公安规定》第 222 条、第 223 条)。

人民检察院在勘验、搜查中发现的可以证明犯罪嫌疑人有罪、无罪或者犯罪情节轻重的各种文件、资料和其他物品，应当查封或者扣押；与案件无关的，不得查封或者扣押。不能立即查明是否与案件有关的可疑的文件、资料和其他物品，也可以查封或者扣押，但是应当及时审查。经查明确实与案件无关的，应当在 3 日以内解除查封或者予以退还。持有人拒绝交出应当查封、扣押的财物和文件的，可以强制查封、扣押(《高检规则》第 234 条)。

2. 执行扣押物品、文件的侦查或者调查人员不得少于 2 人，并持有有关法律文书(《监察法》第 41 条第 1 款；《公安规定》第 224 条)。在扣押时，侦查或者调查人员可以责令持有人主动交出应当扣押的物品、书证；对于持有人拒绝交出的，侦查或者调查人员可以强行扣押。

3. 侦查人员应当依法办理扣押手续。

监察委员会采取查封、扣押措施，应当会同持有人或者保管人、见证人，当面逐一拍照、登记、编号，开列清单，由在场人员当场核对、签名，并将清单副本交财物、文件的持有人或者保管人。同时，应当对全过程进行录音录像，留存备查(《监察法》第 25 条第 1 款，第 41 条第 2 款)。公安机关对查封、扣押的财物和文件，应当会同在场证人和被查封、扣押财物、文件的持有人查点清楚，当场开列《查封、扣押清单》一式三份，写明财物或者文件的名称、编号、数量、特征及来源等，由侦查人员、持有人和见证人签名或者盖章后，一份交给持有人，一份交给公安机关保管人员，一份附卷备查(《公安规定》第 225 条)。人民检察院对于扣押的文件、资料和其他物品，按照以上的要求当场开列查封、扣押物品清单一式四份，一份交给持有人，一份交保管人，一份附卷，一份保存。如果持有人拒绝签名或者盖章的，应当在扣押物品清单上记明。对于扣押的外币、金银珠宝、文物、名贵字画、违禁品以及其他不易辨别真伪的贵重物品，应当在拍照或者录像后当场密封，并由扣押人员、见证人和被扣押物品持有人在密封材料上签名或者盖章（《高检规则》第236条）。

对于作为犯罪证据但是不便提取的物品、文件，经登记、拍照或者录像、估价后，可以交财物、文件持有人保管或者封存，并且单独开具《登记保存清单》一式二份，在清单上注明已经拍照或者录像，物品、文件持有人应当妥善保管，不得转移、变卖、毁损，由侦查人员或者检察人员、见证人和持有人签名或者盖章，一份交给物品、文件持有人，另一份连同照片或者录像带附卷备查（《公安规定》第226条；《高检规则》第237条）。

4. 扣押邮件、电报应严格依法进行。《刑事诉讼法》第141条规定："侦查人员认为需要扣押犯罪嫌疑人的邮件、电报的时候，经公安机关或者人民检察院批准，即可通知邮电机关将有关的邮件、电报检交扣押。"

扣押犯罪嫌疑人的邮件、电子邮件、电报，应当经县级以上公安机关负责人或者检察长批准，制作扣押通知书，通知邮电部门或者网络服务单位检交扣押。不需要继续扣押的时候，应当经县级以上公安机关负责人或者检察长批准，签发解除扣押通知书，立即通知邮电部门或者网络服务单位（《公安规定》第227条；《高检规则》第238条）。

5. 扣押物证、书证后的保管和处理。

对于查封、扣押的财物及其孳息、文件，有关机关应当妥善保管，不得使用、调换、损毁或者自行处理。经查明确实与案件无关的，应当在3日以内解除扣押，退还原主或者原邮电机关（《监察法》第25条；《公安规定》第228条、第230条；《高检规则》第240条）。对于电子邮件，也应按照以上规定处理。

对容易腐烂变质及其他不易保管的财物，可以根据具体情况，经县级以上公安机关负责人批准，在拍照或者录像后委托有关部门变卖、拍卖，变卖、拍卖的价款暂予保存，待诉讼终结后一并处理。对违禁品，应当依照国家有关规定处理；对于需要作为证据使用的，应当在诉讼终结后处理（《公安规定》第230条）。

## 七、查询、冻结存款、汇款、债券、股票、基金份额

查询、冻结存款、汇款、债券、股票、基金份额，是指侦查或者调查机关根据追查犯罪的需要而依法向银行或者其他金融机构、邮电机关查询犯罪嫌疑人的存款、汇款、债券、股票、基金份额，在必要时予以冻结的一种活动。监察委员会、公安机关、人民检察院根据追查犯罪的需要，可以依照规定查询、冻结被调查人、犯罪嫌疑人的存款、汇款（《监察法》第23条；《公安规定》第231条；《高检规则》第241条）。查询、冻结与案件有关的单位的存款、汇款的办法和自然人相同（《高检规则》第246条）。

查询、冻结存款、汇款、债券、股票、基金份额（以下简称"存款、汇款"），应当注意以下几个方面的问题：

1. 需要查询、冻结存款、汇款，应当经过县级以上侦查或者调查机关负责人批准，制作协助查询财产通知书或者协助冻结财产通知书，通知金融机构等单位执行。（《公安规定》第232条、第233条；《高检规则》第242条）。

对冻结的债券、股票、基金份额等财产，应当告知当事人或者其法定代理人、委托代理人有权申请出售（《公安规定》第237条；《高检规则》第244条）。

2. 查询、冻结的存款、汇款只限于被调查人或者犯罪嫌疑人的存款、汇款。其中，"存款"

既包括以他的真名、化名存入的款项，也包括是他的犯罪所得而以其家庭成员或者亲朋好友的名字存入的款项。如果一时分不清是否属于被调查人或者犯罪嫌疑人的存款，但为了追查犯罪的需要又需要查询、冻结的，可以先查询、冻结，然后根据情况再作处理。“汇款”既包括他汇出的款项，又包括其他单位和个人汇给他的款项。对于不属于被调查人或者犯罪嫌疑人的存款、汇款，则不得查询、冻结。

3. 犯罪嫌疑人的存款、汇款已经被冻结的，人民检察院或者公安机关不得重复冻结，但是应当要求有关银行或者其他金融机构、邮电机关在解除冻结或者作出处理前通知人民检察院（《公安规定》第 235 条；《高检规则》第 243 条）。所谓“不得重复冻结”，是指不论犯罪嫌疑人的存款、汇款是由于哪一种原因由哪一个机关依法冻结的，侦查机关都不得再次采取冻结措施。

4. 冻结存款的期限为 6 个月，冻结债券、股票、基金份额等证券的期限为 2 年。有特殊原因需要延长的，公安机关应当在冻结期满前办理继续冻结手续。每次续冻期限最长不超过 6 个月，债券、股票、基金份额不得超过 2 年。逾期不办理继续冻结手续的，视为自动撤销冻结（《公安规定》第 236 条）。

5. 冻结存款、汇款后应分别情况作出处理：

（1）不需要继续冻结犯罪嫌疑人的存款、汇款时，应当经县级以上公安机关负责人批准，制作《协助解除冻结财产通知书》，通知金融机构等单位执行（《公安规定》第 234 条）。

（2）对于冻结的存款、汇款，经查明确实与案件无关的，应当在 3 日以内通知金融机构等单位解除冻结，并通知被冻结存款、汇款的所有人（《监察法》第 23 条第 2 款；《公安规定》第 238 条；《高检规则》第 245 条）。

## 八、鉴定

鉴定，是指侦查或者调查机关指派或者聘请具有专门知识的人，就案件中某些专门性问题进行鉴别判断并写出意见的一种活动。

在侦查或者调查过程中，侦查或者调查人员对于某些专门性问题，依法指派或者聘请具有专门知识的人进行鉴定，可以对与案件有关的物品、文件、痕迹、人身和尸体等证据材料的真伪依据科学原理或者经验、技能作出判断，从而有效地查明案件事实，正确认定案情，为惩罚犯罪、保护无辜提供有力的根据。

监察委员会、公安机关或者人民检察院为了查明案情，解决案件中某些专门性的问题，可以指派、聘请有专门知识的人进行鉴定（《监察法》第 27 条；《公安规定》第 239 条；《高检规则》第 247 条）。

### （一）鉴定人的条件和鉴定的对象

为了保证鉴定意见的科学性、准确性和客观性，鉴定人应具备以下三个条件：（1）必须是经省级人民政府司法行政部门依照法定程序和条件登记的鉴定人。（2）必须是经监察委员会、公安机关或者人民检察院指派或者聘请的。（3）不能具有应当回避的情形。

在公安机关侦查的案件中，需要聘请有专门知识的人进行鉴定，应当经县级以上公安机关负责人批准后，制作鉴定《聘请书》（《公安规定》第 239 条）。

在人民检察院直接侦查的案件中，鉴定由检察长批准，由人民检察院技术部门有鉴定资格的人员进行。必要的时候，也可以聘请其他有鉴定资格的人员进行，但是应当征得鉴定人所在单位的同意。具有《刑事诉讼法》第 28 条、第 29 条规定的应当回避的情形的，不能担任鉴定人（《高检规则》第 248 条）。

鉴定人故意作虚假鉴定的，应当承担法律责任（《公安规定》第 247 条第 2 款；《高检规则》第 251 条）。

根据《监察法》第 27 条、《刑事诉讼法》第 144 条的规定，鉴定的对象是案件中的某些专门性问题。鉴定的范围，包括刑事技术鉴定、人身伤害的医学鉴定、精神病的医学鉴定、扣押物品的价格鉴定、文物鉴定、珍稀动植物及其制品鉴定、违禁品和危险品鉴定、电子数据鉴定等。刑事技术鉴定的范围，必须是与查明案情有关的物品、文件、电子数据、痕迹、人身、尸体等。2005 年全国人大常委会通过的《司法鉴定决定》第 17 条规定了三种鉴定的具体内容：(1) 法医类鉴定，包括法医病理鉴定、法医临床鉴定、法医精神病鉴定、法医物证鉴定和法医毒物鉴定。(2) 物证类鉴定，包括文书鉴定、痕迹鉴定和微量鉴定。(3) 声像资料鉴定，包括对录音带、录像带、磁盘、光盘、图片等载体上记录的声音、图像信息的真实性、完整性及所反映的情况过程进行的鉴定和对记录的声音、图像中的语言、人体、物体作出种类或者同一认定。

（二）鉴定的程序

根据监察法、刑事诉讼法和有关规定，鉴定应当按照下列程序进行：

1. 监察委员会、公安机关或者人民检察院应当为鉴定人进行鉴定提供必要条件，及时向鉴定人送交有关检材和对比样本等原始材料，介绍与鉴定有关的情况，并且明确提出要求鉴定解决的问题。禁止暗示或者强迫鉴定人作出某种鉴定意见（《公安规定》第 240 条；《高检规则》第 249 条）。

2. 鉴定人应当按照鉴定规则，运用科学方法进行鉴定。鉴定后，应当出具鉴定意见，并在鉴定意见书上签名，同时附上鉴定机构和鉴定人的资质证明或者其他证明文件。多人参加鉴定，鉴定人有不同意见的，应当注明（《监察法》第 27 条；《公安规定》第 242 条；《高检规则》第 250 条）。

3. 在公安机关侦查的案件中，办案部门或者侦查人员认为鉴定意见不确切或者有错误，经县级以上公安机关负责人批准，可以补充鉴定或者重新鉴定（《公安规定》第 245 条、第 246 条）。

在人民检察院直接侦查的案件中，检察人员应当对鉴定意见进行审查，必要的时候，可以提出补充鉴定或者重新鉴定的意见，报检察长批准后进行补充鉴定或者重新鉴定。检察长也可以直接决定进行补充鉴定或者重新鉴定（《高检规则》第 252 条）。

公安机关或者人民检察院决定重新鉴定的，应当另行指派或者聘请鉴定人（《公安规定》第 246 条第 2 款；《高检规则》第 254 条）。

4. 用作证据的鉴定意见，公安机关或者人民检察院办案部门应当告知犯罪嫌疑人、被害人；被害人死亡或者没有诉讼行为能力的，应当告知其法定代理人、近亲属或诉讼代理人。如果犯罪嫌疑人、被害人或被害人的法定代理人、近亲属、诉讼代理人对鉴定意见有异议提出申请，经县级以上公安机关负责人或者检察长批准，可以补充鉴定或者重新鉴定（《公安规定》第 243 条、第 244 条；《高检规则》第 253 条）。在人民检察院直接受理的案件中，经犯罪嫌疑人、被害人申请补充鉴定或者重新鉴定的，应由请求方承担鉴定费用，但原鉴定违反法定程序的，由人民检察院承担（《高检规则》第 253 条第 2 款）。

## 九、辨认

辨认，是指在侦查人员的主持下，由被害人、犯罪嫌疑人或者证人对与犯罪有关的物品、文件、尸体、场所或者犯罪嫌疑人进行辨别和确认的一种侦查活动。通过辨认活动，可以对与犯罪有关的物品、文件、场所的真实性以及死者的身份情况和犯罪嫌疑人是否为作案人予以辨别确认，从而为侦查工作提供线索和证据，进而有利于查明案情，正确认定案件事实，迅速查获犯罪人，为侦查破案提供重要依据。

为了查明案情，在必要的时候，侦查人员或者检察人员可以让被害人、证人和犯罪嫌疑人对与犯罪有关的物品、文件、尸体、场所进行辨认；也可以让被害人、证人对犯罪嫌疑人进行辨认，或者让犯罪嫌疑人对其他犯罪嫌疑人进行辨认（《公安规定》第 249 条；《高检规则》第 257 条第 1 款）。

《刑事诉讼法》第 48 条规定，辨认笔录是证据的一种。根据《公安规定》和《高检规则》，辨认应当符合以下程序和要求：

1. 在公安机关侦查的案件中，辨认应当在侦查人员的主持下进行。主持辨认的侦查人员不得少于 2 人（《公安规定》第 250 条第 1 款）。

在人民检察院直接侦查的案件中，对犯罪嫌疑人进行辨认，应当经检察长批准（《高检规则》第 257 条第 2 款）。辨认应当在检察人员的主持下进行，主持辨认的检察人员不得少于 2 人（《高检规则》第 258 条）。人民检察院主持进行辨认，可以商请公安机关参加或者协助（《高检规则》第 262 条）。

2. 在辨认前，应当向辨认人详细询问被辨认人或者被辨认物的具体特征，禁止辨认人见到被辨认人或者被辨认物，并应当告知辨认人有意作假辨认应负的法律责任（《高检规则》第 258 条）。

3. 几名辨认人对同一被辨认人或者同一物品进行辨认时，应当由每名辨认人单独进行。必要的时候，可以有见证人在场（《公安规定》第 250 条；《高检规则》第 259 条）。由辨认人个别进行，目的在于防止辨认人之间互相影响，作出错误的辨认。

4. 辨认时，应当将辨认对象混杂在其他人员或者物品之中，不得给予辨认人任何暗示（《公安规定》第 251 条第 1 款；《高检规则》第 260 条第 1 款）。

在公安机关侦查的案件中，辨认犯罪嫌疑人时，被辨认的人数不得少于 7 人；对犯罪嫌疑人照片进行辨认的，不得少于 10 人的照片（《公安规定》第 251 条第 1 款）。对犯罪嫌疑人的辨认，辨认人不愿意公开进行时，可以在不暴露辨认人的情况下进行，并应当为其保守秘密（《公安规定》第 252 条）。

在人民检察院直接侦查的案件中，辨认犯罪嫌疑人、被害人时，受辨认人的人数为 5 到 10 人，照片 5 到 10 张。辨认物品时，同类物品不得少于 5 件，照片不得少于 5 张（《高检规则》第 260 条第 2 款、第 3 款）。

5. 辨认经过和结果，应当制作辨认笔录，由侦查人员、辨认人、见证人签名或者盖章。必要时，可以对辨认过程进行录音、录像（《公安规定》第 253 条；《高检规则》第 261 条）。辨认笔录是《刑事诉讼法》第 48 条规定的证据种类之一。

## 十、技术侦查和调查措施

技术侦查措施是指侦查机关采用被侦查对象不知晓的方式，获得有关案件信息和证据的一系列方法的总称，具体包括技术侦查措施、秘密侦查措施、控制下交付等。监察委员会调查职务犯罪时采取上述手段，则称为技术调查措施。

在2012年《刑事诉讼法》中规定技术侦查措施之前，公安机关和国家安全机关也在使用这些侦查手段，其法律根据是《警察法》第16条“公安机关因侦查犯罪的需要，根据国家有关规定，经过严格的批准手续，可以采取技术侦察措施”和《国家安全法》第10条“国家安全机关因侦察危害国家安全行为的需要，根据国家有关规定，经过严格的批准手续，可以采取技术侦察措施”。把技术侦查措施和秘密侦查手段写入《刑事诉讼法》，有利于与《警察法》和《国家安全法》的衔接。

技术侦查或者调查措施是查明犯罪的有效手段，特别是对于没有被害人的犯罪更是如此。例如，在毒品犯罪中，参与的各方都认为有利可图，没有人报案，警察难以发现犯罪，更难以侦破。因此，需要通过这些手段来查明和打击这类犯罪行为。

要求“经严格审批”，是因为这些手段一旦被滥用，将严重危害公民自由和隐私。在英美法系和大陆法系国家，这些手段都必须由法官审批，并且写明范围和时限。我国目前是侦查或者调查机关内部审批，笔者认为从长远观点看，也应当交给法官来审批，以防止这种权力被滥用。

（一）技术侦查措施

1. 适用的案件类型

（1）监察委员会调查的案件。监察机关调查涉嫌重大贪污贿赂等职务犯罪，根据需要，经过严格的批准手续，可以采取技术调查措施，按照规定交有关机关执行（《监察法》第28条第1款）。

（2）公安机关侦查的案件。公安机关在立案后，对于危害国家安全犯罪、恐怖活动犯罪、黑社会性质的组织犯罪、重大毒品犯罪或者其他严重危害社会的犯罪案件，根据侦查犯罪的需要，经过严格的批准手续，可以采取技术侦查措施（《刑事诉讼法》第148条第1款）。具体而言，应当报设区的市一级以上公安机关负责人批准（《公安规定》第256条第1款）。

（3）人民检察院侦查的案件。人民检察院在立案后，对于利用职权实施的严重侵犯公民人身权利的重大犯罪案件，根据侦查犯罪的需要，经过严格的批准手续，可以采取技术侦查措施，按照规定交有关机关执行（《刑事诉讼法》第148条第2款）。

（4）追捕中采用技术侦查措施。追捕被通缉或者批准、决定逮捕的在逃的犯罪嫌疑人、被告人，经过批准，可以采取追捕所必需的技术侦查措施（《刑事诉讼法》第148条第3款）。也就是说，如果应当逮捕的人在逃，无论涉嫌何种类型的犯罪，都可以采用手机定位、电话监听等方式知悉其藏匿地点以便于抓捕。

2. 执行机关

公安机关对于自己侦查的案件，经批准采用技术侦查手段的，公安机关自己采取技术侦查措施。监察委员会调查的职务犯罪案件以及人民检察院直接受理的案件，经批准采用技术侦查手段的，按照规定交有关机关执行，而不能自己执行。

3. 批准决定

《监察法》第28条第2款、《刑事诉讼法》第149条规定了批准决定中应当写明的内容，以防止普遍性、概括性的批准。采取技术侦查或者调查措施，必须严格按照批准的措施种类、适用对象和期限执行。

（1）技术侦查或者调查措施的种类。技术侦查或者调查措施是指技侦部门实施的记录监控、行踪监控、通信监控、场所监控等措施，包括窃听、电话监听、网络监控、手机定位、秘密录音录像、电子监控等方法。批准决定应当根据追查犯罪的需要，确定上述措施中的具体哪一种或者哪几种。

(2) 适用对象。采用技术侦查或者调查手段所针对的对象，包括被追诉人以及与犯罪活动直接关联的人员。批准决定应当根据需要详细列明需要适用技术侦查的对象，要具体到人。

(3) 有效期限。批准决定自签发之日起 3 个月以内有效。对于不需要继续采取技术侦查或者调查措施的，应当及时解除；对于复杂、疑难案件，期限届满仍有必要继续采取技术侦查或者调查措施的，经过批准，有效期可以延长，每次不得超过 3 个月（《监察法》第 28 条第 2 款；《刑事诉讼法》第 149 条）。

4. 保密、销毁和限定用途

侦查或者调查人员对采取技术侦查或者调查措施过程中知悉的国家秘密、商业秘密和个人隐私，应当保密；对采取技术侦查或者调查措施获取的与案件无关的材料，必须及时销毁（《刑事诉讼法》第 150 条第 2 款）。

采取技术侦查或者调查措施获取的材料，只能用于对犯罪的侦查或者调查、起诉和审判，不得用于其他用途（《刑事诉讼法》第 150 条第 3 款）。

5. 有关单位和个人的配合与保密义务

公安机关依法采取技术侦查或者调查措施，有关单位和个人应当配合，并对有关情况予以保密（《刑事诉讼法》第 150 条第 4 款）。

例如，公安机关需要在墙上或者天花板上钻孔以便于使用针孔摄像设备，那么其相邻的邻居就应当提供便利，并且对监控行为保密。

### （二）秘密侦查措施

秘密侦查措施是指有关人员隐匿其身份实施的侦查行为，包括特情、狱情、卧底、警察圈套等方法。广义的秘密侦查还应当包括对被侦查对象保密的侦查措施，包括邮检、跟踪、守候、秘密搜查、秘密提取指纹、生物样本等。

《刑事诉讼法》第 151 条第 1 款规定，为了查明案情，在必要的时候，经公安机关负责人决定，可以由有关人员隐匿其身份实施侦查。但是，不得诱使他人犯罪，不得采用可能危害公共安全或者发生重大人身危险的方法。

### （三）控制下交付

控制下交付是指犯罪行为一直处于侦查人员的监视控制之中，但是为了获取证据或者完成抓捕，而对犯罪行为予以监控的侦查活动。这种方法通常用于走私、毒品案件的侦查。

《刑事诉讼法》第 151 条第 2 款规定，对涉及给付毒品等违禁品或者财物的犯罪活动，公安机关根据侦查犯罪的需要，可以依照规定实施控制下交付。控制下交付须经县级以上公安机关负责人决定（《公安规定》第 263 条）。

### （四）技术侦查或者调查措施、秘密侦查措施和控制下交付获得的证据的使用

根据《刑事诉讼法》第 152 条的规定，采用这三种侦查或者调查措施收集的材料在刑事诉讼中可以作为证据使用。如果使用该证据可能危及有关人员的人身安全，或者可能产生其他严重后果的，应当采取不暴露有关人员身份、技术方法等保护措施，必要的时候，可以由审判人员在庭外对证据进行核实。

根据这条规定，如果秘密情报员出庭作证可能会危及他的人身安全，或者可能会暴露技术方法的，秘密情报员可以不出庭作证，由审判人员在庭外核实其证言即可。法庭决定在庭外对技术侦查或者调查证据进行核实的，可以召集公诉人、侦查或者调查人员和辩护律师到场。在场人员应当履行保密义务（《高法审判为中心意见》第 13 条第 2 款）。

## 十一、通缉

通缉，是指公安机关发布通缉令并采取有效措施，将应当留置或者逮捕而在逃的被调查人、犯罪嫌疑人追捕归案的一种活动（《刑事诉讼法》第153条；《公安规定》第265条第1款）。

### （一）通缉的对象和条件

根据《监察法》第29条、《刑事诉讼法》第153条的规定，通缉的对象是应当留置或者逮捕而在逃的被调查人、犯罪嫌疑人。具体包括：（1）已批准或者决定逮捕而在逃和在采取取保候审、监视居住期间逃跑的犯罪嫌疑人；（2）已决定拘留而在逃的重大嫌疑分子；（3）从被羁押场所逃跑的犯罪嫌疑人；（4）在讯问或者在押解期间逃跑的犯罪嫌疑人；（5）依法应当留置而在逃的被调查人。此外，对越狱逃跑的被告人或者罪犯，也可以通缉。在实践中，公安机关仅对罪行比较严重而逃跑的犯罪嫌疑人采取通缉措施，对罪该逮捕但罪行不太严重而在逃的犯罪嫌疑人一般由公安机关发出协查通报，要求其他公安机关协助查获。

通缉应当具备以下两个条件：一是实质条件，即按照被调查人、犯罪嫌疑人所犯罪行依法应当留置或者逮捕；二是形式条件，即有证据证明被调查人、犯罪嫌疑人确已逃跑。

### （二）通缉的程序

根据监察法、刑事诉讼法和有关规定，通缉应当按照下列程序进行：

1. 决定通缉

监察委员会调查的职务犯罪案件，依法应当留置的被调查人如果在逃，监察机关可以决定在本行政区域内通缉，由公安机关发布通缉令，追捕归案。通缉范围超出本行政区域的，应当报请有权决定的上级监察机关决定（《监察法》第29条）。

在侦查过程中需要通缉捉拿罪该逮捕而在逃的犯罪嫌疑人的，侦查人员应报经县级以上侦查机关负责人作出决定。

人民检察院侦查直接受理的案件，应当逮捕的犯罪嫌疑人如果在逃，或者已被逮捕的犯罪嫌疑人脱逃的，经检察长批准，可以通缉。各级人民检察院需要在本辖区内通缉犯罪嫌疑人的，可以直接决定通缉；需要在本辖区外通缉犯罪嫌疑人的，由有决定权的上级人民检察院决定。人民检察院应当将通缉通知书和通缉犯的照片、身份、特征、案情简况送达公安机关，由公安机关发布通缉令，追捕归案。人民检察院应当及时了解通缉的执行情况。对于应当逮捕的犯罪嫌疑人，如果潜逃出境，可以按照有关规定层报最高人民检察院商请国际刑事警察组织中国国家中心局，请求有关方面协助，或者通过其他法律规定的途径进行追捕（《高检规则》第268至273条）。

2. 制作通缉令

通缉令是公安机关根据本机关和其他机关的通缉决定，向社会和本系统发布的缉拿应当留置或者逮捕而在逃的人的书面命令。

通缉令中应当尽可能写明被通缉人的姓名、别名、曾用名、绰号、性别、年龄、民族、籍贯、出生地、户籍所在地、居住地、职业、身份证号码、衣着和体貌特征、口音、行为习惯，并附被通缉人近期照片，可以附指纹及其他物证的照片。除了必须保密的事项以外，应当写明发案的时间、地点和简要案情（《公安规定》第266条）。

3. 发布通缉令

县级以上公安机关在自己管辖的地区以内，可以直接发布通缉令；超出自己管辖的地区，应当报请有权决定的上级公安机关发布。通缉令的发送范围，由签发通缉令的公安机关负责人决定（《公安规定》第 265 条第 2、3 款）。

为发现重大犯罪线索，追缴涉案财物、证据，查获犯罪嫌疑人，必要时，经县级以上公安机关负责人批准，可以发布悬赏通告。悬赏通告应当写明悬赏对象的基本情况和赏金的具体数额（《公安规定》第 270 条）。通缉令、悬赏通告可以通过广播、电视、报刊、计算机网络等媒体发布（《公安规定》第 271 条）。

4. 补发通报

通缉令发出后，如果发现新的重要情况，发布通缉令的公安机关可以补发通报。通报必须注明原通缉令的编号和日期（《公安规定》第 267 条）。

5. 布置查缉

公安机关接到通缉令后，应当及时布置查缉。抓获被调查人、犯罪嫌疑人后，报经抓获地县级以上公安机关负责人批准后，凭通缉令或者相关法律文书羁押，并通知通缉令发布机关进行核实，办理交接手续（《公安规定》第 268 条）。

为防止被调查人、犯罪嫌疑人逃往境外，需要在边防口岸采取边控措施的，应当按照有关规定制作《边控对象通知书》，经省级以上监察机关或者省级公安机关批准，办理全国范围内的边控措施。需要限制被调查人、犯罪嫌疑人人身自由的，应当附有关法律文书。紧急情况下，县级以上公安机关可以出具公函，先向当地边防检查站交控，但应当在 7 日内按照规定程序办理全国范围内的边控措施（《监察法》第 30 条；《公安规定》第 269 条）。

6. 撤销通缉令

经核实，被调查人、犯罪嫌疑人已经自动投案、被击毙或者被抓获，以及发现有其他不需要采取通缉、边控、悬赏通告的情形的，发布机关应当在原通缉、通知、通告范围内，撤销通缉令、边控通知、悬赏通告（《公安规定》第 272 条）。

## 十二、人民检察院行使侦查权的特别规定

《刑事诉讼法》第 162 条规定："人民检察院对直接受理的案件的侦查适用本章规定。"这表明，刑事诉讼法关于侦查的所有规定均适用于人民检察院直接受理的案件。因此，人民检察院在讯问犯罪嫌疑人、询问证人或被害人、勘验、检查、侦查实验、搜查、扣押、查询和冻结存款或汇款、鉴定等活动中，都必须遵守刑事诉讼法的有关规定。但是，考虑到人民检察院的性质和其直接受理的案件的特殊性，刑事诉讼法又对其侦查权的行使作了如下特别规定：

1. 对犯罪嫌疑人的拘留和讯问

《刑事诉讼法》第 163 条规定，人民检察院直接受理的案件中符合本法第 80 条第 4 项、第 5 项规定的情形（即犯罪后企图自杀、逃跑或者在逃的；有毁灭、伪造证据或者串供可能的），需要拘留犯罪嫌疑人的，由人民检察院作出决定，由公安机关执行。这是因为，人民检察院在侦查直接受理的案件时和公安机关一样，也常常会遇到犯罪嫌疑人犯罪后企图自杀、逃跑或毁灭、伪造证据等紧急情况，赋予其拘留决定权有利于及时侦查破案。对于被拘留的人，人民检察院应当在拘留后 24 小时内进行讯问，在发现不应当拘留的时候，必须立即释放，发给释放证明；对需要逮捕而证据不足的，可以取保候审或者监视居住。

2. 对犯罪嫌疑人的逮捕

《刑事诉讼法》第 163 条规定，人民检察院直接受理的案件中符合本法第 79 条规定的

条件，需要逮捕犯罪嫌疑人的，由人民检察院作出决定，由公安机关执行。第165条规定，人民检察院对直接受理的案件中被拘留的人，认为需要逮捕的，应当在14日以内作出决定；在特殊情况下，决定逮捕的时间可以延长1至3日；对不需要逮捕的，应当立即释放，发给释放证明；对于需要继续侦查，并且符合取保候审、监视居住条件的，依法取保候审或者监视居住。

## 第三节　侦查和调查终结

### 一、侦查和调查终结的概念及程序

侦查或者调查终结，是指侦查或者调查机关经过一系列的侦查或者调查活动，认为案件事实已经查清，证据确实、充分，足以认定被调查人、犯罪嫌疑人是否犯罪和应否对其追究刑事责任而决定结束侦查或者调查，依法对案件作出处理或者提出处理意见的一项诉讼活动。

侦查或者调查终结是侦查或者调查程序的最后一项工作，也是必经阶段。它要求侦查或者调查机关通过对已收集证据的审查判断，确定被调查人、犯罪嫌疑人是否有罪并向检察机关提出起诉意见、作出撤销案件的决定或者转为其他处理。因此，这一阶段的工作顺利完成，对于准确、及时地追究犯罪，有效地保护无辜，具有重要意义。

根据监察法、刑事诉讼法和有关规定，侦查或者调查终结应当遵守下列程序：

1. 制作侦查或者调查终结报告

侦查或者调查终结的案件，应当制作结案报告。结案报告应当包括以下内容：(1) 被调查人、犯罪嫌疑人的基本情况；(2) 是否采取了强制措施及其理由；(3) 案件的事实和证据；(4) 法律依据和处理意见（《公安规定》第275条）。

2. 侦查或者调查终结案件的处理

侦查或者调查终结案件的处理，由县级以上侦查或者调查机关负责人批准；重大、复杂、疑难的案件应当经过集体讨论（《公安规定》第276条）。其中，具备起诉条件的，应当移送人民检察院审查起诉；发现不应当追究刑事责任的，应当转为党纪、政纪处理或者撤销案件。

3. 案卷材料的整理和立卷

侦查或者调查终结后，应当将全部案卷材料按照要求装订立卷。向人民检察院移送时，应当移送全部案卷材料和证据（《监察法》第45条第4项；《刑事诉讼法》第160条）。

### 二、移送审查起诉的条件和程序

根据监察法、刑事诉讼法和有关规定，侦查或者调查机关对于侦查或者调查终结的案件作出移送人民检察院审查起诉决定的，应当具备以下条件：

#### （一）犯罪事实清楚

这是指犯罪人、犯罪的时间和地点、犯罪的动机和目的、犯罪手段、犯罪结果以及其他有关犯罪的具体情节都已查清，并且没有遗漏罪行和其他应当追究刑事责任的人。

需要注意的是，根据《刑事诉讼法》第158条第2款的规定，犯罪嫌疑人不讲真实姓名、住址，身份不明的，应当对其身份进行调查；对于犯罪事实清楚，证据确实、充分，确实无法查清其身份的，也可以按其自报的姓名起诉、审判。《高检规则》第393条规定，如果被告人自报的姓名可能造成损害他人名誉、败坏道德风俗等不良影响的，可以对被告人编号并按编号制作起诉书，并在起诉书中附具被告人的照片。

（二）证据确实、充分

这是指证明被调查人、犯罪嫌疑人犯罪事实、情节的每一个证据都已经查证属实，证据与证据之间没有矛盾（或者矛盾已被排除）和能够互相印证，并且形成一个完整的证明体系，可以排除合理怀疑地证明被调查人、犯罪嫌疑人有罪和犯罪情节的轻重。

（三）犯罪的性质和罪名认定正确

这是指根据查明的事实和法律规定，足以对被调查人、犯罪嫌疑人犯了某种罪或者某几种罪的性质和罪名作出正确的认定。

（四）法律手续完备

这是指侦查或者调查机关进行各项侦查或者调查活动都必须有相应的法律手续，如拘留要有拘留证，搜查要有搜查证，扣押物证要开列扣押清单等。同时，进行侦查或者调查活动的各项手续还必须符合法律规定的要求，如讯问笔录要有被讯问人和侦查或者调查人员签名或者盖章，搜查笔录要有侦查或者调查人员、被搜查人或其家属、见证人签名或者盖章等。若发现法律手续不完备或者不符合要求的，应采取适当措施予以补救。

（五）依法应当追究刑事责任

根据已查明的事实和刑法规定，只有对被调查人、犯罪嫌疑人应当追究刑事责任的，侦查或者调查机关才能作出移送人民检察院审查起诉的决定；如果发现对被调查人、犯罪嫌疑人不应追究刑事责任的，则应作出其他处理或者撤销案件的决定。

根据《监察法》第 45 条、《刑事诉讼法》第 160 条的规定，对于符合上述条件的案件，侦查或者调查机关应当制作起诉意见书，连同案卷材料、证据，一并移送同级人民检察院审查决定。共同犯罪案件的起诉意见书，应当写明每个被调查人、犯罪嫌疑人在共同犯罪中的地位、作用、具体罪责和认罪态度，并分别提出处理意见。被害人提出附带民事诉讼的，应当记录在案，移送审查起诉时，应当在《起诉意见书》末页注明（《公安规定》第 279 条至 281 条）。

对于人民检察院侦查终结的，除了可以制作起诉意见书以外，还可以制作不起诉意见书，其适用条件是“犯罪情节轻微，依照刑法规定不需要判处刑罚或者免除刑罚”。

对于公安机关、人民检察院侦查终结的，移送审查起诉时还要移送辩护律师的意见，并将案件移送情况告知犯罪嫌疑人及其辩护律师（《刑事诉讼法》第 160 条；《公安规定》第 279 条；《高检规则》第 288 条）。

## 三、撤销案件的条件和程序

《监察法》第 45 条对于调查终结后撤销案件作出规定。《刑事诉讼法》第 161 条规定，“在侦查过程中，发现不应对犯罪嫌疑人追究刑事责任的，应当撤销案件”。所谓“不应对犯罪嫌疑人追究刑事责任”，是指没有犯罪事实或者有《刑事诉讼法》第 15 条规定的六种情形之一的。对于经过侦查，发现有犯罪事实需要追究刑事责任，但不是被立案侦查的犯罪嫌疑人实施的，或者共同犯罪案件中部分犯罪嫌疑人不够刑事处罚的，应当对有关犯罪嫌疑人终止侦查，并对该案件继续侦查（《公安规定》第 183 条；《高检规则》第 290 条）。

（一）监察委员会撤销案件

监察机关经调查，对没有证据证明被调查人存在违法犯罪行为的，应当撤销案件，并通知被调查人所在单位。

需要注意的是，对没有证据证明其有犯罪行为，但查明有违法行为的被调查人，应当给予政务处分，而不是撤销案件。这一点与公安机关、人民检察院的处理不同。

（二）公安机关撤销案件

需要撤销案件的，办案部门应当制作撤销案件报告，报县级以上公安机关负责人批准。撤销案件报告包括以下内容：(1) 原来立案的根据和来源；(2) 案件侦查的结果；(3) 撤销案件的理由和根据。公安机关决定撤销案件时，犯罪嫌疑人在押的，应当立即释放，发给释放证明，原犯罪嫌疑人被逮捕的，应当通知原批准逮捕的人民检察院（《公安规定》第 184 条）。

在侦查过程中，发现犯罪嫌疑人不够刑事处罚需要行政处理的，经县级以上公安机关批准，对犯罪嫌疑人依法予以行政处理或者移交其他有关部门处理（《公安规定》第 184 条）。

公安机关作出撤销案件决定后，应当在 3 日以内告知原犯罪嫌疑人、被害人或者其近亲属、法定代理人以及案件移送机关（《公安规定》第 185 条第 1 款）。

（三）人民检察院撤销案件

侦查过程中，发现不应追究刑事责任的，应当制作撤销案件意见书，报请检察长或者检察委员会决定撤销案件。办理案件的人民检察院还应当依照规定经人民监督员履行监督程序，并报送上一级人民检察院审查决定（《高检规则》第 293 条）。

撤销案件的决定，应当分别送达犯罪嫌疑人所在单位和犯罪嫌疑人。犯罪嫌疑人死亡的，应当送达犯罪嫌疑人原所在单位。如果犯罪嫌疑人在押，应当制作决定释放通知书，通知公安机关依法释放（《高检规则》第 294 条）。

人民检察院撤销案件时，对犯罪嫌疑人的违法所得应当区分不同情形，作出相应处理：(1) 因犯罪嫌疑人死亡而撤销案件的，依照刑法规定应当追缴其违法所得及其他涉案财产的，依照特别程序中的违法所得的没收程序办理；(2) 因其他原因撤销案件的，对于查封、扣押、冻结的犯罪嫌疑人违法所得及其他涉案财产需要没收的，应当提出检察建议，移送有关主管机关处理；(3) 对于冻结的犯罪嫌疑人存款、汇款、债券、股票、基金份额等财产需要返还被害人的，可以通知金融机构返还被害人；对于查封、扣押的犯罪嫌疑人的违法所得及其他涉案财产需要返还被害人的，直接决定返还被害人（《高检规则》第 296 条）。

人民检察院直接立案侦查的案件，撤销案件以后，又发现新的事实或者证据，认为有犯罪事实需要追究刑事责任的，可以重新立案侦查（《高检规则》第 302 条）。

## 第四节　补充侦查和调查

### 一、补充侦查和调查的概念

补充侦查或者调查，是指监察委员会、公安机关或者人民检察院依照法定程序，在原有侦查或者调查工作的基础上，就案件的部分事实、情节继续进行侦查或者调查的诉讼活动。

补充侦查或者调查，本质上是原有工作的继续，仍属于侦查或者调查程序的范畴。如果原有工作已经达到侦查或者调查的目的和要求，任务已经完成，就无须补充。可见，补充侦查或者调查并不是每个刑事案件都必须经过的程序，它是在原有侦查或者调查工作没有完成任务的情况下就案件的部分事实、情节所进行的侦查或者调查活动。

## 二、不同诉讼阶段的补充侦查和调查

根据监察法、刑事诉讼法的规定，补充侦查或者调查在程序上有以下三种。

（一）审查逮捕阶段的补充侦查

《刑事诉讼法》第 88 条规定："人民检察院对于公安机关提请批准逮捕的案件进行审查后，应当根据情况分别作出批准逮捕或者不批准逮捕的决定。对于批准逮捕的决定，公安机关应当立即执行，并且将执行情况及时通知人民检察院。对于不批准逮捕的，人民检察院应当说明理由，需要补充侦查的，应当同时通知公安机关。"据此，在审查逮捕阶段需要补充侦查的，由人民检察院通知公安机关进行；换句话说，就是人民检察院只能在不批准逮捕时通知公安机关补充侦查，而不能由人民检察院自行补充侦查。人民检察院补充侦查的通知应当和不批准逮捕决定书同时作出并送达公安机关。

（二）审查起诉阶段的补充侦查或者调查

《监察法》第 47 条第 3 款规定，人民检察院经审查，认为需要补充核实的，应当退回监察机关补充调查，必要时可以自行补充侦查。对于补充调查的案件，应当在一个月以内补充调查完毕。补充调查以二次为限。《刑事诉讼法》第 171 条规定："人民检察院审查案件，对于需要补充侦查的，可以退回公安机关补充侦查，也可以自行侦查。对于补充侦查的案件，应当在一个月以内补充侦查完毕。补充侦查以二次为限。"由此可见，对于监察委员会、公安机关立案侦查或者调查的案件，人民检察院在审查起诉过程中认为需要补充的，既可以将案件退回监察机关补充调查或公安机关补充侦查，也可以自行侦查。如果将案件退回，最多只能两次。审查起诉阶段的补充侦查或者调查分为以下两种情况。

1. 退回监察委员会、公安机关或者人民检察院的侦查部门。对于退回监察委员会或者公安机关的案件，监察委员会、公安机关接到人民检察院退回的法律文书后，应当按照补充提纲的要求在 1 个月以内补充侦查或者调查完毕。补充侦查或者调查以 2 次为限。移送审查起诉后，人民检察院重新计算审查起诉期限。人民检察院审查起诉部门退回本院侦查部门补充侦查的期限、次数参照前款规定进行（《公安规定》第 284 条；《高检规则》第 382 条）。

2. 人民检察院决定自行侦查。人民检察院在审查起诉中决定自行侦查的，应当在审查起诉期限内侦查完毕（《高检规则》第 383 条）。

（三）法庭审判阶段的补充侦查

根据《刑事诉讼法》第 198 条和第 199 条的规定，在法庭审判过程中，检察人员发现提起公诉的案件需要补充侦查，提出建议的，人民法院可以延期审理；人民检察院应当在 1 个月以内补充侦查完毕。需要注意的是，法庭审判阶段的补充侦查，只能由人民检察院自行补充侦查，而不能退回监察委员会补充调查或者公安机关补充侦查。《高检规则》第 457 条规定："在审判过程中，对于需要补充提供法庭审判所必需的证据或者补充侦查的，人民检察院应当自行收集证据和进行侦查；必要时可以要求侦查机关提供协助；也可以书面要求侦查机关补充提供证据。人民检察院补充侦查，适用本规则第六章、第九章、第十章的规定。补充侦查不得超过一个月。"

在法庭审判阶段，补充侦查的启动有两种情况：一种是人民检察院发现需要补充侦查，提出建议的；另一种是人民法院建议人民检察院补充侦查的。

1. 人民检察院建议补充侦查。审判期间，公诉人发现案件需要补充侦查，建议延期审理的，合议庭应当同意。但是建议延期审理的次数不得超过2次（《高法解释》第223条）。《高检规则》第456条也规定，公诉人在法庭审理过程中建议延期审理的次数不得超过2次，每次不得超过一个月。

2. 人民法院建议补充侦查。一是审判期间，被告人提出新的立功线索的，人民法院可以建议人民检察院补充侦查（《高法解释》第226条第2款）。二是人民法院在庭前会议中听取控辩双方对案件事实证据的意见后，对明显事实不清、证据不足的案件，可以建议人民检察院补充侦查（《高法审判为中心意见》第8条第1款）。

## 三、补充侦查和调查的方式

根据监察法、刑事诉讼法的规定，补充侦查或者调查有以下两种方式。

### （一）退回补充侦查或者调查

退回补充侦查或者调查，是指决定补充侦查或者调查的人民检察院将案件退回侦查或者调查机关、侦查部门进行补充。不过，退回的案件必须是原侦查或者调查机关移送的案件，人民检察院不能将自己直接受理的案件退给监察委员会或者公安机关补充，而是应当退回本院侦查部门补充侦查。退回补充侦查或者调查包括两种情况。

1. 审查起诉过程中，人民检察院决定将案件退回监察委员会、公安机关或者本院侦查部门补充侦查或者调查

人民检察院认为有犯罪事实不清、证据不足或者遗漏罪行、遗漏同案犯罪嫌疑人等情形，需要补充的，应当提出具体的书面意见，连同案卷材料一并退回侦查或者调查机关、侦查部门补充侦查或者调查。

监察委员会、公安机关对人民检察院退回补充的案件，应当对案件的事实、证据和定性处理意见进行认真、全面地审查，分析研究人民检察院退回补充侦查或者调查意见，根据不同情况，分别作如下处理。（1）原认定犯罪事实清楚，证据不够充分的，应当在补充证据后，移送人民检察院审查；对无法补充的证据，应当作出说明。（2）在补充侦查或者调查过程中，发现新的同案犯或者新的罪行，需要追究刑事责任的，应当重新制作《起诉意见书》，移送人民检察院审查。（3）发现原认定的犯罪事实有重大变化，不应当追究刑事责任的，应当重新提出处理意见，并将处理结果通知退查的人民检察院。（4）原认定犯罪事实清楚、证据确实充分，人民检察院退回补充侦查或者调查不当的，应当说明理由，移送人民检察院审查（《公安规定》第285条）。

2. 人民检察院在作出不批准逮捕的决定时，通知公安机关补充侦查

对人民检察院不批准逮捕并通知补充侦查的，公安机关应当按照人民检察院补充侦查提纲补充侦查。公安机关补充侦查完毕，认为符合逮捕条件的，应当重新提请批准逮捕（《公安规定》第134条）。为保证侦查活动的顺利进行，公安机关在补充侦查期间，可以对犯罪嫌疑人采取取保候审措施。

### （二）自行补充侦查

自行补充侦查，是指决定补充侦查的人民检察院自行对案件进行的补充侦查。自行补充侦查包括两种情况：

1. 在审查起诉阶段，人民检察院既可以决定退回补充侦查，也可以决定自行补充侦查。对某一案件而言，人民检察院是退回补充侦查还是自行补充侦查，一般取决于未查明案件事实的

内容和性质。如果主要事实不清、证据不足或者有遗漏罪行、遗漏同案犯罪嫌疑人等情形的，原则上应退回补充侦查或者调查；如果只是次要事实不清、证据不足的，则应尽可能自行补充侦查，以节省办案时间，提高诉讼效率。

2. 在审判阶段，只能由人民检察院自行补充侦查，必要时可以要求侦查或者调查机关提供协助；也可以书面要求侦查或者调查机关补充提供证据。

## 第五节 侦查监督

### 一、侦查监督的概念

侦查监督，是指人民检察院依法对侦查机关的侦查活动是否合法进行的监督。根据刑事诉讼法的规定，公安机关、国家安全机关、走私犯罪侦查部门、监狱、军队保卫部门和人民检察院的侦查部门均享有侦查权。因此，人民检察院对上述机关或部门的侦查活动是否合法，都可以依法进行监督。

人民检察院是国家法律监督机关。按照《刑事诉讼法》第8条规定，人民检察院依法对刑事诉讼实行法律监督。因此，人民检察院依法对公安机关的侦查活动是否合法实行监督（《高检规则》第564条）。

当事人和辩护人、诉讼代理人、利害关系人对于司法机关及其工作人员有下列行为之一的，有权向该机关申诉或者控告：（1）采取强制措施法定期限届满，不予以释放、解除或者变更的；（2）应当退还取保候审保证金不退还的；（3）对与案件无关的财物采取查封、扣押、冻结措施的；（4）应当解除查封、扣押、冻结不解除的；（5）贪污、挪用、私分、调换、违反规定使用查封、扣押、冻结的财物的。受理申诉或者控告的机关应当及时处理。对处理不服的，可以向同级人民检察院申诉；人民检察院直接受理的案件，可以向上一级人民检察院申诉。人民检察院对申诉应当及时进行审查，情况属实的，通知有关机关予以纠正（《刑事诉讼法》第115条）。

### 二、侦查监督的内容

侦查监督的内容，是指需要人民检察院通过履行侦查监督职能予以发现和纠正的侦查机关或部门和侦查人员在侦查活动中的违法行为。侦查监督主要发现和纠正以下违法行为：（1）采用刑讯逼供以及其他非法方法收集犯罪嫌疑人供述的；（2）采用暴力、威胁等非法方法收集证人证言、被害人陈述，或者以暴力、威胁等方法阻止证人作证或者指使他人作伪证的；（3）伪造、隐匿、销毁、调换、私自涂改证据，或者帮助当事人毁灭、伪造证据的；（4）徇私舞弊，放纵、包庇犯罪分子的；（5）故意制造冤、假、错案的；（6）在侦查活动中利用职务之便谋取非法利益的；（7）非法拘禁他人或者以其他方法非法剥夺他人人身自由的；（8）非法搜查他人身体、住宅，或者非法侵入他人住宅的；（9）非法采取技术侦查措施的；（10）在侦查过程中不应当撤案而撤案的；（11）对与案件无关的财物采取查封、扣押、冻结措施，或者应当解除查封、扣押、冻结不解除的；（12）贪污、挪用、调换所扣押、冻结的款物及其孳息的；（13）应当退还取保候审保证金不退还的；（14）违反刑事诉讼法关于决定、执行、变更、撤销强制措施规定的；（15）侦查人员应当回避而不回避的；（16）应当依法告知犯罪嫌疑人行使诉讼权利而不告知，影响犯罪嫌疑人行使诉讼权利的；（17）阻碍当事人、辩护人、诉讼代理人依法行使诉讼权利的；（18）讯问犯罪嫌疑人依法应当录音或者录像而没有录音或者录像的；（19）对犯罪嫌疑人拘留、逮捕、指定居所监视居住后依法应当通知家属而未通知的；（20）在侦查中有其他违反刑事诉讼法有关规定的行为的（《高检规则》第565条）。

## 三、侦查监督的程序

### （一）对公安机关侦查违法行为的发现

1. 人民检察院侦查监督部门、公诉部门在审查逮捕、审查起诉中，应当审查公安机关的侦查活动是否合法。发现违法情况，应当提出意见通知公安机关纠正。构成犯罪的，移送有关部门依法追究刑事责任（《高检规则》第566条第1款）。

2. 监所检察部门发现侦查违反法律规定的羁押和办案期限规定的，应当依法提出纠正违法意见（《高检规则》第566条第2款）。

3. 人民检察院根据需要可以派员参加公安机关对于重大案件的讨论和其他侦查活动，发现违法行为，应当及时通知纠正（《高检规则》第567条）。

4. 当事人和辩护人、诉讼代理人、利害关系人对于办理案件的机关及其工作人员有刑事诉讼法第115条规定的行为，向该机关申诉或者控告，对该机关作出的处理不服，或者该机关未在规定时间内作出答复，向人民检察院申诉的，办理案件的机关的同级人民检察院应当及时受理。检察院直接受理的案件，对办理案件的人民检察院的处理不服的，可以向上一级检察院申诉，上一级人民检察院应当受理。对第115条之外的申诉或者控告，人民检察院应当受理，并及时审查，依法处理（《高检规则》第574条）。

5. 对于公安机关执行人民检察院批准或者不批准逮捕决定的情况，以及释放被逮捕的犯罪嫌疑人或者变更逮捕措施的情况，人民检察院发现有违法情形的，应当通知纠正（《高检规则》第568条）。

人民检察院发现公安机关或者公安人员在侦查或者决定、执行、变更、撤销强制措施等活动中有违法情形的，应当及时提出纠正意见。对于情节较轻的违法情形，由检察人员以口头方式向侦查人员或者公安机关负责人提出纠正，并及时向本部门负责人汇报；必要的时候，由部门负责人提出。对于情节较重的违法情形，应当报请检察长批准后，向公安机关发出纠正违法通知书（《高检规则》第569条）。

### （二）纠正违法的落实

人民检察院发出纠正违法通知书的，应当根据公安机关的回复，监督落实情况；没有回复的，应当督促公安机关回复（《高检规则》第570条）。

人民检察院提出的纠正意见不被接受公安机关要求复查的，应当在7日内进行复查。经过复查，认为纠正违法意见正确的，应当及时向上一级人民检察院报告；认为纠正违法意见错误的，应当及时撤销。上级人民检察院经审查，认为下级人民检察院意见正确的，应当及时通知同级公安机关督促下级公安机关纠正；认为下级人民检察院纠正意见不正确的，应当书面通知下级人民检察院予以撤销，下级检察院应当执行，并及时向公安机关及有关侦查人员说明情况。同时，将调查结果及时回复申诉人、控告人（《高检规则》第571条）。

（三）移送有关部门依法追究刑事责任

人民检察院侦查监督部门、公诉部门发现侦查人员在侦查活动中的违法行为情节严重，构成犯罪的，应当移送本院侦查部门审查，并报告检察长。侦查部门审查后应当提出是否立案侦查的意见，报请检察长决定。对于不属于人民检察院管辖的，应当移送有管辖权的人民检察院或者其他机关处理（《高检规则》第572条）。

（四）人民检察院内部的侦查监督

人民检察院侦查监督部门或者公诉部门对本院侦查部门侦查活动中的违法行为，应当根据情节分别处理。情节较轻的，可以直接向侦查部门提出纠正意见；情节较重或者需要追究刑事责任的，应当报请检察长决定。上级检察院发现下级检察院在侦查活动中有违法情形的，应当通知其纠正。下级检察院应当及时纠正，并将纠正情况报告上级检察院（《高检规则》第573条）。

## 观点探讨

### 一、辩护方的鉴定启动权

按照我国刑事诉讼法的规定，犯罪嫌疑人、被告人不仅没有独立委托鉴定人的权利，而且也不享有申请鉴定的权利，只是在对专门机关初次鉴定不服时有申请“补充鉴定或者重新鉴定”的权利。不过，《高检规则》第253条第3款规定：“犯罪嫌疑人的辩护人或者近亲属以犯罪嫌疑人有患精神病可能而申请对犯罪嫌疑人进行鉴定的，鉴定费用由请求方承担。”第367条也规定：“在审查起诉中，发现犯罪嫌疑人可能患有精神病的，人民检察院应当依照本规则的有关规定对犯罪嫌疑人进行鉴定。犯罪嫌疑人的辩护人或者近亲属以犯罪嫌疑人可能患有精神病而申请对犯罪嫌疑人进行鉴定的，人民检察院也可以依照本规则的有关规定对犯罪嫌疑人进行鉴定，鉴定费用由申请方承担。”根据这一规定，犯罪嫌疑人的辩护人或者近亲属对精神病鉴定具有申请的权利，由人民检察院组织实施。

有学者主张，应当增强犯罪嫌疑人、被告人对鉴定启动程序的参与，主张规定法院是唯一有权决定启动鉴定程序的主体，只赋予侦查机关和检察机关申请鉴定的权利，侦查机关和检察机关要实施鉴定，必须向法院提出申请，经法院批准并由法院委任的鉴定人进行鉴定；同时赋予辩护方申请法院进行鉴定的权利。① 其理由是，辩护方申请鉴定的权利有利于控辩对抗，提高辩护方的防御能力，而且可以通过对立双方的竞争来协助法官查明案件事实。

也有学者主张，应当在肯定控诉机关刑事鉴定启动权的前提下赋予犯罪嫌疑人、被告人刑事鉴定启动权，即犯罪嫌疑人、被告人有权提出自己的鉴定要求并有权自行委托鉴定，其委托的鉴定人依法作出的鉴定意见与公安、检察机关依法作出的鉴定意见同属于证据。②

### 二、侦查讯问时律师在场

有学者建议，在刑事侦查中，犯罪嫌疑人有权要求律师到场参加侦查人员对其进行的讯问

---

① 樊崇义，陈永生．我国刑事鉴定制度改革与完善．中国刑事法杂志，2000（4）。主张同样观点的还有如胡锡庆，蒋琦．完善我国刑事鉴定启动权新探．政治与法律，2003（6）；黄维志．司法鉴定的启动模式．人民检察，2004（5）；辛祖国，王相平．从邱兴华杀人案谈我国刑事鉴定启动权制度．北京人民警察学院学报，2007（2）．

② 郭薇．如何完善我国刑事鉴定启动权的分配．西南民族大学学报（人文社科版），2003（12）．

活动。中国政法大学诉讼法学研究中心在北京市海淀区公安分局的支持和配合下，开展了“讯问犯罪嫌疑人律师在场试验项目”①。据组织试验的学者介绍②，在讯问犯罪嫌疑人的过程中安排律师到场参加，是可以得到侦查人员的理解和支持的；在侦查人员讯问犯罪嫌疑人的过程中安排律师到场参加，对侦查活动的正常进行基本上没有负面影响，反而会有积极意义，例如降低口供的翻供率，为认罪案件审理程序提供必要的前提等；可以考虑只有在犯罪嫌疑人提出要求时才安排在场律师；在建立讯问犯罪嫌疑人时律师在场制度的同时，还需要探讨建立与律师在场具有同样功效或互有长短的其他替代措施或者制度，例如建立讯问时录音、录像制度。

也有学者对侦查讯问时律师在场持反对意见。③ 反对意见主张，侦查讯问时律师在场不利于犯罪嫌疑人如实供述犯罪事实；我国目前尚不具备以物证证明为司法证明主要方式的条件，口供在诉讼中仍占有重要地位，特别是贿赂等主要以言词证据定案的案件，口供的地位更为突出；侦查讯问时律师在场不利于实现控制犯罪与保障人权的平衡；侦查讯问时律师在场制度并没有被发达国家普遍规定；侦查讯问时律师在场的正面作用可以通过其他创新措施来达到，如侦查讯问全程录音、录像制度等。

## 三、侦查讯问时录音录像

侦查讯问过程的同步录音录像最初起源于英国，后来有的国家也效仿了这种做法。④ 我国《刑事诉讼法》第121条规定：“侦查人员在讯问犯罪嫌疑人的时候，可以对讯问过程进行录音或者录像；对于可能判处无期徒刑、死刑的案件或者其他重大犯罪案件，应当对讯问过程进行录音或者录像。录音或者录像应当全程进行，保持完整性。”

对于人民检察院直接受理的刑事案件，《高检规则》第201条规定，人民检察院立案侦查职务犯罪案件，在每次讯问犯罪嫌疑人的时候，应当对讯问过程实行全程录音、录像，并在讯问笔录中注明。

对于由公安机关侦查的案件，《刑事诉讼法》第121条规定的是“可以”录音或者录像，而非“应当”，只有严重案件才是“应当”。有学者主张，在我国应当推行侦查讯问全程同步录音、录像。⑤ 其理由包括：第一，讯问录音、录像固定了讯问内容，减少了被告人翻供的可能性；第二，有利于减少侦查讯问中的刑讯逼供现象；第三，有利于规范警察的侦查讯问行为，切实保障犯罪嫌疑人的诉讼权利；第四，讯问的录音、录像不仅保障了犯罪嫌疑人的权利，而且对侦查人员也能起到保护作用，因为讯问的录音、录像可以用来证明讯问手段的合法性，从而驳

---

① 由中国政法大学诉讼法研究中心主持的“讯问犯罪嫌疑人律师在场、录音、录像制度（试验）项目”调查表明，“讯问程序改革试验”取得三重效果：可以把侦查讯问活动置于监督之下，从制度层面遏制刑讯逼供；可以促进侦查人员提高侦查讯问水平，逐步消除口供主义的影响；可以证明讯问过程的合法性，固定犯罪嫌疑人的供述，避免翻供。参见晏向华，柴春元．“讯问程序改革试验”取得三重效果．检察日报，2006-04-04，3版．

② 顾永忠．关于建立侦查讯问中律师在场制度的尝试与思考．现代法学，2005（5）。主张律师在场权的文章，还有如袁丽红．论讯问中律师在场权制度．中山大学学报论丛，2007（2）．

③ 朱孝清．侦查讯问时律师在场之我见．人民检察，2006（10）。另有学者同意讯问时律师在场，但是主张加以限制，如翟伟．浅谈律师介入侦查的限度．人民检察，2006（24）．

④ 阿儒汗．论讯问全程同步录音录像制度的建构．人民检察，2006（6）．

⑤ 主张公安机关侦查的案件中对讯问犯罪嫌疑人进行全程连续录音、录像的观点，如王祎．试论公安机关对侦查行为的内部监督．中国人民公安大学学报（社会科学版），2006（1）；段明学．侦查讯问录音录像制度探析．国家检察官学院学报，2007（1）；万毅．侦查讯问程序的批判性重塑．安徽大学学报，2006（1）；徐美君．侦查讯问录音录像制度研究．中国刑事法杂志，2003（6）．

斥犯罪嫌疑人关于口供不自愿的说法。

2017 年的《非法证据排除规定》第 10 条重复了刑诉法的规定，但将“录音或者录像”改为“录音录像”，即要求同时录制视频和音频。随着技术的进步和经济的发展，在所有的刑事案件中推行讯问录音录像将很快能够实现。

# 第十八章 提起公诉

## 案例导引

### 一、审查起诉可否书面听取被害人的意见

A县人民检察院在对一起盗窃案件审查起诉过程中，了解到本案的被害人甲系外地人，在A县旅游期间财物被盗。公诉人员打电话给甲，告知审查起诉程序中，人民检察院准备听取甲作为本案被害人的意见。甲表示自己身在外省，没有时间前往A县。公诉人员遂向甲发出了书面通知，要求甲提供书面意见。问：公诉人员的做法是否合法？

### 二、补充侦查两次仍然证据不足如何处理

B县人民检察院在对一起强奸案件审查起诉时，因该案证据不足，遂两次退回公安机关补充侦查。公安机关第二次补充侦查后移送审查起诉，人民检察院仍然认为该案证据不足，不符合起诉条件。问：人民检察院应当如何处理？

### 三、监察委员会调查终结案件的不起诉

A县人民检察院在对甲的贪污罪进行审查起诉后，拟作出微罪不起诉的决定。问：谁有权作出这个决定，以及必须遵循什么样的程序？

## 基本理论

刑事诉讼中的起诉是指法定的机关或者个人，依照法律规定向有管辖权的法院提出控告，要求该法院对被指控的被告人进行审判并予以刑事制裁的一种诉讼活动。以起诉的主体为标准，分为公诉和自诉两种。

公诉是指由专门的国家机关代表国家提起刑事起诉，如英国的皇家检控署（Crown Prosecution Service）、美国的联邦检察官（U. S. Attorney）或者地区检察官（District Attorney）等。在我国，代表国家提起公诉的机关是人民检察院。自诉是指由公民个人，通常是刑事犯罪被害人，向法院提起刑事起诉。

我国实行公诉为主、自诉为辅的制度。一般而言，自诉案件只限于告诉才处理的案件和被害人有证据证明的轻微刑事案件，这类案件事实比较清楚，性质比较轻微，由被害人直接向法

院起诉可以节约国家的侦查或者调查、起诉成本。严重犯罪，一般应当由人民检察院提起公诉。但是，如果人民检察院对某些案件没有提起公诉，而被害人认为应当追究被告人的刑事责任，这些案件可以由公诉转为自诉。

提起公诉的作用有两个方面：一是启动审判程序，没有起诉就没有对刑事案件的审理；二是约束审理的范围，法院只能就起诉的范围作出判决，对于没有起诉的内容，法院不能进行审理和判决。这是由"控审分离"原则决定的，作为审判机关的法院，不能主动追诉犯罪行为，而必须由专门设立的公诉机关来决定是否提起公诉。

## 第一节　审查起诉

审查起诉是指人民检察院对侦查或者调查机关、侦查部门侦查或者调查终结移送起诉的案件，依法对起诉主张和支持起诉的证据进行审查，以决定是否向人民法院提起公诉的活动。

《刑事诉讼法》第 167 条规定："凡需要提起公诉的案件，一律由人民检察院审查决定。"这一规定表明，在我国，人民检察院是唯一有权提起公诉的机关，任何公诉案件都必须经过人民检察院审查起诉。

由人民检察院审查起诉，而不是由警察（侦查或者调查机关）直接起诉，其目的在于防止将没有足够证据证明其实施了犯罪行为的公民交付审判。通过人民检察院的独立审查，既可以节约法院的司法资源，同时又降低了公民被根据不充分的证据定罪的风险。

### 一、审查起诉的受理

审查起诉的受理是指人民检察院对监察委员会、公安机关和本院侦查部门移送审查起诉的案件，进行初步的程序性审查后，予以接受的活动。

人民检察院对于监察委员会、公安机关移送审查起诉的案件，应当由案件管理部门接收案卷材料并进行审查。案件管理部门审查后，认为具备受理条件的，应当及时进行登记，并立即将案卷材料和案件受理登记表移送相关办案部门办理（《高检规则》第 153 条、第 154 条）。

人民检察院受理本院侦查部门移送审查起诉的案件，适用与侦查或者调查机关移送审查起诉的案件一样的程序（《高检规则》第 156 条）。

根据《高检规则》第 153 条、第 362 条的规定，人民检察院对于监察委员会、公安机关移送审查起诉的案件，应当在收到起诉意见书后，审查以下内容，并根据不同的情况作出相应的处理决定：

（一）案件是否属于本院管辖

各级人民检察院提起公诉的案件，应当与人民法院审判管辖相适应。公诉部门收到移送审查起诉的案件后，经审查认为不属于本院管辖的，应当在 5 日以内经由案件管理部门移送有管辖权的人民检察院。认为属于上级人民法院管辖的第一审案件时，应当报送上一级人民检察院，同时通知移送审查起诉的机关；认为属于同级其他人民法院管辖的第一审案件时，应当移送有管辖权的人民检察院或者报送共同的上级人民检察院指定管辖，同时通知移送审查起诉的机关。上级人民检察院受理同级监察委员会、公安机关移送审查起诉案件，认为属于下级人民法院管辖时，可以交下级人民检察院审查，由下级人民检察院向同级人民法院提起公诉，同时通知移送审查起诉的机关。一人犯数罪，共同犯罪和其他需要并案审理的案件，只要其中一人或一罪属于上级人民检察院管辖的，全案由上级人民检察院审查起诉。需要依照刑事诉讼法的规定指定审判管辖的，人民检察院应当在侦查或者调查机关移送审查起诉前协商同级人民法院办理指定管辖有关事宜（《高检规则》362条）。

（二）案卷材料是否齐备

具体包括：起诉意见书以及案卷材料是否齐备；案卷装订、移送是否符合有关要求和规定等。对起诉意见书、案卷材料不齐备的，应当及时要求移送案件的单位补送相关材料。对于案卷装订不符合要求的，应当要求移送案件的单位重新装订后移送审查起诉。

（三）证据是否随案移送

应审查作为证据使用的实物是否随案移送，移送的款项或者物品与移送清单是否相符。对作为证据使用的实物未移送的，或者移送的实物与物品清单不相符的，应当要求移送案件的单位补送。

（四）被调查人、犯罪嫌疑人是否在案

对于被调查人、犯罪嫌疑人在逃的，应当要求监察委员会、公安机关在采取必要措施保证被调查人、犯罪嫌疑人到案后再移送审查起诉。共同犯罪的部分被调查人、犯罪嫌疑人在逃的，应当要求监察委员会、公安机关在采取必要措施保证在逃的被调查人、犯罪嫌疑人到案后另案移送审查起诉，对在案的被调查人、犯罪嫌疑人的审查起诉应当依法进行。

经审查后，对具备受理条件的，填写受理审查起诉案件登记表。

## 二、审查的内容

《刑事诉讼法》第168条规定，人民检察院审查案件的时候，必须查明：

1. 犯罪事实、情节是否清楚，证据是否确实、充分，犯罪性质和罪名的认定是否正确。在对案件事实的审查方面，还包括：（1）犯罪嫌疑人身份情况是否清楚，包括姓名、性别、国籍、出生年月日、职业和单位等；（2）有无法定的从重、从轻、减轻或者免除刑罚的情节；（3）共同犯罪案件的犯罪嫌疑人在犯罪活动中的责任的认定是否恰当；（4）证据是否依法收集，有无应当排除非法证据的情形。

2. 有无遗漏罪行和其他应当追究刑事责任的人。

3. 是否属于不应追究刑事责任的。

4. 有无附带民事诉讼。对于国家财产、集体财产遭受损失的，是否需要由人民检察院提起附带民事诉讼。

5. 侦查活动是否合法。

除了刑事诉讼法规定的以上五项内容以外，《高检规则》第363条还补充了以下几项：（1）证据材料是否随案移送，不宜移送的证据的清单、复制件、照片或者其他证明文件是否随案移送；（2）采取的强制措施是否适当；（3）与犯罪有关的财物及其孳息是否扣押、冻结并妥善保管，以供核查；（4）对被害人合法财产的返还和对违禁品或者不宜长期保存的物品的处理是否妥当，移送的证明文件是否完备。

## 三、审查的具体活动

《刑事诉讼法》第170条规定：“人民检察院审查案件，应当讯问犯罪嫌疑人，听取辩护人、被害人及其诉讼代理人的意见，并记录在案。辩护人、被害人及其诉讼代理人提出书面意见的，应当附卷。”根据这一规定和《高检规则》，审查起诉的具体活动包括：

（一）阅卷审查

人民检察院受理移送审查起诉案件，应当指定检察员或者经检察长批准代行检察员职务的助理检察员办理，也可以由检察长办理。办案人员应当全面审阅案卷材料，必要时，制作阅卷笔录（《高检规则》第360条）。这里的阅卷，是指检察人员对侦查或者调查机关、侦查部门已经收集到的支持起诉的证据和相关的法律文书进行审查，以便于确定移送的案件材料和证据是否符合起诉的标准。

（二）讯问犯罪嫌疑人

《刑事诉讼法》第170条使用的是“应当”，因而在审查起诉过程中讯问犯罪嫌疑人是必经程序。在此阶段讯问犯罪嫌疑人的目的，在于直接听取犯罪嫌疑人的供述和辩解，从而保证最终作出的决定的正确性。讯问犯罪嫌疑人应当由2名以上办案人员进行，并制作笔录（《高检规则》第373条、第364条）。讯问犯罪嫌疑人的时候，应当告知其在审查起诉阶段所享有的诉讼权利，如有权获得辩护等（《高检规则》第372条）。

（三）听取被害人及其诉讼代理人的意见

听取被害人的意见也是必经程序。听取被害人意见包括两个方面的内容：第一，可以直接听取被害人关于犯罪事实的陈述，以便于对案件事实和证据进行核实。第二，被害人是刑事诉讼当事人之一，公诉机关应当听取其关于案件处理的意见，以便在提起公诉的时候予以考虑。在听取被害人的意见的时候，应当告知其在审查起诉阶段所享有的诉讼权利，如有权委托诉讼代理人、有权提起附带民事诉讼等（《高检规则》第372条）。听取被害人的意见应当由2名以上办案人员进行（《高检规则》第373条）。直接听取被害人及其诉讼代理人的意见有困难的，可以通知被害人及其诉讼代理人提出书面意见，在指定期限内未提出意见的，应当记录在案（《高检规则》第365条）。

（四）听取辩护人的意见

听取辩护人的意见，也是必经程序。听取辩护人提出的法律意见，能够使检察人员的考虑更加全面，从而使最终决定在法律适用上更加准确。直接听取辩护人的意见有困难的，可以通知辩护人提出书面意见，在指定期限内未提出意见的，应当记录在案（《高检规则》第365条）。

（五）对证据进行调查核实

对证据的调查核实包括以下几个方面：

1. 复验、复查。《刑事诉讼法》第132条规定：“人民检察院审查案件的时候，对公安机关的勘验、检查，认为需要复验、复查时，可以要求公安机关复验、复查，并且可以派检察人员参加。”《高检规则》第369条对此进行了补充，规定“也可以自行复验、复查，商请公安机关派员参加，必要时也可以聘请专门技术人员参加”。

2. 进行鉴定。“人民检察院认为需要对案件中某些专门性问题进行鉴定而侦查机关没有鉴定的，应当要求侦查机关进行鉴定；必要时也可以由人民检察院进行鉴定或者由人民检察院送交有鉴定资格的人进行。人民检察院自行进行鉴定的，可以商请侦查机关派员参加，必要时还可以聘请有鉴定资格的人参加。”（《高检规则》第366条）“在审查起诉中，发现犯罪嫌疑人可能患有精神病的，人民检察院应当依照本规则的有关规定对犯罪嫌疑人进行鉴定。犯罪嫌疑人的辩护人或者近亲属以犯罪嫌疑人可能患有精神病而申请对犯罪嫌疑人进行鉴定的，人民检察

院也可以依照本规则的有关规定对犯罪嫌疑人进行鉴定，鉴定费用由申请方承担。”（《高检规则》第367条）

3. 补充鉴定或者重新鉴定。人民检察院对鉴定意见有疑问的，可以询问鉴定人并制作笔录附卷，也可以指派检察技术人员或者聘请有鉴定资格的人对案件中的某些专门性问题进行补充鉴定或者重新鉴定。公诉部门对审查起诉案件中涉及专门技术问题的证据材料需要进行审查的，可以送交检察技术人员或者其他具有专门知识的人员审查，审查后应当出具审查意见（《高检规则》第368条）。

4. 对有疑问的实物证据进行调查核实。人民检察院对物证、书证、视听资料、电子数据及勘验、检查、辨认、侦查实验等笔录存在疑问的，可以要求侦查或者调查人员提供获取、制作的有关情况。必要时也可以询问提供物证、书证、视听资料、电子数据及勘验、检查、辨认、侦查实验等笔录的人员和见证人并制作笔录。（《高检规则》第370条）

5. 对证人证言进行调查核实。人民检察院对证人证言笔录存在疑问或者认为对证人的询问不具体或者有遗漏的，可以对证人进行询问并制作笔录附卷。（《高检规则》第371条）

6. 对以非法方式取得的某些言词证据重新取证。人民检察院公诉部门在审查中发现侦查或者调查人员以非法方法收集被调查人、犯罪嫌疑人供述、被害人陈述、证人证言等证据材料的，应当依法排除非法证据并提出纠正意见，同时可以要求侦查或者调查机关另行指派人员重新调查取证，必要时人民检察院也可以自行调查取证。（《高检规则》第379条）

7. 审查起诉部门办理案件时，可以适用侦查措施和程序（《高检规则》第389条）。

### （六）要求监察委员会、公安机关补充提供证据和作出说明

《刑事诉讼法》第171条第1款规定：“人民检察院审查案件，可以要求公安机关提供法庭审判所必需的证据材料；认为可能存在本法第五十四条规定的以非法方法收集证据情形的，可以要求其对证据收集的合法性作出说明。”人民检察院对侦查或者调查机关移送的案件进行审查后，在法院作出生效判决之前，认为需要补充提供法庭审判所必需的证据的，可以书面要求侦查或者调查机关提供。人民检察院发现可能存在以非法方法收集证据情形的，可以要求其对证据收集的合法性作出书面说明或者提供相关证明材料。对人民检察院在审查起诉过程中，要求侦查或者调查机关提供法庭审判所必需的证据材料，侦查或者调查机关应当及时收集和提供。

## 四、审查后的处理

《刑事诉讼法》第172条、第173条规定了审查起诉后的两种处理方法：一是向人民法院提起公诉，二是作出不起诉决定。对于这两种决定，将在下面具体予以论述。除了这两种处理方法以外，《高检规则》还规定了另外两种处理方法，作为刑事诉讼法规定的补充：

### （一）建议重新侦查

对于公安机关移送审查起诉的案件，发现犯罪事实并非犯罪嫌疑人所为，需要重新侦查的，应当依照第173条第1款的规定作出不起诉决定后书面说明理由，同时将案卷退回公安机关并建议公安机关重新侦查（《高检规则》第401条第2款）。这是指犯罪事实确已发生，但是不是该犯罪嫌疑人所为的情况，与没有犯罪事实发生是不同的。

### （二）将新的犯罪事实移送监察委员会、公安机关立案

人民检察院对已经退回2次补充侦查或者调查的案件，在审查起诉中又发现新的犯罪事实，应当移送侦查或者调查机关立案；对已经查清的犯罪事实，应当依法提起公诉（《高检规则》第384条）。

### 五、扣押、冻结的财物的处理

人民检察院在审查起诉期间，对于扣押、冻结的犯罪嫌疑人的财物及其孳息，应当妥善保管，以供查核。对于以下几种情形，根据不同情况进行处理：

（一）返还被害人

追缴的财物中，属于被害人的合法财产，不需要在法庭出示的，应当及时返还被害人，并由被害人在发还款物清单上签名或者盖章，注明返还的理由，并将清单、照片附入卷宗（《高检规则》第 387 条）。

（二）违禁品和不宜长期保存的物品

追缴的财物中，属于违禁品或者不宜长期保存的物品，应当依照国家有关规定处理，并将清单、照片、处理结果附卷（《高检规则》第 388 条）。

（三）犯罪嫌疑人死亡的情形

在审查起诉中犯罪嫌疑人死亡，对犯罪嫌疑人的存款、汇款应当依法予以没收的，可以申请人民法院裁定没收违法所得。人民检察院申请人民法院裁定处理犯罪嫌疑人违法所得的，应当向人民法院移送有关案件材料（《高检规则》第 534 条）。

## 第二节 提起公诉

### 一、提起公诉的条件

提起公诉是人民检察院代表国家，向人民法院提起刑事起诉，要求人民法院对其起诉主张进行审理的活动。在检察机关正式向人民法院提起公诉以后，被追诉人就不再被称为“犯罪嫌疑人”，而被称为“被告人”。

《刑事诉讼法》第 172 条规定：“人民检察院认为犯罪嫌疑人的犯罪事实已经查清，证据确实、充分，依法应当追究刑事责任的，应当作出起诉决定，按照审判管辖的规定，向人民法院提起公诉，并将案卷材料、证据移送人民法院。”根据这一规定，人民检察院提起公诉必须同时具备以下三个条件：

1. 犯罪嫌疑人的犯罪事实已经查清，证据确实、充分。

根据《高检规则》第 390 条的规定，具有下列情形之一的，可以确认犯罪事实已经查清：（1）属于单一罪行的案件，查清的事实足以定罪量刑或者与定罪量刑有关的事实已经查清，不影响定罪量刑的事实无法查清的。（2）属于数个罪行的案件，部分罪行已经查清并符合起诉条件，其他罪行无法查清的。对于这种情况，应当以已经查清的罪行起诉。（3）无法查清作案工具、赃物去向，但有其他证据足以对被告人定罪量刑的。（4）证人证言，被调查人、犯罪嫌疑人供述和辩解，被害人陈述的内容中主要情节一致，只有个别情节不一致且不影响定罪的。

人民检察院在办理监察委员会、公安机关移送起诉的案件中，发现遗漏罪行或者依法应当移送审查起诉同案犯的，应当要求监察委员会、公安机关补充移送审查起诉；对于犯罪事实清楚，证据确实、充分的，人民检察院也可以直接提起公诉（《高检规则》第 391 条）。

2. 对犯罪嫌疑人依法应当追究刑事责任。

3. 符合审判管辖的规定。

## 二、起诉书的制作

人民检察院作出起诉决定后，应当制作起诉书。根据《高检规则》第393条的规定，起诉书的主要内容包括：

1. 被告人的基本情况，包括姓名、性别、出生年月日、出生地、身份证号码、民族、文化程度、职业、工作单位及职务、住址，是否受过刑事处分及处分的种类和时间，采取强制措施的情况等；如果是单位犯罪，应写明犯罪单位的名称和组织机构代码、所在地址、联系方式，法定代表人和诉讼代表人的姓名、职务、联系方式；如果还有应当负刑事责任的直接负责的主管人员或其他直接责任人员，应当按上述被告人基本情况内容叙写。

被告人真实姓名、住址无法查清的，应当按其绰号或者自报的姓名、住址制作起诉书，并在起诉书中注明。被告人自报的姓名可能造成损害他人名誉、败坏道德风俗等不良影响的，可以对被告人编号并按编号制作起诉书，并在起诉书中附具被告人的照片，记明足以确定被告人面貌、体格、指纹以及其他反映被告人特征的事项。

2. 案由和案件来源。

3. 案件事实，包括犯罪的时间、地点、经过、手段、动机、目的、危害后果等与定罪量刑有关的事实要素。起诉书叙述的指控犯罪事实的必备要素应当明晰、准确。被告人被控有多项犯罪事实的，应当逐一列举，对于犯罪手段相同的同一犯罪可以概括叙写。

4. 起诉的根据和理由，包括被告人触犯的刑法条款、犯罪的性质及认定的罪名、处罚条款、法定从轻、减轻或者从重处罚的条件，共同犯罪各被告人应负的罪责等。

对于人民检察院提起公诉的案件，人民检察院可以提出量刑建议。一般应当制作量刑建议书，与起诉书一并移送人民法院；也可以在发表公诉意见时提出量刑建议（《高检规则》第400条、第454条）。

## 三、向人民法院移送案卷材料和证据

### （一）提起公诉时应当移送的材料

《刑事诉讼法》第172条规定：人民检察院向人民法院提起公诉，应当将案卷材料、证据移送人民法院。因此，提起公诉时应当移送下列材料：

1. 起诉书。起诉书应当一式八份，每增加一名被告人增加起诉书5份。关于被害人姓名、住址、联系方式、被告人被采取强制措施的种类、是否在案及羁押处所等问题，人民检察院应当在起诉书中列明，不再单独移送材料；对于涉及被害人隐私或者为保护证人、鉴定人被害人人身安全，而不宜公开证人、鉴定人、被害人姓名、住址、工作单位、联系方式等个人信息，可以在起诉书中使用化名替代证人、鉴定人、被害人的个人信息，但是应当另行书面说明使用化名等情况，并标明密级（《高检规则》第394条）。

2. 全部案卷材料、证据。

### （二）人民法院要求补充

人民法院认为人民检察院起诉移送的有关材料不符合《刑事诉讼法》第172条规定的条件，向人民检察院提出书面意见要求补充移送材料，人民检察院认为有必要移送的，应当自收到通知之日起 3 日内补送。(《高检规则》第 396 条)。

（三）提起公诉后补充收集的证据材料

对提起公诉后，在人民法院宣告判决前补充收集的证据材料，人民检察院应当及时移送人民法院（《高检规则》第 397 条）。

## 第三节　不起诉

### 一、不起诉的概念

不起诉是指人民检察院对监察委员会调查终结或者公安机关侦查终结移送审查起诉的案件和自行侦查终结的案件进行审查后，依法作出的不将案件起诉到法院从而终止刑事诉讼程序的决定。不起诉的理由，刑事诉讼法规定了三种，将在下面不起诉的种类中详细予以论述。

不起诉的法律效力在于在审查起诉阶段终止刑事诉讼。对犯罪嫌疑人而言，不起诉决定的法律后果是无罪，因为《刑事诉讼法》第 12 条规定了只有人民法院才有权通过判决的形式确定一个公民有罪。《刑事诉讼法》第 174 条规定："不起诉的决定，应当公开宣布，并且将不起诉决定书送达被不起诉人和他的所在单位。如果被不起诉人在押，应当立即释放。"

### 二、不起诉的种类和适用条件

根据《刑事诉讼法》第 173 条、第 174 条的规定，不起诉一共有以下三种①：

（一）法定不起诉

《刑事诉讼法》第 173 条第 1 款规定："犯罪嫌疑人没有犯罪事实，或者有本法第十五条规定的情形之一的，人民检察院应当作出不起诉的决定。"《刑事诉讼法》第 15 条规定了不追究刑事责任的六种情形，如果人民检察院在审查起诉中发现具备这六种情形之一的，应当决定不起诉。这里有三点需要解释：

1. 本款规定的不起诉只限于没有犯罪事实，或者《刑事诉讼法》第 15 条规定的六种情形，而不适用于其他情形。例如，人民检察院在审查起诉中发现犯罪嫌疑人已经构成犯罪，但依照刑法不需要判处刑罚或者免除刑罚的，不能作出法定不起诉。

2. 这里用的是"应当"，因而人民检察院对于监察委员会、公安机关移送审查起诉的案件，具备本款规定的情形的，必须作出不起诉决定，没有其他选择。需要注意的是，对检察院直接受理案件发现此种情形的，不能作法定不起诉，而是应当退回本院侦查部门，建议作撤销案件的处理（《高检规则》第 402 条）。

3. 这种不起诉在程序上需要检察长或者检察委员会决定（《高检规则》第 401 条）。

（二）微罪不起诉

《刑事诉讼法》第 173 条第 2 款规定："对于犯罪情节轻微，依照刑法规定不需要判处刑罚或者免除刑罚的，人民检察院可以作出不起诉决定。"这种不起诉还被称为"酌定不起诉"或者

---

① 除了这三种不起诉以外，《刑事诉讼法》在第五编第一章"未成年人刑事案件诉讼程序"中还规定了附条件不起诉期满的不起诉（第 273 条第 2 款）；第二章"当事人和解的公诉案件诉讼程序"中规定了达成和解的不起诉（第 279 条）。这两种不起诉虽然在其他条文中规定，但本质上都是"微罪不起诉"的具体适用。

“相对不起诉”。对此有三点需要解释。

1. 这种不起诉适用于已经构成犯罪，但是犯罪情节轻微，依照刑法规定不需要判处刑罚或者免除刑罚的案件。对于不构成犯罪，或者证据不足以证明该犯罪事实的，不能适用这种不起诉；对于严重犯罪，也不能适用这种不起诉；对于可能被判处刑罚的案件，无论是主刑还是附加刑，也无论是缓刑还是实际执行，都不能适用这种不起诉。

根据最高人民检察院公诉厅 2007 年 6 月 19 日发布的《人民检察院办理不起诉案件质量标准（试行）》的规定，对符合上述条件，同时具有下列情形之一的，依法决定不起诉：（1）未成年犯罪嫌疑人、老年犯罪嫌疑人，主观恶性较小、社会危害不大的；（2）因亲友、邻里及同学同事之间纠纷引发的轻微犯罪中的犯罪嫌疑人，认罪悔过、赔礼道歉、积极赔偿损失并得到被害人谅解或者双方达成和解并切实履行，社会危害不大的；（3）初次实施轻微犯罪的犯罪嫌疑人，主观恶性较小的；（4）因生活无着偶然实施盗窃等轻微犯罪的犯罪嫌疑人，人身危险性不大的；（5）群体性事件引起的刑事犯罪中的犯罪嫌疑人，属于一般参与者的。

具有下列情形之一的，不应适用《刑事诉讼法》第 173 条第 2 款作不起诉决定：（1）实施危害国家安全犯罪的；（2）一人犯数罪的；（3）犯罪嫌疑人有脱逃行为或者构成累犯的；（4）犯罪嫌疑人系共同犯罪中的主犯，而从犯已被提起公诉或者已被判处刑罚的；（5）共同犯罪中的同案犯，一并起诉、审理更为适宜的；（6）犯罪后订立攻守同盟，毁灭证据，逃避或者对抗侦查的；（7）因犯罪行为给国家或者集体造成重大经济损失或者有严重政治影响的；（8）需要人民检察院提起附带民事诉讼的；（9）其他不应当适用《刑事诉讼法》第 173 条第 2 款作不起诉处理的。

对于“不需要判处刑罚”的具体把握，由刑法类司法解释进行规定。例如，对于诈骗罪，最高人民法院、最高人民检察院 2011 年 3 月 1 日颁布的《关于办理诈骗刑事案件具体应用法律若干问题的解释》第 3 条规定，已经构成诈骗罪，行为人认罪、悔罪，且具有下列情形之一的，可以认为属《刑法》第 37 条规定的“不需要判处刑罚”：（1）具有法定从宽处罚情节的；（2）一审宣判前全部退赃、退赔的；（3）没有参与分赃或者获赃较少且不是主犯的；（4）被害人谅解的；（5）其他情节轻微、危害不大的。

2. 这里用的是“可以”，即人民检察院对这种案件有起诉的自由裁量权，既可以选择在审查起诉阶段作出不起诉决定终结刑事诉讼，也可以起诉到法院要求法院根据庭审查明的事实作出相应的判决。如果人民法院认为已经构成犯罪，依照刑法规定不需要判处刑罚或者免除刑罚的，将作出定罪免刑判决。

3. 这种不起诉在程序上需要检察长或者检察委员会决定（《高检规则》第 406 条）。

### （三）证据不足不起诉

《刑事诉讼法》第 171 条第 4 款规定：“对于二次补充侦查的案件，人民检察院仍然认为证据不足，不符合起诉条件的，应当作出不起诉的决定。”在理解这个条文的时候，需要注意以下几点：

1. 这种不起诉的适用范围是经过了二次退回补充侦查或者调查仍然证据不足的案件。由于提起公诉的条件是“人民检察院认为犯罪嫌疑人的犯罪事实已经查清，证据确实、充分”，如果案件达不到这样的要求，就不符合起诉条件，因而就应当决定不起诉。对于如何理解“证据不足，不符合起诉条件”，《高检规则》第 404 条作出了具体规定：具有下列情形之一，不能确定犯罪嫌疑人构成犯罪和需要追究刑事责任的，属于证据不足，不符合起诉条件：（1）犯罪构成要件事实缺乏必要的证据予以证明的；（2）据以定罪的证据存在疑问，无法查证属实的；（3）据以定罪的证据之间、证据与案件事实之间的矛盾不能合理排除的；（4）根据证据得出的结论具有其他可能性，不能排除合理怀疑的；（5）根据证据认定案件事实不符合逻辑和经验法则，得出的结论明显不符合常理的。

2. 这里用的是“应当”，即人民检察院对经过二次退回补充侦查或者调查的案件，仍然认为证据不足的，必须作出不起诉决定。检察院对于经过一次退回补充侦查或者调查的案件，认为证据不足，不符合起诉条件，且没有退回补充侦查或者调查必要的，可以作出不起诉决定（《高检规则》第403条）。

3. 这种不起诉在程序上需要检察长或者检察委员会决定（《高检规则》第403条）。

4. 人民检察院决定证据不足不起诉的，在发现新的证据，符合起诉条件时，可以提起公诉（《高检规则》第405条）。

## 三、不起诉的程序

### （一）不起诉的批准和监督

根据《监察法》第47条第4款、《高检规则》第407条、最高人民检察院《关于人民监督员监督工作的规定》以及最高人民检察院公诉厅于2007年6月19日发布的《人民检察院办理不起诉案件质量标准（试行）》的规定，特定案件的不起诉需要遵循以下要求：

1. 需要上一级人民检察院批准的情形。监察委员会调查终结移送审查起诉的案件以及省级以下人民检察院办理直接受理立案侦查的案件，拟作不起诉决定的，应当报请上一级人民检察院批准。

2. 人民监督员监督。对检察机关直接受理侦查的案件，拟作不起诉处理的，应由人民监督员提出监督意见。

### （二）不起诉案件公开审查

根据最高人民检察院公诉厅于2001年3月5日颁布的《人民检察院办理不起诉案件公开审查规则（试行）》的规定，人民检察院对于拟作不起诉处理的案件，可以根据侦查机关（部门）的要求或者犯罪嫌疑人及其法定代理人、辩护人，被害人及其法定代理人、诉讼代理人的申请，经检察长决定，进行公开审查。

公开审查的不起诉案件应当是存在较大争议并且在当地有较大社会影响的，经人民检察院审查后准备作不起诉的案件。对下列案件不进行公开审查：（1）案情简单，没有争议的案件；（2）涉及国家秘密或者个人隐私的案件；（3）14周岁以上不满16周岁未成年人犯罪的案件；16周岁以上不满18周岁未成年人犯罪的案件，一般也不进行公开审查；（4）其他没有必要进行公开审查的案件。

人民检察院对不起诉案件进行公开审查，应当听取侦查机关（部门），犯罪嫌疑人及其法定代理人、辩护人，被害人及其法定代理人、诉讼代理人的意见。听取意见可以分别进行，也可以同时进行。

公开审查活动应当在人民检察院进行，也可以在人民检察院指定的场所进行。

不起诉案件公开审查时，允许公民旁听；可以邀请人大代表、政协委员、特约检察员参加；可以根据案件需要或者当事人的请求，邀请有关专家及与案件有关的人参加；经人民检察院许可，新闻记者可以旁听和采访。

公开审查活动应当由案件承办人主持进行，并配备书记员记录。案件承办人应当根据案件证据，依照法律的有关规定，阐述不起诉的理由，但不需要出示证据。

参加公开审查的侦查人员，犯罪嫌疑人及其法定代理人、辩护人、被害人及其法定代理人、诉讼代理人可以就案件事实、证据、适用的法律以及是否应予不起诉，各自发表意见，但不能直接进行辩护。

（三）不起诉决定书的制作和送达

人民检察院作出不起诉决定后，应当制作不起诉决定书。不起诉决定书的主要内容包括：（1）被不起诉人的基本情况，包括姓名、性别、出生年月日、出生地和户籍地、民族、文化程度、职业、工作单位及职务、住址、身份证号码，是否受过刑事处分，采取强制措施的情况以及羁押处所等；如果是单位犯罪，应当写明犯罪单位的名称和组织机构代码、所在地址、联系方式、法定代表人和诉讼代表人的姓名、职务、联系方式；（2）案由和案件来源；（3）案件事实，包括否定或者指控被不起诉人构成犯罪的事实以及作为不起诉决定根据的事实；（4）不起诉的根据和理由，写明作出不起诉决定适用的法律条款；（5）查封、扣押、冻结的涉案款物的处理情况；（6）有关告知事项（《高检规则》第408条）。

不起诉的决定，由人民检察院公开宣布。公开宣布不起诉决定的活动应当记明笔录。不起诉决定书自公开宣布之日起生效（《高检规则》第412条）。

不起诉决定书应当送达被害人或者其近亲属及其诉讼代理人、被不起诉人及其辩护人以及被不起诉人的所在单位。送达时，应当告知被害人或者其近亲属及其诉讼代理人、微罪不起诉的被不起诉人，如果对不起诉决定不服提出异议的方式（《高检规则》第413条）。对于监察委员会、公安机关移送起诉的案件，人民检察院决定不起诉的，应当将不起诉决定书送达监察委员会、公安机关（《高检规则》第414条）。

（四）对被不起诉人的处理

对人民检察院作出的不起诉决定，如果犯罪嫌疑人在押，公安机关应当立即办理释放手续；对犯罪嫌疑人需要给予行政处理的，应当依照有关规定处理，并将处理结果及时通知人民检察院（《公安规定》第282条）。

对被不起诉人，虽然不再追究其刑事责任，但是可能进行其他处理。《刑事诉讼法》第173条第3款规定："对被不起诉人需要给予行政处罚、行政处分或者需要没收其违法所得的，人民检察院应当提出检察意见，移送有关主管机关处理。有关主管机关应当将处理结果及时通知人民检察院。"《高检规则》第291条规定："人民检察院决定不起诉的案件，可以根据案件的不同情况，对被不起诉人予以训诫或者责令具结悔过、赔礼道歉、赔偿损失。对被不起诉人需要给予行政处罚、行政处分的，人民检察院应当提出检察意见，连同不起诉决定书一并移送有关主管机关处理，并要求有关主管机关及时通报处理情况。"

（五）解除扣押、冻结

人民检察院决定不起诉的案件，需要对侦查中查封、扣押、冻结的财物解除查封、扣押、冻结，应当书面通知作出查封、扣押、冻结决定的机关或者执行查封、扣押、冻结决定的机关解除查封、扣押、冻结（《刑事诉讼法》第173条第3款、《高检规则》第411条）。

## 四、对不起诉决定异议的提出

（一）监察委员会、公安机关要求复议和提请复核

《监察法》第47条第4款规定，监察机关认为不起诉的决定有错误的，可以向上一级人民

检察院提请复议。《刑事诉讼法》第 175 条规定：“对于公安机关移送起诉的案件，人民检察院决定不起诉的，应当将不起诉决定书送达公安机关。公安机关认为不起诉的决定有错误的时候，可以要求复议，如果意见不被接受，可以向上一级人民检察院提请复核。”

《高检规则》对此进一步加以具体化：公安机关认为不起诉决定有错误，要求复议的，人民检察院公诉部门应当另行指定检察人员进行审查并提出审查意见，经公诉部门负责人审核，报请检察长或者检察委员会决定。人民检察院应当在收到要求复议意见书后的 30 日内作出复议决定，通知公安机关（《高检规则》第 415 条）。上一级人民检察院收到公安机关对不起诉决定提请复核的意见书后，应当交由公诉部门办理。公诉部门指定检察人员进行审查并提出审查意见，经公诉部门负责人审核，报请检察长或者检察委员会决定。上一级人民检察院应当在收到提请复核意见书后的 30 日内作出决定，制作复核决定书送交提请复核的公安机关和下级人民检察院。经复核改变下级人民检察院不起诉决定的，应当撤销或者变更下级人民检察院作出的不起诉决定，交由下级人民检察院执行（《高检规则》第 416 条）。

（二）被害人提出申诉或者直接向人民法院起诉

《刑事诉讼法》第 176 条规定：“对于有被害人的案件，决定不起诉的，人民检察院应当将不起诉决定书送达被害人。被害人如果不服，可以自收到决定书后七日以内向上一级人民检察院申诉，请求提起公诉。人民检察院应当将复查决定告知被害人。对人民检察院维持不起诉决定的，被害人可以向人民法院起诉。被害人也可以不经申诉，直接向人民法院起诉。人民法院受理案件后，人民检察院应当将有关案件材料移送人民法院。”根据这一规定，被害人对不起诉决定不服有两个选择：一是向上一级人民检察院申诉，对维持不起诉决定的再向人民法院起诉；二是直接向人民法院起诉。

1. 向上一级人民检察院申诉。被害人对人民检察院作出的不起诉决定不服的，在收到决定书后 7 日以内申诉的，由作出不起诉决定的人民检察院的上一级人民检察院刑事申诉检察部门立案复查。被害人向作出不起诉决定的人民检察院提出申诉的，作出决定的人民检察院应当将申诉材料连同案卷一并报送上一级人民检察院（《高检规则》第 417 条）。

被害人对人民检察院不起诉的决定不服，在收到不起诉决定书 7 日后提出申诉的，由作出不起诉决定的人民检察院刑事申诉检察部门审查后决定是否立案复查（《高检规则》第 418 条）。

上一级人民检察院刑事申诉检察部门复查后应当提出复查意见，报请检察长作出复查决定。复查决定书应当送达被害人、被不起诉人和作出不起诉决定的人民检察院。上级人民检察院经复查作出起诉决定的，应当撤销下级人民检察院的不起诉决定，交由下级人民检察院提起公诉，并将复查决定抄送移送公诉的公安机关。出庭支持公诉由公诉部门办理（《高检规则》第 419 条）。

2. 直接向人民法院起诉。人民检察院收到人民法院受理被害人对被不起诉人起诉的通知后，人民检察院应当终止复查，将作出不起诉决定所依据的有关案件材料移送人民法院（《高检规则》第 420 条）。

（三）被不起诉人提出申诉

《刑事诉讼法》第 177 条规定：“对于人民检察院依照本法第一百七十三条第二款规定作出的不起诉决定，被不起诉人如果不服，可以自收到决定书后七日以内向人民检察院申诉。人民检察院应当作出复查决定，通知被不起诉的人，同时抄送公安机关。”

被不起诉人对人民检察院依照《刑事诉讼法》第 173 条第 2 款规定作出的不起诉决定不服，

自收到不起诉决定书后 7 日以内提出申诉的，应当由作出决定的人民检察院刑事申诉检察部门立案复查。被不起诉人在收到不起诉决定书 7 日后提出申诉的，由刑事申诉检察部门审查后决定是否立案复查。人民检察院刑事申诉检察部门复查后应当提出复查意见，认为应当维持不起诉决定的，报请检察长作出复查决定；认为应当变更不起诉决定的，报请检察长或者检察委员会决定；认为应当撤销不起诉决定提起公诉的，报请检察长或者检察委员会讨论决定。复查决定书应当送达被不起诉人、被害人，撤销不起诉决定或者变更不起诉的事实或者法律根据的，应当同时抄送移送审查起诉的公安机关和本院有关部门。人民检察院作出撤销不起诉决定提起公诉的复查决定后，应当将案件交由公诉部门提起公诉（《高检规则》第 421 条）。

被害人或者被不起诉人提出申诉，一般应书面提出，也可以口头提出。“被害人、被不起诉人对不起诉决定不服，提出申诉的，应当递交申诉书，写明申诉理由。被害人、被不起诉人没有书写能力的，也可以口头提出申诉，人民检察院应当根据其口头提出的申诉制作笔录。”（《高检规则》第 423 条）

（四）人民检察院主动纠正错误的不起诉决定

这分为两种情况：

1. 作出不起诉决定的人民检察院发现不起诉决定有错误。“人民检察院如果发现不起诉决定确有错误，符合起诉条件的，应当撤销不起诉决定，提起公诉。”（《高检规则》第 424 条）

2. 最高人民检察院或者上级人民检察院发现不起诉决定有错误。“最高人民检察院对地方各级人民检察院的起诉、不起诉决定，上级人民检察院对下级人民检察院的起诉、不起诉决定，发现确有错误的，应当予以撤销或者指令下级人民检察院纠正。”（《高检规则》第 425 条）

## 第四节　提出适用简易程序的建议

### 一、公诉案件适用简易程序的提起

《高检规则》第 465 条至第 471 条对人民检察院提起简易程序进行了详细的规定。公诉案件适用简易程序有两种启动方式：一是人民检察院建议适用；二是人民法院决定适用。人民检察院对这两种情形都有权提出建议（《高检规则》第 465 条、第 466 条）。

（一）人民检察院建议适用简易程序

人民检察院建议适用简易程序的，应当制作《适用简易程序建议书》，在提起公诉时，连同全案卷宗、证据材料、起诉书一并移送人民法院。人民法院在征得被告人同意后决定适用简易程序的，应当制作《适用简易程序决定书》，在开庭前送达人民检察院和辩护人。人民法院认为依法不应当适用简易程序的，应当书面通知人民检察院（《高法解释》第 289 条）。

（二）对法院决定适用简易程序不当提出纠正意见

对于人民检察院没有建议适用简易程序的公诉案件，人民法院经审查决定适用简易程序审理的，如果人民检察院认为具有《刑事诉讼法》第 209 条规定情形之一的，应当向人民法院提出纠正意见；具有其他不宜适用简易程序情形的，人民检察院可以建议人民法院不适用简易程序（《高检规则》第 466 条第 2 款）。

转为普通程序重新审理的案件，公诉人需要为出席法庭进行准备的，可以建议人民法院延期审理（《高检规则》第 471 条）。

## 二、适用简易程序的案卷移送

《刑事诉讼法》第 172 条规定，人民检察院向人民法院提起公诉，应当将案卷材料、证据移送人民法院。这一规定同样适用于适用简易程序审理公诉案件的情况。

根据以上规定，人民检察院应当在开庭前向人民法院移送全部案卷和证据。

# 观点探讨

## 一、检察官的自由裁量权

检察官的自由裁量权，就是检察官在行使检察权过程中的斟酌处理权。我国检察官自由裁量权行使的制度空间不大，对于除未成年人刑事案件以外的案件而言，仅限于《刑事诉讼法》第 173 条第 2 款规定的微罪不起诉。

有学者主张，应当适当扩大目前的检察官自由裁量权，即在法律原则上，适用相对不起诉的条件仍然是“犯罪情节轻微不需要判处刑罚或者应当免除刑罚”，但同时规定在若干例外情况下，检察机关适用不起诉不以“犯罪情节轻微”为前提，例如在共同犯罪以及关联犯罪案件中，因证实案件事实从而惩治主要犯罪人所必需，允许对某些次要犯罪人不起诉。其理由主要是符合个案处理公正与效率的需要。① 还有学者进一步提出，应赋予检察机关更大的自由裁量权，而不仅局限于不起诉的决定权。完善检察机关自由裁量权的内容，还包括与被告人进行协议促使其认罪的权力以及向法院请求降格处刑的权力。②

有学者更加关注对检察官自由裁量权的制约，认为在赋予检察官一定自由裁量权的同时，必须建立相应的制约机制。③

## 二、缓起诉制度

2002 年，某些基层检察机关在实务中针对一些特殊群体如在校大学生及未成年人犯罪推出了一种新的改革举措——缓起诉处分，但因现行法的缺失而被最高司法机关叫停。④ 有学者主张，在我国当前构建和谐社会这一现实司法语境下，创设缓起诉制度，建立不起诉和缓起诉相配套的公诉机制。⑤ 其理由包括：缓起诉可以促使犯罪人积极改造，早日回归社会，并且通过所附的“负担或命令”消除放弃追诉可能造成的负面影响；缓起诉更能够发挥审前程序分流的

---

① 龙宗智．检察官自由裁量权论纲．人民检察，2005（15）。主张扩大检察官相对不起诉的自由裁量权的观点，还有如李卫东．试论不起诉制度与检察官的自由裁量权．中央广播电视大学学报（哲学社会科学版），2003（3）．

② 赵继明，王俊民．建立控辩协商程序与完善检察官自由裁量权．政法论丛，2005（6）．

③ 邓思清．完善我国检察官自由裁量权制约机制之构想．法商研究，2003（5）。主张设立防止检察官滥用自由裁量权的机制的文章，还有如陈岚．论检察官的自由裁量权——兼析起诉便宜原则的确立及其适用．中国法学，2000（1）．

④ 刘学敏．论缓起诉的法理基础及制度建构——从刑事追诉理念的转变谈起．厦门大学学报（哲学社会科学版），2007（1）．

⑤ 主张创设缓起诉制度的观点，除以上引文外，还有如李卫东．试论不起诉制度与检察官的自由裁量权．中央广播电视大学学报（哲学社会科学版），2003（3）．

作用，实现诉讼经济的目的；缓起诉制度为犯罪人与被害人在程序上进行和解提供了沟通平台。

有学者对缓起诉提出了一系列的本土化建议，包括：限制缓起诉处分的适用范围，应当限于轻罪、限于未成年人犯罪案件；对缓起诉实行司法审查，即在缓起诉决定作出前，应当征得被指控人的同意，由法官对缓起诉处分之适用范围及证明标准进行司法审查；在适用顺序上，应当依照微罪不起诉、缓起诉处分、简易程序的顺序予以适用。①

2012 年《刑事诉讼法》第 271 条规定了对未成年犯罪嫌疑人的“附条件不起诉”，并在第 273 条规定被附条件不起诉的未成年犯罪嫌疑人，如符合该条规定的情形，人民检察院应当撤销附条件不起诉的决定，提起公诉。这些规定与上面讨论的缓起诉制度比较类似，本教材将在“未成年人刑事案件诉讼程序”中详细论述。

① 刘磊．慎行缓起诉制度．法学研究，2006（4）．

# 第十九章
# 第一审程序

## 案例导引

### 一、证据不足的处理

甲被人民检察院指控犯有强奸罪。某县人民法院经审理认为，本案中控方提出的证据没有达到犯罪事实清楚、证据确实充分的程度。问：人民法院应当作何种判决？

### 二、简易程序公诉人可否不出庭

某人民法院适用简易程序审理人民检察院提起公诉的甲盗窃案。在庭审时，人民检察院没有派员出庭支持公诉。问：人民检察院的做法是否合法？

## 基本理论

第一审程序就是人民法院对人民检察院提起公诉、自诉人提起自诉的案件进行初次审判的程序。第一审程序分为公诉案件第一审程序、自诉案件第一审程序和简易程序。其中，自诉案件第一审程序在本教材中单独作为一章进行论述。

如果要确定一名公民有罪，第一审程序是必经程序。在第一审程序之后，可能会继续进行第二审程序、死刑复核程序等，但如果没有在法定期限内提出上诉、抗诉，并且不存在法律另有规定的情况，第一审判决、裁定就发生法律效力。因此，第一审程序是认定公民有罪所必经的程序，而其他审判程序则不是必经的。

## 第一节　审判组织

审判组织是指人民法院审判案件的具体组织形式。根据《人民陪审员法》《刑事诉讼法》和《人民法院组织法》的规定，我国的刑事审判组织有独任庭、合议庭、审判委员会三种。

### 一、独任庭

独任庭是由审判员一人独任审判案件的审判组织。根据《刑事诉讼法》第 178 条的规定，基层人民法院适用简易程序的案件，可以由审判员一人独任审判。这里用的是“可以”，因此适用简易程序审理刑事案件，既可以由审判员一人独任审判，也可以组成合议庭进行审判；但对可能判处的有期徒刑超过 3 年的，应当组成合议庭进行审判。审判员依法独任审判时，行使与审判长同样的职权。

## 二、合议庭

合议庭是由审判人员数人共同审理案件的一种审判组织。合议庭是人民法院审判案件的基本组织形式。《人民法院组织法》第 9 条规定，人民法院审判案件，实行合议制；审判第一审案件时，根据法律的规定可以由审判员一人独任审判。

根据《刑事诉讼法》第 178 条规定，不同级别的法院在不同的审判程序中合议庭的组成是不同的：

1. 基层人民法院、中级人民法院审判第一审案件，应当由审判员 3 人或者由审判员和人民陪审员共 3 人或者 7 人组成合议庭进行（《刑事诉讼法》第 178 条第 1 款；《人民陪审员法》第 14 条）。

2. 高级人民法院、最高人民法院审判第一审案件，应当由审判员 3 人至 7 人或者由审判员和人民陪审员共 3 人至 7 人组成合议庭进行（《刑事诉讼法》第 178 条第 2 款）。

3. 人民法院审判上诉和抗诉案件，由审判员 3 人至 5 人组成合议庭进行（《刑事诉讼法》第 178 条第 4 款）。

4. 合议庭成员人数应当是单数（《刑事诉讼法》第 178 条第 5 款）。

5. 合议庭由院长或者庭长指定审判员一人担任审判长。院长或者庭长参加审判案件的时候，自己担任审判长。审判长主持和组织合议庭的活动并指挥法庭审判的进行（《刑事诉讼法》第 178 条第 6 款）。

6. 最高人民法院复核死刑案件，高级人民法院复核死刑缓期执行的案件，应当由审判员 3 人组成合议庭进行（《刑事诉讼法》第 238 条）。

7. 人民陪审员在人民法院执行职务，同审判员有同等的权利。但是参加 7 人合议庭审判案件，对事实认定，独立发表意见，并与法官共同表决；对法律适用，可以发表意见，但不参加表决（《刑事诉讼法》第 178 条第 3 款；《人民陪审员法》第 22 条）。需要注意的是，陪审员只能参加第一审的合议庭组成，并且不能担任审判长。

《刑事诉讼法》第 179 条规定：“合议庭进行评议的时候，如果意见分歧，应当按多数人的意见作出决定，但是少数人的意见应当写入笔录。评议笔录由合议庭的组成人员签名。”因此，合议庭评议的时候按照少数服从多数的原则作出决定。

## 三、审判委员会

《刑事诉讼法》第 180 条规定：“合议庭开庭审理并且评议后，应当作出判决。对于疑难、复杂、重大的案件，合议庭认为难以作出决定的，由合议庭提请院长决定提交审判委员会讨论决定。审判委员会的决定，合议庭应当执行。”审判委员会是《人民法院组织法》中规定的人民法院内部的一种组织。该法第 10 条规定：“各级人民法院设立审判委员会，实行民主集中制。审判委员会的任务是总结审判经验，讨论重大的或者疑难的案件和其他有关审判工作的问题。

地方各级人民法院审判委员会委员，由院长提请本级人民代表大会常务委员会任免；最高人民法院审判委员会委员，由最高人民法院院长提请全国人民代表大会常务委员会任免。各级人民法院审判委员会会议由院长主持，本级人民检察院检察长可以列席。”结合《刑事诉讼法》第180条规定的“审判委员会的决定，合议庭应当执行”，我们可以看出审判委员会对案件的处理决定，合议庭必须服从，因此审判委员会也是审判组织的一种。对于审判委员会的决定，合议庭有不同意见的，可以建议院长提交审判委员会复议。

根据《刑事诉讼法》第180条和《高法解释》第178条的规定，并非对每一个案件合议庭都必须提交审判委员会讨论决定。原则上，合议庭开庭审理并且评议后，应当作出判决或者裁定。拟判处死刑的案件、人民检察院抗诉的案件，合议庭应当提请院长决定提交审判委员会讨论决定。对合议庭成员意见有重大分歧的案件、新类型案件、社会影响重大的案件以及其他疑难、复杂、重大的案件，合议庭认为难以作出决定的，可以提请院长决定提交审判委员会讨论决定。人民陪审员可以要求合议庭将案件提请院长决定是否提交审判委员会讨论决定。

对于合议庭提请院长决定提交审判委员会讨论决定的案件，院长认为不必要的，可以建议合议庭复议一次。

独任审判的案件，审判员认为有必要的，也可以提请院长提交审判委员会讨论决定。

### 四、审判责任承担

为了明确审判组织权限，最高人民法院于2015年9月21日颁布了《关于完善人民法院司法责任制的若干意见》。其中规定，除审判委员会讨论决定的案件以外，院长、副院长、庭长对其未直接参加审理案件的裁判文书不再进行审核签发。审判委员会只讨论涉及国家外交、安全和社会稳定的重大复杂案件，以及重大、疑难、复杂案件的法律适用问题。审判委员会讨论案件时，合议庭对其汇报的事实负责，审判委员会委员对其本人发表的意见及最终表决负责。

## 第二节　公诉案件第一审程序

### 一、对公诉案件的审查

对公诉案件的审查是人民法院对人民检察院提起公诉的案件依法进行庭前审查，并决定是否开庭审判的活动。《刑事诉讼法》第181条规定：“人民法院对提起公诉的案件进行审查后，对于起诉书中有明确的指控犯罪事实的，应当决定开庭审判。”这种审查只是程序性审查，只要公诉案件符合该条规定的要求，就应当决定开庭审判。

#### （一）审查的内容和方法

根据《高法解释》第180条的规定，人民法院应当在收到人民检察院的起诉书后，指定审判员审查以下内容：

1. 案件是否属于本院管辖。

2. 起诉书是否写明被告人的身份，是否受过或者正在接受刑事处罚，被采取强制措施的种类，羁押地点，犯罪的时间、地点、手段、后果以及其他可能影响定罪量刑的情节。

3. 是否移送证明指控犯罪事实的证据材料，包括采取技术侦查措施的批准决定和所收集的证据材料。

4. 是否查封、扣押、冻结被告人的违法所得或者其他涉案财物，并附证明相关财物依法应当追缴的证据材料。

5. 是否列明被害人的姓名、住址、联系方式；是否附有证人、鉴定人名单；是否申请法庭通知证人、鉴定人、有专门知识的人出庭，并列明有关人员的姓名、性别、年龄、职业、住址、联系方式；是否附有需要保护的证人、鉴定人、被害人名单。

6. 当事人已委托辩护人、诉讼代理人，或者已接受法律援助的，是否列明辩护人、诉讼代理人的姓名、住址、联系方式。

7. 是否提起附带民事诉讼；提起附带民事诉讼的，是否列明附带民事诉讼当事人的姓名、住址、联系方式，是否附有相关证据材料。

8. 侦查或者调查、审查起诉程序的各种法律手续和诉讼文书是否齐全。

9. 有无《刑事诉讼法》第 15 条第 2 项至第 6 项规定的不追究刑事责任的情形。

### （二）审查后的处理

根据《高法解释》第 181 条的规定，案件经审查后，应当根据不同的情况分别处理：

1. 依法受理。依法受理包括以下几种情况：第一，人民检察院提起的公诉符合《刑事诉讼法》第 181 条的规定，人民法院依法受理；第二，人民法院曾经对该被告人因证据不足作出过“证据不足、指控的犯罪不能成立的无罪判决”，人民检察院依据新的事实、证据材料重新起诉的，人民法院应当依法受理；第三，对于被告人真实身份不明，但犯罪事实清楚，证据确实充分的，人民法院应当依法受理。

2. 补送材料。人民检察院移送的材料不符合《高法解释》第 180 条要求，需要补送材料的，应当通知人民检察院在 3 日内补送。

3. 退回人民检察院。对于属于告诉才处理的案件，不属于本院管辖或者被告人不在案的，应当决定退回人民检察院。对于提起公诉后改变管辖的案件，原提起公诉的人民检察院应当将案件移送与审判管辖相对应的人民检察院（《高检规则》第 427 条）。

对于符合《刑事诉讼法》第 15 条第 2 至 6 项规定的情形的，应当裁定终止审理或者退回人民检察院。依照《高法解释》第 242 条规定，人民法院裁定准许人民检察院撤诉的案件，没有新的事实、证据，重新起诉的，应当退回人民检察院。

### （三）审查的期限

《高法解释》第 181 条规定：“人民法院对公诉案件是否受理，应当在七日内审查完毕。”

## 二、开庭审判前的准备

根据《刑事诉讼法》第 182 条和《高法解释》第 182 条至第 185 条的规定，人民法院决定开庭审理的案件，应当进行下列准备工作，并应当将工作情况制作笔录，由审判人员和书记员签名：

1. 确定审判长及合议庭组成人员。

适用普通程序审理的案件，由院长或者庭长指定审判长并确定合议庭组成人员；适用简易程序审理的案件，由庭长指定审判员一人独任审理。开庭审判前，合议庭可以拟出法庭审理提纲，提纲一般包括下列内容：（1）合议庭成员在庭审中的分工；（2）起诉书指控的犯罪事实的重点和认定案件性质方面的要点；（3）讯问被告人时需了解的案情要点；（4）出庭作证的证人、鉴定人、有专门知识的人、侦查人员的名单；（5）控辩双方申请当庭出示的证据的目录；（6）庭审中可能出现的问题及应对措施。

2. 将人民检察院的起诉书副本至迟在开庭10日以前送达被告人、辩护人。

向被告人及其辩护人送达起诉书副本，是为了确保辩方知悉起诉的内容，以便于准备辩护。另外，人民检察院以量刑建议书方式提出量刑建议的，人民法院在送达起诉书副本时，将量刑建议书一并送达被告人。同时，为了保证及时通知证人出庭，人民法院应当通知当事人、法定代理人、辩护人、诉讼代理人在开庭5日前提供证人、鉴定人名单，以及拟当庭出示的证据；申请证人、鉴定人、有专门知识的人出庭的，应当列明有关人员的姓名、性别、年龄、职业、住址、联系方式。

3. 庭前会议。

在开庭以前，审判人员可以召集公诉人、当事人和辩护人、诉讼代理人，对回避、出庭证人名单、非法证据排除等与审判相关的问题，了解情况，听取意见（《刑事诉讼法》第182条第2款）。

对于提出排除非法证据申请并依照法律规定提供相关线索或者材料的，人民法院应当召开庭前会议。对于证据材料较多、案情疑难复杂、社会影响重大或者控辩双方对事实证据存在较大争议等情形的，可以决定召开庭前会议。控辩双方申请召开庭前会议，人民法院经审查认为有必要的，应当决定召开庭前会议（《庭前会议规程》第1条）。召开庭前会议，根据案件情况，可以通知被告人参加。庭前会议中，审判人员可以听取控辩双方关于管辖、回避、调取无罪、罪轻证据、提出新证据、出庭作证的名单、非法证据排除、不公开审理等问题的意见。审判人员可以询问控辩双方对证据材料有无异议，对有异议的证据，应当在庭审时重点调查；无异议的，庭审时举证、质证可以简化。对附带民事诉讼可以进行调解（《高法解释》第183条、第184条）。

人民法院在庭前会议中听取控辩双方对案件事实证据的意见后，对明显事实不清、证据不足的案件，可以建议人民检察院补充材料或者撤回起诉（《高法审判为中心意见》第8条；《庭前会议规程》第22条）。

4. 将开庭的时间、地点在开庭3日以前通知人民检察院。

提起公诉的案件，人民检察院应当派员以国家公诉人的身份出席第一审法庭，支持公诉。公诉人应当由检察长、检察员或者经检察长批准代行检察员职务的助理检察员一人至数人担任，并配备书记员担任记录。适用简易程序审理的公诉案件，可以不配备书记员担任记录（《高检规则》第426条）。公诉人在人民法院决定开庭审判后，应当做好如下准备工作：(1) 进一步熟悉案情，掌握证据情况；(2) 深入研究与本案有关的法律政策问题；(3) 充实审判中可能涉及的专业知识；(4) 拟定讯问被告人、询问证人、鉴定人、有专门知识的人和宣读、出示、播放证据的计划并制定质证方案；(5) 对可能出现证据合法性争议的，拟定证明证据合法性的提纲并准备相关材料；(6) 拟定公诉意见，准备辩论提纲；(7) 需要对出庭证人等的保护向人民法院提出建议或者配合做好工作的，做好相关准备（《高检规则》第428条）。

5. 将传唤当事人和通知辩护人、法定代理人、证人、鉴定人及侦查人员、翻译人员的传票和通知书，至迟在开庭3日以前送达。通知有关人员出庭，也可以采取电话、短信、传真、电子邮件等能够确认对方收悉的方式。

证人应当由人民法院通知并负责安排出庭作证（《高检规则》第441条第1款）。

人民法院通知公诉机关或者辩护人提供的证人，如果该证人表示拒绝出庭作证的，人民法院依照《刑事诉讼法》第188条的规定强制其到庭；如果按照所提供的证人联系方式未能通知到该证人的，应当及时告知申请通知该证人的公诉机关或者辩护人。被害人、诉讼代理人经人民法院传唤或者通知未到庭，不影响开庭审判的，人民法院可以开庭审理。辩护人经通知未到庭，被告人同意的，人民法院可以开庭审理，但被告人属于应当提供法律援助情形的除外（《高法解释》第205条、第188条）。

6. 公开审理的案件，在开庭3日以前先期公布案由、被告人姓名、开庭时间和地点。

## 三、法庭审判阶段

法庭审判是指人民法院的合议庭或者独任庭通过开庭的方式，由审判长主持，对控辩双方的举证和主张，居中进行审理并作出裁判的活动。

依据刑事诉讼法的规定，法庭审判程序大致可分为开庭，法庭调查，法庭辩论，被告人最后陈述，评议和宣判五个步骤。

### （一）开庭

开庭是正式进行法庭审判前的准备阶段。《刑事诉讼法》第185条规定："开庭的时候，审判长查明当事人是否到庭，宣布案由；宣布合议庭的组成人员、书记员、公诉人、辩护人、诉讼代理人、鉴定人和翻译人员的名单；告知当事人有权对合议庭组成人员、书记员、公诉人、鉴定人和翻译人员申请回避；告知被告人享有辩护权利。"具体内容包括：

1. 开庭审理前，书记员应当依次进行下列工作：(1) 受审判长委托，查明公诉人、当事人、证人及其他诉讼参与人是否已经到庭；(2) 宣读法庭规则；(3) 请公诉人及相关诉讼参与人入庭；(4) 请审判长、审判员（人民陪审员）入庭，入庭时全体人员应当起立；(5) 审判人员就座后，当庭向审判长报告开庭前的准备工作已经就绪（《高法解释》第189条；《法庭规则》第15条）。

刑事在押被告人出庭受审时，着正装或便装，不着监管机构的识别服。人民法院在庭审活动中不得对被告人使用戒具，但认为其人身危险性大，可能危害法庭安全的除外。出庭履行职务的人员，按照职业着装规定着装，但没有职业着装规定的，出庭作证的侦查人员以及所在单位系案件当事人的，着正装（《法庭规则》第12条、条13条）。

2. 审判长宣布开庭，传被告人到庭后，应当查明被告人的下列情况：(1) 姓名、出生日期、民族、出生地、文化程度、职业、住址，或者单位的名称、住所地、诉讼代表人的姓名、职务；(2) 是否曾受到过法律处分及处分的种类、时间；(3) 是否被采取强制措施及强制措施的种类、时间；(4) 收到起诉书副本的日期；有附带民事诉讼的，附带民事诉讼被告人收到民事诉状的日期（《高法解释》第190条）。

3. 审判长宣布案件的来源、起诉的案由、附带民事诉讼当事人的姓名及是否公开审理。不公开审理的，应当宣布理由（《高法解释》第191条）。

4. 审判长宣布合议庭组成人员、书记员、公诉人名单及辩护人、鉴定人和翻译人员等诉讼参与人的名单（《高法解释》第192条）。

5. 审判长应当告知当事人及其法定代理人、辩护人、诉讼代理人在法庭审理过程中依法享有下列诉讼权利：(1) 可以申请合议庭组成人员、书记员、公诉人、鉴定人和翻译人员回避；(2) 可以提出证据，申请通知新的证人到庭、调取新的证据、重新鉴定或者勘验、检查；(3) 被告人可以自行辩护；(4) 被告人可以在法庭辩论终结后作最后陈述（《高法解释》第193条）。

6. 审判长应当询问当事人及其法定代理人、辩护人、诉讼代理人是否申请回避、申请何人回避和申请回避的理由。当事人及其法定代理人、辩护人、诉讼代理人申请回避的，依照刑事诉讼法及本解释的有关规定处理。同意或者驳回回避申请的决定及复议决定，由审判长宣布，并说明理由。必要时，也可以由院长到庭宣布（《高法解释》第194条）。

（二）法庭调查

法庭调查是在审判人员主持下，控辩双方和其他诉讼参与人的参加下，当庭对案件事实和证据进行审查、核实的诉讼活动。由于证据必须在法庭上调查核实才能作为定案根据，所以，法庭调查是控辩双方证明其主张和事实审理者认定事实的关键环节。在法庭调查阶段，对被告人认罪的案件，在确认被告人了解起诉书指控的犯罪事实和罪名，自愿认罪且知悉认罪的法律后果后，法庭调查可以主要围绕量刑和其他有争议的问题进行。对被告人不认罪或者辩护人作无罪辩护的案件，法庭调查应当在查明定罪事实的基础上，查明有关量刑事实（《高法解释》第227条）。

根据《刑事诉讼法》第186条至第190条、《高法解释》第195条至第227条以及《高检规则》第434条至第463条的规定，法庭调查的具体程序如下：

1. 公诉人宣读起诉书。审判长宣布法庭调查开始后，应当首先由公诉人宣读起诉书，代表国家指控犯罪，提请人民法院对被告人依法审判；有附带民事诉讼的，再由附带民事诉讼的原告人或者其法定代理人、诉讼代理人宣读附带民事起诉状（《高法解释》第195条）。起诉书指控的被告人的犯罪事实为两起以上的，法庭调查，一般应当分别进行（《高法解释》第196条）。

2. 被告人、被害人陈述。在审判长主持下，被告人、被害人可以就起诉书指控的犯罪事实分别陈述（《高法解释》第197条）。

3. 讯问被告人和询问其他当事人。《刑事诉讼法》第186条规定："公诉人在法庭上宣读起诉书后，被告人、被害人可以就起诉书指控的犯罪进行陈述，公诉人可以讯问被告人。被害人、附带民事诉讼的原告人和辩护人、诉讼代理人，经审判长许可，可以向被告人发问。审判人员可以讯问被告人。"《高法解释》对此进行了详细规定：

（1）在审判长主持下，公诉人可以就起诉书中指控的犯罪事实讯问被告人；被害人及其法定代理人、诉讼代理人经审判长准许，可以就公诉人讯问的犯罪事实补充发问；附带民事诉讼的原告人及其法定代理人或者诉讼代理人经审判长准许，可以就附带民事诉讼部分的事实向被告人发问；经审判长准许，被告人的法定代理人、辩护人，附带民事诉讼的被告人及其法定代理人、诉讼代理人可以在控诉一方就某一问题讯问完毕后向被告人发问（《高法解释》第198条）。

公诉人在讯问被告人时，被告人在庭审中的陈述与在侦查、审查起诉中的供述一致或者不一致的内容不影响定罪量刑的，可以不宣读被告人供述笔录。被告人在庭审中的陈述与在侦查、审查起诉中的供述不一致，足以影响定罪量刑的，可以宣读被告人供述笔录，并针对笔录中被告人的供述内容对被告人进行讯问，或者提出其他证据进行证明（《高检规则》第439条）。

法庭应当结合讯问录音录像对讯问笔录进行全面审查。讯问笔录记载的内容与讯问录音录像存在实质性差异的，以讯问录音录像为准（《法庭调查规程》第50条第2款）。

（2）对于共同犯罪案件中的被告人，应当分别进行讯问。合议庭认为必要时，可以传唤共同被告人同时到庭对质（《高法解释》第199条）。被告人对同一事实的陈述存在矛盾需要对质的，公诉人可以建议法庭传唤有关被告人同时到庭对质（《高检规则》第438条第4款）。

（3）控辩双方经审判长准许，可以向被害人、附带民事诉讼原告人发问（《高法解释》第200条）。

（4）控辩双方讯问、发问被告人、被害人和附带民事诉讼原告人、被告人的方式不当或者内容与本案无关的，对方可以提出异议，申请审判长制止，审判长应当判明情况予以支持或者驳回；对方未提出异议的，审判长也可以根据情况予以制止（《高法解释》第214条）。

公诉人讯问被告人应当避免可能影响陈述客观真实的诱导性讯问以及其他不当讯问。辩护人对被告人进行诱导性讯问以及其他不当讯问可能影响陈述的客观真实的，公诉人可以要求审判长制止或者要求对该项陈述不予采纳（《高检规则》第438条第1款、第2款）。

（5）审判人员认为有必要时，可以向被告人、被害人及附带民事诉讼原告人、被告人讯问或者发问（《高法解释》第201条）。

4. 控辩双方举证。举证责任由控方承担，在法庭审判过程中首先由控方举证，然后由辩方举证。不过，公诉人在我国刑事诉讼中并非仅仅是代表国家的一方当事人，而是具有全面、客观、公正地履行职责的义务。因此，在法庭审理中，公诉人应当客观、全面、公正地向法庭提供证明被告人有罪、罪重或者罪轻的证据（《高检规则》第435条）。

（1）控辩双方申请证人出庭作证，出示证据，应当说明证据的名称、来源和拟证明的事实。法庭认为有必要的，应当准许；对方提出异议，认为有关证据与案件无关或者明显重复、不必要，法庭经审查异议成立的，可以不予准许（《高法解释》第203条）。

（2）对指控的每一起案件事实，经审判长准许，公诉人可以提请审判长传唤证人、鉴定人和勘验、检查笔录制作人出庭作证，或者出示证据，宣读未到庭的被害人、证人、鉴定人和勘验、检查笔录制作人的书面陈述、证言、鉴定意见及勘验、检查笔录；被害人及其诉讼代理人和附带民事诉讼的原告人及其诉讼代理人经审判长准许，也可以分别提请传唤尚未出庭作证的证人、鉴定人和勘验、检查笔录制作人出庭作证，或者出示公诉人未出示的证据，宣读未宣读的书面证人证言、鉴定意见及勘验、检查笔录（《高法解释》第202条第1款）。

（3）被告人及其法定代理人、辩护人经审判长准许，可以在控诉一方举证提供证据后，分别提请传唤证人、鉴定人出庭作证，或者出示证据、宣读未到庭的证人的书面证言、鉴定人的鉴定意见（《高法解释》第202条第2款）。

（4）控辩双方需要出示开庭前送交人民法院的证据可以向法庭提出申请。法庭同意的，应当指令值庭法警出示、播放；需要宣读的，由值庭法警交由申请人宣读（《高法解释》第204条）。

5. 询问证人、鉴定人的特殊规定。《刑事诉讼法》第189条规定："证人作证，审判人员应当告知他要如实地提供证言和有意作伪证或者隐匿罪证要负的法律责任。公诉人、当事人和辩护人、诉讼代理人经审判长许可，可以对证人、鉴定人发问。审判长认为发问的内容与案件无关的时候，应当制止。审判人员可以询问证人、鉴定人。"《高法解释》对此进行了详细规定：

（1）证人应当出庭作证。公诉人、当事人或者辩护人、诉讼代理人对证人证言有异议，且该证人证言对案件定罪量刑有重大影响的，证人应当出庭作证。控辩双方申请证人出庭的，人民法院通知证人出庭后，申请方应当负责协助相关证人到庭。根据案件情况，可以实行远程视频作证。（《刑事诉讼法》第187条第1款；《高法审判为中心意见》第14条）。

对于经人民法院通知而未到庭的证人或者出庭后拒绝作证的证言笔录，公诉人应当当庭宣读。对于经人民法院通知而未到庭的证人的证言笔录存在疑问、确实需要证人出庭作证，且可以强制其到庭的，公诉人应当建议人民法院强制证人到庭作证和接受质证（《高检规则》第441条第2、3款）。

（2）证人到庭后，审判人员应当核实其身份、与当事人以及本案的关系，并告知其有关作证的权利义务和法律责任。证人作证前，应当保证向法庭如实提供证言并在保证书上签名（《高法解释》第211条）。

（3）向证人发问，应当先由提请通知的一方进行；发问完毕后，经审判长准许，对方也可以发问（《高法解释》第212条）。

（4）鉴定人应当出庭。公诉人、当事人或者辩护人、诉讼代理人对鉴定意见有异议，人民法院认为鉴定人有必要出庭的，鉴定人应当出庭作证。鉴定人作证适用以上证人作证的规定，除了强制到庭和拘留的规定以外。经人民法院通知，鉴定人拒不出庭作证的，鉴定意见不得作为定案的根据（《刑事诉讼法》第187条第3款）。控辩双方可以申请法庭通知有专门知识的人出庭，就鉴定意见提出意见，法庭认为有必要的，应当通知，但不得超过2人。有多种类鉴定意见的，可以相应增加人数。有专门知识的人出庭，适用鉴定人出庭的有关规定（《高法解释》第217条）。

（5）审判人员认为必要时，可以询问证人、鉴定人、有专门知识的人（《高法解释》第215条）。

（6）询问证人应当遵循以下规则：1）发问的内容应当与案件事实有关；2）不得采用诱导方式提问；3）不得威胁或者误导证人；4）不得损害证人的人格尊严；5）不得泄露证人个人隐私。这五项规定也适用于对被告人、被害人、附带民事诉讼当事人、鉴定人、有专门知识的人的讯问、发问（《法庭调查规程》第20条）。

公诉人询问证人应当避免可能影响证言客观真实的诱导性询问以及其他不当询问。辩护人对证人进行诱导性询问以及其他不当询问可能影响证言的客观真实的，公诉人可以要求审判长制止或者要求对该项证言不予采纳（《高检规则》第438条第1款、第2款）。

（7）控辩双方向证人、鉴定人发问的内容与本案无关或者发问的方式不当的，对方可以提出异议，申请审判长制止，审判长应当判明情况予以支持或者驳回；对方未提出异议的，审判长也可以根据情况予以制止（《高法解释》第214条）。

（8）主询问中询问证人或者鉴定人的方式是先连贯陈述，后一问一答。证人在法庭上提供证言，公诉人应当按照审判长确定的顺序向证人发问。公诉人可以要求证人就其所了解的与案件有关的事实进行连贯陈述，也可以直接发问。证人连贯陈述后，可以对证人发问。证人不能连贯陈述的，公诉人也可以直接发问。对证人发问，应当针对证言中有遗漏、矛盾、模糊不清和有争议的内容，并着重围绕与定罪量刑紧密相关的事实进行。发问应当采取一问一答形式，提问应当简洁、清楚。证人进行虚假陈述的，应当通过发问澄清事实，必要时还应当宣读证人在侦查、审查起诉阶段提供的证言笔录或者出示、宣读其他证据对证人进行询问。当事人和辩护人、诉讼代理人对证人发问后，公诉人可以根据证人回答的情况，经审判长许可，再次对证人发问。询问鉴定人、有专门知识的人参照上述规定进行（《高检规则》第442条）。

在反询问中，控辩双方一般都应当使用一问一答的方式。其理由是：第一，有利于保障证言的真实准确性。反询问中的问答，有利于发现证人试图隐瞒的事项，能够有力地攻击证人陈述中的漏洞及矛盾，从而迫使证人说出实情。第二，有利于突出证言所要证明的问题，防止争议点模糊或者诉讼拖延。采用一问一答的形式，是由控辩双方及其律师对证人就其对案件事实的感知提问，这些问题能够紧密围绕案件的争议事实，防止与案件无关的陈述。这样可以保证证人的陈述紧密围绕争议事实进行，防止争议点模糊。第三，有利于对方及时提出异议。现行司法解释规定控辩双方对于对方的提问，有权提出异议，而采用一问一答的形式，可以使控辩双方对不适当的发问及时予以阻止，从而证人不必回答这些不符合询问规则的问题，防止不具有可采性的证言影响事实的审理者的正确判断。

(9) 向证人、鉴定人、有专门知识的人发问应当分别进行。证人、鉴定人、有专门知识的人经控辩双方发问或者审判人员询问后，审判长应当告其退庭。证人、鉴定人、有专门知识的人不得旁听对本案的审理（《高法解释》第 216 条）。证人对同一事实的陈述存在矛盾需要对质的，公诉人可以建议法庭传唤有关证人同时到庭对质（《高检规则》第 438 条第 4 款）。

6. 对物证等证据的辨认和发表意见。《刑事诉讼法》第 190 条规定："公诉人、辩护人应当向法庭出示物证，让当事人辨认，对未到庭的证人的证言笔录、鉴定人的鉴定意见、勘验笔录和其他作为证据的文书，应当当庭宣读。审判人员应当听取公诉人、当事人和辩护人、诉讼代理人的意见。"《高法解释》第 218 条规定："举证方当庭出示证据后，由对方进行辨认并发表意见。控辩双方可以互相质问、辩论。"

对于鉴定意见、勘验、检查、辨认、侦查实验笔录和其他作为证据的文书以及经法院通知未到庭的被害人的陈述笔录，公诉人应当当庭宣读。公诉人向法庭出示物证，应当对该物证所要证明的内容、获取情况作概括的说明，并向当事人、证人等问明物证的主要特征，让其辨认。宣读书证应当对书证所要证明的内容、获取情况作概括的说明，向当事人、证人问明书证的主要特征，并让其辨认。对该书证进行鉴定的，应当宣读鉴定书（《高检规则》第 444 条、第 445 条）。

公诉人对于搜查、查封、扣押、冻结、勘验、检查、辨认、侦查实验等侦查活动中形成的笔录存在争议，需要负责侦查的人员以及上述侦查活动的见证人出庭陈述有关情况的，可以建议合议庭通知其出庭（《高检规则》第 449 条）。

7. 合议庭对证据进行调查核实。《刑事诉讼法》第 191 条规定："法庭审理过程中，合议庭对证据有疑问的，可以宣布休庭，对证据进行调查核实。人民法院调查核实证据，可以进行勘验、检查、查封、扣押、鉴定和查询、冻结。"根据这条规定，在法庭调查过程中，法庭对于证据有疑问的，可以告知公诉人、当事人及其法定代理人、辩护人、诉讼代理人补充证据或者作出说明；必要时，可以宣布休庭，对该证据进行调查核实（《高法解释》第 220 条）。

8. 调取新的证据。《刑事诉讼法》第 192 条规定："法庭审理过程中，当事人和辩护人、诉讼代理人有权申请通知新的证人到庭，调取新的物证，申请重新鉴定或者勘验。公诉人、当事人和辩护人、诉讼代理人可以申请法庭通知有专门知识的人出庭，就鉴定人作出的鉴定意见提出意见。法庭对于上述申请，应当作出是否同意的决定。"《高法解释》第 222 条规定："法庭审理过程中，当事人及其辩护人、诉讼代理人申请通知新的证人到庭，调取新的证据，申请重新鉴定或者勘验的，应当提供证人的姓名、证据的存放地点，说明拟证明的案件事实，要求重新鉴定或者勘验的理由。法庭认为有必要的，应当同意，并宣布延期审理；不同意的，应当告知理由并继续审理。"

控辩双方申请出示开庭前未移送人民法院的证据，对方提出异议的，审判长应当要求举证方说明理由；理由成立并确有出示必要的，应当准许。对方提出需要对新证据作反驳、核实准备的，法庭可以宣布休庭，并确定准备反驳的时间（《高法解释》第 221 条）。

另外，人民法院向人民检察院调取需要调查核实的证据材料，或者根据被告人、辩护人的申请，向人民检察院调取在侦查、审查起诉期间收集的有关被告人无罪和罪轻的证据材料，应当通知人民检察院在收到调取证据材料决定书后 3 日内移交（《高法解释》第 224 条）。人民检察院应当在 3 日内移交，如果没有此材料，应当向人民法院说明情况（《高检规则》第 450 条）。

对公诉人、当事人及其法定代理人、辩护人、诉讼代理人补充的和法庭庭外调查核实取得的证据，应当经过当庭质证才能作为定案的根据。但是，经庭外征求意见，控辩双方没有异议的除外（《高法解释》第 220 条第 2 款）。

（三）法庭辩论

《刑事诉讼法》第 193 条规定："法庭审理过程中，对与定罪、量刑有关的事实、证据都应当进行调查、辩论。经审判长许可，公诉人、当事人和辩护人、诉讼代理人可以对证据和案件情况发表意见并且可以互相辩论。"法庭辩论阶段应当保障量刑活动的相对独立性。人民检察院可以提出量刑建议，当事人和辩护人、诉讼代理人可以提出量刑意见并说明理由。对被告人认罪的案件，法庭辩论时，可以引导控辩双方主要围绕量刑或者其他有争议的问题进行。对被告人不认罪或者辩护人作无罪辩护的案件，法庭辩论时，可以引导控辩双方先辩论定罪问题，后辩论量刑问题（《高法解释》第 231 条）。

根据刑事诉讼法和司法解释的规定，法庭辩论应当依照下列程序进行：

1. 合议庭认为案件事实已经调查清楚，应当由审判长宣布法庭调查结束，开始就定罪、量刑的事实、证据、适用法律等问题进行法庭辩论（《高法解释》第 228 条）。

2. 法庭辩论应当在审判长的主持下，按照下列顺序进行：（1）公诉人发言；（2）被害人及其诉讼代理人发言；（3）被告人自行辩护；（4）辩护人辩护；（5）控辩双方进行辩论（《高法解释》第 229 条）。

公诉人在法庭上应当对证据和案件情况发表意见，针对被告人、辩护人的辩护意见进行答辩，全面阐述公诉意见，反驳不正确的辩护意见（《高检规则》第 434 条第 5 项）。在法庭审理中，经审判长许可，公诉人可以逐一对正在调查的证据和案件情况发表意见，并同被告人、辩护人进行辩论。证据调查结束时，公诉人应当发表总结性意见。法庭辩论中，公诉人与被害人、诉讼代理人意见不一致的，公诉人应当认真听取被害人、诉讼代理人的意见，阐明自己的意见和理由（《高检规则》第 453 条）。

3. 附带民事诉讼部分的辩论应当在刑事诉讼部分的辩论结束后进行。先由附带民事诉讼原告人及其诉讼代理人发言，后由被告人及其诉讼代理人答辩（《高法解释》第 232 条）。

4. 在法庭辩论过程中，审判长应当充分听取控辩双方的意见，对控辩双方与案件无关、重复或者互相指责的发言应当提醒、制止（《高法解释》第 233 条）。

5. 在法庭辩论过程中，合议庭发现与定罪、量刑有关的新的事实，有必要调查的，审判长可以宣布暂停辩论，恢复法庭调查，在对新的事实调查后，继续法庭辩论（《高法解释》第 234 条）。

6. 附带民事诉讼部分可以在法庭辩论结束后当庭调解。不能达成协议的，可以同刑事部分一并判决（《高法解释》第 153 条、第 154 条）。

（四）被告人最后陈述

《刑事诉讼法》第 193 条第 3 款规定："审判长在宣布辩论终结后，被告人有最后陈述的权利。"《高法解释》对此进行了具体规定：

1. 审判长宣布法庭辩论终结后，合议庭应当保证被告人充分行使最后陈述的权利。被告人在最后陈述中多次重复自己的意见的，审判长可以制止。陈述内容蔑视法庭、公诉人，损害他人及社会公共利益或者与本案无关的，应当制止。在公开审理的案件中，被告人最后陈述的内容涉及国家秘密、个人隐私或者商业秘密的，应当制止（《高法解释》第 235 条）。

2. 被告人在最后陈述中提出了新的事实、证据，合议庭认为可能影响正确裁判的，应当恢复法庭调查；如果被告人提出新的辩解理由，合议庭认为可能影响正确裁判的，应当恢复法庭辩论（《高法解释》第 236 条）。

### （五）评议和宣判

1. 评议

《刑事诉讼法》第195条规定："在被告人最后陈述后，审判长宣布休庭，合议庭进行评议，根据已经查明的事实、证据和有关的法律规定，分别作出以下判决：（一）案件事实清楚，证据确实、充分，依据法律认定被告人有罪的，应当作出有罪判决；（二）依据法律认定被告人无罪的，应当作出无罪判决；（三）证据不足，不能认定被告人有罪的，应当作出证据不足、指控的犯罪不能成立的无罪判决。"

被告人最后陈述后，审判长应当宣布休庭，由合议庭进行评议（《高法解释》第237条）。合议庭成员应当在评议笔录上签名，在判决书、裁定书等法律文书上署名（《高法解释》第245条）。合议庭评议案件，应当根据已经查明的事实、证据和有关法律规定，在充分考虑控辩双方意见的基础上，确定被告人是否有罪、构成何罪，有无从重、从轻、减轻或者免除处罚情节，应否处以刑罚、判处何种刑罚，附带民事诉讼如何解决，查封、扣押、冻结的财物及其孳息如何处理等，并依法作出判决、裁定（《高法解释》第240条）。

《高法解释》第241条规定，人民法院应当根据案件的具体情形，分别作出裁判：

（1）起诉指控的事实清楚，证据确实、充分，依据法律认定指控被告人的罪名成立的，应当作出有罪判决。

（2）起诉指控的事实清楚，证据确实、充分，指控的罪名与人民法院审理认定的罪名不一致的，应当按照审理认定的罪名作出有罪判决。人民法院应当在判决前听取控辩双方的意见，保障被告人、辩护人充分行使辩护权。必要时，可以重新开庭，组织控辩双方围绕被告人的行为构成何罪进行辩论。

（3）案件事实清楚，证据确实、充分，依据法律认定被告人无罪的，应当判决宣告被告人无罪。

（4）证据不足，不能认定被告人有罪的，应当以证据不足，指控的犯罪不能成立，判决宣告被告人无罪。

（5）案件事实部分清楚，证据确实、充分的，应当依法作出有罪或者无罪的判决；事实不清，证据不足部分，不予认定。

（6）被告人因不满16周岁，不予刑事处罚的，应当判决宣告被告人不负刑事责任。

（7）被告人是精神病人，在不能辨认或者不能控制自己行为的时候造成危害结果，不予刑事处罚的，应当判决宣告被告人不负刑事责任。

（8）犯罪已过追诉时效期限且不是必须追诉，或者经特赦令免除刑罚的，应当裁定终止审理。

（9）被告人死亡的，应当裁定终止审理；根据已查明的案件事实和认定的证据材料，能够确认无罪的，应当判决宣告被告人无罪。

2. 宣判

《刑事诉讼法》第196条规定："宣告判决，一律公开进行。当庭宣告判决的，应当在五日以内将判决书送达当事人和提起公诉的人民检察院；定期宣告判决的，应当在宣告后立即将判决书送达当事人和提起公诉的人民检察院。"《高法解释》对此进行了具体规定：

（1）当庭宣告判决的，应当在5日内送达判决书。定期宣告判决的，应当在宣判前，先期公告宣判的时间和地点，传唤当事人并通知公诉人、法定代理人、辩护人和诉讼代理人；判决宣告后，应当立即送达判决书。判决书应当送达人民检察院、当事人、法定代理人、辩护人、诉讼代理人并可以送达被告人的近亲属。判决生效后，还应当送达被告人的所在单位或者原户籍地的公安派出所，或者被告单位的注册登记机关（《高法解释》第247条）。

（2）宣告判决，一律公开进行（《高法解释》第248条第1款）。

（3）宣告判决时，法庭内全体人员应当起立（《高法解释》第248条第2款）。

（4）宣判时，公诉人、辩护人、诉讼代理人、被害人、自诉人或者附带民事诉讼的原告人未到庭的，不影响宣判的进行（《高法解释》第248条第1款）。

（5）地方各级人民法院在宣告第一审判决、裁定时，应当告知被告人、自诉人及其法定代理人，不服判决、裁定的，有权在法定期限内以书面或者口头形式通过本院或者直接向上一级人民法院提出上诉；被告人的辩护人、近亲属经被告人同意，也可以提出上诉；附带民事诉讼的当事人及其法定代理人，可以对判决、裁定中的附带民事部分提出上诉（《高法解释》第299条）。

## 四、延期审理

《刑事诉讼法》第198条规定："在法庭审判过程中，遇有下列情形之一，影响审判进行的，可以延期审理：（一）需要通知新的证人到庭，调取新的物证，重新鉴定或者勘验的；（二）检察人员发现提起公诉的案件需要补充侦查，提出建议的；（三）由于申请回避而不能进行审判的。"根据这一规定和《高法解释》的补充，审判阶段的延期审理①包括以下几种情形：

1. 需要通知新的证人到庭，调取新的证据，重新鉴定或者勘验的。这种情况下延期审理的案件，符合刑事诉讼法第202条第1款规定的，可以报请上级法院批准延长审理期限（《高法解释》第222条）。

公诉人可以根据庭审情况和需要，出示、宣读开庭前移送人民法院的证据以外的证据。需要给予被告人、辩护人必要时间进行辩护准备的，公诉人可以建议法庭延期审理（《高检规则》第455条第6项）。在法庭审理过程中，公诉人发现需要申请法院通知证人、鉴定人出庭作证或者有专门知识的人出庭提出意见的；需要调取新的证据，重新鉴定或者勘验的；被告人、辩护人向法庭出示公诉人不掌握的与定罪量刑有关的证据，需要调查核实的，可以建议法庭延期审理（《高检规则》第455条第4、5、7项）。

2. 检察人员发现提起公诉的案件需要补充侦查，提出建议的。在庭审过程中，公诉人发现案件事实不清、证据不足，或者遗漏罪行、遗漏同案犯罪嫌疑人，或者被告人揭发他犯罪行为或者提供重要线索，需要补充侦查或者补充提供证据，提出延期审理建议的，合议庭应当同意。但是建议延期审理的次数不得超过2次。人民检察院应当在1个月以内补充侦查完毕（《高检规则》第455条第1、2项、第456条第2款；《高法解释》第223条第1款；《刑事诉讼法》第199条）。

法庭宣布延期审理后，人民检察院应当在补充侦查的期限内提请人民法院恢复法庭审理或者撤回起诉。补充侦查期限届满后经法庭通知，人民检察院未将案件移送人民法院，且未说明原因的，人民法院可以决定按人民检察院撤诉处理（《高检规则》第456条第1款、《高法解释》第223条第3款）。人民检察院补充侦查完毕移送人民法院后，人民法院重新计算审理期限（《刑事诉讼法》第202条第3款）。

3. 公诉人在法庭审理中，发现遗漏罪行或者遗漏同案犯罪嫌疑人，虽不需要补充侦查和补

① 《刑事诉讼法》第155条还规定了侦查终结时的延期审理，与审判阶段的延期审理是不同的。

充提供证据，但需要补充、追加或者变更起诉的，或者公诉人对证据收集的合法性进行证明，需要调查核实的，可以建议法庭延期审理（《高检规则》第455条第3、8项）。

4. 辩护人依照有关规定当庭拒绝继续为被告人进行辩护或者被告人当庭拒绝辩护人为其辩护，而被告人要求另行委托辩护或者要求法律援助机构另行指派辩护律师，合议庭同意的。具体分为两种情况：第一种情况，辩护人拒绝辩护的。对于辩护人依照有关规定当庭拒绝继续为被告人进行辩护的，合议庭应当准许。如果被告人要求另行委托或指派辩护人，合议庭应当休庭，由被告人另行委托辩护人或者由法律援助机构为其另行指派辩护律师（《高法解释》第254条、第255条）。第二种情况，被告人拒绝辩护的。被告人当庭拒绝辩护人为其辩护，要求另行委托辩护人或者指派律师的，合议庭应当准许。被告人拒绝辩护人辩护后，没有辩护人的，应当宣布休庭；仍有辩护人的，庭审可以继续进行。有多名被告人的案件，部分被告人拒绝辩护人辩护后，没有辩护人的，根据案件情况，可以对该被告人另案处理，对其他被告人的庭审继续进行。重新开庭后，被告人再次当庭拒绝重新委托的辩护人或者法律援助机构指派的辩护律师为其辩护的，合议庭应当分别情形作出处理：1）被告人是普通案件中的正常成年人的，可以准许。但被告人不得再另行委托辩护人，法律援助机构也不再另行指派辩护律师，被告人可以自行辩护；2）被告人属于应当提供法律援助情形的，不予准许（《高法解释》第254条）。

对于上面两种情况，另行委托辩护人或者指派律师的，自案件宣布休庭之日起至第十五日止，由辩护人准备辩护，但被告人及其辩护人自愿缩短时间的除外。

5. 由于申请回避而不能进行审判的。

## 五、中止审理

在审判过程中，有下列情形之一致使案件在较长时间内无法继续审理的，可以中止审理：(1) 被告人患有严重疾病，无法出庭的；(2) 被告人脱逃的；(3) 自诉人患有严重疾病，无法出庭，未委托诉讼代理人出庭的；(4) 由于不能抗拒的原因。中止审理的原因消失后，应当恢复审理。中止审理的期间不计入审理期限（《刑事诉讼法》第200条）。

有多名被告人的案件，部分被告人具有刑事诉讼法第200条第1款规定情形的，人民法院可以对全案中止审理；根据案件情况，也可以对该部分被告人中止审理，对其他被告人继续审理。对中止审理的部分被告人，可以根据案件情况另案处理（《高法解释》第257条）。

## 六、人民检察院对庭审活动的监督

《刑事诉讼法》第203条规定："人民检察院发现人民法院审理案件违反法律规定的诉讼程序，有权向人民法院提出纠正意见。"

《六机关规定》第32条规定："人民检察院对违反法定程序的庭审活动提出纠正意见，应当由人民检察院在庭审后提出。"《高法解释》第258条规定："人民检察院认为人民法院审理案件违反法定程序，在庭审后提出书面纠正意见，人民法院认为正确的，应当采纳。"在理解这一条文时需要注意两个方面：第一，这里规定的是"人民检察院"对"人民法院"的监督，而不是"公诉人"对"审判长"的监督；第二，这里规定的是"在庭审后提出"，而不是即时进行监督。因此，如果在法庭审理过程中公诉人认为审判长的决定违反法定程序，只能在庭审后向检察长报告，以人民检察院的名义提出监督意见；在庭审中，公诉人仍然应当服从审判长的指挥。这样规定既有利于庭审活动的顺利进行，又能够保证人民检察院对庭审活动是否符合法定程序实施监督。监督的具体内容包括三个方面的内容：

1. 公诉人出席法庭审判，应当维护诉讼参与人的合法权利，并对法庭审理案件有无违反法律规定的诉讼程序的情况记明笔录（《高检规则》第 434 条第 6 项、第 7 项）。

2. 法庭审理过程中，合议庭对证据有疑问并在休庭后进行勘验、检查、查封、扣押、鉴定和查询、冻结的，人民检察院应当依法进行监督，发现上述活动有违法情况的应当提出纠正意见（《高检规则》第 451 条）。

3. 人民法院根据申请收集、调取的证据或者合议庭休庭后自行调查取得的证据，应当经过庭审出示、质证才能决定是否作为判决的依据。未经庭审出示、质证直接采纳为判决依据的，人民检察院应当提出纠正意见；作出的判决确有错误的，应当依法提出抗诉（《高检规则》第 452 条）。

## 七、其他规定

### （一）证据移交

1. 除庭前已经移送的证据外，控辩双方当庭出示的证据、宣读的证人证言、鉴定意见和勘验、检查笔录等，应当在质证后移交法庭（《高法解释》第 219 条）。人民检察院应当当庭向人民法院移交取回的案卷材料和证据。在审判长宣布休庭后，公诉人应当与审判人员办理交接手续。无法当庭移交的，应当在休庭后 3 日以内移交（《高检规则》第 463 条）。

2. 被告人财物及其孳息的处理。人民检察院对封存保管的扣押、冻结的被告人财物及其孳息，应当根据不同情况作以下处理：（1）对作为证据使用的实物，应当依法随案移送。对不宜移送的，应当将其清单、照片或者其他证明文件随案移送。（2）冻结在金融机构的赃款，应当向人民法院随案移送该金融机构出具的证明文件，待人民法院作出生效判决后，由人民法院通知该金融机构上缴国库。（3）查封、扣押的涉案财产，对依法不移送的，应当随案移送证据清单、照片或者其他证明文件，待人民法院作出生效判决后，由人民检察院根据人民法院的通知上缴国库，并向人民法院送交执行回单；（4）对于被扣押、冻结的债券、股票、基金份额等财产，在扣押、冻结期间权利人申请出售的，经检察长批准可以出售或者变现（《高检规则》第 464 条）。

### （二）法庭审判笔录和庭审录音录像

《刑事诉讼法》第 201 条规定："法庭审判的全部活动，应当由书记员写成笔录，经审判长审阅后，由审判长和书记员签名。法庭笔录中的证人证言部分，应当当庭宣读或者交给证人阅读。证人在承认没有错误后，应当签名或者盖章。法庭笔录应当交给当事人阅读或者向他宣读。当事人认为记载有遗漏或者差错的，可以请求补充或者改正。当事人承认没有错误后，应当签名或者盖章。"《高法解释》第 238 条、第 239 条也对此作出了详细规定。

人民法院开庭审判案件，应当对庭审活动进行全程录音录像，有条件的人民法院可以在法庭安装使用智能语音识别同步转换文字系统。人民法院通过使用智能语音识别系统同步转换生成的庭审文字记录，经审判人员、书记员、诉讼参与人核对签字后，作为法庭笔录管理和使用。当事人、辩护律师、诉讼代理人等可以依法查阅、复制、誊录庭审录音录像。

诉讼参与人、旁听人员违反法庭纪律或者有关法律规定，危害法庭安全、扰乱法庭秩序的，人民法院可以通过庭审录音录像进行调查核实，并将其作为追究法律责任的证据。

人民检察院也应当制作出庭支持公诉笔录。出庭的书记员应当制作出庭笔录，详细记载庭审的时间、地点、参加人员、公诉人出庭执行任务情况和法庭调查、法庭辩论的主要内容以及法庭判决结果，由公诉人和书记员签名（《高检规则》第462条）。

（三）违反法庭秩序的处理

《刑事诉讼法》第194条规定："在法庭审判过程中，如果诉讼参与人或者旁听人员违反法庭秩序，审判长应当警告制止。对不听制止的，可以强行带出法庭；情节严重的，处以一千元以下的罚款或者十五日以下的拘留。罚款、拘留必须经院长批准。被处罚人对罚款、拘留的决定不服的，可以向上一级人民法院申请复议。复议期间不停止执行。对聚众哄闹、冲击法庭或者侮辱、诽谤、威胁、殴打司法工作人员或者诉讼参与人，严重扰乱法庭秩序，构成犯罪的，依法追究刑事责任。"《高法解释》第249条、第250条以及《法庭规则》对此作出了具体的规定。在法庭审判过程中，如果诉讼参与人或者旁听人员违反法庭秩序，合议庭应当按照下列情形分别处理：

1. 对于违反法庭秩序情节较轻的，应当警告制止并进行训诫；

2. 不听制止的，可以指令法警强行带出法庭；

3. 对于危及法庭安全或扰乱法庭秩序情节严重的，报经院长批准后，可以对行为人处1 000元以下的罚款或者15日以下的拘留；

4. 对庭审活动进行录音、录像、拍照或者使用移动通信工具等传播庭审活动的，可以暂扣其使用的设备及存储介质（如智能手机等）并删除相关内容（《法庭规则》第19条第2款）。

诉讼参与人、旁听人员对人民法院罚款、拘留的决定不服，可以直接向上一级人民法院申请复议，也可以通过决定罚款、拘留的人民法院向上一级人民法院申请复议。通过决定罚款、拘留的人民法院申请复议的，该人民法院应当自收到复议申请之日起3日内，将复议申请、罚款或者拘留决定书和有关事实、证据材料一并报上一级人民法院复议。复议期间，不停止决定的执行。

（四）法庭审理中人民检察院变更、追加或者撤回起诉

变更、追加、补充或者撤回起诉应当报经检察长或者检察委员会决定，并以书面方式在人民法院宣告判决前向人民法院提出。在法庭审理过程中，公诉人认为需要变更、追加或者撤回起诉的，可以建议法庭延期审理（《高检规则》第461条、第455条第3项）。

1. 变更和追加起诉

在人民法院宣告判决前，人民检察院发现被告人的真实身份或者犯罪事实与起诉书中叙述的身份或者指控犯罪事实不符的，或者事实、证据没有变化，但罪名，适用法律与起诉书不一致的，可以变更起诉；发现遗漏的同案犯罪嫌疑人或者罪行可以一并起诉和审理的，可以要求追加、补充起诉（《高检规则》第458条）。在法庭审理过程中，人民法院建议人民检察院补充侦查、补充起诉、追加起诉或者变更起诉的，人民检察院应当审查有关理由，并作出是否退回补充侦查、补充起诉、追加起诉或者变更起诉的决定。人民检察院不同意的，可以要求人民法院就起诉指控的犯罪事实依法作出裁判（《高检规则》第460条）。

2. 撤回起诉

在人民法院宣告判决前，检察院发现不存在犯罪事实，犯罪事实并非被告人所为，证据不足或证据发生变化，不符合起诉条件，或者其他不应当追究被告人刑事责任的，可以撤回起诉。对于撤回起诉的案件，检察院应当在撤回起诉后30日以内作出不起诉决定。需要重新侦查的，应当在作出不起诉决定后将案卷材料退回公安机关，建议公安机关重新侦查并书面

说明理由。人民检察院撤回起诉后，没有新的事实或者新的证据不得再行起诉（《高检规则》第 459 条）。

宣告判决前，人民检察院要求撤回起诉的，人民法院应当审查撤回起诉的理由，作出是否准许的裁定（《高法解释》第 242 条）。应当注意的是，对于这种情况，如果人民法院裁定准许人民检察院撤诉，没有新的事实、证据，人民检察院重新起诉的，人民法院应当退回人民检察院（《高法解释》第 181 条第 5 项）。

另外，法庭宣布延期审理后，人民检察院在补充侦查的期限届满后，经法庭通知，没有提请人民法院恢复法庭审理且未说明原因的，人民法院可以决定按人民检察院撤诉处理（《高法解释》第 223 条第 3 款）。

（五）人民法院建议补充侦查

庭前会议中听取控辩双方对案件事实证据的意见后，对明显事实不清、证据不足的，人民法院可以建议人民检察院补充侦查（《高法审判为中心意见》第 8 条）。另外，审判期间，被告人提出新的立功线索的，人民法院可以建议人民检察院补充侦查（《高法解释》第 226 条）。

（六）人民法院能否变更起诉范围

人民法院在审理中发现新的事实，可能影响定罪的，可以建议人民检察院补充或者变更起诉；人民检察院不同意或者在 7 日内未回复意见的，人民法院应当就起诉指控的犯罪事实，依照《高法解释》第 241 条的规定作出判决、裁定（《高法解释》第 243 条）。根据这一规定，人民法院不能变更起诉范围，只能建议人民检察院补充或者变更起诉。如果人民检察院坚持原起诉的范围，则人民法院只能就指控的犯罪事实作出判决，而不能审理和判决人民检察院未起诉的事实。

（七）法庭审理中程序事实争议的处理

在法庭审理中，对证据合法性以外的其他程序事实存在争议的，公诉人应当出示、宣读有关诉讼文书、侦查或者审查起诉活动笔录（《高检规则》第 448 条）。

## 第三节　简易程序

### 一、简易程序的概念和意义

简易程序是与普通程序相对而言的，是指基层人民法院审理被告人认罪的刑事案件时所适用的相对简单的审判程序。

设立简易程序的目的在于，对刑事案件按照对事实问题是否有争议的标准进行划分，对事实问题无争议刑事案件适用简易程序审理，对被告人不认罪的刑事案件则适用普通程序审理。这样，可以避免对案件不加区分地适用一样的程序，从而防止司法资源的浪费，集中更多的资源来处理被告人不认罪的刑事案件。

### 二、简易程序的适用条件

1. 可以适用简易程序的条件

《刑事诉讼法》第 208 条规定，基层人民法院管辖的案件，符合下列条件的，可以适用简易程序：（1）案件事实清楚、证据充分的；（2）被告人承认自己所犯罪行，对指控的犯罪事实没有异议的；（3）被告人对适用简易程序没有异议的。这三个条件同时具备的，才可以适用简易程序。

2. 不适用简易程序的情形

《刑事诉讼法》第209条规定，有下列情形之一的，不适用简易程序：（1）被告人是盲、聋、哑人，或者是尚未完全丧失辨认或者控制自己行为能力的精神病人的；（2）有重大社会影响的；（3）共同犯罪案件中部分被告人不认罪或者对适用简易程序有异议的；（4）其他不宜适用简易程序的。

## 三、适用简易程序审理公诉案件的启动

对于公诉案件，简易程序的适用可以由人民检察院建议，也可以由人民法院决定（《刑事诉讼法》第208条）；人民检察院建议适用简易程序的，人民法院还需要征得被告人的同意（《高法解释》第289条）。

1. 对人民检察院而言，适用简易程序审理公诉案件有两种方式提出建议：

（1）人民检察院建议适用简易程序的，应当制作《适用简易程序建议书》，在提起公诉时，连同全案卷宗、证据材料、起诉书一并移送人民法院。人民法院认为依法不应当适用简易程序的，应当书面通知人民检察院。

（2）对于人民检察院没有建议适用简易程序的公诉案件，人民法院决定适用简易程序审理的，人民检察院认为具有法定不适用简易程序情形的，应当向人民法院提出纠正意见；具有其他不宜适用简易程序情形的，人民检察院可以建议人民法院不适用简易程序（《高检规则》第466条）。

2. 对被告人而言，无论如何启动，只有被告人对适用简易程序没有异议的，才能适用简易程序。

适用简易程序审理案件，审判人员应当询问被告人对指控的犯罪事实的意见，告知被告人适用简易程序审理的法律规定，确认被告人是否同意适用简易程序审理（《刑事诉讼法》第211条）。

## 四、适用简易程序庭前准备的特殊规定

1. 人民法院对决定适用简易程序的，应当在开庭前通知人民检察院和辩护人（《高法解释》第289条）。

2. 适用简易程序审理的公诉案件，人民法院应当在开庭3日前，将开庭的时间、地点通知人民检察院、自诉人、被告人、辩护人，也可以通知其他诉讼参与人。通知可以使用简便方式，但应当记录在案（《高法解释》第292条）。

3. 适用简易程序审理的案件，送达起诉书至开庭审判的时间，不受开庭10日以前的限制（《刑事诉讼法》第213条）。

4. 适用简易程序审理案件，被告人有辩护人的，应当通知其出庭（《高法解释》第293条）。

## 五、简易程序的特点

1. 对可能判处3年有期徒刑以下刑罚的，可以组成合议庭进行审判，也可以由审判员一人

独任审判；对可能判处的有期徒刑超过3年的，应当组成合议庭进行审判（《刑事诉讼法》第210条）。

2. 人民检察院应当派员出庭。适用简易程序审理公诉案件，人民检察院应当派员出席法庭（《刑事诉讼法》第210条）。

3. 法庭审理的具体程序比普通程序简单。适用简易程序审理案件，不受公诉案件第一审普通程序中关于讯问被告人、询问证人、鉴定人、出示证据、法庭辩论程序规定的限制。但在判决宣告前应当听取被告人的最后陈述意见（《刑事诉讼法》第213条）。经审判人员许可，被告人及其辩护人可以同公诉人、自诉人及其诉讼代理人互相辩论（《刑事诉讼法》第212条）。具体而言，可以对庭审作如下简化：(1) 公诉人可以摘要宣读起诉书；(2) 公诉人、辩护人、审判人员对被告人的讯问、发问可以简化或者省略；(3) 对控辩双方无异议的证据，可以仅就证据的名称及所证明的事项作出说明；对控辩双方有异议，或者法庭认为有必要调查核实的证据，应当出示，并进行质证；(4) 控辩双方对与定罪量刑有关的事实、证据没有异议的，法庭审理可以直接围绕罪名确定和量刑问题进行（《高法解释》第295条）。

4. 适用简易程序审理案件，人民法院应当在受理后20日以内审结；对可能判处的有期徒刑超过3年的，可以延长至一个半月（《刑事诉讼法》第214条）。

5. 适用简易程序审理案件，人民法院一般应当当庭宣判，并在5日内送达判决书（《高法解释》第297条）。

### 六、简易程序转为普通程序

《刑事诉讼法》第215条规定，人民法院在审理过程中，发现不宜适用简易程序的，应当按照公诉案件第一审程序或者自诉案件第一审程序重新审理。

人民法院在适用简易程序审理案件时，发现有下列情形之一的，应当将简易程序转为普通程序重新审理：(1) 被告人的行为可能不构成犯罪的；(2) 被告人可能不负刑事责任的；(3) 被告人当庭对起诉指控的犯罪事实予以否认的；(4) 案件事实不清、证据不足的；(5) 不应当或者不宜适用简易程序的其他情形（《高法解释》第298条）。

转为普通程序审理的案件，审理期限应当从决定转为普通程序之日起计算（《高法解释》第298条）。

## 第四节　判决、裁定和决定

判决、裁定和决定是人民法院、人民检察院和公安机关在刑事诉讼过程中依据事实和法律对案件的实体问题和程序问题作出的具有约束力的处理决定。

### 一、判决

#### （一）判决的概念和种类

判决是人民法院通过审理，对案件的实体问题作出的处理决定。根据《刑事诉讼法》第195条的规定，人民法院所作的刑事判决分为有罪判决和无罪判决两种。

有罪判决是人民法院对案件事实清楚，证据确实充分，依照法律认定被告人有罪时作出的判决。有罪判决又可以分为定罪处刑判决和定罪免刑判决两种。

无罪判决是人民法院作出的确认被告人没有犯罪行为、其行为不构成犯罪，或者因证据不足，不能认定被告人有罪的判决。无罪判决分为两种，一种是案件事实清楚，证据确实、充分，依据法律认定被告人无罪的无罪判决；另一种是因证据不足，不能认定被告人有罪时作出的"证据不足，指控的犯罪不能成立的无罪判决"。

另外，根据有无附带民事诉讼，判决还可以分为刑事判决和刑事附带民事判决两种。

（二）判决书的制作

判决书应当由合议庭的组成人员和书记员署名，并且写明上诉的期限和上诉的法院（《刑事诉讼法》第197条）。

裁判文书应当写明裁判依据，阐释裁判理由，反映控辩双方的意见并说明采纳或者不予采纳的理由（《高法解释》第246条）。

（三）关于"证据不足，指控的犯罪不能成立的无罪判决"的特殊规定

1. 经过人民法院作出"证据不足，指控的犯罪不能成立的无罪判决"之后，被告人并不受"禁止双重危险"的保护。人民检察院在判决后，依据新的事实、证据材料，可以再次对被告人进行追诉。对于根据《刑事诉讼法》第195条第3项规定宣告被告人无罪，人民检察院依据新的事实、证据材料重新起诉的，人民法院应当依法受理（《高法解释》第181条第4项）。这表明我国刑事诉讼并不承认"禁止双重危险"原则，而且，似乎人民检察院的起诉书能够推翻人民法院的生效判决，而不需要依照审判监督程序重审。因此，这是对这种无罪判决的特别规定，因为依照刑事诉讼法的规定，原则上对生效判决的重新审理需要依照审判监督程序进行。

2. 人民法院受理人民检察院对"证据不足，指控的犯罪不能成立的无罪判决"重新提起的公诉后，对原"证据不足，指控的犯罪不能成立的无罪判决"不予撤销，而是仅仅在重新作出的判决中予以注明。"对依照本解释第一百八十一条第一款第四项规定受理的案件，人民法院应法在判决中写明被告人曾被人民检察院提起公诉，因证据不足，指控的犯罪不能成立，被人民法院依法判决宣告无罪的情况；前案依照刑事诉讼法第一百九十五条第三项规定作出的判决不予撤销"（《高法解释》第244条）。

## 二、裁定

裁定是人民法院在案件审理过程中和判决执行过程中，对程序性问题和部分实体问题所作的决定。

判决和裁定存在以下几个方面的区别：

1. 适用对象不同。判决只解决案件的实体性问题，而裁定除了解决部分实体性问题外，主要是解决程序性问题。

2. 适用范围不同。判决只适用于审判程序终结时，包括第一审、第二审和审判监督程序；而裁定则适用于整个审判程序和执行程序。

3. 适用的方式不同。判决必须采用书面形式，而裁定则可采用书面和口头两种形式。

4. 上诉、抗诉的期限不同。不服判决的上诉、抗诉期限为10日，而不服裁定的上诉、抗诉期限为5日。

裁定适用于解决程序性问题，主要是指恢复诉讼期限、中止审理、终止审理、维持原判、

撤销原判发回重审、驳回自诉、核准死刑等。裁定适用于解决实体性问题，主要是指减刑、假释、没收违法所得等。

### 三、决定

决定是人民法院、人民检察院和公安机关在诉讼过程中，依法就有关诉讼程序问题所作的一种处理。

针对决定不存在上诉、抗诉的问题，一般来说，决定一经作出，立即发生效力。不过，法律规定某些决定允许提出异议，例如对驳回申请回避的决定，当事人及其法定代理人等可以申请复议一次；对不起诉决定，可以提出申诉，或者由公安机关要求复议或者提请复核；对不批准逮捕的决定，公安机关可以要求复议或者提请复核。还有的决定可以向上一级人民法院申请复议，包括不服拒不作证的司法拘留决定、不服违反法庭秩序的司法拘留决定、不服强制医疗的决定。

决定的适用范围，包括回避的决定、立案或者不立案的决定、采取或者变更强制措施的决定、撤销案件的决定、起诉或者不起诉的决定、延期审理的决定、关于调取新的证据申请的决定、是否适用简易程序的决定、是否对精神病人强制医疗的决定等。

## 观点探讨

### 一、以审判为中心的诉讼制度改革

为了贯彻落实《中共中央关于全面推进依法治国若干重大问题的决定》的有关要求，推进以审判为中心的刑事诉讼制度改革，最高人民法院、最高人民检察院、公安部、国家安全部、司法部 2016 年 7 月 20 日印发了《关于推进以审判为中心的刑事诉讼制度改革的意见》。为了贯彻这一意见，最高人民法院 2017 年 2 月 17 日印发了《关于全面推进以审判为中心的刑事诉讼制度改革的实施意见》。最高人民法院在意见中指出，改革的目标是“确保诉讼证据出示在法庭、案件事实查明在法庭、诉辩意见发表在法庭、裁判结果形成在法庭”。这两个文件中的主要改革举措，除了本教材其他部分已经涉及的讯问录音录像、侦查终结前取证合法性核查、法律援助值班律师、认罪认罚从宽等以外，主要有：

第一，强化庭前会议的作用。对控辩双方在庭前会议中没有争议的证据，可以在庭审中简化举证、质证；对控辩双方没有争议或者达成一致意见的事项，可以在庭审中简化审理。对案件中被告人及其辩护人申请排除非法证据的情形，人民法院可以在庭前会议中核实情况、听取意见。人民检察院可以决定撤回有关证据；撤回的证据，没有新的理由，不得在庭审中出示。被告人及其辩护人可以撤回排除非法证据的申请；撤回申请后，没有新的线索或者材料，不得再次对有关证据提出排除申请。

第二，增加了法院庭前建议补充侦查或者撤回起诉。人民法院在庭前会议中听取控辩双方对案件事实证据的意见后，对明显事实不清、证据不足的案件，可以建议人民检察院补充侦查或者撤回起诉。这样规定的理由是，侦查、审查起诉阶段没有发现和解决的事实证据问题，最终要在审判阶段兜底解决，人民法院一旦受理达不到法定证明标准的案件，就往往陷入“定放两难”的境地：如果勉强下判，既违反法律规定，也极有可能导致冤假错案；如果依法放人，又难以承受放纵罪犯的质疑等巨大压力。

第三，落实证人、鉴定人出庭作证制度，提高出庭作证率。公诉人、当事人或者辩护人、诉讼代理人对证人证言有异议，人民法院认为该证人证言对案件定罪量刑有重大影响的，证人应当出庭作证。与刑事诉讼法相比，删除了“法院认为有必要”的条件，扩大了出庭作证的适用范围。

第四，对于控方证明取证合法性的手段进行了限制。不得以侦查人员签名并加盖公章的说明材料替代侦查人员出庭。

第五，对技术侦查证据进行核实时，可以允许辩护律师到场。法庭决定在庭外对技术侦查证据进行核实的，可以召集公诉人、侦查人员和辩护律师到场。在场人员应当履行保密义务。

## 二、认罪认罚从宽试点

认罪认罚从宽试点经历了速裁程序试点和认罪认罚从宽试点两个阶段。第一个阶段是2014年6月27日，全国人民代表大会常务委员会通过了《关于授权最高人民法院、最高人民检察院在部分地区开展刑事案件速裁程序试点工作的决定》，试点期限为二年。第二个阶段是2016年9月3日，全国人民代表大会常务委员会又通过了《关于授权最高人民法院、最高人民检察院在部分地区开展刑事案件认罪认罚从宽制度试点工作的决定》，并将速裁试点纳入新的试点办法中继续试行，试点期限仍为二年。

为了贯彻全国人大常委会的决定，最高人民法院、最高人民检察院、公安部、国家安全部、司法部2016年11月16日印发了《关于在部分地区开展刑事案件认罪认罚从宽制度试点工作的办法》。其主要内容有：

第一，明确了认罪认罚的定义。犯罪嫌疑人、被告人自愿如实供述自己的罪行，对指控的犯罪事实没有异议，同意量刑建议，签署具结书的，可以依法从宽处理。办理认罪认罚案件，应当告知犯罪嫌疑人、被告人享有的诉讼权利，依法审查犯罪嫌疑人、被告人认罪认罚的自愿性和真实性，确认犯罪嫌疑人、被告人了解认罪认罚的性质和法律后果。

需要注意的是，认罪认罚从宽制度没有对适用案件的罪名和可能判处的刑罚作出限定。

第二，增设了特殊情况下的撤销案件和不起诉制度。犯罪嫌疑人自愿如实供述涉嫌犯罪的事实，有重大立功或者案件涉及国家重大利益，需要撤销案件的，办理案件的公安机关应当层报公安部，由公安部提请最高人民检察院批准。犯罪嫌疑人自愿如实供述涉嫌犯罪的事实，有重大立功或者案件涉及国家重大利益的，经最高人民检察院批准，人民检察院可以作出不起诉决定，也可以对涉嫌数罪中的一项或者多项提起公诉。

对于这两种情况，应当将违法所得上缴国库。最高人民检察院批准不起诉的，或者经公安部提请批准撤销案件的，确认查封、扣押、冻结的财物及其孳息属于违法所得、违禁品或者供作案所用的本人财物，除依法返还被害人的以外，应当在撤销案件或者作出不起诉决定后30日内予以收缴，一律上缴国库。

第三，区分了速裁程序、简易程序和普通程序简化审。对于基层人民法院管辖的可能判处3年有期徒刑以下刑罚的案件，事实清楚、证据充分，当事人对适用法律没有争议，被告人认罪认罚并同意适用速裁程序的，可以适用速裁程序；对于基层人民法院管辖的可能判处3年有期徒刑以上刑罚的案件，被告人认罪认罚的，可以依法适用简易程序审判；对于中级人民法院管辖的被告人认罪认罚案件，适用普通程序简化审理。

第四，强调经济赔偿对量刑的重要影响。犯罪嫌疑人、被告人是否与被害人达成和解协议或者赔偿被害人损失，取得被害人谅解，作为量刑的重要考虑因素。

第五，认罪认罚案件必须有辩护人或者法律援助值班律师的帮助，为其提供法律咨询、程序选择、申请变更强制措施等法律帮助。犯罪嫌疑人自愿认罪，同意量刑建议和程序适用的，应当在辩护人或者值班律师在场的情况下签署具结书。

# 第二十章
# 第二审程序

## 案例导引

### 一、附带民事诉讼二审中的处理

甲故意伤害乙，被人民检察院起诉到某县人民法院。一审作出判决后，甲没有提出上诉，人民检察院也没有提出抗诉，但乙作为刑事附带民事诉讼原告人，以赔偿太少为由提起上诉。二审法院对全案进行审查，发现一审判决中对甲的刑事判决部分适用法律错误。问：二审法院应当如何处理?

### 二、二审发现一审量刑畸轻应当如何处理

甲因盗窃罪被人民检察院起诉到某县人民法院。一审作出判决后，人民检察院没有提出抗诉，但是甲以量刑过重为由提出上诉。二审法院经审理，认为原一审判决认定事实清楚，证据确实充分，审判程序合法，但是对甲的量刑畸轻。问：二审法院应当如何处理?

## 基本理论

## 第一节　第二审程序的概念和特点

第二审程序是第二审人民法院根据上诉人的上诉或者人民检察院的抗诉，就第一审人民法院尚未发生法律效力的判决或者裁定是否正确进行审理，从而决定维持、撤销或者改判的一种审判程序。

在理解第二审程序的概念的时候，需要注意以下几个方面：第一，第二审程序不同于再审程序。二审是判决生效以前的审理程序，而再审是判决生效以后的纠错审理程序。第二，第二审程序不是一个刑事案件的必经程序。如果在法定期限内没有提出合法的上诉或者抗诉，判决或者裁定就发生法律效力，就不需要经过第二审程序。第三，进行第二审的法院是作出未生效判决的上一级人民法院。由于我国四级人民法院都有一审管辖权，因此除了基层人民法院以外，中级、高级和最高人民法院都可能成为第二审法院。第四，第二审判决、裁定和最高人民法院的判决、裁定，都是终审的判决、裁定。对于最高人民法院的一审判决，则一审终审，不存在二审的问题。

第二审程序的意义在于，通过原第一审人民法院的上一级人民法院对未生效判决或者裁定是否正确进行审理，能够纠正可能出现的错误判决，从而进一步保证判决或者裁定的正确性。第二审人民法院对未生效判决或者裁定的审查包括：(1) 认定的事实是否清楚，证据是否确实、充分；(2) 适用法律是否正确；(3) 一审是否违反法定的诉讼程序。

对于有权提出上诉的人而言，向上一级人民法院上诉并由上一级人民法院对案件进行复审，是其一项重要的诉讼权利。《两权公约》第 14 条第 5 款规定："凡被判定有罪者，应有权由一个较高级法庭对其定罪及刑罚依法进行复审。"我国的第二审程序的设置显然是符合这一规定的要求的。

## 第二节　第二审程序的提起

### 一、有权提起上诉的主体

《刑事诉讼法》第 216 条规定："被告人、自诉人和他们的法定代理人，不服地方各级人民法院第一审的判决、裁定，有权用书状或者口头向上一级人民法院上诉。被告人的辩护人和近亲属，经被告人同意，可以提出上诉。附带民事诉讼的当事人和他们的法定代理人，可以对地方各级人民法院第一审的判决、裁定中的附带民事诉讼部分，提出上诉。对被告人的上诉权，不得以任何借口加以剥夺。"根据这一规定，在刑事诉讼中享有上诉权的人包括：

1. 自诉人、被告人在刑事诉讼中享有独立的上诉权，只要他们依法提出上诉，就必然引起第二审程序。这是由于自诉人、被告人在刑事诉讼中处于原告或者被告地位，第一审判决或者裁定与其有直接的利害关系。

2. 自诉人、被告人的法定代理人，在刑事诉讼中享有独立的上诉权。如果自诉人属于未成年人或者精神病人，或者被告人属于未成年人，他们的法定代理人享有独立的上诉权，即使自诉人或者被告人不同意，上诉也是有效的。

3. 被告人的辩护人和近亲属，提出上诉必须经过被告人同意。这些人没有独立的上诉权，如果被告人不同意，则无权提出上诉。

4. 附带民事诉讼的当事人和他们的法定代理人，提出上诉仅仅限于附带民事诉讼部分。附带民事诉讼的当事人及其法定代理人提出上诉，不能涉及刑事部分；而且，如果刑事部分没有提出上诉或者抗诉，则刑事部分发生法律效力。

被告人、自诉人、附带民事诉讼的当事人及其法定代理人是否提出上诉，以其在上诉期满前最后一次的意思表示为准（《高法解释》第 299 条第 2 款）。

### 二、有权提起抗诉的主体

《刑事诉讼法》第 217 条规定："地方各级人民检察院认为本级人民法院第一审的判决、裁定确有错误的时候，应当向上一级人民法院提出抗诉。"人民检察院在刑事诉讼中代表国家提起公诉并出庭支持公诉，事实上处于控诉一方当事人的地位，如果认为第一审未生效判决或者裁定确有错误，应当提出二审抗诉。

《高检规则》规定了人民检察院提起二审抗诉的程序。对刑事判决、裁定的监督由公诉部门和刑事申诉检察部门承办。人民检察院通过对人民法院判决、裁定的审查等活动，监督人民法院的判决、裁定是否正确（《高检规则》第583条）。人民检察院在收到人民法院第一审判决书或者裁定书后，应当及时审查，承办人员应当填写刑事判决、裁定审查表，提出处理意见，报公诉部门负责人审核。对于需要提出抗诉的案件，公诉部门应当报请检察长决定；案情重大、疑难、复杂的案件，由检察长提交检察委员会讨论决定（《高检规则》第585条）。人民检察院对自诉案件的判决、裁定的监督，适用与公诉案件相同的程序（《高检规则》第601条）。

另外，需要注意的是，人民检察院的抗诉权并不只限于一次，对于第二审人民法院发回重审的案件，仍然可以提出二审抗诉。“第二审人民法院发回原审人民法院重新按照第一审程序审判的案件，如果人民检察院认为重新审判的判决、裁定确有错误的，仍然可以按照第二审程序提出抗诉。”（《高检规则》第590条）

## 三、被害人向人民检察院申请抗诉

《刑事诉讼法》第218条规定：“被害人及其法定代理人不服地方各级人民法院第一审的判决的，自收到判决书后五日以内，有权请求人民检察院提出抗诉。人民检察院自收到被害人及其法定代理人的请求后五日以内，应当作出是否抗诉的决定并且答复请求人。”根据这一规定，被害人作为刑事诉讼的当事人之一，对第一审判决或者裁定没有提出上诉的权利。如果他们对一审判决不服，只能申请人民检察院提出抗诉。

被害人及其法定代理人申请抗诉的具体程序是，被害人及其法定代理人不服地方各级人民法院第一审的判决的，在收到判决书后5日以内请求人民检察院提出抗诉的，人民检察院应当立即进行审查，在收到被害人及其法定代理人的请求后5日内作出是否抗诉的决定，并且答复请求人。经审查认为应当抗诉的，依法提出抗诉。被害人及其法定代理人在收到判决书5日以后请求人民检察院提出抗诉的，由人民检察院决定是否受理（《高检规则》第588条）。

## 四、上诉、抗诉的理由

《刑事诉讼法》第216条对上诉理由没有规定任何限制，只要不服一审判决、裁定，就可以提出上诉。因此，上诉人在法定期限内提出上诉，不论理由是否充分，均应允许。

对于人民检察院提出抗诉的，《刑事诉讼法》第217条规定的是“地方各级人民检察院认为本级人民法院第一审的判决、裁定确有错误的时候”，即抗诉的理由是“确有错误”。《高检规则》第582条规定，“人民检察院依法对人民法院的判决、裁定是否正确实行监督，对人民法院确有错误的判决、裁定，应当依法提出抗诉”，并在第584条对“确有错误”进行了具体解释：

（1）认定事实不清、证据不足的；

（2）有确实、充分证据证明有罪而判无罪，或者无罪判有罪的；

（3）重罪轻判，轻罪重判，适用刑罚明显不当的；

（4）认定罪名不正确，一罪判数罪、数罪判一罪，影响量刑或者造成严重的社会影响的；

（5）免除刑事处罚或者适用缓刑、禁止令、限制减刑错误的；

（6）人民法院在审理过程中严重违反法律规定的诉讼程序的。

以上六项大体可以分为三种类型：一是在认定事实上确有错误的；二是在适用法律上确有错误的；三是一审违反法定诉讼程序的。

在理解人民检察院抗诉的理由时，有一点需要加以解释，即人民检察院对于“有确实、充分证据证明无罪判有罪的”，也应当提出抗诉。这似乎与人民检察院在刑事诉讼中代表国家进行追诉的职能不相一致。例如，第一审人民法院判决认定张三犯有故意伤害罪，判处有期徒刑 3 年。人民检察院发现张三事实上没有实施该项犯罪行为，或者张三的行为不构成犯罪，人民检察院应当提出二审抗诉，要求人民法院二审改判张三无罪。这样规定的原因是，我国的人民检察院不仅仅是控诉一方，而是客观、公正地收集证据、查清事实，其最高任务是保证判决、裁定的正确性，因而其抗诉不仅仅限于提出不利于被追诉人的主张，而且包括有利于被追诉人的主张。

## 五、上诉、抗诉的方式

### （一）提出上诉的方式

《刑事诉讼法》第 216 条规定，上诉可以使用书状或者口头的方式。一般情况下，上诉应当提交上诉状正本及副本。上诉状内容应当包括：第一审判决书、裁定书的文号和上诉人收到的时间，第一审法院的名称，上诉的请求和理由，提出上诉的时间。被告人的辩护人、近亲属经被告人同意提出上诉的，还应当写明其与被告人的关系，并应当以被告人作为上诉人（《高法解释》第 300 条）。

被告人、自诉人、附带民事诉讼原告人和被告人因书写上诉状确有困难而口头提出上诉的，第一审人民法院应当根据其所陈述的理由和请求制作笔录，由上诉人阅读或者向其宣读后，上诉人应当签名或者盖章。

### （二）提出抗诉的方式

人民检察院提出抗诉的，必须采用书面方式。人民检察院对同级人民法院第一审判决、裁定的抗诉，应当制作抗诉书（《高检规则》第 587 条）。

## 六、上诉、抗诉的提出程序

### （一）提出上诉的程序

《刑事诉讼法》第 220 条规定：“被告人、自诉人、附带民事诉讼的原告人和被告人通过原审人民法院提出上诉的，原审人民法院应当在三日以内将上诉状连同案卷、证据移送上一级人民法院，同时将上诉状副本送交同级人民检察院和对方当事人。被告人、自诉人、附带民事诉讼的原告人和被告人直接向第二审人民法院提出上诉的，第二审人民法院应当在三日以内将上诉状交原审人民法院送交同级人民检察院和对方当事人。”根据这一规定，提出上诉可以通过原审人民法院提出，也可以直接向第二审人民法院提出。

1. 通过第一审人民法院提出。上诉人通过第一审人民法院提出上诉的，第一审人民法院应当审查。上诉符合法律规定的，应当在上诉期满后 3 日内将上诉状连同案卷、证据移送上一级人民法院，并将上诉状副本送交同级人民检察院和对方当事人（《高法解释》第 302 条）。

2. 直接向第二审人民法院提出。上诉人直接向第二审人民法院提出上诉的，第二审人民法院应当在收到上诉状后 3 日以内将上诉状交第一审人民法院。第一审人民法院应当审查上诉是否符合法律规定。符合法律规定的，应当在接到上诉状后 3 日以内将上诉状连同案卷、证据移送上一级人民法院，并将上诉状副本送交同级人民检察院和对方当事人（《高法解释》第 303 条）。

（二）提出抗诉的程序

提出抗诉，必须通过原审人民法院提出。《刑事诉讼法》第 221 条规定："地方各级人民检察院对同级人民法院第一审判决、裁定的抗诉，应当通过原审人民法院提出抗诉书，并且将抗诉书抄送上一级人民检察院。原审人民法院应当将抗诉书连同案卷、证据移送上一级人民法院，并且将抗诉书副本送交当事人。上级人民检察院如果认为抗诉不当，可以向同级人民法院撤回抗诉，并且通知下级人民检察院。"

《高检规则》对此进行了进一步的解释：人民检察院对同级人民法院第一审判决、裁定的抗诉，应当制作抗诉书通过原审人民法院向上一级人民法院提出，并将抗诉书副本连同案件材料报送上一级人民检察院（《高检规则》第 587 条）。上一级人民检察院对下级人民检察院按照第二审程序提出抗诉的案件，认为抗诉正确的，应当支持抗诉；认为抗诉不当的，应当向同级人民法院撤回抗诉，并且通知下级人民检察院。下级人民检察院如果认为上一级人民检察院撤回抗诉不当的，可以提请复议。上一级人民检察院应当复议，并将复议结果通知下级人民检察院。上一级人民检察院在上诉、抗诉期限内，发现下级人民检察院应当提出抗诉而没有提出抗诉的案件，可以指令下级人民检察院依法提出抗诉（《高检规则》第 589 条）。

第一审人民法院收到人民检察院的抗诉书后，应当在抗诉期满后 3 日内将抗诉书连同案卷、证据移送上一级人民法院，并将抗诉书副本送交当事人（《高法解释》第 306 条）。

## 七、撤回上诉、抗诉的处理

1. 上诉人在上诉期限内要求撤回上诉的，人民法院应当准许（《高法解释》第 304 条）。

2. 上诉人在上诉期满后要求撤回上诉的，第二审人民法院应当审查。经审查，认为原判认定事实和适用法律正确，量刑适当，应当裁定准许撤回上诉；认为原判事实不清、证据不足或者将无罪判为有罪、轻罪重判等，应当不予准许，继续按照上诉案件审理。被判处死刑立即执行的被告人提出上诉，在第二审开庭后宣告裁判前申请撤回上诉的，应当不予准许，继续按照上诉案件审理（《高法解释》第 305 条）。

3. 人民检察院在抗诉期限内撤回抗诉的，第一审人民法院不再向上一级人民法院移送案件；如果是在抗诉期满后第二审人民法院宣告裁判前撤回抗诉的，第二审人民法院可以裁定准许，并通知第一审人民法院和当事人（《高法解释》第 307 条）。

4. 第二审人民法院的同级人民检察院不派员出庭的抗诉案件，按撤回抗诉处理。人民法院审理人民检察院提出抗诉的案件，应当通知同级人民检察院派员出庭。对接到开庭通知后人民检察院不派员出庭，且未说明原因的，人民法院可以裁定按人民检察院撤回抗诉处理，并通知第一审人民法院和当事人（《高法解释》第 321 条）。

5. 在上诉、抗诉期满前撤回上诉、抗诉的，第一审判决、裁定在上诉、抗诉期满之日起生效。在上诉、抗诉期满后要求撤回上诉、抗诉，第二审人民法院裁定准许的，第一审判决、裁定应当自第二审人民法院裁定书送达上诉人或者抗诉机关之日起生效（《高法解释》第 308 条）。

## 第三节　第二审程序的审判

### 一、对上诉、抗诉案件的审查

《高法解释》第309条规定，第二审人民法院对第一审人民法院移送上诉、抗诉的案卷，应当审查是否包括下列内容：

（1）移送上诉、抗诉案件函；

（2）上诉状或者抗诉书；

（3）第一审判决书或者裁定书八份（每增加一名被告人增加一份）及其电子文本；

（4）全部案卷材料和证据，包括案件审结报告和其他应当移送的材料。

这些材料齐全的，第二审人民法院应当收案；材料不齐备的，应当通知第一审人民法院及时补送。

### 二、全面审查原则

《刑事诉讼法》第222条规定："第二审人民法院应当就第一审判决认定的事实和适用法律进行全面审查，不受上诉或者抗诉范围的限制。共同犯罪的案件只有部分被告人上诉的，应当对全案进行审查，一并处理。"全面审查原则包括以下几个方面的要求：

#### （一）不受上诉或者抗诉范围的限制

第二审人民法院应当就第一审判决、裁定认定的事实和适用法律进行全面审查，不受上诉、抗诉范围的限制（《高法解释》第310条）。例如，被告人仅仅就量刑过重（适用法律问题）提出上诉，第二审人民法院也要审查一审判决认定事实是否清楚、证据是否确实充分（事实认定问题）。

#### （二）共同犯罪案件全案审查

共同犯罪案件，只有部分被告人提出上诉，或者自诉人只对部分被告人的判决提出上诉，或者人民检察院只就第一审人民法院对部分被告人的判决提出抗诉的，第二审人民法院应当对全案进行审查，一并处理（《高法解释》第311条）。例如，一个共同犯罪案件有7名被告人，其中3名被告人提出了上诉，而剩下的4名被告人没有提出上诉，判决过了上诉期限后对剩下的4名被告人也不生效，而是全案必须经过第二审审理，由第二审人民法院一并在二审后作出处理。

共同犯罪案件，上诉的被告人死亡，其他被告人未上诉的，第二审人民法院仍应对全案进行审查。经审查，死亡的被告人不构成犯罪的，应当宣告无罪；构成犯罪的，应当终止审理。对其他同案被告人仍应作出判决、裁定（《高法解释》第312条）。

#### （三）审理附带民事诉讼的上诉案件应当对全案进行审查

经审查，第一审判决的刑事部分并无不当的，第二审人民法院只需就附带民事诉讼部分作出处理；第一审判决附带民事部分事实清楚，适用法律正确的，应当以刑事附带民事裁定维持原判，驳回上诉（《高法解释》第313条）。

附带民事诉讼案件，只有附带民事诉讼的当事人及其法定代理人上诉的，第一审刑事部分的判决在上诉期满后即发生法律效力。应当送监执行的第一审刑事被告人是第二审附带民事诉讼被告人的，在第二审附带民事诉讼案件审结前，可以暂缓送监执行（《高法解释》第314条）。

（四）全面审查的内容

第二审人民法院在审理第二审案件的时候，全面审查的内容包括以下几个方面：（1）第一审判决认定的事实是否清楚，证据是否确实、充分；（2）第一审判决适用法律是否正确，量刑是否适当；（3）在侦查、审查起诉、第一审程序中，有无违反法定诉讼程序的情形；（4）上诉、抗诉是否提出了新的事实、证据；（5）被告人的供述和辩解情况；（6）辩护人的辩护意见及采纳情况；（7）附带民事部分的判决、裁定是否合法、适当；（8）第一审法院合议庭、审判委员会讨论的意见。（《高法解释》第315条）。

需要注意的是，全面审查原则不仅在第二审程序中适用，也适用于死刑复核程序和审判监督程序。

## 三、二审的审理方式和程序

《刑事诉讼法》第223条规定："第二审人民法院对下列案件，应当组成合议庭，开庭审理：（一）被告人、自诉人及其法定代理人对第一审认定的事实、证据提出异议，可能影响定罪量刑的上诉案件；（二）被告人被判死刑的上诉案件；（三）人民检察院抗诉的案件；（四）其他应当开庭审理的案件。第二审人民法院决定不开庭审理的，应当讯问被告人，听取其他当事人、辩护人、诉讼代理人的意见。第二审人民法院开庭审理上诉、抗诉案件，可以到案件发生地或者原审人民法院所在地进行。"根据这一规定，第二审的审理方式有两种：开庭审理和调查讯问式审理。无论是哪种审理方式，都必须组成合议庭。依照《刑事诉讼法》第178条第4款的规定，二审合议庭由审判员三至五人组成。

（一）开庭审理

1. 二审开庭审理的适用范围

开庭审理是对第二审审理方式的原则性要求。对第223条规定应当开庭审理的案件，第二审人民法院应当开庭审理。被判处死刑立即执行的被告人没有上诉，同案的其他被告人上诉的案件，应当开庭审理。被告人被判处死刑缓期执行的上诉案件，有条件的，也应当开庭审理（《高法解释》第317条）。

2. 人民检察院派员出席二审法庭

人民检察院提出抗诉的案件或者第二审人民法院开庭审理的公诉案件，同级人民检察院都应当派员出庭。第二审人民法院应当在决定开庭审理后及时通知人民检察院查阅案卷。人民检察院应当在1个月以内查阅完毕（《刑事诉讼法》第224条；《高检规则》第472条）。

对抗诉和上诉案件，与第二审人民法院相对应的人民检察院可以调取下级人民检察院的案卷材料。出席第二审法庭的检察人员在接到第二审人民法院决定开庭、查阅案卷通知后，可以查阅或者调阅案卷材料，查阅或者调阅案卷材料应当在接到人民法院的通知之日起1个月以内完成。在1个月以内无法完成的，可以商请人民法院延期审理（《高检规则》第474条）。检察人员在审查第一审案卷材料时，应当复核主要证据，可以讯问原审被告人，必要时可以补充收集证据、重新鉴定或者补充鉴定。需要原侦查机关补充收集证据的，可以要求原侦查机关补充收集。对于提出上诉的、被抗诉的、被判处无期徒刑以上刑罚的被告人，应当进行讯问（《高检规则》第476条）。

在法庭审理中，检察人员应当针对原审判决或者裁定认定事实或适用法律、量刑等方面的问题，围绕抗诉或者上诉理由以及辩护人的辩护意见，讯问被告人，询问被害人、证人、鉴定人，出示和宣读证据，并提出意见和进行辩论。需要出示、宣读、播放第一审期间已移交人民法院的证据的，出庭的检察人员可以申请法庭出示、宣读、播放（《高检规则》第479条、第480条）。

3. 人民法院二审开庭审理的具体程序

第二审人民法院开庭审理上诉、抗诉案件，可以到案件发生地或者原审人民法院所在地进行。

《高法解释》第322条、第323条规定，第二审人民法院开庭审理上诉或者抗诉案件的具体程序，除参照第一审程序的规定外，还应当依照下列规定进行：

(1) 法庭调查阶段，审判人员宣读第一审判决书、裁定书后，上诉案件由上诉人或者辩护人先宣读上诉状或者陈述上诉理由，抗诉案件由检察员先宣读抗诉书；既有上诉又有抗诉的案件，先由检察员宣读抗诉书，再由上诉人或者辩护人宣读上诉状或者陈述上诉理由。开庭审理可以重点围绕对第一审判决、裁定有争议的问题或者有疑问的部分进行。宣读第一审判决书，可以只宣读案由、主要事实、证据名称和判决主文等。法庭调查应当重点围绕对第一审判决提出异议的事实、证据以及提交的新的证据等进行；对没有异议的事实、证据和情节，可以直接确认。被告人犯有数罪的案件，对其中事实清楚且无异议的犯罪，可以不在庭审时审理。

(2) 法庭辩论阶段，上诉案件，先由上诉人、辩护人发言，后由检察员、诉讼代理人发言；抗诉案件，先由检察员、诉讼代理人发言，后由被告人、辩护人发言；既有上诉又有抗诉的案件，先由检察员、诉讼代理人发言，后由上诉人、辩护人发言。同案审理的案件，未提出上诉、人民检察院也未对其判决提出抗诉的被告人要求出庭的，应当准许。出庭的被告人可以参加法庭调查和辩论。被告人未要求出庭，也未被申请出庭或者人民法院认为没有必要到庭的，可以不再传唤到庭。

（二）调查讯问的审理方式

对于上诉案件，如果不属于《刑事诉讼法》第223条规定的应当开庭审理的范围，也可以不开庭审理。对上诉、抗诉案件，第二审人民法院经审查，认为原判事实不清、证据不足，或者具有刑事诉讼法第227条规定的违反法定诉讼程序情形，需要发回重新审判的，可以不开庭审理（《高法解释》第318条）。

调查讯问的审理方式需要进行以下活动：

1. 合议庭阅卷。合议庭全体成员应当阅卷，必要时应当提交书面阅卷意见。这里的阅卷，是指阅读原审人民法院移送的案卷材料和证据，以便于对原一审判决在认定事实上、适用法律上和诉讼程序上进行审查。

2. 讯问被告人。如果对上诉案件不开庭审理，合议庭必须直接讯问被告人，听取他对案件事实的供述或者辩解，以及他对原一审判决适用法律问题的意见。

3. 听取其他当事人的意见。其他当事人，如果是自诉案件，包括自诉人、附带民事诉讼原告人和被告人；如果是公诉案件，包括被害人、附带民事诉讼原告人和被告人。听取意见，包括上述这些人对事实认定、法律适用是否正确和诉讼程序是否合法的意见，与讯问被告人的内容相同。

4. 听取辩护人和诉讼代理人的意见。辩护人是指被告人委托的帮助其行使辩护权的人；诉讼代理人是指其他当事人委托的帮助其进行诉讼行为的人。听取意见的范围与听取其他当事人的意见的范围相同。

## 四、二审后的处理

### （一）对上诉、抗诉案件的处理

根据《刑事诉讼法》第 225 条、第 227 条、第 228 条的规定，第二审人民法院对不服第一审判决的上诉、抗诉案件，经过审理后，应当针对不同情形分别作出以下处理：

（1）裁定驳回上诉或者抗诉，维持原判。原判决认定事实和适用法律正确、量刑适当的，应当裁定驳回上诉或者抗诉，维持原判（《刑事诉讼法》第 225 条第 1 项）。

（2）改判。改判适用于两种情形：一是原判决认定事实没有错误，但适用法律有错误，或者量刑不当的，应当改判（《刑事诉讼法》第 225 条第 2 项）；二是原判决事实不清楚或者证据不足的，可以在查清事实后改判（《刑事诉讼法》第 225 条第 3 项）。

（3）裁定撤销原判，发回重审。发回重审适用于两种情形：一是原判决事实不清楚或者证据不足的，可以裁定撤销原判，发回原审人民法院重新审判（《刑事诉讼法》第 225 条第 3 项）；二是提出上诉或者抗诉的理由具有《刑事诉讼法》第 227 条规定的情形之一的，第二审人民法院应当裁定撤销原判，发回第一审人民法院重新审判（《高法解释》第 329 条）。《刑事诉讼法》第 227 条规定："第二审人民法院发现第一审人民法院的审理有下列违反法律规定的诉讼程序的情形之一的，应当裁定撤销原判，发回原审人民法院重新审判：（一）违反本法有关公开审判的规定的；（二）违反回避制度的；（三）剥夺或者限制了当事人的法定诉讼权利，可能影响公正审判的；（四）审判组织的组成不合法的；（五）其他违反法律规定的诉讼程序，可能影响公正审判的。"

对于发回重审的案件，需要注意两个问题：第一，以事实不清、证据不足为由发回重审的次数仅限于一次。《刑事诉讼法》第 225 条第 3 款规定，原审人民法院对于因事实不清楚或者证据不足发回重新审判的案件作出判决后，被告人提出上诉或者人民检察院提出抗诉的，第二审人民法院应当依法作出判决或者裁定，不得再发回原审人民法院重新审判。第二，原审人民法院对于发回重新审判的案件，应当另行组成合议庭，依照第一审程序进行审判。对于重新审判后的判决，可以提出上诉、抗诉。

### （二）对附带民事诉讼的处理

1. 如果针对刑事部分和附带民事部分都提出了上诉、抗诉，则第二审人民法院在审理后一并作出判决或者裁定。如果发现刑事和附带民事部分均有错误需依法改判的，应当一并改判。

2. 如果只是针对刑事部分提出上诉、抗诉，附带民事诉讼部分过了法定上诉、抗诉期限已经发生法律效力，第二审人民法院审理后发现第一审判决或者裁定中的民事诉讼部分确有错误，不能在二审中对民事诉讼部分进行改判，只能按照审判监督程序对民事部分进行纠正（《高法解释》第 330 条）。

3. 如果只是针对附带民事诉讼部分提出上诉、抗诉，刑事部分过了法定上诉、抗诉期限已经发生法律效力，第二审人民法院审理后发现第一审判决或者裁定中的刑事部分确有错误，应当对刑事部分按照审判监督程序进行再审，并将附带民事诉讼部分与刑事部分一并审理（《高法解释》第 331 条）。

4. 在第二审案件附带民事部分审理中，第一审民事原告人增加独立的诉讼请求或者第一审民事被告人提出反诉的，第二审人民法院可以根据自愿、合法的原则进行调解，调解不成的，告知当事人另行起诉（《高法解释》第 332 条）。

（三）对自诉案件的处理

1. 对第二审自诉案件，必要时可以进行调解，当事人也可以自行和解。调解结案的，应当制作调解书，第一审判决、裁定视为自动撤销；当事人自行和解的，应当裁定准许撤回自诉，并撤销第一审判决或者裁定（《高法解释》第 333 条）。

2. 在第二审程序中，自诉案件的当事人提出反诉的，第二审人民法院应当告知其另行起诉（《高法解释》第 334 条）。

### 五、对扣押、冻结财物的处理

公安机关、人民检察院和人民法院对于扣押、冻结犯罪嫌疑人、被告人的财物及其孳息，应当妥善保管，以供核查，并制作清单，随案移送。任何单位和个人不得挪用或者自行处理。对被害人的合法财产，应当及时返还。对违禁品或者不宜长期保存的物品，应当依照国家有关规定处理。对作为证据使用的实物应当随案移送，对不宜移送的，应当将其清单、照片或者其他证明文件随案移送。人民法院作出的判决，应当对查封、扣押、冻结的财物及其孳息作出处理。人民法院作出的判决生效以后，有关机关应当根据判决对查封、扣押、冻结的财物及其孳息进行处理。对查封、扣押、冻结的赃款赃物及其孳息，除依法返还被害人的以外，一律上缴国库。司法工作人员贪污、挪用或者私自处理被查封、扣押、冻结的财物及其孳息的，依法追究刑事责任；不构成犯罪的，给予处分（《刑事诉讼法》第 234 条）。

## 第四节　上诉不加刑原则

### 一、上诉不加刑的概念和意义

《刑事诉讼法》第 226 条规定："第二审人民法院审理被告人或者他的法定代理人、辩护人、近亲属上诉的案件，不得加重被告人的刑罚。第二审人民法院发回原审人民法院重新审判的案件，除有新的犯罪事实，人民检察院补充起诉的以外，原审人民法院也不得加重被告人的刑罚。人民检察院提出抗诉或者自诉人提出上诉的，不受前款规定的限制。"

这一条文规定的就是上诉不加刑原则。第二审人民法院审理只有被告人一方提出上诉的案件，不得加重被告人原判的刑罚；人民检察院提出抗诉或者自诉人提出上诉的，不受这一原则的限制。

上诉不加刑原则的目的在于鼓励被告人没有顾虑地行使上诉权。

### 二、上诉不加刑的适用

根据最高人民法院的司法解释，上诉不加刑的具体含义包括以下几个方面：

1. 同案审理的案件，只有部分被告人提出上诉的，既不得加重上诉人的刑罚，也不得加重其他同案被告人的刑罚（《高法解释》第 325 条第 1 款第 1 项）。

2. 原判事实清楚，证据确实、充分，只是认定的罪名不当的，可以改变罪名，但不得加重刑罚（《高法解释》第325条第1款第2项)。

3. 原判对被告人实行数罪并罚的，不得加重决定执行的刑罚，也不得加重数罪中某罪的刑罚（《高法解释》第325条第1款第3项)。

4. 原判对被告人宣告缓刑的，不得撤销缓刑或者延长缓刑考验期；原判没有宣告禁止令的，不得增加宣告；原判宣告禁止令的，不得增加内容、延长期限；原判对被告人判处死刑缓期执行没有限制减刑的，不得限制减刑（《高法解释》第325条第1款第4至6项)。

5. 原判事实清楚，证据确实、充分，但判处的刑罚畸轻、应当适用附加刑而没有适用的，不得直接加重刑罚、适用附加刑，也不得以事实不清、证据不足为由发回第一审人民法院重新审判。必须依法改判的，应当在第二审判决、裁定生效后，依照审判监督程序重新审判（《高法解释》第325条第1款第7项)。

6. 人民检察院只对部分被告人的判决提出抗诉，或者自诉人只对部分被告人的判决提出上诉的，第二审人民法院不得对其他同案被告人加重刑罚（《高法解释》第326条)。

## 观点探讨

### 一、审级制度问题

有学者主张，在我国应当实行有限的三审终审制。[①] 具体而言，对下列案件实行三审终审：危害国家安全的犯罪；可能判处15年以上有期徒刑、无期徒刑、死刑的案件；一审判无罪、二审判有罪的案件；二审中有重大程序性违法案件。除此之外的其他案件则实行两审终审。实行三审终审的案件，二审实行事实审，既审查事实又审查法律，三审只对法律适用问题进行审查，但二审与三审的审查范围都只限于当事人上诉不服的部分。主张进行三审制改造的理由是，我国现行的两审终审制的运行现状可以概括为两审终审无法终审，审判监督程序导致无限申诉、无限再审、终审不终，导致公正和效率两败俱伤。而实行三审终身制，则有下列好处：有利于保障被告人的权利；是加强司法公正的需要；是正确适用法律的需要；有利于增强当事人服判息诉。[②]

### 二、上诉不加刑原则

首先，对于量刑畸轻的案件，可否先维持原判，而后再提起审判监督程序加重被告人的刑罚。《高法解释》第325条第1款第7项规定："原判事实清楚，证据确实、充分，但判处的刑罚畸轻、应当适用附加刑而没有适用的，不得直接加重刑罚、适用附加刑，也不得以事实不清、证据不足为由发回第一审人民法院重新审判。必须依法改判的，应当在第二审判决、裁定生效后，依照审判监督程序重新审判。"有学者认为，通过审判监督程序加重刑罚是对上诉不加刑原则的规避，因而应当撤销上述规定。[③] 其主张是，按照"相对再审不加刑"改造我国刑事再审

---

① 陈卫东，李训虎．公正、效率与审级制度改革——从刑事程序法的视角分析．政法论坛，2003（5)。主张三审制的文章，还有如俞亮，张驰．我国刑事审级制度的反思．法学杂志，2007（2)．

② 刘根菊，张建．我国刑事审级制度的重新构建．法学论坛，2005（5)．

③ 唐光怀．完善我国上诉不加刑原则的立法构想．求索，2006（11)。认为此规定不正确的文章，还有如黄国胜．上诉不加刑司法解释的漏洞．人民检察，2003（12)．

制度，即：人民法院接受被告人及其法定代理人、近亲属的申诉或人民检察院为了被告人的利益而向人民法院提起抗诉的，再审不得加重被告人的刑罚；而人民检察院提起不利于被告人的抗诉或受害人一方提出不利于被告人的申诉或上诉的，再审则不受不加刑原则的限制。同时对法院主动提起的刑事再审应作出限制性规定。

其次，发回重审的案件能否加刑。有学者主张，应当以重审后犯罪事实是否确有变化来决定重审可否加刑。[①] 一方面，原审法院对于发回重审的案件，如果重审后认定被告人犯罪的基本事实没有变化，与原审判决相比，重审法院不得加重被告人的刑罚；另一方面，如果重审后认定的犯罪事实确实不同于先前的审判，则可以加重被告人的刑罚。但是，应当禁止以发回重审的方式变相加刑，即使一审法院第一次审理确实轻罚了被告人，重审后只要原审认定的基本事实没有变化，法院就不能加重被告人的刑罚。《刑事诉讼法》第 226 条第 1 款采纳了这个建议。

案例导引答案

① 金泽刚．发回重审与上诉不加刑原则关系论．法律科学，2003（3）；金泽刚．发回重审案件是否适用上诉不加刑原则．法学，2001（1）．

## 第二十一章
# 自诉案件的提起和审判

### 案例导引

#### 一、撤诉后就同一事实再次告诉

乙向人民法院提起自诉，控告其邻居甲对其进行殴打并致其轻伤。人民法院经审查，认为犯罪事实清楚，有足够证据，准备开庭审判，但此时乙又向人民法院申请撤回自诉。人民法院经审查，认为乙的撤诉确属自愿，于是准许其撤回自诉。过了一个月，乙就同一事实又向人民法院提出自诉。问：人民法院是否应当受理乙的第二次起诉？

#### 二、公诉转自诉能否进行调解

乙因人民检察院作出了证据不足的不起诉决定，向人民法院提起自诉，控告甲故意伤害（重伤）罪。问：人民法院对这个自诉案件能否进行调解？

### 基本理论

## 第一节　自诉案件的提起

### 一、自诉案件的概念和范围

刑事诉讼中的自诉是相对于公诉而言的，它是指法律规定的享有自诉权的个人直接向有管辖权的人民法院提起的刑事诉讼。我国刑事诉讼中的自诉案件是指法律规定的可以由被害人或者其法定代理人、近亲属直接向人民法院起诉，要求追究被告人刑事责任，由人民法院直接受理的案件。

根据《刑事诉讼法》第204条的规定，自诉案件包括：

（一）告诉才处理的案件

告诉才处理的案件，是指被害人及其法定代理人提出控告和起诉，人民法院才予受理的案件。如果被害人及其法定代理人没有告诉或者告诉后又撤回告诉的，人民法院就不予追究。被害人不起诉必须是他本人真实意思的体现，如果被害人因受到强制、威吓等原因无法告诉的，其法定代理人、近亲属也可以告诉。我国《刑法》规定的告诉才处理的案件有四种：第 246 条第 1 款规定的侮辱、诽谤案（但是严重危害社会秩序和国家利益的除外），第 257 条第 1 款规定的暴力干涉婚姻自由案，第 260 条第 1 款规定的虐待案，第 270 条规定的侵占案。

（二）被害人有证据证明的轻微刑事案件

这类自诉案件必须符合三个条件：（1）人民检察院没有公诉；（2）必须是轻微的刑事案件；（3）被害人必须有相应的证据证明被告人有罪。

根据《高法解释》第 1 条的规定，这类案件包括：故意伤害案（轻伤）；重婚案；遗弃案；妨害通信自由案；非法侵入他人住宅案；生产、销售伪劣商品案件（严重危害社会秩序和国家利益的除外）；侵犯知识产权案件（严重危害社会秩序和国家利益的除外）；属于《刑法》分则第四章、第五章规定的，对被告人可以判处 3 年有期徒刑以下刑罚的其他轻微刑事案件。

上述所列八项案件中，被害人直接向人民法院起诉的，人民法院应当依法受理，对于其中证据不足、可由公安机关受理的，或者认为对被告人可能判处 3 年有期徒刑以上刑罚的，应当告知被害人向公安机关报案，或者移送公安机关立案侦查。被害人向公安机关控告的，公安机关应当受理（《高法解释》第 1 条；《公安规定》第 173 条）。

（三）公诉转自诉案件

这类案件是指被害人有证据证明对被告人侵犯自己人身、财产权利的行为应当依法追究刑事责任，而公安机关或人民检察院不予追究的案件。这实际上是原本应当公诉的案件转化为自诉案件，其目的是保障被害人的控告权，维护被害人的诉讼权利，解决被害人告状无门的问题。① 公诉转自诉案件包括了三种情况：一是对公安机关根据《刑事诉讼法》第 110 条作出不立案决定的，被害人提出的自诉。二是对人民检察院作出不起诉决定的，被害人根据《刑事诉讼法》第 176 条提起的自诉。但是，被害人对人民检察院对未成年犯罪嫌疑人作出的附条件不起诉的决定和不起诉的决定，不能依《刑事诉讼法》第 176 条提出自诉，只能向上一级人民检察院申诉（《全国人民代表大会常务委员会关于〈刑事诉讼法〉第二百七十一条第二款的解释》）。三是有不立案、不起诉决定以外的证据证明被害人曾经按立案管辖分工向公安机关或者人民检察院提出过控告，但公安机关或者检察院没有启动追诉程序的。这三种情况的自诉都必须符合下列限制性条件：

1. 被害人能提供证据证明被告人的行为构成犯罪。

2. 对被告人的行为应当依法追究刑事责任，这是以刑事实体法对被告人行为衡量的结果。应当追究刑事责任是指不属于《刑事诉讼法》第 15 条规定的不追究刑事责任的情形。

3. 被告人的行为侵犯的是被害人的人身权利或财产权利。

4. 有证据证明曾经提出控告，而公安机关或者人民检察院不予追究被告人刑事责任（《高法解释》第 1 条）。

另外，需要注意的是，伪证罪、拒不执行判决、裁定罪由公安机关立案侦查，而不应由人民法院直接受理。

## 二、提起自诉的条件

根据《刑事诉讼法》第 204 条、第 205 条和《高法解释》第 259 条的规定，人民法院受理的

① 陈光中，严端主编．中华人民共和国刑事诉讼法释义与应用．长春：吉林人民出版社，1996：229－230.

自诉案件必须符合下列条件：

1. 属于《刑事诉讼法》第 204 条、《高法解释》第 1 条规定的自诉案件的范围。

2. 属于受诉人民法院管辖。

3. 刑事案件的被害人告诉的。对于自诉案件，如果被害人死亡、丧失行为能力或者因受强制、威吓等原因无法告诉，或者是限制行为能力人以及由于年老、患病、盲、聋、哑等原因不能亲自告诉，其法定代理人、近亲属代为告诉的，人民法院应当依法受理。因前述规定的原因，被害人不能告诉，由其法定代理人、近亲属告诉或者代为告诉的，代为告诉人应当提供与被害人关系的证明和被害人不能亲自告诉的原因的证明（《高法解释》第 260 条）。

4. 有明确的被告人、具体的诉讼请求和能证明被告人犯罪事实的证据。

## 三、提起自诉的程序

自诉人向人民法院提起自诉，应当采用书面方式，即提交刑事自诉状。提起附带民事诉讼的，还应当提交刑事附带民事自诉状（《高法解释》第 261 条）。书写有困难的，可以口头提出，由人民法院工作人员制作笔录或者记录在案，并向口述人宣读或者交其阅读（《高法解释》第 545 条）。

自诉状应当包括以下内容：（1）自诉人（代为告诉人）、被告人的姓名、性别、年龄、民族、出生地、文化程度、职业、工作单位、住址、联系方式；（2）被告人实施犯罪的时间、地点、手段、情节和危害后果等；（3）具体的诉讼请求；（4）致送的人民法院和具状时间；（5）证据的名称、来源等；（6）证人的姓名、住址、联系方式等。如果被告人是 2 人以上的，应当按照被告人的人数提供自诉状副本（《高法解释》第 262 条）。

## 四、对自诉案件的审查

人民法院应当在收到自诉状或者口头告诉第二日起 15 日内审查完毕。经审查，符合受理条件的，应当决定立案，并书面通知自诉人或者代为告诉人（《高法解释》第 263 条第 1 款）。

根据《高法解释》第 263 条的规定，对于自诉案件，人民法院经审查有下列情形之一的，应当说服自诉人撤回起诉；自诉人不撤回起诉的，裁定不予受理：（1）不符合《高法解释》第 1 条规定的自诉案件起诉条件的；（2）缺乏罪证的；（3）犯罪已过追诉时效期限的；（4）被告人死亡的；（5）被告人下落不明的；（6）除因证据不足而撤诉的以外，自诉人撤诉后，就同一事实又告诉的；（7）经人民法院调解结案后，自诉人反悔，就同一事实再行告诉的。

自诉人对不予受理的裁定不服的，可以提起上诉。第二审人民法院查明不予受理裁定有错误的，应当在撤销原裁定的同时，指令一审法院立案受理（《高法解释》第 265 条）。

经审查，人民法院对犯罪事实清楚，有足够证据的案件，应当开庭审判（《刑事诉讼法》第 171 条第 1 款第 1 项）。

# 第二节　自诉案件的审判

## 一、自诉案件与公诉案件一并审理

被告人实施的两个以上的犯罪行为，分别属于公诉案件和自诉案件的，人民法院可以一并审理。对自诉部分的审理，适用《高法解释》关于自诉的规定（《高法解释》第 267 条）。

## 二、存在共同侵害人或者共同受害人情况的处理

自诉人明知有其他共同侵害人，但只对部分侵害人提起自诉的，人民法院应当受理，并告知其放弃告诉的法律后果；自诉人放弃告诉，判决宣告后又对其他共同侵害人就同一事实提起自诉的，人民法院不予受理。共同被害人中只有部分人告诉的，人民法院应当通知其他被害人参加诉讼并告知其不参加诉讼的法律后果。被通知人接到通知后表示不参加诉讼或者不出庭的，视为放弃告诉权利。第一审宣判后，被通知人就同一事实又提起自诉的，人民法院不予受理。但是，当事人另行提起民事诉讼的，不受本解释限制（《高法解释》第 266 条）。

## 三、自诉案件的证明责任

自诉案件中，证明被告人有罪的责任由自诉人承担，人民法院可以依法调取证据或者对证据进行调查核实。

1. 缺乏罪证的，人民法院应当说服自诉人撤回起诉；自诉人不撤回起诉的，裁定不予受理（《高法解释》第 263 条）。

2. 对于已经立案，经审查缺乏罪证的自诉案件，自诉人提不出补充证据的，人民法院应当说服自诉人撤回起诉或者裁定驳回起诉；自诉人撤回起诉或者被驳回起诉后，又提出了新的足以证明被告人有罪的证据，再次提起自诉的，人民法院应当受理（《刑事诉讼法》第 205 条第 1 款第 2 项；《高法解释》第 264 条）。

自诉人对驳回起诉的裁定不服的，可以提起上诉。第二审人民法院查明驳回起诉裁定有错误的，应当在撤销原裁定的同时，指令一审法院进行审理（《高法解释》第 265 条）。

3. 自诉案件当事人因客观原因不能取得的证据，申请人民法院调取的，应当说明理由，并提供相关线索或者材料。人民法院认为必要的，应当及时调取（《高法解释》第 268 条）。

4. 法庭审理过程中，审判人员对证据有疑问，需要调查核实的，适用《刑事诉讼法》第 191 条的规定（《刑事诉讼法》第 205 条第 3 款）。

## 四、自诉案件的审理

1. 人民法院对犯罪事实清楚，有足够证据的自诉案件，应当开庭审判。不适用简易程序审理的，审判程序参照公诉案件第一审程序的规定进行（《高法解释》第 269 条、第 270 条）。

2. 自诉人经两次依法传唤，无正当理由拒不到庭的，或者未经法庭许可中途退庭的，人民法院应当裁定按撤诉处理（《刑事诉讼法》第 205 条第 2 款）。自诉人是 2 人以上，其中部分人撤诉或者被裁定按撤诉处理的，不影响案件的继续审理（《高法解释》第 274 条第 2 款）。

3. 在自诉案件审理过程中，被告人下落不明的，人民法院应当裁定中止审理。被告人到案后，应当恢复审理，必要时，应当对被告人依法采取强制措施（《刑事诉讼法》第 200 条；《高法解释》第 275 条）。

4. 审理自诉案件，应当参照《刑事诉讼法》第 195 条和《高法解释》第 241 条的有关规定作出判决。对于依法宣告无罪的案件，其附带民事诉讼部分应当依法进行调解或者一并作出判

决（《高法解释》第 276 条）。

## 五、自诉案件的调解与和解

1.《刑事诉讼法》第 206 条规定："人民法院对自诉案件，可以进行调解；自诉人在宣告判决前，可以同被告人自行和解或者撤回自诉。本法第二百零四条第三项规定的案件不适用调解。"人民法院对告诉才处理和被害人有证据证明的轻微刑事案件，可以在查明事实、分清是非的基础上进行调解。自诉人在宣告判决前可以同被告人自行和解或者撤回起诉（《高法解释》第 271 条、第 272 条）。

调解应当根据自愿、合法的原则进行。调解达成协议的，人民法院应当制作刑事调解书，由审判人员和书记员署名，并加盖人民法院印章。调解书经双方当事人签收后，即具有法律效力。调解没有达成协议或者调解书签收前当事人反悔的，应当及时作出判决（《高法解释》第 271 条）。

对于《刑事诉讼法》第 204 条第 3 项规定的案件，不适用调解（《高法解释》第 271 条第 2 款）。

2. 对于自诉人要求撤诉的，经人民法院审查认为确属自愿的，应当裁定准许；经审查认为自诉人系被强迫、威吓等，不是出于自愿的，不予准许（《高法解释》第 272 条）。

3. 对于已经审理的自诉案件，当事人自行和解的，应当记录在案。

4. 人民法院裁定准许自诉人撤诉或者当事人自行和解的案件，被告人被采取强制措施的，应当立即予以解除（《高法解释》第 273 条）。

## 六、自诉案件中的反诉

《刑事诉讼法》第 207 条规定："自诉案件的被告人在诉讼过程中，可以对自诉人提起反诉。反诉适用自诉的规定。"

1. 反诉适用的案件范围。告诉才处理和被害人有证据证明的轻微刑事案件的被告人或者其法定代理人在诉讼过程中，可以对自诉人提起反诉（《高法解释》第 277 条第 1 款第 3 项）。

2. 反诉的条件。反诉必须符合下列条件：(1) 反诉的对象必须是本案自诉人；(2) 反诉的内容必须是与本案有关的行为；(3) 反诉的案件必须属于可反诉的案件范围（《高法解释》第 277 条第 1 款）。

3. 反诉的审理。反诉案件适用自诉案件的规定，应当与自诉案件一并审理。自诉人撤诉的，不影响反诉案件的继续审理（《高法解释》第 277 条第 2 款）。

# 观点探讨

## 一、自诉案件的范围是否过大

我国现行法律采取了公诉为主，保留自诉的制度，特别是规定了公诉转自诉的制度。有学者主张，我国现行的公诉转自诉制度不仅背离了现代刑事诉讼的一些基本原理，而且还存在着诸多的司法弊端，应予废除。[①] 其理由是，公诉转自诉制度是对国家追诉原则的背离，也可能造成公诉权与自诉权关系的混乱，而国家追诉原则已经成为现代法治国家的通例；公诉转自诉制度一定程度上弱化乃至架空了现行不起诉制度的应有功能，使检察机关根据《刑事诉讼法》第 173 条第 2 款依照其自由裁量权作出的不起诉决定无法起到终局的效力，使得一些原本正确的不必起诉案件进入审判程序，不仅使刑罚个别化受到极大的冲击，也会给人民法院的审判工作造成严重的负担；公诉转自诉制度存在着弱化被追诉者诉讼主体地位的危险，因为被害人可以使公诉程序中已经终结的案件在任何时间都转为自诉程序，对被告人来说极不公平；被害人起诉到法院之后，很难完成其证明责任，因为这类公诉转自诉的案件多为难以查证或者缺乏其他定罪条件的“扯皮”案件，在公安机关、人民检察院凭借国家强制力都无法查证属实的情况下，由被害人承担举证责任不可能出现什么奇迹，即使被害人能够获得律师代理，其控诉的力度和效果也因缺乏相应的证据而大打折扣。其替代性的解决方法是，建议建立被害人司法审查申请制度，即赋予被害人在一定条件下，有权向人民法院提出申请，要求其对检察机关所作的不起诉决定进行审查，并由人民法院作出是否追诉的裁定。

## 二、刑事和解

我国《刑事诉讼法》第 206 条规定：“自诉人在宣告判决前，可以同被告人自行和解或者撤回自诉”。也就是说，我国已经在自诉案件中建立了刑事和解制度。随着近年来被害人权利运动的兴起和恢复性司法理念的传播，不少学者主张扩大刑事和解的适用范围。[②]

有学者主张，通过提起公诉阶段的不起诉和法院审理阶段的和解来构建刑事和解制度，适用同样的案件范围。[③] 其主张是：对于适用和解的部分公诉案件，可以纳入到人民检察院的酌定不起诉之中；在审判阶段，人民法院可以进行调解，在宣告判决前，被告人与被害人可以进行和解。至于案件范围，对于告诉才处理的犯罪，如果犯罪人与被害人之间自愿达成赔偿协议并履行的，不再追究刑事责任；告诉才处理以外的、属于《刑法》分则第四章、第五章规定的犯罪以及交通肇事罪，最高刑为 3 年以下有期徒刑、拘役或者管制的，如犯罪人与被害人之间自愿达成赔偿协议并履行的，可以减轻或者免除处罚，但严重危害社会秩序和国家利益的除外。

也有学者主张，侦查阶段、起诉阶段和审判阶段都可以达成刑事和解，并且不同阶段、不同措施的案件范围各不相同。[④] 其主张是，公安机关有权处理的刑事和解案件不宜过宽，应当以轻微刑事案件为限，限于可能判处徒刑以下刑罚的有被害人的案件，以轻伤害案件、交通肇事案件等实践中和解可能性较大的案件为重点，方法是公安机关撤销案件；在起诉阶段，对可能判处 1 年以下有期徒刑的情节较轻的案件可以适用酌定不起诉，对可能判处 3 年以下有期徒

---

① 李奋飞．我国“公诉转自诉制度”的结构性缺陷及其矫正．中国检察官，2006（1）。主张取消公诉转自诉制度的文章，还有如罗智勇．对我国公诉与自诉关系的理性思考．中国刑事法杂志，2006（2）；章礼明．公诉转变为自诉的立法缺陷分析．法学，1998（1）；肖刚．现行刑事自诉案件范围质疑与完善．黑龙江省政法管理干部学院学报，2004（5）．

② 主张建立刑事和解制度的文章，有如陈瑞华．刑事诉讼的私力合作模式——刑事和解在中国的兴起．中国法学，2006（5）；杨兴培．刑事和解制度在中国的构建．法学，2006（8）；孙应征，赵慧．论刑事和解在我国相对不起诉制度中的构建．法学评论，2007（2）；甄贞，陈静．建设和谐社会与构建刑事和解制度的思考．法学杂志，2006（4）；张书琴．理性对待刑事和解．河北法学，2007（3）．

③ 莫晓宇．和谐社会视野下刑事和解机制的构建．人民检察，2006（23）．

④ 陈光中，葛琳．刑事和解初探．中国法学，2006（5）．

刑的未成年人或者初犯，可以适用暂缓起诉；在审判阶段，对可能判处 3 年以下有期徒刑的案件可以允许公诉人撤回起诉，对可能判处 3 年以上有期徒刑直至死刑的案件，人民法院可以在征求公诉人的意见后从轻处罚。

2012 年《刑事诉讼法》在第五编特别程序中规定了“当事人和解的公诉案件诉讼程序”，详见本教材“特别程序”一章的介绍。

# 第二十二章
# 复核和核准程序

## 案例导引

### 一、在法定刑以下判处刑罚应当遵循的程序

甲在其堂叔丙的房屋旁边，发现拾荒者乙的编织袋内有丙家的一张旧渔网，即持木棍殴打乙，致乙手臂、右肩等部位多处散在软组织挫伤，挫伤面积 217 平方厘米。乙受伤后经送医院抢救无效于次日 8 时死亡。经法医鉴定，被害人乙生前患晚期门脉性肝硬化、巨脾症、冠心病等严重疾病，在遭受外伤等诱因的作用下引起与肝脏连接的腹膜撕裂出血休克死亡。审理法院认为，被告人甲用木棍殴打他人，并致人死亡的行为已构成故意伤害罪。但鉴于被害人死亡的主要原因是其生前患有严重疾病，甲的伤害行为只是被害人死亡的诱因，甲不应对被害人的死亡结果负全部责任。甲虽然不具有法定减轻处罚情节，但根据本案的特殊情况，可以在法定刑以下判处刑罚，因而判处有期徒刑 6 年。问：人民法院是否可以在法定刑以下判刑，以及应当遵循怎样的程序？

### 二、死刑立即执行案件的核准权

甲因故意杀人罪被某中级人民法院判处死刑立即执行。宣判后，甲没有提出上诉，人民检察院也没有提出抗诉。问：判决是否生效，以及应当遵循怎样的程序？

## 基本理论

我国《刑法》《刑事诉讼法》中多处规定了复核、核准程序，包括：第一，死刑的核准，《刑法》第 48 条规定死刑应当报请最高人民法院核准，《刑事诉讼法》中专章规定了死刑复核程序。第二，法定刑以下判刑的核准，《刑法》第 63 条第 2 款规定不具有减轻处罚情节的法定刑以下判处刑罚须报经最高人民法院核准。第三，不受执行刑期限制的假释，《刑法》第 81 条第 2 款规定须报经最高人民法院核准。第四，核准追诉，《刑法》第 87 条规定，法定最高刑为无期徒刑、死刑的，经过 20 年不再追诉，如果 20 年以后认为必须追诉的，须报请最高人民检察院核准。《高检规则》第 351 条至第 359 条对核准追诉程序作了具体规定。第五，特殊的认罪认罚案件撤销案件或不起诉的批准。对有重大立功或者涉及国家重大利益的认罪认罚案件，《关于在部分地区开展刑事案件认罪认罚从宽制度试点工作的办法》规定，经公安部提请最高人民检察院批准，可以撤销案件；或者经最高人民检察院批准，可以不起诉或者对涉数罪中的一项或者

多项提起公诉。本章内容仅限于前三种法院的复核、核准程序，未包括后两种情形。

## 第一节　在法定刑以下判处刑罚和适用特殊情况假释的核准程序

### 一、在法定刑以下判处刑罚的核准程序

《刑法》第 63 条规定："犯罪分子具有本法规定的减轻处罚情节的，应当在法定刑以下判处刑罚；本法规定有数个量刑幅度的，应当在法定量刑幅度的下一个量刑幅度内判处刑罚。犯罪分子虽然不具有本法规定的减轻处罚情节，但是根据案件的特殊情况，经最高人民法院核准，也可以在法定刑以下判处刑罚。"根据这一规定，在法定刑以下判处刑罚，必须经过最高人民法院核准。

#### （一）逐级报送最高人民法院核准

《高法解释》第 336 条规定，根据《刑法》第 63 条第 2 款规定报请最高人民法院核准在法定刑以下判处刑罚的案件，按下列情形分别处理：

1. 被告人未上诉、人民检察院未抗诉的，在上诉、抗诉期满后 3 日内报请上一级人民法院复核。上一级人民法院同意原判的，应当逐级报请最高人民法院核准；不同意的，应当裁定发回重新审判，或者改变管辖按照第一审程序重新审理。原判是由基层人民法院作出的，高级人民法院可以指定中级人民法院按照第一审程序重新审理。

2. 被告人上诉或者人民检察院抗诉的案件，应当按照第二审程序审理。第二审维持原判，或者改判后仍在法定刑以下判处刑罚的，按照前述程序逐级报请最高人民法院核准。

#### （二）报送的材料

报请最高人民法院核准在法定刑以下判处刑罚的案件，应当报送判决书、报请核准的报告各 5 份，以及全部案卷、证据（《高法解释》第 337 条）。

#### （三）复核后的处理

最高人民法院复核在法定刑以下判处刑罚的案件，予以核准的，作出核准裁定书；不予核准的，应当作出不核准裁定书，并撤销原判决、裁定，发回原审人民法院重新审判或者指定其他下级人民法院重新审判（《高法解释》第 338 条）。

### 二、适用特殊情况假释的核准程序

《刑法》第 81 条规定："被判处有期徒刑的犯罪分子，执行原判刑期二分之一以上，被判处无期徒刑的犯罪分子，实际执行十三年以上，如果认真遵守监规，接受教育改造，确有悔改表现，没有再犯罪的危险的，可以假释。如果有特殊情况，经最高人民法院核准，可以不受上述执行刑期的限制。"根据这一规定，不受执行刑期限制的假释必须经过最高人民法院的核准。

#### （一）逐级报送最高人民法院复核

《高法解释》第 341 条规定，根据《刑法》第 81 条第 1 款规定报请最高人民法院核准因犯罪分子具有特殊情况，不受执行刑期限制的假释案件，按下列情形分别处理：

1. 中级人民法院依法作出假释裁定后，应当报请高级人民法院复核。高级人民法院同意的，应当书面报请最高人民法院核准；不同意的，应当裁定撤销中级人民法院的假释裁定。

2. 高级人民法院依法作出假释裁定的，应当报请最高人民法院核准。

（二）报送的材料

报请最高人民法院核准因犯罪分子具有特殊情况，不受执行刑期限制的假释案件，应当报送报请核准的报告、罪犯具有特殊情况的报告、假释裁定书各5份，以及全部案卷（《高法解释》第342条）。

（三）复核后的处理

最高人民法院核准因犯罪分子具有特殊情况，不受执行刑期限制的假释案件，予以核准的，应当作出核准裁定书；不予核准的，应当作出不准假释的裁定书，并撤销原裁定（《高法解释》第343条）。

## 第二节　死刑复核程序

### 一、死刑复核程序的概念和意义

死刑复核程序是指人民法院对判处死刑的案件进行复审核准所遵循的特别审判程序。死刑是剥夺犯罪分子生命的刑罚，是刑法所规定的诸刑种中最严厉的一种，称为极刑。我国法律一方面把死刑作为打击犯罪、保护人民的有力武器，另一方面又强调严格控制死刑的适用。因此，除在实体法中规定了死刑不适用于未成年人、怀孕妇女等内容外，还在程序法中对判处死刑的案件规定了一项特别审查核准程序——死刑复核程序。

死刑复核程序是我国刑事诉讼法规定的一项特别程序，具有以下几个方面的特点：第一，审理对象特定。该程序只适用于判处死刑的案件，包括判处死刑立即执行和判处死刑缓期二年执行的案件，其他案件并不适用这一程序。第二，是死刑案件的终审程序。一般的刑事案件经过两级法院的审理后判决就发生法律效力，而判处死刑的案件必须经过死刑复核程序其判决裁定才能生效，才能交付执行。第三，审理的时间一般是在作出死刑判决之后、判决发生法律效力并交付执行之前。第四，死刑复核权有专属性。只有最高人民法院对死刑立即执行案件有核准权，高级人民法院对死刑缓期二年执行的案件有核准权，其他的人民法院没有核准死刑的权力。第五，报请复核的方式特殊。死刑复核程序的启动不附任何条件，既不像第一审程序那样非经起诉不得进行审判，也不像第二审程序那样需要上诉或者抗诉才能启动，而是由人民法院逐级上报，无须附加任何条件。因此，中级人民法院判处死刑的一审案件，即使没有上诉或者抗诉，也要报请高级人民法院复核；高级人民法院同意判处死刑的，报请最高人民法院核准。

根据法律规定和司法实践经验，死刑复核程序的任务是，享有复核权的人民法院对下级人民法院报请复核的死刑判决、裁定，在认定事实和适用法律上是否正确进行全面审查，依法作出是否核准死刑的决定。

死刑复核程序的意义在于，有利于正确贯彻执行我国关于执行死刑的政策，即坚持少杀、慎杀，防止死刑滥用；有利于正确理解法律，统一执法尺度，防止地区之间宽严不一。

### 二、死刑立即执行的核准权和报请程序

（一）死刑立即执行案件的核准权

《刑事诉讼法》第235条规定，死刑由最高人民法院核准。这里的死刑是指死刑立即

执行。按照这一规定，死刑除依法由最高人民法院判决的以外，都应当报请最高人民法院核准。[①] 2005年10月26日，最高人民法院公布《人民法院第二个五年改革纲要（2004—2008）》，其中的第2条提出："落实有关法律的规定和中央关于司法体制改革的部署，由最高人民法院统一行使死刑核准权，并制定死刑复核程序的司法解释。"[②] 第十届全国人民代表大会常务委员会第二十四次会议通过了《关于修改〈中华人民共和国人民法院组织法〉的决定》，将《人民法院组织法》原第13条修改为第12条："死刑除依法由最高人民法院判决的以外，应当报请最高人民法院核准。"修改人民法院组织法的决定自2007年1月1日起施行。根据修改后的《人民法院组织法》第12条的规定，最高人民法院在2006年12月28日发出了《关于统一行使死刑案件核准权有关问题的决定》[③]，规定："自2007年1月1日起，最高人民法院根据全国人民代表大会常务委员会有关决定和人民法院组织法原第十三条的规定发布的关于授权高级人民法院和解放军军事法院核准部分死刑案件的通知，一律予以废止。""自2007年1月1日起，死刑除依法由最高人民法院判决的以外，各高级人民法院和解放军军事法院依法判决和裁定的，应当报请最高人民法院核准。"

### （二）死刑立即执行案件的报请复核

《刑事诉讼法》第236条规定："中级人民法院判处死刑的第一审案件，被告人不上诉的，应当由高级人民法院复核后，报请最高人民法院核准。高级人民法院不同意判处死刑的，可以提审或者发回重新审判。高级人民法院判处死刑的第一审案件被告人不上诉的，和判处死刑的第二审案件，都应当报请最高人民法院核准。"根据这一规定和《高法解释》第344条、《刑事诉讼法》第250条第2款，对判处死刑立即执行的案件，应当依照下列程序报请：

1. 中级人民法院判处死刑的第一审案件，被告人未上诉、人民检察院未抗诉的，在上诉、

---

① 但是，为了及时严惩严重危害公共安全和社会治安的罪大恶极的刑事犯罪分子，最高人民法院曾于1983年9月7日发出通知，根据修改后的《人民法院组织法》第13条的规定（该条于1983年9月2日由第六届全国人大常委会第二次会议进行了修改，修改后的内容是："死刑案件除由最高人民法院判决的以外，应当报请最高人民法院核准。杀人、强奸、抢劫、爆炸以及其他严重危害公共安全和社会治安判处死刑的案件的核准权，最高人民法院在必要的时候，得授权省、自治区、直辖市的高级人民法院行使"），授权各省、自治区、直辖市高级人民法院和解放军军事法院核准杀人、强奸、抢劫、爆炸等严重危害公共安全和社会治安犯罪死刑案件。但1996年修改的《刑事诉讼法》第199条和1997年修改的《刑法》第48条第2款都仍然规定死刑除依法由最高人民法院判决的以外，都应当报请最高人民法院核准。为了解决《刑事诉讼法》和《刑法》的规定与上述司法解释的协调问题，最高人民法院于1997年9月26日发出了《关于授权高级人民法院和解放军军事法院核准部分死刑案件的通知》，通知中指出："鉴于目前的治安形势以及及时打击严重刑事犯罪的需要，有必要将部分死刑案件的核准权继续授权由各高级人民法院、解放军军事法院行使，并进一步明确今后本院授权各省、自治区、直辖市高级人民法院、解放军军事法院核准死刑案件的范围。现通知如下：自1997年10月1日修订后的刑法正式实施之日起，除本院判处的死刑案件外，各地对刑法分则第一章规定的危害国家安全罪，第三章规定的破坏社会主义市场经济秩序罪，第八章规定的贪污贿赂罪判处死刑的案件，高级人民法院、解放军军事法院二审或复核同意后，仍应报本院核准。对刑法分则第二章、第四章、第五章、第六章（毒品犯罪除外）、第七章、第十章规定的犯罪，判处死刑的案件（本院判决的和涉外的除外）的核准权，本院依据《中华人民共和国人民法院组织法》第13条的规定，仍授权由各省、自治区、直辖市高级人民法院和解放军军事法院行使。"另外，关于毒品犯罪死刑立即执行判决的核准权，最高人民法院自1991年至1997年间分别以《通知》的形式授予云南、广东、广西、甘肃、四川和贵州高级人民法院对毒品犯罪判处死刑的案件（最高人民法院判决的和涉外的毒品犯罪死刑案件除外）核准权。根据以上规定，在2007年1月1日之前，死刑立即执行案件的核准权实际上是由最高人民法院和各高级人民法院共同行使，必须由最高人民法院判决或核准的死刑案件只包括《刑法》分则第一章规定的危害国家安全罪、第三章规定的破坏社会主义市场经济秩序罪、第八章规定的贪污贿赂罪以及第六章中的毒品犯罪，其他犯罪判处死刑的，各高级人民法院就有权核准。

② 《中华人民共和国最高人民法院公报》，2005（12），9页。

③ 法释〔2006〕12号，发布日期：2006-12-28，执行日期：2007-01-01。

抗诉期满后10日以内报请高级人民法院复核。高级人民法院同意判处死刑的，应当在作出裁定后10日内报请最高人民法院核准；不同意的，应当依照第二审程序提审或者发回重新审判。

2. 中级人民法院判处死刑的第一审案件，被告人上诉或者人民检察院抗诉，高级人民法院裁定维持的，应当在作出裁定后10日内报请最高人民法院核准。

3. 高级人民法院判处死刑的第一审案件，被告人未上诉、人民检察院未抗诉的，在上诉、抗诉期满后10日内报请最高人民法院核准。

4. 判处死刑缓期二年执行的罪犯，在死刑缓期执行期间，如果故意犯罪，查证属实，应当执行死刑的，由高级人民法院报请最高人民法院核准。

## 三、死刑缓期二年执行的核准权和报请程序

### （一）死刑缓期二年执行案件的死刑核准权

《刑事诉讼法》第237条规定："中级人民法院判处死刑缓期二年执行的案件，由高级人民法院核准。"根据这一规定，死刑缓期二年执行的核准权由高级人民法院行使。死刑缓期二年执行的案件也需要经过死刑复核程序，只是死刑复核权由高级人民法院而不是最高人民法院行使。也就是说，高级人民法院核准的死刑缓期二年执行的判决，以及高级人民法院作出的死刑缓期二年执行的判决没有提出上诉或者抗诉的，属于发生法律效力的判决和裁定，不需要报请最高人民法院核准。

### （二）死刑缓期二年执行案件的报请复核

死刑缓期二年执行不是一种独立的刑种，而是死刑的一种特殊执行方法，即对于应当判处死刑而又不是必须立即执行的罪犯，采取"判处死刑同时宣告缓期二年执行，实行劳动改造，以观后效"的处理方法。死缓这一刑罚方法为我国所独创，其目的在于贯彻惩办与宽大相结合的原则，坚持少杀、慎杀，以体现人道主义。被判处死缓的人大多在2年的缓刑期内因没有故意犯罪而被减刑，不再执行死刑；对于有故意犯罪的，仍将被执行死刑。

《刑事诉讼法》第237条规定表明，死刑缓期二年执行判决的核准权在高级人民法院，对于这类案件应当报请高级人民法院复核、核准，并应当按照以下情形分别办理：

1. 中级人民法院判处死刑缓期二年执行的第一审案件，被告人未上诉、人民检察院未抗诉的，应当报请高级人民法院核准。（《高法解释》第345条第1款）

2. 中级人民法院判处死刑缓期二年执行的案件，被告人提出上诉或者人民检察院提出抗诉的，高级人民法院经过第二审程序，同意判处死刑缓期二年执行的，作出维持原判并核准死刑缓期二年执行的裁定；不同意判处死刑缓期二年执行的，如果认为原判量刑过重，应当依法改判；如果认为事实不清、证据不足的，应当裁定发回重新审判。

3. 高级人民法院判处死刑缓期二年执行的一审案件，被告人不上诉、人民检察院不抗诉的，经过法定上诉、抗诉期后即发生法律效力。

无论是中级人民法院报请核准并经高级人民法院核准的死刑缓期二年执行的案件，还是高级人民法院判决的并过了法定上诉、抗诉期限的死刑缓期二年执行的案件，还是高级人民法院直接改判死刑缓期二年执行的案件，均是发生法律效力的判决和裁定。

## 四、报请复核的材料和复核的内容、方式

《刑事诉讼法》和《高法解释》规定了中级人民法院、高级人民法院和最高人民法院在对死

刑案件的报请复核、复核和对案件复核后的处理上应当遵循的程序。2007 年 3 月 9 日，最高人民法院、最高人民检察院、公安部、司法部联合发布了《死刑案件质量的意见》，对死刑复核程序进行了更为详细的规定。

（一）报送诉讼案卷材料和各种法律文书

《高法解释》第 346 条规定，报请复核死刑（死刑缓期二年执行）案件，应当一案一报。报送的材料应当包括报请复核的报告，第一、二审裁判文书，死刑（死刑缓期二年执行）案件综合报告各 5 份，以及全部案卷、证据。死刑案件综合报告，第一、二审裁判文书和审理报告应当附送电子文本。同案审理的案件，应当报送全案案卷、证据。

1. 报请复核的报告，应当载明案由、简要案情、审理过程及判决结果。

2. 死刑（死刑缓期二年执行）案件综合报告应当包括以下主要内容：（1）被告人、被害人的基本情况。被告人有前科或者曾受过行政处罚的，应当写明。（2）案件的由来和审理经过。案件曾经发回审判的，应当写明重新审判的原因、时间、案号等。（3）案件侦破情况。通过技术侦查措施抓获被告人、侦破案件，以及与自首、立功认定有关的情况，应当写明。（4）第一审审理情况。包括控辩双方意见，第一审认定的犯罪事实，合议庭和审判委员会意见。（5）第二审审理或者高级人民法院复核情况。包括上诉理由、检察机关意见，第二审审理或者高级人民法院复核认定的事实，证据采信情况及理由，控辩双方意见及采纳情况。（6）需要说明的问题。包括共同犯罪案件中另案处理的同案犯的定罪量刑情况，案件有无重大社会影响，以及当事人的反应等情况。（7）处理意见。写明合议庭和审判委员会的意见（《高法解释》第 347 条）。

（二）复核的审判组织和复核的原则

根据《刑事诉讼法》第 238 条的规定，最高人民法院复核死刑案件、高级人民法院复核死刑缓期二年执行的案件，应当由审判员 3 人组成合议庭进行。

死刑复核程序实行全面审查原则。复核死刑案件，应当对原审裁判的事实认定、法律适用和诉讼程序进行全面审查（《高法解释》第 348 条）。

（三）复核的内容和方式

最高人民法院和高级人民法院复核或者核准死刑（死刑缓期二年执行）案件，一般要进行提审被告人、审查核实案卷材料、制作审查报告和对案件作出处理决定等活动。

1. 提审被告人

高级人民法院复核死刑案件，应当讯问被告人。最高人民法院复核死刑案件，应当讯问被告人（《刑事诉讼法》第 240 条第 1 款；《高法解释》第 344 条第 2 款）。

由于被告人经过一审人民法院、二审人民法院的开庭审理，对原判认定的犯罪事实、适用法律及判处死刑（死刑缓期二年执行）是否正确，有了清楚的了解，在此基础上提审被告人，使其得到最后辩解的机会，对于查明案件真实情况，发现和纠正错判，切实保障被告人的辩解权利，均有极其重要的作用。因此，提审被告人是死刑复核程序中的重要环节。

2. 听取辩护人的意见

死刑案件复核期间，被告人委托的辩护人要求当面提出意见的，最高人民法院有关合议庭应当在办公场所听取辩护人的意见，并制作笔录附卷。辩护人提出书面意见的，应当附卷（《刑事诉讼法》第 240 条第 1 款；《高法解释》第 356 条）。

3. 最高人民检察院提出意见

在复核死刑案件过程中，最高人民检察院可以向最高人民法院提出意见的，最高人民法院应当审查，并将采纳情况及理由反馈最高人民检察院。最高人民法院应当将死刑复核结果通报最高人民检察院（《刑事诉讼法》第240条第2款；《高法解释》第357条、第358条）。

4. 审查核实案卷材料，即“阅卷”

阅卷是重要的复核方式，通过全面审查案卷，可以发现原判认定犯罪事实是否清楚，证据是否确实、充分，定性是否准确，法律手续是否完备，对被告人判处死刑（死刑缓期二年执行）是否正确，以便结合提审被告人对案件作出正确的处理。复核死刑（死刑缓期二年执行）案件，应当全面审查以下内容：（1）被告人的年龄，有无刑事责任能力，是否是正在怀孕的妇女；（2）原判认定的事实是否清楚，证据是否确实、充分；（3）犯罪情节、后果及危害程度；（4）原审判决适用法律是否正确，是否必须判处死刑，是否必须立即执行；（5）有无法定、酌定从重、从轻或者减轻处罚的情节；（6）诉讼程序是否合法；（7）其他应当审查的情况（《高法解释》第348条）。

5. 对证据进行调查核实

复核死刑案件，对证据有疑问的，应当对证据进行调查核实，必要时到案发现场调查。

共同犯罪案件中，部分被告人被判处死刑的，最高人民法院或者高级人民法院复核时，应当对全案进行审查，但不影响对其他被告人已经发生法律效力的判决、裁定的执行；发现对其他被告人已经发生法律效力的判决、裁定确有错误时，可以指令原审人民法院再审。

## 五、高级人民法院复核死缓案件的处理

《高法解释》第349条规定，高级人民法院对判处死刑缓期二年执行的案件进行复核后，根据案件情形分别作出裁判：

1. 原判认定事实和适用法律正确、量刑适当、诉讼程序合法的，应当裁定核准；

2. 原判认定的某一具体事实或者引用的法律条款等存在瑕疵，但判处被告人死刑缓期执行并无不当的，可以在纠正后作出核准的判决、裁定；

3. 原审判决认定事实正确，但适用法律有错误，或者量刑过重的，应当改判；

4. 原判事实不清、证据不足的，可以裁定不予核准，并撤销原判，发回重新审判，或者依法改判；

5. 复核期间出现新的影响定罪量刑的事实、证据的，可以裁定不予核准，并撤销原判，发回重新审判，或者通过庭外核实证据的方式审理后依法改判；

6. 发现第一审人民法院违反法律规定的诉讼程序，可能影响正确判决的，应当裁定撤销原判，发回第一审法院重新审判。

高级人民法院复核死刑缓期执行案件，不得加重被告人的刑罚。

高级人民法院复核后发回原审人民法院重新审判的案件，重新审判所作的判决、裁定，被告人可以提出上诉，人民检察院可以提出抗诉。

## 六、最高人民法院复核死刑立即执行案件的处理

《刑事诉讼法》第239条规定：“最高人民法院复核死刑案件，应当作出核准或者不核准死刑的裁定。对于不核准死刑的，最高人民法院可以发回重新审判或者予以改判。”《高法解释》

第350至354条对此作出了具体规定。

（一）核准的裁定、判决和不予核准的裁定

根据《高法解释》，具体处理分为以下几种情况：

1. 原判认定事实和适用法律正确、量刑适当、诉讼程序合法的，应当裁定核准。原判判处被告人死刑并无不当，但具体认定的某一事实或者引用的法律条款等存在瑕疵的，可以在纠正后作出核准死刑的判决或者裁定（《高法解释》第350条第1、2项）。

2. 最高人民法院复核后认为原判认定事实不清、证据不足的，或者复核期间出现新的影响定罪量刑的事实、证据的，裁定不予核准，并撤销原判，发回重新审判（《高法解释》第350条第3、4项）。

3. 最高人民法院复核后认为原判认定事实正确，但依法不应当判处死刑的，应当裁定不予核准，并撤销原判，发回重新审判（《高法解释》第350条第5项）。

4. 最高人民法院复核后认为原审人民法院违反法定诉讼程序，可能影响公正审判的，应当裁定不予核准，并撤销原判，发回重新审判（《高法解释》第350条第6项）。

5. 数罪并罚案件，一人有两罪以上被判处死刑，最高人民法院复核后，认为其中部分犯罪的死刑判决、裁定事实不清、证据不足的，应当对全案裁定不予核准，并撤销原判，发回重新审判；认为其中部分犯罪的死刑判决、裁定认定事实正确，但依法不应当判处死刑的，可以改判，并对其他应当判处死刑的犯罪作出核准死刑的判决（《高法解释》第351条）。

6. 一案中两名以上被告人被判处死刑，最高人民法院复核后，认为其中部分被告人的死刑判决、裁定事实不清、证据不足的，应当对全案裁定不予核准，并撤销原判，发回重新审判；认为其中部分被告人的死刑判决、裁定认定事实正确，但依法不应当判处死刑的，可以改判，并对其他应当判处死刑的被告人作出核准死刑的判决（《高法解释》第352条）。

（二）发回重审

对于发回重新审判，上述规定进行了具体详细的规定：

1. 最高人民法院裁定不予核准死刑的，根据案件具体情形可以发回第二审人民法院或者第一审人民法院重新审判。高级人民法院依照复核程序审理后报请最高人民法院核准死刑，最高人民法院裁定不予核准，发回高级人民法院重新审判的，高级人民法院可以依照第二审程序提审或者发回第一审人民法院重新审判（《高法解释》第352条第1款、第354条）。

2. 发回第二审人民法院重新审判的案件，第二审人民法院可以直接改判；必须通过开庭审理查清事实、核实证据的，或者必须通过开庭审理纠正原审程序违法的，应当开庭审理（《高法解释》第353条第2款）。

3. 发回第一审人民法院重新审判的案件，第一审人民法院应当开庭审理（《高法解释》第353条第2款）。

4. 因为以下四种情形发回重新审判的案件，原审人民法院应当另行组成合议庭进行审理：原判事实不清、证据不足；部分犯罪的死刑裁判事实不清、证据不足；部分被告人的死刑裁判事实不清、证据不足的；违反法定诉讼程序的。

以上核准死刑的裁定和改判的判决均为终审裁判，立即生效。

## 观点探讨

### 一、死刑复核程序中被告人和辩护人的参与

死刑复核程序作为审判程序[①]的一种，控辩双方应当都有权参与。

对于被告人的参与，《刑事诉讼法》第 240 条第 1 款规定，“最高人民法院复核死刑案件，应当讯问被告人”。《死刑案件质量的意见》第 42 条规定：“高级人民法院复核死刑案件，应当讯问被告人。”根据以上规定，死刑复核程序中应当讯问被告人，具体可以采用视频的方式。[②]

对于律师的参与，《刑事诉讼法》第 240 条第 1 款规定，“辩护律师提出要求的，应当听取辩护律师的意见”。2015 年 2 月 1 日起施行的最高人民法院《关于办理死刑复核案件听取辩护律师意见的办法》规定，辩护律师可以到最高人民法院办公场所查阅、摘抄、复制案卷材料。但依法不公开的材料不得查阅、摘抄、复制。辩护律师要求当面反映意见的，案件承办法官应当及时安排，一般由案件承办法官与书记员当面听取辩护律师意见，也可以由合议庭其他成员或者全体成员与书记员当面听取。当面听取辩护律师意见，应当在最高人民法院或者地方人民法院办公场进行。当面听取意见时，具备条件的人民法院应当指派工作人员全程录音、录像，其他在场人员不得自行录音、录像、拍照。有学者提出，根据《宪法》第 130 条“被告人有权获得辩护”的规定以及《刑事诉讼法》第 11 条“被告人有权获得辩护，人民法院有义务保证被告人获得辩护”的规定，律师应当更多地参与死刑复核程序，参与的方式包括：复核庭死刑案件审理的程序参与权、直接言词辩护权、不受次数限制的会见权、更加广泛的查阅、复制案卷材料权和取证权、意见未被采纳时获得法官的说明权等。[③]

### 二、死刑复核程序中检察机关的参与

2007 年 3 月发布的《死刑案件质量的意见》第 44 条规定：“人民检察院按照法律规定加强对办理死刑案件的法律监督。”第 34 条规定：“最高人民法院复核死刑案件，高级人民法院复核死刑缓期二年执行的案件，对于疑难、复杂的案件，合议庭认为难以作出决定的，应当提请院长决定提交审判委员会讨论决定。审判委员会讨论案件，同级人民检察院检察长、受检察长委托的副检察长均可列席会议。”检察机关对死刑复核程序的参与，除了体现在检察长列席审判委员会这个制度上[④]以外，《刑事诉讼法》第 240 条第 2 款规定，在复核死刑案件过程中，最高人民检察院可以向最高人民法院提出意见。最高人民法院应当将死刑复核结果通报最高人民检察院。

对于检察机关对死刑复核程序的监督应当采取的方式，学者们提出了比较详尽的建议。如果采用诉讼式开庭审理的，应当包含下列内容：调阅案件材料；会见被告人、辩护人，听取他

---

① 认为死刑复核活动是审判活动的一种形式，是特殊的审判程序的文章，如陈国庆，石献智．检察机关参与死刑复核程序的几个问题．人民检察，2006（11）．

② 陈卫东．关于完善死刑复核程序的几点意见．环球法律评论，2006（5）．

③ 魏昌东．死刑复核程序完善与辩护权保障机制研究．南京大学学报（哲学·人文科学·社会科学），2006（6）。主张辩护方参与的文章，还有如罗智勇．死刑复核应当以诉讼的方式进行．法学杂志，2006（4）．

④ 也有人反对检察长列席审判委员会制度，认为违反了控辩平等原则，如冀祥德．死刑复核程序的现代定位——以死刑的程序控制为视角．法律适用，2007（5）．

们的辩护意见；参加开庭复核并当庭发表意见，对开庭复核程序是否合法以及行为是否合法进行监督；开庭复核后出具书面意见，对本案的死刑适用问题发表意见，供人民法院死刑复核时参考。如果采用书面复核模式的，则应当包含下列内容：查阅案件材料；提出死刑适用问题意见书；参与人民法院提讯被告人的过程，也可以自行提讯被告人；监督人民法院在复核过程中是否有违反法律规定的行为。对于死刑复核中重大疑难案件，除做好上述死刑复核法律监督一般工作以外，还可以通过健全检察长列席审判委员会制度进一步进行有效监督。①

也有学者主张，最高人民检察院不必对每一个死刑案件都自始介入。检察机关监督死刑复核活动的方式，主要有以下三种：一是对违反诉讼程序的行为提出纠正意见；二是对确有错误的裁判依照法定程序提起抗诉；三是对贪赃枉法、徇私舞弊、滥用职权、玩忽职守行为进行立案侦查。②

① 上海市人民检察院第一分院课题组．检察机关监督死刑复核程序的制度构建．法学，2006（9）。主张检察机关具体参与案件死刑复核的观点，还有张智辉．死刑复核程序改革与检察机关的介入权．法律科学，2006（4）；钟松志，宋文国．检察机关如何参与死刑复核程序．人民检察，2006（11）．

② 陈国庆，石献智．检察机关参与死刑复核程序的几个问题．人民检察，2006（11）．

# 第二十三章
# 审判监督程序

## 案例导引

### 一、提起审判监督程序抗诉的检察院

被告人甲因故意杀人罪被某县人民法院判处有期徒刑 11 年。宣判后，甲提出了上诉，由某市中级人民法院进行第二审。中级人民法院二审后作出了驳回上诉、维持原判的裁定。之后，市人民检察院接到被害人家属的申诉，认为原判量刑过轻。经审查，市人民检察院认为原判确实有错误，应当依法提起审判监督程序进行重新审理。问：本案应当由哪一级人民检察院提出抗诉？向谁提出？

### 二、发现本院判决确有错误如何处理

被告人甲被某县人民法院以抢劫罪判处有期徒刑 15 年。宣判后甲没有提出上诉，但是在服刑 1 年后，甲以量刑过重为由提出申诉。申诉书转到原判法院后，经院长审查认为确实量刑不当。问：应当通过什么样的程序对这个错误予以纠正？

## 基本理论

## 第一节　审判监督程序的概念和意义

### 一、审判监督程序的概念

审判监督程序，又称再审程序，是指人民法院、人民检察院对已经发生法律效力的判决和裁定，发现在认定事实上或者适用法律上确有错误时，依法提出并由人民法院对案件重新进行审判的诉讼程序。

审判监督程序，是我国刑事审判程序的重要组成部分，但它并不是每个刑事案件都必须经过的程序。只有对于已经发生法律效力而又确有错误的判决、裁定，才能适用这一程序，因此，审判监督程序是刑事诉讼中的一项特殊程序。

在刑事诉讼中，审判监督程序与审判监督是两个不同的概念。审判监督的含义、内容和范围比审判监督程序广泛得多，它既包括国家权力机关、人民群众、人民检察院对审判工作进行

的监督，也包括人民法院系统内部上级法院对下级法院的审判工作进行的监督。仅就上级法院对下级法院的审判监督而言，其审判监督的任务，也并非仅仅通过审判监督程序来实现，它还包括了依照第二审程序审理案件，依照死刑复核程序复核、核准案件，以及通过司法解释、批复、总结审判工作经验教训等方式进行业务指导等。因此，审判监督程序只是审判监督的一个重要方面，即仅是为纠正已生效的错误裁判而提起的重新审判的特殊程序，是审判监督的一种法定形式。

审判监督程序与第二审程序以及死刑复核程序，尽管都是实现审判监督的法定程序，其目的和任务都是维护正确的判决和裁定，纠正错误的判决和裁定，但它们又各自具有不同的特点。

审判监督程序与第二审程序相比较，主要区别表现在：（1）审理的对象不同。审判监督程序的审理对象是判决、裁定已经发生法律效力，包括正在执行和已经执行完结的案件；第二审程序的审理对象则是判决、裁定尚未发生法律效力的案件。（2）提起的主体不同。有权提起审判监督程序的主体，依照法律规定，只能是最高人民法院、上级人民法院、本院的审判委员会以及最高人民检察院、上级人民检察院；而有权提起第二审程序的，则是依法享有上诉权的当事人及其法定代理人，经被告人同意的辩护人和近亲属，以及依法享有抗诉权的同级人民检察院。（3）提起的理由不同。对提起审判监督程序的理由，法律规定了严格的限制条件，即必须是有权提起审判监督程序的主体，经过严格审查，确认已经发生法律效力的裁判在认定事实、适用法律上或者在诉讼程序上确有错误，才能依照审判监督程序进行审理；对于第二审程序则没有上诉理由的任何限制，只要上诉权人依法提起上诉，无论何种理由以及理由是否充分，上一级人民法院都必须依照第二审程序进行审理。（4）提起的期限不同。对提起审判监督程序，法律并没有期限限制，只是在发现新罪或者无罪改判为有罪时，应在刑法规定的追诉时效期限内提起；而第二审程序的上诉、抗诉，则必须在法律规定的期限内提起，如果逾期提出上诉、抗诉又无正当理由的，第二审人民法院不予受理。（5）审理案件的法院不同。按照审判监督程序审理案件的法院，既可以是原审人民法院、上级法院指令的原审法院以外的下级法院，也可以是任何上级人民法院；但依第二审程序审理案件的法院，则只能是第一审人民法院的上一级人民法院。（6）审理的结果能否加重刑罚不同。按照审判监督程序重新审理案件，根据案件的具体情况，依照法律规定，既可以加重被告人的刑罚，也可以减轻被告人的刑罚；按照第二审程序审理案件，则必须严格遵守“上诉不加刑”原则，对于只有被告人一方提出上诉的案件，第二审人民法院在改判时，不得加重被告人的刑罚。

审判监督程序与死刑复核程序相比，不同点主要表现在：（1）适用的案件范围不同。死刑复核程序只能适用于判决、裁定尚未生效的判处死刑的案件；审判监督程序适用的案件范围则包括了判决、裁定已经发生法律效力并且认为确有错误的，其中包括已生效的死刑裁判在内的一切刑事案件。（2）提起和报请的主体不同。死刑复核程序是判处死刑的第一审或第二审人民法院主动将案件报请有核准权的人民法院引起的；审判监督程序则只能由有权提起的机关提起，并以生效的裁判确有错误为前提。（3）有权审理的法院不同。有权依照死刑复核程序对案件进行复核的法院只能是复核死刑的最高人民法院和复核死缓的高级人民法院；而有权依照审判监督程序重新审判案件的法院则包括各级人民法院。

## 二、审判监督程序的意义

判决和裁定是人民法院代表国家行使审判权，根据事实和法律作出的关于解决案件的结论，一旦发生法律效力，就具有稳定性、权威性和排他性，不能任意变更或者撤销。但是，由于刑事案件的复杂性和司法人员主观因素的影响，已经生效的裁判也有可能存在着错误。因此，依照审判监督程序撤销或者变更已经发生法律效力的错误的判决、裁定，是实现实体正义的必要手段。

刑事审判监督程序，作为我国刑事审判程序的重要组成部分，对于实现我国刑事诉讼法的目的，完成刑事诉讼法的任务具有十分重要的意义。具体表现在：

1. 通过审判监督程序，依法纠正已经发生法律效力的错误的判决、裁定，有利于保证刑法的正确实施，同时也体现了我国“实事求是、有错必纠”的政策。

2. 通过审判监督程序，有利于加强最高人民法院对地方各级人民法院，上级人民法院对下级人民法院以及人民检察院对人民法院审判工作的监督，及时发现审判工作中存在的问题，并从中总结经验教训，提高办案质量。

3. 通过审判监督程序，还可以充分发挥人民群众对审判工作的监督作用。我国刑事诉讼法规定，对于已经生效的裁判，当事人及其法定代理人、近亲属都可以提出申诉，为提起审判监督程序提供了广泛的材料来源，督促人民法院及时纠正错误判决、裁定，增强人民群众对国家司法机关的尊重和信赖。

## 第二节　申诉的审查和处理

### 一、申诉的概念

所谓申诉，是指当事人及其法定代理人、近亲属对已经发生法律效力的判决、裁定不服，向人民法院或者人民检察院提出重新审查和处理案件的一种诉讼请求。申诉作为提起审判监督程序的材料来源，在司法实践中占有很大比重，是提起审判监督程序的材料来源中最经常和最主要的方面，也是司法机关发现错误裁判的一个重要途径。当事人及其法定代理人、近亲属的申诉，既可以向人民法院提出，也可以向人民检察院提出。

申诉是国家法律赋予当事人及其法定代理人、近亲属的一项重要的诉讼权利，不同于上诉。首先，上诉必然引起二审程序；但申诉权仅是提起审判监督程序的重要材料来源，必须由司法机关对申诉材料进行审查，确认生效裁判确有错误，并符合法律规定的重新审判的条件时，才能启动审判监督程序。其次，上诉的提起，必然阻止一审判决、裁定发生法律效力；但申诉则不相同，刑事诉讼法明确规定，申诉的提出不能停止判决、裁定的执行。再次，有权提出的主体不同。被告人、自诉人和他们的法定代理人，被告人的辩护人和近亲属经被告人同意，附带民事诉讼当事人和他们的法定代理人对附带民事诉讼部分，有权提出上诉。而有权提出申诉的人则包括当事人及其法定代理人、近亲属，比上诉人的范围要广泛。最后，上诉有法定期限限制，针对判决的上诉期限是10日，针对裁定的上诉期限是5日；而申诉则没有严格的期限限制。

### 二、申诉的理由

根据刑事诉讼法的规定，提起审判监督程序的先决条件是发生法律效力的判决、裁定确有错误。由于当事人及其法定代理人、近亲属与案件的结果有直接的利害关系，这就决定了他们提出的申诉可能正确，也可能不正确。因此，为了充分保障当事人等的申诉权，使司法机关能够统一理解、掌握和执行“确有错误”的标准，确保合法的申诉能够引起重新审判的结果，《刑事诉讼法》第 242 条对申诉的理由做了明确规定。人民法院受理申诉材料后，应当认真进行审查，对于符合以下法定申诉理由之一的，应当按照审判监督程序重新审判：（1）有新的证据证明原判决、裁定认定的事实确有错误的。（2）据以定罪量刑的证据不确实、不充分、依法应当予以排除，或者证明案件事实的主要证据之间存在矛盾的。（3）原判决、裁定适用法律确有错误的。（4）违反法律规定的诉讼程序，可能影响公正审判的。（5）审判人员在审理该案件的时候，有贪污受贿、徇私舞弊、枉法裁判行为的。

最高人民法院的司法解释对此进行了更为具体的规定，增加了主要事实依据被依法变更或者撤销的情形，并把“适用法律错误”具体为认定罪名错误的、量刑明显不当的、违反法律关于溯及力规定的（《高法解释》第 375 条）。

## 三、向人民法院提出申诉的程序

### （一）申诉的提出

《高法解释》第 372 条规定，申诉人向人民法院申诉，应当提交以下材料：

1. 申诉状，应当写明当事人的基本情况、联系方式以及申诉的事实与理由；

2. 原一、二审判决书、裁定书等法律文书，经过人民法院复查或再审的，应当附有驳回通知书、再审决定书、再审判决书或裁定书；

3. 以有新的证据证明原裁判认定的事实确有错误为由提出申诉的，应当同时附有相关证据材料；申请人民法院调查取证的，应当附有相关线索或者材料。

申诉不符合上述规定的，人民法院应当告知申诉人补充材料；申诉人对必要材料拒绝补充且无正当理由的不予审查。

案外人认为已经发生法律效力的判决、裁定侵害其合法权益，提出申诉的，人民法院应当审查处理（《高法解释》第 371 条第 2 款）。

### （二）申诉的受理

各级人民法院对当事人及其法定代理人、近亲属对已经发生法律效力的判决、裁定提出的申诉，应当进行登记并认真审查处理。人民法院经审查，对不符合《刑事诉讼法》第 242 条规定的申诉，按来信、来访处理。

申诉由终审人民法院审查处理。直接向上级人民法院申诉的，如果未经终审人民法院审查处理，上级人民法院可以告知申诉人向终审人民法院提出申诉，或者直接交终审人民法院审查，并告知申诉人；案件疑难、复杂、重大的，上级人民法院也可以直接审查处理（《高法解释》第 373 条）。

### （三）交一审法院或者原审法院审查的情形

第二审人民法院裁定准许撤回上诉的案件，申诉人对第一审判决提出申诉的，可以由第一审人民法院审查处理（《高法解释》第 373 条）。

对死刑案件的申诉，可以由原核准的人民法院直接处理，也可以交由原审人民法院审查。原审人民法院应当写出审查报告，提出处理意见，层报原核准的人民法院审查处理（《高法解释》第 374 条）。

### （四）申诉审查的期限

人民法院对立案审查的申诉案件，应当在 3 个月内作出决定，至迟不得超过 6 个月（《高法解释》第 375 条）。

### （五）审查后的处理

1. 初次申诉审查后的处理

经审查，认为有《刑事诉讼法》第 242 条规定的情形之一的，由院长提请审判委员会决定重新审判；对不符合《刑事诉讼法》第 242 条规定的申诉，应当说服申诉人撤回申诉；对仍然坚持申诉的，应当书面通知驳回（《高法解释》第 375 条）。

2. 不服驳回申诉而向上一级人民法院提出申诉审查后的处理

申诉人对驳回申诉不服的，可以向上一级人民法院申诉。上一级人民法院经审查认为申诉不符合《刑事诉讼法》第 242 条规定的，应当说服申诉人撤回申诉；对仍然坚持申诉的，应当驳回或者通知不予重新审判（《高法解释》第 377 条）。

## 四、向人民检察院提出申诉的程序

当事人及其法定代理人、近亲属对已经发生法律效力的判决、裁定，认为有错误向人民检察院申诉的，由作出生效判决、裁定的人民法院的同级人民检察院刑事申诉检察部门依法办理。不服人民法院死刑终审判决、裁定尚未执行的申诉，由监所检察部门办理（《高检规则》第 593 条）。

对不服人民法院已经发生法律效力的刑事判决、裁定的申诉，经两级人民检察院办理且省级人民检察院已经复查的，如果没有新的事实、证据和理由，不再立案复查，但是原审被告人可能被宣告无罪或者判决、裁定有其他重大错误可能的除外（《人民检察院复查刑事申诉案件规定》第 20 条第 2 款）。

# 第三节　提起审判监督程序的主体和理由

## 一、提起审判监督程序的主体

由于提起审判监督程序的案件，是判决、裁定已经发生法律效力且已交付执行或执行完毕的案件，为了保证人民法院裁判的稳定性和严肃性，并使确有错误的裁判能够实事求是地得以纠正，我国法律对有权提起审判监督程序的主体及其权限作了严格限制，根据《刑事诉讼法》第 243 条的规定，有权提起审判监督程序的机关、人员及其权限如下：

### （一）各级人民法院院长提交本院审判委员会决定

各级人民法院院长对本院已经发生法律效力的判决和裁定，如果发现在认定事实或者适用法律上确有错误，经提交审判委员会讨论决定再审的案件，应当另行组成合议庭进行再审（《高法解释》第 378 条）。

### （二）最高人民法院或者上级人民法院提审或者指令再审

最高人民法院对各级人民法院已经发生法律效力的判决、裁定，上级人民法院对下级人民法院已经发生法律效力的判决和裁定，如果发现确有错误，可以指令下级人民法院再审；对于原判决、裁定认定事实正确，但是在适用法律上有错误，或者案情疑难、复杂、重大的，或者有其他不宜由原审人民法院审理的情况的案件，也可以提审（《高法解释》第 379 条）。

上级人民法院指令下级人民法院再审的，应当指令原审人民法院以外的下级人民法院审理；由原审人民法院审理更为适宜的，也可以指令原审人民法院审理（《刑事诉讼法》第 244 条）。

所谓提审，是指上级人民法院在认为该案由原审人民法院审判不适宜时，将该案提调自行审判的一种诉讼活动。而指令下级人民法院再审，一般是指由原审人民法院以外的下级法院审理，由原审法院审理更有利于查明案件事实、纠正裁判错误的，可以由原审法院审理。提审和指令下级人民法院再审，是最高人民法院对各级人民法院，上级人民法院对其辖区内的下级人民法院已经生效的错误裁判行使审判监督职权、依法提起再审程序的两种重要方式。

（三）最高人民检察院或者上级人民检察院依审判监督程序提起的抗诉

最高人民检察院对各级人民法院已经发生法律效力的判决和裁定，上级人民检察院对下级人民法院已经发生法律效力的判决和裁定，如果发现确有错误，有权按照审判监督程序向同级人民法院提出抗诉。人民检察院依审判监督程序提起抗诉，是人民检察院行使法律监督权的重要体现。

对人民法院已经发生法律效力的判决、裁定需要提出抗诉的，由刑事申诉检察部门报请检察长或者检察委员会讨论决定。人民法院开庭审理时，由同级检察院刑事申诉检察部门派员出席法庭（《高检规则》第595条）。最高人民检察院发现各级人民法院已经发生法律效力的判决或者裁定，上级人民检察院发现下级人民法院已经发生法律效力的判决或者裁定确有错误时，可以直接向同级人民法院提出抗诉，或者指令作出生效判决、裁定人民法院的上一级人民检察院向同级人民法院提出抗诉（《高检规则》第597条）。人民检察院按照审判监督程序向人民法院提出抗诉的，应当将抗诉书副本报送上一级人民检察院（《高检规则》第598条）。

人民检察院对自诉案件的判决、裁定的监督，适用上面规定的程序（《高检规则》第601条）。

## 二、提起审判监督程序的理由

审判监督程序，只有具备了法定的正当理由才能提起。《刑事诉讼法》第243条对提起审判监督程序的理由作了原则性规定，即只有对各种再审材料进行认真审查后，发现已经发生法律效力的判决、裁定"在认定事实上或者在适用法律上确有错误"，才能提起审判监督程序。

《高检规则》第591条规定，已经发生法律效力的判决、裁定"确有错误"，主要指以下两种情况：

（一）在认定事实上确有错误

在认定事实上确有错误，主要是指原判决、裁定认定的案件主要事实或重大情节，包括定罪和量刑的主要事实或重大情节不清，或者与客观实际不符；案内据以定罪量刑的证据不确实、不充分，不足以证明主要犯罪事实或重大情节，或者证明案件事实的主要证据之间存在矛盾；据以定罪量刑的证据依法应当予以排除；原判决、裁定的主要事实依据被依法变更或者撤销；发现新的事实或证据，足以证明原判决、裁定认定的事实确有错误。

（二）在适用法律上确有错误

在适用法律上确有错误，既包括适用实体法上的错误，也包括审判程序违法。实体法错误，是指认定罪名错误且明显影响量刑的；违反法律关于追诉时效期限的规定的；量刑明显不当的；等等。审判程序违法，是指原审违反了法律规定的诉讼程序，影响公正审判的情形。另外，审判人员在审理案件时有贪污受贿、徇私舞弊、枉法裁判行为的，也是抗诉的理由。

## 第四节 依照审判监督程序对案件的重新审判

### 一、按照审判监督程序重新审判的一般规定

人民法院依照审判监督程序进行再审，应当坚持实事求是、有错必纠的原则，应当就原判决、裁定认定事实和适用法律的情况进行全面审查，做到全错全改、部分错部分改、不错不改，从而保证再审案件的质量。

（一）对人民检察院抗诉的处理

人民检察院按照审判监督程序提出抗诉的效力与申诉权人的申诉不同，能够直接引起审判监督程序，人民法院必须再审。《刑事诉讼法》第243条第4款规定："人民检察院抗诉的案件，接受抗诉的人民法院应当组成合议庭重新审理，对于原判决事实不清楚或者证据不足的，可以指令下级人民法院再审。"最高人民检察院对各级人民法院已经发生法律效力的判决和裁定，上级人民检察院对下级人民法院已经发生法律效力的判决和裁定，如果发现确有错误，按照审判监督程序向同级人民法院提出抗诉的案件，接受抗诉的人民法院应当组成合议庭重新审理；对于原判决事实不清、证据不足，包括有新的证据证明原判可能有错误，需要指令下级人民法院再审的，应当在立案之日起1个月内作出决定，并将指令再审的决定书送达抗诉的人民检察院（《高法解释》第381条）。也就是说，对于人民检察院提出抗诉的，原则上必须由接受抗诉的人民法院组成合议庭重新审理，只有在原判决事实不清或者证据不足的情况下，才可以指令下级人民法院再审。

人民法院在收到人民检察院按照审判监督程序提出抗诉的刑事抗诉书后，应当在1个月内立案。经审查，具有下列情形之一的，应当决定退回人民检察院：(1) 不属于本院管辖的；(2) 按照抗诉书提供的住址无法向被提出抗诉的原审被告人送达抗诉书，法院通知人民检察院在3日内重新提供原审被告人的住址，逾期未提供的；(3) 以有新证据为由提出抗诉，但未附相关证据材料或者有关证据不是指向原起诉事实的，法院通知人民检察院在3日内补送相关材料，逾期未补送的（《高法解释》第380条）。

（二）作出重新审判的决定并组成合议庭

人民法院决定按照审判监督程序重新审判的案件，除人民检察院提起抗诉的外，应当制作再审决定书。人民法院按照审判监督程序审判的案件，可以决定中止原判决、裁定的执行（《刑事诉讼法》第246条第2款；《高法解释》第382条）。

再审的法院，既可以是原来的第一审人民法院或者第二审人民法院，也可以是任何上级人民法院。再审时，由原审人民法院审理的，必须另行组成合议庭，不得由原合议庭审判人员审理，以避免先入为主，影响案件的公正处理。因而，参与过本案第一审、第二审、复核程序审判的合议庭组成人员，不得参与本案的再审程序的审判（《高法解释》第384条）。

（三）重新审判中的全面审查原则

人民法院依照审判监督程序重新审判的案件，应当重点针对申诉、抗诉和决定再审的理由进行审理。必要时，应当对原判决、裁定认定的事实、证据和适用法律进行全面审查（《高法解释》第383条）。

（四）重新审判应当适用的程序

人民法院按照审判监督程序重新审判的案件，如果原来是第一审案件，应当依照第一审程

序进行审判，所作的判决、裁定，可以上诉、抗诉；如果原来是第二审案件，或者是上级人民法院提审的案件，应当依照第二审程序进行审判，所作的判决、裁定，是终审的判决、裁定（《刑事诉讼法》第245条；《高法解释》第384条）。

## 二、再审开庭审理

《高法解释》《高检规则》规定了再审开庭审理的具体程序。

### （一）开庭审理的范围

1. 人民法院审理下列再审案件，应当依法开庭审理：（1）依照第一审程序审理的；（2）依照第二审程序需要对事实或者证据进行审理的；（3）依照第二审程序审理的死刑案件和抗诉案件；（4）有其他应当开庭审理情形的。

2. 原审被告人（原审上诉人）、原审自诉人已经死亡或者丧失行为能力的，可以不开庭审理（《高法解释》第384条第3款）。

### （二）人民检察院派员出席再审法庭

人民法院开庭审理的再审案件，同级人民检察院应当派员出席法庭（《刑事诉讼法》第245条第2款；《高检规则》第481条）。人民检察院派员出席再审法庭，应当与人民法院的审级相适应。

人民检察院对于人民法院按照审判监督程序重新审判的案件，应当对原判决、裁定认定的事实、证据和适用法律进行全面审查，重点审查有争议的案件事实、证据和法律适用问题（《高检规则》第482条）。

人民检察院派员出席再审法庭，如果再审案件按照第一审程序审理，参照第一审程序的有关规定执行；如果再审案件按照第二审程序审理，参照第二审程序的有关规定执行（《高检规则》第483条）。

### （三）开庭审理前的预备工作

1. 开庭审理前的准备

人民法院在开庭审理前，应当进行下列工作：（1）确定合议庭的组成人员；（2）将再审决定书、申诉书副本送达同级人民检察院并通知其查阅案卷和准备出庭；（3）将再审决定书或抗诉书副本送达原审被告人（原审上诉人）告知其可以委托辩护人，或者依法通知法律援助机构为其指派承担法律援助义务的律师担任辩护人；（4）通知辩护人查阅案卷和准备出庭；（5）将开庭的时间、地点在开庭前通知人民检察院；（6）传唤当事人，通知辩护人、诉讼代理人、证人、鉴定人和翻译人员；（7）公开审判的案件，先期公布案由、原审被告人（原审上诉人）姓名、开庭时间和地点。

2. 再审中强制措施的适用

人民法院决定再审的案件，需要对被告人采取强制措施的，由人民法院依法决定（《刑事诉讼法》第246条第1款）。原审被告人正在服刑的，人民法院依据再审决定书或者抗诉书及提押票等文书办理提押；原审被告人在押，再审可能改判宣告无罪，或者可能经再审减轻原判刑罚而致刑期届满的，人民法院可以裁定中止执行原判决、裁定的执行，必要时可以取保候审、监视居住（《高法解释》第382条）。

人民检察院提出控诉的再审案件，需要对被告人采取强制措施的，由人民检察院依法决定（《刑法诉讼法》第246条第1款）。

3. 同案被告人在特定情况下可以不出庭

人民法院审理共同犯罪再审案件，如果人民法院再审决定书或者人民检察院抗诉书只对部分同案原审被告人（同案原审上诉人）提起再审，其他未涉及的同案原审被告人（同案原审上诉人）不出庭不影响案件审理的，可以不出庭参加诉讼（《高法解释》第 385 条）。

（四）法庭审判的具体程序

1. 开庭审理的步骤

开庭审理的再审案件，系人民法院决定再审的，由合议庭组成人员宣读再审决定书；系人民检察院抗诉的，由检察人员宣读抗诉书；系申诉人申诉的，由申诉人或者其辩护人、诉讼代理人陈述申诉理由（《高法解释》第 388 条）。

2. 撤回抗诉的处理

人民法院审理人民检察院抗诉的再审案件，人民检察院在开庭审理前撤回抗诉的，应当裁定准许；人民检察院接到出庭通知后不派员出庭，且未说明原因的，可以裁定按撤回抗诉处理，并通知诉讼参与人（《高法解释》第 387 条第 1 款）。

3. 撤回申诉的处理

人民法院审理申诉人申诉的再审案件，申诉人在再审期间撤回申诉的，应当裁定准许；申诉人经依法通知无正当理由拒不到庭，或者未经法庭许可中途退庭的，应当裁定按撤回申诉处理，但申诉人不是原审当事人的除外（《高法解释》第 387 条第 2 款）

4. 国家赔偿权利的告知

对再审改判宣告无罪并依法享有申请国家赔偿权利的当事人，人民法院宣判时，应当告知其该判决发生法律效力后可以依法申请国家赔偿（《高法解释》第 391 条）。

（五）再审加刑的限制

《高法解释》第 386 条规定了依照审判监督程序加刑的限制：

1. 除人民检察院抗诉的以外，再审一般不得加重原审被告人（原审上诉人）的刑罚。

2. 再审决定书或者抗诉书只针对部分原审被告人的，不得加重其他同案原审被告人（同案原审上诉人）的刑罚。

## 三、重新审判的期限

《刑事诉讼法》第 247 条规定："人民法院按照审判监督程序重新审判的案件，应当在作出提审、再审决定之日起三个月以内审结，需要延长期限的，不得超过六个月。接受抗诉的人民法院按照审判监督程序审判抗诉的案件，审理期限适用前款规定；对需要指令下级人民法院再审的，应当自接受抗诉之日起一个月以内作出决定，下级人民法院审理案件的期限适用前款规定。"

## 四、重新审判后的结果

根据《高法解释》第 389 条的规定，人民法院按照审判监督程序对案件重新审理以后，应当按照下列情形分别处理：

1. 原判决、裁定认定事实和适用法律正确、量刑适当的，应当裁定驳回申诉或者抗诉，维持原判决、裁定。

2. 原判决、裁定定罪准确、量刑适当，但在认定事实、适用法律等方面有瑕疵的，应当裁定纠正并维持原判决、裁定。

3. 原判决、裁定认定事实没有错误，但适用法律有错误，或者量刑不当的，应当撤销原判决、裁定，依法改判。

4. 依照第二审程序审理的案件，原判决、裁定认定事实不清或者证据不足的，可以在查清事实后改判，也可以裁定撤销原判，发回原审人民法院重新审判。原判决、裁定认定事实不清或者证据不足，经审理事实已经查清的，应当根据查清的事实依法裁判；事实仍无法查清，证据不足，不能认定原审被告人有罪的，应当撤销原判决、裁定，判决宣告被告人无罪。

5. 原判决、裁定认定被告人姓名等身份信息有误，但认定事实和适用法律正确、量刑适当的，作出生效判决、裁定的人民法院可以通过裁定对有关信息予以更正（《高法解释》第 390 条）。

对按照审判监督程序提出抗诉的案件，人民检察院认为人民法院作出的判决、裁定仍然确有错误的，如果案件是依照第一审程序审判的，同级人民检察院应当向上一级人民法院提出抗诉；如果案件是依照第二审程序审判的，上一级人民检察院应当按照审判监督程序向同级人民法院提出抗诉（《高检规则》第 599 条）。

## 观点探讨

### 一、是否允许不利于被告人的再审

我国刑事诉讼法并没有确立禁止双重危险原则①，对有利于被判决人的再审和不利于被判决人的再审都是允许的。有学者主张，在我国，作为禁止双重危险规则的例外，不利于被判决人的再审理由应当有两种情况：一是严重犯罪，即后来发现的新证据证明原被判无罪的人确实实施了可能判处有期徒刑 10 年以上的犯罪。对非严重犯罪就不再启动再审了。二是因原程序受到“污染”而错判无罪的，如司法人员存在索贿受贿、徇私舞弊、枉法裁判行为，或者被判决人串通证人、鉴定人作伪证或者虚假鉴定的。②

也有学者主张，对于不利于被告人的再审，启动的理由应当仅限于事后发现原审过程中证据虚假或者裁判者在裁判过程中存在犯罪行为的情况，包括原裁判所依据的主要书证、物证被发现系伪造、变造的；原审案件的主要证人、鉴定人有严重的作伪证行为的；原审法官、陪审员在审理案件时，有贪污受贿、徇私舞弊、枉法裁判或者其他职务上犯罪行为的。③

### 二、法院是否应当是启动再审的主体

根据我国现行法律的规定，作出生效判决的法院以及上级人民法院都有权提起审判监督程

① 禁止双重危险（double jeopardy）是英美法的一项原则，即在同一司法主权范围内，针对同一事实不能两次进行追诉。

② 陈光中，郑未媚．论我国刑事审判监督程序之改革．中国法学，2005（2）。主张不利于被判决人的再审限于 10 年以上徒刑严重犯罪的，还有如沈德咏，江显和．刑事再审制度改革的理性思考——以一事不再理原则为视角．人民司法，2006（5）．

③ 于静．谈刑事再审启动程序改革．人民司法，2006（8）．

序。有学者认为，法院不能作为再审程序的启动者。理由是，首先，法院启动再审程序违背了控审分离的诉讼原则，法院不能在再审程序中既作为控诉方，以“确有错误”为根据启动再审程序，又作为裁判者居中对自己提出的诉讼请求进行裁判或者发回原审法院重新审理。其次，法院启动再审程序违背审判中立的基本原则，如果赋予法院再审程序启动权，必然形成法院自控自审的局面，违背了其中立地位。最后，“有错必纠”和“法院内部上对下的审判监督”不能成为法院启动再审程序的根据，法院只有在控方启动程序后才能通过审判实现“有错必纠”的功能。①

也有学者反对废除法院主动启动刑事再审的规定，认为这有悖于我国的文化传统，不利于高效地实现公正；法院主动启动刑事再审纠错，应当视为一审、二审之诉效力的延伸与补救。②

① 向禹，华肖．刑事审判监督的制度缺陷与完善．法学，2006（8）。主张法院不应当主动启动再审的文章，还有如邓思清，蔡巍．论我国刑事再审启动程序的缺陷及其完善．人民检察，2004（9）；向泽选．刑事再审程序启动权的归属．人民检察，2005（20）；孙洪坤．我国刑事再审程序之批判与重构．法学杂志，2004（6）．

② 杨柳青．不宜废除法院主动启动刑事再审．山东科技大学学报（社会科学版），2003（4）．

# 第二十四章 执　行

## 案例导引

### 一、一审判决无罪的是否应当立即释放

甲被指控犯有盗窃罪，先由公安机关拘留，后经人民检察院批准逮捕。4个月后，人民检察院将甲盗窃一案起诉到人民法院。第一审人民法院经审理，作出了被告人无罪的判决。人民检察院表示要对无罪判决提出抗诉。问：本案中是应当立即释放甲，还是等二审判决、裁定作出后再决定是否释放？

### 二、生活不能自理的罪犯能否暂予监外执行

罪犯甲因强奸幼女被判处有期徒刑10年，在判决交付执行的时候甲已经65岁，执行5年后，甲已经丧失了劳动能力，而且日常生活需要人照顾，上厕所都需要人搀扶，需要别人为其打水、打饭。问：对甲能否暂予监外执行？

### 三、死刑立即执行前是否必须通知家属

甲因集资诈骗罪被湖南省长沙市中级人民法院判处死刑立即执行。经最高人民法院核准，长沙市中级人民法院于2013年7月12日对其执行死刑。在验明正身时，甲表示不申请会见家属，于是审判人员在未安排其会见家属的情况下交付执行了死刑。问：在死刑犯未申请会见家属的情况下，法院是否仍应通知其家属？死刑犯家属是否可以在罪犯未申请时，单方提出会见申请？

## 基本理论

## 第一节　执行的概念和意义

### 一、执行的概念

刑事诉讼中的执行，是指人民法院将已经发生法律效力的判决和裁定交付执行机关，以实施其确定的内容，以及处理执行中的诉讼问题而进行的各种活动。

判决和裁定在发生法律效力后予以执行（《刑事诉讼法》第 248 条第 1 款）。这是由刑事诉讼的任务及生效判决和裁定的特点决定的。判决和裁定发生法律效力后，一般具有三个特点：

1. 稳定性。生效判决和裁定的稳定性，是由法律的严肃性所决定的。凡是已经生效的刑事判决和裁定，任何其他机关、团体和个人，都无权随意变更或撤销。如果发现它在认定事实上或适用法律上确有错误，只能按照审判监督程序，由人民法院加以变更或撤销。

2. 排他性。所谓排他性，就是对于一起案件，只能作出一个有效的判决。这个有效判决没有依法定程序被撤销以前，不能作出其他的判决。不仅如此，由于判决和裁定是人民法院代表国家对诉讼案件所作的评判，是具有最高权威的处理决定，所以不允许与它相矛盾的其他处理决定与它并存。

3. 强制性。所谓强制性，是指已经生效的判决和裁定，必须按照判决和裁定所确定的内容严格加以执行。对当事人来说，不管他同意还是不同意，都必须执行。如果抗拒执行，将被依法追究法律责任。生效判决和裁定的强制性，是由国家法律的严肃性所决定的。

执行是刑事诉讼的最后一个诉讼程序，但是，并非判决、裁定的整个执行过程和一切活动都属于刑事诉讼的范围。刑事执行中，属于刑事诉讼范畴的，仅指两个方面：一是把人民法院已经发生法律效力的判决和裁定交付执行；二是解决执行过程中所发生的诉讼问题。简言之，就是交付执行和变更执行。交付执行是指人民法院将已发生法律效力的判决和裁定，交付有关刑罚执行机关的活动，如将徒刑的判决交付监狱等国家刑罚执行机关，或者是人民法院自己实现生效判决和裁定的内容的活动，如自己实现判处罚金、没收财产的判决。变更执行是指判决和裁定在执行过程中，由于出现了法定情形，人民法院依法将原判决、裁定予以变更的活动，如对罪犯实施减刑、假释、监外执行等。其他执行活动则属于司法行政活动，如狱政管理、对罪犯的教育改造等。

## 二、执行的依据和机关

### （一）执行的依据

人民法院发生法律效力的判决和裁定，是执行机关对罪犯实施惩罚和改造的法律依据。根据我国《刑事诉讼法》第 248 条的规定，人民法院发生法律效力的刑事判决和裁定，包括以下几种：

1. 已过法定期限没有上诉、抗诉的判决和裁定。即地方各级人民法院作出的上诉期满而没有上诉或抗诉的第一审判决和裁定。

2. 终审的判决和裁定。即中级、高级人民法院第二审案件的判决和裁定，最高人民法院第一审和第二审案件的判决和裁定。刑事终审判决和裁定，自宣告之日起发生法律效力（最高人民法院《关于刑事案件终审判决和裁定何时发生法律效力问题的批复》）。

3. 高级人民法院核准的死刑缓期二年执行的判决、裁定。

4. 最高人民法院核准的死刑判决和裁定、在法定刑以下判处刑罚的判决和裁定和适用特殊情况假释的裁定。

### （二）执行的机关

生效判决和裁定因内容不同，执行机关也不相同。

《刑事诉讼法》第 249 条、第 251 条、第 260 条和第 261 条规定，死刑、罚金和没收财产的判决和裁定，以及无罪或免除刑罚的判决，均由人民法院自己执行。

《刑事诉讼法》第253条规定，对于被判处死刑缓期二年执行、无期徒刑、有期徒刑的罪犯，由公安机关送交监狱执行刑罚。对于被判处有期徒刑的罪犯，在被交付执行刑罚前，剩余刑期在3个月以下的，由看守所代为执行。对于被判处拘役的罪犯，由公安机关执行。

《刑事诉讼法》第258条规定，对被判处管制、宣告缓刑、假释或者暂予监外执行的罪犯，依法实行社区矫正，由社区矫正机构负责执行。第259条规定，对被判处剥夺政治权利的罪犯，由公安机关执行。

在交付有关部门执行时，人民法院应当按照案件的性质和刑罚的不同，把判决或裁定交付法律所规定的有关部门执行。

### 三、执行的意义

判决和裁定的执行，是刑事诉讼的最后一个阶段。在这一阶段中，人民法院和执行机关采取法定措施，将判决和裁定中所宣告的刑罚和其他决定付诸实施。因此，执行在整个刑事诉讼过程中占有重要的地位，其意义是：

1. 准确、及时、迅速地执行判决和裁定，可以使被判处刑罚的犯罪分子受到应得的法律制裁。这不仅打击了他们的犯罪活动，保护了国家和人民的利益，同时对被判处刑罚的犯罪分子本人，通过惩罚和教育进行改造，使其改恶从善，重新做人。

2. 准确、及时地执行判决和裁定，不仅可以使被判处刑罚的犯罪分子受到应得的法律制裁，而且可以使无罪和被免除刑事处罚的在押被告人得到立即释放。特别是对依照法律被认定为无罪的被告人，可以使其名誉得到恢复，合法利益得到保护。

3. 通过正确地执行判决和裁定，可以教育公民遵守法律，发挥刑罚的预防作用。

## 第二节　各种判决、裁定的执行程序

### 一、死刑立即执行判决的执行

死刑是依法剥夺犯罪分子生命的刑罚，是刑罚中最严厉的刑种。为了防止错杀，《刑事诉讼法》第250条、第251条和第252条以及《高法解释》在死刑执行程序上作了严格而周密的规定。

#### （一）死刑执行命令

最高人民法院判处和核准的死刑立即执行的判决、裁定，应当由最高人民法院院长签发执行死刑命令（《刑事诉讼法》第250条第1款）。

最高人民法院的执行死刑命令，由高级人民法院交付第一审人民法院执行，第一审人民法院接到死刑执行命令后，应当在7日内执行。在死刑缓期执行期间故意犯罪，最高法院核准执行死刑的，由罪犯服刑地的中级人民法院执行（《高法解释》第417条）。

#### （二）停止执行和暂停执行

《刑事诉讼法》第251条规定，下级人民法院接到最高人民法院执行死刑的命令后，发现有法定情形之一的，应当停止执行，并且立即报告最高人民法院，由最高人民法院裁定。《刑事诉讼法》第252条第4款规定，指挥执行的审判人员在执行前，如果发现可能有错误，应当暂停执行，报请最高人民法院裁定。

《高法解释》第 418 条至第 422 条规定了死刑的停止执行和暂停执行。停止执行既可以是下级人民法院发现后报最高人民法院，也可以是最高人民法院发现后通知下级人民法院。第一种途径，下级人民法院在接到最高人民法院执行死刑命令后、执行前，发现有停止执行死刑情形的，应当暂停执行死刑，并立即将请求停止执行死刑的报告及相关材料层报最高人民法院审批。第二种途径，最高人民法院在执行死刑命令签发后、执行前，发现有刑事诉讼法规定的停止执行死刑情形的，应当立即裁定停止执行死刑，并将有关材料移交下级人民法院。对于这两种情况的停止执行死刑，下级人民法院接到最高人民法院停止执行死刑的裁定后，应当会同有关部门调查核实停止执行死刑的事由，并及时将调查结果和意见层报最高人民法院审核。

1. 在执行前发现判决可能有错误的。“可能有错误”包括下列情形：（1）罪犯可能有其他犯罪的；（2）共同犯罪的其他犯罪嫌疑人到案，可能影响罪犯量刑的；（3）共同犯罪的其他罪犯被暂停或者停止执行死刑，可能影响罪犯量刑的；（4）判决、裁定可能有影响定罪量刑的其他错误的（《高法解释》第 418 条第 1 款第 1、2、3、6 项）。

2. 在执行前罪犯揭发重大犯罪事实或者有其他重大立功表现，可能需要改判的（《高法解释》第 418 条第 1 款第 4 项）。这一规定体现了法律鼓励被判处死刑的罪犯揭发其他犯罪、立功赎罪的精神。

3. 罪犯正在怀孕的（《高法解释》第 418 条第 1 款第 5 项）。在理解这一情形时需要注意两点：（1）无论是在关押期间，还是在法院审判的时候，对怀孕的妇女，都不应当为了要判处死刑，而对其进行人工流产；已经人工流产的，仍应视同怀孕的妇女，不适用死刑（最高人民法院《关于人民法院审判严重刑事犯罪案件中具体应用法律的若干问题的答复》）。（2）怀孕妇女因涉嫌犯罪在羁押期间自然流产后，又因同一事实被起诉、交付审判的，应当视为“审判的时候怀孕的妇女”，依法不适用死刑（最高人民法院《关于对怀孕妇女在羁押期间自然流产审判时是否可以适用死刑问题的批复》）。

对下级人民法院报送的请求停止执行死刑的报告，最高人民法院经审查，认为不影响罪犯定罪量刑的，应当决定继续执行死刑；认为可能影响罪犯定罪量刑的，应当裁定停止执行死刑。（《高法解释》第 418 条第 2 款）。

对于下级人民法院报送的停止执行死刑的调查结果和意见，由最高人民法院作出原核准死刑裁判的合议庭负责审查，必要时，另行组成合议庭进行审查（《高法解释》第 421 条）。

最高人民法院对停止执行死刑的案件，依照下列情形分别处理：（1）确认罪犯正在怀孕的，应当改判；（2）确认罪犯有其他犯罪，依法应当追诉的，应当裁定不予核准死刑，撤销原判，发回重新审判；（3）确认原裁判有错误，或者罪犯有重大立功表现需要改判的，应当裁定不予核准死刑，撤销原判，发回重新审判；（4）确认原裁判没有错误，或者罪犯没有重大立功表现，或者重大立功表现不影响原裁判执行的，应当裁定继续执行死刑，并由院长重新签发执行死刑的命令（《高法解释》第 422 条）。

（三）具体执行死刑的人员

1. 公安机关交付死刑罪犯

对被判处死刑的罪犯，公安机关应当依据人民法院执行死刑的命令，将罪犯交由人民法院执行（《公安规定》第 288 条）。

2. 人民检察院派员临场监督

第一审人民法院将罪犯交付执行死刑前，应当将核准死刑的裁判文书送同级人民检察院，并在交付执行 3 日以前通知同级人民检察院派员临场监督（《刑事诉讼法》第 252 条第 1 款；

《高法解释》第424条）。

临场监督执行死刑的检察人员在执行死刑前，发现有《刑事诉讼法》第251条规定的情形的，应当建议人民法院停止执行（《高检规则》第637条）。

3. 审判人员指挥执行

执行死刑前，指挥执行的审判人员对罪犯应当验明正身，询问有无遗言、信札，并制作笔录，然后交付执行人员执行死刑（《刑事诉讼法》第252条第4款；《高法解释》第426条第1款）。

4. 执行人员具体执行

执行死刑，应当由人民法院的司法警察执行（《人民法院司法警察条例》第7条第5项）。

5. 在场书记员制作笔录

执行死刑完毕，应当由法医验明罪犯确实死亡后，在场书记员制作笔录。负责执行的人民法院应当在执行死刑后15日内将执行死刑情况（包括执行死刑前后照片）上报最高人民法院（《刑事诉讼法》第252条第6款；《高法解释》第427条）。笔录应当记明执行的具体情况，包括执行死刑的时间、地点、方法、指挥执行的审判人员、临场监督的人民检察院检察人员、负责执行人员的姓名、执行死刑的具体情况等。

（四）死刑的执行方法和场所

1. 死刑的执行方法

死刑采用枪决或者注射等方法执行。采用枪决、注射以外的其他方法执行死刑的，应当事先层报最高人民法院批准（《刑事诉讼法》第252条第2款；《高法解释》第425条）。

"枪决"是用枪弹射击罪犯致其死亡的执行死刑的方法，是我国长期使用的一种行刑方法；"注射"是指通过注射致命性药物使罪犯死亡的执行方法，是1996年修正后的刑事诉讼法中新设立的一种行刑方法。用注射方法执行死刑，具有执行方便、痛苦小、死亡迅速等特点，是更为人道、先进、文明的执行死刑方法。

2. 死刑的执行地点

《刑事诉讼法》第252条第3款规定，死刑可以在刑场或者指定的羁押场所内执行。《高法解释》第425条第2款规定，采用注射方法执行死刑的，应当在指定的刑场或者羁押场所内执行。具体程序，依照有关规定。

所谓"刑场"是指传统意义上由执行机关设置的执行死刑的场所。刑场不得设在繁华地区、交通要道和旅游区附近。所谓"指定的羁押场所"是指人民法院指定的监狱或者看守所。

（五）执行死刑后的事项

《刑事诉讼法》第252条第7款规定，执行死刑后，交付执行的人民法院应当通知罪犯家属。《高法解释》第428条规定，执行死刑后，负责执行的人民法院应当办理以下事项：

1. 对于死刑罪犯的遗书、遗言笔录，应当及时审查，涉及财产继承、债务清偿、家事嘱托等内容的，将遗书、遗言笔录交给家属，同时复制存卷备查；涉及案件线索等问题的，应当抄送有关机关。

2. 通知罪犯家属在限期内领取罪犯骨灰；没有火化条件或者因民族、宗教等原因不宜火化的，通知领取尸体；过期不领取的，由人民法院通知有关单位处理，并要求有关单位出具处理情况的说明；对罪犯的骨灰或者尸体的处理情况，应当记录在卷。

3. 对外国籍罪犯执行死刑后，通知外国驻华使、领馆的程序和时限，依照有关规定办理。

（六）执行死刑中的其他规定

1. 第一审人民法院在执行死刑前，应当告知罪犯有权会见其近亲属。罪犯申请会见并提供具体联系方式的，人民法院应当通知其近亲属。罪犯近亲属申请会见的，人民法院应当准许，并及时安排会见（《高法解释》第423条）。

2. 执行死刑应当公布，禁止游街示众或者其他有辱被执行人人格的行为。禁止侮辱尸体（《刑事诉讼法》第252条第5款；《高法解释》第426条第2款）。

## 二、死刑缓期二年执行、无期徒刑、有期徒刑和拘役判决的执行

（一）罪犯的交付执行

1. 交付执行的法律文书

《刑事诉讼法》第253条第1款规定，对于被判处死刑缓期2年执行、无期徒刑、有期徒刑和拘役的罪犯，在“罪犯被交付执行刑罚的时候，应当由交付执行的人民法院在判决生效后十日以内将有关的法律文书送达公安机关、监狱或者其他执行机关”。《监狱法》第16条规定：“罪犯被交付执行刑罚时，交付执行的人民法院应当将人民检察院的起诉书副本、人民法院的判决书、执行通知书、结案登记表同时送达监狱。监狱没有收到上述文件的，不得收监；上述文件不齐全或者记载有误的，作出生效判决的人民法院应当及时补充齐全或者作出更正；对其中可能导致错误收监的，不予收监。”

对于判处死刑缓期执行、无期徒刑、有期徒刑、拘役的罪犯，交付执行的人民法院应当在判决、裁定生效后10日内，将判决书、裁定书、人民检察院的起诉书副本、自诉状复印件、人民法院的执行通知书、结案登记表及时送达看守所，由公安机关将罪犯交付执行（《高法解释》第429条）。

2. 收监执行

罪犯需要羁押执行刑罚，而判决、裁定生效前罪犯没有被羁押的，人民法院应当根据生效的判决书或者裁定书将罪犯送交看守所羁押，由公安机关交付执行（《高法解释》第429条第2款）。

3. 执行通知书回执

执行通知书回执经看守所盖章后，应当附卷备查（《高法解释》第431条）。

4. 公安机关交付执行

对被人民法院依法判处刑罚的犯罪，如果罪犯已被采取强制措施的，公安机关应当依据人民法院已经发生法律效力的判决书、裁定书、执行通知书，将罪犯交付执行（《公安规定》第287条第1款）。

公安机关接到人民法院判处死刑缓期2年执行、无期徒刑、有期徒刑的判决书、裁定书、执行通知书后，应当在1个月以内将罪犯送交监狱执行（《监狱法》第15条第1款；《公安规定》第289条第1款）。

（二）执行场所

死刑缓期二年执行、无期徒刑、有期徒刑、拘役虽然都属于限制人身自由的刑罚，但由于犯罪性质不同、刑种不同、刑期不同、犯罪人是否成年等不同，以上刑罚在执行方式、执行场所等方面都有所不同。根据《刑事诉讼法》第253条第2款、第3款的规定，这些刑罚的执行程序如下：

1. 对于被判处死刑缓期二年执行、无期徒刑、有期徒刑的罪犯，由公安机关依法将罪犯送交监狱执行刑罚。

2. 对于被判处有期徒刑的罪犯，在被交付执行刑罚前，剩余刑期在 3 个月以下的，由看守所代为执行（《刑事诉讼法》第 253 条第 2 款；《公安规定》第 290 条）。

3. 对未成年犯应当在未成年犯管教所执行刑罚。对未成年犯执行刑罚应当以教育改造为主。未成年犯的劳动，应当符合未成年人的特点，以学习文化和生产技能为主。监狱应当配合国家、社会、学校等教育机构，为未成年犯接受义务教育提供必要的条件。未成年犯年满 18 周岁时，剩余刑期不超过 2 年的，仍可以留在未成年犯管教所执行剩余刑期（《监狱法》第 74 条、第 75 条、第 76 条；《公安规定》第 289 条第 2 款）。

4. 对于被判处拘役的罪犯，公安机关收到人民法院的判决书、裁定书、执行通知书后，由看守所执行（《公安规定》第 290 条第 2 款）。

#### （三）执行中应当遵守的规定

1. 分押分管

监狱对成年男犯、女犯和未成年犯实行分开关押和管理，对未成年犯和女犯的改造，应当照顾其生理、心理特点。监狱根据罪犯的犯罪类型、刑罚种类、刑期、改造表现等情况，对罪犯实行分别关押，采取不同方式管理。女犯由女性人民警察直接管理（《监狱法》第 39 条、第 40 条）。

2. 收押后通知家属

罪犯收监后，监狱应当通知罪犯家属。通知书应当自收监之日起 5 日内发出（《刑事诉讼法》第 253 条第 4 款；《监狱法》第 20 条）。

3. 罪犯在服刑期间死亡的处理

罪犯在服刑期间死亡的，监狱应当立即通知罪犯家属和人民检察院、人民法院。罪犯因病死亡的，由监狱作出医疗鉴定。人民检察院对监狱的医疗鉴定有疑义的，可以重新对死亡原因作出鉴定。罪犯家属有疑义的，可以向人民检察院提出。罪犯非正常死亡的，人民检察院应当立即检验，对死亡原因作出鉴定（《监狱法》第 55 条）。

#### （四）有期徒刑、拘役刑罚执行完毕

判处有期徒刑、拘役的罪犯，执行期满，应当由执行机关发给释放证明书（《刑事诉讼法》第 253 条第 5 款）。

罪犯服刑期满，监狱应当按期释放并发给释放证明书（《监狱法》第 35 条）。对被判处有期徒刑由看守所代为执行和拘役的罪犯，执行期间如果没有再犯新罪，执行期满，看守所应当发给《刑满释放证明书》（《公安规定》第 292 条）。

### 三、管制、有期徒刑缓刑、拘役缓刑以及假释的执行

《刑事诉讼法》第 258 条规定："被判处管制、宣告缓刑、假释或者暂予监外执行的罪犯，依法实行社区矫正，由社区矫正机构负责执行。"

#### （一）管制、缓刑的交付执行

对被判处管制、宣告缓刑的罪犯，人民法院应当核实其居住地。宣判时，应当书面告知罪犯到居住地县级司法行政相关报到的期限和不按期报到的后果。判决、裁定生效后 10 日内，应当将判决书、裁定书、执行通知书等法律文书送达罪犯居住地的县级司法行政机关，同时抄送

罪犯居住地的县级人民检察院（《高法解释》第436条）。

对于被判处管制、宣告缓刑的罪犯，由社区矫正机构执行社区矫正。

（二）假释的交付执行

人民法院裁定假释的，监狱应当按期假释并发给假释证明书（《监狱法》第33条第1款）。对于被假释的罪犯，在假释考验期限内，由社区矫正机构执行社区矫正。

（三）对缓刑、假释的执行

执行机关应当向被宣告缓刑或者假释的罪犯宣布，在监督考察期限内应当遵守下列规定：(1)遵守法律、行政法规和有关规定，服从监督；(2)按照执行机关的规定，定期报告自己的活动情况；(3)遵守执行机关关于会客的规定；(4)离开所居住的市、县或者迁居，应当报经执行机关批准；(5)附加剥夺政治权利的缓刑、假释罪犯还必须遵守《刑法》第54条的规定；(6)遵守执行机关制定的具体监督管理措施（《刑法》第75条、第84条）。

（四）缓刑、假释的撤销

1. 再犯新罪或者发现其他犯罪而撤销

被宣告缓刑、假释的犯罪分子，在缓刑、假释考验期限内犯新罪或者被发现判决宣告以前还有其他罪没有判决，应当撤销缓刑、假释的，由审判新罪的人民法院撤销原判决、裁定宣告的缓刑、假释并书面通知原审人民法院和执行机关（《高法解释》第457条）。

2. 违反缓刑、假释应当遵守的规定而撤销

被宣告缓刑、假释的犯罪分子，在缓刑、假释考验期限内违反法律、行政法规或者有关缓刑、假释的监督管理规定，应当依法撤销缓刑、假释的，原作出缓刑、假释裁判的人民法院应当自收到同级执行机关提出的撤销缓刑、假释建议书之日起1个月内依法作出裁定。人民法院撤销缓刑、假释的裁定，一经作出，立即生效（《高法解释》第458条）。

（五）缓刑、假释执行完毕

被宣告缓刑的罪犯，在缓刑考察期限内没有《刑法》第77条规定的情形，缓刑考验期满，原判的刑罚就不再执行。如果被判处附加刑，附加刑仍须执行。缓刑考验期满，执行机关应当公开予以宣告。被假释的罪犯，在假释考验期限内没有《刑法》第86条规定的情形，就认为原判刑罚已执行完毕。假释考验期满，执行机关应当公开予以宣告。

## 四、剥夺政治权利的执行

《刑事诉讼法》第259条规定："对被判处剥夺政治权利的罪犯，由公安机关执行。执行期满，应当由执行机关书面通知本人及其所在单位、居住地基层组织。"

（一）剥夺政治权利的交付执行

对单处剥夺政治权利的罪犯，人民法院应当在判决、裁定生效后10日内，将判决书、裁定书、执行通知书等法律文书送达罪犯居住地的县级公安机关，并抄送罪犯居住地的县级人民检察院（《高法解释》第437条）。

（二）公安机关对剥夺政治权利的执行

负责执行剥夺政治权利的派出所，应当按照人民法院的判决，向罪犯及其所在单位、居住地基层组织宣布其犯罪事实、被剥夺政治权利的期限，以及罪犯在执行期间应当遵守的规定（《公安规定》第300条）。

执行机关应当向被剥夺政治权利的罪犯宣布，在执行期间应当遵守下列规定：(1) 遵守国家法律、行政法规和公安部制定的有关规定，服从监督管理；(2) 不得享有选举权和被选举权；(3) 不得组织或者参加集会、游行、示威、结社活动；(4) 不得出版、制作、发行书籍、音像制品；(5) 不得接受采访，发表演说；(6) 不得在境内外发表有损国家荣誉、利益或者其他具有社会危害性的言论；(7) 不得担任国家机关职务；(8) 不得担任国有公司、企业、事业单位和人民团体的领导职务（《公安规定》第 301 条）。

被剥夺政治权利的罪犯违反应当遵守的规定，尚未构成新的犯罪的，由公安机关依法给予治安管理处罚（《公安规定》第 302 条）。

（三）剥夺政治权利执行完毕

被剥夺政治权利的罪犯，执行期满，公安机关应当通知本人，并向其所在单位或者居住地的群众宣布恢复政治权利（《公安规定》第 303 条）。

## 五、罚金、没收财产的执行

罚金，是人民法院依法判决犯罪公民或犯罪单位，向国家缴纳一定数额金钱的刑罚方法，不得以其他刑罚代替罚金。根据《刑事诉讼法》第 260 条的规定，被判处罚金的罪犯，期满不缴纳的，人民法院应当强制缴纳；如果由于遭遇不能抗拒的灾祸缴纳确实有困难的，可以裁定延期缴纳、酌情减少或者免除。没收财产，是指把犯罪人个人所有财产的一部或者全部依法无偿地收归国有的一种刑罚。没收财产可以附加适用，也可以独立适用。根据《刑事诉讼法》第 261 条的规定，没收财产的判决，无论附加适用或者独立适用，都由人民法院执行；在必要的时候，可以会同公安机关执行。

1. 财产刑由第一审人民法院负责裁判执行的机构执行。被执行人或者被执行财产在异地的，第一审人民法院可以委托财产所在地的同级人民法院代为执行。执行的财产应当及时上缴国库（《高法解释》第 438 条、第 442 条）。

2. 对罚金的执行，被执行人在判决、裁定确定的期限内未足额缴纳的，人民法院应当在期满后强制缴纳。对没收财产的执行，人民法院应当立即执行（《高法解释》第 439 条）。

3. 被判处罚金或者没收财产，同时又承担刑事附带民事诉讼赔偿责任的被执行人，应当先履行对被害人的民事赔偿责任。判处财产刑之前被执行人所负正当债务，应当偿还的，经债权人请求，应当偿还（《高法解释》第 441 条）。

4. 财产刑全部或者部分被撤销的，已经执行的财产应当全部或者部分返还被执行人；无法返还的，应予依法赔偿（《高法解释》第 445 条）。

5. 因遭遇不能抗拒的灾祸缴纳罚金确有困难，被执行人向执行法院申请延期缴纳、减少或者免除的，应当提交相关证明材料。人民法院应当在收到申请后 1 个月内依法作出裁定。符合法定延期缴纳、减免条件的，应当准许；不符合条件的，驳回申请（《高法解释》第 446 条）。

6. 对侦查机关查封、扣押、冻结的财产，人民法院执行中可以直接裁定处置，无需侦查机关出具解除手续（《关于刑事裁判涉财产部分执行的若干规定》）。

## 六、无罪判决和免除刑罚判决的执行

《刑事诉讼法》第 249 条规定：“第一审人民法院判决被告人无罪、免除刑事处罚的，如果被告人在押，在宣判后应当立即释放。”对人民法院作出的无罪或者免除刑事处罚的判决，如果被告人在押，公安机关在收到相应的法律文书后应当立即办理释放手续；对人民法院建议给予行政处理的，应当依照有关规定处理，并将处理结果及时通知人民法院（《公安规定》第 287 条第 2 款）。

需要注意的是，原则上判决、裁定在生效后才执行，但是，对于被一审法院判决无罪或者免除刑事处罚的，宣判后立即执行。即使这种判决尚处于上诉期未满的状态，或者当事人及其法定代理人提出上诉、人民检察院提出抗诉，一审判决尚未生效，也不影响立即释放被告人，不得等待判决生效后才予以执行。这是针对无罪判决和免除刑事处罚判决的执行问题所作出的特殊法律规定，目的在于保护不应受到刑罚处罚的被告人的合法权益。

根据《刑事诉讼法》第 195 条的规定，无罪判决分为两种，即“依据法律认定被告人无罪”和“证据不足、指控的犯罪不能成立”的无罪判决。对于这两种无罪判决，以及免除刑事处罚的被告人，如果被告人在押，都应当在宣判后立即释放。

## 第三节 变更执行程序

### 一、死刑、死缓执行的变更

#### （一）死刑执行的变更

《刑事诉讼法》第 251 条和第 252 条在执行死刑的程序中规定了停止执行死刑和暂停执行死刑两种变更执行的情况。这些规定，体现了我国在执行死刑上的慎重态度。具体条件参见上面对死刑执行程序的论述。

#### （二）死缓执行的变更

死刑缓期二年执行不是独立的刑罚种类，而是我国刑罚中死刑的一种特殊执行制度，是指对于罪该判处死刑的犯罪分子，如果不是必须立即执行，在判处死刑的同时宣告缓期二年执行，实行监管改造，以观后效的一种制度。死刑缓期二年执行的执行必然产生减刑或者执行死刑两种结果，都涉及执行变更的问题。

《刑法》第 50 条规定：“判处死刑缓期执行的，在死刑缓期执行期间，如果没有故意犯罪，二年期满以后，减为无期徒刑；如果确有重大立功表现，二年期满以后，减为二十五年有期徒刑；如果故意犯罪，情节恶劣的，报请最高人民法院核准后执行死刑；对于故意犯罪未执行死刑的，死刑缓期执行的期间重新计算，并报最高人民法院备案。”第 51 条规定：“死刑缓期执行的期间，从判决确定之日起计算。死刑缓期执行减为有期徒刑的刑期，从死刑缓期执行期满之日起计算。”

根据以上规定，被判处死刑缓期二年执行的罪犯，在死刑缓期执行期间，如果没有故意犯罪，死刑缓期执行期满，应当予以减刑的，由执行机关提出书面意见，报请高级人民法院裁定；如果故意犯罪，情节恶劣、查证属实，应当执行死刑的，由高级人民法院报请最高人民法院核准；对于故意犯罪未执行死刑的，死刑缓期执行的期间重新计算，并报最高人民法院备案。

1. 死缓改为无期徒刑或者有期徒刑

被判处死刑缓期二年执行的罪犯，在死刑缓期执行期间，符合法律规定的减为无期徒刑、有期徒刑条件的，二年期满时，所在监狱应当及时提出减刑建议，报经省、自治区、直辖市监狱管理机关审核后，提请高级人民法院裁定（《刑事诉讼法》第 250 条第 2 款；《监狱法》第31 条）。

死刑缓期二年执行期满应当减刑的，人民法院应当及时减刑。死刑缓期二年执行期满减为有期徒刑的，刑期自死刑缓期二年执行期满之日起计算（《高法解释》第416条）。

被判处死刑缓期二年执行的罪犯，在死刑缓期二年执行期间，如果没有故意犯罪，死刑缓期二年执行期满后，应当裁定减刑。如果死刑缓期二年执行期满后尚未裁定减刑前又犯新罪的，应当依法减刑后对其所犯新罪另行审判（《高法解释》第448条）。

2. 死缓改为执行死刑

被判处死刑缓期二年执行的罪犯，在死刑缓期执行期间，如果故意犯罪、情节恶劣、应当执行死刑的，应当由人民检察院提起公诉，罪犯服刑地的中级人民法院依法审判，所作的判决可以上诉、抗诉。认定构成故意犯罪、情节恶劣的判决、裁定发生法律效力后，由作出生效判决、裁定的人民法院，依照有关死刑复核的规定将案件层报最高人民法院核准犯罪分子死刑立即执行。最高人民法院核准后，交罪犯服刑地的中级人民法院执行死刑（《高法解释》第415条、第417条）。

## 二、暂予监外执行

暂予监外执行，是指被判处有期徒刑、拘役的罪犯，本应在监狱或其他执行场所服刑，由于出现了法律规定的某种特殊情形，不适宜在监狱或者其他执行场所执行刑罚时，暂时采取的一种变通执行方法。

### （一）暂予监外执行的条件

根据《刑事诉讼法》第254条的规定，暂予监外执行适用于以下三种情形：(1) 有严重疾病需要保外就医的。对于罪犯确有严重疾病，必须保外就医的，由省级人民政府指定的医院诊断并开具证明文件，依照法律规定的程序审批。(2) 怀孕或者正在哺乳自己婴儿的妇女。(3) 生活不能自理，适用暂予监外执行不致危害社会的罪犯。

### （二）不适用暂予监外执行的情形

1. 对于被判处死刑缓期二年执行和无期徒刑的罪犯，在其刑期减为有期徒刑之前，不能暂予监外执行。但是，被判处无期徒刑的罪犯如果是怀孕或者正在哺乳自己婴儿的妇女，可以暂予监外执行。对于被判处或者减为死缓和无期徒刑的罪犯，依法减刑，改为有期徒刑的，可以适用暂予监外执行。

2. 对于适用保外就医可能有社会危险性的罪犯，或者自伤自残的罪犯，不得保外就医（《刑事诉讼法》第254条第3款）。

### （三）暂予监外执行的决定或者批准

1. 人民法院决定暂予监外执行

罪犯在被交付执行前，因有严重疾病、怀孕或者正在哺乳自己婴儿的妇女、生活不能自理的原因，依法提出暂予监外执行的申请的，有关病情诊断、妊娠检查和生活不能自理的鉴别，由人民法院负责组织进行。人民法院认为罪犯符合监外执行条件而作出暂予监外执行决定的，应当制作《暂予监外执行决定书》，载明罪犯基本情况、判决确定的罪名和刑罚、决定暂予监外执行的原因、依据等，通知罪犯居住地的县级司法行政机关派员办理交接手续，并将暂予监外执行决定书抄送罪犯居住地的县级人民检察院和公安机关（《刑事诉讼法》第254条第5款；《全国人民代表大会常务委员会关于〈中华人民共和国刑事诉讼法〉第二百五十四条第五款、第二百五十七条第二款的解释》；《高法解释》第432条）。

2. 监狱管理机关批准暂予监外执行

在交付执行后，暂予监外执行由监狱提出书面意见，报省级以上监狱管理机关批准。批准机关应当将批准的暂予监外执行决定通知公安机关和原判人民法院，并抄送人民检察院（《刑事诉讼法》第 254 条第 5 款；《监狱法》第 26 条第 1 款）。

3. 公安机关决定暂予监外执行

对于被判处有期徒刑或者拘役的罪犯，有刑事诉讼法规定的暂予监外执行的情形之一的，看守所应当报经设区的市一级以上公安机关批准，对罪犯暂予监外执行（《刑事诉讼法》第 254 条第 5 款；《公安规定》第 296 条）。

公安机关决定对罪犯暂予监外执行的，应当将《暂予监外执行通知书》交被暂予监外执行的罪犯和负责监外执行的社区矫正机构，同时将《暂予监外执行决定书》送同级人民检察院（《公安规定》第 297 条）。

公安机关接到人民检察院认为暂予监外执行不当的意见后，应当立即对暂予监外执行的决定进行重新核查（《公安规定》第 298 条）。

（四）暂予监外执行的执行

对于暂予监外执行的罪犯，依法实行社区矫正，由社区矫正机构负责执行（《刑事诉讼法》第 258 条）。

（五）暂予监外执行的变更

暂予监外执行的变更包括以下三种情形：

1. 收监

对暂予监外执行的罪犯，有下列情形之一的，应当及时收监：（1）发现不符合暂予监外执行条件的；（2）严重违反有关暂予监外执行监督管理规定的；（3）暂予监外执行的情形消失后，罪犯刑期未满的。对于人民法院决定暂予监外执行的罪犯应当予以收监的，由人民法院作出决定后，由公安机关依照《刑事诉讼法》第 253 条第 2 款的规定送交执行刑罚（《刑事诉讼法》第 257 条第 1 款、第 2 款；《全国人民代表大会常务委员会关于〈中华人民共和国刑事诉讼法〉第二百五十四条第五款、第二百五十七条第二款的解释》）。

2. 不计入刑期的情形

不符合暂予监外执行条件的罪犯通过贿赂等非法手段被暂予监外执行的，在监外执行的期间不计入执行刑期。罪犯在暂予监外执行期间脱逃的，脱逃的期间不计入执行刑期（《刑事诉讼法》第 257 条第 3 款）。

3. 罪犯死亡

罪犯在暂予监外执行期间死亡的，执行机关应当及时通知监狱或者看守所（《刑事诉讼法》第 257 条第 4 款）。

## 三、减刑和假释

根据《刑法》第 78 条的规定，减刑是指被判处管制、拘役、有期徒刑、无期徒刑的罪犯，在执行期间，如果认真遵守监规，接受教育改造，确有悔改表现的，或者有立功表现的，可以依法对其减轻原判的刑罚。减刑可以由较重的刑罚减为较轻的刑罚（只限于无期徒刑减为有期徒刑），也可以由较长的刑期减为较短的刑期。

根据《刑法》第 81 条的规定，假释是指被判处有期徒刑的罪犯，原判刑期执行 1/2 以上，被判处无期徒刑的罪犯实际刑期执行13年以上，如果认真遵守监规，接受教育改造，确有悔改表现，不致再危害社会的，可以附条件地将其提前释放。

对不符合法律规定的减刑、假释条件的罪犯，不得以任何理由将其减刑、假释（《监狱法》第34条第1款）。

（一）减刑建议的提出

根据《刑事诉讼法》第262条第2款的规定，对于被判处管制、拘役、有期徒刑或者无期徒刑的罪犯，依法应当减刑时，应由各刑罚执行机关提出建议书，根据原判刑罚的不同，分别报请不同的人民法院审核裁定。

1. 减刑的条件

有下列重大立功表现之一的，应当减刑：（1）阻止他人重大犯罪活动的；（2）检举监狱内外重大犯罪活动，经查证属实的；（3）有发明创造或者重大技术革新的；（4）在日常生产、生活中舍己救人的；（5）在抗御自然灾害或者排除重大事故中，有突出表现的；（6）对国家和社会有其他重大贡献的（《刑法》第78条；《监狱法》第29条）。

2. 由监狱提出减刑建议

被判处无期徒刑、有期徒刑的罪犯，在服刑期间确有悔改或者立功表现的，根据监狱考核的结果，可以减刑（《监狱法》第29条）。

减刑建议由监狱向人民法院提出，由人民法院裁定。减刑裁定书的副本应当抄送人民检察院（《监狱法》第30条）。

3. 由公安机关提出减刑建议

对于被判处拘役或者有期徒刑余刑3个月以下的罪犯，符合减刑条件的，由看守所制作减刑建议书，经设区的市一级以上公安机关审查同意后，报请所在地中级以上人民法院审核裁定（《刑事诉讼法》第253条第2款；《公安规定》第294条）。

（二）假释建议的提出

1. 由监狱提出假释建议

被判处无期徒刑、有期徒刑的罪犯，符合法律规定的假释条件的，由监狱根据考核结果向人民法院提出假释建议，由人民法院裁定。假释裁定的副本应当抄送人民检察院（《监狱法》第32条）。

2. 由公安机关提出假释建议

对依法留看守所执行刑罚的罪犯，符合假释条件的，由看守所制作假释建议书，经设区的市一级以上公安机关审查同意后，报请所在地中级以上人民法院审核裁定（《公安规定》第295条）。

（三）减刑、假释的审理程序

《高法解释》第448条至第456条、最高人民法院《关于减刑、假释案件审理程序的规定》对此进行了详细的规定。

1. 作出减刑、假释裁定的人民法院

减刑、假释案件按照下列情形分别处理：（1）对于被判处死刑缓期二年执行的罪犯的减刑，由罪犯服刑地的高级人民法院根据省、自治区、直辖市监狱管理机关审核同意的监狱减刑建议书后一个月内作出裁定。（2）对于被判处无期徒刑的罪犯的减刑、假释，由罪犯服刑地的高级人民法院根据省、自治区、直辖市监狱管理机关审核同意的监狱减刑、假释建议书裁定。高级人民法院应当自收到减刑、假释建议书之日起1个月内依法裁定；案情复杂或者情况特殊的，可以延长1个月。（3）对于被判处有期徒刑（包括减为有期徒刑）的罪犯的减刑、假释，由罪犯服刑地的中级人民法院根据当地执行机关提出的减刑、假释建议书裁定。中级人民法院应当自收到减刑、假释建议书之日起 1 个月内依法裁定；案情复杂或者情况特殊的，可以延长 1 个月。（4）对于被判处拘役、管制的罪犯的减刑，由罪犯服刑地的中级人民法院根据当地同级执行机关提出的减刑建议书裁定。人民法院应当自收到减刑、假释建议书之日起 1 个月内依法裁定。

2. 人民法院对减刑、假释案件的审理

人民法院审理减刑、假释案件，应当依法由审判员或者审判员与人民陪审员组成合议庭，可以采用书面审理的方式，但社会影响重大、社会关注度高、检察院有异议因罪犯有重大立功表现报请减刑、报请减刑的起始时间、间隔时间或者减刑幅度不符合司法解释一般规定、公示期间收到不同意见等案件，应当开庭审理。开庭审理时，应当通知人民检察院、执行机关及被报请减刑、假释罪犯参加庭审，根据需要可以通知证人、鉴定人、翻译人员参加庭审。开庭审理应当在罪犯刑罚执行场所或者人民法院确定的场所进行，有条件的人民法院可以采取视频开庭的方式进行。

人民法院受理减刑、假释案件，应当审查执行机关移送的材料是否包括下列内容：（1）减刑、假释建议书；（2）终审法院的判决书、裁定书、执行通知书、历次减刑裁定书的复印件；（3）罪犯确有悔改或者立功、重大立功表现的具体事实的书面证明材料；（4）罪犯评审鉴定表、奖惩审批表等；（5）根据案件情况需要移送的其他材料。报请假释的，应当附有社区矫正机构或者基层组织关于罪犯假释后对所居住社区影响的调查评估报告。人民检察院对报请的案件提出检察意见的，执行机关应当一并移送。经审查，如果前款规定的材料齐备的，应当收案；材料不齐备的，应当通知提请减刑、假释的执行机关在 3 日内补送。

3. 减刑、假释裁定的送达和重新审理

减刑、假释的裁定，应当在 7 日内送达提请减刑、假释的执行机关、同级人民检察院以及罪犯本人。作出假释裁定的，还应当送达社区矫正机构或者基层组织。人民检察院认为人民法院的减刑、假释裁定不当，在法定期限内向人民法院提出书面纠正意见的，人民法院应当在收到书面纠正意见后另行组成合议庭进行审理，并在 1 个月内作出裁定。

## 四、对新罪和漏罪的追诉

新罪，是指罪犯在服刑期间又犯的新罪行。漏罪，是指判决生效后在执行过程中发现的罪犯在判决宣告以前所犯的尚未判决的罪行。《刑事诉讼法》第 262 条第 1 款规定："罪犯在服刑期间又犯罪的，或者发现了判决的时候所没有发现的罪行，由执行机关移送人民检察院处理。"具体分为以下几种情况予以处理：

1. 对罪犯在监狱内犯罪的案件，由监狱进行侦查。侦查终结后，写出起诉意见书，连同案卷材料、证据一并移送人民检察院（《监狱法》第 60 条）。

2. 对留看守所执行刑罚的罪犯，在监外执行期间又犯新罪，应当追究刑事责任的，由犯罪地公安机关立案侦查，并通知批准机关（《公安规定》第 304 条）。

3. 被剥夺政治权利、管制、宣告缓刑和假释的罪犯在执行期间又犯新罪的，由犯罪地公安机关立案侦查（《公安规定》第 305 条）。

## 五、对错判的反映和申诉的处理

《刑事诉讼法》第 264 条规定："监狱和其他执行机关在刑罚执行中，如果认为判决有错误或者罪犯提出申诉，应当转请人民检察院或者原判人民法院处理。"人民检察院或者原判人民法院对收到的申诉材料和意见，应当迅速审查。对于确有错误的，应依法提起审判监督程序，对案件进行再审。对于原判正确，申诉没有理由的，可以驳回申诉，并将处理结果通知申诉人和有关执行机关。

（一）监狱转交

罪犯的申诉材料，监狱应当及时转递，不得扣压（《监狱法》第23条）。监狱在执行刑罚过程中，根据罪犯的申诉，认为判决可能有错误的，应当提请人民检察院或者人民法院处理，人民检察院或者人民法院应当自收到监狱提请处理意见书之日起6个月内将处理结果通知监狱（《监狱法》第24条）。

（二）公安机关转交

公安机关在执行刑罚中，如果认为判决有错误或者罪犯提出申诉，应当转请人民检察院或者原判人民法院处理（《公安规定》第293条）。

## 第四节　人民检察院对执行的监督

执行监督，是指人民检察院对人民法院已经发生法律效力的判决、裁定的执行是否合法实行法律监督的活动。人民检察院依法对执行刑事判决、裁定的活动实行监督（《高检规则》第633条）。对人民法院的交付执行活动、执行机关的执行活动以及其他机关有关执行刑事判决、裁定的活动中的违法行为的监督，可以参照《高检规则》有关人民检察院对公安机关侦查活动中违法行为监督的规定办理（《高检规则》第660条）。

### 一、人民检察院对执行死刑的监督

《刑事诉讼法》第252条第1款规定："人民法院在交付执行死刑前，应当通知同级人民检察院派员临场监督。"

被判处死刑的罪犯在被执行死刑时，人民检察院应当派员临场监督。执行死刑临场监督，由检察人员担任，并配备书记员担任记录（《高检规则》第635条）。

人民检察院收到同级人民法院执行死刑临场监督通知后，应当查明同级人民法院是否收到最高人民法院核准死刑的裁定或者作出的死刑判决或者裁定和执行死刑的命令（《高检规则》第636条）。

临场监督执行死刑的检察人员应当依法监督执行死刑的场所、方法和执行死刑的活动是否合法。在执行死刑前，发现有下列情形之一的，应当建议人民法院停止执行：（1）被执行人并非应当执行死刑的罪犯的；（2）罪犯犯罪时不满18岁或者审判的时候已满75周岁，依法不应当适用死刑的；（3）判决可能有错误的；（4）在执行前罪犯检举揭发重大犯罪事实或者有其他重大立功表现，可能需要改判的；（5）罪犯正在怀孕的（《高检规则》第637条）。

在执行死刑过程中，人民检察院临场监督人员根据需要可以进行拍照、摄像；执行死刑后，人民检察院临场监督人员应当检查罪犯是否确已死亡，并填写死刑临场监督笔录，签名后入卷归档（《高检规则》第638条）。

### 二、人民检察院对暂予监外执行的监督

《刑事诉讼法》第255条规定："监狱、看守所提出暂予监外执行的书面意见的，应当将书

面意见的副本抄送人民检察院。人民检察院可以向决定或者批准机关提出书面意见。”第256条规定：“决定或者批准暂予监外执行的机关应当将暂予监外执行决定抄送人民检察院。人民检察院认为暂予监外执行不当的，应当自接到通知之日起一个月以内将书面意见送交决定或者批准暂予监外执行的机关，决定或者批准暂予监外执行的机关接到人民检察院的书面意见后，应当立即对该决定进行重新核查。”

### （一）人民检察院监督的范围

人民检察院对监狱、看守所、拘役所暂予监外执行的执法活动实行监督，发现有下列违法情况的，应当提出纠正意见：(1) 将不符合法定条件的罪犯报请暂予监外执行的；(2) 对罪犯报请暂予监外执行没有完备的合法手续的；(3) 罪犯被决定或者批准暂予监外执行后，未依法交付罪犯居住地社区矫正机构实行社区矫正的；(4) 罪犯在暂予监外执行期间严重违反暂予监外执行监督管理规定，或者暂予监外执行的条件消失且刑期未满，应当收监执行未收监的；(5) 暂予监外执行的罪犯刑期届满，未及时办理释放手续的；等等（《高检规则》第643条）。

### （二）人民检察院对暂予监外执行的批准或者决定的审查

《高检规则》第645条规定：人民检察院接到批准或者决定机关抄送的暂予监外执行决定书后，应当进行审查。审查的内容包括：(1) 是否属于被判处有期徒刑或者拘役的罪犯；(2) 是否属于有严重疾病需要保外就医的罪犯；(3) 是否属于正在怀孕或者正在哺乳自己婴儿的妇女；(4) 是否属于自伤自残的罪犯；(5) 是否属于生活不能自理，适用暂予监外执行不致危害社会的罪犯；(6) 办理暂予监外执行是否符合法定程序；等等。

检察人员可以向罪犯所在单位和有关人员调查，可以向有关机关调阅有关材料。

经审查认为暂予监外执行不当，应当向批准或者决定暂予监外执行的机关提出纠正意见的，由检察长决定。

### （三）人民检察院提出纠正意见

人民检察院认为暂予监外执行不当的，应当自接到通知之日起1个月内提出书面纠正意见呈报批准或者决定暂予监外执行机关的同级人民检察院送交批准或者决定暂予监外执行的机关（《高检规则》第646条；《监狱法》第26条第2款）。

人民检察院向批准或者决定暂予监外执行的机关送交不同意暂予监外执行的书面意见后，应当监督其立即对批准或者决定暂予监外执行的结果进行重新核查，并监督重新核查的结果是否符合法律规定。对核查不符合法律规定的，应当依法提出纠正意见，并向上一级人民检察院报告（《高检规则》第647条）。

### （四）暂予监外执行情形消失的监督

对于暂予监外执行的罪犯，人民检察院发现罪犯不符合暂予监外执行条件、严重违反有关暂予监外执行的监督管理规定或者暂予监外执行的情形消失而罪犯刑期未满的，应当通知执行机关收监执行，或者建议决定或者批准暂予监外执行的机关作出收监执行决定（《高检规则》第648条）。

## 三、人民检察院对减刑、假释的监督

《刑事诉讼法》第262条中规定，执行机关提出减刑、假释建议时，应当将建议书副本抄送人民检察院。人民检察院可以向人民法院提出书面意见。第263条规定，人民检察院认为人民法院减刑、假释的裁定不当，应当在收到裁定书副本后20日以内，向人民法院提出书面纠正意见。人民法院应当在收到纠正意见后1个月以内重新组成合议庭进行审理，作出最终裁定。

（一）人民检察院对减刑、假释的监督范围

人民检察院对执行机关报请人民法院裁定减刑、假释的活动实行监督，发现有下列违法情况，应当提出纠正意见：（1）将不具备法定条件的罪犯提请人民法院裁定减刑、假释的；（2）对依法应当减刑、假释的罪犯不提请人民法院裁定减刑、假释的；（3）报请人民法院裁定对罪犯减刑、假释违反法定程序，或者没有完备的合法手续的；等等（《高检规则》第650条）。

（二）人民检察院对减刑、假释裁定的审查

《高检规则》第652条规定，人民检察院接到人民法院减刑、假释的裁定书副本后，应当进行审查。审查的内容包括：（1）被减刑、假释的罪犯是否符合法定条件；（2）执行机关呈报减刑、假释的程序是否合法；（3）人民法院裁定减刑、假释的程序是否合法；（4）按照有关规定应当开庭审理的，法院是否开庭审理。

检察人员可以向罪犯所在单位和有关人员调查，可以向有关机关调阅有关材料。法院开庭审理减刑、假释案件，检察院应当指派检察人员出席法庭，发表意见（《高检规则》第651条）。

经审查认为人民法院减刑、假释的裁定不当，应当提出纠正意见的，由检察长决定。

（三）人民检察院提出纠正意见

《刑事诉讼法》第263条规定："人民检察院认为人民法院减刑、假释的裁定不当，应当在收到裁定书副本后二十日以内，向人民法院提出书面纠正意见。人民法院应当在收到纠正意见后一个月以内重新组成合议庭进行审理，作出最终裁定。"因此，人民检察院对减刑、假释裁定不能提出抗诉，只能提出书面纠正意见；提出书面纠正意见的期限为20日，而不是提出二审抗诉的10日。

对人民法院减刑、假释裁定的纠正意见，由作出减刑、假释裁定的人民法院的同级人民检察院书面提出。下级人民检察院发现人民法院减刑、假释裁定不当的，应当立即向作出减刑、假释裁定的人民法院的同级人民检察院报告（《高检规则》第654条）。

人民检察院对人民法院减刑、假释的裁定提出纠正意见后，应当监督人民法院是否在收到纠正意见后1个月内重新组成合议庭进行审理，并监督重新作出的最终裁定是否符合法律规定。对最终裁定不符合法律规定的，应当向同级人民法院提出纠正意见（《高检规则》第655条）。

### 四、人民检察院对执行机关执行刑罚活动的监督

《刑事诉讼法》第265条规定："人民检察院对执行机关执行刑罚的活动是否合法实行监督。如果发现有违法的情况，应当通知执行机关纠正。"

（一）对某些刑罚执行的监督

1. 人民法院判决被告人无罪，免予刑事处罚，判处管制，宣告缓刑，单处罚金或者剥夺政治权利，被告人被羁押的，人民检察院应当监督被告人是否被立即释放（《高检规则》第634条）。

2. 判处被告人死刑缓期二年执行的判决、裁定在执行过程中，人民检察院进行监督的内容主要包括：（1）死刑缓期执行期满，符合法律规定的应当减为无期徒刑、有期徒刑条件的，监狱是否及时提出减刑建议提请人民法院裁定，人民法院是否依法裁定；（2）罪犯在缓期执行期间故意犯罪的，监狱是否依法侦查和移送起诉；罪犯确系故意犯罪的，人民法院是否依法核准

或者裁定执行死刑。

被判处死刑缓期二年执行的罪犯在死刑缓期执行期间故意犯罪，执行机关移送人民检察院受理的，由罪犯服刑所在地的分、州、市人民检察院审查决定是否提起公诉。

人民检察院发现人民法院对被判处死刑缓期二年执行的罪犯减刑不当的，应当向人民法院提出纠正意见；如果罪犯在死刑缓期执行期间又故意犯罪，经人民检察院起诉后，人民法院仍然予以减刑的，人民检察院应当向人民法院提出抗诉（《高检规则》第 639 条）。

3. 人民检察院发现对被判处剥夺政治权利的罪犯，公安机关未依法执行或者执行期满没有通知本人并公开宣布恢复政治权利等违法行为的，应当依法提出纠正意见（《高检规则》第 657 条）。

4. 人民检察院发现人民法院执行罚金、没收财产刑罚以及执行生效判决、裁定中没收违法所得及其他涉案财产活动中，没有依法予以执行，或者执行不当，或者罚没的财物未及时上缴国库的，应当依法提出纠正意见（《高检规则》第 658 条）。

（二）对执行机关的监督

1. 人民检察院对看守所收押、监管、释放犯罪嫌疑人、被告人的活动，依法实行监督，发现违法行为，应当通知看守所纠正。人民检察院发现看守所在罪犯送交执行活动中有下列违法情形之一的，应当依法通知纠正：（1）对判处死刑缓期二年执行、无期徒刑或者有期徒刑余刑在 3 个月以上的罪犯，自接到人民法院执行通知书、判决书或者裁定书之日起 30 日以内未送交执行机关执行的；（2）公安机关对需要收押执行刑罚但下落不明的罪犯，没有及时抓捕、通缉的；（3）对判处管制、宣告缓刑或者人民法院决定暂予监外执行的罪犯，在判决或者裁定生效后未依法交付社区矫正机构执行的；等等（《高检规则》第 640 条）。

2. 人民检察院发现监狱、未成年犯管教所、拘役所在收押罪犯活动中有下列违法情形之一的，应当依法通知纠正：（1）没有已经发生法律效力的刑事判决书或者裁定书、执行通知书等有关法律文书而收押的；（2）收押罪犯与收押凭证不符的；（3）应当收押而拒绝收押的；（4）收押依法不应当关押的罪犯的；（5）其他违反收押规定的（《高检规则》第 641 条）。

3. 人民检察院发现执行机关在管理、教育改造等活动中有违法行为的，应当依法提出纠正意见（《高检规则》第 642 条）。

4. 人民检察院发现监狱、看守所对服刑期满或依法应当予以释放的人员没有按期释放，或者对服刑未满又无合法释放根据的罪犯予以释放等违法行为的，应当依法提出纠正意见（《高检规则》第 656 条）。

（三）对缓刑、假释、暂予监外执行具体执行情况的监督

对于被判处拘役、有期徒刑适用缓刑的罪犯、被假释的罪犯和暂予监外执行的罪犯，人民检察院应当监督社区矫正执法活动，发现有违法情形的，应当依法向社区矫正机构提出纠正意见（《高检规则》第 659 条）。

## 观点探讨

### 一、社区矫正制度

《刑事诉讼法》第 258 条规定：“对被判处管制、宣告缓刑、假释或者暂予监外执行的罪犯，依法实行社区矫正，由社区矫正机构负责执行。”在此之前，我国已经开始了社区矫正工作的试点。2003 年 7 月 10 日最高人民法院、最高人民检察院、公安部、司法部联合发布了《关于开展

社区矫正试点工作的通知》，2005年1月20日上述机关又联合发布了《关于扩大社区矫正试点范围的通知》，2009年9月2日又发布了《关于在全国试行社区矫正工作的意见》。截至2009年8月26日，全国共有27个省（自治区、直辖市）开展了社区矫正试点工作。① 2012年1月10日，上述机关又联合发布了《社区矫正实施办法》。

根据我国《刑法》《刑事诉讼法》的规定，社区矫正由社区矫正机构负责执行。《社区矫正实施办法》第2条、第3条规定，司法行政机关负责指导管理、组织实施社区矫正工作，司法所承担社区矫正日常工作。考虑到司法行政机关是几年来开展社区矫正试点工作的具体实施单位，有学者建议，在司法部成立专门的社区矫正工作管理机构——社区矫正局，省、自治区、直辖市司法行政机关相应设立分支机构，作为社区矫正法定执行主体。②

## 二、保外就医制度

有学者指出，根据现行刑事诉讼法，保外就医决定权分属于不同的机关：一是人民法院在判决的同时可以决定保外就医；二是各省、自治区、直辖市的监狱管理局在罪犯入监服刑后可以决定保外就医；三是设区的市一级以上公安机关可以对在看守所服刑的余刑在3个月以下的罪犯决定保外就医。决定权行使的不统一，不利于实现保外就医办理的公开和透明；由监管机关决定保外就医，对刑罚执行方式和场所进行变更，不利于维护生效判决的权威性和稳定性；保外就医决定权由不同机关依不同程序行使也不便于检察机关进行法律监督。③

针对以上问题，有学者建议，保外就医的审批权限应由人民法院统一行使。暂予监外执行是刑事执行活动的有机组成部分，对刑事执行的变更应当由人民法院决定，不能由其他机关随意改变法院的判决和裁定。④

① 齐庆会．我国社区矫正制度的发展与完善．山西高等学校社会科学学报，2010（1）．

② 黄凤华．初探我国社区矫正的完善．警官教育论坛，2009（00）；唐晓峰，唐毅．社区矫正制度初探．安徽广播电视大学学报，2009（4）．

③ 葛琳，庞振东．监禁刑执行变更程序的模式选择．人民检察，2005（19）；赵春军．滥用保外就医的原因及对策．检察实践，1999（3）．

④ 陈智，冯昆，桑庆东．昆明地区保外就医现状及对策．云南大学学报（法学版），2005（2）．

# 第二十五章 特别程序

## 案例导引

### 一、强奸案件能否刑事和解

甲是一名13岁的女孩。一天晚上乙翻窗闯入甲的卧室，试图实施强奸。甲坚决不从，从五楼窗户跳下，导致全身瘫痪。甲治病已经花费十余万元，并且终生丧失劳动能力。在审理过程中，甲的父亲提出，只要乙能够支付150万元的医药费、将来治疗的费用、伤残者生活补助费，那么宁愿不追究乙强奸罪的刑事责任。乙的家人表示，如果能不追究乙的犯罪，愿意全额支付该笔赔偿金。问：人民法院是否允许该案的当事人和解？

### 二、精神病人强制医疗程序中是否必须有诉讼代理人

甲在大街上用刀砍死一名路人。经鉴定，甲为依法不负刑事责任的精神病人，于是人民检察院向人民法院提出强制医疗的申请。在法院审理中，甲的监护人不愿意为甲委托诉讼代理人。问：人民法院能否在甲没有律师帮助的情况下对其进行审理？

## 基本理论

## 第一节　未成年人刑事案件诉讼程序

未成年人刑事案件诉讼程序，是指公安机关、人民检察院和人民法院办理审理时不满18周岁的未成年人刑事案件所应当适用的法律程序。在对未成年犯罪嫌疑人、被告人进行侦查、起诉、审判和执行时，应当遵守《刑事诉讼法》关于未成年人刑事案件诉讼程序规定的特殊原则和程序。《刑事诉讼法》第五编第一章没有规定的，按照《刑事诉讼法》的其他规定进行（《刑事诉讼法》第276条）。

### 一、未成年人刑事案件诉讼原则

1. 教育、感化、挽救的方针和教育为主、惩罚为辅的原则

《刑事诉讼法》第266条第1款规定："对犯罪的未成年人实行教育、感化、挽救的方针，

坚持教育为主、惩罚为辅的原则。”

2. 保障未成年人诉讼权利

《刑事诉讼法》第 266 条第 2 款规定：“人民法院、人民检察院和公安机关办理未成年人刑事案件，应当保障未成年人行使其诉讼权利，保障未成年人得到法律帮助，并由熟悉未成年人身心特点的审判人员、检察人员、侦查人员承办。”

3. 通知指派辩护

《刑事诉讼法》第 267 条规定：“未成年犯罪嫌疑人、被告人没有委托辩护人的，人民法院、人民检察院、公安机关应当通知法律援助机构指派律师为其提供辩护。”

4. 全面调查

《刑事诉讼法》第 268 条规定：“公安机关、人民检察院、人民法院办理未成年人刑事案件，根据情况可以对未成年犯罪嫌疑人、被告人的成长经历、犯罪原因、监护教育等情况进行调查。”

5. 慎用逮捕措施

《刑事诉讼法》第 269 条第 1 款规定：“对未成年犯罪嫌疑人、被告人应当严格限制适用逮捕措施。人民检察院审查批准逮捕和人民法院决定逮捕，应当讯问未成年犯罪嫌疑人、被告人，听取辩护律师的意见。”

6. 分别关押、分别管理、分别教育

《刑事诉讼法》第 269 条第 2 款规定：“对被拘留、逮捕和执行刑罚的未成年人与成年人应当分别关押、分别管理、分别教育。”

7. 法定代理人在场的权利

《刑事诉讼法》第 270 条规定：“对于未成年人刑事案件，在讯问和审判的时候，应当通知未成年犯罪嫌疑人、被告人的法定代理人到场。无法通知、法定代理人不能到场或者法定代理人是共犯的，也可以通知未成年犯罪嫌疑人、被告人的其他成年亲属，所在学校、单位、居住地基层组织或者未成年人保护组织的代表到场，并将有关情况记录在案。到场的法定代理人可以代为行使未成年犯罪嫌疑人、被告人的诉讼权利。到场的法定代理人或者其他人员认为办案人员在讯问、审判中侵犯未成年人合法权益的，可以提出意见。讯问笔录、法庭笔录应当交给到场的法定代理人或者其他人员阅读或者向他宣读。讯问女性未成年犯罪嫌疑人，应当有女工作人员在场。审判未成年人刑事案件，未成年被告人最后陈述后，其法定代理人可以进行补充陈述。询问未成年被害人、证人，适用第一款、第二款、第三款的规定。”

8. 不公开审理

《刑事诉讼法》第 274 条规定：“审判的时候被告人不满十八周岁的案件，不公开审理。但是，经未成年被告人及其法定代理人同意，未成年被告人所在学校和未成年人保护组织可以派代表到场。”

9. 犯罪记录封存

《刑事诉讼法》第 275 条规定：“犯罪的时候不满十八周岁，被判处五年有期徒刑以下刑罚的，应当对相关犯罪记录予以封存。”

“犯罪记录被封存的，不得向任何单位和个人提供，但司法机关为办案需要或者有关单位根据国家规定进行查询的除外。依法进行查询的单位，应当对被封存的犯罪记录的情况予以保密。”

## 二、针对未成年人的附条件不起诉

### （一）范围

对于未成年人涉嫌《刑法》分则第四章、第五章、第六章规定的犯罪，可能判处一年有期徒刑以下刑罚，符合起诉条件，但有悔罪表现的，人民检察院可以作出附条件不起诉的决定（《刑事诉讼法》第 271 条第 1 款）。

### （二）监督考察的主体、期限和应当遵守的规定

1. 监督考察的主体

在附条件不起诉的考验期内，由人民检察院对被附条件不起诉的未成年犯罪嫌疑人进行监督考察。未成年犯罪嫌疑人的监护人，应当对未成年犯罪嫌疑人加强管教，配合人民检察院做好监督考察工作（《刑事诉讼法》第 272 条第 1 款）。

2. 期限

附条件不起诉的考验期为六个月以上一年以下，从人民检察院作出附条件不起诉的决定之日起计算（《刑事诉讼法》第 272 条第 2 款）。

3. 应当遵守的规定

被附条件不起诉的未成年犯罪嫌疑人，应当遵守下列规定：（1）遵守法律法规，服从监督；（2）按照考察机关的规定报告自己的活动情况；（3）离开所居住的市、县或者迁居，应当报经考察机关批准；（4）按照考察机关的要求接受矫治和教育（《刑事诉讼法》第 272 条第 3 款）。

### （三）制约措施

《刑事诉讼法》第 271 条第 1 款规定，人民检察院在作出附条件不起诉的决定以前，应当听取公安机关、被害人的意见。

1. 公安机关如果不同意该决定，依照《刑事诉讼法》第 175 条的规定要求复议或者提请复核（《刑事诉讼法》第 271 条第 2 款）。

2. 被害人如果不同意该决定，依照《刑事诉讼法》第 176 条的规定提出申诉（《刑事诉讼法》第 271 条第 2 款）。

3. 未成年犯罪嫌疑人及其法定代理人对人民检察院决定附条件不起诉有异议的，人民检察院应当作出起诉的决定（《刑事诉讼法》第 271 条第 3 款）。

### （四）撤销

被附条件不起诉的未成年犯罪嫌疑人，在考验期内有下列情形之一的，人民检察院应当撤销附条件不起诉的决定，提起公诉：（1）实施新的犯罪或者发现决定附条件不起诉以前还有其他犯罪需要追诉的；（2）违反治安管理规定或者考察机关有关附条件不起诉的监督管理规定，情节严重的（《刑事诉讼法》第 273 条第 1 款）。

### （五）期满后的处理

被附条件不起诉的未成年犯罪嫌疑人，在考验期内没有上述情形，考验期满的，人民检察院应当作出不起诉的决定（《刑事诉讼法》第 273 条第 2 款）。

# 第二节　当事人和解的公诉案件诉讼程序

2012 年《刑事诉讼法》关于公诉案件刑事和解的规定，是对实践中刑事和解的确认。该制

度的精神就是把恢复性司法理念引入刑事诉讼法。只要犯罪人通过赔偿、道歉等方式修复了损害的社会关系，只要被害人原谅了犯罪人的行为，那么该事件就不再定罪处罚。这在学理上又称为“非惩罚性被害人权利模式”。不过，《刑事诉讼法》在这一章中规定的和解，既包括不做犯罪处理的情况，也包括法院从轻处罚的情况，是对非惩罚性被害人权利模式的扩展。

## 一、公诉案件和解的范围

《刑事诉讼法》第 277 条规定：“下列公诉案件，犯罪嫌疑人、被告人真诚悔罪，通过向被害人赔偿损失、赔礼道歉等方式获得被害人谅解，被害人自愿和解的，双方当事人可以和解：（一）因民间纠纷引起，涉嫌刑法分则第四章、第五章规定的犯罪案件，可能判处三年有期徒刑以下刑罚的；（二）除渎职犯罪以外的可能判处七年有期徒刑以下刑罚的过失犯罪案件。犯罪嫌疑人、被告人在五年以内曾经故意犯罪的，不适用本章规定的程序。”根据这一规定，公诉案件和解的范围是：

### （一）可以和解的案件类型

1. 因民间纠纷引起，涉嫌《刑法》分则第四章、第五章规定的犯罪案件，可能判处三年有期徒刑以下刑罚的。

这类案件是指侵犯公民人身权利、民主权利罪和侵犯财产罪，其范围与第 204 条规定的自诉案件的第二类相同。对于这两章中规定的可能判处三年有期徒刑以下刑罚的，可以和解。

例如，甲乙二人是邻居，因为甲从楼上窗户扔垃圾而产生口角，甲将前来劝阻他以后不要这样做的乙打成耳膜穿孔（轻伤）。这种故意伤害（轻伤）就属于可以和解的类型，因为该案是因为民间纠纷引起，属于侵犯公民人身权利、可能判处三年有期徒刑以下刑罚的案件。如果甲能够向乙真诚道歉、充分赔偿，从而获得乙的谅解，那么本案就有可能和解。

2. 除渎职犯罪以外的可能判处七年有期徒刑以下刑罚的过失犯罪案件。

《刑法》分则中规定的过失犯罪很多，去除渎职犯罪以外，只有第 133 条交通肇事罪（逃逸致人死亡）、第 137 条工程重大安全事故罪（情节特别严重）、第 432 条过失泄露军事机密罪（情节特别严重、战时）这三个过失犯罪的罪名可能判处七年以上有期徒刑。这意味着绝大多数过失犯罪可以和解。

最为常见的过失犯罪是交通肇事罪，由于该罪属于渎职犯罪以外的可能判处七年有期徒刑以下的过失犯罪，可以和解。《刑法》分则第二章危害公共安全罪中有很多罪名都可以适用，如重大责任事故罪、重大劳动安全事故罪、危险物品肇事罪、教育设施重大安全事故罪、消防责任事故罪、过失损坏交通工具罪、过失损坏交通设施罪、过失损坏电力设备罪、过失损坏易燃易爆设备罪、过失损坏广播电视设施、公用电信设施罪等。其他章节也存在可以和解的过失犯罪，例如第四章第 233 条规定的过失致人死亡罪，法定最高刑也是七年，因此也可以和解。

### （二）不适用和解的情况

犯罪嫌疑人、被告人在五年以内曾经故意犯罪的，不适用公诉案件和解程序。

### （三）公诉案件和解的条件

根据《刑事诉讼法》第 277 条的规定，公诉案件和解需要同时具备三个方面的条件：

1. 犯罪嫌疑人、被告人真诚悔罪

这个条件要求被追诉人必须认罪。如果被追诉人拒绝承认实施了犯罪行为，则不能和解。同时，被追诉人必须真诚悔罪，认识到自己的行为对他人和社会造成了危害。

2. 通过向被害人赔偿损失、赔礼道歉等方式获得被害人谅解

赔偿损失，是指足额支付被害人的经济损失，如医药费、误工费、交通费、伤残者生活补助费等，还应当包括给予被害人一定数量的精神损害赔偿。具体数额，应当以被害人满意为标准，而不应以法院会判决的数额为标准。赔礼道歉，是指被追诉人应当竭力抚平被害人的心理创伤，恢复其尊严和安全感。这个标准也应当以被害人满意为标准，而不应以赔礼道歉的方式和次数为标准。被追诉人采用其他方式也可以，只要达到被害人被伤害的利益得到恢复和补偿这个目的即可。

3. 被害人自愿和解

即使被追诉人悔罪并且充分赔偿，但是被害人不愿意谅解，坚决要求依照刑法的规定定罪量刑的，和解就不能达成。由于刑事和解的本质是尊重被害人的参加权和决定权，因此和解必须基于被害人的自愿。

## 二、专门机关对和解的审查

双方当事人和解的，公安机关、人民检察院、人民法院应当听取当事人和其他有关人员的意见，对和解的自愿性、合法性进行审查，并主持制作和解协议书（《刑事诉讼法》第278条）。

## 三、和解后的处理

《刑事诉讼法》第 279 条规定："对于达成和解协议的案件，公安机关可以向人民检察院提出从宽处理的建议。人民检察院可以向人民法院提出从宽处罚的建议；对于犯罪情节轻微，不需要判处刑罚的，可以作出不起诉的决定。人民法院可以依法对被告人从宽处罚。"

### （一）侦查终结的处理

在侦查阶段，如果当事人达成和解协议，公安机关仍然必须向人民检察院移送审查起诉，同时提出从宽处理的建议。需要注意的是，公安机关不能采用撤销案件的做法，因为在和解案件中，犯罪嫌疑人、被告人的行为已经构成犯罪，不能做撤销案件的处理。

### （二）审查起诉的处理

在提起公诉之前达成和解协议的案件，人民检察院有两种处理方法：

1. 如果符合"犯罪情节轻微，不需要判处刑罚的条件"，人民检察院可以作出不起诉决定。

2. 如果不符合上述不起诉的条件，人民检察院可以向人民法院提出从宽处罚的建议，具体可以体现在人民检察院的量刑建议中。

### （三）审理的处理

对于在宣判之前达成和解协议的案件，人民法院可以依法对被告人从宽处罚。这应当理解为在法律规定的量刑幅度内，从轻判处刑罚。

# 第三节　犯罪嫌疑人、被告人逃匿、死亡案件违法所得的没收程序

## 一、违法所得没收程序的案件范围和条件

### （一）范围

《刑事诉讼法》第 280 条规定，违法所得没收程序限于犯罪嫌疑人、被告人不在案，依照刑

法规定应当追缴违法所得及其他涉案财产的情形。实施犯罪行为所取得的财物及其孳息，以及被告人非法持有的违禁品、供犯罪所用的本人财物，应当认定为“违法所得及其他涉案财产”（《高法解释》第509条；《高检规则》第523条第3款）。

（二）条件

启动违法所得的没收程序需要具备下列条件之一：

1. 犯罪嫌疑人、被告人死亡的（《刑事诉讼法》第280条第1款）。这种情形不受案件类型或严重程度的限制，盗窃、诈骗、毒品等普通犯罪均可适用。这样规定的理由是，如果犯罪嫌疑人、被告人能够参加法庭审理，可以在审理其被指控的犯罪的同时对涉案财物进行处理，而不需要启动违法所得的没收程序。我国刑事诉讼法第15条第5项规定，犯罪嫌疑人、被告人死亡的，对刑事责任问题应当终止审理。

2. 犯罪嫌疑人、被告人实施了贪污贿赂犯罪、恐怖活动犯罪等重大犯罪的逃匿，在通缉一年后不能到案的。根据《刑法》相关规定，“贪污贿赂犯罪”是指《刑法》分则第八章规定的贪污贿赂罪；“恐怖活动犯罪”是指《刑法》分则第二章危害公共安全罪中的组织、领导、参加恐怖活动组织罪（第120条），资助恐怖活动罪（第120条之一）以及恐怖组织组织下的一般犯罪；“重大犯罪”是指可能被判处无期徒刑以上刑罚的、在本省、自治区、直辖市或者全国范围内有较大影响的以及其他重大犯罪案件（《高法解释》第508条）。这样规定的理由是，我国刑事诉讼法不允许缺席审理，被告人脱逃的，无法正常对其犯罪行为进行审理和判决。因此，只能适用没收非法所得这一特殊程序未解决其非法所得及其他涉案财产的问题。

## 二、违法所得没收程序的启动

1. 在侦查阶段，公安机关认为具有违法所得没收情形的，应当写出没收违法所得意见书，移送人民检察院（《刑事诉讼法》第280条第2款；《公安规定》第328条）。

2. 人民检察院可以向人民法院提出没收违法所得的申请。没收违法所得的申请应当提供与犯罪事实、违法所得相关的证据材料，并列明财产的种类、数量、所在地及查封、扣押、冻结的情况（《刑事诉讼法》第280条第1款、第3款；《高检规则》第526条）。

## 三、违法所得没收程序的审理

1. 没收违法所得的申请，由犯罪地或者犯罪嫌疑人、被告人居住地的中级人民法院组成合议庭进行审理（《刑事诉讼法》第281条第1款）。

2. 人民法院在必要的时候，可以查封、扣押、冻结申请没收的财产（《刑事诉讼法》第280条第4款《高法解释》第511条第2款）。

3. 人民法院受理没收违法所得的申请后，应当发出公告。公告期间为六个月。犯罪嫌疑人、被告人的近亲属和其他利害关系人有权申请参加诉讼，也可以委托诉讼代理人参加诉讼（《刑事诉讼法》第281条第2款）。对申请没收的财产主张所有权的人，应当认定为“其他利害关系人”（《高法解释》第513条第1款）。

4. 人民法院在公告期满后对没收违法所得的申请进行审理。利害关系人参加诉讼的，人民法院应当开庭审理（《刑事诉讼法》第281条第3款）。没有利害关系人申请参加诉讼的，可以不开庭审理（《高法解释》第514条第2款）。

5. 人民法院经审理，对经查证属于违法所得及其他涉案财产，除依法返还被害人的以外，应当裁定予以没收；对不属于应当追缴的财产的，应当裁定驳回申请，解除查封、扣押、冻结措施。对于人民法院依照前款规定作出的裁定，犯罪嫌疑人、被告人的近亲属和其他利害关系人或者人民检察院可以提出上诉、抗诉（《刑事诉讼法》第 282 条）。

6. 在审理过程中，在逃的犯罪嫌疑人、被告人自动投案或者被抓获的，人民法院应当终止审理（《刑事诉讼法》第 283 条第 1 款）。

7. 没收犯罪嫌疑人、被告人财产确有错误的，应当予以返还、赔偿（《刑事诉讼法》第 283 条第 2 款）。

## 第四节　依法不负刑事责任的精神病人的强制医疗程序

### 一、精神病人强制医疗的对象

《刑事诉讼法》第 284 条规定："实施暴力行为，危害公共安全或者严重危害公民人身安全，经法定程序鉴定依法不负刑事责任的精神病人，有继续危害社会可能的，可以予以强制医疗。"根据这一规定，精神病人强制医疗的对象需要同时具备以下三个条件：

1. 实施了危害公共安全或者严重危害公民人身安全的暴力行为。这里规定的强制医疗必须是以被申请人或者被告人实施了暴力行为为前提，即所谓的"武疯子"，而不能是念念有词、找不着家、赤身露体或者拉着陌生人的手哭诉的"文疯子"。这里说的暴力行为，例如破坏铁路、桥梁，或者持械伤人、杀人，从而危害了公共安全或者严重危害公民人身安全。

2. 经法定程序鉴定依法不负刑事责任的精神病人。法定程序鉴定，是指鉴定人依法进行了鉴定人登记，具有鉴定人资格，并且经公安机关、人民检察院、人民法院委托。依法不负刑事责任，是指符合《刑法》第 18 条规定的"精神病人在不能辨认或者不能控制自己行为的时候造成危害结果，经法定程序鉴定确认的，不负刑事责任……"

3. 有继续危害社会可能。

### 二、精神病人强制医疗程序的启动

1. 公安机关发现精神病人符合强制医疗条件的，应当写出强制医疗意见书，移送人民检察院（《刑事诉讼法》第 285 条第 2 款）。对实施暴力行为的精神病人，在人民法院决定强制医疗前，公安机关可以采取临时的保护性约束措施（《刑事诉讼法》第 285 条第 3 款）。

2. 对于公安机关移送的或者在审查起诉过程中发现的精神病人符合强制医疗条件的，人民检察院应当向人民法院提出强制医疗的申请（《刑事诉讼法》第 285 条第 2 款）。

### 三、精神病人强制医疗的审理

1. 精神病人强制医疗的决定权由人民法院行使。人民法院决定强制医疗有两种情形，一是人民检察院申请的，二是人民法院在审理案件中发现的。对于人民检察院提出申请的，由人民法院决定（《刑事诉讼法》第 285 条第 1 款）；人民法院在审理案件过程中发现被告人符合强制医疗条件的，可以作出强制医疗的决定（《刑事诉讼法》第 285 条第 2 款）。

2. 人民法院受理强制医疗的申请后，应当组成合议庭进行审理（《刑事诉讼法》第 286 条第 1 款）。审理应当采用开庭审理的方式。但是，被申请人、被告人的法定代理人请求不开庭审理，并经人民法院审查同意的除外。审理检察院申请强制医疗的案件，应当会见被申请人（《高法解释》第529条）。

3. 人民法院审理强制医疗案件，应当通知被申请人或者被告人的法定代理人到场。被申请人或者被告人没有委托诉讼代理人的，人民法院应当通知法律援助机构指派律师为其提供法律帮助（《刑事诉讼法》第286条第2款）。

4. 人民法院经审理，对于被申请人或者被告人符合强制医疗条件的，应当在一个月以内作出强制医疗的决定。被决定强制医疗的人、被害人及其法定代理人、近亲属对强制医疗决定不服的，可以向上一级人民法院申请复议（《刑事诉讼法》第287条）。复议期间不停止执行强制医疗的决定。上一级法院应当组成合议庭审理，在1个月内作出复议决定（《高法解释》第536条、第537条）。

## 四、精神病人强制医疗的解除和监督

1. 强制医疗的解除。强制医疗机构应当定期对被强制医疗的人进行诊断评估。对于已不具有人身危险性，不需要继续强制医疗的，应当及时提出解除意见，报决定强制医疗的人民法院批准。被强制医疗的人及其近亲属有权申请解除强制医疗（《刑事诉讼法》第288条）。人民法院应当组成合议庭进行审查，在1个月内作出处理决定（《高法解释》第542条）。

2. 对精神病人强制医疗程序的监督。人民检察院对强制医疗的决定和执行实行监督（《刑事诉讼法》第289条）。人民检察院认为强制医疗决定或者解除强制医疗决定不当，在收到决定书后20日内提出书面纠正意见的，人民法院应当另行组成合议庭审理，并在1个月内作出决定（《高法解释》第543条）。

# 观点探讨

## 一、和解的范围是否过大

《刑事诉讼法》第277条规定了公诉案件和解的范围，包括了危害公共安全罪一章中的很多罪名都可以和解。第279条规定，和解的结果可以是不起诉，也可以是法院从轻判处。笔者认为，第277条规定的和解范围过大，容易产生以下后果：

第一，会降低刑法的预防作用。刑法是通过对抓获、定罪的犯罪人进行处罚，从而实现一般预防的作用。如果被抓获、查明的犯罪人因为赔偿、道歉而逃脱了定罪和处罚，那么刑法的一般预防作用就会失去。例如，交通肇事罪如果都能被定罪和处刑，那么司机就会提高注意义务，不敢违章驾驶。但是，如果交通肇事和解之后可以不定罪处刑，那么司机就会认为违章驾驶、危险驾驶无所谓，顶多是赔点钱。这对于有钱人来说，刑法的预防作用就彻底失去了。

第二，会把刑法中规定的“犯罪”降低为“侵权”。刑法之所以宣布一个行为是犯罪，是因为其危害程度达到了立法者认为应当运用刑罚来惩罚的程度。如果因为充分赔偿就不定罪处罚，那么该行为与民事侵权的性质就成了一样的了，违背了立法者对刑事责任和民事责任的划分原则。

第三，会抹杀犯罪行为的道德可谴责性。立法者宣布一个行为是犯罪，包含着对该行为的强烈道德谴责，通过法院定罪和判刑的方式表达社会对该行为的强烈不赞成。而侵权则不包含这么强烈的道德谴责性，只需要支付相应的赔偿即可。社会对被定罪的人和被判侵权的人，会有不同的评价。

第四，特定案件中的那个被害人不能代表潜在的被害人的意愿。再以交通肇事罪为例，对于失去亲人的近亲属来说，人死不能复生，多要点赔偿才符合自身的利益。但是对于所有的其他使用公共道路的人而言，希望的是平安出行，而不是自己被撞死后他人得到大笔赔偿。其他使用道路的人就是潜在的交通肇事的被害人，他们的意愿显然是司机能够提高注意义务、不违章，尽可能减少交通事故的发生。因此，因为特定的被害人原谅的犯罪人，不能成为国家放弃刑罚权的理由。

鉴于《刑事诉讼法》已经这样规定，笔者建议在司法解释中明确：对于第一类和解的案件（三年以下有期徒刑的侵犯人身权利、民主权利罪和侵犯财产罪），检察院可以适用第173条第2款规定的不起诉；对于第二类和解的案件（渎职以外的七年以下有期徒刑的过失犯罪），法院应当定罪处刑，仅仅把赔偿作为量刑的一个情节予以考虑。

## 二、精神病人强制医疗程序的辩方启动

《刑事诉讼法》第285条规定了精神病人强制医疗程序启动的三种途径：一是公安机关发现精神病人符合强制医疗条件的，应当写出强制医疗意见书，移送人民检察院。二是对于公安机关移送的或者在审查起诉过程中发现的精神病人符合强制医疗条件的，人民检察院应当向人民法院提出强制医疗的申请。三是人民法院在审理案件过程中发现被告人符合强制医疗条件的，可以作出强制医疗的决定。

根据以上规定，精神病人强制医疗是由公安机关、人民检察院或者人民法院启动。但是，对实施了犯罪行为的精神病人，不追究刑事责任，是对被追诉人有利的处理决定，因为被追诉人不会被定罪，也不会被判处刑罚。这种又被称为“积极辩护理由”，即辩方对指控的行为没有争议，但是以被追诉人精神病作为其不承担刑事责任的理由。

笔者认为，应当增加规定第四种启动途径，即实施了暴力行为的精神病人、其法定代理人、辩护人（或者诉讼代理人）以被追诉人患有精神病为由申请做精神病鉴定，或者提出了其他被追诉人患有精神病的证据，经公安机关、人民检察院、人民法院查证属实的，依精神病人强制医疗程序进行审理。这样建议的理由是，被追诉人一方更有动力提供其患有精神病的证据，赋予其申请鉴定和举证的权利，可以更好地避免将本不应承担刑事责任的精神病人定罪处刑。

## | 第二十六章 |

# 涉外刑事诉讼与司法协助

## 案例导引

### 一、可判死刑的罪犯是否应当引渡

甲系中国公民，与乙建立了恋爱关系。后乙提出分手，但甲不同意，二人关系逐步恶化。某日，乙死于住宅内。经侦查，发现甲有重大嫌疑，但甲已经逃离中国，进入A国。由于中国与A国之间不存在引渡条约，中国政府通过外交途径照会A国驻华使馆，请求A国政府将甲引渡给中国。但是，A国提出，根据A国引渡法的规定，若导致引渡所依据的罪行按照引渡请求国的法律会对被引渡人判处死刑或无期徒刑的，可以拒绝引渡，除非引渡请求国承诺对被引渡人不判处死刑及无期徒刑。基于对A国法律的尊重，中国公安部经商最高人民检察院和最高人民法院后，向A国政府作出承诺，既保证对被引渡人甲不判处死刑或无期徒刑，也不因其以往或目前可能犯有的其他罪行再引渡至第三国。但A国又以该国宪法规定“如按照引渡请求国的法律，对被引渡人可判死刑的，不得引渡”为由，作出了拒绝引渡的裁定。问：在中国与A国政府之间不存在引渡条约的情况下能否通过外交途径向A国政府提出引渡请求，以及“可判死刑之罪绝对不引渡”的观点是否符合引渡的一般理论及国际惯例？

### 二、中国政府是否应当作出不进行刑讯逼供和不判处死刑的承诺

甲系中国某银行支行行长，在中国实施了贪污罪和挪用公款罪后逃到B国。B国政府在把甲遣送回中国以前，要求中国政府作出关于甲在中国起诉和监禁的相应保证，即：假如甲在中国被起诉的话，应当被判处不超过12年刑期的有期徒刑，并不得对其进行刑讯逼供和判处死刑。问：B国的要求是否符合引渡的一般理论？

## 基本理论

涉外刑事诉讼程序，是指人民法院、人民检察院和公安机关在办理具有涉外因素的刑事案件时所适用的诉讼程序。本章中的涉外刑事诉讼程序主要是论述涉外刑事案件的审理程序，对涉外刑事案件的侦查、起诉程序，附带加以论述。

根据《高法解释》第392条的规定，所谓涉外刑事案件，是指：（1）在中华人民共和国领域内，外国人犯罪的或者我国公民侵犯外国人合法权利的刑事案件；（2）符合《刑法》第7条、

第 10 条规定情形的我国公民在中华人民共和国领域外犯罪的案件；（3）符合《刑法》第 8 条、第 10 条规定情形的外国人对中华人民共和国国家和公民犯罪和中国公民犯罪的案件；（4）符合《刑法》第 9 条规定的情形，中华人民共和国在所承担国际条约义务范围内行使管辖权的案件。

## 第一节　涉外刑事诉讼程序

### 一、涉外刑事诉讼的特有原则

#### （一）国家主权原则

办理外国人犯罪案件，适用我国《刑事诉讼法》和有关司法解释的规定，只有法律或者司法解释有特别规定时，才适用特别规定。公安机关办理外国人犯罪案件，应当严格依照我国法律、法规、规章，以维护国家主权和利益（《公安规定》第 345 条）。

享有外交特权和豁免权的外国人的刑事责任问题，通过外交途径解决（《刑事诉讼法》第 16 条第 2 款）。在侦查阶段，犯罪嫌疑人为享有外交特权和豁免权的外国人的，应当层报公安部，由公安部移交外交部通过外交途径解决其刑事责任问题（《公安规定》第 349 条）。

#### （二）诉讼权利和义务平等原则

外国籍犯罪嫌疑人、被告人在刑事诉讼中，享有我国法律规定的诉讼权利并承担义务（《高法解释》第 395 条；《公安规定》第 346 条）。

#### （三）使用中国通用语言文字进行诉讼原则

《两权公约》第 14 条第 3 款（己）项规定："如他不懂或不会说法庭上所用的语言，能免费获得译员的援助"。

人民法院审判涉外刑事案件，使用中华人民共和国通用的语言、文字，应当为外国籍被告人提供翻译。如果外国籍被告人通晓中国语言、文字，拒绝他人翻译，或者不需要诉讼文书外文译本的，应当由本人出具书面声明，人民法院的诉讼文书为中文本，外国籍当事人不通晓中文的，应当附有外文译本，译本不加盖人民法院印章，以中文本为准（《高法解释》第 401 条）。

在侦查阶段，公安机关办理外国人犯罪案件使用中华人民共和国通用的语言文字。犯罪嫌疑人不通晓中国语言文字的，公安机关应当为他翻译（《公安规定》第 350 条）。

#### （四）委托中国律师参加诉讼原则

外国籍被告人委托律师辩护的，或者外国籍附带民事诉讼的原告人、自诉人委托律师代理诉讼的，应当委托具有中华人民共和国律师资格并依法取得执业证书的律师。外国籍被告人没有委托辩护人的，人民法院可以通知法律援助机构为其指派律师提供辩护。被告人拒绝辩护人辩护的，应当由其提出书面声明，或者将其口头声明记录在案。被告人属于应当提供法律援助情形的，须另行委托或指派。在中华人民共和国领域外居住的外国人寄交或者托交给中国律师或者中国公民的授权委托书，必须经所在国公证机关证明、所在国外交部或者其授权机关认证，并经中国驻该国使、领馆认证，才具有法律效力。但中国与该国之间有互免认证协定的除外（《高法解释》第 402 条、第 403 条）。

外国籍犯罪嫌疑人委托辩护人的，应当委托在中华人民共和国的律师事务所执业的律师（《公安规定》第 359 条）。

## 二、涉外刑事诉讼中外国人国籍的确认

在侦查阶段，外国人的国籍，以其在入境时的有效证件予以确认；国籍不明的，由出入境管理部门协助予以查明（《公安规定》第 347 条）。办理无国籍人犯罪案件，在侦查阶段适用与外国人犯罪案件相同的规定。

在审判阶段国籍不明的，根据公安机关或者有关国家驻华使领馆出具的证明确认。国籍确实无法查明的，以无国籍人对待，适用涉外刑事案件审理程序，在裁判文书中写明“国籍不明”（《高法解释》第 394 条）。

## 三、涉外刑事诉讼的立案侦查的特别规定

1. 外国人犯罪案件，由犯罪地的县级以上公安机关立案侦查（《公安规定》第 351 条）。

2. 外国人犯中华人民共和国缔结或者参加的国际条约规定的罪行后进入我国领域内的，由该外国人被抓获的设区的市一级以上公安机关立案侦查（《公安规定》第 352 条）。

3. 外国人在中华人民共和国领域外的中国船舶或者航空器内犯罪的，由犯罪发生后该船舶或者航空器最初停泊或者降落地、目的地的中国港口的县级以上交通或者民航公安机关立案侦查（《公安规定》第 353 条）。

4. 外国人在国际列车上犯罪的，由犯罪发生后列车最初停靠的中国车站所在地或者目的地的县级以上铁路公安机关或者该外国人居住地的县级以上公安机关立案侦查（《公安规定》第 354 条）。

5. 外国人在中华人民共和国领域外对中华人民共和国国家或者公民犯罪，依照《刑法》应当受处罚的，由该外国人入境地或者入境后居住地的县级以上公安机关立案侦查（《公安规定》第 355 条）。

6. 发生重大的或者可能引起外交交涉的外国人犯罪案件的，有关省、自治区、直辖市公安机关应当及时将案件办理情况报告公安部。公安部商外交部后，应当单独或者会同外交部联名将案件进展情况等及时通知我国驻外使馆、领事馆（《公安规定》第 356 条）。

## 四、涉外刑事诉讼强制措施的适用

1. 对外国人作出监视居住、取保候审决定或者执行拘留、逮捕后的，应当在 48 小时以内层报省级公安机关，同时通报同级人民政府外事办公室（《公安规定》第 357 条）。

2. 对外国人依法作出取保候审、监视居住决定或者执行拘留、逮捕后，有关省、自治区、直辖市公安厅、局应当在规定的期限内，将外国人的姓名、性别、入境时间，护照或者证件号码、案件发生的时间、地点，涉嫌犯罪的主要事实，已采取的强制措施及其法律依据，通知该外国人所属国家的驻华使馆、领事馆，同时报告公安部。外国人在公安机关侦查或者执行刑罚期间死亡的，有关省、自治区、直辖市公安机关应当通知该外国人所属国家的驻华使馆、领事馆，同时报告公安部（《公安规定》第 358 条）。

3. 公安机关侦查终结前，外国驻华外交、领事官员要求探视被监视居住、拘留、逮捕或者正在看守所服刑的本国公民的，应当及时安排有关的探视事宜。犯罪嫌疑人拒绝其国籍国驻华

外交、领事官员探视的，公安机关可以不予安排，但应当由其本人提出书面声明。在公安机关侦查羁押期间，经公安机关批准，外国籍犯罪嫌疑人可以与其近亲属、监护人会见、与外界通信（《公安规定》第360条）。

4. 对涉外刑事案件的被告人，可以决定限制出境；对开庭审理案件时必须到庭的证人，可以要求暂缓出境。限制出境的决定应当通报同级公安机关或者国家安全机关。

人民法院决定限制外国人和中国公民出境的，应当书面通知被限制出境的人，也可以采取扣留其护照或者其他有效出入境证件的办法，在案件审理终结前不得离境。

对需要在边防检查站阻止外国人和中国公民出境的，应当层报高级人民法院，由高级人民法院填写口岸阻止人员出境通知书，向同级公安机关办理交控手续。控制口岸不在本省、自治区、直辖市的，应当通过有关省、自治区、直辖市公安厅（局）办理交控手续。紧急情况下，确有必要的，也可以先向边防检查站交控，再补办交控手续（《高法解释》第404条）。

### 五、涉外刑事案件的审判和执行

#### （一）涉外刑事案件的审判

1. 人民法院审判涉外刑事案件，应当公开进行，但依法不应公开审理的除外。公开审理的涉外刑事案件，其国籍国驻华使领馆官员要求旁听的，可以向受理案件法院所在地的高级人民法院提出申请，法院应当安排（《高法解释》第400条）。

2. 人民法院审理涉外刑事案件及处理结果，应当及时通报当地外事部门（《高法解释》第396条）。

3. 外国籍被告人采取强制措施的情况；开庭的时间、地点、是否公开审理等事项；宣判的时间、地点；对外国籍被告人执行死刑的，在死刑裁判下达后执行前；或者在案件审理中死亡的，应当及时通知其所属国家的驻华使、领馆，并按照有关规定处理（《高法解释》第396条）。

#### （二）涉外刑事案件的执行

对判处独立适用驱逐出境刑罚的外国人，省级公安机关在收到人民法院的刑事判决书、执行通知书的副本后，应当指定罪犯所在地的设区的市一级公安机关执行。被判处徒刑的外国人，其主刑执行期满后应执行驱逐出境附加刑的，省级公安机关在收到原执行监狱的上级主管部门转交的原刑事判决书、执行通知书副本或者复印本后，应当指定罪犯所在地的设区的市一级公安机关执行。我国政府已按照国际条约或《外交特权与豁免条例》的规定，对实施犯罪，但享有外交或者领事特权和豁免的外国人宣布为不受欢迎的人或者不可接受并拒绝承认其外交或领事人员身份，责令限期出境的人，无正当理由逾期不自动出境的，由公安部凭外交部公文指定该外国人所在的省级公安机关负责执行或者监督执行（《公安规定》第361条）。

## 第二节　刑事司法协助

### 一、刑事司法协助的概念和意义

《刑事诉讼法》第17条规定：“根据中华人民共和国缔结或者参加的国际条约，或者按照互惠原则，我国司法机关和外国司法机关可以相互请求刑事司法协助。”刑事司法协助是指我国司法机关和外国司法机关之间，根据本国缔结或者参加的国际条约，或者按照互惠原则，相互请求代为进行某些刑事诉讼行为的一项制度。

随着经济全球化的进程，很多刑事犯罪也出现了跨国的趋势，如恐怖行为和恐怖组织罪、贩毒、儿童色情等。这些国际性犯罪的存在是国际刑事司法协助产生和发展的一个重要的原因。根据这项制度，我国司法机关就可以和其他国家的司法机关进行合作，共同采取措施打击这种犯罪，最终达到减少、预防这种犯罪的目的。

截止到2009年6月底，中国已与63个国家签订了107项司法协助条约（包括已进行第一轮谈判的）。其中75项条约已生效，包括49项司法协助条约、22项引渡条约和4项被判刑人移管条约。① 除双边条约外，我国已加入《海牙送达公约》和《海牙取证公约》，这两项公约均已对我国生效。其他的公约还有：《联合国打击跨国有组织犯罪公约》②，我国政府于2000年12月12日签署，全国人大常委会于2003年8月27日批准，同时指定司法部和公安部为我国中央机关；《联合国反腐败公约》③，我国政府于2003年12月10日签署，全国人大常委会于2005年10月27日批准。

## 二、刑事司法协助的主体

根据《刑事诉讼法》第17条的规定，刑事司法协助的主体是我国司法机关与外国司法机关。一般来说，我国的司法机关是指人民法院和人民检察院，但是在刑事司法协助这个问题上，司法机关应当作广义的解释，即包括我国的公安机关和外国警察机关。为了保证刑事司法协助的同一性和严肃性，维护国家主权，我国和外国相互请求司法协助应当由两国的最高司法机关相互联系。因此，我国司法协助中央机关包括最高人民法院、最高人民检察院和公安部。

## 三、刑事司法协助的依据和主权原则

### （一）刑事司法协助的依据

《刑事诉讼法》第17条规定了刑事司法协助的根据有两个：一是我国缔结或者参加的国际条约，二是互惠原则。根据中华人民共和国缔结或者参加的国际条约，或者按照对等互惠原则，我国法院和外国法院可以互相请求，代为一定的诉讼行为（《高法解释》第408条第1款）。人民检察院进行司法协助，有我国参加或者缔结的国际条约规定的，适用该条约规定，但是我国声明保留的条款除外；无相应条约规定的，按照互惠原则通过外交途径办理（《高检规则》第676条）。公安机关进行刑事司法协助和警务合作，我国缔结或者参加的国际条约和公安部签订的合作协议有规定的，按照条约和协议的规定办理，但是我国声明保留的条款除外，无相应条约和协议规定的，按照互惠原则通过外交途径或国际刑事警察组织进行（《公安规定》第364条）。

另外，我国边境地区人民检察院与相邻国家的司法机关相互进行司法合作，在不违背有

① 司法部网站，http：//www.legalinfo.gov.cn/moj/sfxzws/content/2009-08/26/content _ 1144120.htm? node=7382，[2010-05-08].

② 2000年11月联合国大会审议通过，2003年9月生效。

③ 2003年10月31日联合国大会通过，2005年12月14日生效。截至2009年7月6日，已有136个成员国，140个国家签署。

关条约、协议和我国法律的前提下，可以按惯例或者遵照有关规定进行，但应当报最高人民检察院备案。我国边境地区人民检察院与相邻国家的司法机关相互进行司法合作，可以视情况就双方之间办案过程中的具体事务作出安排，开展友好往来活动（《高检规则》第 689 条、第 690 条）。

我国边境地区公安机关与相邻国家的警察机关，在不违背有关国际条约、协议和我国法律的前提下，可以按照惯例开展警务合作，但应当报省级公安机关批准，并报公安部备案（《公安规定》第 366 条）。

（二）刑事司法协助的主权原则

外国司法机关请求的事项，不得有损我国主权、安全或者社会公共利益，不得违反中国法律。

外国法院请求的事项有损中华人民共和国的主权、安全或者社会公共利益的，人民法院不予协助（《高法解释》第 408 条第 2 款）。

人民检察院应当在相互尊重国家主权和平等互利的基础上，与有关国家的主管机关相互提供司法协助（《高检规则》第 677 条）。外国有关机关请求的事项有损中华人民共和国的主权、安全或者社会公共利益以及违反中国法律的，应当不予协助；不属于人民检察院职权范围的，应当予以退回或移送有关机关，并说明理由（《高检规则》第 682 条）。

## 四、刑事司法协助的内容

刑事司法协助的范围，包括人民法院、人民检察院和公安机关的司法协助。

（一）现行关于司法协助范围的规定

1. 我国法院和外国法院可以互相请求刑事司法协助（《高法解释》第 408 条第 1 款）。

2. 人民检察院司法协助的范围主要包括刑事方面的调查取证、送达刑事诉讼文书、通报刑事诉讼结果、移交物证、书证和视听资料、扣押、移交赃款、赃物以及法律和国际条约规定的其他司法协助事宜（《高检规则》第 679 条）。

3. 公安机关进行刑事司法协助和警务合作的范围，主要包括犯罪情报信息的交流与合作、调查取证、送达刑事诉讼文书、移交物证、书证和视听资料或者电子数据等证据材料，引渡、缉捕和递解犯罪嫌疑人、被告人或者罪犯以及国际条约规定的其他刑事司法协助和警务合作事宜（《公安规定》第 365 条）。

（二）司法协助的内容

根据以上规定，以及我国缔结和参加的国际条约的规定，刑事司法协助主要有以下六项内容：

1. 调查取证。包括代为听取诉讼当事人的陈述，询问证人、被害人和鉴定人，进行鉴定、勘验、检查、搜查、扣押物证书证、辨认等。

2. 送达文书。例如，相互请求代为送达判决书、裁定书、传票等。

3. 移交证据。包括移交物证、书证、视听资料，扣押、移交赃款、赃物等。

4. 通报刑事诉讼结果。包括通报侦查、采取强制措施、起诉或者不起诉、判决或者裁定的内容等。

5. 引渡。即一国将当时在其境内而被他国指控犯有罪行或者判处刑罚的人，根据该国的请求，移交给该国进行审判或者处罚的制度。办理引渡案件，按照国家关于引渡的法律和规定执行（《高检规则》第680条；《公安规定》第373条）。

6. 犯罪情报信息的交流与合作。

（三）狭义的司法协助不包括引渡

需要注意的是，狭义的司法协助不包括引渡。由于引渡与国家主权的关系更加紧密，很多国家专门制定引渡法来规范这一制度，并且在刑事司法协助条约之外另行签订引渡条约来解决引渡问题。我国也有专门的《引渡法》，并且与三十多个国家已经签订了引渡条约，详见下节的论述。

## 第三节　引渡

我国的《引渡法》制定于2000年12月28日，自公布之日起施行。制定引渡法的目的，在于保障引渡的正常进行，加强惩罚犯罪方面的国际合作，保护个人和组织的合法权益，维护国家利益和社会秩序。我国与外国之间的引渡，依照引渡法的规定进行。

### 一、引渡的原则

（一）平等互惠原则

中华人民共和国和外国在平等互惠的基础上进行引渡合作。引渡合作，不得损害中华人民共和国的主权、安全和社会公共利益（《引渡法》第3条）。

（二）通过外交联系原则

中华人民共和国和外国之间的引渡，通过外交途径联系。中华人民共和国外交部为指定的进行引渡的联系机关。引渡条约对联系机关有特别规定的，依照条约规定（《引渡法》第4条）。"引渡条约"是指中华人民共和国与外国缔结或者共同参加的引渡条约或者载有引渡条款的其他条约（《引渡法》第6条第3项）。

据外交部网站的资料，2006年4月，全国人民代表大会常务委员会批准了中国与西班牙引渡条约。2008年4月24日，又分别批准了中国与法国引渡条约、中国与澳大利亚引渡条约。根据这些引渡条约，缔约双方均有义务引渡一方境内的被另一方通缉的人员，以便对其进行起诉、判刑或者执行刑罚。至此，中国最高国家权力机关已批准了三个同西方发达国家间的双边引渡条约。据外交部有关负责人介绍，截至2008年3月底，中国已缔结引渡条约三十项。①

（三）依法适用引渡强制措施的原则

办理引渡案件，可以根据情况，对被请求引渡人采取引渡拘留、引渡逮捕或者引渡监视居住的强制措施（《引渡法》第5条）。

### 二、向中国请求引渡

（一）引渡的条件

1. 引渡必须具备的条件。外国向中华人民共和国提出的引渡请求必须同时符合下列条件，

① 中国驻法国大使馆网站，http：//fr. china-embassy. org/chn/zgyw/t429106. htm，[2010-05-08]．

才能准予引渡：(1) 引渡请求所指的行为，依照中华人民共和国法律和请求国法律均构成犯罪。(2) 为了提起刑事诉讼而请求引渡的，根据中华人民共和国法律和请求国法律，对于引渡请求所指的犯罪均可判处1年以上有期徒刑或者其他更重的刑罚；为了执行刑罚而请求引渡的，在提出引渡请求时，被请求引渡人尚未服完的刑期至少为6个月。对于引渡请求中符合前款第(1)项规定的多种犯罪，只要其中有一种犯罪符合前款第(2)项的规定，就可以对上述各种犯罪准予引渡(《引渡法》第7条)。“被请求引渡人”是指请求国向被请求国请求准予引渡的人(《引渡法》第6条第1项)。

2. 应当拒绝引渡的情形。外国向中华人民共和国提出的引渡请求，有下列情形之一的，应当拒绝引渡：(1) 根据中华人民共和国法律，被请求引渡人具有中华人民共和国国籍的；(2) 在收到引渡请求时，中华人民共和国的司法机关对于引渡请求所指的犯罪已经作出生效判决，或者已经终止刑事诉讼程序的；(3) 因政治犯罪而请求引渡的①，或者中华人民共和国已经给予被请求引渡人受庇护权利的；(4) 被请求引渡人可能因其种族、宗教、国籍、性别、政治见解或者身份等方面的原因而被提起刑事诉讼或者执行刑罚，或者被请求引渡人在司法程序中可能由于上述原因受到不公正待遇的；(5) 根据中华人民共和国或者请求国法律，引渡请求所指的犯罪纯属军事犯罪的；(6) 根据中华人民共和国或者请求国法律，在收到引渡请求时，由于犯罪已过追诉时效期限或者被请求引渡人已被赦免等原因，不应当追究被请求引渡人的刑事责任的；(7) 被请求引渡人在请求国曾经遭受或者可能遭受酷刑或者其他残忍、不人道或者有辱人格的待遇或者处罚的；(8) 请求国根据缺席判决提出引渡请求的，但请求国承诺在引渡后对被请求引渡人给予在其出庭的情况下进行重新审判机会的除外(《引渡法》第8条)。

3. 可以拒绝引渡的情形。外国向中华人民共和国提出的引渡请求，有下列情形之一的，可以拒绝引渡：(1) 中华人民共和国对于引渡请求所指的犯罪具有刑事管辖权，并且对被请求引渡人正在进行刑事诉讼或者准备提起刑事诉讼的；(2) 由于被请求引渡人的年龄、健康等原因，根据人道主义原则不宜引渡的(《引渡法》第9条)。

### (二) 引渡请求的提出

1. 接受引渡请求的机关

请求国的引渡请求应当向中华人民共和国外交部提出(《引渡法》第10条)。

2. 引渡请求书和其他有关文件

请求国请求引渡应当出具请求书，请求书应当载明：(1) 请求机关的名称；(2) 被请求引渡人的姓名、性别、年龄、国籍、身份证件的种类及号码、职业、外表特征、住所地和居住地以及其他有助于辨别其身份和查找该人的情况；(3) 犯罪事实，包括犯罪的时间、地点、行为、结果等；(4) 对犯罪的定罪量刑以及追诉时效方面的法律规定(《引渡法》第11条)。

请求国请求引渡，应当在出具请求书的同时，提供以下材料：(1) 为了提起刑事诉讼而请求引渡的，应当附有逮捕证或者其他具有同等效力的文件的副本；为了执行刑罚而请求引渡的，应当附有发生法律效力的判决书或者裁定书的副本，对于已经执行部分刑罚的，还应当附有已经执行刑期的证明；(2) 必要的犯罪证据或者证据材料。请求国掌握被请求引渡人照片、指纹以及其他可供确认被请求引渡人的材料的，应当提供(《引渡法》第12条)。

请求国根据上述规定提交的引渡请求书或者其他有关文件，应当由请求国的主管机关正式

---

① 关于政治犯罪不引渡原则，有论文予以详细探讨，如赵秉志，陈一榕．试论政治犯罪不引渡原则．现代法学，2001 (1)．

签署或者盖章，并应当附有中文译本或者经中华人民共和国外交部同意使用的其他文字的译本（《引渡法》第13条）。

3. 请求引渡应当作出的保证和承诺

请求国请求引渡，应当作出如下保证：（1）请求国不对被引渡人在引渡前实施的其他未准予引渡的犯罪追究刑事责任，也不将该人再引渡给第三国。但经中华人民共和国同意，或者被引渡人在其引渡罪行诉讼终结、服刑期满或者提前释放之日起30日内没有离开请求国，或者离开后又自愿返回的除外。（2）请求国提出请求后撤销、放弃引渡请求，或者提出引渡请求错误的，由请求国承担因请求引渡对被请求引渡人造成损害的责任（《引渡法》第14条）。“被引渡人”是指从被请求国引渡到请求国的人（《引渡法》第6条第2项）。

在没有引渡条约的情况下，请求国应当作出互惠的承诺（《引渡法》第15条）。

## 三、向外国请求引渡

### （一）提出请求的途径

请求外国准予引渡或者引渡过境的，应当由负责办理有关案件的省、自治区或者直辖市的审判、检察、公安、国家安全或者监狱管理机关分别向最高人民法院、最高人民检察院、公安部、国家安全部、司法部提出意见书，并附有关文件和材料及经证明无误的译文。最高人民法院、最高人民检察院、公安部、国家安全部、司法部分别会同外交部审核同意后，通过外交部向外国提出请求（《引渡法》第47条）。

在紧急情况下，可以在向外国正式提出引渡请求前，通过外交途径或者被请求国同意的其他途径，请求外国对有关人员先行采取强制措施（《引渡法》第48条）。

### （二）引渡的附加条件以及对引渡的承诺

被请求国就准予引渡附加条件的，对于不损害中华人民共和国主权、国家利益、公共利益的，可以由外交部代表中华人民共和国政府向被请求国作出承诺。对于限制追诉的承诺，由最高人民检察院决定；对于量刑的承诺，由最高人民法院决定。在对被引渡人追究刑事责任时，司法机关应当受所作出的承诺的约束（《引渡法》第50条）。

# 观点探讨

## 一、“区际司法协助”的问题

在中国，区际刑事司法协助主要是指中国内地与香港、澳门特别行政区和台湾地区的刑事司法机关（含警务、检察、审判、狱政机关）根据协助的原则、程序，就跨法域犯罪的特定对象的情报通报、交换，代为取证，代为送达刑事法律文书，协助缉捕移交案犯，代为执行相互请求的刑事裁决，以及已决犯移管的协助活动。《香港特别行政区基本法》第95条、《澳门特别行政区基本法》第93条规定，香港、澳门与全国其他地区的司法机关通过协商依法进行司法方面的联系和相互提供协助。这个规定为香港、澳门与内地之间开展区际司法协助奠定了法律基础。①

① 刘晓巧，潘玉臣．论中国区际刑事司法协助的框架．政法论坛，1999（4）。关于区际刑事司法协助的文章，还有如成良文．中国区际刑事司法协助中刑事管辖权的界定．现代法学，2002（4）．

1999 年 3 月 30 日，我国最高人民法院以司法解释的形式公布了《关于内地与香港特别行政区法院相互委托送达民商事司法文书的安排》，就内地法院与香港特区法院相互委托送达民商事司法文书作出规定。1999 年 6 月 18 日，最高人民法院与香港特区代表经多次协商，就《关于内地与香港特别行政区相互执行仲裁裁决的安排》达成一致意见，并签署了安排备忘录。这两个安排是在我国恢复对香港特别行政区行使主权以后，经两年多的协商、讨论和探索所寻找出的内地与香港特区进行司法协助的最佳模式，标志着我国区际司法协助方式的重大突破，在理论和实践上都有重要意义。① 这表明，内地与香港、澳门等地间的司法协助关系可以通过签订司法协助协议（安排）的方式来确立，这两份安排从实践上证明了这种模式的可行性。目前尚无刑事司法方面的“安排”，因此，只能由内地与香港或者澳门特别行政区双方协商或者按照惯例解决。

在区际司法协助中，一些国际司法协助的用语不宜直接使用，如“引渡”一词已有其固有的、特别的含义，香港特别行政区与内地间相互移交刑事案犯，应称为“移交案犯”，而不能称为“引渡”。

## 二、死刑不引渡的问题

我国的《引渡法》没有明确规定死刑不引渡原则，只是规定了“被请求国就准予引渡附加条件”，这就包括被请求引渡的罪行按照中国法律本应判处死刑，而被请求国要求中国保证对被请求引渡人不予判处或执行死刑的情形。② 2006 年 4 月 29 日，全国人大常委会批准中国与西班牙引渡条约。该条约首次出现涉及死刑问题的条款。条约规定：“根据请求方法律，被请求引渡人可能因引渡请求所针对的犯罪被判处死刑，除非请求方作出被请求方认为足够的保证不判处死刑，或者在判处死刑的情况下不执行死刑”，否则被请求方应该拒绝引渡，这种规定简称“死刑不引渡”。有学者认为，虽然中国与西班牙引渡条约中有“死刑犯不引渡”条款，但比不能引渡更有利。③ 理由是，作出一定承诺并将这些罪犯引渡回国追究其刑事责任，有利于打击犯罪，保护国家和人民的利益，因此，被请求国就准予引渡附加条件的，可由外交部代表中国政府向被请求国作出承诺。④

案例导引答案

---

① 董立坤．论我国区际司法协助的模式及其特点——兼析最高人民法院与香港特区司法协助的有关《安排》．深圳大学学报（人文社会科学版），2000（1）．

② 赵秉志．死刑不引渡原则探讨——以中国的有关立法与实务为主要视角．政治与法律，2005（1）．

③ 杨宇冠．死刑与引渡分析——以中西引渡条约为切入点．人民检察，2006（16）．

④ 胡康生主编．中华人民共和国引渡法释义．北京：法律出版社，2001：95。转引自赵秉志．死刑不引渡原则探讨——以中国的有关立法与实务为主要视角．政治与法律，2005（1）．

# 《　　　　　　　　》※任课教师调查问卷

为了能更好地为您提供优秀的教材及良好的服务，也为了进一步提高我社法学教材出版的质量，希望您能协助我们完成本次小问卷，完成后您可以在我社网站中选择与您教学相关的1本教材作为今后的备选教材，我们会及时为您邮寄送达！如果您不方便邮寄，也可以申请加入我社的**法学教师QQ群：83961183（申请时请注明法学教师）**，然后下载本问卷填写，并发往我们指定的邮箱（cruplaw@163.com）。

邮寄地址：北京市海淀区中关村大街31号中国人民大学出版社806室收

邮　　编：100080

再次感谢您在百忙中抽出时间为我们填写这份调查问卷，您的举手之劳，将使我们获益匪浅！

**基本信息及联系方式：**※

姓名：＿＿＿＿＿＿ 性别：＿＿＿＿＿＿ 课程：＿＿＿＿＿＿＿＿＿＿＿＿

任教学校：＿＿＿＿＿＿＿＿＿＿＿＿ 院系（所）：＿＿＿＿＿＿＿＿＿＿

邮寄地址：＿＿＿＿＿＿＿＿＿＿＿＿ 邮编：＿＿＿＿＿＿＿＿＿＿＿＿

电话（办公）：＿＿＿＿＿＿ 手机：＿＿＿＿＿＿ 电子邮件：＿＿＿＿＿＿

**调查问卷：**※

1. 您认为图书的哪类特性对您使用教材最有影响力？（　　）（可多选，按重要性排序）

   A. 各级规划教材、获奖教材　　B. 知名作者教材

   C. 完善的配套资源　　D. 自编教材

   E. 行政命令

2. 在教材配套资源中，您最需要哪些？（　　）（可多选，按重要性排序）

   A. 电子教案　　B. 教学案例

   C. 教学视频　　D. 配套习题、模拟试卷

3. 您对于本书的评价如何？（　　）

   A. 该书目前仍符合教学要求，表现不错将继续采用。

   B. 该书的配套资源需要改进，才会继续使用。

   C. 该书需要在内容或实例更新再版后才能满足我的教学，才会继续使用。

   D. 该书与同类教材差距很大，不准备继续采用了。

4. 从您的教学出发，谈谈对本书的改进建议：＿＿＿＿＿＿＿＿＿＿＿＿

＿＿＿＿＿＿＿＿＿＿＿＿＿＿＿＿＿＿＿＿＿＿＿＿＿＿＿＿＿＿

＿＿＿＿＿＿＿＿＿＿＿＿＿＿＿＿＿＿＿＿＿＿＿＿＿＿＿＿＿＿

**选题征集：**如果您有好的选题或出版需求，欢迎您联系我们：

联系人：黄　强　联系电话：010-62515955

**索取样书：**书名：＿＿＿＿＿＿＿＿＿＿＿＿＿＿＿＿＿＿＿＿＿＿

书号：＿＿＿＿＿＿＿＿＿＿＿＿＿＿＿＿＿＿＿＿＿＿＿＿＿＿

**备注：※ 为必填项。**